ALL IN
AN AUTOBIOGRAPHY

ビリー・ジーン・キング自伝
すべてに全力を尽くす

ビリー・ジーン・キング
池田真紀子 訳

&books

ALL IN : AN AUTOBIOGRAPHY
by Billie Jean King

Cover photo
Leo Mason/Popperfoto

Bookdesign
albireo

ビリー・ジーン・キング自伝
すべてに全力を尽くす

CONTENTS

はじめに 8
第1章 テニスに目覚めて 14
第2章 恩師クライド・ウォーカー 28
第3章 憧れのアルシア・ギブソン 57
第4章 アリス・マーブルの教え 80

第5章　いざウィンブルドンへ　89
第6章　強敵マーガレット・スミス　105
第7章　ラリー・キングとの出会い　123
第8章　試練つづきの新婚時代　135
第9章　世界の頂点へ　152
第10章　プロ転向と激動の日々　176
第11章　〝クローゼット〟のなかで　190
第12章　女子選手たちの反乱　209
第13章　バージニア・スリム・ツアー　225
第14章　新星クリス・エヴァート　241
第15章　スキャンダルの火種　257

第16章　ボビー・リッグズからの挑戦　279
第17章　世紀の決戦に向けて　291
第18章　すべてに全力を尽くす　302
第19章　バトル・オブ・ザ・セクシーズ　315
第20章　女性たちの自由のために　326
第21章　大親友エルトン・ジョン　343
第22章　マルティナ・ナヴラチロワの台頭　356
第23章　スポーツとトランスジェンダー　370
第24章　生涯の愛　イラナ・クロス　386
第25章　アウティング　406
第26章　法廷での直接対決　423

第27章　新たなフェーズへ　434
第28章　スポーツに多様性を　441
第29章　摂食障害治療センター　451
第30章　〝クローゼット〟の外へ　461
第31章　奇跡の対面　マンデラとオバマ　485
第32章　私はビリー、平等の支持者　500
おわりに　519
謝辞　522
付録Ⅰ、Ⅱ、Ⅲ　562

私の愛、私のパートナーであるイラナに。
全身全霊であなたを愛している。

愛情と笑いがあふれる家庭を与えてくれた両親に。
二人に教えられた価値観は、いまも私の毎日の指針となっている。

愛しい弟のＲＪに。
どんなときも私を支え、無条件の愛を注いでくれた。

そして、平等と多様性、自由のために
いまも闘い続けているすべての人に。

自分が大切にしているもののために闘いなさい。
ただし、周囲が一緒に闘いたくなるようなやり方で。

――ルース・ベイダー・ギンズバーグ

はじめに

子供のころ、カリフォルニア州ロングビーチの小学校の教室でプルダウン式の大きな世界地図をながめては、そこに描かれた国や地域をいつか訪れる白昼夢を見た。イギリス、ヨーロッパ、アジア、南アメリカ、アフリカ！　このころすでに、国境線なんて軽々と越えていけるつもりでいた。国境線はおいでと私を誘っていた。物心ついたときから一つところにじっとしていられず、いつも何かしら大それた夢を抱いていて、思い立ったらすぐに行動しなくては気がすまなかった。家族や生まれ故郷を心の底から愛していたが、人生はきっとその二つから遠いところへ私を連れていくだろうと信じていた。

私は一九四〇年代、第二次世界大戦中に生まれ、五〇年代の保守の世に育ち、六〇年代の冷戦とカウンターカルチャーのただなかで大人になった。父は消防士で、母は家事を切り盛りするかたわら、ときおりタッパーウェアやエイボンの化粧品の訪問販売をして家計を助けていた。複雑な家庭環境で育った両親は、愛情あふれる安定した家庭を私と弟のランディに与えてくれた。その一方で、世の中は揺れ動いていた。私の子供時代の背景には、市民権運動や女性解放《ウーマンリブ》運動、冷戦、暗殺事件、一九六〇年代の反戦運動があった。ＬＧＢＴＱ＋運動の盛り上がりはまだ少し先の話だ。

一九五〇年代に私がユーステニスでプレーを始めた時点では、女子を対象とする大学スポーツ奨学金は一つも存在しなかった。そのころあった女子のプロスポーツ組織は、全米女子プロゴルフ協会（ＬＰＧＡ）だけだった。ＬＰＧＡは一九五〇年、一三名の選手によって創設されたものの、スポンサー獲得と認知度向上はまだ思うように進んでいなかった。私たちがいまスポーツ選手の男女同権運動と聞いて思い浮かべるような動きが始まったのは、一九七〇年、私を含めた九人の女子テニス選手と『ワールド・テニス』誌の創刊者でやり手のビジネスウーマンだったグラディス・ヘルドマンが男性主導のプロテニス協会から離脱し、初の女子プロテニストーナメントを創立した日といっていい。男性に支配された当時のプロテニス組織は、女の試合など金を払ってまで観たがる人がいるものかと私たちをせせら笑い、現に金を払ってまで観たがる人が一定数いるらしいとわかると、出場停止処分を下すと繰り返し脅してきた。

私は初めから世界に不満を抱いていたわけではない。けれど世界のほうは、私のような女の子、私のような女がはっきりと気に食わないらしかった。テニス大会に出場が決まり、学校を一週間休もうとしたときは校長の許可が下りず、母が学校に出向いて「うちの娘はオールAの優等生です。何がどう問題なんです?」と直談判してようやく承諾書にサインをもらった。あるいは、休み時間にみんなと校庭で遊んでいるとき、「ビリー・ジーンは運動神経が優れているのをいいことに、ほかの生徒を負かそうとしがち」だから、学科の成績を一段階下げたと説明する手紙を両親に送ってきた教師もいた。私が一一歳で初めて出場した大会では、出場選手が集合写真撮影のために集まったとき、地元のテニス協会の会長ペリー・T・ジョーンズから、白いスコートやワンピース型のテニスウェアではなく白のショートパンツ姿だからというだけの理由で、私一人だけつまみ出された。

その当時、女の子あるいは女が目標を掲げてそれに取り組もうとすると、冷笑されたり、難癖をつけられたりすることが少なくなかった。私は納得がいかなかった。なぜ勝手な制限を押しつけようとするのだろう。理にかなった疑問を投げかけているだけなのに、女だとなぜ〝ヒステリック〟といわれるのか。なぜいつもいつも「これはできない。あれはやってはいけない。野心はほどほどにし、自己主張をせず、立場をわきまえ、実際よりも能力が低いふりをしていること。とにかく言われたとおりにしていなさい」と諭されなくてはならないのか。女の努力や個性はなぜ、人生を充実させるもの、自尊心のよりどころとして尊重されるのではなく、扱いにくいものとして敬遠されるのか。

私でもそう不満に思っていたのだ。周囲の非白人の人たちはどう感じていただろう。一〇代のころ、〝リトルロックの九人〟の写真を見た。一九五七年、融合教育化が決まったアーカンソー州内の高校に入学した黒人学生、通称〝リトルロックの九人〟は、白人の群衆の罵声を浴びながら登校しなくてはならなかった。それから数年が過ぎてもなお、それまで白人の生徒しかいなかったルイジアナ州ニューオーリンズの学校に入学した六歳のルビー・ネル・ブリッジスの登校には、四名の連邦保安官の護衛がついた。女子テニスのアルシア・ギブソンや大リーグのジャッキー・ロビンソンの、偏見の壁を打ち破るまでの苦労も耳にした。

テニスを始めたばかりのころ、私が出場した大会を主催するカントリークラブは白人専用で、私が通っていた人種混合校ロングビーチ・ポリテクニック高校とは明らかに空気が違っていた。ポリテクニック高校は、私が生まれる九年前、一九三四年に人種差別を撤廃した。ただ、私が通っていた当時もまだ女子の運動部はなく、テニスがやりたければ、市営公園で開かれていた無料テニス教室に通うしかなかった。

時が流れても、状況証拠はますます高く積み上がる一方だった。たとえばランキング上位の男子ジュニア選手はロサンゼルス・テニスクラブの食堂で無料のランチを食べられたが、母と私はコート裏のベンチに座り、茶色い紙袋で持参したお弁当を食べた。私だってジュニアのトップ選手の一人だったのに、女子選手への支援は皆無だった。一五歳のとき、私がある大会で優勝すると、のちに頼れる助言者となったある男性が声をかけてきてこう言った。「きみはいつか世界一になるよ、ビリー・ジーン」そんなことを言われたのは初めてだったから、私は有頂天になった。しかしだいぶあとになって、その同じ人が、私のバックハンドを褒めるような何気ない口調でこうも言った。「きみはきっと一流の選手になれる。それだけ不細工なら」

ラリー・キングと結婚し、世界ランキング一位に昇り詰めてからも、テニスにそこまでする〝価値〟が果たしてあるのか、あなたはいつ引退して子供を産むのかと、ことあるごとに尋ねられた。

そのたびに私は、同世代の男子トップ選手を引き合いに出して、「相手がロッド・レーヴァーでも同じ質問をします？」と訊き返した。

　女はかならずしも男女同権運動の活動家として生まれてくるわけではない。けれど人生は、女をかならず活動家に育て上げる。

　現状打破を求める気持ちは年齢とともに強くなった。乱気流にもまれていたのは時代だけではなかった。私の内側の嵐も勢力を増していった。


　一九七三年のボビー・リッグズとの〈男女対抗試合《バトル・オブ・ザ・セクシーズ》〉こそ、ついに機が熟し、私のなかの導火線に火がついた瞬間だった——そんなイメージがいまも世の中に定着したままになっている。しかし実を言えば、その火種は子供のころから私の心のなかにあって、ずっとくすぶり続けていた。リッグズ戦や世間の熱狂が浮き彫りにしたのは、性別役割《ジェンダー・ロール》と機会均等をめぐって私と同じように闘い続けている人が何百万人、何千万人もいるという現実だった。私があの試合で証明したかったのは、女は平等に扱われるに値すること、女だって男と同じようにプレッシャーのもとで巧みなプレーを見せて観客を楽しませられるということだった。試合の結果、そして試合をきっかけとして沸き起こった議論は、私たちの闘いをさらに一歩進める原動力になったと思う。七三年九月の試合当日、会場となったテキサス州ヒューストンのアストロドームには、当時のテニス試合の動員記録を更新する三万四七二人の観客が詰めかけた。全世界では九〇〇〇万人がテレビ観戦したといわれ、スポーツイベントの視聴者数の最高記録を樹立した。

　意外にも、私を分離主義者と見なす人がいまもいる。私は平等主義者だ。初めからずっとそうだった。どれだけ難しい目標であるかはわかっているが、万事における平等、あらゆる人々が力を合わせる社会の実現をめざして力を尽くしてきた。

　その過程で学んだことがある。社会は、そして各世代のリーダーは、その時代のありようと意味について、繰り返し自問しなくてはならない。キング牧師の妻コレッタ・スコット・キングは、そのことを次のように鮮やかに表現している。「闘争は終わることのないプロセスです。自由を完全に勝ち取れる日は来ません。世代ごとに闘い、勝ち取っていかなくてはならないのです」
〈南部キリスト教指導者会議〉や〈全米黒人地位向上協会〉の活動は今日、ブラック・ライヴズ・マターなどの運動に引き継がれている。〈全米女性機構〉が深めた男女同権論は、〈#MeToo〉〈タイムズ・アップ（TIME'S UP）〉運動の礎石となった。一九六九年の〈ストーンウォール暴動〉〔一九六九年六月二八日にニューヨークのゲイバー〈ストーンウォール・イン〉で発生した〝暴動〟。たびたび行われていた市警の踏み込み捜査に対する怒りが頂点に達し、LGBTQ＋コミュニティが抵抗・反撃、多数の負傷者が出た。性的マイノリティ解放運動の出発点とされる〕は〈力を解放するエイズ連合〉〔一九八七年創立の市民団体。政府や製薬医学界のAIDSに対する無理解に抗議し、有効な対策を求めた〕の創設につながり、それがさらにLGBTQ＋の人権や婚姻の平等化という、かつてはとうてい実現不可能と思われた進歩をもたらした。メディカルスクールやロースクールのごくわずかな女性入学枠をめぐって女同士で競争せざるをえなかった時代は、そう遠い過去ではない。それがいまや女が大統領候補になり、あるいは連邦最高裁の判事に指名されて〝ノートリアスRBG〟〔二〇二〇年九月に死去したルース・ベイダー・ギンズバーグのこと。「ノートリアス（notorious）」は、「悪名高き」という意味だが、この場合は敬愛の情や「知らぬ者のない」といった意味がこめられている〕などというニックネームで呼ばれたりしている。彼女が力とともに眠らんことを(Rest In Power)。

私が人生から得た、何より大切な不変の教訓を二つ。一つは、不平等を前にしてただじっと座っているだけで、世の中がよいほうへ変わるなどまずありえないこと。そしてもう一つは、精神の力を侮ってはならないことだ。人の精神を檻に閉じこめることは、誰であっても不可能なのだから。

小さな火花から始まった高遠な理想は、その人自身を高めるだけでなく、世界を一変させる力を秘めている。個人的なことは政治的なこと〔一九六〇年代以降、とりわけフェミニズム運動で繰り返し使われているスローガン〕。たった一人では小さなつぶやきでも、大勢が声を上げれば世界に轟《とどろ》く。勇敢な行動一つが——めざすものが万人に認められるべき人間の尊厳であれ、同一労働同一賃金やバスの前方の座席であれ——歴史を変える運動に火をつけることがある。あなたはふいに、各国の大統領や女王、英雄やパイオニアたちに負けない影響力を持つかもしれない。あるいは、自分たちを劣っているように見せたり、自分たちの存在自体を消そうとしたりしているような現状をよしとしない、反骨精神にあふれた人々と同等の力を。

私の人生が、いまここに挙げたすべてを証明している。

一九八一年、同性愛者であると暴露《アウティング》されたとき、企業スポンサーは一夜にして残らず撤退した。現在の私なら、笑ってこう考える。「ちょっと待ってよ――いまの時代、レズビアンだとお金がもらえるのに？」

おっと、少し先走りすぎたようだ……。

あのころはまだ、私が望むような世界は存在していなかった。その世界を実現できるか否かは私たちの世代にかかっていた。大戦直後のベビーブームへの変わり目に生まれた私たちは、古きを捨てて新しきを築くという危うい綱渡りをしてきた。時代は私に大きく味方した。一方で、私が背負った荷は重く、五〇歳になるころには完全に押しつぶされかけていた。あれほどの重荷を経験した人はそういないだろう。私の最大の敵は、ときに私自身だった。

私は怒りに駆り立てられていると世間は見ていた。けれど、それは違う。最大の原動力は、信念だった。

私はほかの人よりも多くの闘いに勝利してきた。でも、この本で伝えたいのは、真の自由を手に入れるまでの闘いについてだ。

第1章　テニスに目覚めて

一九五四年九月のある日、私の人生は一変した。その午後に見たもの、感じたもの、聞こえたものを、いまも鮮やかに思い浮かべられる。頭上の空は、ルリツグミの翼のような青色に輝いていた。南カリフォルニアの太陽が肌を火照らせ、ロングビーチのホートン・パークにある市営テニスコートを囲むユーカリの木々からは、樹皮のさわやかな香りが漂っていた。私が友達のスーザン・ウィリアムズと公園に着いたときには、四、五人の少年や少女が並んでボールを打つ順番を待っていた。クライド・ウォーカーというコーチのレッスンを受けるのは、その日が初めてだった。隣のコートからボールを打つ音がしゅぽーん、しゅぽーんと聞こえていて、まもなくそれに私たちが打つ音も重なった。

私がテニスというスポーツを知ったのは、その数週間前のことだった。六年生の教室にいるとき、スーザンが何気ない調子で私にこう尋ねた。「ね、テニスやってみない？」

「テニスって何？」私はそう訊き返した。

それからスーザンの説明に真剣に聴き入った――テニスでは走ったり、ジャンプしたり、ボールを打ったりできる。当時の私は、球技ならバスケットボールとソフトボールの経験があって、その二つの団体競技の何が好きかといえば、走ったり、ジャンプしたり、ボールを打ったりできるところだった。スーザンの家族はヴァージニア・カントリークラブの会員で、クラブで一緒にテニスをやろうよと私を誘ってくれた。いざやってみると、案の定、私はへたくそもいいところだったが、自分が打った球がフェンスを越えて飛んでいくのを見て「ホームラン！」と叫ぶと――由緒あるヴァージニア・カントリークラブでそんなおふざけをしたのは、きっと私が初めてだ——スーザンは楽しそうに笑った。

その帰り道、私は興奮して、テニスのことばかりあれこれ考えた。夜になると、父にこう尋ねた。「ねえお父さん、女の子に一番向いてるスポーツって何だと思う？　長い目で見たら、何かな」

父は読みかけの新聞を下ろしてしばらく考えこんだ。「そうだね、水泳、ゴルフ。あとは」——私は固唾をのんで待った——「テニスとか」

テニス！　水泳はもうやってみたことがあったけれど、YMCAのクラスで一番出来の悪い生徒だった。アメリカ史上最高といわれる女子アスリート、ベイブ・ディドリクソン・ザハリアスはゴルフもやっていたが、私の目にはゴルフはのろくさいスポーツと映った。そこへいくと、テニスは文句なしだ。状況はめまぐるしく変化し、知的な能力や精神力も試される。何度でもボールを打てるところもいい。借り物のラケットを使ってスーザンと初めてプレーしたその日から、私はテニスに夢中になった。

自分のラケットがほしいと両親にせがんだものの、うちはお金持ちじゃないのだから、ほしいなら自分でお金を貯めて買いなさいと言われた。私はあきらめなかった。近所の家で雑用を手伝ってはお駄賃をもらった。テニスラケットを買うお小遣いを貯めたいからと説明すると、近所の人たちはみんな優しく笑って協力してくれた。私は花壇の草むしりをし、歩道の掃き掃除をした。母に貸してもらった二ドルを握り締めて自転車で近くのドラッグストアに行き、そこで仕入れたキャンディにほんの少し利益を乗せて近所の子供に売ったりもした。

稼いだ五セント硬貨や一〇セント硬貨は、キッチンの流しの上に置いたガラス瓶に貯めた。何カ月かたつころには待ちきれなくなり、両親にスポーツ用品店に連れていってもらった。両親が販売員に声をかけ、娘のテニスラケットを買いにきたと伝えた。私は勇気を奮い起こし、八ドル二九セントの予算で買えるラケットはどれかと尋ねた。するとその販売員は、木製のかわいらしいラケットを見せてくれた。スロートが紫と白、グリップは紫。すごくきれいだと思った。私はそのラケットを買い、その夜は抱いて寝た……次の日の夜も。そのあとも何度一緒に寝たかわからない。

テニスと出会うきっかけをくれたスーザンにはい

まも変わらず感謝している。テニスの醍醐味を教えてくれたのは、無料のテニス・スクールのコーチ、クライド・ウォーカーだった。グラウンドストロークの正しい打ち方をクライドに初めて教わったときから、ガットがボールの真芯をとらえ、反発力を利用して跳ね返すその感触に心を奪われた。何度ボールを打ってもまたすぐに打ちたくなった。指に、腕に、肩に伝わってくるボールのエネルギー。全身を使ってラケットをスイングするあの感覚。コート上で起きるドラマの一つひとつが楽しくてしかたなかった。一球一球を追うのも、ラケットを引くと同時に無数の可能性が開け、リターンを打つ準備を整えるその一秒にも満たない刹那、世界のすべてが宙に浮いたまま静止するのも。そこにはえもいわれぬスリルと、人を瞬時にとりこにする中毒性がある。完璧なショットを打つ難しさと緊張、ボールが相手のラケットの届かないところに落ちた瞬間にはじける快感がたまらない。すぐにでもまたボールをもらって始めからやりたくなった。

クライドのコーチングを最初に受けたその午後、私のスポーツはこれだと確信した。未来の窓が勢いよく開いたように思えた。まだたった一〇歳だったが、これぞ私の運命だと一〇歳の子供らしく性急に思い定め、それを誰かに話さずにいられなくなった。「お母さん！　お母さん！　将来、何になりたいかわかったよ！」緑色のクライスラー・デソートで迎えにきた母に、私は宣言した。「世界ナンバーワンのテニス選手になるんだ」

母は微笑んだ。その数年前にも似たようなことがあった。キッチンで洗い上がったお皿を拭きながら、私が「お母さん、私ね、大きくなったらきっとすごいことをするよ――とにかくそういう気がするんだ！　まあ見てて！」と言ったときだ。

この日――数年前も――母は私を見て、一九五四年という時代を考えれば、私のような女の子に向かって言うには最高にすてきで最高に斬新なことを言った。「そう、それはいいわね、ビリー・ジーン」

ありがたいことに、父と母は私に制限を押しつけるようなことをしなかった。といっても、二人の子育てがつねに時代を先取りしていたわけではない。母も父も基本は厳しくて古風だったが、その反面、望めば何にだってなれるのだと弟や私によく言っていた。ある晩の食卓で、五歳下の弟ランディが、自分も将来プロのスポーツ選手――野球のメジャーリーグの選手――になりたいと宣言したとき、父と母はそろって手で顔を覆い、指の隙間からランディをのぞき見た。その視線はこう言っていた――「おまえもか」そのころ母は、ただでさえロングビーチ周辺で開かれるテニス大会に私を送迎するのに忙しかった。のちに父から聞いたところによると、ランディと私をあちこちに送っていくだけで車を三台乗りつぶしたという。

ランディはその後、本当にメジャーリーグの選手になり、サンフランシスコ・ジャイアンツ、ヒューストン・アストロズ、トロント・ブルージェイズの三チームで一二年間、リリーフピッチャーとして活躍した。私は〝四大大会《グランドスラム》〟――全米オープン、ウィンブルドン選手権、全仏オープン（ローラン・ギャロス）、全豪オープン――のシングルスとダブルス、混合ダブルスで計三九のタイトルを獲得したほか、さまざまな成果を挙げた。私たち姉弟《きょうだい》がそろってスポーツで成功を収めた要因を何か一つだけに絞れるとは思えない。たまたま授かった才能、熱心にサポートしてくれる両親、チャンス、偶然。複数の要素が重なり合った結果だろう。四季を通して快適な気候に恵まれ、スポーツの才能を磨くには最適な南カリフォルニアで生まれ育ったのも幸運だった。私たちは呼吸するように自然にスポーツに親しんだ。

〝除雪車パパ／ママ〟〔我が子の行く手にある障害物を、除雪車のごとく先回りして取り除こうとする過保護な親〕という新語はそのころまだ存在しなかったが、どのみち私の両親には当てはまらない。私たち姉弟の後押しはしてくれても、無理にプロスポーツの道を歩ませようとしたことは一度もなかった。それよりも人生のコーチであろうとしていた。本人も才能あるアスリートで、超がつく負けず嫌いだった父でさえ、私たちが試合に勝とうが負けようがまるで頓着しなかった。「ベストを尽くしたかい。楽しかったかい」父はいつだってそう尋ねた。母も同じだった。

父や母はどんなときもランディと私を平等に扱った。当時の家庭では珍しいことだった。一方で、ショッピングや爪をきれいに装うようなことが大好きな母は、娘の私がそういうことにまったく興味を示さないとわかると、何ともいえない表情をした。母は父と婚約した年に美容業の営業許可を取得し、いつもウエストがきゅっと締まったワンピースを着て、髪を一筋の乱れもなく整え、きちんとお化粧をしていた。ずいぶんあとになってから知ったことだが、母は若いころ陸上と水泳で好成績を残し、父と結婚するまではボディサーフィンで五メートルの波を乗りこなしたりもしていたらしい。家族で海水浴に行くと、ランディや私は手足をばたばたさせて大騒ぎをしたが、母は一人静かに浮かんでコルク栓のように波に揺られていた。私が母からスポーツの才能をいくらか受け継いだのは確かだろうと思うが、母は自分の能力を低く見せようとした。女はつねに〝女らしく〟あるべきと考えるような人だった。私がほかの同年代の女の子と同じように、学校の社交マナー教育のための舞踏会を楽しみにしていると知ると、母はうれしそうな（そして葛藤から解放されたような）顔をした。

時が流れ、自分の性的指向に疑問を抱き始めたあとも、私はその種の暗黙のメッセージは無視しきれなかったし、私が一三歳になった年のある日、ランディと私と母が、父の運転する車でテニス大会の会場に向かっていたときの記憶も脳裏から決して消えなかった。その日、男性同士の二人組が通りを歩いているのを見かけて、父は遠い昔の経験を思い出したらしい。軍にいたころ、同性の同僚に口説かれそうになったという。「すぐにあきらめてくれたからよかったが、でなけりゃそいつの脳天をかち割っていたよ」短気な父のことだ、本当にやっただろう。

そういったメッセージと私の心の動きは矛盾していたから、その二つの折り合いをつけるのが難しいこともあった。それでも、父方と母方の親戚がそろって我が道を行くタイプの人たちであることは知っていた。歳月とともに、私のなかでもその傾向は強まっていった。父方のモフィット一族も、母方のジャーマン一族も、西部開拓時代の最前線に拓かれた鉱山と油田の町の出身だ。誰もが不平を言わずに働き、働き、そして働き続けた。一方で、既成の常識にとらわれない気質も持ち合わせていたし、腹に据えかねることがあると黙っていられず、現状打破を図るような人たちだった。そろって直情径行で気骨があり、そして行動派だった。

私は父ウィリス・ジェファソン・〝ビル〟・モフィ

弟のランディは、10歳のとき、メジャーリーグの選手になると両親の前で宣言し、その夢を叶えた。サンフランシスコ・ジャイアンツ、ヒューストン・アストロズ、トロント・ブルージェイズで12年間ピッチャーを務めた。

ットにちなんで命名された。父はモンタナ州生まれの頑健な男で、イエローストーン川沿いの鉄道町リヴィングストンで育った。父が一三歳のとき、父の母ブランチは、一家で使っていたA型フォードに父と二人のきょうだいを乗せ、二日酔いで頭にたんこぶを作った父の父ウィリアム・ダーキー・モフィット・ジュニア、愛称W・Dを置いて家を出た。またも泥酔して帰宅し、家族に暴力を振るおうとしたW・Dにブランチはついに愛想を尽かし、網戸でW・Dの頭を殴りつけていた。ブランチは車を西に向け、太平洋岸のカリフォルニア州ロングビーチまでノンストップで走り続けた。ロングビーチに知り合いがいたわけではなかった。どうせ人生をやり直すのなら、肩の高さまで積もったモンタナの雪に埋もれてではなく、カリフォルニアの陽光の下で、と考えたのだろう。ブランチとW・Dはそれきり二度と同居しなかったが、かといって正式な離婚もしなかった。W・Dは毎月、わずかながら生活費を送金し続けた。ブランチは三人の子供をロングビーチの名門公立学校に通わせた。三人とも成績は優等だった。

父はロングビーチ・ポリテクニック高校とロングビーチ・シティ・カレッジの両方でバスケットボールのスター選手として活躍した。当時パサデナ・ジュニア・カレッジの学生で、四種目でやはりスター選手だったジャッキー・ロビンソンと対戦したこともある（父はジャッキーと同じコートでプレーしているところをとらえた写真を大事にしていた）。父はいかにも意志が強そうな顎と端整な目鼻立ちをしていて、ビーチ沿いの舞踏場でビッグバンドの演奏に合わせて踊るのが好きだった。それは私の母ベティも同じだった。母のフルネームはミルドレッド・ローズ・ジャーマンといい、周囲からベティの愛称で呼ばれていた。父と交際を始めたとき、母はまだ一七歳の高校生だった。のちに母は、父がバスケットボールでもらったミニサイズの優勝トロフィーに鎖を通して肌身離さず着けていた。ある日、水を飲もうとして水飲み台の上にかがんだとき、トロフィーがぶつかって前歯が欠けてしまってからも、決してはずさなかった。

三度目のデートのあと母は、彼と結婚するわと母親のドットに話した。

「あら、プロポーズされたの？」ドットは訊いた。

「ううん。でもかならずプロポーズされるから」母は答えた。

祖母のドットは孫の私を猫かわいがりするようなことはなかったが、思いやり深くて穏やかな人だった。しかし父の母ブランチは違った。口が悪く、チェスターフィールド煙草にひっきりなしに火をつけ、朝から晩までブラックコーヒーを飲んでいて、「まったくどうしようもない連中だ、根性を叩き直してやりたいね！」などと威勢のよいことばかり言っていた。気の強い女性ではあったが、子供たちを連れて突然W・Dのもとを去る以前にもたくさんのつらい経験をしていた。

ブランチの出生時の名前はヘイゼル・キャンベルといい、一八九七年にマサチューセッツ州ローウェルの未婚の母向けのホームで生まれた。実母はスコットランド系の一〇代の少女で、ブランチは三歳になる前に養子に出された。養親のジェファソンとジョージアのレイトン夫妻は、養子の名をブランチと変え、銅鉱山ブームに沸いていたモンタナ州中西部の町ビュートに移り住んだ。養母はそこで駄菓子店を開き、養父は大工の仕事に就いた。ピアノの才能に恵まれていたブランチは、のちに列車で東海岸に戻り、二年間、ボストン音楽院で学んだ。しかし養母のジョージアが亡くなり、養父が学費の支払いを止めたため、ブランチは実家に戻って鉄道駅で働き始めた。その職場でW・Dと出会い、二人は線路の反対側に一軒家を借りて暮らした。蒸気機関車が通過するたびに汽笛が聞こえ、地鳴りがした。玄関を出ると、通りの先のかなたに横たわるアブサロカ山脈が望めた。

私の父は一九一八年にリヴィングストンで生まれた。二つ下に弟アーサー、二つ上に姉グラディスがいた。ブランチによると、W・Dはお酒さえ飲んでいなければ申し分のない人だったが、酒癖は最悪だった。子供の前でブランチに暴力を振るうこともあり、ある日、まだ一二歳だった私の父は、ついに我慢の限界に達した。W・Dがまたもブランチを殴ろうと拳を振り上げた瞬間、父は二人のあいだに割って入ってW・Dにこう警告した。「また母さんを殴ってみろ、あんたを殺してやる」W・Dは引き下がった。

当時のモンタナ州は時代を先取りしていた。父が男女平等の価値観を持っていたことには、それも影響したのだろうか。モンタナ州では、一九一四年に女性について普通選挙制を認めた。アメリカのほかの州より四年早い判断だった。その二年後、史上初の女性下院議員ジャネット・ランキンがモンタナ州で選出された。そのころのモンタナ州はまだ開拓時代の無法地帯といった雰囲気を残していた。一九一七年、アメリカが第一次世界大戦に参戦した時点で、放牧場での労働など、通常は男だけのものとされていた仕事に女も就いていた。参戦後、大勢の男が兵隊に取られるようになって、空いた職を占める女がますます増えた。

父の身長は一八〇センチ近くあり、雄牛のように頑丈な体格をしていた。ロングビーチ・シティ・カレッジで準学士を取得したのち、バスケットボールのスポーツ奨学金を得てウィッティア大学に進んだが、急性盲腸炎にかかって最初の学期の出席日数が足りず、奨学金の資格を失った。一九四〇年当時、アメリカはまだ大恐慌の混乱から完全には抜け出せていなかった。父は食料品店の生鮮食品売り場でフルタイムで働き始めた。同じころ、父の弟で私の叔父のアーサーは家計を助けるためにハンガー工場に勤務し、姉のグラディスは働きながら看護学校に通っていた。私の母と交際していたころ、ダンスパーティに母を連れていくお金を父がどうやって捻出していたのか、不思議だ。

一九四一年五月一七日に結婚したとき、所持金は二人合わせてたった三ドルだったと両親はいつも話していた。結婚後、父はロングビーチの警察に就職したが、人間不信になりそうだったという。逮捕後に待つ人生がどれほど過酷か知らない犯罪者を気の毒に思うことも多かった。真珠湾攻撃を受けてアメリカが参戦すると、父と叔父は志願兵として海軍に入隊した。白い水兵服をりりしく着こなして大きな笑みを浮かべている写真を、私はいまも大切に持っている。そのとき二〇歳になったばかりだった母が私を身ごもったことを知った一〇日後、父が配属先に旅立った。思いがけない妊娠で、母は心細く、不安だった。

私は一九四三年一一月二二日に生まれた。そのころヴァージニア州ノーフォークに配置されていた父

両親とランディ、私。カリフォルニア州ロングビーチの西36番ストリートの家の前庭で。

は、私の誕生を知らされて、手書きのカードを送ってくれた。「僕の小さな娘へ。まだきみと一度も会えていないが、まもなくこの腕に抱けるだろう。父親として無限の愛を送るよ――不滅の愛を」

父は強情っ張りで頑固な人だったが、ひどくセンチメンタルなところもあった。どんなに年を取っても、国歌を聴くとかならず涙ぐんだ。海軍を除隊したあとは警察に復職せずにロングビーチ消防局に入り、そのまま三五年、引退まで勤め上げた。管理職になればお給料が上がるから昇格試験を受けてほしいと母がしきりに言っていた時期もあったが、父は現場を好んだ。技術者として、消防車を運転したり、消火ポンプの保守点検をしたりしていた。子供のころ、私も何度か消防署に連れていってもらった記憶がある。父は私を片腕に抱いて真鍮《しんちゅう》のポールをすべり降りた。消防署のマスコット猫〝オールド・サム〟とも遊ばせてもらった。この猫は、出動のサイレンを聞くと消防士たちと一緒にポールをすべり降りた。その様子をとらえたAP通信の写真が残っている。

父は、毎晩ベッドに入る前に家族全員がキスを交わして「愛してる」と伝え合おうと言って譲らなかった。母が戦争で不在だった父にちなんだ名前を私につけたのと同じ理由からだ――父の仕事は危険で、かならず無事で家に戻るという保証はない。父が二度と帰らないかもしれないと、不安で眠れない夜も一度ならずあった。たとえば、一九五八年にシグナルヒルのハンコック石油精製工場で起きた火事だ。ロングビーチ市民は恐怖に陥った。三日後にようやく鎮火するまで、炎で空に巻き上げられた灰や石油が雨になって街に降り続けた。丘のてっぺんの工場から噴き上がる炎は私たちの家からも見えた。

引退後の父は、消防士時代やモンタナ州での子供時代のよい思い出を好んで語った。モンタナ州に何度も帰郷し、川釣りや山のきれいな空気を楽しんだりもした。しかし、不安定な環境で育った記憶を忘れることは最後までなかった。それは母も同じだった。父と母は、その点でも似たもの夫婦だった。

私の母の父、ロスコー・〝ロッキー〟・ジャーマンはペンシルヴァニア州北部で生まれ、一八〇〇年代の終わりごろ、家族とともにカリフォルニア州の油田の町タフトに移住した。一九歳のロッキーを写したセピア色の写真が残っている。巨大なロータリー掘削リグに立つ何人かの油田労働者のなかで一番背が高い。ベアナックル・ボクシングのプロ選手だった時期もあるが、本業は採掘権リースや油田掘削、原油投機だった。ロッキーの生涯は浮き沈みの連続だった。

ロッキーと私の祖母ドットがどこでどう知り合ったのか、ドットの両親はどこの誰なのか、私の母も詳しいことは知らずじまいだったのだと思う。祖母の死亡証明書の父母欄には〝不明〟とある。祖母がなぜカリフォルニアに来たのか、自分にちなんでドリスと名づけた最初の子の父親は誰なのか、知る手がかりはない。ドットとロッキーは結婚後もタフトで暮らし、一九二二年五月二六日に私の母が誕生した。その三年後、ロッキーとドットはロングビーチに居を移し、のちに離婚して、ドットは子供二人を一人で養っていかなくてはならなくなった。ロッキーは直後に再婚し、元の家族とは関わろうとしなかった。

母が知るかぎり、ドットは生涯を通じて少なくとも六度結婚している（この話を聞いたとき母の目に涙が浮かんでいるのに気づいて、私は慰めようと試みた。「泣かないで、ママ――世界記録はきっともっと多いから」）。母によると、ドットはある晩、ロッキーの次に結婚した男の家庭内暴力から逃れようと、家の裏窓からこっそり抜け出したらしい。しかし、その混沌とした時期について母から聞いたことはそれだけだ。ドットはクリーニング工場で業務用スチームアイロンのオペレーターの仕事を見つけ、のちにジェームズ・キーホーという心優しい海軍退役軍人と結婚した。ジェームズは母や妹を我が子同然に扱った。ランディと私が母方のおじいちゃんと呼んで慕ったのは、このジェームズだ。

いま思えば、父と母は、あの世代特有の満たされない思いや心の渇きをずっと抱えていたのだろう。二人はどんなときも愛情を惜しまず、いつも周囲に目を配って人に丁寧に接しなさいとランディや私に言い聞かせ続けた。一方で、胸の奥深くにしまいこまれた感情や心の傷を他人に見られまいとした。二人は六五年の歳月をともに生き、それぞれが育った機能不全で不安定な家族を忘れようとした。私たちにもそう話していた。生い立ちを忘れるには自分を律して秩序ある生活を維持するのが一番だと二人は考え、その姿勢は私たち姉弟にも受け継がれた。何か欲しいものがあったら、働いて、買える日を待つ――以上。何より大切なのは誠実さだ。父も母も、過ぎたことに不満を言ったり、いつまでもこだわったりするのをよしとしなかった。過去はどうあがいても変えられない。肝心なのは、〝いま・ここ〟だ。あきらめたり、言い訳をしたりするのも許されなかった。知り合いの誰それが離婚するらしいよといった話が出るたび、両親はあわててランディと私にこう言い聞かせた。お父さんとお母さんが離婚することは絶対にないから安心しなさい。なぜなら……ともかく、離婚なんてしない。「何があっても家族は一緒よ」母はいつもそんな風に言った。「この世で一番大切なのは家族だから」

父も母も思いやりがあって愛情深く、そして複雑な人間だった。とくに父はそうだ。ふだんは冗談好きで楽しく、世界一優しくて忍耐強い人だった。生きるか死ぬかの土壇場でも冷静に対処できる消防士の一人によく名前が挙がっていた。親戚でもめごとがあれば、みな真っ先に父に相談した。問題が大きければ大きいほど、父はそれだけ適切な助言をするのが常だった。一方で、何の前触れもなく気分が変わる人でもあった。何がきっかけで怒り出すか、誰にも予測できなかった。ハンマーで自分の親指を叩いてしまったのが引き金になることもあれば、父が二四時間勤務明けで眠っているのに私が廊下で物音を立てたせいということもあった。そういうとき、父の目の色はふいに変わり、爆発しかけているのがわかる。できれば見ずにすませたい表情だった。

父が家族に暴力を振るうことは一度もなかったが、油断はできなかった。私がまだ小さかったとき、私が何かしたせいで父が怒り出し、私の腕をつかんで引っぱり上げ、鼻先に顔を突きつけてわめき散らしたことがあった。母が「ビル！　ビル！」と叫び、私が「お父さん、お父さん、下ろしてってば！」と言うのを聞いて、父は私の腕をきつくつかんでいたことにようやく気づき、驚いたように目をしばたたいて私を床に下ろした。そのあと三人そろって笑った。私はそういうところが父と似ている。一瞬で頭に血が上るくせに、怒りを忘れるのも一瞬だ。それに対して母は、不快なこと、納得がいかないことがあると無口でよそよそしくなり、その話題を完全にシャットアウトする。私にとっては母の沈黙のほうがなぜか怖かった。

いま思えば、私は自分の気持ちと行動に一線を引く方法を幼いうちに身につけたのだと思う。いまどきならおそらく多動や過覚醒に分類されるような、好奇心が旺盛でエネルギーの塊のような子供だった。朝から晩まで周囲を質問攻めにした。あらゆるものごとを解き明かそうとした。トラブルを未然に防ぐため、あるいは誰かを不快な気分にさせないようにするため、他人の顔色の変化を敏感かつ的確に読み取るようになった。父が家で眠っているのは父が無事に帰ってきているということだと考えて安心した。けれども父が起きていて神経を高ぶらせているると見れば厳戒態勢を取り、事態の鎮静化を図った。どうすれば父の機嫌がよくなるか、どういうときに一歩引くべきか、いつどのボタンを押せばいいか、見分けるのが上手になった。

私のそういった欲求は、家庭の外でも発揮された。たとえば、近所の子供が集まって試合をするとなれば、私はそのスポーツが一番下手な子がどのチームからも選ばれず最後まで残ってしまったりしないよう気を遣った。誰にも疎外感を味わわせたくなかった。誰だって仲間に入れてもらいたいはずだ。学校や近所の誰かがいじめに遭っていると気づけば、ランディと私はチームを組み、率先していじめに立ち向かった。ほかの子供たちもそれを見ていた。おかげで、私は誰よりも音痴なのに学校の合唱クラブの部長に選ばれたりして、驚くことも多かった。そうやって選ばれたのはたぶん、そのころにすでに先頭に立ってみなを引っ張っていく術《すべ》を学び始めていたからだ。

引退後にアリゾナ州に転居してずいぶんたってから、母はようやく自分の生い立ちを少し詳しく話してくれたが、やはり一切合切を打ち明けたわけではなかった。母がどこか謎めいた笑みとともに口にした言葉は、善かれ悪しかれ、私自身の処世訓に深く組みこまれている――「誰にだって秘密があるのよ、ビリー・ジーン」

第2章 恩師クライド・ウォーカー

父が海軍に入隊して家を離れたあと、母は出産まで実家に戻って過ごした。私の誕生後、ダグラス・エアクラフト社がボーイスカウトに戸別訪問をさせ、戦時国民協力の一環として工場で四時間交代で勤務する主婦を募ると、母はそれに応じた。こうして母は伝説の〝リベット打ちのロージー〟〔第二次世界大戦中に工場などに動員された女性労働者の俗称。文化的アイコンとなった〕の一人として、C-47輸送機やB-17爆撃機を製造する工場で働いた。ロングビーチには、〝ロージー〟たちを称える公園が残っている。私がおしゃべりを覚え始めたころには全国で戦時女性労働者の解雇が始まった。復員してきた軍人に働き口を譲るためだ。社会全体が戦前の秩序に返るのが当然というようだった。慣習に従えという圧力には抗しがたかった。

　国外に派遣されてファシズムと戦ったアフリカ系アメリカ人は、軍隊でジム・クロウ法〔黒人差別法のこと〕による人種差別待遇を受けたが、戦後に市民生活に戻ったあとも同じ差別にさらされた。女性は家事と育児に戻ることを期待された。女に認められた職業――看護師、秘書、教師――以外に就くなど夢のまた夢と言われるくらいならまだましで、家族を養う手段を男から取り上げる結果につながる身勝手な行為とまで言われた（一九七四年まで、成人女性でも、父親や配偶者、雇用主の承諾がないかぎり本人名義のクレジットカードを持てなかった。州によっては陪審員候補からも除外されていた）。

　大戦中、大勢の市民がそれまで知らなかった自由を味わった。戦前と同じでは世間が回っていかない。おかげで多くの変化が起きたが、それには時間がかかった。

　私の母は芯が強くて機知に富んだ人だったが、女の幸せとは結婚と出産であるという社会に広く行き渡った考えには何の疑問も抱いていないようだった。母と過ごす時間は楽しかったし、大事な場面ではかならず私の味方についてくれた。しかし、娘が社会でどうふるまうべきかについては、古い価値観にしがみついた。ある日、私が庭で近所の男の子たちとタッチフットボールを元気いっぱいプレーしていると、母からリビングルームに呼ばれた。叱られるようなことをした覚えは私にはなかった。

「ビリー・ジーン、どんなときもレディらしくいなくちゃだめよ」母は言った。

「でもママ、それ、どういう意味？〝レディらしく〟って」

「それくらいわかるでしょう」母は少しばかり腹立たしげに言った。それ以上の説明はないまま、私はタッチフットボールを禁止された。

　両親は復員兵援護法の恩恵を受け、ロングビーチのリグリーハイツ地区、西三六番ストリートに平屋建てのこぢんまりとした住宅を購入した。近隣には二種類か三種類の設計図を元に建築された、似たり寄ったりの一戸建てが並んでいた。父は何年かかけて差別化を図った。いくつかの部屋の壁を羽目板張りに変え、ガレージを造り、暖炉がついた書斎を増築した。敷地のあちこちに母が好きなバラの木を植えた。猫の額ほどの小さな芝生はいつも完璧に手入れされていた。

　四歳になるころ、私は妹か弟がほしいとせがんで両親を困らせた。母のおなかに赤ちゃんがいると知ったときは、私の願いを叶えてくれたのだと本気で信じた。父と母が病院からランディを連れ帰った日、私は弟のぷっくりと丸い頬にキスをし、甘いミルクのようなベビーパウダーの香りを胸いっぱいに吸いこんだ。弟がかわいくてたまらなかった。「この世のすべてを分かち合える相手がようやくできた」と思った。そのころの私の家族は、一九五〇年代の人気ホームコメディ『ドナ・リード・ショー』を地で行っていた。外で働くお父さんと専業主婦のお母さん、子供は二人。さらに母と祖父が犬の保護施設で私に選ばせてくれたブーツィという名の白と黒のかわいいスパニエル犬までそろっていた。

　子供のころのランディと私は本当に仲がよかった。〝ねえちゃん《シス》〟という家族だけのニックネームを私につけたのもランディだった。連れだって登校し、キャッチボールをして遊んだ。私がテニス大会で優勝するようになると、ランディは家で私の帰りをいまかいまかと待ち、私が獲得した優勝トロフィーを棚に並べ、どれがどの大会の賞品か、当の私に詳しく話して聞かせた。私が初めての遠征で中西部に出発したときは、駅で二人とも目が真っ赤になるまで泣いた。ランディが自分もプロのスポーツ選手になると宣言して以降は、一緒に仰々しい筆記体でサインの練習をした。父のおもしろおかしい言葉遣いを二人で真似するのも楽しかった。「どたまをどついてくれるぞ!」そんなおかしなせりふを真似ては肩をぶつけ合って笑い転げた。父のお気に入りのフレーズには少々きわどいものもあって、むやみに真似をしてはいけないと叱られてようやく気づくことも少なくなかった。

高速四〇五号線がロングビーチに通じるまで、労働者階級が多く住むリグリーハイツ地区は市内を縦断する鉄道線路の、〝間違った側〟——つまり貧しい地区——にあった。どちらを向いても稼働中の油《ゆ》井《せい》やぐらが屹立していた。一部はいまもまだ残っている。よくランディと自転車に乗って数ブロック先の高架橋まで行った。橋を渡った先はもう高級住宅地のロスセリトス地区で、学校の友達の大半はそこに住んでいた。手入れの行き届いた芝生の前庭がついた風格ある煉瓦造りの邸宅の前を走っていると、私たちが暮らしている世界の外にはまだまだたくさんの可能性があるのだと気づかされた。

父と私たち姉弟は、スポーツを通じて生涯続く絆で結ばれていたが、長子である私は、早く生まれた分だけ弟より早いスタートを切った。父は毎日、新聞を広げて野球の試合結果を読み聞かせてくれた。私は幼稚園に入るころには自分のバットをねだり、父が廃材で作ってくれた。すぐ先の角にあるモリーという友達の家の前にある木から、私たちの家の前の木までのざっと六〇メートルの距離を全力疾走し、父にタイムを計測してもらったりもした。「タイムを計って、お父さん! タイムを計って!」いつもそんな風にせがんだ。まだおむつを着けてよちよち歩きだったランディが、私と一緒に走り出すこともあった。父が近所の男の子たちに、うちの庭でタッチフットボールをするならビリー・ジーンを仲間に入れてやってくれとかけあってくれたときのう

弟ランディと

れしさは、いまもありありと覚えている。

　ガレージの壁に取りつけたバスケットのゴールで父がシュート練習をするときは、私がボール拾いをした。海軍を除隊したあと、現在のNBAの前身、全米プロバスケットボール協会（BAA）のセントルイス・ボマーズから声をかけられたのも当然だと思えた。せっかくの誘いだったのに、父は家族を養うために断った。そのころも父はフリースローを一〇〇本連続で決められた。父のシュートが決まるたび、私は声に出して数を数えながらボールを投げ返した。連続記録が伸びるごとに胸が高鳴った。

　当時は戦後のベビーブームのただなかだったから、近所は子供だらけだった。私は同年代のなかでは体格がよく、運動神経にも恵まれていた。ソフトボールの試合で目立つ活躍をするようになると、よく父の同僚から消防署のスポーツ大会の試合でショートか三塁を守ってほしいと頼まれた。その経験を通じ、大人になってからも別の場面で役に立つことになる大切な教訓を学んだ——男は、自分が価値を置いていることで自分より優れていると認めれば、女であろうとまずまず抵抗なく受け入れる。

　九歳のとき、パシフィック・コースト・リーグの初観戦にランディと一緒にロサンゼルスまで連れていってもらった。ロサンゼルス・エンゼルス対ハリウッド・スターズの試合で、私はその日をものすごく楽しみにしていた——が、観客席からフィールドを見下ろし、プロの野球選手は全員が男だと初めて気づいた瞬間、高揚感は一気にしぼんだ。それまでアメリカン・ドリームの話を何度も聞かされ、当然、自分にもチャンスがあるものと思っていた。何をするにせよ、自分の能力の限界まで上に行けるつもりでいた。私は球技をプレーすること、誰かと競い合うことが大好きな女の子だった。同年代の男の子に負けない実力があったし、そのおかげで女の子としては特別扱いされているらしいことをなんとなく意識してはいたが、〝おてんば〟とか〝レディらしくない〟といわれるのはいやだった。私は男の子になりたかったわけではない。自分が女の子でよかったと思っていた。ところがその日、私は壁にぶち当たった——どれほどスポーツが得意でも、女だというだけで、私の人生にはあらかじめ限界が設定されている。

「どうかした、シス?」帰りの車で、母に訊かれた。
私は無言でバックシートの窓から外を見つめていた。衝撃のあまり口もきけなかった。

消防士の職業柄、父はだいたい二四時間の勤務と二四時間の公休を繰り返していた。夜通しの勤務が明けて帰宅すると、母が少しでもゆっくり寝ていられるよう、父はコーヒーを淹れて朝食のしたくをした。それ以外にも、母に頼まれるまでもなく家事を引き受けていた。長年の結婚生活の折々に父が優雅な筆記体で母宛てにしたためたメモを、私はいまも大事に持っている。そこには、すばらしい妻、すばらしい母親でいてくれてありがとうと書かれている。母は優れた主婦だった。楽しそうにラグを編んだり、私の服を縫ったり、家族のためにちょっとしたお菓子を焼いたりしていた。人前に出たがらない人だったが、子供のために重要なことだと思えば、臆せず自分の意見を言った。私の試合の前に激励の手紙を書いてくれることもあった。戦術のポイントを並べて、「さあ行け、未来のナンバーワン選手!」と励ましてくれた。

父と母が夜に外出することはめったになく、お酒を飲むのは特別なことがあったときに限られていたが、母がカクテルのグラスホッパーを、父がスコッチをほんの少し楽しむことはたまにあった。二人でよく父のレコードを聴いていた。私の子供時代の背景にはいつも、ジャズやビッグバンドの音楽が流れていた。二人が好きだったのは、エラ・フィッツジェラルド——なかでも名盤『エラ・イン・ベルリン』で披露されているスキャット——ルイ・アームストロング、トミー・ドーシー、グレン・ミラー、カウント・ベイシー、シャーリー・バッシー、そしてジャズ・トロンボーン奏者のジャック・ティーガーデンだった。ランディと私にせがまれてリビングルームのラグを脇に寄せ、二人でダンスを披露してくれることもあった。母がプロのダンサーのように決めのポーズをしてみせたりもした。私の両親の基準では、めいっぱい羽目をはずしたひとときだった。
父が土曜の午前八時半に私たちの部屋を点検しにきたり、ランディと私は遊びに出る前に家の手伝いを終わらせなくてはいけなかったりなど、父の海軍時代の習慣の名残と思われる約束事もいくつかあった。モフィット家では、夕食に遅刻するのは絶対に許されなかった。五時三〇分きっかりにテーブルについて食前の祈りを捧げなくてはならない。家をめざして走りながら肩越しにランディのほうを振り返り、「早く！　遅れたらお父さんに怒られる！」と叫んだことが何度あったことか。夕食のテーブルではドジャーズの戦績など最新のニュースが話題に上った。食事がすんだら宿題の時間だ。ベッドに入る時刻は早かったが、私はよくその一人きりの時間を使って読書にふけった――歴史の本や伝記など、あらゆるジャンルのノンフィクションをむさぼり読んだ。

父の給料だけで家計をやりくりしなくてはならなかったから、母はつねに倹約を心がけていた。テレビを購入したのは近所でも遅いほうだった。単純に、買うお金がなかったからだ。私が初めてテレビを見たのは一九五三年、九歳のときだった。近所の家に招かれて、イギリスのエリザベス女王の戴冠式を見た。ウィンブルドン選手権をはじめ、いろんなものやことがらに表れる英国流の絢爛豪華《けんらんごうか》さや様式美に触れたのは、それが初めてだった。私は後に当事者としてそれを経験する幸運に恵まれることになる。

母がしてくれたことのなかで最高にありがたかったのは、一〇歳の私に家計簿を見せたことだ。電灯のスイッチを入れるたび、わずかとはいえお金がかかっているなんて、それまでの私は想像さえしていなかったし、車で移動するごとにガソリン代がかかることも知らずにいた。母が家計簿を見せたのは、ランディや私にせがまれたものを買わないことがあっても、それは父や母が私たちをないがしろにしているからではなく、単にお金が足りないからであると私に教えようとしてのことだった。食べるものに困ることはなく、日曜のちょっとした贅沢に肉のローストが出てくることもあったが、ふだんの食卓に並ぶのはツナのキャセロールやミートローフに缶詰めの野菜といった献立だったし、いつもバターの代わりにマーガリンを使っていた。初めて外食をしたのは、たしか一一歳になってからだ。そのときでさえ、ハンバーガーはともかく、ミルクシェークとフライドポテトのどちらかしか頼めなかった。節約のためにどちらか一つを選ぶしかなかったのだ。家で食べるときも、父はよく「いやはや、おまえたちは

1953年、エリザベス二世の戴冠式を友人ジュディ・ウォーリックの家のテレビで見たことを覚えている。あれから47年後にイギリスに行き、ウィンブルドンで陛下にお目にかかれるとは夢にも思っていなかった。

本当によく食べるな」となかば嘆いていたし、私たちがお代わりしようとすると、母から咎めるような視線を向けられることもあった。いまになっても私は、レストランでみんなが好きなものを好きなだけ頼んでいるのを見ると、うれしくなる。

そういった制限が災いして、ランディと私は食べ物との関係に生涯苦しむことになった。子供のころの私は、少しでもお小遣いが余るとさっそくお店に行き、スリー・マスケティアーズのチョコレートバーの〝ごちそう〟を買った。食べたいものを食べる自由が心の清涼剤だったのだ。やがて一〇代後半から父母の付き添いなしでテニス遠征に出るようになってから、アイスクリームなどのおやつを好きなだけ食べまくるようになり、体重はジェットコースターのように激しく増減した。摂食の問題はいまも私を苦しめている。

年齢を重ねるにつれ、家の約束事や両親の価値観が障壁になる場面が増えた。それは抑圧の声となって、成人して家を出たあとも頭のなかに居座り続けた。でも、だからといって父母の愛情や献身を疑ったことは一度もないし、少しでも恩返しをしたいと願い続けてきた。両親を落胆させたくない一心で努力を重ねた。二人が一番よいものを私たち姉弟に与えようとしてくれていることはわかっていた。

　生きていくうえで、あるいはテニスを続けるうえで壁に突き当たっても乗り越えられるのは、両親の教えがあるからだと子供心に理解していた。目先の満足にとらわれず、長期の利益を優先するよう幼いうちに教えてもらったおかげで、可能なかぎりの努力をして結果を待てるだけでなく、目標はかならず達成できるという信念と自信が身についた。人と違っているからというだけで必要以上の努力を強いられたり、歓迎されなかったり、不利な立場に追いやられたりしても平気だったし、そこからさらに努力を重ねられた。他者への共感はあっても、簡単に利用されたりはしなかった。自分の権利は自分で主張した。テニスでナンバーワンになるという目標に向かうとき、そういう性質は後押しになった。

　スーザン・ウィリアムズと初めてボールを打ち合った時点ですでに、私のようなブルーカラーの家の子供がカントリークラブの会員になれないことはわきまえていた〔「カントリークラブ」というと、日本ではゴルフ場を指すことが多いが、アメリカでは〝スポーツ施設やレストランを備えた社交クラブ〟を指す〕。けれども、スーザンとともに一九五四年の夏にクライド・ウォーカーと出会ったとき、それは大した問題ではなくなった。スーザンと私がクライドのテニス教室に参加したきっかけは、ソフトボールの監督だったヴァル・ハロランだった。のちに私たちのチームをロングビーチ市大会で優勝に導いたヴァルは、「親切な男性」がホートン・パークで無料のテニス教室を開いていると教えてくれたのだ。その直後に私は、南カリフォルニアが大勢の一流選手を輩出しているテニス王国であることを知った。まもなくクライドを追いかけ、ロングビーチ中の公園を曜日ごとに巡回するようになった。月曜はシルヴァラード、火曜はホートン・パーク、水曜はサマセット、木曜はラモーナ、金曜はリクリエーション・パーク。

「またきみか」私が来たのに気づくと、クライドは笑って言った。そしてそう言いながらもずいぶん目をかけてくれた。

　小学校のクラス写真を見ると、そのころの私はまだ背が高いほうから数えたほうが早かった。教室に通い始めてすぐのころ、クライドはこう尋ねた。「きみはいくつだって？　一四歳だったか」私はこう答えた。「いいえ。今度の一一月で一一歳です」するとクライドは驚くと同時にうれしそうな顔をした。内心の声が聞こえるようだった――「ふむ。先が楽しみだな」

クライドは優しい人だった。当時六〇代後半で、薄くなりかけた髪と丸っこくて大きな鼻をしていた。がらがら声のコメディアン、ジミー・デュランテにそっくりだった。クライドはポケットの小銭をちゃりちゃり鳴らす癖があって、これにはいらいらさせられた。それでも面倒見がよくて、生徒もクライドを慕っていた。クライドの意見は私には大きな意味を持った。

ほどなくクライドは、スーザンと私を大会にエントリーするようになった。私がクライドにこう訊いたのは、ちょうどこのころだ。「ねえクライド、あたしを世界チャンピオンにしてくれる？」

するとクライドはこう答えた。「それはできないよ、ビリー・ジーン。だが一生懸命頑張れば、きみが自分の力でチャンピオンになれる」

クライドの言葉に勇気づけられ、私はテニスの技術を磨くことに没頭した。人生を織り上げている希望の糸は頼りない。しかしあの日、私がクライドから与えられた自信は、それより太くしっかりしていたのだ。暇さえあれば、自宅ガレージ前のコンクリート敷きの私道を仕切る木のフェンスで壁打ち練習をした。近所の人たちはボールの騒音をよく我慢してくれたと思うが、しばらくすると木のフェンスは度重なる衝撃に耐えきれず壊れてしまった。父が今度はコンクリートブロックの塀を立て、夜ごとの壁打ちが再開したとき、近所の人たちはまたかとうんざりしただろうか。暗くなっても練習できるよう、父はスポットライトも設置してくれた。「あと一球だけ。もう一球だけ」私は自分にそう言い聞かせた。

初めて買ったラケットはすぐにだめになった。クライドはホートン・パークの中古ラケット置き場に私を連れていき、スポルディングのパンチョ・ゴンザレス・モデルを選び出した。あのラケットもお気に入りだった。パンチョ・ゴンザレスは、テニスを始めた当初の私の憧れの選手だった。毎晩、白と黒のフレームの手入れをした。ガットを少しでも長持ちさせたくて、透明マニキュアでコーティングした。また、いつも練習しているセメント敷きのコートにこすれて傷がつかないよう、木製のフレームの縁に粘着テープを貼った。

私とスーザンの初めての大会にクライドが選んだのは、五四年のクリスマス休暇にロングビーチ・シティ・カレッジで開催された初心者レベルの試合だった。私はスーザンと対戦し、0－6、0－6で負けたが、まるで歯が立たなかったことで、むしろ闘志に火がついた。スーザンは学校の優等生で、とても優しい子だったけれど、急速に仲よくなったそもそもの理由はおそらく、スーザンも私と同じくスポーツ全般が得意だったからだ。当時、ロングビーチの同年代の選手ではスーザンが一番強かったが、それでも私は、一ゲームすら奪えなかったことが悔しかった。スーザンより強くなる。それが私の最初の目標になった。両親にもそう宣言した。

テニスが上達したくて人一倍努力したことももちろんだが、私の両親のバックアップに加え、クライドの熱意と慧眼《けいがん》がなければ、私の人生はまったく違うものになっていたかもしれない。私は幸運だった。

ロングビーチ公園緑地課の招聘でカリフォルニア州に移ってくる前、クライドはテキサス州タイラーのカントリークラブでコーチを務めていた。壮大なジュニアテニス選手育成プログラムを思い描いていたが、当初はロングビーチ市当局から相手にされなかった。それでもクライドは説得を続けた。私が現れるまでの一〇年をかけ、いくつかの地元新聞社に五年計画を売りこみ、スポンサーになってくれるよう働きかけた。「我が町にパイオニアはいないのか」クライドはそう問いかけ、テニスは生涯続けられるすばらしいスポーツであり、ロングビーチ市民の誇りとなるだろうと力説し、南カリフォルニアの周辺都市は傑出したテニス選手を輩出しているのに、ロングビーチは後れを取っていると訴えた。

最後にクライドは、ロングビーチを未来のチャンピオン育成の地にという彼の夢に賛同した民間グループ、ロングビーチ・テニス・パトロンズとセンチュリー・クラブの出資を取りつけた。二つの団体が後ろ盾となり、私のような有望な選手が競技を続けられるよう、遠征費などの活動費を援助する体制ができあがった。そのころはたった二ドルのエントリー料さえ、うちの家計には大きな負担だった。

クライドが子供の扱いが抜群にうまかったことも功を奏した。クライドは忍耐強くおおらかで公平な人物で、私にとってはそれも幸運だった。初めて教室に参加したときの私は、テニスについて本当に何一つ知らなかったのだから。テニスのゲームやセットのスコアの数え方からして謎だらけだった。ポイントを15、30、40と数えるのはどうして？　「だって、次は45だよね？　40じゃなくて」私はクライドに尋ねた。「〝ゼロ〟を〝ラブ〟っていうの？　そんなの聞いたことない。わけわかんないんだけど」

クライドはまた賢明にも、子供には成果をすぐに実感できるような練習をさせるのが一番だと考えていた。同じ反復練習でも、実戦に近いやり方をする。おかげで子供でも九〇分の練習を飽きずに最後までこなせた。私のような新入りがいれば、すぐ背後について、ボールを地面に弾ませながら素振りを教えた。「これがフォアハンドで……これはバックハンドだよ」クライドは手品の種明かしをするような調子でそう教えた。まずは基本を叩きこむのが一番との考えから、初心者にはグラウンドストロークの練習から始めさせた。最近のコーチ法とは違い、生徒同士で打ち合う（ラリーをする）のはだいぶ後回しだ。ただし、私のテニスは当時からアグレッシブだった――といっても、そういうプレースタイルがあると知っていたわけではない。〝猪突猛進〟の性格に合っていただけのことだ。

ポイントが始まるなり、私はネットに突進する。するとクライドの声が飛んでくる。

「ビリー・ジーン、ベースラインに戻りなさい」

「でもクライド、ネットプレーが好きなの！　このほうがいい！　ノーバウンドで打つほうが楽しいし」

「わかってる、わかってるよ――ちなみにそれはボレーと呼ぶんだ」クライドはそう言い、私はしぶしぶバックコートに下がる。学ぶべきことはまだまだたくさんあった。

クライドのテニス教室を追いかけ、週に五日、放課後に市内の公園を順に巡っていた子供は、スーザンと私のほかにもう一人だけいた。うちの近所に住んでいたジェリー・クロムウェルだ。シェル石油の重役だったお父さんの転勤でスーザンがコロラド州デンヴァーに引っ越してしまったあとは、ジェリーが私の親友になった。ジェリーはまだ体が小さく、ロスセリトス小学校では一学年下だったが、テニスでは私より先輩で、九歳ですでに優秀な選手になっていた。

クライドはよく、コーチを始めた当初からずっと見どころのある子供を探していたのだと話した。そこへジェリーと私が現れて、一気に二人見つかった。クライドによると、それまで数百、もしかしたら数千人の子供を教えてきたが、この世の何よりテニスが好きで、しかもそのための選手になりたいという意欲を燃やし、しかもそのための努力を惜しまない子供は、ジェリーと私が初めてだったそうだ。そう聞いて、もちろん、私たちはますます身を入れて練習した。いまになってもジェリーは冗談でこんな風に言う——私に脅されたりおだてられたりしたあげく、テニスに耐える脚力をつけるためという名目で毎朝五キロの距離を並んで歩いて学校に通う羽目になったよな、と。

クライドのグループ・レッスンが終わったあとも、ジェリーと私はたいがい居残って練習を続けた。クライドもそれにつきあい、より上級のストロークを教えてくれた。ハーフボレー、ボレー、スマッシュ。対角線にボールを出し、ベースラインを左右に動きながら打ち返す練習も延々とさせられた。日が沈んでボールが見えなくなるとようやく練習は終わり、めったにないことではあったが親のどちらかが迎えに来られないようなときは、クライドが四八年型のシボレーで送ってくれた。日によっては途中でクライドの家に寄り、奥さんのルイーズからおやつや庭でもいだばかりのアボカドをもらうこともあった。のちにジェリーは一八五センチまで身長が伸び、南カリフォルニア大学やアメリカ代表チームで活躍した。プロにだってなれただろう。そのくらい強い選手だった。

私の父もそうだったが、クライドが私に制限を課すことはまずなかった。クライドは、ジュニアの初心者にはいつもアンダーハンドのサーブから始めさせた。しかし、私はすぐにオーバーヘッドのサーブを習得した。クライドからサーブの正しいフォームを教わると、自分でいろいろなスピンを試すようになった。ある日、クライドがジェリーにアメリカン・

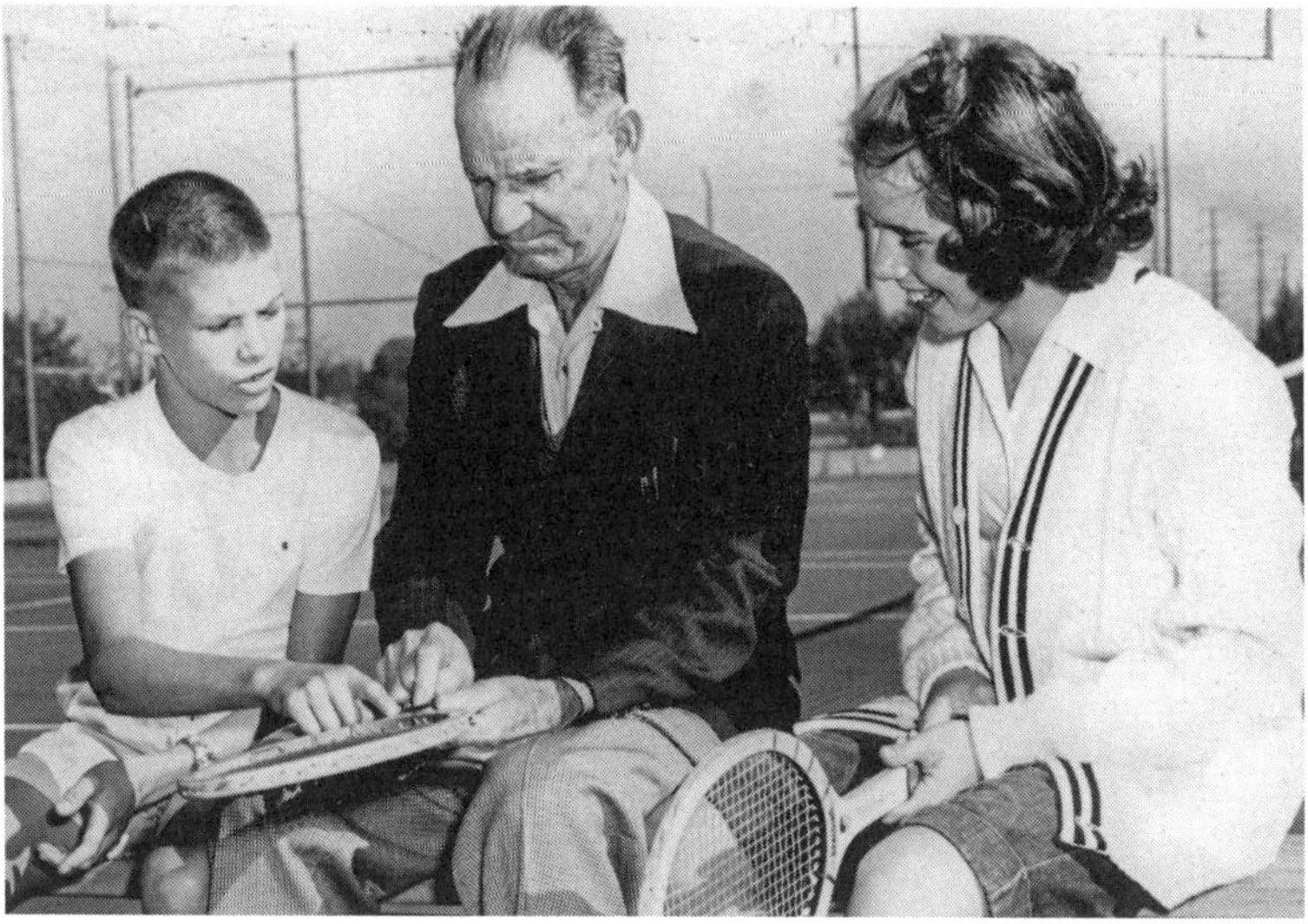

最初のコーチ、クライド・ウォーカーは、ジェリー・クロムウェルと私にいつでも必要なだけ時間を割いてくれた。

ツイストサーブを教えていた。トップスピンをかけ、バウンド後にサーバーの利き手側に弾むように打つサーブだ。現在ではキックサーブと呼ばれている。

「クライド、わたしにも教えてくれる?」私はそう頼んだ。

「女子はアメリカン・ツイストを使わないんだよ」クライドは言った。ボールを頭の真上より少し後ろにトスするアメリカン・ツイストは、未発達の女子の体には負担が大きいとされていた。当時の私にはうまく言葉にできなかったが、それもまた、女の子に高望みをさせないための屁理屈としか思えなかった。女の体は壊れやすく、将来子供を産めなくなりかねないからやってはいけない山ほどのこと——バスケットボールをフルコートでプレーしてはいけないし、オリンピックでも長距離走は無理だというような——の一つでもあった。大まじめにそんなことが言われた時代だったのだ。

「アメリカン・ツイスト、試しにやってみるくらいならいいでしょ?」と私が言うと、クライドは折れた。私は一度で成功し、クライドは喜んだ。それを境に、私は男子選手と同じサーブを打っていいことになった。

私が私であることに――つまり、揺るぎない熱意を備えた規格はずれの女の子であることに変わりはなく、私の意気込みは、ときに面倒な問題を招き寄せた。神様は私に割り増しのエネルギーを授けたのだと私はよく言っていた。一日が二四時間しかないのでは、テニスをはじめ、やりたいことをすべてやる暇がないと思っていた。父と母に、いろんなことをバランスよくできるようになりなさいと言われていたからなおさらだった。

テニスを始める前の私は学校の優等生だったが、主要な教科の成績がBより下がったらテニスはやめさせると父母から言い渡されていた。実際、高校の化学でCを取ってしまったことがあって、練習を禁止された。私は四週間かかって父を説得し、また練習できることになったが、その四週間は永遠と思えるほど長かった。それより前に窮地に立たされたのは一度だけだ。五年生のとき担任の先生から家に電話があり、このままでは娘さんは読解のクラスで落第しますと告げられて、父が仰天したときだった。

「読解で落第？　いや、それはないでしょう」父は言った。「だって、あの子は毎日寝る前にベッドで本を読んでいて、いいかげんに明かりを消して寝なさいと叱られるくらいなんですよ」

私は落第を回避すべく努力を開始した。何が問題かといえば、上がり症のために人前で話すのが苦手なことだった。いまも同じ悩みを抱えている。そうは見えないかもしれないが、人前で何かするときはがちがちに緊張してしまう。子供のころはもっとひどかった。授業中に当てられるのが本当に怖かった。しゃべらなくてはならないからだ。家に電話がかかってきたその日も、授業中に指名され、課題本の感想を発表しなさいと言われて、私は凍りついた。先生は、課題本を読んでこなかったと勘違いしたらしい。

帰宅すると、父が待ちかまえていた。いかめしい顔で「いまから学校に戻って、先生の前で感想を言いなさい」と叱った。母も父に加勢した。二人とも頑として譲ろうとせず、やがて私は一〇歳の子供のきいきい声で叫んだ。「無理なんだってば、お父さん。できない！　それならお仕置きのほうがまし！」父は落ち着き払った声で繰り返した。「シス、やらなくちゃだめだ」私は自分の部屋に駆けこんでベッドにもぐりこみ、しゃくり上げ、手足をばたつかせ、泣いた。何時間たったのかわからないが、ついに母が様子を確かめに来た。父は戦術を変えて優しい声で言った。「いまどんな本を読んでいるんだい？その本のことをお父さんに説明してごらん」そのとき読んでいたのは、ピーター・ストイフェサントと植民地時代のニューヨークについての本だった。「お父さんを発表の練習台にするといい」父はそう促した。そこで私は洟《はな》をすすりながら、本の感想を話した。途中でいくつか気づいたことをメモした。寝る前に、ラガディ・アンのお人形も一緒に泣いていたと母に言うと、アンに点鼻薬を注してやるのを手伝ってくれた。練習が功を奏したか、次の日、私は膝を震わせながらもどうにか感想を発表し、及第点をもらった。

それから一年ほどたった一一歳のとき、私のテニス熱がまたも問題になるできごとがあった。モフィットのおばあちゃんの家のリビングルームに小型のアップライトピアノがあって、おばあちゃんが美しい曲を弾いているのを幼稚園時代に聴いたときからずっと、ピアノを買ってと父母にせがみ続けていた。私が五年生になる年にようやくピアノが買えるお金ができた。偶然にも、クライドの教室に通い始めてテニスに夢中になったタイミングだった。念願のピアノを買ってもらったのに、たった一〇カ月か一一カ月後にはピアノのレッスンはもうやめたい、テニスの邪魔になるからと言い出して、母の不興を買った。

やれやれ、あのときはたいへんだった。母は部屋のなかを行ったり来たりしながら、ものすごい剣幕で言った。「お金を貯めるのに何年かかったと思うの。あなたがほしいと言うからピアノを買ったんでしょう」行ったり来たり、行ったり来たり。「なのに、途中でやめたいだなんて」射るような視線。「あなたがちゃんと楽譜を読めるようになった、ピアノが上手になったとお母さんが納得するまではやめるなんて許しませんよ。わかったわね？」両手を腰に当てる。「それがうちの方針なの！」

見上げたものだった。父なら、私にあそこまで厳しくできなかっただろう。私はさらに一年か二年、ピアノのレッスンを続けて、発表会でチャールズ・ウィリアムズの『ドリーム・オブ・オルウェン』を楽譜を見ながら弾けるまでになった。母は約束を守った。発表会のあと、母に期待のまなざしを向けた。

しかし、そのとき母に言われたことを私は一生忘れないだろう。「これだけ弾けるようになれば、レッスンはもうやめてかまわない。でも、本心ではピアノをずっと続けてほしいと思ってる」

いま、パートナーのイラナ・クロスと暮らしているニューヨーク市のアパートには、実家にあったのと似たサイズのアップライトピアノがある。『ドリーム・オブ・オルウェン』の楽譜もまだ持っていて、ときおり弾いてみるたび、母のことを思い出す。

私たちは、リグリーハイツ地区の我が家から歩いてすぐのところにあったロングビーチ第一ブレザレン教会に一家で通っていた。ただでさえ私の頭はスポーツのことでパンクしかけていたというのに、第一ブレザレン教会の牧師は、よりによって棒高跳びの元オリンピック選手、ボブ・リチャーズ師だった。師は一九四八年ロンドン・オリンピックで銅メダルを、五二年ヘルシンキと五六年メルボルンでは金メダルを獲得している。朝食用シリアル〈ウィーティーズ〉の箱の側面や背面にはそれまで大勢のスポーツ選手の写真が印刷されてきたが、前面に載ったのはリチャーズが最初で、のちに同ブランドのテレビCMにも出演した。また自己啓発講師としても活躍した。新聞は揶揄するように〝棒高跳び先生〟などのあだ名で呼んだが、会衆はみな、聴く人を引きつけて離さない説教師であり、教会横の運動場でのトレーニングを欠かさない熱心なアスリートでもある人物と見て、リチャーズを慕っていた。

世界一をめざす野心に満ちたスポーツ少女だった私にとっては願ってもない環境だった。父や母が用事で欠席するときでも、リチャーズ師の説教を聴きたいがために毎週ランディと二人で教会に通った。当時の説教はいまでもYouTubeで視聴できる。リチャーズ師の力強い説教に鼓舞されて、聴き終わるころにはいつもかならず大砲で天高く打ち上げられたような気分になった。まるで私だけに向けられた言葉のように感じることも少なくなかった。

私は生きるうえでリチャーズ師からひじょうに大きな影響を受けている。師はスポーツを〝独立独歩の言語〟と呼び、自分の弱点を見きわめて克服するには厳密な自己分析が必要だと力説した。クライドや私の父と同じように、人生であれスポーツであれ生まれながらの勝者などいない、人は努力して勝利を勝ち取るのだと説諭した。自分を例に挙げることもよくあった。「いまみなさんの前に立っているこの私ほど平凡な人間はそうそういません」ある日の説教で、師はよく通る声でそう話した。話すうちに感情が高ぶって、少しずつ早口になった。「身長一七八センチ、体重は八二キロ。並の知能に、並の声。まさに平凡を絵に描いたようです。そうであっても――」

リチャーズ師はよくそんな風に芝居がかった間を置いた。私は陶然として先を待った。「そうであっても、自分の弱点に屈してはなりません。絶対に屈してはならない！　与えられたものを活かし、それを力に変えるのです。脚が弱点なら、走って鍛えましょう。ロープを上れば、腕はたくましくなります！　勝者とそれ以外の違いは何か。そういった小さな努力を積み上げるかどうかです。たとえばボクシングのロッキー・マルシアノ。彼は腕の力が足りませんでした。だから近所のプールに通い、上腕を鍛えました。そしてヘビー級の世界チャンピオンになったのです！」

師の説教の要点はこうだ――〝万事は自分しだい。まずはやってみること〟。

ブレザレン派は神学上、メノー派と同じグループに属する。穏やかで質素な生活を営み、神の栄光を称え、善行によって神の言葉を広めよというのがイエスの教えであると信じている。なかなかいい考え方だと私は思った。ブレザレン教会では、人の評価は教会に通った回数ではなく行いの質によって決まる。親切な行いをしたか。善い行いをしたか。他人に奉仕する人生を送っているか。

リチャーズ師は、それに加えて忍耐を説いた。それは従来の常識と早くも真っ向から対立していた私のような女の子には大いに意味のある教えだった。師は自分自身の成功を引いて説教をした。リチャーズ師が一九五二年のヘルシンキ大会で金メダルを獲ったとき、あるロシア選手から祝福のハグを受けた。

アメリカでは激しい非難の声が湧いた――冷戦のさなかに親しげに祝意を受けるとは何ごとか。リチャーズ師は与《くみ》しなかった。とても美しい瞬間だと感じた。そしてこの教会はあらゆる人を歓迎すると力をこめた。会衆のなかには良心的兵役拒否者もいたが、その人たちは退役軍人と並んで座っていた。

幼くて感受性が強かった私は、そんな空気にすっかり魅了された。六年生から七年生にかけてのどこかのタイミングで、私は浸礼を受けたいと申し出た。誰かに促されたわけではなかった。ブレザレン教会は自由意志を重んじる。浸礼を受けるかどうかは、その人と神とが決めることだ。そんなわけである日曜日、父母と会衆が見守る前で、リチャーズ師は祭壇の奥のカーテンを開けた。前面パネルの裏側に階段が二組ついた浸礼槽が現れた。イエス・キリストを救い主として心に受け入れますと私が宣言すると、リチャーズ師が階段を下りて浸礼槽に入った。水着の上に白いシーツを巻きつけた私は、反対側の階段から浸礼槽に下りた。生まれ変わりの儀式が始まる。師は私を三度水に沈め、父と子と聖霊の名において私に浸礼を授けた。終わって水面に顔が出たときには、苦しくて必死に息を吸いこんだ。

中学校から高校にかけて毎晩聖書を読み、日曜学校の授業が始まる前のお祈りではたびたび先導役を務めた。煙草やお酒はやらず、何年ものあいだ、テニス遠征にはかならず聖書を持っていった。聖書は、各地を転々としながら初めての家の初めてのベッドで休む慣れない生活を支える救いになった。一時期は宣教師になろうかと本気で考えたくらいだ（この話をクリス・エヴァートにしたら、クリスは目を見開いてこう言った。「私も！」）。

教会で教えられた聖書の解釈の一部について、とくに女性のとらえ方について疑問を持つようになったのは、もう少し年齢が上になってからだ。また、ボブ・リチャーズ師がロングビーチを離れて別の教会に移って何年もたったころから、極右の政治主張を展開し始めたことを知った。師のその一八〇度の豹変ぶりを、私はいまでも信じられずにいる。さらに一九八四年、リチャーズ師は白人至上主義を掲げるポピュリストから大統領選に出馬するという、まさに風車に挑むドン・キホーテのごとき荒唐無稽な行動に出た。そのようなふるまいをする人物とあのリチャーズ師とが同一人物だとは、私にはとうてい信じられない。

あのころ私が知っていたリチャーズ師は、スポーツの王者は人々に希望を与えられると身をもって示した。スポーツには人の心を変える力があるという師の持論は、私の信念を補強し、その後の私を支えた。女の子はスポーツをやるべきかとの問題について、私は互いに矛盾するメッセージを受け取り続けていたが、リチャーズ師は、そんな問いが意味を持たない高みまでいけるはずだと自信を与えてくれた。信念と努力があればやり遂げられると教えてくれたもう一人の大人が、リチャーズ師だった。

そのころ教会で学んだ基本教義——たとえば、思いやりを持つこと、善行を続けて人に奉仕する心がけを失わないこと——を疑ったことは一度もない。政治上の意見が異なる相手、思想や宗教に関して意見が異なる相手と話をするとき、そのころの経験がいまも役に立っている。相手の話に真剣に耳をかたむけ、敬意とともに接すれば、そこからいかに多くを学び、達成できることか。考え方が違うからといって批判しても、得られるものは何もない。

試合経験を積むにつれ、南カリフォルニアのテニス事情が私にも少しずつ見えてきた。一九五五年の春、ジェリー・クロムウェルとスーザン・ウィリアムズと私は、名門ロサンゼルス・テニスクラブで開催された南カリフォルニア選手権に出場した。この大会にはクライド・ウォーカーがロングビーチで教えていた生徒のうち五名が出場した。私の心は躍った。初心者レベルを脱し、初めて公式トーナメントに出られることになったのだから。ジュニアランキング入りしたのもそれが初めてだった。

私は一三歳未満の部に出たのだが、どういうわけか開幕日を誤って伝えられていた。母と私は一日遅れで会場に到着した。しかしその日、有望な選手を探しに来ていたスポーツ用品会社ウイルソンのセールスマン、ジョー・ビクスラーが親身になって一回戦のやり直しを交渉してくれた。対戦相手のマリリン・ヘスターも快く受け入れてくれた。一回戦に勝つと一日で二試合戦うことになるが、かまわなかった。大勢の有名選手が試合をした同じコートに立てるというだけで有頂天だったし、ジョーが試合で使いなさいといって新品のボールを二つくれて、うれしさは倍増した。ふわふわの新品を使うのは初めてだった。鼻先に押しつけて、新品のボールのにおいを胸いっぱいに吸いこんだ。掌で転がして、毛羽が肌をくすぐる感触を味わった。

　マリリンにはストレート勝ちした。その試合について覚えているのはそれだけだ。人生初の公式戦だったのだから、何も覚えていないのは不思議に思われるかもしれない。しかしその後のテニス人生を通じて、それが私のお決まりのパターンになった。勝った試合のことはいつもすぐに忘れてしまう。二回戦の相手は、大柄でパワーのあるアン・ザヴィトフスキーで、私より経験豊かだった。この二回戦のことはよく覚えている。ライン上に落ちたボールは〝イン〟だとそれまで知らず、この試合中にアンに指摘されたからだ。第三セットの6－6まで粘ったものの、私は敗退した。終わったときには足がまめだらけになって、まともに歩けないくらいだった。三セットまでプレーしたのも初めての経験だった。

　だがその日、ほかのできごとが一気に色褪せるようなことが起きた。その朝、母と一緒にロサンゼルス・テニスクラブに着くなり、正面階段で全ジュニア選手の記念写真を撮影しているからすぐに行くようにと言われた。喜んでほかの選手と一緒に並ぼうとしていると、洋ナシ体型でペンギンのようによちよち歩く男性がやってきた。「きみ！　そこの子！　きみは出て！　短パンなんかで写真に入るんじゃない。スコートかワンピースでないとだめだ」

　それがペリー・T・ジョーンズとの初めての（そして最後ではない）衝突だった。ジョーンズは、ロサンゼルス・テニスクラブに本部を置く南カリフォルニア・テニス協会の会長だった。クラブの規則には、選手は白一色のウェアを着用のことという項目があるだけなのに、ジョーンズは勝手にそこに新しい規則を追加した。みなジョーンズを〝皇帝〟と呼んでいた。王国に圧政を敷く暴君そのものだったからだ。テニス選手はどんな外見をし、どんな言葉遣いで話し、どうふるまうべきか、凝り固まった考えを持っていた。このあと何年にもわたり、私はジョーンズの言動に憤慨したり、腹筋が攣《つ》りそうなくらい大笑いしたりすることになる。高校時代にスーザン・ウィリアムズと私がある賞をもらったとき、〝皇帝〟が私たちに授けた賞品は、新しいラケットと……赤ちゃんのお人形だった。それ、何の冗談よ？

ジョーンズに初めて会ったあの日、恥をかかされた母のことがとにかく気がかりだった。そのとき私が穿いていたかわいらしいショートパンツを縫ってくれたのは母だった。母はひどく落ちこみ、その日のうちに白い布を一巻き買ってきて新しいワンピースを仕立てた。コーヒーカップを型に使って、裾に扇形の縫い取りまでしてくれた。あの直後の私は、ジョーンズの難癖は私に向けられたものだと気づいていなかった。それより母の胸中を思って悲しかった。だが、だんだん猛烈に腹が立ってきた。それまで私はほかのスポーツの試合に何度もショートパンツで出場していたが、あんな言いがかりをつけてきた大人は一人としていなかった。テニスだけがそこまで閉鎖的なのはなぜなのか。

「気にしないでよね、お母さん」私は母に言った。「あの人、いつかきっと見返してやるから」

その一件で、勝ちたい気持ちはますます強くなった。

その年と翌年の夏、私はできるかぎり多くの試合をこなした。そのなかで、闘争心が高じて癇癪《かんしゃく》を起こさないよう自分を律することを学ばなくてはならなかった。短気は親譲りなのだと思う。父はランディや私にいつもこう言い聞かせた——肝心なのは勝つことではない。そのくせ父自身は負けずぎらいもいいところだった。バスケットボールのナイトリーグの試合に出ていたころ、試合中に喧嘩をして退場処分を食らったことも何度かある。コートからチームメートに引きずられていくあいだも父は大声を出したり文句を言い立てたりしていて、その様子を観客席から見ていた母と私は、顔を見合わせては「またやってる」という言葉をのみこんだ。あんなに騒いでみっともないと思う一方で、私はそんな父の闘志が憎めず、いつもこう言ってかばった。「お母さん！　お父さんは負けるのがきらいなだけ！　我慢しろっていうほうが無理なの！」

しかし、父は愚かな人間ではなかった。テニスを始めてすぐのころ、私はむしゃくしゃしてラケットを地面に放り投げたりすることがあった。ある日、父が見ている前でそれをやってしまった。父はその場では何も言わなかったが、煮えくり返るほど怒っているのが帰りの車のなかで伝わってきた。家に着いて車を降りるなり、父は私をガレージに引っ張っていった。

「ビリー・ジーン、ラケットを貸しなさい。大事でもなんでもないんだろう？」父は電動のこぎりのスイッチを入れた。

「やめて、お父さん」私は叫んだ。「もう絶対に投げたりしないから！」ラケットはその一本しか持っていなかった。父は有無を言わさずラケットを奪い取り、木のネック部分からほんの数インチのところまでのこぎりの刃を近づけた。私は目を見開いてふたたび叫んだ。「お願い、お父さん。お願いだからやめて！」長いあいだ私の顔をじっと見つめたあと、父はのこぎりのスイッチを切り、ラケットを返してくれた。それから警告するように言った。「またあんなふうに癇癪を起こしたら、次はコートからつまみ出すぞ」私はもう二度としないと心の底から約束した（が、それは長続きしなかった。永遠に続くものなど、どこの世界にもない）。

　八年生に進級する直前の一九五六年の夏、私はだいぶ試合に勝てるようになり、うれしいことに『ロングビーチ・プレス＝テレグラム』紙に取り上げられた。記事では「天才少女」「ロングビーチのテニスの神童」などと呼ばれた。さすがに第一面に私の名前が載ることはなかったが、そんなある日、大きな見出しが躍った――〈モフェット、準決勝進出ならず〉。ちょっと待って。私のラストネームはモフィット。名前を間違えないでよね！　記事の本文では、私が０－６、０－６で負けた全米ジュニア都市公園テニス選手権準々決勝の模様が簡単に紹介されていた。

「負けた試合の話なんか書かなくたっていいじゃない」私はそう言い捨て、新聞を台所の床に放った。

　そこで初めて、父と母の視線に気づいた。

　そこから父は一〇分から一五分ほどかけ、何を書かれてもいちいち気にしないことだと根気強く言い聞かせた。「過去は重要ではないんだよ。歴史から学ぶ必要はあるが、歴史は変えられない。起きたことは起きたことだ」いまこの瞬間を生きることこそが大切なのだと父は言った。スポーツ選手として成功したいなら、それを学ぶしかない。その日、父は新しい規則を作った――これを最後に、自分のことが書かれた記事を読んではいけない。私は引退するまでその規則を守り通した。どうしても必要というのでないかぎり、いまも自分の記事はいっさい読まないことにしている。

あの日からおよそ六〇年後、両親が死んだあと、雑誌や新聞の切り抜きが何箱分も出てきた。ランディや私が取り上げられた記事をすべて取っておいてくれたのだ。私はそんなこととはまったく知らずにいた。

準々決勝で惨敗して、私はそれまで以上に必死に練習した。なのに、簡単なはずのショットをミスしてばかりいた。なぜなのかわからなかった。何カ月もたってから、八年生の理科の授業でスライドを見たとき、ようやく理由がわかった。スライドの文字が読めなかった。

両親に連れられて眼科に行き、検眼してもらったところ、おそろしく目が悪いことがわかった。幸い、簡単に視力2・0まで矯正できた。眼鏡をかけると、戦闘機パイロットのように遠くまでよく見えるようになった。ショットもすぐに正確になったが、試合中に雨が降ったりレンズが曇ったりすると閉口した。しかも過去に四大大会で優勝した眼鏡の選手は、男女を通じてたった一人しかいない――一九五四年のウィンブルドン選手権で優勝したチェコスロバキア出身のヤロスラフ・ドロブニーだけ――と聞いて、不安にもなった。

私が変えなくてはならないことがまた一つ増えたと思った。

南カリフォルニアのテニスにオフシーズンはないといっていい。ハードコートと理想的な気候のおかげで一年中プレーできるからだ。ほぼ毎週末、どこかの街でテニス大会が開かれていた。ガソリン代や食事代、参加費がかさみ、当時のうちの家計には打撃だった。

幸運にも、若く有望な選手を資金面で支援するため、ロングビーチ・テニス・パトロンズが結成された。支援者《パトロン》の名前はこれからも決して忘れないだろう。長年のあいだ私をさまざまな面で支援してくれたほかの人たちと同じように、その四人はいまも私のヒーローだ。アル・ブレイ、ジーン・ビュイック、チャールズ・フェルカー、テッド・マシューズ。やはり篤志ベースの民間サポート団体センチュリー・クラブとともに、テニス・パトロンズは若年選手の大会参加費や旅費を援助し続けた。彼らの支援がなければ、私をはじめ、何人かは途中でテニスを続けられなくなっただろう。

団体による資金面のサポートももちろんありがたかったが、個人からの支援、私たちジュニア選手のために開かれた門戸、私たちが恵まれた人脈もやはりありがたかった。一つ例を挙げよう。レークウッド・カントリークラブ——高級そうな名前がついているが、実際はロングビーチ市内にあるふつうの郡立公園だ——では、ジュニア選手はシニア選手が一緒でなければコートに立ち入れない規則になっていた。それを知っていて、当時のロングビーチ一《いち》の男子シニア選手だったアル・ブレイと、アルに次ぐ選手だったジーン・ビュイックは、ほぼ毎週土曜の朝、レークウッドでの練習にジェリー・クロムウェルと私を誘ってくれた。

レークウッドで過ごした時間に、ジェリーと私はテニスに関する大量の知識を吸収した。私はそれ以前からテニスの歴史を熱心に学んでいた。一九世紀にさかのぼるテニスの起源や、世界一格式の高い大会であるウィンブルドン選手権の来歴を本から学んでいた。一九二六年、七年の無敗記録を持つフランスの名選手スザンヌ・ランランと、三度全米チャンピオンに輝き、ランランと対戦するためだけに船で大西洋を渡った二〇歳のヘレン・ウィルスのあいだで行われた〝世紀の大試合〟が世界中でセンセーションを巻き起こしたことも知っていた。その試合のスコアまで暗記していた——6－3、8－6で、ランランがウィルスを下した。五一年ウィンブルドン選手権でシングルス、ダブルス、混合ダブルスの三つのタイトルを総なめし、世界ランキング一位に昇り詰めたドリス・ハートの自伝も夢中になって読んだ。一〇代で四大国際大会のすべてを制する偉業を達成したモーリーン・〝リトル・モー〟・コノリーの本も読んだ。サンディエゴ出身のリトル・モーは、身長一六〇センチそこそこの小柄な選手で、五四年、乗馬中にセメント車に接触されて脚に重傷を負い、彼女の選手生活は早すぎる終わりを迎えた。

レークウッドなどさまざまなクラブでプレーするようになって、ジェリーと私は、ジャック・クレイマーやドン・バッジ、パンチョ・セグラ、トニー・トラバート、ケン・ローズウォールといった伝説の選手たちの身近にいた人から話を聞く機会に恵まれた。独力でテニスの技術を学び、のちにテニス史上最高の選手の一人となった、メキシコ移民二世でロサンゼルス出身のリチャード・〝パンチョ〟・ゴンザレスの話も聞いた。

レークウッドは、私がボビー・リッグズの名を初めて耳にした場所でもある。そのころからすでに、誰もがリッグズにまつわる逸話を一つ二つ持っていた。ロサンゼルスの牧師の家に生まれたリッグズは、〝皇帝〟ペリー・T・ジョーンズの初期の弟子だったが、試合の勝敗をめぐってほかの選手たちと賭けをしていたのが嫌われて寵愛を失った（賭博の〝言い出しっぺ〟はおそらくボビーだ。さすが牧師の息子、献金皿を回すのはお手のものだったか）。身長一七〇センチと小柄だがにぎやかな人で、飛び抜けたラケットスキルを持つ頭脳派の選手だった。三九年のウィンブルドンで、二一歳にしてシングルス、ダブルス、混合ダブルスのすべてで優勝する三冠《ハットトリック》を達成した。しかしこのあと、当時の偉大な選手たちと同様、リッグズのキャリアは第二次世界大戦によって中断する。リッグズは海軍で兵役に服し、グアムで過ごした。戦後は〝ツアープロ契約〟を結び、興行主《プロモーター》の招待で大会に出場して報酬を受け取るようになり、従来のアマチュア大会から遠ざかった。

一九五〇年代までに、有名男子選手の多くがアマチュアからプロに転向していた。女子でプロとしてツアーに出場したのは、スザンヌ・ランランやポーリーン・ベッツ、ガッシー・モランら、一握りの選手だけだった。この時点でもまだアマチュア選手しか出場できなかったウィンブルドンなどの四大大会は、プロ選手に出場資格なしとの決定を下した。当時の私でさえそのニュースを聞いて、世界最高の選手の全員というわけではないにせよ、大半が出場していない大会で優勝して何の意味があるのかと首をひねった。私の家族の認識では、プロスポーツとは最高の実力を持った選手が競う場だった。

そのころ私が疑問に思ったことはほかにもあった。一九五五年の夏の終わりごろ、パシフィック・サウスウェスト選手権を初めて観戦した。毎年九月、全米選手権（現全米オープン）の直後に開催されていた大会で、全米選手権の出場選手の大半がそのまま参加していた。五四年五月、学校など公共施設における〝分離すれども平等〟の法原理を違憲とし、人種差別は「慎重にゆっくりと」撤廃されなければならないとの最高裁判決が出て、テレビのニュース番組や新聞がまだこの話題をさかんに取り上げていた時期だった。人種差別主義者のデモの写真を新聞で見て、両親にどういうことかと訊いたことを覚えている。父と母は、子供が教育を受けたり一緒に学校に通ったりするのを禁止したがる人は、誰であれ間違っていると言った。だから、パシフィック・サウスウェスト選手権を観戦したとき、私は人種差別を意識していた。ロサンゼルス・テニスクラブに行ったのは、ショートパンツで記念写真に加わるなとペリー・T・ジョーンズに排除されて以来だった。父の大学時代のライバル選手ジャッキー・ロビンソンがブルックリン・ドジャーズでメジャーリーグ・デビューを果たしてもう八年がたっていたから、さまざまな肌の色をしたスポーツ選手がいることは私のなかで当たり前になっていた。しかし、観客席のてっぺんに近い席からセンターコートを見下ろした瞬間、私は愕然とした。あらゆるものが白かった。白いシューズ、白いソックス、白いウェア。ボールも白、どの選手の肌も白だった。白人以外の人はいったいどこに？

その瞬間、私は悟った。ニュースで見たできごとは決して他人事ではないのだ。私自身がすでに経験してきた困難、毎週日曜にリチャーズ師から受け取ってきたメッセージ。その日、私は自分に約束した。あらゆる人に平等な権利と機会が与えられる世界を勝ち取るための闘いに、この先の人生を捧げよう。偏見の目を向けられているとか、仲間はずれにされていると、誰一人思わずにすむ世の中にするために、私の人生を費やそう。人は何らかの役割を与えられてこの世に遣わされるのだと教会で教えられた。私の役割がわかった気がした――テニスを通じて人々を一つにすることだ。世界一になれるだけの才能と運を授けられているとすれば、テニスを私の発言の場とするのだ。

いま思い返すと、私は驚くほどたくさんの味方に恵まれた。そのなかには一流のテニス選手もいれば、そうでない人もいた。人間として、そしてテニス選手としていまの私があるのは、その人たちとの交流ゆえだ。私が真剣にテニスに取り組み始めたころ、テニスの試合中継は定番のテレビ番組ではなかったし、インターネットでYouTubeの動画を見てトップ選手のフォアハンドやサーブを研究することもできなかった。南カリフォルニアは大勢のチャンピオンを輩出した土地で、私は幸運にもそのうちの何人かと知り合い、あるいは観客席から試合を生で観戦した。パシフィック・サウスウェスト選手権を初めて観にいったとき、私は会う人ごとにこう尋ねた。「誰の試合を観るべき?」すると、誰もがセンターコートから遠く離れたコートに行ってみなさいと答えた。当時まだ一七歳だったオーストラリアの新星、ロッド・レーヴァーを初めて観たのはそのときだった。ロッドは現在、史上最高の男子選手の一人に数えられている。そういった偶然の幸運がたびたび巡ってきた。

その夏の忘れられないできごとはもう一つあった。リクリエーション・パークで行われた、全米選手権で三度優勝したドリス・ハートと、トップ10選手だったビヴァリー・ベイカー・フライツのエキシビションマッチで、スーザン・ウィリアムズと二人でボールガールを務めたのだ。試合後に誘われてダブルスの試合をして——頭のなかでは「うわあ、どうしよう、わたし、あのドリス・ハートとダブルスを組んでる!」と叫ぶのに忙しかったが——二人がアスリートとしていかに優れているかがよくわかった。実際にボールを打ち合うことで、二人のストロークや配球の正確さ、コート上での動きの無駄のなさを感じ取れた。

その後、当時女子ツアーの期待の新人だったダーリーン・ハードと練習する機会があって、頂点を極める選手の実力を改めて経験することになった。私が初めて会ったときダーリーンは二一歳で、すでに全仏オープンのダブルスで優勝していたし、ウィンブルドン選手権の常連でもあった。いかにもカリフォルニア・ガールといった陽気な人で、そのころはポモーナ・カレッジの医学進学課程の学生だった。ダーリーンとお母さんのルースは、クライド・ウォーカーが国内大会で活躍する現役選手だったころからの知り合いで、ダーリーンはときどきクライドのクリニックを手伝いに来ていた。ある日クライドは、私の練習につきあってやってくれとダーリーンに頼んだ。のちに国際テニス殿堂入りする名選手と一対一で打ち合い、私のテニス観は一変した。トップ選手に必要なものは何か、広く深く知ることになったからだ。ダーリーンのショットの多彩さと奥行きに、目が開かれる思いがした。

意外なことに、ダーリーンはまた一緒に練習しようと誘ってくれただけでなく、練習のたびにポモーナから六〇キロメートルほども離れた私の家まで車で迎えにきてくれた。いつも渋滞がひどくて片道一時間半もかかったのに、だ。ダーリーンの真っ赤なシボレー・コンバーチブルの音が西三六番ストリートを近づいてくるのを、私はいまかいまかと待った。ダーリーンの車のマフラーは二本出しで、パワフルな排気音を聞けば彼女が来たとすぐにわかった。

練習のあと、うちで一緒に食事をすることもあった。それは、ずっと知りたかった山ほどの質問をダーリーンに浴びせかける願ってもないチャンスになった。グランドスラムに出場する気持ちって？　ウィンブルドンは特別ってみんな言うけど、ほんと？　試合で行った街の話を聞かせてよ！　ダーリーンは、ウィンブルドンで対戦することになりそうなアルシア・ギブソンのことなどを話してくれた（実際に一九五七年の決勝で対戦し、アルシアが勝利した）。それからの数年で何度もダーリーンと顔を合わせる機会があったが、新たな才能を見抜くダーリーンの目が曇ることはなかった。のちに世界ランキング一位に君臨する芯の強い若手ブラジル人選手、マリア・ブエノ。結婚後〝コート夫人〟として知られるようになる、そして私の最大のライバルになるオーストラリアの一〇代の選手、マーガレット・スミス。「マーガレットは要注目ね」ダーリーンがそう言ったとき、私はちょっぴり落胆した。あなたもプロになれるわよと、ダーリーンが私に言ってくれることがいつかあるだろうか。それまでそう言われたことは一度もなかった。すっかりおなじみになった不安がまた胸の内で渦を巻いた。

ダーリーンをはじめ大勢のチャンピオンとの交流は、私の人生を豊かにしてくれた。同時に、その誰よりも強くなりたいという気持ちはいっそう募った。

第3章 憧れのアルシア・ギブソン

ダーリーンと知り合ってからわずか数カ月後、私はついに正真正銘の世界一に遭遇した。その日、私はパシフィック・サウスウェスト選手権が開催されたロサンゼルス・テニスクラブの観客席に座っていた。試合開始時刻になると、陽光に輝くコートにアルシア・ギブソンが現れた。ラケットを振る前から、私はそのたたずまいに圧倒された。一八〇センチ、七〇キロほどのしなやかな体軀。コーヒー色の肌が美しく、真っ白なテニスウェアがよく映えた。腕や脚はありえないほど長く引き締まっていて、その動きはガゼルを連想させた。眉を軽く寄せた集中の表情でベースライン際に立ち、ボールを弾ませてからサーブのかまえに入った。上体をそらせて高々とトスアップし、なめらかで迷いのないパワフルな動きでラケットを振る。すぽーんと小気味よい音とともに強烈なサーブが放たれた。

理想を見たと思った。現に目で見えるのだから、実現は不可能ではない。

その日、私はずっとアルシアを目で追った。どんな動きも絶対に見逃すまいとした。初めはアルシアの両手に、次にフットワークに注目した。アルシアの動きはいっさいの無駄がなく、ボールを打つ瞬間にも頭の位置が動かない。アルシアのプレースタイルは、私が好む攻撃的なサーブ・アンド・ボレーだった。私はネット際に詰めるアルシアを観察した。いざ攻撃に転じる瞬間、長いウィングスパンを活かして相手にプレッシャーを与え、次にボールが飛んでくる位置を予知する不思議な力があるかのように、切れ味鋭いショットやボレーを決める。

私もあんな風になれるだろうか。あの域に達するには、死に物狂いで練習しなくてはならないだろう。アルシアの生い立ちこそが、どんな目標も達成可能だという証なのだと考えると、励まされた。アルシアのプレーはもちろん、その事実が長く私の支えになった。

アルシアは、ダニエルとアニー・ベルのギブソン夫妻を父母としてサウスカロライナ州シルヴァーで生まれた。父母は綿花農場の小作人だったが、アルシアが子供のころにニューヨーク市ハーレム地区に移住した。相当なカルチャーショックだったことだろう。視野をさえぎるものが何一つない開けた土地から、レノックス・アヴェニューとの交差点に近い一四三丁目沿いの、人口過密で騒々しい一角にある小さなアパートに移ったのだから。偶然にも、この界隈は非営利団体のニューヨーク市警アスレチック・リーグの指定地区内にあって、日中に通行止めになった通りで近隣住人がチームスポーツに取り組んでいた。アルシアはここでパドルテニス〔板状のラケット（パドル）と柔らかなボールを使い、テニスの約1／3のコートで行う競技〕に出会い、一二歳でニューヨーク市の女子チャンピオンになった。

アルシアの明らかな才能を見抜いた近所の人々がお金を出し合い、アルシアはハーレムのシュガーヒル地域にあった、黒人が運営するコスモポリタン・テニスクラブでテニスを始めた。さほど時を置かず、野球のニグロ・リーグに相当するアマチュア大会、全米黒人テニス協会主催のジュニア大会で頭角を現した。まもなく、著名なドクター・ウォルター・ジョンソンから支援と指導を受けることになる。このウォルター・ジョンソンはアメリカ・テニス協会の重要人物で、のちにアーサー・アッシュを全面支援したことで知られるヴァージニア州の医師であり、さらに上をめざして練習に励むアルシアを金銭面で支えた。

一九五〇年、アルシアは、例年ニューヨーク市フォレストヒルズで開催される〝白人専用〟だった全米選手権に出場した初めてのアフリカ系アメリカ人となった。アルシアは、テニスにおけるジャッキー・ロビンソンだ。ロビンソンがブルックリン・ドジャーズに入団し、メジャーリーグの人種の融合を果たしてから三年、アルシアはテニス界の人種の壁を打ち破った。五六年の全仏選手権では、アフリカ系アメリカ人として初めて四大大会優勝を果たす。次いで五七年の夏にはダーリーン・ハードを退けてウィンブルドン選手権のシングルスで優勝した。「やっと！　やっと！」エリザベス女王から優勝杯〝ヴィーナス・ローズウォーター・ディッシュ〟を授けられたとき、アルシアはそう叫んだ。同じ年のダブルスでも優勝している。

私がロサンゼルス・テニスクラブのコートに現れたアルシアを見たのは、そのウィンブルドン優勝かられずか数カ月後のことで、アルシアは三〇歳、テニス選手として全盛期にあった。けれども、拍手と歓声でアルシアを迎えた白人だらけの観客席を見渡したとき、私は不思議な感覚にとらわれた。公共施設における〝分離すれども平等〟の原則が違憲と判断されたブラウン対トピーカ教育委員会裁判の判決からすでに三年が経過していた。のちに〝リトルロックの九人〟と呼ばれることになるアフリカ系アメリカ人の学生は、リトルロック中央高等学校に登校しようとしたものの、アーカンソー州は連邦法の遵守を拒んだ。これを受けてドワイト・アイゼンハワー大統領は軍を派遣し、九人は兵士の護衛つきで登校する事態になった。

あの日、白人で埋め尽くされた観客席をながめながら、私は九人のなかの一人をとらえた写真を繰り返し思い浮かべた。当時一五歳だったエリザベス・エックフォードが初めて登校した日の写真だ。ぱりりと糊の利いた真っ白なブラウス、やはり糊の利いたギンガムチェックのスカート、眼鏡。エックフォードは教科書を抱えて一人で歩いている。怒った顔の白人グループがその後ろを歩き、罵声を浴びせたり唾を吐きかけたりしていた。エックフォードは背筋をぴんと伸ばし、無表情のままでいるが、内心では怯えていたに違いない。私なら、あんな風に堂々と歩けただろうか。

同じくぴしりとアイロンがかかったシャツとスコート姿のアルシアと、リトルロックの白人グループとは対照的に歓声と声援を送っている白人の観衆を見ながら、私は思った――ここに至るまでの彼女の道のりは、どれほど孤独だっただろうか。

白人である私は、非白人のシスターやブラザーが経験した苦労を味わわずにすんだ。それでも、一三歳だったあの日の私はアルシアの姿に励まされた。アルシアはたくさんの苦難を乗り越え、手本を示して世界を変えた。ひょっとしたら、私も同じようにできるかもしれない。

翌年、アルシアは回想録を出版した。私はその本を買って、少なくとも一〇回は読んだ。夜はテニスウェアやラケットと一緒にベッドに並べて眠った。そのタイトルまで私に語りかけてきていた——『何ものかになりたかった（*I Always Wanted to Be Somebody*）』。

アルシアの試合を観た週、ジェリー・クロムウェルと私は、同じ大会の一五歳未満の部でそれぞれシングルス優勝した。その結果として、私がアルシアの試合を観戦したロサンゼルス・テニスクラブの名誉会員の資格を与えられた。

南カリフォルニアの〝テニスのゆりかご〟と呼ばれるクラブ加入をきっかけに、新たなレベルの試合ができるようになっただけではなかった。私と家族は、テニスがなければ想像したことも出入りしたこともなかったお金と特権の世界を初めてのぞき見ることになった。ロスセリトス小学校に通っていたころ、富裕な家庭の保護者たちが私の住んでいた界隈を校区から除外しようと陰で画策していたらしいが、私はそのことを知らずにいた。両親はもちろん知っていて、その動きに抵抗する集会に参加していたものの、ランディや私にはそれから何年も隠していた。

ロサンゼルス・テニスクラブは、ロサンゼルスの華やかなハンコックパーク地区を占める面積数エーカーの一等地にあり、ハンコックパーク地区は北側をハリウッドと接していて、パラマウント映画会社は目と鼻の先だった。第二次世界大戦前には、俳優のクラーク・ゲーブルとキャロル・ロンバードの夫妻がコートサイドのシーズン席を確保していた。エロール・フリンとベティ・デイヴィスもよく練習試合をしていた。クラブハウスは白いスタッコ塗りの外壁や円柱にはさまれた正面玄関、赤い瓦屋根というデザインで、まるでスペイン植民地時代の宮殿だ。アーチ形の玄関を入ると、ふかふかした椅子とゲーム用テーブルが並んでメンバーを出迎えた。

母と私が初めて行ったころは、俳優のルシール・ボールがロビーでバックギャモンに興じていた。飾り気のない人で、私たちにもこんにちはと声をかけてくれ、母はいたく感激した。当時の人気ホームコメディ『オジーとハリエットの冒険』の〝パパ〟オ

全米選手権（現・全米オープン）に黒人女子として初出場を果たしたアルシア・ギブソン。1950年の初戦に勝利した直後の写真。隣は全米選手権タイトルを二度獲得した名選手でのちの私のコーチ、アリス・マーブル。アルシアは、アリスの支援によって出場権を勝ちとった。

ジー・ネルソンもクラブの常連で、ハンサムな息子、リッキーもたいがい一緒に来ていた。優れたジュニア選手だったリッキーに、女子選手はそろって熱を上げていた。リッキーはその後テニスをやめてポップシンガーになった。

刑事ドラマ『ドラグネット』の主演俳優ジャック・ウェッブもやはり常連だった。ある日、ジャックは私の母に尋ねた。「きみはいま何のドラマに出ているの？」母を俳優と勘違いしたらしい。母は驚き、口ごもりながら答えた。「ドラマ？　いえ……あの……そんなんじゃないんです——娘がジュニア選手なので」たしかに母は、映画俳優の誰にも負けない美人だった。高い頬骨、一筋の乱れもなくセットした髪、きらめく青い瞳。ジャック・ウェッブが勘違いしたのも不思議ではない。

そういった有名人との遭遇も楽しい思い出だが、私にとってロサンゼルス・テニスクラブの一番の魅力は、アマチュアとプロ、両方のスター選手に会えたことだ。メインコートでルイーズ・ブラフやパンチョ・ゴンザレスが練習しているところも見かけた。先輩プレーヤーから学ぶことは多い。私は幸運にも、世界一流の選手を間近で見る機会に恵まれた。しかしあいにく、男性たちは女子選手の支援に乗り気ではない。ジャック・クレイマーやパンチョは、私と同世代でそのころ注目を集め始めていた地元のスター選手、デニス・ラルストンには先を争って助言したが、私には一瞥もくれなかった。だから私は二人がデニスにどんなアドバイスをしているのか、椅子の陰にしゃがんで盗み聞きしたものだ。

男子選手は至れり尽くせりの待遇を受けたが、女子選手はほとんど何のサポートも受けられなかった。クラブに通い始めてしばらくたったころ、デイヴ・リードという若いアマチュア選手とデートしていた時期があって、自然と遠征費の話題になった。そのときデイヴはこう言った。「男子は〔ペリー・T・ジョーンズが会長を務める南カリフォルニア・テニス〕協会に全額負担してもらえるんだ」初耳だった。それを聞いて腹が立った。デニスはクラブのランチカウンターで無料のお昼が食べられる。そのうえ、ペリー・T・ジョーンズは私には一セントたりとも出さないのに、デニスの遠征費を負担しているという。とうてい腹に据えかねた。私だってジュニアのトップ選手なのに。それからはランチカウンターの横を通り過ぎるたびに自分にこう言い聞かせた――「ビリー、これもいつか変えなくちゃね」

この当時の私のプレースタイルを冷静に振り返れば、私が好むサーブ・アンド・ボレーのプレースタイルを貫くには相当な覚悟が必要だった。このころにはすでにベースライン・プレーヤーが幅を利かしていた。ベースライン・プレーヤーには、究めなくてはならないショットや判断の種類がさほど多くないうえ、弱点も少ない。ジュニア世代の試合は、ざっくりいってサーブとリターン（またはリターン・リターン・リターン）の繰り返しだ。当時、ベースライン・プレーヤーは〝プッシャー〟〔ロブや深いショットを多用し、アグレッシブな相手をベースラインに押しとどめておいてミスを誘うタイプのプレーヤーのこと〕と呼ばれていた。このころの私はベースライン・プレーヤーに負けることが多かった。

負けると、私は意気消沈した。しかしクライドは、長い目で見れば敗北にも意味があると励ましてくれた。クライドの言うとおりだった。得点にこだわるのではなく、その時々の課題を試合中にいくらかでも改善できればよしとする姿勢を私は学んだ。攻撃型のプレーヤーである私は、セカンドサーブを強化し、相手がパッシング・ショットを左右どちらに打ってきても反応できる敏捷《びんしょう》性を身につけ、ネットに出たときのスライスボレーに磨きをかけなくてはならない。経験を積んで、ショットの選択基準が明快になり始めた。判断力も向上した。ネットの向こうにいる相手にプレッシャーを感じさせ、主導権を握れるポイントが増えた。

一九五八年の春、サンタモニカで開催された、当時は一大イベントだったダドリー・カップに出場した。私は一四歳で、優勝するにはキャロル・コールドウェルという侮りがたい選手と、さらにこのころ一時期だけ再発していた上がり症の両方に勝たなくてはならなかった。第二セットでリードしていたのに、コートサイドの優勝杯が目に入った瞬間、試合に勝ったら大観衆を前に短いスピーチをしなくてはならないことを思い出してしまったのだ。そこから、取れたはずの数ポイントを続けて落とした。「何やってるの！　乗り越えるしかないんだよ。世界一になりたいなら、人前で話すのに慣れなくちゃ。避けて通れないんだから」私は自分を叱りつけた（テニス選手はなぜ独り言が多いのかと疑問に思ったことはあるだろうか。答えは簡単だ――〝コートには傷を舐め合う相手がほかにいないから〟。

その恐怖を乗り越えたことは、私にとっては大きな成長だった。しかし、世界一への道のりにはまだいくつもハードルがあった。その一つは、あいかわらずペリー・T・ジョーンズだった。南カリフォルニア・テニス協会の会長であるジョーンズには、どの選手をどの大会にエントリーさせるかを決める権限があった。そして協会が負担する場合、いくらまで遠征費を出すかを決める権限も。選手はみな、うっかり〝皇帝〟に遭遇してしまわないよう用心していた。ちょっとした服装規定違反など、言いがかりめいた違反行為を見とがめられる心配があったからだ。ジョーンズが来るのに誰かが気づくと、警戒警報は即座にコートからコートへと伝わって、選手はハトの群れのように散った。

そのころの南カリフォルニア・テニス協会一五歳未満女子のランキング一位はキャシー・シャボーで、私は二位だった。キャシーにはそれまで一度も勝ったことがなかったが、ランキング二位なら、その夏にオハイオ州ミドルタウンで開催予定の全国大会に出場する資格はあるだろうと思った。〝皇帝〟からロサンゼルス・テニスクラブの執務室に呼び出されたときは、息が止まるかと思った。ジョーンズは初め、城に侵入した奴隷を見る皇帝のような目で私を見た。それからようやく話を切り出した。「ミドルタウン大会に出たいなら、条件がある。南カリフォルニア選手権でキャシー・シャボーに勝つことだ」

「だけど、キャシーは？　私が勝っても、キャシーは出られるんですよね」

「当然だろう」ジョーンズは言った。

キャシーが私に勝っても負けても大会に出られると聞いて、ほっとした。しかしジョーンズのやり方は理不尽だ。慣例に反している。それでも〝皇帝〟に盾突くなんてありえない。私は全国大会の参加資格を自力で勝ち取ろうと決意し、死に物狂いの練習を始めた。午前五時に起床して柔軟体操をし、プロボクサーみたいに縄跳びをした。登校前に一時間、絶対にキャシーに負けられないんだからねと自分を励ましながら家の私道で壁打ち練習をした。下校後もまた練習した。体を動かしていないときでもイメージトレーニングを欠かさず、試合でやるべきことを完璧にこなしている自分を意識に刻みつけた。日中は、セカンドサーブが決まる空想にふけった。夜になってベッドに入ると、ボールを追い、ショットを決める場面を繰り返し思い描いた。朝が来て起床し、また同じ日課を繰り返した。

その甲斐あって、私は大一番に勝った。それまでのキャシーとの試合と同じく、南カリフォルニア選手権はまさに死闘だった。それでも、私のプレーと内面はひと回り成長していた。気迫も、闘志も、安定感も、かつてないレベルに達していた。私はセットカウント6－3、6－3で勝利した。

ペリー・T・ジョーンズは、しぶしぶながら私のミドルタウン行きを許可した。ただし、遠征費の全額負担は拒んだ。ロングビーチ・テニス・パトロンズが差額を支援しようと申し出てくれたことを知ると、ジョーンズはまたもゴールポストを動かし、新しい条件を加えた。「大人に付き添ってもらうこと」

うちでは飛行機代を捻出できず、オハイオ州まで母と二人で列車で行くしかなかった。寝台車の切符は買えなかった。オハイオまでは三日かかった。母は列車に乗っているあいだずっと乗物酔いに悩まされ、吐きそうになるたびに〈シーズ〉のチョコレートの空き箱を顎の下にかまえた。それでも私に八つ当たりしたりはしなかった。

私はといえば、列車の旅を心ゆくまで楽しんだ。窓の向こうを飛び去っていく風景を飽きずにながめた。砂漠ばかりだった景色が小麦やトウモロコシの青々とした畑に変わった。夜、眠るときに聞こえるがたんごとんという車輪の音も、体に伝わる車両のかすかな揺れも心地よかった。私にとっては愉快な大冒険だったのだ。何かを成し遂げたい、世界中を旅したいと夢を見る子供にとってはまさに天国だった。

オハイオ州では、馴染みのないものばかりが待っていた。その最たる一つが、砕いた変成岩を敷いた緑灰色のHar-Truというサーフェスだった。私はコンクリート敷きのハードコートの経験しかなかった。Har-Truクレーコートでは、まるでビー玉を並べた上を走っているような感覚だった。スタートもストップも難しい。ようやく走り出しても、ボールを通り過ぎてしまわないようにするにはスライドしながら打つしかなく、初めての経験に戸惑うばかりだった。ボールの弾み方も独特で、ハードコートよりもバウンドが大きい。ベースライン・プレーヤーに有利なサーフェスだ。

Har-Tru は、最後まで一番苦手なサーフェスだった(ヨーロッパに多いレッドクレーのコートに比較しても私と相性が悪かった。ちなみにレッドクレーは、プレーしているうちだんだん好きになった)。全米大会の一カ月以上前から一セットも落としていなかったのに、全国大会では準々決勝で惨敗した。キャシー・シャボーと組んだダブルスでは決勝戦で負けた。キャシーもやはり、うまい具合にスライドできずに苦戦していた。

大会終了後、選手の一部はオハイオからそのままフィラデルフィアやニュージャージーに移動し、夏の終わりまでグラスコート・シーズンを転戦した。私は行けなかった。ほかの選手を乗せた車がホテルを出発するのを見送っていると悲しくなった。涙を拭っている私に気づいて、母は言った。「ビリー・ジーン、一緒に行かせてあげられるお金がなくてごめんね」

「気にしないでよ、お母さん」私は言った。「でも来年はきっと行くよ。ヒッチハイクするしかなくたって行く」

一〇年生になってロングビーチ・ポリテクニック高校に入学するころには、テニスでそれなりの実績を積んでいた。ランキングも上がり、スポーツ用品メーカー、ウイルソン・スポーティング・グッズから年に二本、ラケットを提供してもらえることになった。一流の仲間入りを果たした気分だった。両親も親戚もそろってポリテクニック高校の卒業生とあって、一九五八年にようやく自分も同校に入学できたときは、それもまた大きな節目と思えた。

毎日登校するたびに、正面玄関の上に掲げられた〈文武両道〉、その下の玄関の幅いっぱいの銘板にアールデコ調の文字で綴られた〈入りて学び、出でて奉仕せよ〉の校訓を誇らしい気持ちで見上げた。中央に大きな芝生広場のある広大な構内を歩いていると、大人に一歩近づいた気がした。全校生徒三〇〇〇名を超えるポリテクニック高校は、一部のカレッ

南カリフォルニア・テニス協会で
″皇帝″と呼ばれていたペリー・T・ジョーンズと。

ジよりも規模が大きい。校内の長い廊下はいつも物音とおしゃべりでにぎやかだ。ここに入学して初めて、私はさまざまな肌の色と民族的背景を持った生徒にまじって勉強した。黒い肌、茶色い肌。アジア系、ネイティブアメリカン。最高の環境だった。

ポリテクニック高校はスポーツに強いことで有名だった。フットボール、野球、バスケットボール、それに陸上。ところが、女子の代表チームはチアリーディングくらいしかなかった。ランディは最高レベルの野球チームでプレーする夢を見られた――この前年、ドジャーズが本拠をロサンゼルスに移すと発表されていた――が、私の描く夢には厳しい現実が浸《し》み入ってくる。それでもなおウィンブルドンのセンターコートに立つ夢はあきらめなかったとはいえ、誕生したばかりだった女子プロゴルフツアー以外、テニスのチャンピオンあるいはプロのスポーツ選手になる未来は、女子には用意されていなかった。

このころの内面の葛藤は、一〇年生の英語の授業で書いた作文に表れている。この作文で私は、三年後、つまり一八歳になった自分を想像するところから始めている。

午後五時、私はイギリスのウィンブルドンに向けて飛行機でニューヨーク市を発つ。自分でもまだ信じられない。一週間後には、テニスの世界一を決める選手権大会に出場しているのだ。

ロンドンに到着した私はイギリス人家庭に滞在し、ロンドン名物の霧が晴れるのを待って朝の練習を開始する。作文のなかの私は第八シードだ。初戦から、準々決勝で第三セットのゲームカウント10－8まで善戦した末にダーリーン・ハードに敗れるまでの全試合をことこまかに描写している。作文の結びでは、カリフォルニア出身のテニス選手で女子選手の憧れの的だったラムジー・アーンハートとともに、イギリス行きの架空の飛行機に搭乗している。

そして歳月は流れ、一九八八年になる。

二七年後、私は自宅で四人のかわいい（と思える瞬間もある）子供たちと過ごしている。六一年の秋、私はカリフォルニア州のポモーナ・カレッジに入学し、修士号を取得して五年後に卒業した。そしてラムジー・アーンハート（あの日、空港に向かう途中で出会った男子選手だ）と結婚した。テニスでチャンピオンになるという夢は叶わなかったが、学歴を犠牲にしてテニスにこだわる代わりに、大学に進んでよかったと思っている。

同世代の中流白人女性に共通する価値観を私も内面化し始めていたことは、作文の陳腐な結論に見て取れる。この時代に大人への入口に立った女に用意された人生のゴールは、事実上一つしかなかった――結婚や出産が遅れないよう、学歴はせいぜい大卒まで、成績もそこそこでいい。結婚するとき、女は夫の野心と引き換えに自分の夢を手放す。母が私に期待していたのもまさにそれだった。

それでも私は、制約のない人生を送れるものと信じたかった。しかし年齢を重ね、周囲を見回すにつれて、世の中は別のメッセージを伝えてきているように思えた。

自分の性的指向に疑問を抱いたのはいつごろだったかとよく質問される。初めて意識したのは大学に入ってからで、完全に自覚するにはそこからさらに時間がかかった。小学校に入ったときには同性愛者の自覚があったという人も世の中には大勢いるが、子供のころの私はまったく気づいていなかった。ずいぶん長いあいだ違和感を抱いてはいたものの、その理由がわからなかった。その違和感を説明する言葉を知らなかった。

　いまは性的指向やジェンダーについてオープンに話せる時代になった。好ましく、そしてすばらしい変化だと思う。その人が何者であるかは、その人自身が内面でどう感じているかで決まる。そんな現代でも、当時のＬＧＢＴＱ＋の視点から見た社会がいまとどれほど違っていたか、多くの人に的確に伝えようとすると、難しい。あのころは、ゲイやレズビアンについて、ありのままに話すのがはばかられる時代だった。それに、同性愛者であると知られると、文字どおり危険な時代でもあって、カミングアウトする人はまずいなかった。同性愛が刑法上の罪とされている州もまだ多かった。精神医学の分野で世界最大の組織であるアメリカ精神医学会は一九七三年まで同性愛を精神病の一つと規定していて、〝性的指向障害〟から除外したのは八七年になってからだ。無知と恐怖心、差別と偏見、暴力行為がはびこっていた。

　私は小学校時代から相応の数の男の子に恋をしていたし、両親はありがたいことに体の変化についてざっくばらんに話してくれた。母から性に関する基礎知識を授けられたのは五年生のときだった。赤ちゃんがどうやってできるのかを聞いて私が「うげぇ。なんか楽しくなさそう」と感想を言うと、母は大笑いした。

　それ以外に当時の女の子が受け取っていた暗黙のメッセージは、たった三語で要約できる――未婚で妊娠するな（Don't get pregnant）。念のためいっておくと、一九五〇年代にはまだ避妊ピルは存在しなかったし、ロー対ウェイド裁判の最高裁判決〔「中絶の権利は女性の基本的な権利」であり、中絶を禁止する州法を違憲とした判決〕が出たのは一九七三年だ。未婚で妊娠した女は容赦ない視線にさらされた。結婚〝しなくてはならない〟と言われたり、学校に来なくなったり（そのまま退学になったり）した。

そういう類のメッセージ――と、そのほかの性別《ジェンダー》役割《ロール》をめぐる軋轢《あつれき》――は、ランディと私がスポーツに本腰を入れて取り組むようになったころから、うちの家族関係にいつしか影響を及ぼし始めた。家計は苦しく、両親はそれぞれ仕事を掛け持ちするようになった。男としての責任を果たさなくてはというう父の焦りを、私も感じ取っていた。その呪縛は、女に押しつけられる約束事とまったく同じように父を抑圧していたのではないか。消防士の給与だけでは家族を養えない現実に、父は忸怩《じくじ》たる思いを抱えていた。消防士の勤務スケジュールでは、夜間にプラスチック工場で働く以外の選択肢がなかった。母は不定期にエイボン化粧品やタッパーウェアの訪問販売員の仕事をした。のちに近所の血液検査ラボで受付係兼経理係として働き始めた。まもなくラボは母がいなくては回らなくなり、利益も出て、ラボの経営者も成功を喜んだ。しかし母が外で働いているせいで父が自信を失う場面も少なくなかった。よく仕事について長時間、熱のこもった議論をしていた。ときには口論に発展することもあった。とはいえ、肝心なのは、互いの言い分を理解できるまで話し合ったという事実だ。

「おまえの母さんは、もっと金持ちと結婚したほうが幸せだったのかもな」たまに父はそんな風に言った。

「お母さんはお父さん以外の人となんか絶対に結婚しないと思うよ」私はそう応じた。

働きづめの両親は疲れて不機嫌でいることが増え、ついにある晩、ランディと私は二人と話し合いを持った。私たちは仕事の掛け持ちをやめてほしいと訴えた。そうまですることではないと話した。代わりに私たちがスポーツをやめると言ったとたん、二人の目から涙があふれた。「子供は親の犠牲になってはいけないのよ――お父さんとお母さんは、子供がほしくてあなたたちを産んだんだから」

幸いにも、私はその後もテニスで実績を積み、地元のパトロンから経済面で支援を受けられるようになった。やがて父は夜間の仕事を辞めた。九年生の一月には、私は州南部地区のランキングで二位になっていた。夏休みが来て、前の年に誓ったとおり、東海岸に遠征してグラスコート・シーズンに参戦する資格を得た。しかもヒッチハイクはせずにすんだ。

また、全米代表に初めて選出され、一九五九年の全米ジュニア・ワイトマン・カップに出場するというたいへんな栄誉に与《あずか》った。英米対抗戦であるワイトマン・カップは、第一次世界大戦以前に選手として活躍したカリフォルニア州出身のヘイゼル・ホッチキス・ワイトマンによって二三年に創設された。アメリカとイギリスの女子代表チームと女子ジュニア代表チームがそれぞれシングルス五戦とダブルス二戦を行い、先に四勝したチームがその年の勝者となる。

このときの代表チームのメンバーは、大半が南カリフォルニア州の公立公園テニス教室出身だった。ジュニア代表に名を連ねていた六人——キャシー・シャボー、パム・デイヴィス、カレン・ハンツェ、バーバラ・ブラウニング、キャロル・コールドウェル、そして私——は、生涯の友人となる。その年の七月の東海岸遠征で、私たちは自分たちの強さを初めて自覚した。このとき私は生まれて初めて飛行機に乗った。四発プロペラ機のロッキード・コンステレーションで、時速五〇〇キロほどでのんびりと飛ぶ。ロサンゼルスを発ち、グラスコート・シーズンの最初の遠征先であるフィラデルフィアまで、一一時間かかった。

この遠征を通じて、私は東海岸のテニス界の古風な伝統を初めて経験した。私の見聞は思ってもみないほど広がった。ロングビーチ・テニス・パトロンズやセンチュリー・クラブをはじめとするロングビーチのスポンサーからもらえる遠征費は、ぎりぎりの額だった。しかしアマチュアテニスの世界には、遠征先で熱心なファンや裕福な支援者の家庭にホームステイさせてもらうという伝統がある。どのホストファミリーも選手を快く受け入れてくれる、物惜しみしない親切な人ばかりだった。

ロサンゼルス・テニスクラブとそこに集うショービジネス界の名士たちはあまりにも華やかで、私はどうにもなじめずにいた。しかし東海岸で見聞きしたもの——格式の高いカントリークラブでのプレー、広大な敷地に暮らしている代々の資産家であるホストファミリーと生活を共にする経験——は、同じ〝リッチ〟でも種類が違った。代表チームは週ごとに次の遠征先に移動した。この経験から得たものは実に大きかった。

最初のフィラデルフィアからキャロルとルームメートになった。このときのホストファミリー、フロインド一家は、チェスナットヒル地区の高級住宅街に住んでいた。カリフォルニアの風景に慣れた目には、独立戦争前に造られた記念碑から玉石敷きの街路、キャロルと私が寝泊まりしたフロインド宅の最上階の寝室にある古びたツインベッドまで、フィラデルフィアの何もかもが古めかしくて歴史上の価値があるように見えた。ちなみにベッドのマットレスは弾力を完全に失っていて、そこで寝るとお尻が床についてしまいそうになった。フィラデルフィアは、アメリカ最古のアイスクリーム店ともいわれるバセッツ・アイスクリームと出会った場所でもある。本当に美味しくて、いくらでも食べられた。

個人宅へのホームステイは、いろいろな人と知り合い、どんな相手ともうまくやっていけるようにする訓練の機会にもなった。また、巡業トーナメントの世界で必要とされる社交マナーも身につけなくてはならなかった。会員制高級クラブが主催するパーティでの会話術もその一つだ。そういった会話には一定のパターンがある。私が水のグラスを片手に、ハイボールを飲んでいるクラブの会員と話していると、年配の男性や女性の一人がかならずこちらに身を乗り出し、一五歳の私にこう尋ねる。「ところでお嬢さん、将来は何をやりたいの？　まさかテニス選手になんかなるつもりはないでしょう」

もうやりたいことをやっています——本心ではそう答えたかった。そこをぐっとこらえ、礼儀正しく微笑むだけでやりすごす。あるいは大学に進学して卒業後は結婚するつもりですと話す。相手が聞きたがっている答えはそれだからだ。

フィラデルフィアの次の遠征先、ニュージャージー州サウスオレンジでは、蒸し暑い夏の午後に、ウィンブルドン選手権のシングルスで優勝したばかりのブラジル選手、一九歳のマリア・ブエノと対戦する機会を得た。4－6、4－6の接戦の末に負けた。

ラケットを荷物に入れるときもまだ、私は試合中のいくつかのポイントを頭のなかで再現し、自分がミスしたショットを思い返しては落ちこんでいた。そこに黒縁眼鏡の男性がにこやかな笑顔でやってきて自己紹介した。「やあ、フランク・ブレナンだ。気を落とすことはない。きみはいつか世界一になる

1959年、全米ジュニア・ワイトマン・カップ代表チームと。この上なく楽しい経験だった。左からキャシー・シャボー、カレン・ハンツェ、キャロル・コールドウェル、私、バーバラ・ブラウニング、パム・デイヴィス。

よ」

そんな風に言われたのは初めてだった。驚いて、その男性を見つめることしかできなかった。

すると男性は、自分はテニスのコーチで、トーナメントに来たら有望な選手をかならず探すようにしているのだと言った。こうしてとても気前がよくて善意の塊のようなフランク・ブレナンは、これ以降、私のテニス人生になくてはならない助言者かつスポンサーになる。初めて会ったその日、フランクは私がまだナイロンのストリングを使っていることに目を留め、パキスタン産のナチュラルガットを取り寄せてあげようと言った。羊や牛の腸《ガット》は値が張るが、トップ選手はこちらを好む。スピンがかけやすく、ボールをコントロールしやすいからだ。フランクはほかに、自分は独学でテニスの腕を磨いた選手でもあり、ふだんは郵便局で働いているが、週末にはテニス教室を開催していることも話してくれた。

知り合ってまもなく、私はニュージャージー州フェアローンにあるフランクの自宅で夕食に招かれた。私は実家の規律正しい食事風景に慣れていたが、ブレナン一家の食卓では、子だくさんのアイルランド系アメリカ人家庭流のぶんどり合戦が繰り広げられた。フランクと奥さんのリリアンには九人の子供がいて――しかも一〇人目がリリアンのおなかにいた――食前の祈りを締めくくる〝アーメン〟は、スタート合図のピストルだった。フォークやナイフが忙《せわ》しく動いて光を乱反射し、パンくずが飛び交うような乱戦だ。人数が多すぎて、教会に行くのも交代制だった。

　ブレナン一家はやがて、私にとって親戚のような存在になった。東部に遠征するときはかならずブレナン家にお世話になったし、フランクは私のコーチを務めてくれた。ロングビーチではあいかわらずクライド・ウォーカーが私のコーチだったが、幸い、クライドは私を独り占めしようとはしなかった。それまで私はコーチなしで遠征に出ていたが、大会によってはフランクが帯同してくれるようになった。最終的にフランクは郵便局を辞めてビジネスパートナーと共に屋内／屋外テニス施設の経営を始め、私はほかのトップ選手を誘ってそこで何度もテニス・クリニックを開催した。戦術についてフランクと長話をしたおかげで、私のプレーは目に見えて向上した。ただし、フランクには無神経なところもあった。「きみはきっと一流の選手になれる」と褒めたあと、何気ない調子で「それだけ不細工なら」と放言した男性とは、フランクだ。それは夕飯の食卓での一幕で、リリアンや子供たちが「それはいくらなんでもひどいでしょう！」とフランクをたしなめた。

　男が女の外見をあげつらうくらいは日常茶飯事という時代だった。思うにフランクは、言葉は悪いなりに、私は太めで分厚い眼鏡をかけているから、デートを申しこんでくる男の子たちに貴重な時間を費やさずにすむと言いたかったのだろう。実際そんなことはなかったのだが、だからといって傷つかずにすむわけではない。それでもフランクの人柄を知るにしたがって、その発言を思い出して腹を立てることもなくなっていった。それに、私には行ってみたい街、立ち向かわなくてはならない大きな敵がほかにまだまだあった。

　まるで放浪者のように旅に次ぐ旅で過ごしたその夏は本当に楽しかった。フィラデルフィアとサウスオレンジで始まった東部のグラスコート・シーズンは、ペンシルヴァニア州ハヴァフォード、デラウェア州ウィルミントンと続き、そのあとふたたびフィラデルフィアに戻って全米ローンテニス協会女子一八歳未満の大会、最後にニューヨーク市フォレストヒルズの全米選手権で終わった。遠征中は、大人の付き添いはなく、選手だけで和気あいあいと街から街へ移動した。私は最年少だったが、なぜかみなの相談役になった。ちょっとした喧嘩、恋の悩み、テニスの夢――私はみんなの内緒ごとを知っていたが、何一つ漏らさなかった。

ある週はウィリー・デュポンとマーガレット・オズボーン・デュポン夫妻のデラウェア州の邸宅に滞在させてもらった。マーガレットはワイトマン・カップの代表として活躍したベテラン選手で、四〇代のそのころもまだ大会に出場して勝利を挙げていた。キャロルと私は、フォーマルな食事のマナーをマーガレットから教わった。イギリス生まれのウィリーは小柄で風変わりな人で、古風な乗馬ズボンを穿いてシャーロック・ホームズ風のパイプを吹かしていた。ウィリーはアメリカの名だたる資産家の一人だったが、広大な敷地にある専用の離れ家でハムを燻製《くんせい》にするのが趣味で、夜明けと同時に起床し、所有する競走馬の様子を確かめにいっていた。フロアシフトの変速レバーがついた旧式のシボレーに私を乗せ、地所のあちこちを案内してくれたりもした。ある晩の食卓で、何か言おうとしている途中で急に眠りこんでしまったのを見て、私はびっくりした。しかしマーガレットは片手を振って「いつものことだから」と言っただけで、何事もなかったかのように食事を続けた。

また別の週には、スクイブ製薬会社創業家の娘ロザリンド・P・ウォルターがニューヨーク州オイスターベイに所有する邸宅に滞在した。ブロードウェイの作曲家レッド・エヴァンズとジョン・ジェイコブ・ローブの有名な楽曲『ロージー・ザ・リヴェッター』は、第二次世界大戦中にコネティカット州の工場で働いたロザリンドをモデルにしている。

その夏、全米ローンテニス協会が伝説の選手モーリーン・コノリーとイギリスのメアリー・ハードウィックをフィラデルフィアに招き、女子ジュニア選手のためのテニス・クリニックを開催した。実際に会うのはそれが初めてだったが、二人についての本や記事は何年も前から数えきれないほど読んでいた。ある日、モーリーンと一対一で練習できる機会があって、私は有頂天になった。コートに向かうとき、先を行くモーリーンの右ふくらはぎに深い傷痕が見えた。一九歳のときモーリーンの選手生命を絶った事故で負った傷だ。その事故が起きたのは、一九五三年にモーリーンがシングルス四冠《グランドスラム》を達成した翌年という最悪のタイミングだった。モーリーンはカムバックをめざして懸命の努力をしたが、最後まで叶わなかった。それでも、ストロークはやはり正確で切れ味鋭く、安定していた。

同じ日の夜、モーリーンから食事に誘われて、私は夢見心地だった。レストランでテーブルにつくなり、私はモーリーンを質問攻めにした。モーリーンは終始笑みを絶やさず、目をきらきらさせて話していたのをよく覚えている。私はモーリーンのすべてを知りたかった。これまでの歩み、どうやってナンバーワンになったのか、私はどうすればもっと上達できるのか。彼女が私に強烈な一撃を放つのをデザートが運ばれてくるまで待ったのは、せめてもの気遣いだったのかもしれない。それでもその一言は、私にとっては立ち直れないほどの打撃だった。「あなたにチャンピオンの素質はないと思うの。自己中心的で、自制心に欠けていて、うぬぼれが強すぎる。それじゃあ世界一にはなれないわ」

頭が真っ白になった。身動き一つできなかった。まさかそんな風にこき下ろされるとは思っていなかったし、しかもモーリーンは誰にでも優しい人だと聞いていたから、なおさらショックが大きかった。涙が出そうになったが、なんとかこらえた。レストランを出る前に、率直な意見をありがとうとまで言ったような気がする。翌朝起床してからは何事もなかったふりをしようとしたが、モーリーンの言葉は何度も耳に蘇っては心を痛めつけた。あんなことを言ったのは私をよく知らないせいだと呪文のように唱え続けて、ようやく立ち直った。私を止められるのは私自身だけだと自分に言い聞かせた。

それから数年後、全米選手権の会場フォレストヒルズで、モーリーンの友人だという男性が話しかけてきて、ぜひ伝えておきたい話があると言った。一九五九年にある大会でモーリーンと会ったとき、将来有望な若手選手は誰かという話題になった。するとモーリーンは私を指さし、あの子に注目すべき、ほかの子は忘れていいと言ったというのだ。私は信じがたい思いでその人を見つめた。モーリーンのコーチの逸話は私も耳にしたことがあった。エレノア・〝ティーチ〟・テナントは、教え子にあえて厳しいことを言って負けん気を引き出そうとしたという。ひょっとしてモーリーンは、恩師と同じ〝逆心理〟を私に使ったのだろうか。褒めたら、私が慢心すると思ったのかもしれない。私の負けず嫌いを見抜いたうえで、私ならきっとモーリーンの見立ては間違っていると証明したくて躍起になると考えたとか。ただ、真意はどうだったのか、確かめる術《すべ》はもうない。

　あのやりとりについて、モーリーン本人と話すことは一度もなかった。あるいは、初めて会った日から数カ月後に雑誌『ワールド・テニス』に引用されたモーリーンの評――ビリー・ジーンは体重を一〇キロくらいは減らすべきだし、グラウンドストロークは改善が必要で、しかも近道ばかり選びがちだ――についても。体重とグラウンドストロークに関しては図星だった。初めて家族と離れて遠征に出ているあいだにバセッツのアイスクリームなど甘いものを食べまくったおかげで、手持ちのウェアがどれも着られなくなりかけていたし、カリフォルニア州ではたいがいコンチネンタルグリップを教わるが、そのグリップではグラウンドストロークに弱点が出やすいのも事実だった。ただ――近道を選びがち？　私はテニスに関して近道を選んだことなど一度もない。

　プロに転向してからも、モーリーンとはときおり顔を合わせる機会があった。どんな場面でも優しい人だった。一年の大半をテキサス州の自宅で二人の子供や夫のノーマン・ブリンカー――ステーキ＆エールなどレストラン・チェーンの創業者で、サラダバー普及の立役者でもある――と一緒に過ごしていた。モーリーンとは、お互いをもっとよく知る時間さえあったら親友になれただろうに、モーリーンは一九六九年に卵巣癌で亡くなった。三四歳の若さだった。

　南カリフォルニア出身者ばかりの私たち全米ジュニア・ワイトマン・カップ代表はフィラデルフィア

に戻り、ジャーマンタウン・クリケット・クラブで開催された全米ジュニア女子インターセクショナル大会に出場した。その週、私たちは二一連勝を収めた。この記録はいまもまだ破られていない。次の、そしてその夏最後の遠征先はニューヨーク市で、フォレストヒルズ地区のウェストサイド・テニスクラブで行われた全米選手権に出た。四大大会出場はこれが初めてだった私にとっては、一大事件だった。ニューヨークの天を衝く高層ビルや大勢の人でごった返すマンハッタンの歩道、たくさんのタクシー、クラクションの音、雑踏と喧騒。チームの全員が目を回し、ときには少し怖じ気づいたりもしたのは、私だけではなかったと思う。

　私たちはミッドタウン地区のルーズヴェルト・ホテルに宿泊した。エアコンのない一室に六人という過密状態だった。ホテルの立地がよく、数ブロック歩いた地下鉄駅からテニスクラブのあるクイーンズ区にすぐに出られたのはありがたかった。私はクイーンズ区で地下鉄を降りてからクラブまで、チューダー様式のお屋敷が並んだ住宅街をわくわくしながら歩いた。私はアルフレッド・ヒッチコック監督の『見知らぬ乗客』〔一九五一年公開の映画。テニス選手が主人公の一人で、フォレストヒルズで大会に出場する〕が大好きだったから、どこかなつかしいような気がした。

　ウェストサイド・テニスクラブのクラブハウスは、スタッコ塗りの外壁に切妻屋根の木骨造りの建物だった。中に入ると、暗い色目の壁に歴代チャンピオンの写真が並んでいて、私は一枚ずつじっくりとながめた。コートを見下ろすテラスに腰を下ろし、オレンジジュースやソーダを飲みながら、蹄鉄《ていてつ》形をした美しいメインスタジアムの向こうに沈んでいく夕陽をながめるひとときが好きだった。当時は高さ五メートル近くある大きな掲示板にトーナメント表が張り出されていて、試合が終わるごとに誰かがはしごを上って結果を書きこんでいた。

　私の初戦の相手は優勝候補の一人、ジャスティナ・ブリカに決まった。ジャスティナはミズーリ州出身で左利き、一六歳の控えめな人だった。私は第一セットを先取し、第二セットも5－4でリードした。次のゲームで40－30のマッチポイントまで取った。なのに負けた。初めての四大大会は、初日で敗退した。

夏は終わり、ワイトマン・カップの代表チームに解散の日が訪れた。まもなく学校が始まる。チームのメンバーは本当に仲よしになっていて、泣き笑いの解散になった。

私はニューヨークのアイドルワイルド空港（現JFK国際空港）から直行便でロサンゼルスに帰った。このときはジェット機で、一一時間ではなく、たった五時間半の旅だった。家を出発したときより何歳も年上になったような――しかもだいぶ世慣れたような――気持ちで、離陸して旋回する飛行機の窓から外の景色をながめた。

初めての夏の遠征は特別な経験ではあったが、長距離電話はとても高かったから、両親とほとんど話をしていなかった。陽光あふれるロサンゼルスに着陸し、胸を高鳴らせながら父と母を探して到着ロビーを見回した。しかしどういうわけか、私たちは相手に気づかないまますれ違ってしまった。ひょっとしてと気づいて振り向くと同時に、母の声が聞こえた。「ビリー・ジーン……？ ビリー・ジーンなの？」おデブちゃん《エル・チャボ》の体重が増えすぎて、両親は実の娘を見分けられなかったのだ。母がよく思っていないのは明らかだったが、母も父もそれについて何も言わなかった。ロングビーチに向けて南に走る車のなかで、私はジュニア代表の戦果を話して聞かせた。初めてのマンハッタンやフォレストヒルズの感想も。東海岸で泊めてもらった邸宅の壮麗さも。しかし、ありがたいことに、父と母が知りたがったことは一つだけだった。「で、どうなの、いまもやっぱりテニスが好き？ テニスは楽しい？」

もちろん。私はテニスがますます好きになっていた。

第4章　アリス・マーブルの教え

　その夏の戦績に自信を得て、帰郷の一カ月後にロサンゼルス・テニスクラブで開催されたパシフィック・サウスウェスト選手権のジュニア部門に加えて本戦《メインドロー》にも出場した。私は一五歳だった。ジュニアから本戦への移行は大きな転機となった。三回戦まで進んだが、激戦の末に二〇歳のアン・ヘイドンに破れた。第三セットは5－7までもつれこんだ。注目の一戦となった。試合後に引き上げようとしたとき、ロングビーチの不動産投資家ハロルド・ガイヴァーが小走りにやってきて善戦を称えてくれた。「きみのプレースタイルがすっかり気に入ったよ、ビリー・ジーン。ウィンブルドンに行かせてやりたい。きみにはその実力がある」

　ハロルドはすばらしいアマチュア選手で、身長は一六〇センチそこそこと小柄だったが、試合展開が巧みで、めったに負けなかった。一〇代のころはよくあのパンチョ・ゴンザレスとロサンゼルスの公営コートで小銭を賭けて対戦し、パンチョに勝つことも多かったらしい。ハロルドは若手の支援に本気で取り組んでいた。彼なら本当に必要な資金をかき集めて私をウィンブルドンに行かせてくれるだろう。私の一番の夢が叶うのだ。

「ありがとうございます、ミスター・ガイヴァー。でも、私にはまだ無理です」

　ハロルドは驚いたように言った。「まさか――行きたくないのかい？」

「絶対に行きたいです」私は答えた。「でも、実績が足りません。ウィンブルドンに出る資格がまだないんです」

　するとハロルドは微笑み、うなずいた。「その時が来たら、かならずウィンブルドンに行こう。ロングビーチの仲間に声をかけて、支援者を集めておくよ」

そんな申し出を断れる子供が果たして何人いるだろう。しかし私には両親の倫理観がしっかりと受け継がれていた。それに、このときにはアルシアの試合を観ていたし、ダーリーン・ハードとも練習していたから、まだウィンブルドン選手権に出るだけの実力は自分にないと誰よりもよく知っていた。私のテニスはまだまだ発展途上にあった。

それを裏づけるように、その週に行われたパシフィック・サウスウェスト選手権大会のジュニアの部の決勝で、ジュニア・ワイトマン・カップのチームメートでサンディエゴ出身のカレン・ハンツェに敗北した。それまでカレンに勝てたのは一度だけだったが、自分では今度こそ勝てるつもりでいた。現に、第一セットは私のペースで進んだ。しかしこのときはまたしても勝てる試合を逃がしてしまった。スコアは6－2、7－9、7－9だった。粘り負けだ。私は壁に突き当たった。ところがそこに、願ってもない幸運が舞いこんだ。

クライド・ウォーカーをはじめ、周囲はみな若いころの私をアリス・マーブルと比較した。アリスもやはりアグレッシブな選手で、ボレーを武器にしていたからだ。私はアリスについて調べ、本を読んだ。アリスは一九三六年から四〇年にかけて一八ものグランドスラム・タイトルを獲得した名選手だ。タイトルの内訳は、シングルス五つ、女子ダブルス六つ、混合ダブルス七つ。ある日、ジョー・ビクスラー――初めて出場した大会に一日遅れて到着したとき、試合ができるよう主催者にかけあってくれたウイルソンの思いやり深いセールスマン――からロサンゼルス・テニスクラブで声をかけられたときには、アリスについて詳しくなっていた。ジョーによると、パシフィック・サウスウェスト選手権での私の試合をアリス・マーブルが観ていて、前途有望な若手と言ったらしい。「アリスと話をしてね。きみのコーチをしてもいいと言っているんだ。きみさえよければ」

い、い、い、きみさえよければ？　にわかには信じがたい話だった。私は、アリスのコーチを受けてもかまわないかとクライドに確かめた。クライドを見切ったように思わせたくなかった。するとクライドはもちろんと即答した。「反対するわけがないだろう？　アリス・マーブルみたいな元世界チャンピオンに教えてもらえるチャンスだぞ。私にはこれ以上きみに教えられることはないしな、ビリー・ジーン。そろそろチャンピオンから教えてもらう時期だよ」

アリスはサンフェルナンド・バレーのターザナという労働者の街にある、黄色と白のこぢんまりした家に住んでいた。リビングルームは、ウィンブルドンで三冠《ハットトリック》を達成し、シングルスで五つのグランドスラム・タイトルを獲得した時代、世界ランキング一位だった時代の記念品であふれていた。アリスは平日は医院の受付係をして働き、週末は町の住人が所有するコートで後進の指導をしていた。私が手ほどきを受け始めたころアリスは四六歳で、肺の片方を切除したあとだったが、一日に煙草を一パック吸う喫煙者だった。それでもテニスに注ぐ情熱は少しも衰えていなかった。

大会中を除いて、毎週土曜の朝に父か母の車でロングビーチから七〇キロの道のりをターザナまで通った。夕方までアリスのレッスンを受け、その夜はアリスの家の予備の部屋に泊まる。日曜はまた朝から練習を始め、両親のどちらかが迎えにきてふたたび長いドライブに出発するまでみっちりと続けた。

初めての特訓の日、私はフロントコートに立つように言われた。アリスはネットをはさんで向こう側のフロントコートに立ち、私を狙って強烈なボールを打ってきた。ボールがまともにぶつかって、ひっくり返ったことも何度かあった。その訓練法を支える理屈は、ジミー・コナーズのお母さんで元テニス選手のグロリアのそれと同じだった。グロリアは息子を狙ってボールを打ちこみながら、こう煽《あお》ったという。「食らいついてきなさい、ジミー！　食らいついて！　実の母親だってここまでやるのよ、対戦相手が手加減してくれると思う？」

アリスは強靱な精神の持ち主だった。私のメンタルが弱すぎると思っているらしいことは早々に伝わってきた。褒めて励ますことはあってもやはり基本は厳しく、その容赦のない指導法はそのときの私に合っていた。私はアリスに畏敬の念を抱いていた。アリスの家の壁に並んだ写真は、彼女のきらびやかで変化に富んだ人生をそのまま写し取っていた。全米選手権でダイビングボレーを試みた瞬間の写真。俳優のクラーク・ゲーブルとシーザー・ロメロにはさまれてポーズを取っている写真。それぞれハットトリックを達成したウィンブルドン選手権終了後の祝賀パーティで、混合ダブルスのパートナー、ボビー・リッグズと踊っている写真。アリスは同じ年の全米選手権でもハットトリックを決めている。

この偉業の直後、アリスはあるプロモーターと五万ドルで契約してプロに転向した。ドン・バッジ、ビル・ティルデン、メアリー・ハードウィックとともに一年間、全国を巡業した。メアリーとのエキシビションマッチ・シリーズの戦績は七二勝三敗で、アリスの圧勝だった。戦争中は米兵慰問にも一役買った。私の父は、ヴァージニア州ノーフォーク駐留中にアリスのエキシビションマッチを観たそうで、強く印象に残っていると話していた。

私がアリスのリビングルームのふかふかの椅子に座ってスクラップブックに見入っていると、アリスの猫がよく足もとにまつわりついてきた。ときには夜、アリスがギターをつま弾きながら、英語やスペイン語の歌を聴かせてくれるときもあった。いろんな思い出話もたくさん聞いた。

アリスはサンフランシスコの労働者の家庭に生まれた。子供のころから体を動かすのが好きで、兄二人がやっていた野球にはとりわけ夢中になった。一三歳のときマイナーリーグのサンフランシスコ・シールズのマスコットガールになり、試合前練習の時間にフライを捕球してファンを楽しませた。シールズの売り出し中の新人で、やはりサンフランシスコ出身のジョー・ディマジオとキャッチボールをすることもあった。後年、ディマジオは取材にこう話している。「あの子はなかなかの強肩だったよ」

一五歳のときお兄さんからテニスラケットをもらい、ゴールデンゲート・パークの市営コートでサーブやボレーを習得した。野球で生計を立てていくのは無理だと悟ったからだ。二度の世界大戦のはざまの時代にキャリア最盛期を迎えたアリスのプレースタイルは、それまでドン・バッジのような男性スター選手の独擅場だった、攻撃的なパワーテニスだった。身長は一七〇センチほどで、スコートではなくショートパンツを好み、女子では見たことがないほど速いサーブが武器だった。ネット際に詰め、ベースライン際で鋭く跳ねるドライブを打ち、相手をバックコートに釘づけにした。アリスのプレーだけでなく、強烈な闘争心とブロンドの容姿もマスコミから愛された。

ハリウッド映画のような波乱の人生も注目を集めた。一九三四年、二一歳のときパリでの試合中にアリスは倒れ、結核と胸膜炎の診断を受けた。スポーツはあきらめるよう告げられた。アリスはカムバックをめざすとともにプロの歌手としても活動を始め、三七年にニューヨークのウォールドーフ・アストリア・ホテルでデビューした。同年に全米選手権のダブルスで優勝している。

私をはじめ、聞く耳を持つ相手を見つけると、アリスは第二次世界大戦中に米軍の諜報機関に所属していた話をした。九〇年、死の直前まで執筆を続けた回想録『コーティング・デンジャー（*Courting Danger*）〔「自ら危険を招く（court danger）」とテニスのコート（court）をかけたタイトル〕』には、スイスでの任務中にナチスの二重スパイに背後から銃撃されたとある。テニス界の友人は一様に懐疑の目を向けたが、真偽はアリス本人にしかわからない。

アリスはウーマンリブ運動の先駆者だっただけでなく、公民権活動家でもあった。女がスポーツを愛しても何も言われずにすむ日がいつかかならず来るとよく言っていた。ＤＣコミックスでライターとしても活動していて、フローレンス・ナイチンゲール、スーザン・Ｂ・アンソニー、マリー・キュリーといった現実のロールモデルを紹介する『歴史上のワンダーウーマン』シリーズの監修も手がけた。

アリスのとりわけ輝かしい業績の一つは、アルシア・ギブソンがテニス界の人種の壁を打ち破る後押しをしたことだ。一九四〇年代末、アルシアは全米黒人テニス協会のランキング一位だったが、それでも全米ローンテニス協会（ＵＳＬＴＡ）が主催する大会には出場を許されなかった。アフリカ系アメリカ人だからというだけの理由で。アリスは『アメリカン・ローンテニス』誌の一九五〇年七月号に有名な論説を寄稿し、アマチュアテニスにおける人種差別撤廃を訴えた。「テニスが淑女と紳士のスポーツであるなら、殊勝ぶった偽善者のようにふるまうのをやめて、淑女や紳士らしく行動すべきではないか……アルシア・ギブソンを現在の女子テニスに突きつけられた課題と見なすなら、その課題はコートの上で解決するのが当然ではないのか」アリスはさらに、アルシアが近くフォレストヒルズで開催される全米選手権からまたも締め出されるとしたら、「私が人生の大半を捧げてきたスポーツについた拭いがたい汚点となり、私はそれを心の底から恥じるだろう」と書いた。

USLTAは譲歩した。フォレストヒルズの砂利敷きの通路を歩いて歴史に残る初戦に向かうアルシアと、並んで歩くアリスをとらえた写真が残っている。二人とも明るい笑みを浮かべていて、金網のフェンス前に人だかりができている。拍手している人も見える。

アルシアを公然と支援したアリスの功績は、ジャッキー・ロビンソンに差別に満ちた罵声を浴びせた観客の前で彼の肩に腕を回し、連帯を示したピー・ウィー・リースの有名なエピソードと同じく、私の目にはいまも色褪せていない。スポーツの世界にもようやく公民権運動の波が届こうかという時代で、アリスは時代を先取りしていた。もしあのときアリスが声を上げていなかったら、アルシアはシングルスで六つのグランドスラム・タイトルを獲得できていただろうか。アンジェラ・バクストンとダブルスを組み、グランドスラムで何度も優勝していただろうか。アンジェラもやはり、巡回トーナメントでペリー・T・ジョーンズらから差別を受けた一人だった。二〇一九年にアンジェラは当時をこう振り返っている——「私の試合を観た誰かが、彼女はユダヤ系だってご存じですよねとジョーンズに告げて以降、私はロサンゼルス・テニスクラブで開催される大会に出場できなくなりました」

アルシアが主要大会の人種の壁を破った数年後の一九五六年、ダブルスを組もうとアルシアに声をかけたのはアンジェラだった。「誘ってもらったのは初めて——答えはもちろんイエスよ」アルシアはそう応じた。六三年後、全米オープンの会場にアルシアの銅像が建立されたとき、アンジェラは、亡くなった友人の栄誉を称えるため、体調を崩していたにもかかわらず、自宅のあるイギリスからはるばるニューヨークを訪れて除幕式に出席した。

アリスはテニスであれだけの業績を残す一方、私生活では不運続きだった。ある晩、私はアリスに尋ねた。「アリス、恋をした経験はありますか」

「あるわよ。ジョーと」アリスはそう答え、新しい煙草に火をつけて深々と煙を吸いこんだ。「戦争で死んでしまったけれどね」

それ以上は聞けずじまいになった。あとになって、アリスには端整な顔立ちをしたアメリカ軍戦闘機パイロット、ジョー・クローリーという夫がいたことを何かで読んだ。アメリカに残ったアリスが交通事故に遭い、二人の初めての子供を流産した一〇日後、ジョーはドイツ上空で撃墜された。アリスは悲しみのあまり大量の薬をのんで自殺を図ったが、かろうじて一命を取り留めた。

アリスの一番の親友だった俳優のキャロル・ロンバードも、飛行機事故で亡くなった。一九四六年には、アリスはひどい炎症を起こした右の肺の大半を切除する手術を受けた。体調が優れず、二年間テニスから離れているあいだに貯金はほぼ底を突いた。私が知り合ったころ、医院の受付で働きながら副業でテニスの指導をしていたのはそのせいだ。

アリスは私の人生とテニスに決して消えない痕跡を残した。一九五六年の秋にアリスのレッスンを受け始めた時点で、私のランキングは全米一九位だったが、四カ月後には四位まで急上昇していた。アリスの教えは、世界のトップで戦った経験のある人からしか学べないものばかりだった。テニスの技術と極意を言葉で説明してくれた初めてのコーチがアリスだった。

ある日のレッスンで、アリスはベースラインにいた私をネットとの中間地点に連れていき、地面を指さして言った。「ここがサービスラインよね」

「はい」

アリスはラケットを前に延ばして左右に動かしながら続けた。「ここはミッドコート」

私はまた「はい」と答えた。

「ビリー・ジーン、たいがいの試合で勝敗が決まるのはここなの。ここで凡ミスをしたほう——簡単なショットをしくじったり、楽なポイントを取りこぼしたりしたほうが負けるのよ」

テニスのショットに、攻撃的《オフェンシブ》、守備的《ディフェンシブ》、中立《ニュートラル》の三種類があることは私もすでに知っていた。しかしアリスは、瞬時に最良の判断ができるよう、ボールの落下点、スピードや回転を注意深く見きわめる力を強化してくれた。そのころも私は、せっかく大幅にリードしていたのにひっくり返されて負ける試合が少なくなかった。そこでアリスはまず、それまでとは次元の違う集中のしかたや新しい考え方を私に叩きこんだ。アリスは一ポイントたりともおろそかにしなかった。どのポイントも、それがマッチポイントであるかのように全力で取りにいきなさいと言った。私の打点が体に近すぎると指摘して、フォアハンドのテクニックに磨きをかけてくれた。

また別の日には、何気ない調子でこう言った。「あなたのバックハンドボレーは、私のよりずっといいわ」私は一六歳だった。なのに、名声不朽のアリス・マーブルからそんなことを言ってもらえるなんて。頬が熱くなった。「そんな、アリス。ありえない」するとアリスは言った。「本当よ。あなたのバックハンドボレーは一流だわ」そういう一言は、魔法の呪文となって選手に自信を与える。

また、アリスの他人を頼らない生き方、克己心、スター性から、世界のトップ選手にふさわしいふるまいを学んだ。どんな場面でもアリスはきちんとした隙のない装いをしていた。他者に優しい一方で、意見を言うべきときは率直にものを言った。お世話になった人にはかならず礼状を送った。それは私の習慣にもなっている。あのころも、音楽レーベルの社長で、テニスのファンでもあったアリスの友人ミッキー・ゴールドセンが所有するコートでいつものレッスンを終えたあと、かならずお礼としてミッキーや彼の子供たちの練習相手をした。アリスは、人間関係の築き方、育み方を私に教えてくれた。小さなことを大切にすれば、やがて大きな何かになると信じていた。

そんなアリスとの関係を私が自分で壊してしまったことは、本当に悔やまれる。

アリスの体調は決して万全ではなく、いつも緑色の大きな酸素タンクをベッド脇に置いていた。泊めてもらうと、アリスの寝室から苦しそうな咳が聞こえることがあった。小さな白いホルダーに新しい煙草を差しこんでいるのを見るたび、その手をつかんで、お願いだから煙草はやめてと懇願したくなった。煙草がアリスの健康を害しているのは明らかで、私はアリスが心配だった。アリスが咳をすると、いつも父の姉グラディスを思い出した。グラディスは長いあいだ癌で苦しんだあげく、三六歳で早世した。

そういったもろもろの事情が心の片隅に引っかかっていたある金曜の夜、我が家のキッチンの電話が鳴り、私は走っていって受話器を取った。アリスからだった。ひどく具合が悪そうだった。「ビリー・ジーン。肺炎を起こしてしまって、ベッドから出られないのよ」声がかすれていて、息苦しそうなのが電話越しにもわかった。私は何と言えばいいかわからず、最初に頭に浮かんだことを口走った。「じゃあ、明日のレッスンは中止ですね」

「自分のことしか頭にないのね」アリスは吐き捨てた。あんたは無神経で考えなしだとなじり、自分とテニスのことしか考えていないと言った。電話はいきなり切れた。

私は受話器を戻して自分の部屋に駆け戻った。泣きながらベッドに倒れこんだ。すぐに母が来て言った。「シス！　どうしたの？　何があったの？」

母は私の話を聞くと、すぐにアリスに電話をかけて謝った。いつもなら、自分で電話して謝りなさいと言われたはずだが、このときの私は、何か言ってはいけないことをまた言ってしまうのではないかと怖くて口もきけなかった。いま振り返れば、母から電話を代わってアリスと話をすればよかったと思う。あんな身勝手なことを言うつもりはなかった、早くよくなってほしいとちゃんと伝えればよかっただろうか。そうしていれば、アリスを引き止められていただろうか。いまとなってはもうわからない。アリスは母に、別のコーチを探すようにと告げた。師弟関係はそれきり取り戻せないままになった。

アリスが亡くなったのはその三〇年後だ。のちにアリスは、週末を私のレッスンに費やすうちに自分は人に教えるのが好きらしいと気づいたと話した。事実、私と縁を切ってまもなく医院の仕事は辞め、フルタイムでコーチを始めて、大会運営に携わるようになっている。一九六六年に私がウィンブルドン選手権のシングルスで初めて優勝すると、アリスから愛情のこもったすてきな手紙が届いた。私も手紙を書いたし、大会で顔を合わせたときは互いに打ち解けて話した。けれど、唐突に終わってしまった師弟関係は最後まで修復できなかった。あのとき私はまだほんの子供だった。だが、それをきっかけに、世界一のテニス選手を育てるのに必要なのは大勢の支援だけではないと気づき始めた。テニス界の頂点に近づけば近づくほど、他者との衝突をも覚悟しなくてはならない。

第5章　いざウィンブルドンへ

一〇年生の時点ではオールAの優等生だったのに、一一年生の成績表にはCやDが並んだ。生物学やスペイン語など、好きな科目でも成績が下がった。世界クラスのテニス教育を受けていた私は、学校の勉強に興味を失っていた。一九六〇年に一二年生に進級すると、テニスの練習や大会出場と同時進行で、バリーという男子と交際を始めた。真剣な恋は初めてだった。カリフォルニア州パシフィックグローヴ出身の一八歳の青年で、カリフォルニア大学バークレー校への進学が決まっていて、入学後はテニスチームに所属してプレーした。私はそれまでにもほかの男の子とデートしたことがあったが、バリーに惹かれた理由はうまく説明できない。テニス以外に共通点はないも同然だった。私はそばかすが散った青白い肌をしていた。バリーは黒髪にオリーブ色の肌だった。彼は勉強熱心だった。私の頭にはテニスしかなかった。彼はユダヤ系で、私は違った。

一つ年上のバリーを本気で好きだったから、私も彼と同じようにサンフランシスコのベイエリアにある大学のどれかをめざそうかとも考えた。しかし学校の成績は急降下していて、バークレー校のような上位校入学は望み薄だった。それに、バリーと一緒に過ごす時間はほとんど取れなかった。やがてついに必然の運命が訪れた。「親愛なるビリー」から始まる手紙が届いた。その別れの手紙も、それまでの手紙と同様、我が家のピアノの上に置いてあった。

彼との別離に宗教の違いがどこまで影響したのかはわからない。ただ、その後、バリーも私もユダヤ系の美しい女性と生涯を共にすることになったのだから、皮肉なものだ。

一九六〇年の大統領選をめぐっては、保守派の父とよく議論した。父は、ジョン・F・ケネディを含め、カトリック教会を嫌悪していた。その理由は、実の祖母までさかのぼる。父の祖母は、カトリック教会が運営する未婚の母のための施設で父の母ブランチを出産したあと、養子に出すといってブランチを取り上げられてしまったからだ。リチャード・ニクソンはおそらく、忠実な労働組合員だった父が初めて投票した共和党候補だろう。父が不満まじりに弁解したところによれば、民主党の候補だからといって酒の密造で成り上がったアイルランド系カトリック教徒の息子に投票する気は断じてないそうだ。

私はといえば、ケネディが大統領選で掲げたニューフロンティア政策にいたく共感していた。父に対しては、ケネディの宗教は関係ないと反論し、アメリカでは信教の自由が保障されていると日ごろから言っているのはお父さんでしょうと指摘した。選挙の結果、ケネディは四三歳で史上最年少のアメリカ大統領に就任した。私はケネディの就任演説に感激した――「たいまつは米国民の新しい世代に引き継がれた」新たな進歩の時代が到来したと宣言し、アメリカと世界を向上させるという目標に国民の力を集中しようと呼びかける新大統領に、希望を見いだした。

世の中には理想主義の空気が漂っていた。私もその気運を感じ取っていたが、これまでセラピーでしか打ち明けたことがないある不快なできごとによって、それは帳消しにされた。私が慕っていた女性教諭二人に誘われて、ネヴァダ州からアリゾナ州への家族旅行に同行したときのことだ。家族ごとに車に分乗し、州外に住む共通の友人を訪ねる旅だった。どちらの家族にも小さな子供がいたから、私はそのベビーシッター役を期待されていたのだと思う。ここではその子供たちのプライバシーを守るために教諭の実名は出さず、ミセス・スミスとミセス・ジョーンズという仮名を使うことにする。

往路で私はスミス夫妻の車に乗った。息子さんは三歳か四歳くらいだった。妙なことになったのは、目的地に到着してまもなくだった。先生たちの友人宅の客用寝室に落ち着いたところで、ミスター・スミスがおざなりにノックすると同時に、勝手に部屋に入ってきた。ベッドに座って本を読んでいた私は不意を食った。ミスター・スミスはベッド脇に椅子を引き寄せて腰を下ろした。

「ずいぶんいろんな地方を回っているんだってね」ミスター・スミスはそう言った。
「どういう意味ですか」私は応じた。
「とぼけるなよ。テニスの大会であちこちに行っているんだろう。男の経験は豊富なんじゃないか」
「意味がわかりません——誰とも経験ありませんから！」それは事実だった。何が起きているのかと信じられない思いだったし、怖かった。この人は何のつもりでここに？　どうしてこんな不適切なことを訊くのだろう。すぐ隣の部屋に奥さんや息子さんがいるのに、どうして平気なのよ。私は出ていってくださいと言った。ミスター・スミスはしぶしぶ出ていった。かちりとドアが閉まった瞬間、念のためドアノブの下に椅子の背を食いこませた。

その週の残りはずっとスミス夫妻と距離を置いて過ごした。ロングビーチに帰る日が来て、私はもう一人の先生に言った。「先生やミスター・ジョーンズともっとお話がしたいです。車に乗せてもらえませんか」そこにミセス・スミスが割りこんだ。「あら、私たちが送っていくわよ、うちのほうが近所だから」私はたちまち不安になったが、それ以上どうしようもなかった。

ロングビーチまでの長いドライブのあいだ、私はスミス夫妻のステーションワゴンの後部スペースで、すっかり眠りこんだ息子さんのすぐそばに並んでうたた寝をしていた。カリフォルニアの真っ暗な砂漠を走っているとき、ミスター・スミスの声が聞こえた。「疲れたな」するとミセス・スミスが「運転を代わるから、あなたは後ろで休んでいたら？」と言った。

車が停まり、まもなくミスター・スミスが私の隣に横になった。私は背中を向けたが、車がふたたび走り出すなり、ミスター・スミスが私の背中に触れた。右手が肩を乗り越えて私のブラウスの前に回ってきた。「やめて！」私はできるだけ突き放した低い声で言い、彼の手を払いのけたが、ミスター・スミスは意に介さず、またも胸を触った。私の心臓は飛び出しそうになった。「やめて！」私はなおも体をひねって肩越しに言った。幼い息子さんはすぐ隣でまだ寝息を立てていた。ミセス・スミスは知らぬ顔で運転を続けていた。私の声が聞こえなかったとは思えない。ミスター・スミスはやめようとせず、私は彼に向き直った。そしてもう一度言った。「やめてください！」ミスター・スミスはおかまいなしに片手で私の胸を触り、もう一方の手で私の脚のあいだをまさぐった。

私は歯を食いしばって拳を固め、ミスター・スミスの胸を力いっぱい殴った。驚いたのか、彼は動きを止めて私をじっと見つめた。私は左の拳を握り締めたまま、低く冷ややかな声で言った。「次に触ったら、父に話しますから。父ならあなたを殺すと思います。これは脅しじゃありません。うちの父なら本当にやりますよ」

それでようやくやめてくれた。ミスター・スミスは離れた。

スミス夫妻の車が家の前で停まるのを待ちきれずに私はドアを開け、荷物を抱えて玄関前の階段を駆け上がった。両親と顔を合わせる前に深呼吸をして気持ちを落ち着かせた。それからなかに入り、何事もなかったかのように二人を思いきり抱き締めた。

暴行されかけたと話したら、父は本当にミスター・スミスを殺すだろうというのは出まかせではなかった。父を刑務所になど行かせたくなかったから、あの一件は誰にも話したことがない。

六〇年たってその記憶が蘇ったきっかけは、〈#MeToo〉や〈タイムズ・アップ（TIME'S UP）〉の運動によって、似たような、あるいははるかにおぞましい体験談が世の中に突如あふれ出したことだった。聖職者による少年たちへの性的虐待が明るみに出たスキャンダルからもわかるとおり、恐怖が被害者の口をふさぐ例はあまりにも多い。加害者と被害者のあいだに力の不均衡が存在する場合はとくにそうだ。あの一件からしばらくは、年長の男性と思いがけず接近したり、私に手を出そうとしたあの男性に似た人を見かけたりするたび、私はすくみ上がった。リビングルームでくつろいでいるとき、父を見ながらこんな風に思う瞬間もあった――あんなことがあったなんて、思ってもいないだろうな。やがて私はあの一件を忘れることに決めた。

私は何か不愉快なことがあっても、表立って対処する代わりに心の奥底に押しこめてしまう。おかげで、その後の人生で絶えず無視され、あたかも存在しないかのように扱われ、あるいは本当の事情を教えてもらえなかったりしたとき、何度も苦い思いをさせられることになった。両親が教えてくれた人間として大切な資質のうち、何より大事なのは誠実さだ。嘘をついてはいけない。人を欺いてはならない。しかし、相手が自分自身であれ、誰か他人であれ、本当のことを言えない場面もある。真実が相手を傷つけるようなときがそうだ。それは切なくて孤独な瞬間だ。私はその気持ちを数えきれないくらい味わった。母の言葉の意味が骨身に染みた。「誰にだって秘密があるのよ、ビリー・ジーン」

一二年生の春、私の全米ローンテニス協会のランキングは、シングルス、ダブルスともに全米四位だった。その前年の夏に私をウィンブルドンに行かせたいと言ってくれた実業家ハロルド・ガイヴァーがまた声をかけてくれて、このときはイエスと答えた。アリス・マーブルのおかげで練習も実績も十分に積んだいまなら、テニス界の総本山行きの切符を手にする資格があると思った。この年、ペリー・T・ジョーンズは貴重な助言をくれた。いまも心から感謝している。自分一人では決断できなかっただろう。ある日、ジョーンズからロサンゼルス・テニスクラブの執務室に呼び出された。ウィンブルドン選手権の規則が変わって、ジュニア部門と本戦《メインドロー》の両方への同時エントリーは認められないことになったから、どちらかを選ばなくてはならないという。

「どっちに出るべきだと思いますか」私は訊いた。

すると〝皇帝〟は言った。「メインドローだね」

二週間にわたる大会は、ロンドン郊外のウィンブルドン・ヴィレッジで開催され、主催者はオール・イングランド・ローンテニス・アンド・クローケー・クラブだ。クラブでは大会の二週間をただ〝選手権〟と呼ぶ。ほかの大会と一緒にしてくれるなと言いたげだ。事実、ほかとは格が違う。第一回大会は一八七七年に開かれ、このときの種目は男子シングルスのみだった。一八八四年に女子シングルスが加わった。ウィンブルドンやヴィクトリア朝のイギリスが発祥のローンテニスについて、私は子供のころからたくさんの記事や本を読んだ。世界一のテニス選手と認められるには、ウィンブルドンで優勝しなくてはならない。

ロンドンとの往復航空券など、経費は二〇〇〇ドルほどになりそうだった。フォルクスワーゲン・ビートルの新車が一台買える金額だ。ハロルド・ガイヴァーが元手を確約し、心当たりに寄付を呼びかけてくれた――ロングビーチ・テニス・パトロンズ、センチュリー・クラブ、ロングビーチの商店会、そして知り合いの知り合いにまで。本当に大勢がお金を出してくれた。それだけでもありがたかったのに、ある日、ジュニア・ワイトマン・カップ・チームで一緒だったカレン・ハンツェがロサンゼルス・テニスクラブで声をかけてきて、ペアを組んでウィンブルドンのダブルスに出場しないかと誘ってくれた。夢みたいだった。現実とは思えなかった。

他人には頼れず、すべて自分で考えるしかないシングルスももちろん好きだったが、そのころもいまも、私はシングルス以上にダブルスが好きだ。ポイントの行方を左右する要素の複雑さ、独特の戦術、信頼し協力し合うパートナーの存在。しかしなんといっても、仲間がいるのがうれしい。シングルスで孤独な戦いを続けている身には、勝てば喜びを分かち合え、苦しいときは力を合わせて乗り越えられるダブルスは、格好のリフレッシュになる。

カレンと組んで試合に臨むには、いくつか細かい調整をしなくてはならなかった。二人ともダブルスでは左コート――主要プレーヤーの側――でプレーすることが多かったからだ。そこでコイントスで左右を決めた。私が負けた。結果として、それは人生でおそらくもっとも幸運なコイントスだった。左に加えて右コートでのプレーを身につけざるをえなくなり、おかげでどちら側でも戦えるようになった。オーストラリアが生んだチャンピオンの一人ケン・ローズウォールにこう言われたことがある。どんなときも、一番重要なポイントは試合の最初のポイントだ。それで試合のペースが決まる。テニスの試合はかならず右コートへのサーブから始まる。つまり、右コートで最初のサーブをリターンする私により大きなプレッシャーがかかることになる。ふだん以上の重圧に、私はぞくぞくした。

カレンと私は六月初旬、地元で盛大に見送られ、ウィンブルドン選手権の前哨戦である二つの大会に出場するためイギリスに向けて出発した。ロサンゼルス国際空港では、新聞のカメラマンの注文に応じてポーズを取った。イギリスの天候に合わせたジャケットを着ておずおずと微笑むカリフォルニア出身のティーンエイジャー二人。ウイルソンがスポンサーというわけではないのに、二人ともプロ選手みたいにラケットを高く掲げ、ウイルソンのロゴマークをレンズに向けた。

翌日、ヒースロー空港に進入する飛行機の窓から、早朝のもやに包まれたイギリスの大地を初めて目にした。視界を埋める野原や森林の緑は、まるで作り物のように濃くて鮮やかだった。降下するにつれ、きらめく湖面や赤い屋根の住宅を見分けられるようになり、まもなく生け垣や、道路の左側を走る車も見えてきた。着陸が待ちきれなかった。飛行機を降りた瞬間、ひんやりと湿った空気が肺に流れこんできた。空想のなかで幾度となく訪れた国だ。初めてとは思えなかった。緊張はあったが、心地よい種類の緊張感だった。恋をしたときの感覚に似ている。

引退したイギリス人選手メアリー・ハードウィックが空港に迎えに来て、カレンと私を地下鉄グロスター・ロード駅そばのかつて栄華を誇ったヴィクトリア朝様式のホテル、ベイリーズまで送ってくれた。翌朝、カレンと私は郊外の町ベックナムに移動し、ウィンブルドン選手権の前哨戦の一つ、ケント・グラスコート選手権に出場した。ベックナムでは、クリケット場近くにある、暖房があまり効かないじめじめした年配女性の家に泊めてもらった。あてがわれた上階の部屋はものすごく広く、そこにベッドが二台並んでいた。それぞれ毛布五枚と湯たんぽを渡された。

その晩はロサンゼルスとの八時間の時差ボケが解消せず、カレンと私は真っ暗な部屋で眠れずにいた。寒さをしのぎながら、金属の玉が屋根を叩いているみたいな土砂降りの雨音に負けずにおしゃべりをした。部屋の反対側からカレンが訊いた。「ねえビリー・ジーン、今日って高校の卒業式じゃなかった？ここにいるのとどっちがいい？」

「それ、本気で訊いてる？」私は笑った。テニスを優先して、卒業記念のダンスパーティにさえ出席しなかったし、ほかにも数えきれないくらいたくさんのイベントを逃していた。でも、おかげでいまどこに来ている？「ここには誰でも来られるわけじゃない」私はカレンにそう言った。「世界中のどこよりもここがいいに決まってる」

アメリカではそうでもないが、イギリスやヨーロッパではウィンブルドン選手権直前に開催される大会の注目度が高い。信じられないほどたくさんの観客や新聞記者が世界中から集結し、ウィンブルドン本戦での優勝候補をいち早く予想しようとする。そういった記者のなかで私がとくに好きだったのは、ロンドンの『デイリー・メール』紙のジェラルド・ウィリアムズだ。黒いクラーク・ケント眼鏡をかけたジェリーは、とても節度のある人で、それまでに私が取材を受けたアメリカの記者と比べると、スポーツライターではなく校長先生みたいな雰囲気だった。奥さんがスコットランドのテニス選手で、テニスに関してジェリーは生き字引だった。のちにBBCのテニス解説者として広く知られるようになる。

ジェリーはカレンと私を娘のようにかわいがり、ウィンブルドン選手権の歩き方を指南してくれた。ときには運転手を務めてくれることもあった。例によって私はジェリーを質問攻めにした。私の質問――ウィンブルドン選手権の名物がストロベリー&クリームなのはどうして？　ジェリーの答え――一八七七年の第一回大会で、富裕層にふるまわれて好評を博したのと、初夏に大会が始まる時期といちごの初物が出回る時期がちょうど重なっているから。私の質問――センターコートの貴賓席《ロイヤルボックス》で観戦できるのは誰と誰？　ジェリーの答え――ロイヤルファミリーをはじめ、ウィンブルドンの後援者やゲスト。「センターコートってどんなところ？」ある日、私はジェリーに尋ねた。

「いまから行ってみようか、ビリー・ジーン」ジェリーは言った。「大会が始まる前に一度見ておいたほうがいい。世界広しといえど、あそこは別格だよ」

ジェリーの小型車はロンドン郊外の細道をたどり、私の鼓動は速くなった。建ち並ぶ煉瓦造りの邸宅が背後に飛び去り、円形交差点《ラウンドアバウト》を抜けて、最後にチャーチ・ロードを行くと――あった！　ついに来たのだ！　オール・イングランド・ローンテニス・アンド・クローケー・クラブの錬鉄《れんてつ》のゲートが正面に現れた。私が初めてウィンブルドンを目にした瞬間はまさに完璧だった。緑豊かな敷地に人影はなく、物音一つ聞こえなかった。目に映るものすべてが深緑色と紫色をしていた――大きなプランターのアジサイや、ハンギングバスケットからこぼれ落ちそうなペチュニアに至るまで。なかに入るとき、刈ったばかりの芝のにおいを感じたのを覚えている。誰もいない外のコートから、スプリンクラーの水しぶきが霧になってたなびいた。

舗装された歩道を進むと、ついにそのそびえ立つ姿が見えた。初めて目にするセンターコート。数々の大試合が行われる、蔦《つた》の這う美しい建造物。何年も夢に見てきたそこは、実物のほうがずっとすばらしかった。高さは五階建てくらい。外から見ると予想していた以上に大きく見えて、テニス競技場というより二〇世紀版のコロッセウムというのがふさわしく思えた。建物のなかに入って塗装されたコンクリートブロックの通路を進み、正面観覧席の上階に続くスロープと階段を上った。そろそろてっぺんというころ、ジェリーが言った。「目を閉じて。いいと言うまで見ちゃだめだぞ」私はジェリーを信じ、手を引かれるまま階段の最後の数段を上った。「もういいよ。見てごらん」

はるか下に、世界で一番美しいテニスコートがあった。

どのくらいの時間、そこにいたのかわからない。感じ取れるすべてを記憶に刻みつけようとしたことだけは覚えている。場内に視線を巡らせて、その左右対称の美に感嘆した。手入れが行き届いた芝は、濃い緑色に輝いていた。センターコートは、オリンピックなど特別なイベントを除いて、ウィンブルドン選手権開催中の二週間以外の五〇週は一試合たりとも行われないほど神聖な場所だ。手動のスコアボードは何も表示されずに次の試合を待っていたが、大きな時計は正確な時刻を指していた。壁や観客席や手すりは、敷地のほかのあらゆるものと同じ濃い緑色に塗られていた。静謐に満ちていた。

センターコートの雛壇《ひなだん》になった観客席は一万四〇〇〇人超を収容する規模だが、こうして実際になかに入って見ると、コートとの距離が想像以上に近かった。音もよく響く。それを私はまもなく身をもって知ることになる。たとえ満員であっても、サーブの寸前に観客席は静まり返る。ところがプレーのあいだやポイントが決まった直後は、まるきり違う。見ごたえのあるラリーを制したあとには、音の壁が選手に迫ってくる。ラケットが届きそうで届かない絶妙の位置にドロップショットが落ちようとしている一瞬には悲鳴のような声が、決められたはずのシヨットをミスしたときは同情と非難がまじったざわめきが、コートを隅々まで満たす。ダブルフォールトでは観客が息をのむ気配がさざめき、ポイントによっては、法廷で突拍子もない証言が飛び出した瞬間のような忍び笑いが漏れたりもする。

立ち止まって耳を澄ませば、建物の物語が聞こえてくる。建物は、エネルギーと歴史を保存している。初めてセンターコートを訪れたあの日、私はそのすべてを感じ取ったし、センターコートで試合をしたりスタンドから観戦したりするたび、同じものを感じた。ウィンブルドンのセンターコートがテニスの聖堂と呼ばれるのも不思議ではない。何度そこにたたずみ、数多《あまた》の先達に思いを馳せたことだろう。記憶に残るチャンピオン、全身全霊で戦ったものの、トップに昇り詰める夢を叶えられずに終わった出場選手たち。その一人ひとりが白一色のウェアでダンサーのように軽やかに芝の上を動き回る姿が目に浮かんだ。スザンヌ・ランラン、ヘレン・ウィルス・ムーディ、アリス・マーブル、ドン・バッジ、フレッド・ペリー、〝リトル・モー〟・コノリー、アルシア・ギブソン――ここでプレーした伝説の選手たち。彼らが感じた責任と重圧、勝利の喜びと安堵を想像してみた。誓ってもいい。センターコートを初めて訪れたあの日、私はそのすべてを感じた。そして、ジェリーを振り返ってこう尋ねたとき、私は本気だった。「ここで永遠にこうしていてもいい?」

パンデミックを理由に開催が中止された二〇二〇年まで、六〇年間、私は毎夏欠かさずあのコートを訪れた。

二週間にわたるウィンブルドン選手権が始まると、カレン・ハンツェと私はロンドン市内の朝食付きの小さなホテル（B&B）に移った。洗濯物は洗面台で手洗いしてせまい室内に干した。トイレは廊下の先にあった。宿のおかみさんはテニスに詳しく、アメリカから来た一〇代の小娘二人組はどうせ一回戦か二回戦で敗退するだろうと思っているのが丸わかりだった。私たちに時間を費やすのはもったいないと思ったのだろう。初日の朝食に出てきたのは、ロールパン一つとグラス一杯のミルク、それに「まあ、頑張ってね」の一言だけだった。

シングルス、ダブルス、混合ダブルスの試合の組み合わせは、開幕の数日前に発表される。つまり、勝ち進んだら誰と当たりそうか、組み合わせ表をたどっていけばある程度まで予想できる。私は大会開始前に表を見ないと決めていた。一度に一試合に集中したかったし、先のことを考えて不安になりたくないからだ。ところが、その前年にすでにウィンブルドンを経験していたカレンは、ダブルスの組み合わせ表が張り出された掲示板まで私を強引に引っ張っていった。私たちはシードなしだったが、ダブルス女子で最強のマリア・ブエノとダーリーン・ハード組がフランスで黄疸に罹患して、まだ全快していないことは知っていた。カレンは表のほかの名前を確かめてから言った。「ビリー・ジーン、これなら優勝も夢じゃないよ!」それから、私にちゃんと聞こえているか確かめるみたいに、同じことをもう一度繰り返した。

一度目でちゃんと聞こえていたが、ダブルスより、私のシングルスのデビュー戦のほうが先に予定されていた。一回戦の相手、直前の全仏選手権で準優勝したばかりのメキシコのベテラン選手ヨラ・ラミレスは第五シードで、驚いたことに、試合はセンターコートに割り当てられていた。ざわつく神経を落ち着かせるだけでなく、ウィンブルドンの伝統を大急ぎで身につけなくてはならなかった。英国王ジョージ五世がオール・イングランド・クラブの後援者に加わった一九一〇年大会以降、センターコートに入場する際には、たとえそのときに王族が来ていなくても女子選手はロイヤルボックスに向かってカーテシーをし、男子選手は首《こうべ》を垂れて敬意を表する決まりになった（女王または皇太子が来場しているときを除き、この伝統は二〇〇三年で終わった）。私はカレンに教わりながら、右足を左足の後ろに引き、転ばないようにちょこんとお辞儀をするカーテシーを特訓した。練習のあいだは二人とも大笑いのしどおしだった。

ウィンブルドン選手権は雨が降りやすい季節に当たっている。それにしてもその年の開幕から一週間はよく雨が降った。雨天順延が続いて、試合の予定が押した。ヨラと私の初戦は、水曜日、開幕三日目にようやく行われた。試合前にロッカールームからコートに向かう屋内通路の途中に小さな待機スペースがあって、係員の指示で私たちはいったんそこで待機した。壁に飾られた歴代優勝者の写真を私はながめた。ドアが開かれ、促されてコートに出る瞬間は、まばゆい新世界に生まれ出ようとしているみたいな心地だった。視野がぱっと開け、地上から初めて見るセンターコートの全容が目に飛びこんできた。前に来たときと同じスコアボードに、私の名前がある。センターコートの観客席を見上げると、そこを埋めた数千の見知らぬ人々がこちらを見下ろしていた。

いざコートに足を踏み入れる前に、私はみごとに均一に刈られたばかりの芝に掌《てのひら》を押し当てた。それから芝を一本だけ引き抜き、両手ではさんでこすり合わせた。芝はスエードのようになめらかに刈りこまれていた。ついに来たのだと思った。世界で一番有名なテニスコートに、私は立っている。

試合が始まると、いつものように自分にこう言い聞かせた。「一度に一球、一度に一球」しばらくはそれがおまじないのように効いた。第一セットは9－11の接戦の末にヨラが獲った。第二セットは6－1で私があっさり勝った。不運にも――と私は思った――第三セットが始まるところで日が没し、ボールが見えなくなった。当時のセンターコートには、屋根どころか夜間照明さえなかった。私は不本意な思いでカレンと一緒に宿に戻った。あのまま続行されていたら、きっと勝てたのにとカレンに愚痴を言った。日をまたぐと何が起きるかわからない。そして実際、ふつうは起きないことがいくつか起きた。

いま思うと信じがたいことだが、一カ月にもわたる海外遠征だというのに、カレンと私は二人きりで行動していた。両親は同行していなかったし、コーチもエージェントも、お目付け役もいなかった。私たちは連日、チョコレート菓子やバーガーチェーン〈ウィンピー〉のハンバーガーをおなかいっぱい食べていた。そのうえ、私はほかにもよくない選択を重ねた――増えてしまった体重を落とす効果があるらしいと聞いて、エックスラクス便秘薬をのむというような。日没サスペンデッドとなったヨラとの試合の夜、私は初めてエックスラクスを試した。見かけも味もチョコレートそのものの便秘薬だ。あれをひとかけかじったくらいで、何がどうなるというのだ？　しかし私は一晩中、ベッドとトイレを駆け足で往復する羽目になり、一睡もできなかった。おみごと、ビリー・ジーン。翌朝の惨状はいうまでもない。といっても、どのみち結果は同じだっただろう。再開された第三セット、私はヨラにフォアハンドを攻められてあっさり敗退した。

カレンと組んだダブルスの試合が残っていたのがせめてもの救いだった。二人とも、余裕綽々《よゆうしやくしやく》ではしゃいでいた。カレンはテニスの技術は完璧で、思わず見とれてしまうほどだったが、私よりずっと思慮深くて無口だ。一方の私は、このころにはもうコート上でよくしゃべる選手という評判がついていた。審判や線審の判定が気に入らなければ、不満をそのまま口に出した。ただ、大半は独り言だった。「ビリー、しっかりしなさいってば！　なんでいまのをはずすのよ、楽勝だったでしょ？」目が合ったら試合中に笑い出してしまいそうで、カレンのほうを見ないようにしなくてはならない場面も少なくなかった。

カレンの予言があったとはいえ、本当に決勝に進出したときには心底驚いた。宿のおかみさんの私たちを見る目もさすがに変わった。トーナメントを勝ち上がるにつれ、朝食にオレンジジュースが追加され、さらには卵とベーコンも加わった。決勝進出が決まったときには、私たちは〝うちの子たち〟に昇格して、食べたいものを何でも出してもらえた。私たちは、ゲストとして決勝戦におかみさんを招待した。

決勝の相手はオーストラリアのジャン・ルヘインとマーガレット・スミス組だった。その年の全豪選手権で優勝したペアだから、カレンと私が勝つと予想した人はほとんどいなかった。女子ではマーガレット・スミスが有望株とダーリーン・ハードが言っていた理由が私にもわかった。マーガレットは上背があってパワフルだ。身長は一七五センチほど、体の切れもすこぶるよく、並外れた運動神経の持ち主だった。ただ、先行逃げ切り型の選手であることは、初めて対戦しただけで私にも見抜けた。彼女が大きくリードしているとき、マーガレットの勢いは誰にも止められない。ところが接戦だったり、相手にリードを奪われたりすると、重圧に弱いマーガレットは本来の実力を発揮しにくくなる。

第一セットの第二ゲームで、カレンと私はマーガレットのサービスゲームをブレークし、そのまま最後までプレッシャーをかけ続けた。その結果、6－4、6－3で、まさかの勝利をものにした。マッチポイントが決まったとき、私は大きな歓声を上げてボールを高々と投げ上げたのを覚えている。招待者のボックスで宿のおかみさんが立ち上がり、猛烈に興奮して手を叩いているのが見えた。一八歳のカレンと一七歳の私は、ウィンブルドンのダブルスを制した最年少のペアとなった。この記録は現在もまだ破られていない。二人それぞれに優勝杯〝ケント公爵夫人チャレンジ・カップ〟が授けられた。表彰式が終わるとすぐ、ボストンを拠点とするスポーツ記者バド・コリンズが来て祝福してくれた。

バドはいつも自分を下手の横好きと謙遜したが、実際にはとても優れた選手で、その夏に開催された全米インドア混合ダブルス選手権にジャネット・ホップスと組んで出場し、優勝している。ブランダイス大学でテニスのコーチを務めたのち（教え子のなかにアビー・ホフマン〔青年国際党（イッピー）の共同創立者、フラワーパワー運動を主導。〝シカゴ・セブン〟の一人〕という若き政治活動家がいた）、『ボストン・ヘラルド』紙でスポーツ記事を執筆するようになり、やがて『ボストン・グローブ』紙に移った。その後もテニス史上最高の記者・解説者として活躍して、『テニス百科事典』を執筆した。

バドはテニスの熱心なサポーターで、私と同じくテニス界の格式張った窮屈なところを嫌っていた。白ずくめのテニスへの抗議として、大会を取材するときは、救いようがないくらい悪趣味で派手な柄のズボンをわざわざあつらえて現れた。ボストンのテレビ局ＷＧＢＨのテニス解説者になるころには、その派手なズボンがバドのトレードマークになっていた。のちに、アメリカのテレビ局では初めてウィンブルドン選手権を放映したＮＢＣ――といっても、初期は男子シングルスの決勝戦のみで、しかも録画だったが――など、全国ネットワークに出演するようになった。

バドに言われて初めて、ウィンブルドンで優勝した選手はフォーマルな祝賀パーティ〝ウィンブルドン・ボール〟に出席できると知った。ウィンピー・バーガーで盛大にお祝いするのもためらわれるくらいの貧乏旅行で、フォーマルドレスなんてとても用意できないと私たちが打ち明けると、バドはその晩、ナイツブリッジ地区のハロッズ百貨店近くにあるこ

1961年、18歳のカレン・ハンツェと17歳の私はシードなしでウィンブルドン女子ダブルスに出場し、史上最年少で優勝した。決勝戦の対戦相手はジャン・ルヘインとマーガレット・スミス。

ぢんまりとしたイタリア料理店のディナーに招待してくれた。私たち三人は前菜からデザートまでノンストップでテニスの話をした。そのテーブルで、一生涯の友情が芽生えた。

カレンと二人で宿に戻り、機内持ち込み用の鞄に着替えを詰め、一番早い便でアメリカに戻った。パンナム航空便を予約していたのだが、パンナムは私たちがダブルスで優勝したことをちゃんと知っていて、宿からヒースロー空港への移動にリムジンを手配してくれた。空港の入口では別の男性職員が待ちかまえていて、代わりにチェックインの手続きをし、荷物も運んでくれた。飛行機に乗りこむと、機長のアナウンスが流れ――「当飛行機にはウィンブルドンの優勝者二人が搭乗しています」――機内に拍手が沸き起こった。アメリカに到着するまで、客室乗務員があれやこれやと世話を焼いてくれた。

ウィンブルドンでの経験をクライド・ウォーカーに報告したくて、私は待ちきれない思いだった。ウィンブルドンでの優勝は、クライドや両親、旅費を負担してくれたくれたスポンサー、ロングビーチ市など、過去に一度でも私に手を差し伸べてくれたすべての人への恩返しになる。イギリスに出発する前、病院で闘病中のクライドを見舞った。そのとき最後にかけられた言葉は、いつもと同じ「楽しんできなさい」だった。

帰国の直後に夏のグラスコート・シーズンが始まり、カレンと私はフィラデルフィアに飛んだ。三日目、クライドが癌で亡くなったと連絡があった。六九歳だった。奥さんのルイーズによると、ウィンブルドン選手権の後半の一週間、クライドはカレンと私の試合結果だけを生きる支えにしていたそうだ。教え子からついにウィンブルドンの優勝者が出たと知ってから息を引き取った。クライドは、私の人生の大きな一部分を占めている。コーチとして、助言者として、家族のように身近な友人として。だから、いまでもふとこう考える瞬間がある——こういうとき、クライドなら何て言うだろう？　いまになっても私は毎日、クライドに話しかけている。

第6章　強敵マーガレット・スミス

その夏、ロングビーチに戻って大学に進む前に、もう一つだけやらなくてはならないことがあった。うれしいことに、この年もワイトマン・カップの代表メンバーに選ばれていた。しかも今度はジュニア代表ではなく全米代表チームだ。ワイトマン・カップ代表チームは事実上、全米フル代表でもある。当時はまだプロツアーもフェデレーション・カップもなかったし、テニスはオリンピック種目にも復活していなかった。

ワイトマン・カップ代表チームの正装は格好よかった。スタイリッシュな白のジャケットで、胸ポケットにハクトウワシの紋章があしらわれていた。大会開催地のシカゴまでの飛行機代のほかに、全米ローンテニス協会から一四ドルの日当をもらえたのも初めての経験だった。さらに、会場のサドル・アンド・サイクル・クラブのスコアボードに選手の個人名は表示されない。それを見るたび、〈アメリカ対イギリス〉とあるだけだ。国を代表して戦っているという自覚が深まった。

イギリス代表チームはベテランぞろいだった。その年のウィンブルドン選手権シングルスの覇者アンジェラ・モーティマーに、準優勝したクリスティン・トゥルーマン。やはりその年の全仏選手権を制したアン・ヘイドン。この三人のベテラン勢に、成長著しい若手ディードラ・キャットが加わっていた。マスコミは、英国テニス史上最強の女子代表チームと書き立てた。

対するアメリカ代表チームは、実力者ダーリーン・ハードとナンシー・リッチーを不振のために欠いており、子羊を生贄《いけにえ》に差し出すに等しかった。史上もっとも若い代表チームで、主力選手三名がそろって一八歳以下だった——カレン・ハンツェ、ジャャスティナ・ブリカ、私。ほかに、ダブルス選手兼コーチとして四三歳のマーガレット・オズボーン・デュポンと、二一歳のグウィネス・トーマスというメンバーだった。しかし、いざ大会が始まると、前評判はあっさりと裏切られた。私たちティーンエイジャー・チームは、ワイトマン・カップ史上最大の番狂わせを演じ、開幕から四連勝した。

ウィンブルドンで初めて優勝したわずか一カ月後にこのビッグ・タイトルだ。それまで私は国際大会での優勝はおろか、ジュニアの全国大会でタイトルを獲得した経験さえなかった。テニスがあれほど楽しかったことはない。しかしそのあとロングビーチ市に帰ると、家族を別とすれば、私の人生が一変したことを知る人はほとんどいなかった。私はロングビーチ市西三六番ストリートのビリー・ジーン・モフィットに戻っていた。

現代の大学のテニス・チームの監督なら、一七歳にしてグランドスラムのダブルスで優勝した選手がいれば、先を争って自分の大学に誘うだろう。しかし、私が大学に入学した一九六一年秋には、女子を対象とするスポーツ奨学金制度はほぼ皆無だった。連邦政府の助成を受けている教育機関に男女同等の機会を与える義務を定めた教育改正法第九編《タイトル・ナイン》が成立するのは七二年。あと一一年待たなくてはならない。

幸いこの当時は、カリフォルニアの州立大学は授業料が無料だった。これはありがたかった。私はロサンゼルス州立大学（現在のカリフォルニア州立大学ロサンゼルス校）に入学した。男子テニス・チームの監督、キャメロン・〝スコッティ〟・ディーズがロングビーチの出身だったからだ。スコッティは父の大学時代からの友人だった。私の両親は、結婚前に交際していたころよく遊びにいった海沿いのダンスクラブ、パラディウムやバルボアでスコッティと知り合い、一生涯にわたる友情を育んでいた。

父は私が一人暮らしをするのにいい顔をしなかった。このころには親の付き添いなしで何週間も外国に行ったりしていたことを思えば、矛盾した話ではある。ただ、父はたった一人の娘を守りたい、できるだけ長いあいだ家族そろって暮らしたいと考えていて、その気持ちはうれしかった。そこで、その夏の遠征で全米ローンテニス協会から支給された日当の残金三一〇ドルで一九五〇年型のフォードのセダンを購入し、それを通学に使うことにした。ボディはワイン色で、コラムシフトの車だった。初めての愛車は一一年落ちの中古だったが、それでもうれしかった。

スコッティは、ロサンゼルス州立大学女子テニス・チームの有能な監督ドクター・ジョーン・ジョンソンに私を紹介してくれた。ジョーンは一九五五年と五六年に同大学の男子チームの副監督を務め、五九年に女子チームを創設した、進んだ人物だ。南カリフォルニア大学対抗女子テニス・リーグの創設者でもあり、私たちのチームもそのリーグに参加していた。当時の私のチームメートにはコニー・ジャスター、キャロル・ループ、キャロル・コールドウエル、スー・ベルマーらがいて、ある世界ランキングで私たちは大学チーム一位にランクされていた。

ジョーンとスコッティは、男子選手と女子選手を同等に扱う点で時代に先んじていた。スコッティは全米大学体育協会（NCAA）ディビジョンII選手権大会で優勝した男子選手を、一九六三年から三年連続でチームに勧誘している。ロサンゼルス州立大学テニス・チームでは、毎日午後二時から五時までチーム全員で練習していた。おかげで全員のレベルが向上した。女子選手は男子のパワーとスピードに対処できるようになり、男子は精確でむらのないプレーを磨いた。

大学に進む何年も前から、大半の男が女に負けるのをひどく嫌っていることを私は知っていた。レークウッド・カントリークラブで練習していたころ、私は男の子にも大人の男性にも何度も勝った。しかし、自信に満ちた態度はレディらしくないとされていると知っていたし、男を立てる女が好まれること――あるいは男を立てるよう期待されること――も知っていた。だからコートの外で誰かに「どっちが勝った？」と訊かれたら、嘘でも「彼です」と答えるようにしていた。信じられないかもしれないが、そうしておくと、二人きりになった瞬間、私が負かした相手から感謝の視線や言葉を向けられた（これもまた信じられない話かもしれないが、のちにバトル・オブ・ザ・セクシーズでボビー・リッグズと戦ったときも、男に敬意を払い、本来の能力を隠すべしという旧弊な条件づけが試合の終盤でふいに頭をもたげた。女に負けたとなったらボビーはどれだけ恥ずかしい思いをするだろうと考え始めると気が気でなくなり、少しのあいだ、ボビーに同情した——が、その考えをどうにか振り払った)。

シングルスでNCAAタイトルを二度獲得した、ロサンゼルス州立大学のチームメート、ゲイリー・ジョンソンとは、毎日一緒に練習していた。実力はほぼ互角だった。私が勝ってもさすがにチーム内では隠せない。一度など、自分にいらだったゲイリーがラケットをフェンスの向こうに放り投げ、ラケットはくるくる回転しながら水泳プールに落ちた。

大学に通うのに必要なお金を少しでも稼ごうと、私はパートタイムの仕事を二つ掛け持ちした。一つは小学校の校庭の監督官で、もう一つはロサンゼルス州立大学の女子ロッカールームの係員だった。後者はタオルをたたんだり、用品を配ったりするだけの最低賃金——時給一ドル一五セント——の仕事だ。テニスの練習、試合、仕事に加え、毎日朝から晩までみっちりと授業があり、しかも往復六〇キロの通学もしなくてはならなかった。

私はスコッティの力添えを心からありがたく思った。しかし同じカリフォルニア州内で、アーサー・アッシュという名の新星が軍予備役訓練課程(ROTC)の全額給付型奨学金を受け、カリフォルニア大学ロサンゼルス校で経営学を学びながらテニスをプレーしていた。カリフォルニア州テニス界の寵児、スタン・スミスやデニス・ラルストンも全額給付のテニス奨学金で南カリフォルニア大学に通っていたし、翌年にはジェリー・クロムウェルも同じ奨学金を受けた。

大学に進んだころの私はまだ、テニス遠征に聖書を持っていくような時代錯誤のまじめ人間だった。また小学校時代には、一〇セント硬貨が床に落ちているのを見つけたらちゃんと先生に届けるような生徒だったから、善良な子に育てた両親を褒め称える手紙が担任教師から送られてきたりもした。大学でも、教授や学生助手をキャンパスでつかまえてはいろんな知識を授けてもらったし、図書館にこもって大好きな本を読んで過ごすことも多かった。とはいえ、図書館にいるあいだは考えを整理したり、自分が深く知りたいことがらに関連した蔵書——かならずしも授業に必要な資料ではなく——を探したりすることにずいぶんたくさんの時間を費やした。とくに夢中で読んだのは歴史や心理学の本だった。たびたび仮及第処分〔成績不振を理由に退学とする前に、一定期間の猶予を与える制度〕を受けていたし、大英帝国史は別として、講義を欠席することも多かった。

矛盾していると自分でも思う。私は教育の価値を重んじている。子供のころから知識欲が旺盛で、それはこの年齢《とし》になっても変わらない。ものごとの細部や意味、起源を掘り下げて調べるのが昔から好きだった。いま振り返れば、大学時代の私はたぶん、額に入れて飾れる学位より、人生の目標を成就する役に立ちそうな知見や知識を得るほうに意識が向いている学生の一人だったのだろう。私がやりたいのはテニスだった。人生のどの段階でも最優先はつねにテニスだった。どうすればテニスをプロスポーツにできるか、女子選手が除外されないようにするにはどうしたらいいか。そんな考えで頭がいっぱいだった。もしもいまの時代に生まれ、スポーツ選手を志望していたら、大学には進学せずに高校卒業と同時にプロになっていただろう。しかし当時の私は、女子選手にはまだ開かれていなかった道と世界を模索していた。大学の授業科目一覧には載っておらず、あらかじめ用意された学位取得の最短ルートではない道を。私ならやれると自分で思っていることと、世の中の現実のあいだには大きな隔たりがあった。そこに横たわる深い溝がありありと見えていた。だが、その溝を越える方法がまだわからずにいた。

そのころの私の頭のなかがどんな風だったかを知ってもらうには、何に共鳴していたかを話すのがよさそうだ。たとえば大学一年のとき、私はマクスウェル・マルツの理論に深い関心を持った。マルツは形成外科医で、心と体の関係についての著作を残している。マルツの研究の土台となったのは、形成手術によって患者の外見が他人の目から見て改善されても、患者本人が描いている自分像が変わらないかぎり無意味であるという知見だった。

マルツは、患者の自己像を高める方法を探った。そして〝サイコ・サイバネティクス〟という理論を提唱し、このテクニックを活用すれば、人はより充実した人生を送れるようになるとした。心のコンディションを整えれば、目標を達成できるようになるとマルツは信じた。マルツが提唱したテクニックの一つは、視覚化だ。何かを習得したいなら、正しいやり方でそれに成功している自分を思い描く。これが私の心の琴線に触れた。それまでずっと私がやってきたことは、要するにそれだ。とくにアルシア・ギブソンらロサンゼルスで頭角を現した名選手たちのプレーを研究したとき、あるいはクライド・ウォーカーやアリス・マーブル、ダーリーン・ハードを質問攻めにしたとき、私はまさにそれと同じことをしていた。鮮明にイメージできるものは実現できる。マルツはその理論を科学で裏づけた。人の神経系は、現実に起きていることと想像のなかで起きていることを区別できない。また人間には、意識せずとも目標を達成できるようプログラムが可能な内的メカニズムが備わっている。

私はこの理論に深くうなずいたし、現代ではこの考え方は広く受け入れられている。たとえば体操や飛び込み、フリースタイルスキーといった種目の世界一流の選手が出番直前に目を閉じ、これから始める演技を頭のなかでイメージしている姿を見たことがあるだろう。パントマイムのように手や足を動かす選手もいる。

マクスウェル・マルツの著作に出会う前から、私は試合をどう運ぶべきか、三つの視点から事前にイメージしていた。自分の視点、対戦相手の視点、上空からの視点。ベースラインで球を打っている自分を思い描き、次にその打球を受ける相手がどう動くかを想像する。私自身と対戦相手が一球一球にどう対処するか、上空からコートを見下ろしてイメージしながら架空のポイントを積み重ねていく。ときには試合を最後まで視覚化することもあった。

そういう架空の試合は現実と勘違いしそうにリアルで、そのイメージトレーニングを通じて私のテニスは進歩していると思えた。試合の進行を予想したり誘導したりできれば、それだけで相手よりも優位に立てる。一つひとつのポイントを有利に運べる可能性は高くなる。

ロサンゼルス州立大学に通い始めて日がたてばたつほど、世界一になりたいならテニスに専念するしかないという思いは強くなった。入学前に比べ、練習も試合回数も足りないと感じていた。毎年春にはそこそこの数の大会をこなせるが、秋から冬にかけてはラケットを何週間もしまいこんでいることも珍しくない。そして翌年、ウィンブルドン選手権や夏のグラスコート・シーズンがふたたび巡ってくると、久しぶりにラケットを取り出してクモの巣を払う。その繰り返しだった。大学入学後の私はパートタイムのテニス選手だった。褒められたものではない試合結果に、それが如実に現れていた。最初の学年の終わりごろになってようやくトーナメントに復帰できた一九六二年五月、南カリフォルニア選手権でカレン・ハンツェにストレート負けを喫し、私はひどく悲観した。試合後に自分の車に戻って大泣きした。デュースに次ぐデュース、アドバンテージポイントだって何度も取ったのに、それでもやはり勝てなかったのだ。はらわたがよじれ、頭ががんがん鳴った。私は自分を責めた。勝てる試合だったのに、どうして負けたのよ。どうして最後までちゃんとやり通せないの？ このレベルの大会で負けているようじゃ、ナンバーワンなんて夢のまた夢だ。たくさんの人が後押ししてくれたのに、その期待を裏切ることになる！

一つの試合に負けて、あれほど自分を疑ったり、泣いたり、自分を哀れんだりしたのは、あとにも先にもあの一度だけだと思う。もちろんそれに近い経験は何度もあった。そのあたりのことも、スポーツ選手、なかでもトップ選手に関して、多くの人が理解できない矛盾の一つではないか。勝てば最高にうれしい。しかし勝利の喜びは一時のもの。長く尾を引くのは純然たる歓喜ではなく、たいがいは安堵だ。では、負けた場合は？ 敗北は永遠に残る。試合の結果は不変だ。インクで記されたも同然で、決して消えない。チャンピオンに渡される銀の優勝杯に刻みつけられる。敗北は、心をさいなみ続ける。

シュテフィ・グラフも、試合に負けたあとはいつも何日も室内をうろうろするばかりだったと話していた。スポーツ記者バド・コリンズは、クリス・エヴァートからこんな話を聞いたそうだ——一九七七年のウィンブルドン選手権準決勝でイギリスのヴァージニア・ウェードに敗れたあと、滞在していたロンドンのホテルの部屋をめちゃくちゃに破壊し、バスローブ姿で三日間ジャンクフードを食べ続けた。八一年の全米オープンでジョン・マッケンローに決勝で敗れて世界ランキング一位から陥落したとき、ビョルン・ボルグを支えていた何かがぽきんと折れた。テニスに人生のすべてを注ぐストイックさで知られたボルグは、試合後、シャワーも浴びずに駐車場に直行し、そのまま空港に行って飛行機に乗りこんだ。それから一年ほどたって二六歳の若さで引退を宣言した。マッケンローは現役に復帰するよう説得を試みたが、ボルグに「二位や三位では、何者でもないのと変わらない」と言われて言葉を失った。

私を含め、頂点に昇り詰めたテニス選手はみなこう言うだろう。勝利を愛する以上に、敗北が憎いのだと。ただし、ロジャー・フェデラーは特別かもしれない。負けた瞬間、ロジャーの顔には苦しげな表情がありありと浮かぶ。ロジャーとラファエル・ナダルは、グランドスラムの決勝で敗退して人目もはばからずに涙を流す。とはいえロジャーは勝ったときもやはり遠慮なく泣くから、そうなるともうどう考えてよいかわからなくなる。ただ、男の子、とくに人前で喜怒哀楽を露《あらわ》にするのはよくないのではと不安を感じている少年にとって、ロジャーはよいお手本になるだろう。試合が終わって感情を発散したら、あとはけろりとして次に進めばいい。

私も同じようにできたらよかったのにと思う。試合が終わるなり泣きたくなることは数えきれないほどあったけれど、私が本当に涙を流しているところを見たことがある人はいないはずだ。しかし、現実を直視しよう——テニスでは、一度も負けずに大会を終えられる選手は一人しかいない。テニスは一度負ければそれでおしまいの勝ち抜き戦、ゼロサムゲームなのだ。ちょっとついていない日がたった一日あっただけで負け犬のように路上に放り出され、しょんぼりとして次の街、次の大会に向かうしかない。いちいち落ちこんでいたら心を病んでしまう。

チャンピオンは順応する。チャンピオンは立ち直りが早い。成功を手にするには、あらゆることをうまく共存させなくてはならない。目標を追求するのをあきらめてはいけないし、かならずやれると信じる一方で失敗から学ばなくてはならない。コートの上では自分以外の誰も頼れないという孤独とも仲よくやっていかなくてはならない。そういったすべてをモチベーションに変えなくてはならないのだ。敗北の恐怖、勝利へのこだわりが失われたら——それまでの競技であるテニスではなおさら——一対一の競技であるテニスではなおさら——それまでだ。試合はスキルを試すだけの場ではない。本当の自分をさらけ出す場、どこまで本気か、どこまで戦えるかを証明する場だ。クリス・エヴァートのお父さんで、彼女のコーチも兼ねていたジミー・エヴァートはよくこう言っていた。「ロッカールームから出て、あの緑色の長方形を見て、あとは自分の頭で考えなさい」

私はおそらく、キャリアが花開いた時期の勢いよりも、負けることに対する恐怖と嫌悪をうまく利用できたのだと思う。いつまでやってもナンバーワンになれないのではと、いつも死ぬほど怖かった。どんなに努力してもまだ足りないと思った。私を駆り立てたものはそれだ――グランドスラムのタイトルを獲得できるようになってからも、ボビー・リッグズを相手に〝男女対抗試合〟に臨んだときも、六度の手術を経て両膝にムカデのような縫合痕が這うようになってもなお、家計の安定のためにプロ生活を続けなくてはならなかったときも。

一九六二年の春、カレン・ハンツェに敗れたあの日、車のギアを入れて走り出したときの私は、むろん、そんな未来が待っているとは知る由もなかった。しかし、ウィンブルドン選手権が八週間後に迫っていることはわかっていたし、テニスを続けていきたいなら――それに、そう、いつか本当に世界一になりたいなら――いますぐもっと強くならなくてはいけないこともわかっていた。

ふたたびワイトマン・カップ代表に選ばれたおかげで、幸先のよい再スタートを切れた。この年の大会は相手のホーム、イギリスで行われたが、私たちは四勝三敗で英国チームを下した。それが終わったらまたウィンブルドンだ。この時点で私はまだ全米ランキング三位で、二度目のウィンブルドンでも、シングルスではノーシードだった。一回戦の相手はマーガレット・スミスに決まった。マーガレットはすでに世界最強の女子選手に成長していたし、この年、私がロサンゼルス州立大学のロッカールームでタオルを配っているころ、彼女は全豪、イタリア国際、全仏を制していて、ウィンブルドンでは第一シードだった。

この数カ月前、私は両親にこう話していた――マーガレットとはウィンブルドンの初戦で当たる予感がすると。二人は小さく笑っただけだった。が、その予感は当たった。マスコミはマーガレットを〝オーストラリアの女戦士〟と呼んでいた。私に勝ち目があるとは誰一人として思っていなかった。

マーガレットの腕は長く、左右に広げたらネットの端から端まで届きそうだった。のちにロージー・カザルスが〝腕オバケ〟というニックネームをマーガレットにつけたくらいだ。人並み外れて腕が長いというのは、単なるロージーの思いこみではなかった。イギリスのとある大学の研究チームがスポーツ選手に関するリサーチの一環でマーガレットの腕の長さを計測したところ、同等の体格の女性の平均値より七センチも長いと判明したのだから。

マーガレットには当時、スタン・ニコルズというう時代の最先端を行くトレーナーがついていた。オリンピック選手やデビスカップのオーストラリア代表のトレーナーとしても活躍した人物だ。筋力トレーニングや全身を使うサーキット・トレーニングを取り入れた女子テニス選手はマーガレットが初めてだ。マーガレットはたくましい選手だった。オーストラリアの砂丘をランニングし、脚力を鍛え、並外れた心肺能力を獲得した。ショットに破壊力があった。驚くべき身体能力とコートカバーリングの広さが武器だった。

子供のころから負けず嫌いで、学校ではあらゆるスポーツに取り組んだそうだが、早い時期からテニスに的を絞った。お父さんは、一家が暮らしていたニューサウスウェールズ州オルベリーの乳製品工場で働いていた。マーガレットは板塀にボールを打つところからテニスを始め、近所の人にお下がりでもらった四角いフレームのラケットでトーナメントに出場し、最初の勝利を挙げた。一人目のコーチ、ウォル・ラターが一九五〇年代初頭に活躍したオーストラリアの名選手フランク・セッジマンにマーガレットを紹介し、セッジマンが橋渡しをして、マーガレットはメルボルンでより高度な指導を受けた。若く裕福な実業家ボブ・ミッチェルがパトロンについた。

一九六二年のウィンブルドンでの対戦時、マーガレットは私より一つだけ上の一九歳だったが、すでにグランドスラムに九度出場し、そのうち四度優勝していた。それでも彼女のプレーにはまだ粗削りで凡庸なところが残っていた。シングルス初戦の前夜

――二人とも一回戦は不戦勝だったから、実際には二回戦だった――私は友人のキャロル・コールドウェルと時間をかけて対策を練った。そのころのマーガレットはほとんど負けなしだったが、キャロルは同じ月の初めにマンチェスターで彼女に勝っていた。マーガレットはバックハンドのほうが安定しているから、フォアハンドを集中して攻めるのが一番だろうということで私たちの意見は一致した。

マーガレットが並々ならぬプレッシャーにさらされていることも私は知っていた。オーストラリアはそれまで男子のチャンピオンは大勢輩出していたものの、ウィンブルドンのシングルスで優勝した女子選手はまだ出ていなかった。マーガレットの登場で、今年こそ女子のチャンピオンが誕生するのではと大きな期待がかかっていた。

さらに、マーガレットはその年すでに四大大会のうち二つ、全豪と全仏を制していたから、同年中に四大会すべてで優勝する四冠《グランドスラム》達成が有望視されていた。マスコミの関心はマーガレットに集中していた。イギリスのテニスファンさえ公然と彼女を応援していた。ところが地元オーストラリアのテニス協会が事態をややこしくした。その年、マーガレットはオーストラリア代表監督のネル・ホップマンと折り合いが悪く、それが理由で代表チームとの合同遠征を辞退していた。これを受けてオーストラリア・ローンテニス協会は、マーガレットがほかのオーストラリア選手にまじって練習するどころか、同胞選手との交流そのものを禁じた。のちに知ったことだが、オーストラリア・ローンテニス協会はウィンブルドン初戦当日の朝、和解の糸口を探ってのことだろう、マーガレットに激励の電報を送ったらしい。しかし、すでに両者の関係はこじれにこじれていた。マーガレットは、この大会に勝たなければ何もかも失いかねなかった。

いざセンターコートに出ると、まだ二回戦で、しかも風が吹きすさぶ肌寒い天候だというのに、観客席はほぼ満員だった。マーガレットは試合開始から全力で飛ばし、第一セットを6－1であっさりものにした。しかし私は、自分が本来の調子を取り戻し始めている手応えを感じていたし、マーガレットは強風に手を焼いていた。テークバックの動作が大きいため、振り出しのタイミングを合わせるのに苦労していようだった。私はマーガレットのフォアハンドを集中して攻め、マーガレットがネット際に出てくるのを待ってパッシングでポイントを重ねた。第二セットは私が6－3で獲得した。もともと勝ち目の薄い選手の味方につきがちなウィンブルドンのファンは、私の応援に回った。私は身長こそマーガレットに一〇センチ及ばないが、それ以外では互角だ。激戦となった。

第三セットが始まるとマーガレットは落ち着きを取り戻し、主導権を奪い返した。ゲームカウント5－3で迎えた第九ゲームはマーガレットのサービスゲームで、スコアは30－15、あと二ポイント取ればマーガレットの勝利だ。だがおそらく、マーガレットにはそれこそが問題だった——勝利を目前にして、気合いが入りすぎたのだ。私のバックハンドのランニングショットがサイドライン際に決まって30－30になった瞬間、観客席から大きな歓声が上がり、マーガレットの動きはそれを境にふいに鈍った。その原因が何だったのか、はっきりとはわからない。不安か、集中が切れたのか、それとも動揺か。いずれにせよ、何かが変わったのがわかった。私は攻勢に転じてそのゲームを取った。その次のゲームも。さらに次、マーガレットのサービスゲームもブレークした。そして私のサービスゲームで40－0のマッチポイントを迎えた。三ポイントリードのマッチポイントだ。

マーガレットの強烈なスマッシュが決まって40－15。私は焦り、ダブルフォールトで次のポイントも失った。観客が息をのむ。三ポイントあったリードが一ポイントまで縮まったのだ。私は観客席のざわめきに耳をふさぎ、小さな声で自分を叱咤した——やればできる！　次のポイント、私はサービスからネット際に出て、マーガレットのリターンを浅いバックハンドボレーで返した。次の刹那、世界から音が消えた。マーガレットが打ったボールがネットにかかり、二人とも動きを止め、ただ見つめ合った。同じように声もなく見つめていた観客席のファンが一斉に立ち上がり、会場に歓声とも悲鳴ともつかない声が渦巻いた。

私はラケットを高々と投げ上げた。あとで聞いたところでは、そのあと三段跳びみたいな動きでネットに駆け寄ったらしい。気持ちがついていかなくて、喜びを感じるゆとりはなかった。マーガレットはコート脇にラケットを放り出した。握手を交わしたときは幽霊のように真っ青な顔をしていた。それでも勝者を称える余裕を見せた。「いい試合だった。あなたが勝って当然よ」さすがオーストラリア人《オージー》。負けても礼儀は忘れない。

その日、試合後に競技場の喫茶室に立ち寄ると、私に気づくなり、オーストラリア人の関係者の顔から血の気が引くのがわかった。世間知らずの私に誰かが耳打ちした。みなロンドンの賭け屋でマーガレットの勝利に大金を賭けていて大損したらしい。「きみが勝ったりなんかするから」

ウィンブルドン女子テニスの七九年の歴史上、優勝候補がシードなしの選手に初戦で敗れるのは前代未聞の椿事《ちんじ》だった。ロサンゼルスのラジオ局KNXから消防署に感想を求める電話があって、父は初めて私の勝利を知ったという。翌日の新聞各紙は、試合後に記者会見場に現れたマーガレットは待ちかまえていた記者たちを見回し、消え入るような声でこう言ったと報じていた。「まるで裁判みたい」

この勝利で私は生まれ変わった。自分ではできるつもりでいただけのことを、本当にできると自分に証明したようなものだった。

マーガレットも私もこの時点ではむろんまだ知らずにいたが、私たちはウィンブルドンでのあの一戦を皮切りに、それから一三年にわたって三四試合を戦うライバルとなった。なかには歴史に残る激戦もあった。私たちの世代の二強といわれた。しかし初めて戦ったあの日、私はマーガレットの屈辱を痛切に感じた。だから、タオルに顔をうずめる彼女の姿を写真に収めようとカメラマンがコートに殺到したとき、見ているこちらが泣きそうになった。自分の記者会見ではこう話してマーガレットを擁護した。

「オーストラリアの人たちは、マーガレットに期待をかけすぎていませんか。マーガレットは真に偉大なチャンピオンです。オーストラリアのローンテニス協会や世論がマーガレットに過大なプレッシャーをかけるのをやめれば、それだけでもっと勝てるようになると思います。マーガレットはこれからの選手なんですから」

この年のウィンブルドンで、私はさらに二つ勝ち進んだが、ワイトマン・カップの英国代表チームの常連であるアン・ヘイドンにストレート負けを喫して準々決勝で敗退した。しかし大親友のカレン・ハンツェ・サスマン――その少し前に結婚して姓が変わっていた――は決勝に進み、生涯で唯一となるシングルスでのグランドスラム・タイトルを獲得した。私は自分のことのようにうれしかった。そのあと、カレンと組んでダブルスのトーナメントに臨み、二年連続優勝を果たした。

同じ年の夏の終わりごろ、モスクワ国際テニス・トーナメントにアメリカ代表として出場しないかと全米ローンテニス協会と国務省から打診があったとき、私は一も二もなく行きますと返事をした。愛国心ゆえ軍に志願した父親の娘なのだ。国を代表する機会があればいつも喜んで応じた。それに、訪問する二つ目の外国としてロシアはもってこいだった。当時は鉄のカーテンの向こうに行った西側諸国の人間は数えるほどしかいなかったのだから。テニスは世界に変化をもたらすチャンスを与えてくれるはずという私の確信は、この招待によっていっそう強まった。

ちょうどこのころ、アメリカとソ連の冷戦関係はあやういほど緊迫していた。一九六〇年、アメリカのU－2偵察機がソ連領空内で撃墜された。六一年四月には、アメリカの支援を受けた在米亡命キューバ人部隊がフィデル・カストロのキューバ革命政権の転覆を試みるピッグス湾事件が起きている。同じ年の夏に東ドイツがベルリンの壁を建設した。六二年、ソ連が秘密裏にミサイルをキューバに配備し、のちにこれがキューバ・ミサイル危機を引き起こして、米ソは一触即発の危機に直面する。

両親は私のモスクワ行きに反対したが、私はすぐにでも行ってみたくてうずうずした。滞在先のホテルの部屋はおそらく盗聴されていると警告されてもその気持ちは変わらなかった。実際に行ってみて、初めて口にしたキャビアの味わいや、聖ワシリイ大聖堂のカラフルな玉ねぎ形のドームのほかには、何もかもが灰色をしていたことが強く印象に残っている。建物、自動車、空までが陰鬱そのものの色をしていた。食べるものはおそろしく味気なくて、しかも不足しているようだった。八月なのに、気温が一〇度を上回ったことは一度もなかった。週の後半、地球を周回していたソ連の宇宙飛行士二名が無事に地上に戻り、モスクワで英雄を称えるパレードが行われて、私たちアメリカ代表チームを乗せたバスはひどい渋滞にはまって身動きが取れなくなった。スタジアムを埋めた数千のテニス・ファンは、私たちの到着と試合開始を二時間も待つことになった。最終日、アメリカ選手の一部がどこかの教会で日曜礼拝に出席したいと申し出たが、無神論のソビエト連邦では礼拝は行われていないと言われた。このことは記憶に深く刻まれている。

帰国の飛行機では、アメリカに生まれた幸運について考えずにいられなかった。アイドルワイルド空港で飛行機を降りたとき、私は文字どおり地面に膝をついて滑走路にキスをした。

大学に戻る前の最後の試合は、フォレストヒルズで開催された全米選手権だった。ふだんの年よりも観客が少ないように思えた。スポーツコラムニストのビル・マコーミックは、多数の新聞に掲載された記事で、〝時代錯誤の〟テニス組織が出場資格をアマチュアに限定し、プロに門戸を開かないからだと批判した。プロツアー界の重鎮ジャック・クレイマーが見どころのあるアマチュア選手を次々とプロツアーに引き抜いたため、「清廉潔白なアマチュアテニス」は「スキムミルクのように味気ない代物」になってしまったとも指摘した。

この年の全米選手権の目玉は、ロッド・レーヴァーやマーガレット・スミスをはじめとするオーストラリアのアマチュア勢だった。ロッド・レーヴァーは身長一七二センチの小柄な体格だったが、どんな相手にも力負けしなかった。左利きのテニスの天才で、非の打ちどころのない技術を持ち、私が知るなかで――のちにロジャー・フェデラーが現れるまで――テニス史上最強のオールラウンド型プレーヤーだった。私が大会に出始めたころから、テニスの世界でおなじみの一人でもあった。この年の全米選手権を制したロッドは、年間グランドスラムを獲得した最初のオーストラリア人選手となった。男子では一九三八年のドン・バッジ以来の快挙だった。そしてこの年の一二月にはプロに転向して、アマチュア界に漂い始めた暗雲はいっそう重く立ちこめることになる。

私は一回戦で敗退した。第一セットを取ったあたりからめまいがして、第二セットで0－5と大きくリードされたところで棄権した。このときの対戦相手はヴィクトリア・パーマーだった。一七歳のアメリカ人選手で、私はこの前年のグラスコート・シーズンにフィラデルフィアで行われた全米ジュニア選手権の決勝でヴィクトリアに敗れていた。ヴィクトリアはこの年、全米選手権の準決勝まで進み、これがグランドスラムでの彼女の最高記録となった。ほかにどんなことでテニス史に名を残したかといえば――バド・コリンズや、やはりテニス史の研究家であるテッド・ティンリングは、ヴィクトリアを女子テニスの元祖〝駄々っ子〟に認定している。彼女の後継者は枚挙にいとまがない。

ロサンゼルス州立大学に戻った私はまたも図書館にこもり、教科書には目もくれずにマクスウェル・マルツらの文献を読みあさった。このころにはもう、ウィンブルドン選手権のダブルスで二度優勝していた。ワイトマン・カップでも勝利に貢献していたし、国の代表として国際大会に出場し、世界一流の女子選手のほぼ全員に一度は勝っていた。なのに、こうしてまたもパートタイムのテニス選手に戻り、何週間も試合に出ずにつまらない仕事をして生活費を稼ぐしかない。そんな現状に甘んじるしかないのだろうか。

何時間も図書館の机に向かい、テニスボールを机に置いて掌で転がしながら、テニスの未来について考えを巡らせた。どうすれば女子テニスをメジャーな職業に育てられるだろう。私に何ができるだろう。それぞれテニス界の一角を封建時代の領主のごとく治めている全米ローンテニス協会をはじめとした大組織に立ち向かうには、選手が一致団結しなくてはならない。そのことには、このときすでに気づき始めていた。ロサンゼルス州立大学のように男子と女子が合同で練習するだけでなく、対等に競える日がいつか来るといい。

私がロサンゼルス・テニスクラブで自分の使命を見いだした七年前から、テニス界は――とくに女子テニス界は――ほとんど進歩していなかった。ウェアはあいかわらず真っ白、ボールも、選手の大半も、観客まで真っ白だ。

アルシア・ギブソンは一九五九年、ウィンブルドンと全米の両選手権を二年連続で制した翌年に、キャリアの絶頂でプロに転向した。その理由を語る本人の象徴的な発言が残っている。「トロフィーは食べられませんから」のちに私も同じせりふを何度も口にした。アルシアは、テニスだけでなく女子ゴルフでも人種の壁を破り、始まったばかりの全米女子プロゴルフ協会（LPGA）ツアーで小額の賞金を稼いだ。生活のため、バスケットボールのエキシビション・チーム、ハーレム・グローブトロッターズの試合前の余興でテニスをプレーしたりまでした。それは私の目には悲しい光景と映った。陸上のジェシー・オーウェンズがキャリアの晩年にお金のために馬と競走したのと同じように。やはりアフリカ系アメリカ人スポーツ選手の偶像だったボクシングのジョー・ルイスが、破産の末にラスベガスのカジノのドアマンとして働いたように。

当時のテニス界を牛耳っていた男たちは、セクシーな若い女がいなくては女子のイベントに客は集まらないと考えた。そこで、一九五九年のグローブトロッターズの前座に出たアルシア・ギブソンの対戦相手にキャロル・ファゲロスを選んだ。キャロルはさほどの戦績を残していないが、五八年の全仏オープン選手権で金ラメのアンダースコートを穿いて話題をさらったフロリダ出身の選手だ。金ラメのアンダースコートの一件で、数週間後、今後は白い下着を着けると誓約するまで出場停止とするという処分をウィンブルドンから下された。「まさかあんなに騒がれるとは」とキャロルは述べた。「でも、パリでは私がボールを打つたびにカメラのフラッシュが光っていましたけどね」キャロルのスカートのなかを撮影しようと、地面に寝そべるカメラマンが続出した。キャロルは、世界五位にランキングされたこともある選手だったが、一一八回行われたエキシビションマッチのうち、一一四試合でアルシアが勝利している。

要するにテニス界の常識は、一〇年前から――ボビー・リッグズがプロモーターとして女子ツアーを創設しようと試みたころから――何ら変わっていなかった。リッグズが企画し、〝ゴージャス〟・ガッシー・モランとポーリーン・ベッツが対戦したお色気エキシビション・ツアーは、期待したほどのファンを集められずに終わった。二人の実力もアンバランスだった。ポーリーン・ベッツは、俳優のスペンサー・トレーシーとの交際で知られたストロベリーブロンドの美女だった。四大大会シングルスで五度優勝した経歴を持ち、ツアーが行われた当時もまだガッシーよりずっと強かった。一方のガッシーは、キャロルが金ラメ・パンツで注目を集める九年前、テッド・ティンリングがデザインしたレースのアンダースコートでウィンブルドンに出場して物議を醸した選手だ。ガッシーはリッグズのツアーでそのウェアを再現し、対するポーリーンはレパード柄のアンダースコートを穿いた。しかし、どんなきわどいウェアを着ようと、状況は変わらなかった。ファンはあくびをしただけで、観戦には来なかったのだ。

この時期最大のプロモーターだったジャック・クレイマーが仮にちゃんとしたツアーを新設し、アマチュア時代の私にプロ契約を持ちかけていたとしたら、私はためらうことなくサインしただろう。しかし彼は一人たりとも女子選手をスカウトしていない。アルシアが頭角を現した時代、それどころか私の時代になっても、九九・九パーセントの女子選手がアマチュアだった理由はそれだ。ジャック・クレイマーをはじめ、テニス界の未来を預かっていた男たちの視野に、私たちは存在すらしていなかったのだ。

第7章　ラリー・キングとの出会い

大学に戻って二年生に進級したころ、テニス・チームの友人で混合ダブルスのパートナーでもあったマルコス・キャリエドが、きみに紹介したい男子学生がいるんだと何度も言ってきた。ラリー・キングという新入生で、大学のカフェテリアでよくブリッジをやっている相手だという。「似合いのカップルだと思うんだよね」マルコスはそんな風に言った。「ラリーも酒や煙草をいっさいやらないし、テニス・チームに入るって言ってるし」ブラインドデートに興味はなかったから、私は返事をはぐらかし続けた。

そんなある日、私が図書館のエレベーターから降りようとしたところにマルコスがちょうど乗りこんできた。

「ビリー・ジーン！　待って、一緒に来いよ。あいつも来てるんだ！　ラリーに紹介する」

「勘弁してよ、マルコス」

「僕は本気で言ってるんだ、ビリー。きっと気が合うって。ほんとにいい奴なんだ」

「どうしてそうこだわるわけ、マルコス。いま急いでるの。そもそも興味ないし」

「いいから」マルコスは扉を押さえ、私の腕をつかんでエレベーターに引っ張りこんだ。

四階で歩き出したところで、閲覧テーブルで本を読んでいる金髪の男子学生が目に入った。靴を脱いで隣の椅子に足を載せていた。派手な赤いソックスを履いていた。私は思った――マルコスが言ってるのがあの人だったらいいのに。だって彼、すてきじゃない？　だからその人が私たちに気づいて顔を上げ、マルコスが「ラリー、こちらはビリー・ジーン。この前から話してた女子学生だよ」と言ったときは驚いた。

これって運命？　あれほど迷惑がっていたくせ

に、私は心のなかでそう思った。握手をし、少しおしゃべりをしたが、本音をいえば、彼の顔、あの笑みに一目惚れだった。ラリーは私より一つ下の一七歳だった。まだ幼さの残る目鼻立ちの整った顔のほかに強く印象に残ったのは、ラリーの生真面目さと人なつっこさだった。

初対面のあの日、何を話したかはよく覚えていないが、その場で意気投合したこと、彼をもっと知りたくなったことは忘れていない。ラリーは頭の回転が速い。私は頭の回転の速い人が好きだ。あとになって本人から聞いたところによると、あのとき、彼のほうも私を二度見したという。想像していたのとまるで違う印象だったせいだ。その少し前、夏のあいだに私の存在は聞いていた。新聞を広げていたお父さんが「へえ。地元の女の子がウィンブルドンのダブルスで優勝したらしいぞ」と言った。その記事の写真の私はボールに飛びつこうとしてものすごい形相をしていた。履歴書に貼るのに選ぶような写真ではない。

〝はじめまして〟以降、ラリーと私は大学キャンパスのあちこちで出くわすようになり――あとになってラリーが冗談で言ったところによると「何度も〝偶然に〟会うのはなかなか難しかったよ」――一緒に過ごす時間が増えていった。二人とも四角四面のまじめ人間で、交際も昔風だった。私がテニス遠征に出ているあいだ、ラリーは毎日手紙を書き、私もできるかぎり返事を書いた。初めてのデートでダンスパーティに出かける前に、私は彼を夕食に招いて両親に紹介した。私たちを家で迎えた父と母とランディは努めてふだんどおりにふるまおうとしていたが、私が異性の大学の友人を家に連れてきたのは初めてだったから、大事な相手なのだと家族にもわかっていたはずだ。

父にはよくあることだが、ラリーとの会話は変てこだった。庭のグリルに火を熾《おこ》そうとしている父に、ラリーは父が母のために植えたきれいなバラを見ながら、世間話のつもりでこう訊いた。「ここの土壌のpHはいくつくらいですか、ミスター・モフィット」

「え？」

「いやその、バラには弱酸性の土が最適ですから――」

「いったいんぜんたい何の話だ？」父は作業の手を止めて言った。

私は吹き出しかけた。「お父さん、そんなに青筋立てないで。ラリーは生化学が専攻なの」

テーブルについて食事を始めたところで、またも気まずい雰囲気になった。父はステーキ肉を奮発していた。ステーキはラリーの好物ではあったが、炭火焼きの料理は苦手だった。母はサラダを用意していたが、ラリーは生野菜も食べない。食卓の会話はぎくしゃくした。しかも父がラリーをうっかり〝バリー〟と呼んでしまった。私の元ボーイフレンドの名前だ。しばし重苦しい沈黙が続いた。といっても、ラリー本人は気にしていなかった。

食事がすんでから、ラリーがいないところで父が言った。「pだのHだの、あいつはいったい何なんだ？ ずいぶんすかした男だな。自分の家の裏庭であんなことを訊かれるとは思わなかったよ」

以前、エルヴィス・プレスリーが初めて出演した『エド・サリヴァン・ショー』を父と一緒に観たとき、父がふんと鼻を鳴らして、「こいつは売れないな」と断言したことがあったが、それと同じくらいおかしかった〔プレスリーはこのころすでにナンバーワン・ヒットを出していたが、まだ国民的スターというほどには知られていなかった〕。

なんだかんだ言って、父と母はすぐにラリーを気に入った。父がラリーを〝変わり者〟呼ばわりすることはそのあともたまにあったが。マルコスの眼力は鋭かった。ラリーと私は絶妙のカップルだった。ラリーは気分のむらがなく、細事にこだわらない人だ。私たちはよく大学の図書館で話しこんだ。私はテニスで世界一になりたいという夢を打ち明け、彼はそれを実現するには何をすべきかを一緒に考えてくれた。すぐに愛し合うようになり、共通点がほとんどないのに離れがたい関係になった。私はせっかちな完全主義者だが、ラリーは何事があろうと動じない性格をしている。私はすぐに感情を表に出すタイプだ。一方のラリーは、私を愛していると絶えず伝えてくれたものの、他人に内面をさらけ出すのは不得手だった。私は規律正しい家庭で育ったが、ラリーは不安定な家庭で育った。

ラリーはロサンゼルスの郊外、グレンデールとパサデナにはさまれた小さな町、イーグルロックの出身だ。お父さんのジェームズは、もともとオハイオ州で金型製造会社を経営していたが、第二次世界大戦中はパサデナに配置されていた。除隊後に奥さんと息子二人をカリフォルニアに呼び寄せた。ラリーがまだ小さかったころ、妹のメアリー・エレンの出産時にお母さんが亡くなった。一五年後に私と出会ったときもまだ、ラリーはお母さんを失った悲しみを言葉にできずにいた。「母は僕が二歳のときに死んだ」ラリーが話したのはそれだけだ。

お母さんの死後、一家は険しい道のりを歩んだ。お父さんは二人の娘がいる女性と再婚し、その女性とのあいだに息子が生まれた。家族が八人に増えたわけで、食べていくのはたいへんだった。ラリーの継母バニーは製陶工場で働きながらウェイトレスの仕事も掛け持ちした。お父さんは新たに清掃会社を始めたが、家族全員で手伝わなくてはとても回らなかった。上の男の子たちは、一般の住宅や学生寮の窓や網戸を洗う仕事を手伝った。毎晩、何百枚ものタオルを洗濯し、乾燥し、たたまなくてはならなかった。ラリーはそれを苦労と思わなかった。どんな困難に遭遇しても、柔軟に切り抜けられる人なのだ。「僕はこう思うんだ。何が起きるかは変えられないが、どう反応するかは自分で決められる、とね」ラリーはそんな風に言った。「だったら、一日一日をできるだけ楽しく過ごすほうがいい」

多忙な両親が留守がちだったキング家の六人の子供は、自分の面倒は自分で見るしかなかった。子供のころ、ラリーは何時間も本を読んで過ごしたという。お父さんのすぐそばに座り、お父さんが読み終わって床に置いた新聞のページを手に取って隅から隅まで読んだりもした。学校の勉強はラリーには簡単だった。とくに数学の成績がよかった。記憶力が抜群で、抽象思考にも優れていた。試験勉強に苦労したことはない。しかし本人も認めているように、注意散漫になりやすかった。たとえば南カリフォルニア大学に全額支給の奨学金で進学できるはずだったのに、願書の提出期限をうっかり逃してしまったという。

家族ぐるみの友人の厚意で、ラリーは月五〇ドルの奨学金を受けてロサンゼルス州立大学に通えることになった。私と出会うまで、一年たったら南カリフォルニア大学に編入するつもりでいたらしい。もしそうしていたら、私たちの人生は交差しないままになっていたかもしれない。ラリーは二年生の年にロサンゼルス州立大学のテニス・チームに所属していた。テニスの腕も大したものだった。なのに本人は自分の才能を謙遜してばかりで、周囲にもこんな風に話していた。「正直言って、僕は選手っていうより用具係みたいな存在だし、サーブ・アンド・ボレーヤーと言いながらろくなサーブを打てない中途半端な選手だった」

ラリーは確たる自己を持ちつつも、うぬぼれてはいなかった。私はラリーのそんなところが大好きだった。おおらかな人柄で、他人の成功をうらやんだり、誰かの成功の陰で自分が損をしたと考えたりすることはいっさいない。クエーカー教徒の家庭で育ったラリーのお父さんは社会的な意識の高い人で、ラリーはお父さんのそういった側面に大きな影響を受けたとよく言っていた。ある夏、家族でシエラネヴァダ山脈に旅行に出かけたときのことだ。みなが楽しみにしていた家族旅行だった。宿泊予定だったキャンプ場のゲートが見えてきたとき、お父さんのジェームズは〈白人専用。有色人種お断り〉という標示に気づいて車を停めた。

「ここには泊まれない」ジェームズは車の向きを変えた。子供の何人かは泣き出した。ラリーも何カ月も前からこの旅行を心待ちにしていたから、そのまま家に帰ることになって、やはり泣きたくなった。それでも、そのとき得た教訓をしっかりと心に刻みつけた。家族旅行の一件は、この世のすべての人に人間らしく扱われる権利があること、口で平等を唱えるだけでなく行動で示さなくてはならないことをラリーに教えた。

ある日、ロサンゼルス州立大学のテニスコート脇を彼と手をつないで歩きながら、テニスではこんな慣例があって女子には不公平だと思うという話をした。するとラリーは立ち止まって私のほうに向き直った。「女だというだけの理由で〝二級市民〟みたいに扱われているんだよ。自分で気づかないの？」

「それ、どういう意味？」私は訊き返した。

「大学の代表チームは六人で、僕は七人目、補欠にすぎない。その僕が、きみよりも厚遇されているんだ。きみはこの大学で最高のアスリートなのに。きみこそ特別扱いされるべきだよ。僕ではなくて。ところが現実には何の配慮もされていない」

性差別について、それほど率直に話す男性は初めてだった。しかもラリーは、私と同じ問題意識を持っていた。私をフェミニストにしたのはラリー・キングだといろんなところで話してきたが、その始まりはこの日だった。

　ラリーとその会話を交わした一九六三年の春ごろ、〝フェミニズム〟という言葉は、アメリカの日常にじわじわと浸透し始めていた。その数カ月前、同年二月にベティ・フリーダンの大ベストセラー『女らしさの神話』〔原題 *The Feminine Mystique*、邦題『新しい女性の創造』〕が世に出たばかりだった。フリーダンの本は現在でも〝第二波フェミニズム〟（ウーマンリブ運動）の火付け役となった名著の一つとされている（ちなみに〝第一波〟は一九世紀なかば、財産権の平等を求める運動や既婚女性を夫への依存から解放せよという運動から始まり、やがて参政権を求める運動へと発展した。女性参政権については、アメリカでは一九二〇年八月の憲法修正第一九条で認められた。ただし、法は白人女性には手を差し伸べたが、非白人の女性たちは、性別、人種、肌の色、宗教、出身国に基づく差別を違法とする六四年の公民権法成立まで、投票を制限されたり禁止されたりした）。

『女らしさの神話』でフリーダンは、女はみな家事や結婚、子育てなどから十分な充足感を得ており、自らの性的欲求を妻や母の役割に従属させることに不満を抱いていないという、社会に広く行き渡っている概念に異を唱えた。また、〝真に女らしい〟女なら、高度な教育や職業上の成功、自立、政治的発言力を〝当然に〟望んだりしないという既成概念を激しく攻撃した。フリーダンの調査によれば、望まないどころか、多くの女は大いに不満に思う一方で、自分たちには声も力もなく、身動きが取れないとあきらめている。フリーダンの著書は刊行から一年で一〇〇〇万部以上を売り上げた。

　同じ年、女性の地位向上に関する大統領諮問委員会――元ファーストレディのエレノア・ルーズヴェルトが初代委員長を務めた委員会――による二年にわたる調査の結果が公表され、アメリカ社会の数多くの領域において性別による深刻な格差が存在する実態が示された。とりわけ不平等に扱われていたのは有色人種の女性だった。この調査をふまえて法整備が急ぎ進められ、一九六三年に同一賃金法が制定され、男女同一労働同一賃金が義務づけられた（その完全遵守はいまだ実現していない)。

公民権運動もアメリカ各地で嵐を起こしていた。一九六三年の夏は、全米黒人地位向上協会ミシシッピ支部の指導部の一人、メドガー・エヴァーズの暗殺事件から始まった。エヴァーズが自宅前の私道で殺害されたのは、私がウィンブルドン選手権にふたたび旅立つほんの数週間前のことだった。そしてその夏は八月二八日のワシントン大行進で締めくくられた。マーティン・ルーサー・キング・ジュニア牧師が有名な「私には夢がある」演説を行ったのはこの日だ。この演説には、忘れがたいフレーズが数えきれないほどある。たとえば、いつの日かすべての子供たちが「肌の色によってではなく、人格そのものによって評価される国で」暮らせるようになることを願うといったように。

ワシントン大行進の日、全米選手権の開幕を控えて私はニューヨークにいたが、今日だけはワシントンDCにいたかったと心の底から思った。キング牧師が言葉で描いたような世界の実現を私も望んでいた。テレビにかじりつき、ナショナル・モールに集まった二五万ともいわれる人々——リンカーン記念堂から地平線まで人で埋め尽くされていた——を前に行われたキング牧師の演説を伝えるニュース番組を延々と見続けた。社会のどこに目を向けても、激動の兆しがあった。私も自分についてたくさんの疑問を抱き始めていた。私にとって大学は不毛で手応えのない場になっていた。

一九六三年の夏、久しぶりのイギリスで、私はまたも大会仕様に心身を整え直さなくてはとても戦えないと焦り、そのもどかしさから自分や近くにいた人に八つ当たりしたりもした。マンチェスターで出場した試合でスマッシュを決めそこねたときなど、大声でわめいた。「いいかげんにしなさいよ、ビリー・ジーン! あんたにはきっとまたがっかりさせられるだろうと思ってたけど、やっぱりね」

この年にロンドンで第一回大会が開催された女子の国別対抗戦フェデレーション・カップに出て、ようやく少し落ち着いた。この大会の新設は、女子テニス界に前向きな変化が訪れたといえそうなできごとだった。創設当初のフェデレーション・カップには一六の国と地域が参加していた。二カ国対抗戦だったワイトマン・カップを思えば大きな進化だ。会場に到着して優勝トロフィーを初めて目にしたとき、チームメートで長年の友人でもあったダーリーン・ハードとキャロル・コールドウェルに思わずこう言った。「ねえ、絶対に勝とうね！　だって歴史に名が残るんだよ！　このトロフィーの一番上に自分たちの名前が刻まれることになるんだから！」私たちは決勝でオーストラリア・チームを破り、最初の優勝チームとなった。この大会ではマーガレット・スミスとはダブルスで対戦しただけで終わった。私はダーリーンと組んで勝利し、チームの優勝を確実にした。

その数日後にウィンブルドン選手権が開幕した。霧雨で眼鏡が濡れて前がよく見えなくなることが何度もあったが、それでも調子を崩さずに勝ち進んだ。しかし、コート上での私の〝パフォーマンス〟が賛否両論の評価を受け始めた。大半のマスコミは、自分を叱咤する私の早口のおしゃべりをユーモラスだとか、勝利への意気込みを示すものと寛大に解釈していたが、〝壊れたおしゃべりマシン〟（ひどい）、〝威勢のいいカリフォルニアン〟（これはまあ悪くない）、〝瓶底メガネのおしゃべり女〟（ちょっと待ってよ……）などといったあだ名で呼ぶ記者も出始めた。対戦相手はだいたい不快に感じていたようだ。たとえばマーガレット・スミスは、感情を露にして〝言葉で反撃する〟私におおっぴらに苦言を呈した。マーガレットとはそのあとも幾度となく対戦することになるわけで、批判すれば私のやる気を煽るだけかもしれないのに、彼女はまるで気にしていなかった。

この年も私はシードされていなかったが、準々決勝でマリア・ブエノを破り、準決勝では地元イギリスのアン・ヘイドン・ジョーンズに勝利した。アンはこの前年、実業家で競技役員でもあるピップ・ジョーンズと結婚していた。

私はウィンブルドンで初めてシングルス決勝に進んだ。決勝の相手は、前年と同じく第一シードのマーガレット・スミスだった。結果については……雨のせいにしてもいい。雨天を理由に決勝戦が二日も順延になったからだ。ただ、正直なところ、本当の原因は――この場合もやはり――フルタイムの選手でなかった私は心身のスタミナが足りず、意気を保てなかったことにあると思う。春から夏にかけて、私は二大会しか出場しておらず、ウィンブルドンの決勝を戦える状態になかった。対するマーガレットの準備は万全だった。3－6、4－6のストレート負けだった。

マーガレットのショットの迫力に圧《お》され、ベースラインから一歩たりとも前に出られないように感じた試合はそれからも度々あったが、この決勝戦もそうだった。マーガレットは、オーストラリア初のウィンブルドン女子シングルス制覇を期待する人々からの重圧も、ロングビーチ出身の無名選手〝リトル・ミス・モフィット〟〔マスコミがつけたキングのニックネーム。マザーグース収録の子守歌 "Little Miss Muffer"（マフェットちゃん）のもじり〕に苦汁を飲まされた前年大会の二の舞になるのではという恐怖も跳ね返した。前年の私の思いがけない勝利は大きな衝撃だったようで、マーガレットのお父さんは、『シドニー・モーニング・テレグラフ』紙の取材に、マーガレットを精神科で診てもらう必要がありそうだと言った。ひどい言いようだ。前年の番狂わせを再現できずに終わって、私の焦りはいっそう募った。

続く全米選手権では四回戦でイギリスのディードラ・キャットに負けて、私はますます落ちこんだ。気持ちが乱れるようなできごとはさらに続いた。

一九六三年九月、アラバマ州バーミングハムの一六番通りバプティスト教会で爆破事件が起き、日曜学校に出席していた四人の黒人少女が命を落とした。一一歳のデニース・マクネアと、一四歳のキャロル・ロバートソン、アディ・メイ・コリンズ、シンシア・ウェズリー。白人至上主義秘密結社クー・クラックス・クランの犯行だった。

一〇月、大渋滞のフリーウェイ七一〇号線経由で通学途中、バックミラーにグレイハウンド社の長距離バスが映り、どんどん近づいてくるのが見えた。どうやらそのまま突っこんできそうだととっさに判断してギアをニュートラルに入れ直した瞬間、大きな衝撃と共にバスが追突した。それをきっかけに五台の車が玉突き状態になった。両膝がダッシュボードに激しくぶつかり、頭がまず前に、次に後ろに大きく動いて鞭打ちになった。当時はまだシートベルト着用が義務ではなかった。私の旧型のフォードは、ソーダ缶のようにつぶれた。奇跡的に、私の怪我は入院を要するほどではなかった。とはいえ、このときの膝の傷はそれから長いあいだ私を苦しめ、何度も手術を受ける羽目になる。

一九六三年一一月二二日――私の二〇歳の誕生日当日――地質学の授業を終えてテニスコートのほうに歩き出したところで、ラリーがあわてた様子で手招きをしているのが見えた。私は小走りになった。それでもまだラリーが手招きしているのを見て、全速力で走った。そうしてケネディ大統領が狙撃されたニュースを知った。まもなくテキサス州ダラスの病院で大統領の死亡が確認されたという公式の発表があって、わたしはチームメートと一緒に泣いた。あれ以来、誕生日を純粋に祝えなくなった。

その二日後、ソファでテレビのニュース番組の生中継映像を見ていた。ケネディ暗殺犯とされるリー・ハーヴェイ・オズワルドが郡拘置所への移送のため警察署を出ようとしたとき、ジャック・ルビーが飛び出してきて三八口径のリボルバーでオズワルドを射殺した。リアルタイムで殺人を目撃して動揺したし、現実のできごととは思えなかった。

そのころの私にとってテニスは不満の種だっただけではない。それまでそんな風に感じたことはなかったのに、テニスなんて一所懸命になるほどのことではないという気さえし始めていた。その年のクリスマス、ラリーと私は私の実家で過ごした。母はふだん以上に特別な日にしようとしてくれたが、心からは楽しめなかった。大晦日も同じだった。お祝いの気分ではなかった。このころにはラリーと将来を語り合うようになっていたし、ラリーが生化学から法律に専攻を変えたことにも私は大賛成だった。ラリーは弁護士向きだと思った。問題の分析と解決にとても長けた人だからだ。しかし、冬休みが明けてロサンゼルス州立大学の春学期が始まっても、私自身は勉強に身が入らなかった。

ある日、思い切ってコートに出てボールを打ってみたところ、鬱々とした気持ちが薄らいだ。私はしばらく運動せずにいると、体を動かしたくてうずうずしてくる。テニスコートに出たとたん、自然に元気が湧くのだ。自動車事故前と同じように動けるようになるのに三カ月かかったが、一月には試合をこなす自信を取り戻していた。無心にボールを打っていると体がまず喜び、気持ちがすっきりして、悩みごともどこかに飛んでいった。ただし、その状態は長くは続かなかった。

一九六四年夏の四大大会の結果は思わしくなく

――ウィンブルドンでは準決勝でマーガレットに、全米選手権では準々決勝でナンシー・リッチーに、いずれもストレート負けした――またも焦りが募った。いっそテニスをやめようと思った。同世代の女子テニス選手が次々と結婚していた。何人かは出産もしていた。私は決心がつかずにいた。

まもなく二一歳になるのに、四大大会のシングルスのタイトルをまだ一つも獲得できずにいた。何か大きな変化が必要だ。そこに思いがけない幸運が降ってきて、すべてが変わることになる。

一九六四年九月のある日、電話が鳴り出したとき、私はたまたまロングビーチの実家のキッチンにいた。電話に出ると、意外にも、オーストラリアのアクセントがある男性の声が聞こえた。「もしもし、ビリー・ジーン・モフィットさんですか」

電話の向こうの男性はボブ・ミッチェルと名乗った。「私をご存じないとは思いますが……」

「あなたを知らない？　もちろん知ってますよ！」私は言った。マーガレットや、オーストラリアのもう一人のスター、アマチュア男子世界一のロイ・エマソンに資金援助をしているメルボルンの実業家だ。ボブ・ミッチェルは笑って言った。「ええ、そのミッチェルです。あなたを支援したいと思いまして」

ボブは続けて、旅費を負担するからオーストラリアに来て、偉大なオーストラリア人コーチ、マーヴィン・ローズの指導を受けないかと言った。その瞬間、私の世界は静止した。自分の耳を疑った。マーヴは当時世界最高のテニス・コーチだ。マーガレットをはじめとするオーストラリアの大勢の名選手を育てた名伯楽で、教え子のテニスを分析し、必要であればいったんばらばらに分解してから組み立て直し、はるかに堅牢なテニスに生まれ変わらせるコーチとして定評があった。とにかくマーヴの言うとおりにしていれば間違いない。

またとない提案だった。ボブにもそう言った。そして、少しだけ考えてから返事をしますと付け加えた。だって、ラリーのことはどうする？　大学は？　少なくとも三カ月はオーストラリアにいることになるだろう。ところがラリーにそのことを話すと、即座にこう言った。

「行かなくてどうするんだよ、ビリー・ジーン！」

「だけど、私たちのことは？　あなたを置いてなんて行けない。そんなの身勝手すぎる」

「僕らのことは心配ないさ」ラリーは譲らなかった。「行ったからって、僕がいなくなるわけじゃない。こんなチャンスは二度とないぞ。世界一になりたいっていつも言ってたじゃないか。行かない手はないよ。せっかくの才能を無駄にしちゃだめだ」

「でも、行くなら大学はやめないと」

ラリーは笑みを浮かべた。「こう言ったら怒るかもしれないが、きみがいるべき場所は大学ではなさそうだよ。どのみち心ここにあらずだっただろう」

それは否定できなかった。どうしようかと迷っているうちに、小学校時代の記憶が蘇った。教室で大きなプルダウン式の世界地図を見ながら、世界中を旅する夢を見た。テニスを始めたばかりのころにテニスで世界一になろうと固く心に決めたことも思い出した。きっと世界一になるとアリス・マーブルに宣言した。クライド・ウォーカーにも。自分にだって、何度そう誓ったことか。

私はラリーにありがとうと言った。それからボブ・ミッチェルに電話をかけ、申し出を受けると返事をした。

オーストラリアに向けて発つ三週間前、ロングビーチのコーヒーショップでラリーとお昼を食べた。ラリーがポケットに手を入れ、小さな箱を取り出してテーブル越しに差し出した。ゴールド台に〇・二五カラットのダイヤモンドがあしらわれた指輪が入っていた。そしてプロポーズされた。私は感激のあまり言葉もなく彼を見つめた。それから、その瞬間を記憶にしっかり刻みつけておきたくて、腕時計を確かめた――一九六四年一〇月四日の午後二時。

「イエス！　イエス！　あなたとならもちろん結婚する！」私は叫ぶように答えた。

ずいぶんあとになってラリーから聞いた。その年の夏休み、ラリーはお父さんの清掃会社で働き詰めだったのに、会社はお給料を払える状態ではなかった。そこでラリーは、イタリア料理店でも朝から晩まで皿洗いをして婚約指輪の前金を貯めた。ラリーはどんなことも正攻法でやらなくては気がすまない人なのだ。

第8章　試練つづきの新婚時代

ばし！　ばし！　ばん！　ロイ・エマソンとオーウェン・デヴィッドソンが交互に球を出して私を走らせ、私はできるかぎり速くそれを拾ってリターンする。

「遅いぞ、ビリー！」〝エモ〟・エマソンが言う。

「まだまだ！」〝デイヴ・O〟・デヴィッドソンが叫ぶ。

フルタイムでテニスだけをしていたいという私の願いは叶った。そしてこれがオーストラリア選手の練習法だ――〝スリー〟と呼ばれていて、二対一で打ち合う。エマソンは二七歳のパワーヒッターで、生涯で一二度獲得したグランドスラムのシングルスのタイトルのうち、七つをすでに手中に収めていた。デヴィッドソンは私と同い年だが、左利きの手ごわい選手で、私はピンボールの球のようにコートの右へ、左へ走らされた。五分も続けると疲れきってその場にへたりこみたくなる。練習の初日だというのに情けない。

私を世界一にしたのはオーストラリアの男子選手だとことあるごとに言っているが、こういった二対一の練習はとりわけ役に立った。ロサンゼルス州立大学では男子と女子が合同で練習していたし、公式戦ではない試合で男子チームのダブルスに加わったことも何度かあった。しかし、アメリカの男子選手は――トップ選手であればあるほど――女子を相手に練習しようとは考えない。地球の反対側まではるばる出かけていってようやく、女子選手を格下扱いせず練習相手になってくれるトップレベルの男子選手が見つかったわけだ。

いまの若手選手にはもっと二対一の練習をしてもらいたいと思う。オールラウンド練習としてそれが最高だ。ボールがコートに弾んだ瞬間――ばーん！

――次のボールが間髪容《い》れずに飛んでくる。〃二〃の側を担当するには技術がいる。〃二〃の仕事は、〃一〃のレシーバーからできるだけ遠く、しかし追いつけずにラリーが途切れるほどには遠くない場所を狙って球を出すことだ。集中力が鍛えられるし、ただ打ち返すのではなくボールをコントロールするスキルを身につけられる。レシーバーは、実際の試合に近い条件でのプレーを経験できる。時間の経過とともに心拍数は上がっていく。私たちはレシーバーが〃降参！〃と叫ぶまでこの練習を続けた。二人を相手に全力で二〇分続けられれば、どんなにタフな試合でも最後まで戦える自信を得られる。〃降参！〃でポジションを交代する。

オーストラリアの土を踏んだ瞬間、私は正しい選択をしたと確信できた。チャンピオンは人の見ていないところで作られるとよく言われるが、それは当たっている。

オーストラリア滞在中はメルボルンに生活基盤を置いた。オーストラリアの東南端に位置する、活気にあふれた大都市だ。全豪選手権は初回から変わらずメルボルンで開催されていて、期間中の街はテニス・ファンであふれかえる。ボブ・ミッチェルが住んでいた町トゥーラックはお屋敷街で――メルボルンのビヴァリーヒルズと思ってもらえればいい――裏庭に専用のコートが設けられている家が多かった。

ボブはオーストラリアのトップ選手の全員と知り合いで、トレーニングや練習の場として自分の私有コートを開放していた。オーストラリアを代表する人物として世界で恥ずかしくないふるまいができるよう、一部の選手にはチャームスクール〔社交上の礼儀作法や身だしなみ、会話法などを教える学校〕や話し方教室に通う費用を出したりまでしていた。自分の屋敷に私の部屋を用意し、食事や交通費を負担してくれたうえに、コートも無制限で使わせてくれた。オーストラリアに到着したその日から、私は大勢のチャンピオンに囲まれ、一流のなかの一流選手と毎日練習した。〃メート（仲間）〃意識の強いオージーらしく、ほとんどの男子選手がニックネームで呼ばれていた。私はロイ・〃エモ〃・エマソンと〃デイヴ・〇〃・デヴィッドソンのほかに、〃ロケット〃・ロッド・レーヴァーやケン・〃マッスル〟・ローズウォール、ジョン・〝ニューク〟・ニューカムらの男子選手と練習した。もちろん、オーストラリアのトップ女子選手、レスリー・ターナーやロビン・エバーン、マーガレット・スミスもいた。ジェフ・ポラードが加わることもあった。

パーティでよく訊かれる質問が現実になったような日々だった――「テニス史から三人招いて夕食会を開くとしたら、誰がいい？」史上最高の選手のうち二人、マーガレットとロッドと二対一の練習ができるなんて、夢のようではないか。そんなチャンスはそうそうないが、私はその幸運に恵まれた。みなが助け合っていた。そこで芽生えたシナジーが、その後に影響を及ぼさないはずがない。あのときの一〇人が引退までに獲得したシングルス、ダブルス、混合ダブルスの四大大会タイトルを合計すると、二〇八に上る。驚くべき数字だ。あれほど豊饒で温かな環境に飛び入りできた私は本当に強運の持ち主だと思う。

地元のテニス好きが開く内輪の昼食会やバーベキューにも招かれた。アマチュアの元ナンバーワン選手で契約プロのルー・ホードにも目をかけてもらった。古くからのテニス選手はみな、ルーこそ史上最高のテニス選手だと断言する。ルーと奥さんのジェンには、お近づきのしるしにと、シドニーのホワイトシティ・テニスクラブでお酒をご馳走になった。そういった団結心がオーストラリアのテニス界の黄金時代を支えていた。

ボブ・ミッチェルと初めて電話で話したとき、私はきっと誰もがする質問をした。「なぜ私をサポートしようと思ったのですか。どんなメリットを期待していますか」するとボブはこう答えた。「きみにはその資格があると思うからだよ。ところがきみは、マーガレットのようなオーストラリアの女子選手のように練習や旅費の支援を受けられていない。コーチについて練習したこともほとんどないと聞いたよ」どれも事実だった。ただ、イエスと返事をしたときの私は知らなかったが、ボブにはもう一つ隠れた動機があった。

オーストラリア・ローンテニス協会と同様に、マーガレットには周囲の支援に対する感謝の気持ちが足りないとボブも思っていた。練習や旅費の資金援助に加え、ボブはオーストラリア国立肖像美術館に収める肖像画の制作資金まで負担した。私をオーストラリアに招いた隠れた動機は、私が——とりわけマーガレットをテニスで圧倒できれば——謙虚さの手本になるのではと期待したからだ。『スポーツ・イラストレーテッド』誌の敏腕記者フランク・デフォードはこの数年後に、皮肉なありゆきを誌上でこう指摘した。マーガレットが「最盛期にただ一人の女王として君臨できなかったのは」、マーガレット自身が図らずも「怪物」——つまり私——を生み出してしまったからだ、と。

私のようなライバル選手と一緒に練習することに不安を抱いていたとしても、マーガレットはそれを顔に出さなかった。その後、マーガレットがLGBTQ+コミュニティ——そこには大人だけでなく子供も含まれる——を繰り返し攻撃し、私はそのたびにそれを批判して、私たちの政治上の立場はどんどん離れていくことになった。しかし一九六四年当時のマーガレットは、私が知り合ったほかのオージーと同じように、いつも礼儀正しくてよそ者に寛容だった。物静かで、一人でいることが多かった。オーストラリアに滞在した四カ月間で、私はそれまでよりも少しだけマーガレットと親しくなった。共通点もいくつかあった。二人とも労働者の家庭に育ち、信仰心が厚くて、テニスを心から愛している。

子供のころ、私がクライドを追いかけてロングビーチの公立公園を渡り歩いていたころ、マーガレットは近所の男の子たちと一緒に近所の民間テニスクラブのフェンスに開いた穴をすり抜け、その辺に捨てられていたボールを拾って練習していた。金銭的に恵まれない家庭で四人きょうだいの末っ子として育ったマーガレットは、ちっぽけな貸家で育った。一五歳で家を出てメルボルンに行き、フランク・セッジマンの指導を受けた。

マーガレットが不屈の精神の持ち主であるのは確かで、不当な扱いを受けていると思えば権利を守るために立ち上がった。一九六二年のウィンブルドンで対戦する前に、私はすでにその姿を目撃していた。オーストラリア代表チームのコーチ、ネル・ホップマンとの不和をめぐってローンテニス協会と対峙したときだ。勇敢な行動だった。オーストラリアでのテニス人気は高く、アメリカに比べてテニス選手の地位も高い。それはオーストラリア代表チームの選手とコーチとして二二度のデビスカップ優勝に貢献したハリー・ホップマンと、最初の妻で、やはり優れた選手、コーチであり、プロモーターでもあったネル・ホップマンによるところが大きい。ハリーは誰からも尊敬されたが、ネルはけちん坊のいじめっ子という評判だった。まだ一九歳だったマーガレットは、そのネルを拒絶した。

オーストラリアに着いたとき、あるオーストラリア紙の記者は私にこう尋ねた。「なぜオーストラリアに?」

「大学を休んでオーストラリアに来たのは、マーヴィン・ローズの指導を受けて、世界一になるためです」私はそう答えた。

公の場でそう宣言したのはそれが初めてだった。そうすべきだと感じた。女は野心を表に出さないほうがいいという考えはいまの時代になっても根強いが、そのときの私はもう隠しておきたくなかった。結婚して家庭を築く計画を先送りし、大学を休み、赤の他人の約束を信じ、何の保証もないまま地球の反対側まで一万キロメートル以上も旅をした。それは大きな賭けだったが、自分としては危険を冒すだけの価値があると思った。マーヴィン・ローズという新しいコーチの指導を受けられるのだから。

マーヴィンは気難しい変わり者といわれていた。全仏選手権と全豪選手権のシングルスで優勝し、ダブルスでも主要な大会で四度優勝している左利きのパワフルなプレーヤーだ。癇癪持ちでもあった。のちになって〝五〇年代のジョン・マッケンロー〟と呼ぶ人もいた。一試合で三本もラケットを叩き折ったことで有名な人物だ。別の大会では決勝戦の途中で雨が降り出して、マーヴィンはテニスシューズを脱いで靴下だけでプレーして優勝している。ふだんは冗談ばかり言っているような人だが、コーチとしての顔は厳しかった。マーヴィンは私の初めての専属コーチだった。私は心から彼を尊敬していた。

私のだぶついた体を一目見るなり――オーストラリアで練習を始めたときの私は、身長一六二センチに体重七〇キロのぽっちゃり体型だった――マーヴィンはこう言った。「よし、ビリー・ジーン、まずはランニングから始めようか」オーストラリア選手は〝トレーニング狂〟だとは聞いていた。ロイ・エマソンやマーガレットがその典型例だ。私は、トップ選手になる秘訣の一つが基礎体力づくりなら、死ぬまで走ってやろうと思った。実力はただでは手に入らない。それに、オーストラリアに来るなり体重のことをたびたび揶揄された。私にとって体重は昔から触れられたくない話題だった。私は〝シーラ〟(若い女を意味するオージーのスラング)ではなく「おっと、まんまるちゃんのお出ましだ」などと言われた。許すまじ。帰国までに六キロくらい体重を落とした。

一一月のオーストラリアも暖かだが、南半球の本当の夏が始まるのは一二月で、摂氏三五度を優に超える猛暑の日もある。贅肉を落とすため朝食前にランニングをして、何リットルも汗をかき、午前九時ごろから一対一でマーヴィンの指導をみっちり受けた。午後からはデヴィッドソンやエマソンら、コートに現れた選手とラリーをした。ほかの選手も私も大会が始まるとほっとした。練習より試合のほうがずっと楽に思えたからだ。猛特訓の成果で、私は精神面でも感情のコントロールの面でも、そして身体的にも段違いに強くなった。

マーヴィンが最初に着手したのは、私のサーブを一から作り変えることだった。バックスイングを短くし、トスを以前より前方の高い位置に上げるようにした。打点が高くなり、球速と威力が増した。さらに、フォロースルーの時点ですでに半歩から一歩コートに踏みこんでいる状態になり、相手のリターンに反応するタイミングがほんのわずかだが早くなった。サーブはそれまで以上の武器になった。

マーヴィンは次に、それまで私の弱点で、相手に攻撃されやすく、誰にどう教わっても進歩しなかったフォアハンドの改良に取りかかった。マーヴィンの指摘はアリス・マーブルのそれと同じだった。打点が体に近すぎる。マーヴィンの指導で、私はバックスイングを短くし、フォロースルー時にはラケットヘッドの動きを手首が追うように変えて、コントロールと正確性を向上させた。現在ではフォアハンドの教え方が変わっている。スイングは以前より大きく、スイングスピードは速い。しかし、私のころはそうではなかった。

新しいフォームは奇妙な感じで、初めは改造前より悪くなったように私には思えた。テニスを始めたときから磨き続けてきたテクニックをいったん忘れ

選手時代のマーヴィン・ローズ。1964年、マーヴィンの下で練習しないかと誘われ、私はほかのことを何もかも放り出してオーストラリアに飛んだ。それくらい世界一になりたかった。

なくてはならなかった。しかし指導の甲斐あって、私のフォアハンドはぐんと改良された。

また、試合運びを分析し直すことになった。彼は〝パーセンテージ・テニス〟の熱心な支持者だった。簡単にいえば、リスクを最小限に抑えつつ、そのポイントを獲得できる確率を最大限にできるショットを選ぶ戦術だ。これには少し抵抗を感じた。私はテニスの感性に働きかけてくるところを愛していたからだ。走りながらの狙い澄ましたショットが決まった瞬間の、あるいは注意深い駆け引きの末にポイントを獲得したときの満足感。みごとなプレー、ドラマチックなショットで観客を沸かせたときの興奮。しかしマーヴィンは、あらゆる判断は戦術上の利点だけを基準になされるべきと説いた。ほかの選手のプレーをよく観察しろと言い、そのあとでテストをした。誰々が特定のショットを選択した理由は何か。それが得点あるいは失点につながった理由は何か。マーヴィンの指導法は遊びがなくて、集中していると頭痛がしてくることさえあった。

あれほど必死に練習したのは初めてだったし、その成果はすぐには形にならなかったから、リスクを伴う賭けでもあった。マーヴィンの指導を受ける合間にオーストラリア各地を回って大会に出場した。アデレイドでは、一四歳のほぼ無名の選手に負けた。新しいサーブを試して三五回もダブルフォールトを犯したからだ。そのあとも負け試合が続いた。新しいフォアハンドをマスターするのにはさらに時間がかかった。この年のフェデレーション・カップは一月末にメルボルンで開催される予定で、全豪選手権がそのすぐあとに控えていた。世界中のテニス関係者がオーストラリアに集結するのだ。このままでは恥をさらすのではないかと不安だった。

「根気だ根気、ビリー・ジーン」マーヴィンはそう繰り返した。「何カ月もかかるかもしれない。下手をしたら一年だ。だが、かならず結果がついてくる」

「どうしてそんなにいろんなことを変えるの? どうして?」ある日、またも惨敗した試合のあと、ロッカールームでレスリー・ターナーからそう訊かれた。「世界四位の選手なのに!」

私は答えた。「ありがとう、レスリー。言いたいことはよくわかる。いまのままでも、引退するまで八位以内には入っていられるかもしれないよね。でも、私は世界一になりたい。世界一になりたくてオーストラリアまで来たの」

　誕生日もクリスマスも一人ぼっちで過ごした。一九六五年の一月、フェデレーション・カップ出場のために親友のキャロル・コールドウェル——このころには結婚して、キャロル・グレイブナーと名乗っていた——がオーストラリアに来たときは本当にうれしかった。ラリーとはずっと手紙をやりとりしていた。それまでより働く時間を増やして、何度か国際電話もかけてくれた。それでも長いあいだ離ればなれでいるのはつらかった。そういうときにキャロルと再会できてほっとした。キャロルはトップ選手のクラーク・グレイブナーと結婚していた。ジョン・マクフィーの『レベルス・オブ・ザ・ゲーム（*Levels of the Game*）』〔クラーク・グレイブナーとアーサー・アッシュの対戦となった一九六八年全米オープンの準決勝を詳述しながら、二人の人物像を描き出したノンフィクション〕の主人公の一人だ。全米ローンテニス協会はこの年のフェデレーション・カップに三人目の選手を派遣しなかったため、アメリカ代表チームのメンバーは私とキャロルの二人だけで、私はキャプテンも兼任した。優勝したのはオーストラリアだった。対戦成績は1－2。私たちはシングルスの二試合とも負けた。のしかかってくるような湿気と摂氏四〇度超の猛暑のなかでの試合だった。熱中症で倒れなかっただけ幸いだった。

　続く全豪選手権で私は準決勝に進んだが、マーガレットにストレート負けし、私はグランドスラムのシングルスでの初タイトル獲得をまたも逃した。それでも私にしては珍しいことに、さほど落ちこまなかった。私のテニスはまだ改造の途中だったし、それまで四カ月、マーガレットを間近で見ていたから。この年、マーガレットが五八試合連続で勝ち続けたのは当然だと思えた。トータルでは一〇五勝七敗だった。マーガレットの快進撃は止まりそうにないと誰もが思い始めていた。

　オーストラリアから帰国したとき、自分はいまこれまでにないほど〝勝てる〟条件がそろった状態にあると確信していた。ついにフルタイムでテニスに全力で取り組める環境にあり、優れたコーチの指導を受け、体もかつてないほど絞りこまれていた。ラリーとも再会し、私たちは九月に向けて結婚式の準備を始めた。

　その夏は、どの大会でもマーガレットと一度も当たらなかった。ウィンブルドンで、私はマリア・ブエノと組んでダブルスで優勝した。カレン・ハンツェ・サスマンは出産のためにこのシーズンは休んでいて、マリアのほうから組まないかと誘ってくれたのだ。シングルスでは準決勝でマリアに負けた。マーガレットと私が次に対戦したのは、全米選手権だった。このときもまた、決勝だ。

決勝当日、コートに出た時点で、このときマーガレットのテニスが過去最高のレベルに達していることを私は知っていた。だが、それは私も同じだ。私はオーストラリアで身につけた確固たるパーセンテージ・テニスを実践していて、それが結果に結びついてもいた。第一セットのゲームカウントが5－3になったところで、このセットはもらったつもりになったが、そこからマーガレットに火がついて、あっさりひっくり返された。第二セットも私が5－3でリードした。ところが、そのあとは一ゲームも取れなかった。最終スコアは、6－8、5－7だった。いったいなぜ勝てなかったのだろう。

初めはひどく打ちのめされ、自分に腹が立った。会場を出て、クイーンズ区のコンティネンタル・アヴェニューをフランク・ブレナンと並んで歩いた。「悔しくて息もできない」私は言った。これで四大大会ではマーガレットに四試合連続で負けたことになる。私はその日、ミスを重ねたわけではない。ただマーガレットのほうが上手《うわて》だっただけのことだ。彼女はここぞという場面で底力を発揮した。

フランクとその日の試合を振り返るにつれ、私はあることに気づいた――私の人生を一変させるようなこと、マーガレットはとっくに理解しているらしいあることに。チャンピオンとそれ以外を分けるのは、大きなプレッシャーに押しつぶされかけているときでも劣勢を巻き返せるかどうかだ。私はその日、マーガレットを相手に守りの試合をしたが、真正面からぶつかっていくべきだったのだ。自分のショットを信じるべきだった。勝つためのプレーをすべきだった。ロジャー・フェデラーは、二〇一七年の全豪オープン決勝戦で切れ味のよいショットを次々と決めて長年の宿敵ラファエル・ナダルをフルセットで下したあと、似たような発言をしている。「何度も自分にこう言い聞かせました。〝勝利はつねに勇者のもの〟だと」あの日、私はマーガレットを相手に無難なテニスをした。だから負けたのだ。それに気づくと同時に、マーガレットと私の差を生んでいるものは何だったのかが理解できた。その差を解消するには何をすべきかも。きっと次は勝てると自信が湧いた。

別れ際、私はフランクにこう宣言した。「来年のウィンブルドンではかならず勝つ」

私たちの生活の大半に当てはまることだったが、結婚式の日取りもやはり、テニスを最優先して決めた。一九六五年九月一七日——全米選手権が終わり、サウスウェスト選手権が始まる前の金曜——を選んだのは、テニス関係の友人の都合を考えてのことだった。友人の大半がお祝いに来てくれた。ロサンゼルス州立大学のチームメート、スー・ベルマーとマルコス・キャリエドは、私の弟のランディやラリーの妹メアリー・エレンと弟ゲイリーとともに付き添い人を引き受けてくれた。花嫁の介添え役は、美しく着飾ったキャロル・グレイブナーが務めた。私の長年の友人ジェリー・クロムウェルも来た。

結婚式は、私が子供のころ住んでいた家からほんの四ブロック先の第一ブレザレン教会で挙げた。古風な式になった。私はいとこのドナ・リーからウェディングドレスを借りた。サイズがちょうど同じだったし、わざわざ新品を買うまでもないと思ったからだ。ベールをかぶり、シャンティイレースの美しいドレスを着て誓いの言葉を述べた。ドレスの長い裾には真珠やスパンコールがちりばめられていた。白いバラのブーケだけは奮発した。ラリーは黒いボウタイに黒いスラックスと、ぱりっとした白いディナージャケットを着た。二人並ぶと、ウェディングケーキのてっぺんに載っている小さな新郎新婦みたいだった。

祭壇までの通路を並んで歩くとき、父は涙ぐんでいた。母は晴れやかな顔をしていた。ラリーのお父さんと義理のお母さんは笑顔だった。全員に見送られて、私たちは車でハネムーンに出発した。交際中にキスや愛撫くらいは何度もしていたけれど、セックスは結婚初夜が初めてだった。そのころは、結婚までバージンを守るのは珍しいことではなかった。ラリーは二〇歳、私は二一歳で、いまと比べたらずっと純真な時代だった。その週末は、山のなかの小さなホテルで過ごした。

いま結婚式の写真をながめると、白い肌に金髪のラリーはまるで透き通るようだし、二人とも本当に若く、幸福に輝いている。私たちは心底愛し合っていた。子供を二人から四人くらい産み育て、ふつうの夫婦がすることはみんなふつうにやって、やがて死が私たちを分かつまで二人で生きていくのだと思っていた。


理想の結婚生活とは何か。誰にも答えられない。試行錯誤を繰り返すしかない。ラリーは大学卒業まであと一年を残していた。私もその秋から復学することにした。ロサンゼルス州立大学に近い郊外の街アルハンブラに寝室一つのこぢんまりとしたアパートを借り、そこで新生活を始めた。二人合わせて現金三〇〇ドルにベッド一台、あとは家具がいくつかあるだけだった。ラリーも私も子供好きだったから、いつか子供を持とうと決めていたが、すぐには無理だった。ラリーが卒業して弁護士の仕事が軌道に乗り、私が競技生活を引退してからにする。当時としては珍しい選択だった。友達には、すでに二人目の子供が生まれている人が多かった。

それ以外の点では、いわゆる〝良妻〟であろうと努めた。人生はもう私一人だけのものではないのだと自分に言い聞かせ、母が父のために尽くしていたようにラリーに尽くしたかった。結婚直後の秋から冬にかけて、テニスはほとんどやらなかった。ラリーは履修できるだけの科目を履修していたうえ、夜はシール・ライトのアイスクリーム用カートン製造工場で働いていた。結婚の許可をもらいに来たとき、父に「うちの娘をどうやって養っていくつもりだ？」と訊かれて探した仕事だった。

私はパサデナのジュニア向けテニス・コミュニティ・プログラムのコーチを日給三二ドルで始めた。午前二時に手作りの夜食をラリーに届け、彼が食べ終わるまでつきあう。朝、ラリーが帰宅するまでにアパートの掃除をすませ、洗濯物をたたんでおく。数時間眠ったら、二人で家を出て大学に行った。ラリーのハンサムな顔が見たくて、彼が講義を受けている教室の前を用もないのに通った。夜勤の疲れが出て彼が居眠りをしているのを見て「たいへん！」と心のなかで叫んだりもした。

1965年9月17日、結婚式でのラリー・キングと私。
どれほど幸せだったかを思い出すと、いまも笑みが浮かんでしまう。

大学のテニス・チームの監督スコッティ・ディーズは、少しでも家計の足しになればと、大学のバスケットボール・チームの統計係の仕事や、フットボールの試合の取材に集まる新聞記者にホットドッグやコカ・コーラを配る仕事を紹介してくれた。それでも生活していくのがやっとで、たまの贅沢といえば学食で二五セントのアイスクリームサンデーを一つ買って分け合うことだった。『風と共に去りぬ』のスカーレット・オハラが食べ物にも困るような貧乏は金輪際ごめんだと言う場面があるが、まったく同じ気分になったことが何度もあった。ある晩、私はラリーに言った。「こんな生活、もう続けられない！」本気だった。

その年の一二月、ラリーが第一志望にしていたアメリカ有数の名門法科大学院、カリフォルニア大学バークレー校のボールト・ロースクールから封書が届いた。ラリーは当初、バークレーのロースクールに願書を出すべきか迷っていた。法科大学院進学適性試験（LSAT）の成績は、全米上位〇・二五パーセントに入っていたが、フルタイム勤務の影響が成績にも出始めていた。願書だけは出してみればと私は背中を押した。「考えてみてよ。不合格になったとして、だから何？」我ながら威勢のいいせりふだったが、いざ合否通知が届いてみると臆病風に吹かれた。二人とも怖くてすぐには開封できなかった。しばらく封筒をぼんやり見つめたあと、ようやく勇気を奮い起こし、並んでベッドに腰を下ろして一緒に開封した。二人とも震えていた。折りたたまれた通知を開いたラリーが「ああ……」とささやいた。

彼の手もとをのぞきこむと、「おめでとうございます。我が学院への入学を歓迎いたします……」と書かれていた。

「やった！」私は叫んだ。

ちょうど同じころ、年末の全米ローンテニス協会（USLTA）ランキングで、私が一位になるとわかった。それもうれしいニュースだった。話し合いの結果、ラリーは春学期の単位を取得して六月に大学を卒業するのを目標とし、私はまた休学してフルタイムで競技生活に戻ることになった。その後、私は二度と大学に戻らなかった。何か大きなことを途中で放り出したのはそれが初めてだった。あと少し頑張れば卒業できたのにと、いまでも少し悔しい。

でも、私はテニスにすべてを賭けた。

　その直後、私はテニス界の内部政治に巻きこまれた。二月に開かれるUSLTAの理事会は例年、前年末のランキングを形式の上で承認するだけだが、このとき私は一九六五年末のランキングトップの座を、本来なら二位だったナンシー・リッチーとやむなく分かち合うことになった。ランキング委員会の決定が理事会で覆されたのは八一年間の歴史で初めてのことだ。その黒幕は、USLTA中西部支部長を務める重鎮スタン・マレスだ。私は大勢から同じことを聞いた――「スタンはきみに激怒して大騒ぎしている」中西部支部が創設した全米クレーコート選手権に、その年、私が出場しなかったのが理由だった。スタンはUSLTAテキサス支部会の会長アル・ブーマンを巻きこみ、ナンシーを一位にするようUSLTA理事会に働きかけた。ナンシーのお父さんのジョージは、テキサスで名を知られたティーチング・プロで、ナンシーと、やはりトップ選手だった弟のクリフに、対戦相手とは決して言葉を交わすなと言いつけていたほど勝利に執着する人物だった。会話禁止令は、姉弟が大人になるまで撤回されなかったという。

　ランキングが操作されるなんて、猛烈に腹が立った。マスコミの取材にもそう答えた。USLTAがランキングを利用して私を懲らしめようと画策していたころ、南アフリカ共和国のオーウェン・ウィリアムズというプロモーターから連絡が来て、一九六六年三月に開催予定の権威あるトーナメント、南アフリカ・テニス選手権に招待された。日当一〇〇〇ドルに加え、ヨハネスブルグまでの往復旅費も負担してくれるという。そんな大金、それまで見たことがなかった。USLTAの日当は一四ドルから二八ドルだったから、桁が二つも三つも違う。全米選手権に出場する外国人選手にはよく笑われたものだ。USLTAが国内の選手に支払う日当より、外国の選手のそれのほうが高額だったからだ。そのころの私は、アマチュアテニスの何もかもが腐っていると思うようになっていた。

　歴史を振り返れば、その時期に南アフリカ行きに同意するにはちょっとした自己分析が必要だった。人種隔離政策《アパルトヘイト》を理由に南アフリカを国際社会で孤立させる動きはまだ始まったばかりだったが、それでも一九六六年初頭には、南アフリカを訪問するのが得策か、それとも敬遠すべきかという議論が盛り上がりの兆しを見せていた。

この二〇カ月前、ネルソン・マンデラは無期懲役刑を言い渡された。イギリスをはじめヨーロッパ諸国で勢いを増していた抗議行動を受け、国際オリンピック委員会は、六四年の東京オリンピックへの南アフリカの参加を認めない決定を下した。しかし、文化、経済、スポーツなど多方面に広がり、やがて南アフリカ共和国を追い詰めることになるボイコット運動は、この時点では一部で行われているだけだった。テニスの世界トップ選手もまだ、招待があれば南アフリカに遠征していた。四大大会に出場している唯一のアフリカ系アメリカ人選手だったアーサー・アッシュでさえ、南アフリカでプレーしたいと繰り返し願い出ていた。自分が行けば注目が集まって、世論に大きな影響を与えられると思ったからだ。アーサーが考えを変え、ボイコット運動支持を表明したのは、七〇年代なかばになってからのことだ。

私が南アフリカに行ったらどんな事態になるか、予想もつかなかった。アメリカが根深い人種隔離や差別主義を乗り越えられずにもがいているさなかだということはよく知っていたし、同じ闘いは世界のあちこちで続いていた。私はモスクワに行ったときのことを思い返した。あのころはアメリカとソ連のあいだで冷戦の緊張が高まりつつあった時期で、周囲の全員が遠征に賛成したわけではなかったが、それでも私はモスクワ行きを決めた。当時のアメリカ政府は、問題の存在を広く知らしめるべしという方針だった。迷った挙句、私は招待に応じることにした。

飛行機がヨハネスブルグ郊外の空港に近づいて降下を始めると、私は窓に張りついて外の景色をながめた。アフリカらしい緑豊かな森も、珍しい動物の群れも見えなかった。眼下に広がっていたのは、赤土がむき出しの大地と露天掘りの鉱山、街の東側の不毛地帯に追いやられた非白人の居住区だけだった。街に降り立ち、南アフリカ・テニス選手権が毎年開催されるエリスパーク・テニス・スタジアムに向かうと、見慣れた顔がいくつもあって、ようやく肩の力が抜けた。アメリカから行くには遠い国ではあるが、南アフリカ・テニス選手権は南半球トーナメントを構成する主要大会の一つであり、オーウェン・デヴィッドソンにロイ・エマソン、マーガレット・スミスら、その前の年にオーストラリアで一緒に練習した選手がそろっていた。みんなの顔を久しぶりに見たとたん、どこかなつかしい気持ちになった。マーガレットとは、全米選手権の決勝で惨敗して以来の再会だった。

それまでのおよそ四年のあいだに、私はマーガレットに九連敗を喫していて、ただの一セットも奪えていなかった。南アフリカでも決勝で当たった。試合はたった四五分で決着し、私が6-3、6-2で勝った。全米選手権の苦い敗戦を経てつかみ取った本質――マーガレットを偉大なチャンピオンにしているのは、劣勢から巻き返す底力と、その底力を発揮すべきタイミングを見きわめる勘――が、このときは私に味方したのだ。世界一の選手であるマーガレットに対して有効なのだから、その秘訣は誰にでも通用するはず。私はそう自分を励ました。

ほしかった秘密兵器を探しにいったら、その日、それを見つけた。マーガレットとの過去の対戦とは違って、弱気にも、負けるのではという恐怖にも縛られることはなかった。勝つためならなんだってやってやろうという意気込みが私を押し上げた。チャンスを確実にものにし、重圧に屈さずに自分のテニスを貫いた。標高一七〇〇メートルの会場で、マーガレットはボールを打つこと自体に苦労していたが、私はフォアハンドのバックスイングを短くし、キックサーブを多用してうまく対応した。空気が薄い場所では、振り遅れるとボールは場外に飛んでいってしまう。マーガレットはあわてているようだった。私は最後まで容赦しなかった。

このとき私は二二歳になっていたが、自分のキャリアはここからだという気がした。呪縛は解けた。こうなれば何だってやってのけられそうに思えた。ヨハネスブルグのあの試合まで、直接対決で一勝九敗とマーガレットに大きく水をあけられていた。しかし引退したときには、一二勝一二敗の引き分けになっていた。

第9章 世界の頂点へ

ヨハネスブルグでの優勝を踏み台に、そこからは何もかもがスムーズに運んだといいたいところだ。現実には、南アフリカ遠征中に診断不能の病気にかかり、まともに立ち上がれないほどだった。一週間は現地で静養するよう言い渡された。ダブルスのパートナー、ロージー・カザルスは、私を一人で置いていくわけにはいかないと言った。それほど私の健康を心配してくれていた。ようやく二日がかりの帰国の途についたとき、私は南アフリカに来るとき着けていたガードルを穿くのをあきらめた。ガードルを着けたかった理由は、当時のあらゆる女たちと同じだった——細身のペンシルスカートをすっきり穿きこなすためだ。現地のホストファミリーの前に見苦しい格好で出たくなかった。よくも塞栓症《そくせんしょう》を起こさずにすんだと思う。

おもしろいもので、たった一つの勝利が魔法のように働くことがある。南アフリカでかかった病気はすぐには完治しなかったのに、ヨハネスブルグでマーガレットに勝って以降の数カ月、私は勝ち続けた。五月にイタリアのトリノで開催されたフェデレーション・カップでは、アメリカ代表チームが西ドイツを下して優勝したが、この勝利にも私は大きく貢献した。私はこの何年も前から、レッドクレーのコートでも代表チームに加わりたいと言っていたが、全米ローンテニス協会（USLTA）がそれを許したのはこの大会が初めてだった。いざ大会が始まってすぐはやや重圧を感じたが、フランソワーズ・デュールやアン・ジョーンズを下して決勝に進み、キャロル・グレイブナーやジュリー・ヘルドマンとともに優勝杯を手にするころには、重圧さえ楽しめるようになっていた。

フェデレーション・カップ終了後もヨーロッパに

とどまり、各地の大会に出場して、ラリーとの生活に必要なお金を少しでも貯めておきたかった。日当に関して、ヨーロッパは南アフリカと同じくアメリカのプロモーターに比べて太っ腹だ。しかしUSLTAから、帰国して国内大会に出場せよと指示があった。私が出場すればそれだけで観客を呼べるようになっていたからだ。ナンシー・リッチーと同率一位とされた年末ランキング問題以来、協会の命令には従っておくのが無難だと思うようになっていた。逆らえば自分が損をする。当時のアマチュアテニスはそういう世界だった。

私はアメリカに帰り、カリフォルニア州ラホーヤやオクラホマ州タルサで大会に出たあと、ふたたびイギリスに戻ってウィンブルドン選手権に出た。それだけの長距離を移動し続けていると、つねに準備万端で試合に臨めるわけではなかったが、ここが踏ん張りどころだと思った。このころにはグランドスラムのダブルスで四度優勝していたとはいえ、一四度のグランドスラム出場でシングルスのタイトルはまだ一つも獲得できていなかった。

ウィンブルドン選手権では、マーガレット、マリア・ブエノ、今年こそ英国にウィンブルドンの栄誉をという国民の期待を背負ったアン・ジョーンズに続く、第四シードだった。その前の週にワイトマン・カップでアンを破った私は、イギリスのテニス・ファンのお気に入りとは言いがたかった。私は第三セットでこむらがえりを起こしたのだが、あれは芝居に違いないと書き立てたイギリスのタブロイド紙もあった。たしかに私は何かと大げさなところがあって、メロドラマのヒロインぶることさえあるのは認めるが、さすがにそこまで愚かしい芝居はしない。

そういった批判記事を目にしていたからだろう、翌週のウィンブルドンに集まった観客が私を迎える視線は冷たかった。気にしないことだと私は自分に言い聞かせた。全米ランキング一位になれば気分はいいが、ウィンブルドンで優勝しないかぎり、真の世界一とは認められない。ロングビーチ時代からの友人ハロルド・ガイヴァーから、ロンドンには行けそうにないと連絡があったとき、私は短い返事を書き送った――「きっと後悔するわよ。だって今年こそ優勝するから」

六月にロサンゼルス大学を卒業していたラリー

も、うれしいことに、初めてウィンブルドン選手権を観にきていた。私たちは、アールズコート地区のクロムウェル・ロード近くのレクサム・ガーデンズ・ホテルに宿泊していた。当時のイギリスのホテルはたいがいそうだったが、バスルームは廊下の先にあって共用だった。雨続きの肌寒い日々、温もりを与えてくれるのは壁のパネルヒーターだけで、しかもシリング硬貨を投入し続けていないとすぐに止まってしまう。

それでも室料は妥当だったし、ホテルのスタッフはみな気持ちのいい人だった。装飾がついたコリント式の柱と薄茶色の煉瓦の壁、窓際にペチュニアの鉢植えという外観も、いかにも古風ですてきだった。毎朝早くに聞こえてくる、牛乳配達の馬車が丸石敷きの通りを行く、ぱからんぱからんという音も情緒があった。その音で目が覚めてもまだ空は暗く、もう少しだけベッドで眠っていていいのだと安心できた。いざ宿を出発する時刻になると、すぐそこの駅から地下鉄にも乗れるのに、ウィンブルドン選手権の旗を立てた美しいロールス・ロイスやダイムラーの車がホテル前で待っている。これ以上のことがあるだろうか。大会を主催するオール・イングランド・クラブは、トップシードの選手には運転手付きの車を用意していた。

私は順調に勝ち進み、ラリーは出場者に用意されたボックス席で全試合を観戦したが、不安と緊張から、競技場で販売されているボンボンを袋単位で貪《むさぼ》り食べる癖がついた。このウィンブルドン後に帯同した遠征では、私の試合の内容を一打ごとに口述してテープに録音したりまでしていた。緊張のあまり、なんでもいいから何かしていなくては気が収まらなかったらしい。そしてこう言った。「僕はテニス選手にはなれそうにないよ」

この年から、ウィンブルドンのスコアボードに表示される私の名前は「ミセス・L《ラリー》・W《ウイリアム》・キング」になった。〝〜夫人〟という呼び方は、オール・イングランド・クラブの昔からのしきたりの一つなのだろう。しかし時代の先をゆく考えの持ち主だったラリーは憤慨した。結婚の準備中、「キングなんてありふれた名前だから」自分がモフィット姓に変えるとまで言い出した人だ。のちにファンからサインをねだられるようになると、こんな風に書いたりもした――〝ミスター・ビリー・ジーン・キング〟。

「どうしてそんなことするの」私は訊いた。

「だって、世間は僕を〝ビリー・ジーン・キングの夫〟だと思ってるだろ」ラリーはそう言って笑った。

どう呼ばれようと、アイデンティティは揺らがない。ラリーはそういう人だった。


ウィンブルドン選手権の第一週、私はどう見ても世界一の選手ではなかった。最初の四戦のうち三戦は、深い穴の底から這い上がるような試合だった。この年の夏の初めに一七歳のロージー・カザルスに声をかけ、ダブルスのレギュラー・パートナーになってくれるように頼んでいた。ウィンブルドンでは、マーガレット・スミスとジュディ・テガート組に準々決勝で敗れた。まもなくロージーと私は、世界トップのペアとして長期にわたって各地のトーナメントに出場することになるが、このときの私には、準々決勝で敗退したことより、最後まで診断のつかなかった病気が原因の吐き気や疲労感、消化器の不調のほうが大きな問題だった。この症状にはこのあともたびたび悩まされることになる。

シングルスの準決勝でマーガレットと当たった。マーガレットは私よりずっと手堅い戦いぶりでトーナメントを勝ち上がってきていた。ある記者から、マーガレットをどう攻略するつもりかと質問されて、私はこう答えた。「何も難しいことは考えていません。チップ・アンド・チャージあるのみです〔スライスぎみの強いショットを相手の足もとにリターンすると同時にネットに詰め、プレッシャーをかける攻撃的戦術〕」

実際に私の頭にあった作戦はそれだけではなかった。ワイトマン・カップ代表チームのキャプテン、ドリス・ハートは、一カ月ほど一緒に行動しているあいだに私の秘密兵器になっていた。ドリスはこう助言した。「マーガレットが攻撃の姿勢を見せたら、ロブを上げるといい」この作戦を成功させるにはテクニックが必要で、いつロブを打たれるかと対戦相手を疑心暗鬼にさせておかなくてはならない。それができないと、作戦は裏目に出る。だが、うまくやれれば、ネット際の攻撃的なポジションを好むマーガレットを守備優先のポジションに釘づけにしておける。対戦の朝、目覚めると、神経が高ぶっていた――といっても、よい意味で。その日の試合に集中して、五感が過剰なくらい鋭くなっていた。芝の緑はふだん以上に鮮やかに映ったし、音は生々しく聞こえ、脚はスプリングが入っているかのようだった。髪の毛の一本一本まで感じ分けられそうだ。試合が待ちきれなかった。

観客席が静まり、主審の「プレー」のコールで試合が始まった。マーガレットは試合開始から集中力を発揮し、一瞬たりとも気を抜かなかった。ドリスの助言どおり、私はマーガレットの頭上を越えるロブを上げ続けた。彼女のシャツの背中が見えたら、それは私がネットに突進する合図だ。アリス・マーブルが特別だと褒めてくれたバックハンドのボレーもおもしろいように決まった。オーストラリアのマーヴィン・ローズの徹底改造を受けたサーブとフォアハンドも、大いに味方した。長年の練習のすべてがこの一戦のためにあったかのように、何もかもが収まるべき場所に収まった。何物ももう私を止められない、あらゆる状況をコントロールできると感じた。

テニスの試合は数百のショットから成っている。しかしその一戦では、たった一つの打球によって試合の行方が決まったように思えた。第二セットの走りながらのショットがそれだ。私がコートの端からサイドラインに沿って打った球（ダウン・ザ・ライン）を、マーガレットははじめ手を出そうとしたものの、アウトになると判断して見送った。しかし線審はアウトをコールせず、マーガレットは驚いたように低い声を漏らした。それを境にマーガレットは明らかに調子を崩した。翌日のある新聞は、私はコートの隅から隅までカバーし、あらゆる展開を予測したが、「長身で手足の長いオーストラリア人選手は、振り回されるばかりで自信を欠いているようだった……ふだんならどんな相手にも通用するかに見えるマーガレット・スミスのサーブとスマッシュを、キング夫人はやすやすといなした」と評した。

そのダウン・ザ・ラインでブレークポイントはデュースに戻り、私はそのままサービスゲームをキープして、ゲームカウントを4－3とした。第二セットの残りのゲームはあっという間だった。私はマーガレットの次のサービスゲームをブレークし、試合の最後の四ポイントでは、マーガレットはスマッシュを打ち損じ、バックハンドボレーをネットに引っかけ、フォアハンドのダウン・ザ・ラインを見逃し、最後にもう一つバックハンドボレーをネットに当てた。私は決勝戦に進出した。あと一つ勝てば世界一だ。

二日後に行われた決勝戦の相手は、ウィンブルドンのシングルスを三度制覇していたマリア・ブエノで、試合は第三セットまでもつれこんだ。第二セットを落とした時は自分に腹が立ったが、負けるかもしれないとは一瞬たりとも思わなかった。マリアは強烈なサーブが武器の優雅なチャンピオンだ。しかし、フットワークがよいほうではない。私はその弱点を突いた。マリアほど優雅には動けないが、私は左右の動きは得意で、たいがいの選手よりベースラインを機敏にカバーできる。ドリスの偵察結果を信じて、サーブではマリアのフォアハンド・サイドのワイドを狙い、マリアがネットに出てきたらすかさずロブを上げた。第三セットで私の切り札になったのはバックハンドだった。第四ゲーム、私はマリアがコートの真ん中から一歩も動けないようなリターンを続けざまに決めて、マリアのサービスゲームをブレークした。そのあとは一ゲームたりとも渡さなかった。

最終スコアは、6−3、3−6、6−1だった。試合終了と同時に私はラケットを高々と投げ上げ、顔を覆ってラリーを盗み見た。勝った。ウィンブルドンで優勝した!

コートにレッドカーペットが敷かれたときもまだ心臓がばくばく鳴っていた。ケント公爵夫人マリナから銀と黄金の優勝杯〝ヴィーナス・ローズウォーター・ディッシュ〟を授与された。過去の女子シングルス優勝者名が刻まれていると知っていたから、アリス・マーブル、アルシア・ギブソン、モーリーン・コノリー、ドリス・ハートの名前をその場ですばやく確かめた。そしてこう考えて感きわまった——ここに私の名前が永遠に刻まれるんだ。優勝杯にキスをして頭上に掲げ、歓声に応えた。両親と弟のランディをはじめ、ロングビーチでお世話になった人たちがラリーと一緒にこの場に立ち会えていたらどんなによかっただろう。生きてきたなかで一番幸福な瞬間だった。

翌日の夜に開かれたウィンブルドン・ボールで、男子シングルスで優勝したスペインのマヌエル・サンタナと伝統のファーストダンスを踊った。まもなくラリーが来て、代わっていただけませんかと礼儀正しく尋ねた。ラリーは笑顔で私の手を取った。それからの数分、私たちは舞踏室をくるくると踊った。カリフォルニア州ロングビーチのダンスクラブで初めてデートしたときはまだ子供だったのにと思うと、感無量だった。

ウィンブルドンで私に敗北したあと、マーガレットは競技の第一線から身を引いた。その後に何冊か出版した回想録の一つによれば、テニスを楽しいと思えなくなったからだそうだ。オーストラリアの最西端の大都市パースに移り、閑静な通りにブティックを開いて、世間の注目から解放された日々を送りはじめた。私はがっかりした。いつだって最強の選手と最善を尽くして戦いたかった。ウィンブルドン選手権の一カ月後に開幕した全米選手権——私が初の制覇を狙っていた大会——にマーガレットはエントリーせず、現役に復帰するのかどうかも不明だった。

その夏、全米選手権前に出場したグラスコートの全大会で私は第一シードだった。そのころはまだ抗生剤を服用し続けていて、胃腸が不調の日が多かった。医師の指示に従い、八月には何戦か棄権することもあった。身動きさえままならなかったからだ。それ以外は勝利のために戦い続けた。それが私の仕事だ。私に言わせれば、体調不良や負傷は敗戦の言い訳にならない。みな何かしら痛みを抱えながらプレーしている。だから、涼しい顔をして勝つか、さもなければ潔く負けを認めて次に進むしかない。

そんな意気込みで全米選手権に臨み、二回戦で一九歳の前途有望なオーストラリア選手ケリー・メルヴィルと当たった。だが、コートに出て審判台を見上げた瞬間、状況は一変した。主審はアル・ブーマンだった。全米ランキング一位をナンシー・リッチーと分かち合うことになったとき理事会を説得した一人、全米ローンテニス協会テキサス支部の会長だ。彼の顔を見て、あの政治臭ぷんぷんの駆け引きを思い出してしまった。いまとなっては未熟としかいいようがないが、頭に血が上った。試合開始前のあれこれをさえぎり、ブーマンを審判からはずしてほしいと訴えたが、受け入れられなかった。私は怒りに震えた。

1966年、最大の夢であるウィンブルドン女子シングルスでの優勝を果たし、〝ヴィーナス・ローズウォーター・ディッシュ〟を授与された。そこに刻印された過去のチャンピオンたちをこっそり確認し、頭上に掲げた。

試合が始まって気合を入れ直すどころか、ますます頭に血が上って、私は自滅した。球に八つ当たりして、数えきれないくらい何度も奥の壁にぶち当てた。鮮やかなプレーを続けて6－4、6－4で私を下したケリーには申し訳ないことをしてしまった。私がつい二週間前にケリーに勝ったことを覚えていたある記者から、いったいどうしたのかと訊かれて、私はこう答えた。「ケリーのほうが上手《うわて》だった、それだけのことです」それは事実だ。それに私の態度は大人げなかった。誰もがそれを見ていた。

体調がいよいよ悪化し、私はロングビーチの実家に戻って母の世話になった。快方に向かい始めたときは心から安心したし、地元に帰ってランディと過ごせたことで気持ちがほぐれた。まもなく一八歳の誕生日を迎えようとしていたランディは、背が伸びて一九〇センチに届こうとしていた。投手として無安打試合を連発して、一九六六年度のロングビーチ市最優秀アスリートに選ばれ、メジャーリーガーへの道を順調に歩んでいた。私は既婚で、テニスではトップ選手になっていたが、それでも実家ではやはり〝シス〟と呼ばれたし、ランディと同じく午後五時三〇分きっかりに夕食のテーブルについていなくてはならず、応分の家事を手伝い、午後八時三〇分にはベッドに入っていなくてはならなかった。まるで子供扱いだが……それが特効薬になった。

ラリーはその月からロースクールに通う予定で、学校の近くに寝室一つの小さな部屋を見つけていた。引っ越しの荷物は衣類と鍋やフライパン数個、テニスの用具一式、それにラリーが集めていたアンディ・ウィリアムスのレコードくらいだった。私が聴く音楽はアレサ・フランクリンやモータウン・サウンドだった。とりわけ好きだったのは、テンプテーションズとシュープリームスだ。引っ越し当日、車のラジオをKJH局に合わせ、シュープリームスのダイアナ・ロスの歌声に合わせて口ずさみながら、ラリーと一緒にフリーウェイで北に向かった。

新しい住まいは、緑に覆われた谷の入口にあった旧クレアモント・ホテルのそばだった。バークレー暮らしは楽しかった。樫の大木やユーカリの巨木の天蓋に守られた天国のような街だ。別の医師の診察を受けたところ、南アフリカ遠征以来の体調不良の原因は大腸炎だとわかり、医師の指示で乳製品を避けるようにした結果、体調もだいぶ回復した。アパートから歩いて三分のところにバークレー・テニスクラブがあった。毎朝八時半までにクラブに行き、パシフィック大学の元スター選手ドン・ジェイコバスらを相手に練習した。湾の向かい側の街サンフランシスコに住んでいたロージー・カザルスがバークレーに来ているときは、お昼を一緒に食べて、何時間か一緒に練習した。

初めて会ったとき――バークレー・テニスクラブで行われたパシフィックコースト選手権のダブルスの試合で、私とキャロル・コールドウェルと、ロージーとグロリア・セガークイストが対戦したとき――ロージーはまだ一三歳の小柄な選手だった。ロージーの身長は五フィート二インチと四分の一〔およそ一五九センチ〕――「四分の一を忘れないでよね」とロージーはかならず念を押す――しかなかったが、ひじょうに多彩なショットをこなした。プロでも最高のオールラウンド型選手といっていい。アクロバティックなプレーとむき出しの闘志がファンを沸かせた。鼻っ柱も強い。

ロージーの実の両親は、エルサルバドルからサンフランシスコに移住してきた人たちで、ロージーが一歳になる前に、ロージーと姉のヴィクトリアを自分たちでは育てられない状況に陥った。姉妹は大叔父マヌエルと大叔母マリアのカザルス夫妻に引き取られた。ロージーがテニスを始めたのはマヌエルのおかげで、マヌエルはゴールデンゲート・パークの公営コートに車で送り迎えしてくれたという。マヌエルはよくロージーを運転席に座らせておいて自分は車と並んでサンフランシスコの坂道を走り、エンジンがかかったところで飛び乗って運転を交代した。マヌエルのスクーターでコートに通うこともあった。ロージーはテニスラケットを背負い、マヌエルのウエストにしがみついた。

ロージー本人も認めているように、彼女は自分の生まれ育ちについて、あるいは白人だらけの閉ざされたテニスの世界に足を踏み入れた当初、お金がないせいでしたいやな思いについて、あまり人前で話したがらない。あっけらかんとしたユーモアの持ち主で、私と同じく虚栄を嫌う。ロージーと私はペアを組んで何度もチャンピオンになった。二人して〝アジる〟こともあったし、一生の親友で相談相手でもある。

ダブルスで初めてペアを組んだころ、ロージーは私がウィンブルドンに初出場したときと同じ一七歳だった。二人でウィンブルドンに出場した最初の年、私はあらゆることを新鮮な気持ちで再体験した。名物のクロテッドクリームといちごの美味しさをロージーに教えた。ロッカールームに案内し、次のような暗黙のカースト制度も説明した。過去の優勝者や第一六シードまでのトップ選手は、上階にあるメンバー専用の贅沢なロッカールームを使える。そこには世話係のような人がいて、翌朝までにテニスウェアの洗濯やシューズ磨きをし、頼めば猫足つきのバスタブにお湯を張ってくれたりまでする。シードではないけれどそれなりに実績のある選手は、二つ下の階にある別のロッカールームを使い、最低ランクの選手は一階のそれを使う。ほかにも、その五年前にジェリー・ウィリアムズが大会前に私にしてくれたように、目をつぶってといってロージーをセンターコートの最上階に連れていったりもした。「もういいよ。目を開けて」

「うわあ、きれい」ロージーは静かに言った。「教会の大聖堂みたい」

その秋、バークレーに引っ越したタイミングでロージーという友人ができたのは本当に幸運だった。各地を転々とする生活をいっとき休めたのもよかった。あいかわらず料理や掃除は私がこなしていて、ラリーがロースクールを卒業すれば弁護士の妻になるのだと思うと、それも楽しみだった。ただ、このときすでに苦い現実に気づいてはいた――それが何を意味するのであれ、いわゆる〝ふつう〟〝平凡〟という型枠に、私はどう頑張っても収まりそうにない。


ラリーと私が一九六六年の夏の終わりに移り住んだとき、ベイエリアはすでにアメリカの急進派の中心地となっていた。ときどきラリーと待ち合わせてお昼を食べるのにキャンパスの真ん中にある学生食堂に行ったが、そういうとき、デモ行進を阻止するために警察が路上を封鎖しているのを見かけた。ラリーからは、帰り道でマリファナ煙草や催涙ガスのにおいがしたとか、肩越しに「革命が来るぞ！　革命が来るぞ！」と叫ぶヒッピーを州兵が追い回しているのを見たとかいう話を聞いた。ラリーと私は運動に直接関係することはなかったとはいえ、反体制運動の風をまるで感じずにいた人などおそらくいないのではないか。

バークレーの街は、一九六三年から六四年にかけ、アフリカ系アメリカ人の有権者登録数を増やすことを目的にミシシッピ州に派遣された学生たちによる変革のさなかにあった。ミシシッピ州から帰還した学生たちは、市民的不服従など、公民権運動の戦術に通じていた。公権力との衝突が病みつきになったような人もいて、それがやがて座りこみデモに発展し、大学キャンパス内での組織的政治活動の禁止という結果を招いた。

バークレーから数キロと離れていないオークランド港では、数万人の召集兵が手続き後にベトナムに送り出されており、そのころ最盛期を迎えていた反戦運動にバークレーの学生たちも加わった。ブラックパンサー党の活動が大学キャンパスに浸透したのもこのころだし、ドロレス・ウエルタとセザール・チャベスが、カリフォルニアでストライキ中の（主にラテン系移民の）農場労働者の代弁者として全国の労働者に連帯を呼びかけたのもやはりこのころだ。二人の運動はのちに全国農業労働者協会の創設として結実する。ドロレスは私が敬慕する女性の一人となった。数十年後には対面の機会も得た。セザールから「二人ばらばらに同じ発言をするのではなく、どちらか一人を代表としたほうが戦略の上で得策ではないか」と提案され、それをあっさり受け入れてしまったことを後悔しているとドロレスは言っていた。その合意の結果、セザールが運動のスポークスパーソンとなり、ドロレスは優れた交渉家兼世話役として、消費者による葡萄ボイコット運動など、のちに労働者に勝利をもたらす運動を組織することに専念した。

サンフランシスコ湾をはさんだ向かい側では、一九六七年一月、フラワーチルドレンがゴールデンゲート・パークでヒューマン・ビー・イン集会を開いた。このカウンターカルチャーを代表する大規模イベントには、幻覚剤使用による意識革命を説いたティモシー・リアリーやビート世代を代表する詩人アレン・ギンズバーグ、人権活動家でコメディアンのディック・グレゴリーらも参加した。また、これが同年夏にサンフランシスコのサマー・オブ・ラブにつながって、ヘイト=アシュベリー地区はアメリカのヒッピー・ムーブメントとドラッグ・カルチャーの中心地となる。

そういった生き方とまったく無縁ではあったが、飽くなき好奇心の持ち主である私は、ヒッピーと話す機会があればあれこれ尋ねた。私は意見の相違を悪いものととらえたことはないし、昔から知識欲が旺盛だった。幼いころ、同年代のアフリカ系アメリカ人の子供が学校から追い払われる光景を目撃したり、自分がジェンダーを理由に差別されたりといった経験を経て、激しい怒りが少しずつ蓄積していた。バークレーでは、女性であることや職場や世の中における女性の役割も含め、アメリカ社会のあらゆることがらが見直されようとしているかに思えた。自分の居場所はどこにあるのか、私自身も模索していた。

一九六六年のウィンブルドン選手権で私が初のシングルスのタイトルを獲得したころ、ワシントンDCで開催された女性の地位向上を話し合う全国会議に集まった二八名の活動家が、全米女性機構を創設した。六八年の全米オープンの決勝で私がヴァージニア・ウェードと対戦した夜、アトランティックシティに数百人のフェミニストが集結し、同市で開かれていたミス・アメリカ・コンテストに抗議の声を上げた。この抗議活動を組織したのは、有名なフレーズ「個人的なことは政治的なこと」を生んだウーマンリブ運動の中心人物キャロル・ハニッシュだ。

ハニッシュをはじめ抗議活動を組織した活動家は、ミス・アメリカを「女の理想と称されるあらゆる価値観に女を押しこめる」概念と見なし、美人コンテストに対する抗議は、ミス・アメリカという〝空疎な〟記号を拒み、アメリカ社会における女の扱われ方に異議を申し立てる自分たちの活動に世間の注目を集める絶好のチャンスになると考えた。抑圧されるくらいならブラジャーを焼き捨てるほうがいいと。

フェミニズムに関する私の立場は――〝フェミニズム〟という語を自分が使うべきか否かのそもそも論に関しても――歳月とともに変遷してきた。私が知り合ったころのラリーは、政治問題に関して、おそらく私より世の中を熟知していた。交際を始めた当初の私は、ものごとを表面でとらえ、白か黒かでしか考えられなかった。たとえば「ブラを焼き捨てて何の意味があるのかわからない」と私が言ったとすると、ラリーは、極端な行動に走る人がいるからこそ結果として世の中が中道に近づく場合もあるんじゃないかなというようなことを言った。確かにそのとおりだ。

あれから学んだことはもう一つある。内側から何かを改革するには戦略が重要だ。変革には時間がかかると承知しておかなくてはならない。私は内輪で過激な発言をすることがあっても、外に向けては地に足のついた穏健な態度を維持した。強硬な姿勢を示すにしても、説得しようとしている当の相手を孤立させないよう配慮した。どんなときも綱渡りだった。現状を変えようとする努力は、ほどよいバランスを絶えず探ることと同義なのだ。

とはいえ、バークレーに移り住んだころには、テニス界における自分の立ち位置に迷いはなくなっていた。一九六七年、テニス界にもついにその変化が訪れようとしていると誰もが感じていて、私の目の前には選択肢が二つあった。距離を置くか、主導する一人となるか。一一歳のときロサンゼルス・テニスクラブで突然の閃《ひらめ》きを得たあの日から、テニスは世界をより平等な場所に変えるための足がかりになるのではないかという思いをずっと抱いていた。世界ナンバーワンになったいまなら、声のボリュームを上げてみてもいいのではないか、耳を貸してくれる人だっているのではないか。世の中にあった垣根という垣根が崩壊を始めていた。政治とスポーツを隔てる垣根も、やはり壊されようとしていた。

私が意識して公の場で自分の意見を述べるようになったのは、ボクシングのヘビー級チャンピオン、モハメド・アリがベトナム戦争への徴兵拒否を表明するほんの数カ月前、そして一九六八年のメキシコシティ・オリンピック陸上の表彰式で、黒人短距離選手ジョン・カーロスとトミー・スミスが拳を突き上げて黒人差別に抗議した行為に代表される、〝ブラックパワー〟黒人解放運動が盛り上がる一年以上前だった。カーロスとスミスは即座にオリンピックから追放された。二人はバークレーから七〇キロほどしか離れていないサンノゼ州立大学の卒業生で、有色人種への人権侵害に抗議するスポーツ選手の組織作りに尽力したスポーツ社会学者で黒人解放運動家のドクター・ハリー・エドワーズと交流があった。同じくドクター・エドワーズの運動を支持していたカリフォルニア大学ロサンゼルス校(UCLA)バスケットボール・チームのスター選手カリーム・アブドゥル＝ジャバーは、六八年夏のオリンピック代表チームへの参加を拒否した。それからまもなく、やはりアフリカ系アメリカ人のメジャーリーグ選手カート・フラッドは、選手を所属チームに縛る内容の留保条項に異を唱えた。そのときのフラッドの印象に残る発言がある。「いくら給料が高かろうと、奴隷はやはり奴隷です」

私の記憶のなかでは、六七年春ごろにアメリカで進行中だった多くの階層を巻きこんだ闘争の何よりわかりやすい一例は、アリを中心に荒れ狂った嵐だ。本名のカシアス・クレイ時代、アリはソニー・リストンを下してヘビー級世界タイトルを獲得し、世間を驚かせた。アリがロープを飛び越えて「世界一のボクサーは俺だ!」と叫んだのは、このときだ。六〇年のローマ・オリンピックで金メダルを獲得して故郷のケンタッキー州ルイヴィルに帰ったあと、黒人であることを理由にレストランで入店を断られ、それに憤慨して金メダルをオハイオ川に放り捨てたと本人はたびたび回想している。また、マルコムXらに影響を受け、モハメド・アリと改名してイスラム教に改宗した。宗教と思想を理由に兵役を拒否したときの発言は有名だ。「俺はベトコンに何の恨みもない」徴兵拒否を理由に、アリは世界タイトルを剝奪された。

私はマルコムXの自伝に大いに感銘を受けたが、一方で平和主義者の立場から、彼の「必要ならいかなる手段を用いても」という信条には共感できなかった。私はキング牧師が好んだような非暴力主義をよしとする宗教観を共有する環境で育った。当時のアリの発言のすべてに賛同していたわけではないが、それでも堂々と戦争反対を表明し、良心的兵役拒否を宣言した彼の選択を強く支持した——誰に意見を求められたわけでもないけれど。

ベトナム戦争には憎しみを覚えた。意味がわからなかった。なぜアメリカがベトナムで戦うのか。どんな条件がそろうと、この戦争に〝勝った〟ことになるのか。週刊誌『ライフ』を開けば、あるいはテレビのニュース番組を見れば、戦争の悲惨さが胸を深々と刺した。血だらけで泥に突っ伏した兵士、我が子の遺体を前に声もなく涙を流す母親、国旗で覆われて帰国した棺。

ラリーとよくベトナム戦争の話をした。一九六七年には、週に二〇〇人以上のペースでアメリカ兵が命を落としていた。ラリーと弟のランディがまだ学生で本当によかったと思った。学生のあいだは徴兵を猶予される。夫や弟を戦場に送られたくないと思う私に、アリを非難する資格はない。アリの姿勢とメッセージの何に即座に共感したかといえば、その点だ。あれから何年もたって慈善パーティやスポーツイベントで顔を合わせる機会が増え、アリとはずいぶん親しくなった。ジェンダーや宗教、肌の色に関係なく、自分が誰かの心を動かしたり、逆に誰かに心を動かされたりすることがないとはかぎらない。だから偏見を拒んで心を開かなくてはならない。よくそう語り合った。私と会うたび、アリはかならずあのいたずらっぽい表情で私のほうに身を乗り出し、いつものしゃがれた声でこうささやいて私を笑

1973年『マイク・ダグラス・ショー』に出演したモハメド・アリと私。
すっかり意気投合し、これ以降、顔を合わせるたびに楽しくおしゃべりをする仲に。

わせた。「ビリー・ジーン、きみは女王《クイーン》」
モハメド・アリは信念に基づいて行動し、それと引き換えに大きな代償を支払った。三年ものあいだ出場停止処分を科され、世界タイトルを剝奪され、彼を批判する人々からは非愛国者と呼ばれた。それでも少なくとも私の見るかぎり、怨嗟《えんさ》を募らせることはなかった。

一九六七年、アリの周辺で一連のできごとが起きたのと同じころ、また別のスポーツの話題に私は注意を引かれた。二〇歳の大学生キャサリン・スウィッツァーが、参加者を男子に限定していたボストン・マラソンに、性別がわからないようイニシャルを使い、K・V・スウィッツァー名義で参加登録した。主催者側はそれまで、四二・一九五キロメートルの長距離は虚弱な女性の体に負担が大きすぎるとして――そういうナンセンスは当時の私もさすがに聞き飽きていたが――参加者を男性に限定しており、スウィッツァーはその主張の誤りを証明しようと考えて出場した。スタート後三キロほど走ったところで、競技役員のジョック・センプルが彼女に気づき、「私のレースから出ていけ！」と叫んでゼッケンを引き剥がそうとした。その瞬間をとらえた写真が何枚も残っている。

センプルは、スウィッツァーと並走していた彼女のボーイフレンドに押し倒された。そのボーイフレンド、トム・ミラーはアメリカンフットボールの体重一一〇キロの元アメリカ代表選手で、ハンマー投げでも全米ランキングに入る選手だった。スウィッツァーは、〝女子一位〟のロベルタ・〝ボビー〟・ギブの一時間遅れで完走した（前年に続いて参加登録せずにまぎれこんでいたギブは、ナースシューズを履いて走った。女性用として製造販売されているランニングシューズはまだ存在しなかったのだ）。スウィッツァーとセンプルの一件は、国外でも大きく報じられた。

ボストン・マラソンが女子の参加を正式に認めるのは、この五年後、一九七二年だ。女子マラソンがオリンピック種目となったのはそのさらに一二年後の八四年ロサンゼルス大会で、初代の金メダリストはアメリカ人選手ジョーン・ベノイトだった。

男性中心主義《ショーヴィニズム》がはびこるスポーツ界の変化の歩みはのろい。国際スキー連盟会長ジャン・フランコ・カスペルなどは、二〇〇五年に至ってもなお、女子のスキージャンプをオリンピック種目から除外すべきだと発言している。その理由は、着地の衝撃が子を産む能力に悪影響を及ぼすかもしれないから、だそうだ。女子のスキージャンプがオリンピック種目になったのは、一四年だった。しかもその大変革がついに起きたのは、マスターズ・トーナメント開催地であるオーガスタ・ナショナル・ゴルフクラブが長い歴史上初めて二名の女性会員を受け入れるという、大地を揺るがすような事件から二年もたってからだった。それだけの変事が起きても、見よ、文明が終わりを告げたりはしなかった。

テニスの世界を見渡すと、全米ローンテニス協会（USLTA）の女子選手の扱いやアマチュアリズムを死守する姿勢はどちらも時代遅れだと感じた。ローンテニスの起源は、ヴィクトリア朝イギリスの田園地方の紳士淑女がたしなんだ遊びで、そのころから女性も当たり前にプレーしていた。それなのに、私たち女子選手は〝二級市民〟扱いを受けている——コートの広さは同じで、男子とほぼ変わらない数の大会に出場しているにもかかわらず。大半の女子選手は、門戸が開かれたからといって、それだけで納得してはいなかった。

アマチュアリズムについていえば、伝統主義者はメジャー大会へのプロ選手参加に頑として抵抗してきた。実は一九六〇年代初めにはすでに、一部の改革派の役員から国際ローンテニス連盟に対し、年に一二回程度、〝オープン〟トーナメントの開催を許可してはどうかとの提案が行われていた。ここでいう〝オープン〟とは、アマチュア選手とプロ選手が同じ大会で競い合うことを指す。この提案は、わずか五票の僅差で否決された。

仮にテニスを始めた時点からプロの道が開けていたとしたら、私の人生はどれほど違っていただろうと思うことがある。一八歳や一九歳のとき、ウィンブルドンのロッカールームの個人用ブースに座り、年上の女子選手を見ながらこう考えたことを思い出す。ねえ、どうしてアマチュアで満足していられるの？　男子はプロになれるのに？　ただ球を打つ生活を一〇年続けたとして、そのあいだに収入らしい収入はないし、手に職がつくわけでもない。残りの人生をどうやって送っていくつもり？

前途は閉ざされているように思えた。一九六四年の全米選手権で、私はひそかに集団ボイコットを画策した。当時すでに大勢のアメリカ人女子選手がさまざまな不満を口にしていた。たとえばシード順位。ＵＳＬＴＡが海外選手に国内選手より高い日当を隠れて渡していること。私はまだ二〇歳だった。それでもこう宣言した。「私にはボイコットの覚悟があります」この年、私は第三シードだったし、ほかの選手よりも失うものは多かった。しかし不満だらけの選手のなかに、私に同調する人はいなかった。みな怖かったのだ。

一九六七年、オープン化を求める声はいっそう高まった。ジャック・クレイマーが会長を務めるプロテニスツアーは、高額の報酬を約束して有望な男子アマチュア選手を次々と獲得する一方、女子の窮状には目を向けようともしなかった。当時の男子トップ選手だったデニス・ラルストンはプロに転向したとき、テニスでお金を受け取るなんてと純粋主義者からなじられたが、自分には養うべき妻子がいるからといって許された。しかし私にはプロの選択肢はなかった。夫のロースクールの学費を支払うため、わずかな日当を一ドル残らず貯金に回していた。それでも生活していくだけでやっとだった。いつもどおり、ラリーは必死で働いていた。そのころは週給一〇〇ドルにまかないつきで、キャンパス内の女子学生社交クラブの調理場で皿洗いをしていた。

　もし私が同等の戦績を上げているオーストラリアやヨーロッパ、南アフリカの選手だったら、お金の心配をせずにすんでいるだろうと思うと、心底悔しかった。アメリカのUSLTAに相当する他国の組織は、アマチュアの定義についてはるかに寛容だった。トップシード選手なら、海外の大会に出場するだけで一〇〇〇ドル稼げる場合もあった。全仏選手権やウィンブルドン選手権のあとヨーロッパに残ってほかの大会に出たがるアメリカ人選手があれほど多かったのは、そのせいだ。だがUSLTAは、しつけのなっていない犬の鎖を引くように選手をアメリカに呼び戻した。

　オーストラリアは、自国のスター選手をとりわけ太っ腹に支援していた。ボブ・ミッチェルはマーガレットに住居を提供したうえ、週ごとに報酬を支払っていた。条件はテニスをプレーすること、それだけだ。フォルクスワーゲン社はマーガレットに自動車を貸与していた。スラセンジャー社はラケットを提供していた。やはりオーストラリア人のロイ・エマソンとトニー・ローチは、テニス用具メーカーなどの顧問を務めて高額の報酬を受け取っていた。ジャック・クレイマーから二シーズン六万ドルの好条件でプロツアーに誘われたとき、オーストラリア人選手ニール・フレイザーは、〝どさ回りのプロ〟の不自由さや経費、税金を考えたら割に合わないと言って断った。なんちゃってアマチュアのままでも同じくらい稼げる。そのほうが気楽でいい。

　私は正直であれと教えられて育ち、誠実さを重んじていた。それなのにどうだ、私もトーナメント主催者やテニス協会の役員や側近から陰でお金を受取っていた（選手は〝緑の裏金《グリーン・ハンドシェーク》〟と呼んでいた〔特別手当（ゴールデン・ハンドシェーク）のもじり〕）。大会に出場するたびに「こんな体制は改めなくちゃ」と思った。スポーツエージェントなどいないから、自分で報酬の交渉をしなくてはならなかったし、ロージーとダブルスに出場するときはロージーの分まで交渉した。馴れ合いの偽善がいやでたまらなかったが、テニスで生きていきたかったら、お金持ちの配偶者でもいないかぎり、ほかにやりようがなかった。

この慣習はのちに〝偽《にせ》アマチュアリズム〟と呼ばれた。アーサー・アッシュがこんなことを言っていた。「僕らはアマチュアを演じさせたらオスカー級だったよ」クレイマーに引き抜かれたプロ選手によってテニスが汚されているとの声が純粋主義者から上がると、クレイマーは鼻で笑ってこう切り返した。「プロテニス選手なんて、きちんと税金を納めるようになったアマチュアにすぎない」それは嘘ではないし、誰もがそのことを知っていた（ラリーと私は、受け取ったお金をすべて収入として適切に税務処理していた）。テニス協会の幹部は専制君主のようにふるまった。どの大会に出場するか、いつ試合をするか、どんな発言はタブーか、決めるのはテニス協会だった。協会から配給されるわずかな食い扶持《ぶち》で生活していくしかない環境にアマチュア選手を閉じこめることによって、自分たちの権力を維持していた。だが選手は、その配給にさえありつけないこともあった――とくに女子選手は。

かつて私のダブルスのパートナーだったカレン・ハンツェ・サスマンは、自分のタイミングで時間をかけて競技生活から引退しようとしていた。一九六五年の時点でもまだ全米四位にランキングされていたが、実はこのときすでに大会出場回数を少しずつ減らし、競技を引退したあとセントルイスでご主人と暮らすための準備を進めていた。最盛期の六二年でさえ、マスコミから「ウィンブルドンで優勝した一九歳の主婦」呼ばわりされていた。六五年の全米選手権ではノーシードで、これは死活問題だった。日当を受け取れるのは一握りのトップシード選手に限られていたからだ。二八ドルの日当が支払われないのなら出場を見合わせるとカレンから通告されたUSLTAは、どうせはったりと高をくくった。ところがカレンは、本当にマーガレットとの一回戦を棄権した。USLTAはカレンに六カ月間の出場停止を言い渡してやり返した。

傷つき、愛想を尽かしたカレンは、それから一三年間、シングルスでは全米レベルの大会に一度も出場せず、グランドスラムを獲得することもなかった。私はその経緯をずっと覚えていた。のちにラリーとワールド・チームテニスを起ち上げたとき、カレンに復帰の声をかけた。一シーズンだけではあったが、カレンは参加してくれた。

一九六七年三月にトーナメントに復帰したときには、私ももういいかげんにしてくれという気分になっていた。このシーズン最初の出場大会となった南アフリカ・テニス選手権に向けてアメリカを発つ前に新聞数紙の取材を受け、大勢の女子選手が長年ひそかに考えていたことをついに口に出して言った――アメリカのアマチュアテニスは制度改革に取り組まないかぎり、この先も国際大会で負け続けることになるだろう。これに加えて、アメリカは若い才能を無駄につぶしているし、報酬が低すぎて、たとえば私のようにそれなりの地位を確立したアマチュア選手が競技生活を続けていくのは無理だと話した。「アマチュア最高の選手はいつもオーストラリアから出てきます。多額の報酬が保証されているからです。このまま状況が変わらなければ、アメリカはこれからもオーストラリアに勝てないでしょうね」

その年の夏、私はワイトマン・カップとフェデレーション・カップの代表チームの一員として優勝に貢献した。ウィンブルドンではシングルス、ダブルス、混合ダブルスで優勝した。まさに絶頂期だった。しかし、ウィンブルドン選手権で三冠《ハットトリック》を達成しても、報酬は四五ポンド相当の商品券だけだった。

私は攻撃の手をゆるめなかった。『シカゴ・トリビューン』紙に、女子スポーツの記事は社会面でなくスポーツ面に掲載すべきではと言うと、高ぶった面倒くさい女と冷笑された。ウィンブルドンを完全制覇して帰国したとき、その話を聞こうとして待ちかまえているカメラマンも記者も一人としていなかった。

六七年のウィンブルドン選手権終了直後、よりによってあの伝統主義のオール・イングランド・クラブが、観測気球として男子プロトーナメントを試みに開催したとき、私は興味津々でなりゆきを見守った。しかもその大会は、伝統をもう一つ破り、センターコートを開放して行われた。大会は成功裏に終わった。三万枚のチケットが完売し、BBCが生中継した。これこそテニス界が求めていた答えでは？ ただ、しつこいようだけど、女子選手はどこ？

私は改革を訴え続けた。アメリカの記者にこう話した。「裕福な家の子供しかプレーできない状況では、アマチュアテニスは一部の人々のためのスポーツで終わってしまいます」USLTAはボランティアが運営する非営利団体であり、アマチュアテニスを普及させる動機を欠いている。だから「カントリークラブのハッピーアワーに間に合うよう、五時に仕事を終えることしか考えていない」USLTAは、アマチュアテニスの〝汚れのなさ〟を守れればそれで満足なのだ。そして彼らの考える純粋なアマチュアリズムとは、仕事に対して報酬を支払わず、選手が生活のためにスポンサー企業から金銭を受け取ったりせず、大会に出場するのはタイトル獲得の栄誉と棚に飾るトロフィーのためであって、賞金のためではないというものだ。そんな理屈、受け入れられるわけがない。

あらゆる媒体が私を取材したがるようになった。いまや私は世界ナンバーワンなのだから。私は取材を受け続けた。ペリー・T・ジョーンズがオープン化を求める選手を端から攻撃し始めたのを見て――〝皇帝〟は、いっそ原爆を落として彼らの声を封じたいと発言した――全米選手権のさなかだったにもかかわらず、私はふたたび声を上げた。テニスは「時代に五〇年も取り残されている」と言った。私はウィンブルドンのチャンピオンで世界ランキング一位なのに、全米選手権の日当は二八ドルだ。それで生活できる人が果たしているのか。

全米選手権開催中のある日、連邦判事でUSLTA会長だったボブ・ケラハーと砂利道をたどってフォレストヒルズ・ガーデンの敷地を散歩した。私はボブを尊敬し、慕っていた。各年の最優秀アマチュアスポーツ選手に贈られるサリヴァン賞をぜひともきみに獲ってほしいのだよとボブは言った。そう言ってくれるのはうれしいが、家計が苦しくてあとどのくらいテニスを続けられるのかさえわからないのに、アマチュア選手に与えられる賞のことなど気にしていられないと私は応じた。テニスをプロスポーツにしたい。するとボブは、焦ってはいけないと私を諭した。抗議の声はまもなく大きくなるだろうから と。

「一つ忠告がある」ボブは言った。「いまは口を閉じておいたほうがいい。さもないと出場停止を食らってしまう」

「出場停止？　どうぞどうぞ」私は切り返した。その年、全米選手権でもハットトリックを獲得した。シングルスで優勝し、ウィンブルドンと同じくロージーと組んだダブルス、オーウェン・デヴィッドソンと組んだ混合ダブルスでも優勝した。私は口を閉じなかったし、出場停止を食らわなかった。ラケットは、ときに口以上に物を言う。

一九六七年一二月、私がオーストラリアにいるとき、その夏の試験大会の成功に気をよくしたウィンブルドンから、爆弾級の発表があった——ウィンブルドン選手権は翌六八年大会からプロに門戸を開き、プロとアマチュアが競い合う初めてのグランドスラムとなる。ウィンブルドンが国際ローンテニス連盟に反旗を翻したのだ。オール・イングランド・クラブ会長ハーマン・デヴィッドは、アマチュアリズムを〝虚構〟と切って捨て、過去に門前払いを食ったプロ選手も今後は参加を認められると言った。それを聞いて、私は叫んだ。「やった！」

全豪選手権ではもう一つ大きなニュースがあった。パースの政治家の家庭出身の実業家でヨット愛好家のバリー・コートと結婚し、しばらく競技から離れていたマーガレット・スミスが、ついに復帰したのだ。マーガレットは新姓を名乗っていたから、私が決勝で破った相手はマーガレット・コートだ。私はここまで三大会連続でグランドスラムのシングルスを制していた。通算ではシングルスで五つのグランドスラム・タイトルを獲得したことになる。それでも、正当に稼いだお金で生計を立て、ラリーと安心して暮らせるだけの貯金を確保しておきたくても、報酬面ではほとんど改善がなかった。

マーガレットのツアー復帰のほかに六八年の全豪選手権で話題になっていたのは、〝誰と誰がプロに転向するのか〟だった。ウィンブルドンの決定を受け、ルイジアナ州ニューオーリンズのプロモーター、デヴィッド・ディクソンがプロ男子の世界テニス選手権大会（ＷＣＴ）の創設を発表した。資金を提供したのはテキサスの石油王ラマー・ハントだ。創設時に契約したジョン・ニューカムらは、〝ハンサム８《エイト》〟と呼ばれた。

一九六八年一月、デビスカップのアメリカ代表チーム元キャプテンのジョージ・マッコールは、ラマーのＷＣＴに対抗してナショナルテニス・リーグを起ち上げ、ロッド・レーヴァー、ケン・ローズウォール、フレッド・ストーリ、パンチョ・ゴンザレス、アンドレス・ヒメノらと契約した。ジョージはロイ・エマソンらを誘うためにメルボルンまで来ていた。驚いたことに、私も声をかけられた。

テニス界に大変革が訪れようとしていた。国際ローンテニス連盟はウィンブルドンに喧嘩を挑むかと思われたが、一九六八年三月、大会運営についてはテ各国のテニス協会の判断に任せると言明した。ウィンブルドンから始まった反乱にほかの団体も加わり、その動きがテニス史上最大の事件につながった――オープン化時代の幕開けだ。

このとき私は二四歳で、アマチュア・トーナメントで戦い始めて一〇年がたとうとしていた。オープン化が正式に発表された日、私はバークレーのアパートを踊り回って言った。「ラリー、これってすごいことじゃない?」

ラリーはぐっと顎を引いて首を横に振った。「喜ぶのはまだ早いと思うよ、ビリー・ジーン。男子のオープン化が実現したら、次は女子を締め出しにかかるに決まっている」

「ありえないって、ラリー!」私は言った。「選手はみんな仲がいいんだから! 仲間を締め出すなんて、そんなことするわけない」

第10章　プロ転向と激動の日々

ジョージ・マッコールからナショナル・テニス・リーグ（NTL）との契約を持ちかけられたとき、私は即座にイエスと返事をした。ジョージはマーガレットにも声をかけたものの、マーガレットが私より高額の報酬を条件としたため、マーガレットとの契約を断念した。その時点で私は世界ランキング一位だったが、マーガレットの復帰後の成績は芳しくなかったのだ。

ほかに誰を誘ったらいいだろうとジョージから意見を求められ、私はロージー、アン・ジョーンズ、フランソワーズ・デュール（周囲からはフランキーの愛称で呼ばれていた）の名前を挙げた。みな迷わずチャンスに飛びついた。私たちはトップの実力の持ち主であるのはもちろん、情報発信にも長けていて、しかも国籍や個性がばらばらだから、どこに行っても注目を集められるだろう。私たちの仕事にはテニスの魅力を広く伝えることも含まれる。女子プロ選手のツアーは、ほぼ一〇年ぶり――アルシア・ギブソンとキャロル・ファゲロス以来だったし、選手四人が同時に参加するツアーは史上初だった。

アマチュア選手としての私の最後の試合は、現在の場所に移転したばかりのマディソンスクウェア・ガーデンで行われたナンシー・リッチーとの忘れがたい一戦で、三セットまで粘ったのに、私は負けた。その試合が日曜で、翌月曜、一九六八年四月一日にロージー、フランキー、アン、ロイ・エマソンとともにロサンゼルスに戻った。そこで開いた記者会見の席で、私たちはジョージとプロ契約を結んだ。背負っていた重荷をやっと下ろしたような解放感だった。ラリーとの生活にも少しの余裕が生まれた。〝偽アマチュアリズム〟は終わった。これで堂々とテニスで報酬を受け取れる。そもそも始めからそうあるべきだったのだ。

その直後、最初のスポンサー契約を獲得した。マクスウェル・ハウス・コーヒーのラジオCMの契約で、試しにマクスウェルのコーヒーを飲んでみなかったら、おそらく断っていただろう。ほかにレンタカー会社ハーツのVIPカードと人生初のクレジットカード（アメリカン・エキスプレス）がもらえた。私にとって、クレジットカードは自立の証だった。当時、たとえ仕事を持っていても、女がクレジットカードを作ったりローンを組んだりするのは難しかった。夫や父親、雇用主のサインがなくては認められなかったのだ。ルース・ベイダー・ギンズバーグの功績の一つは、その不公平を正したことにある。

一九六七年の全米選手権で会ったとき口を閉じたほうが身のためだと私に助言したボブ・ケラハーは、そのころは全米選手権のオープン化を推し進める側に加わっていて、ジョージ・マッコールとのあいだに入って年俸四万ドルの二年契約をまとめてくれた。ツアーで一定額以上の賞金を獲得した場合のボーナスも保証されていた。ジョージはロイ・〝エモ〟・エマソンと七万五〇〇〇ドルという高額の契約を結んでいたし、ロッド・レーヴァーに至ってはさらに高額だったと何かで読んだ。

私には男子のトップ選手の半分の価値しかないのか。答えるまでもない問いだ。それでも、ようやく好きなことで食べていけるようになるのだし、すべての問題を一度に解決するのは不可能だ。

NTLツアーの開幕戦は、ロサンゼルスでの記者会見の六日後、LAフォーラムで始まる予定で、週のなかばまでに一万四〇〇〇枚のチケットが売れていた。四〇〇〇枚分は、ロサンゼルス近郊の町イングルウッドの恵まれない子供たちを支援する地域団体がまとめ買いしていて、私はうれしくなった。私のもう一つの夢——最高水準のテニスを高級カントリークラブだけのものにしておくのではなく、街のあらゆる場所に浸透させたい——がついに叶ったかのようだった。LAフォーラムでの開幕前に、NTLのプロ選手はワッツ地区とイーストロサンゼルスで無料のテニス教室を開催する予定になっていた。路面にチョークでコートを描き、無料のラケットを配って、子供たちにテニスの基本を教えるのだ。

ところが、開催前に急停止を余儀なくされた。四月四日木曜日の夜、マーティン・ルーサー・キング牧師がテネシー州メンフィスで暗殺されたとのニュースが飛びこんできたからだ。私は衝撃と悲しみに打ちのめされた。キング牧師は、メンフィスのロレイン・モーテルのバルコニーにいて、コートを取ろうと向きを変えたところを狙撃され、そのまま亡くなった。翌日、のちに有名になった暗殺直後の写真を新聞で見た。床に倒れたキング牧師に駆け寄った三名の側近が、ライフルの弾が飛来した方角を指さしている。その瞬間の恐怖がありありと伝わってくる写真だった。

私はキング牧師が大好きだった。彼の考え方も、聴く者を惹きつけて離さない演説も。暗殺の前日、キング牧師は「私は山頂に登った」という有名な演説を行って人々の胸を打った。自分の夢が現実になる日まで生きられそうにないとほのめかすような内容でもあった。アメリカ中が悲嘆と怒りで震えた。享年三九だった。

二〇〇を越える都市や町で暴動が起き、それから何日も続いた。しかし、私たちがいたロサンゼルスでは暴動は起きなかった。思い当たる理由は一つだけだ。六五年のワッツ暴動が街に残した傷痕はいまだ癒えておらず、それが暴力行為を抑制したのではなかったか。六日間続いたワッツ暴動は死者三四名を出し、集団略奪と放火による損害額は四〇〇〇万ドルに上った。キング牧師は暴動勃発から四八時間でワッツ地区に入り、事態を治めようとした。その記憶がまだ市民の脳裏に刻みつけられていたのかもしれない。

ロサンゼルスは暗殺事件後の日曜日を追悼の日と定め、イベントは軒並み中止された――私たちのイベントも含めて。私はぽっかり空いた時間を使い、キング牧師の「私には夢がある」演説を何度も繰り返し聴いた。のちにキング牧師記念日が国民の祝日になると、ニューヨークのあるテレビ局はキング牧師の数々の演説を年代順に放映した。すてきな贈り物だった。

前に進み続けなくてはならない――キング牧師はかつてそう言った。「飛べないなら、走ればいい。走れないなら、歩けばいい。歩けないなら、這えばいい。とにかく前進を続けましょう」

1968年、プロテニス選手になりたいという夢が叶い、ジョージ・マッコールの巡業ツアー、ナショナル・テニス・リーグと契約。左からアン・ジョーンズ、フランキー・デュール、ロイ・エマソン、ロージー・カザルス。

私たち〝マッコール一座〟はアメリカからヨーロッパへ飛び、フランスとイギリスを一カ月かけて回るツアーに出た。ナショナル・テニス・リーグと契約する前、地方巡業プロの話はいろいろ耳にしていた。体育館や娯楽ルームに――ときには屋上に――仮設コートを設営してエキシビションマッチを行い、終わったら撤収して、次の町に移動する。楽しげな大冒険ではないか。たとえば家を飛び出してサーカスに加わるような。実際にはあれほどたいへんなことだとは、自分でやってみるまで想像していなかった。

巡業生活二週目には、どうしてこんなことに関わってしまったのかと思い始めていた。決して楽ではないだろうと覚悟はしていたが、それにしても、数えてみたら二一日間で一八試合をこなしていた。自動車事故で傷めて以来、調子がいいときでも信用ならない膝は、あまりに酷使されて早々に悲鳴を上げた。それに、毎日同じことの繰り返しだった。到着する。試合をする。移動する。延々とその繰り返しだ。

ツアーはフランス南部を飛び回るところから始ま

った。そこから北上してパリとリール、そしてふたたび南部のポーと、エクス・アン・プロヴァンスへ。その間《かん》の記憶はぼやけている。飛行機で離着陸したた先が、竿の先で吹き流しがはためいているような小さな地方空港であることもしょっちゅうで、どこへ行くにもかならずトゥールーズを経由した。トゥールーズ空港の滑走路にじかに座って待つのはもう二度とごめんだ。一座の全員がバン一台に詰めこまれ、ガードレールさえない曲がりくねった山道を何時間も揺られることもあった。会場に着くなり飛び降り、大急ぎでテニスウェアに着替え、コートに直行した。どんなコートかは行ってみるまでわからない。更衣室さえない会場も少なくなかった。

私のプロ転向後初の試合は、カンヌで行われた――豪雨のなか、トタン屋根の体育館で。雨音がやかましくて、審判のコールさえろくに聞こえなかった。球がガット面に当たる音だってもちろん聞こえない。湿気がものすごくて、眼鏡が曇った。観客は一〇〇人もいただろうか。試合の途中で私は、ジョージ・マッコールの右腕だったヴィク・ブレイデンのところに行って、マシンガンのごとき雨音に負けじと声を張り上げた。「楽しくてたまらないわよね、ヴィク！　この経験がいつか何かの役に立つといいけど！」

ヴィクはうなずいて笑った。

イタリアのポー平原では、ある晩、屋外コートで試合をした。できたばかりの黒いアスファルト敷きで、一センチの誤差もなくコートのサイズときっちり同じに造られていて、ボールを追ってコートの外まで走るときは、八センチほどの段差で転ばないよう気をつけなくてはならなかった。そうそう、それから、試合が始まるなり、ボールはべたべたして炭のように黒くなった。ほかにも、使う前にシャワーヘッドや便器を覆ったクモの巣を払わなくてはいけなかった会場もあったし、茶色い水しか出ないところもあった。カビの臭いがするくらいならまだしも、もっとひどいときもあった。早朝に起床し、食事をかきこみ、ホテルでは色褪せたシーツとでこぼこしたマットレスで眠った。

次はどんなところかとおっかなびっくりの毎日だったが、いまとなってはなつかしい思い出だ。新たな問題にぶつかるたび、みなで力を合わせて解決した。仲間と一緒に旅をするのは本当に愉快だった。互いから多くを学び、テニスの未来を語り合った。ロッド・レーヴァー、ケン・ローズウォール、パンチョ・ゴンザレス、アンドレス・ヒメノの四人は、ジャック・クレイマーのプロツアーで何年もどさ回りを経験していて、まるで戦場の兵士のようだった。いつでもどこでも眠れる。フレッド・ストーリ、ロイ・エマソンと女子選手四人の新参組は、一つひとつ慣れていくしかなかった。日がたつにつれて連帯感が強まった。試合の興奮が冷めやらぬまま、近くのバーに繰り出す日もあった。オーストラリア勢は、たまにはビールくらい飲んでみろと私にうるさく迫ったが、私は一杯で限界だった。ジュークボックスにコインを落として午前二時、三時まで踊ったりもした。それでも午前六時には起床して、いつもの一日を始めた。

まだスター選手に憧れるだけの子供だったとき、私がサインをねだった相手が二人だけいた。パンチョ・ゴンザレスとトニー・トラバートだった。それがなんと、パンチョ・ゴンザレスと混合ダブルスでペアを組んだり、彼の経験談に耳をかたむけたりしているのだ。彼もやはり、ロサンゼルス・テニスクラブでペリー・T・ジョーンズと衝突したそうだ。彼の本当のファーストネームはリカルドで、メキシコ系ならこういう名前と白人目線で決めつけるような、〝パンチョ〟というニックネームがいやでたまらなかった。ツアーで一緒になったころゴンザレスはすでに四〇歳になっていたが、気品ある物腰は若いころから少しも変わらず、テニス界屈指の闘志の持ち主だった。いつだったかガッシー・モランがこんな風に言っていた——ゴンザレスのプレーは、自らの天国を見回っている神のようだと。彼を間近で見て、その言葉に納得がいった。

ロージー、アン、フランキーと私は、このツアーのあいだに姉妹の絆で結ばれた。このときまだ一九歳だったロージーは、その二年ほど前、ペアを組んで出た試合で私が足をもつれさせて転びかけて以来、私を〝おばあちゃま《オールド・レディ》〟呼ばわりしていた。このツアーの最中からはそれ以外のあだ名では呼ばなくなった。ほかのメンバーはロージーを〝お嬢ちゃん《ローズバッド》〟とか〝大将〟と呼んでいた。

アン・ジョーンズに〝アニー・オークリー〟〔一九世紀

の射撃の名手。「ワイルド・ウェスト・ショー」出演で人気を博した〕というニックネームをつけたのもロージーだ。西部テキサス州のモーリーン・コノリーの牧場で馬に乗っていて振り落とされたと聞いてのことだった（アンに怪我はなかった）。アンは最年長の二九歳で、愚か者に我慢できないたちだった。ロンドンの北一五〇キロほどにある工業都市バーミンガムの労働者階級の家庭の出身で、両親はともに卓球のチャンピオンだったらしい。アンも卓球の世界選手権で決勝戦まで進んだ選手だったが、その後、テニスに転向した。本人の弁によると、陽の当たる屋外に出たかったからだそうだ。

　四人組のもう一人、フランキー・デュールは――そう、ツアーメンバーの誰よりにぎやかで愉快な人だった。一九四二年、フランスの植民地支配下にあったアルジェリアの首都アルジェで、フランス系の両親のあいだに生まれた。五〇年代に独立運動が激しくなり、一家は戦火をくぐって祖国を脱出した。このツアーのころフランキーは、避寒地フレンチ・リヴィエラでカリプソ歌手を兼業していたカリブ人のテニス選手と交際していた。フランキーはマッコール・ツアーの前年の全仏オープン選手権で優勝しており、フランスではすでにスターだったし、英語もスペイン語も通じない小さな町で通訳が必要になったときの私たちの救世主でもあった。

　問題は、フランキーの英語はこのころもまだなまりが強烈で聞き取りにくく、フランキーの英語を英語に直してくれる通訳がいればと思う場面が少なくなかったことだ。コートの上では、簡単なショットを打ち損じては私たちを笑わせた。ラケットを地面に叩きつけながら「シート！　シート！　シート！」〔なまりのせいで「くそ（shit）」が「紙（sheet）」に聞こえる〕と叫ぶからだ（のちにフランキーと、オランダのスター選手で六カ国語に堪能なベティ・ストーヴは、女子ツアー中の暇つぶしにスクラブル〔単語の綴り替えゲーム〕に多言語で興じ、ほかのメンバーにはまったく理解不能ではあったが、綴り替えの結果、何やらおもしろおかしい語ができることがあったらしく、よく二人で大笑いしていた。そういうときフランキーは「頭がヘンになったわけじゃないからね、本当におかしいの！」と言った）。

　もっと円滑なツアーにできたろうにと思わないでもないが、ジョージ・マッコールは決して悪い人ではなかった。人当たりがよく、そのわりにちょっといいかげんなところもあって、私は契約した報酬の満額をもらえずじまいだった。たぶん、ほかの選手もそうだったと思う。それでも、記念すべき初の女子プロツアーだったし、行く手にはまだまだ難題が待ち受けているとわかっていても、目標に少しずつ近づいているのは確かだった。

四月の下旬、私たちは飛行機でイギリスのボーンマスに向かった。プロとアマチュアが区別なく競い合うテニスのオープン時代の正式な幕開けとなる全英ハードコート選手権に出場するためだ。喜ばしい瞬間のはずだったが、男女の賞金額が不平等で、残念な滑り出しとなった。優勝賞金額は、男子二四〇〇ドルに対し、女子は七二〇ドル。女子テニスにとっては不吉な前兆だった。ジョージ・マッコールは、私たち四人の出場を見合わせる判断を下した。私たちが獲得する賞金が私たちに報酬を支払う原資になる。男子選手にのみ出場を許したジョージを責められない。

それでも、ロンドンのレクサム・ガーデンズ・ホテルのラウンジで試合中継をながめていると、怒りで頭が爆発しそうになった。イギリスのヴァージニア・ウェードが同じイギリスのウィニー・ショーを破ってシングルス優勝した瞬間、四人全員がテレビにクッションを投げつけた。アマチュアのヴァージニアには賞金を受け取る資格がない。大会主催者には好都合だが、私たちにしてみればおもしろくない。

この大会の直後、ジョージは、賞金額をもっと上げてくれと要求した。それができないなら、自分が契約している全プロ選手——男子も女子も——は五月下旬の全仏オープンをボイコットすると。大会主催者は新たなスポンサーを探し、賞金総額を二万ドルから六万四〇〇〇ドルに引き上げた。男子シングルスの優勝賞金は三〇〇〇ドル、女子は一〇〇〇ドルになった。ジョージは私たちを全仏オープン大会に出場させた。言うは易く行うは難し、だ。

その同じ月、左翼学生組織がパリの各大学を占拠し、教育環境の改善などさまざまな問題の解消を求めて街頭でデモを繰り広げた。フランス全土の労働者も連帯を示してストライキに入った。それからおよそ一カ月にわたり、フランス社会は麻痺状態に陥った。抗議運動は激化する一方で、シャルル・ド・ゴール大統領は武力による革命を恐れてひそかにドイツに逃れた。幸いにもフランキーはフランスのストライキを何度も経験していて、こういうときはどうすればいいか知っていた。私たちは飛行機でロンドンからアムステルダムに行き、レンタカー二台に分乗して、五〇〇キロメートル離れたパリをめざした。パリ市内に入ると、シャンゼリゼ通りはデモ参加者であふれ返っていた。すでに各地でデモ隊と警察の武力衝突が起きていた。びくびくしながら車でホテルに向かった。肝が冷えた。

全仏オープンの会場ローラン・ギャロスの観客席はがらがらだった。第一シードだった私は、難なく準々決勝に進んだ。準々決勝の相手はマリア・ブエノで、試合は六月五日水曜日に組まれていた。その朝、起床してすぐにホテルの部屋のテレビをつけた。カリフォルニアは深夜とわかっていたが、大統領民主党予備選挙の結果がもう出ているはずで、私が支持していたロバート・〝ボビー〟・F・ケネディが勝ったかどうかを確かめたかった。ボビーとは、彼がニューヨーク選出の上院議員だった一九六五年に会ったことがある。全米選手権の表彰式で準優勝トロフィーを授与されたのだ。私はボビーこそ大統領候補にふさわしい人物だと思っていた。ボビーはベトナム戦争を終結させ、公民権運動を引き続き支援していくと表明していた。混沌とした時代ではあったが、私はボビーに希望を見いだしていた。

ニュース番組をながめても、フランス人ニュースキャスターが何を言っているのかさっぱり理解できなかった。ただ、キャスターの表情から、何かよくないことが起きたらしいのはわかった。番組ではまず、ロサンゼルスのホテルで予備選の勝利演説を終えて笑顔で手を振るボビーの映像が流れた。元NFLロサンゼルス・ラムズのディフェンシブラインズマンで俳優のロージー・グリアが、ボビーの背後にいるボビーの妻エセルと並んでいるのが見えた。次の瞬間カメラが切り替わって、混乱に陥った支持者の怯えきった顔と、アンバサダー・ホテルの厨房の床に横たわったボビーの姿が映し出された。ホテルの皿洗い係が、血があふれ出すボビーの頭を守ろうとするようにしゃがんで寄り添っていた。

私はあわててバークレーのラリーに電話をかけた。国際電話がつながるまで、ずいぶん待たされたような気がした。ラリーもニュースを観ていた。ラ

1965年の全米選手権決勝戦でマーガレット・スミスと対戦後、ロバート・F・ケネディ上院議員に会えて本当にうれしかった。決勝では負けたくせに、この日、自分はきっと世界一になれると確信した。

リーによると、ロージー・グリアがもみ合いの末に暗殺者の手から銃を奪い取り、警察の到着まで身柄を確保していたそうだ。ボビー・ケネディはロサンゼルス市内の病院で手術中だった。パリ時間の昼すぎ、ボビーは昏睡状態で生死の境をさまよっていると伝えられた。

試合が待っている。前に進む以外、私にできることはない。ひとまず悲しみを胸の奥底に押しこめ、マリアに6－4、6－4で勝った。

その夜、ベッドに入った時点ではボビー・ケネディは危篤ではあったがまだ生きていた。翌朝、目が覚めたときには亡くなっていた。四二歳だった。私はホテルの部屋で一人泣いた。

大会の残りの試合はよく覚えていない。まるで夢遊病者だった。暗殺事件が頭にこびりついて離れなかった。世界が狂気にとらわれてしまったのかと思いたくなるような日々だった。何十年かのちの9・11の同時多発テロ事件の直後のように。あのころ続いて起きた暗殺事件を数え上げると、胸が張り裂けそうになって、これからどうしていいか途方に暮れた。一九六三年にはメドガー・エヴァーズとケネディ大統領、六五年にマルコムX。そして今度はたった二カ月のあいだにキング牧師とボビー・ケネディが殺されてしまった。

準決勝の夜、自分では試合ができる程度には気持ちを立て直したつもりだった。集中力を取り戻せたのは、準決勝の相手がナンシー・リッチーだったおかげもある。ナンシーとの対戦は、マディソンスクウェア・ガーデンで打ち合いの末に負けて以来だった。ナンシーはアマチュアを続行していたから、私は自分がそれまでずっと言い続けていたことを証明したかった――プロ選手こそ最高の実力の持ち主であると。しかし結果にばかり気を取られ、ネットを越えてくる一球一球に集中せずにいると、トラブルにつけこまれる。

私は第一セットを取った。だが残りの二セット、ナンシーはすばらしい切れを見せ、私を容赦なく走り回らせて体力を奪った。復帰戦を飾るにふさわしいプレーだった。翌日の決勝戦、ナンシーはアン・ジョーンズを同じように振り回し、第二セットでいったんは2－5と後れを取りつつも、そこから一五ポイントを連取するなどして第二セットを取り、優勝した。

四大大会のタイトル独占――年度をまたいでいたから、年間グランドスラムには該当しないが――という夢はついえた。NTLツアーのタイトなスケジュールからくる身体の疲れも出始めていた。このしばらく前に、例の自動車事故が原因の膝蓋軟骨軟化症《しつがいなんこつなんかしょう》と診断されていた。それに加え、大腸炎の治療のための抗生剤と乳製品断ちもまだ続けていた。そのうえさらに、ストレス性の喘息も発症していた。二セットを戦うのがやっとという日も少なくなかった。

そこでケント・オープンの出場を取りやめ、二週間の休養で体力を取り戻そうとした。それがきっかけで、私はウィンブルドンに出られないらしいという憶測が広まった。まさか、私がウィンブルドンを欠場するわけがないのに？　このときの私は二年連続のディフェンディング・チャンピオンで、世界ランキングは一位、しかも両親が初めて観戦のためにロンドンに来る予定になっていた。

飛行機に乗ってはるばるイギリスに来るよう出不精の二人を説得するのは、それはもう一大事だった。

ウィンブルドンへの招待は、二人が私のためにしてくれたことへのささやかなお礼のつもりでしたことだ。それに、ウィンブルドンがどうしたこうしたという私の話を何年もじっと聞いてくれた人たちでもある。テニス界の中心を、ぜひ二人に見せたかった。

やってきた両親は、スタンドを埋め尽くした観客の数と競技場の優雅な美しさに驚嘆した。母は翌日の試合のチケットを求め、毛布にくるまったり小型テントを張って休んだりしている徹夜組の長い行列を見てよほどびっくりしたらしく、何度もその話をしていた。私の試合中に父の短気が火を噴くのではないかと気が気でなかったが、心配は無用だった。父は別人のように行儀よくしていた。おそらく、旅行中に新たにできた意外な友人のおかげだろう。私のコーチ、フランク・ブレナン一家と親交のあったローランド神父というローマカトリック教会の神父だ。

カトリック教徒だからというだけの理由でジョン・F・ケネディに投票しなかった人間が、よりによってカトリック教会の神父と大親友になるなんて。世の中、わからないものだ。ラリーと相談して、両親には同じレクサム・ガーデンズ・ホテルの同じ階の部屋に泊まってもらった。父とローランド神父は一緒に地下鉄に乗ってウィンブルドン観戦に通った。父はいつもその日の試合予定表を片手に握り締めていた。毎朝、予定表を丹念にながめてはアメリカ人選手の名前を赤い丸印で囲った。そして「同胞の応援をしないとな!」と勇んで出かけていった。

この年からオープン大会とするとのウィンブルドンの決定を受け、ほかの大会も続々とそれに続いたが、プロ選手を歓迎すべきか否かの激論に決着がついたわけではなかった。マスコミや世間一般のあいだに、プロ選手の出現がテニスを過剰な〝商業化〟に走らせたという反発感情が広がった——〝商業化〟が不潔なものででもあるかのように。また、金銭と引き換えに、テニスから名誉が失われるのではないかと案じる声も上がった。そう言われても、テニス選手だって〝名誉〟を食べて生きていけるわけではない。私はそれまでと変わらずウィンブルドンを愛しているのに、ウィンブルドンは私をもう愛してくれていないのではないか。私はそんな風に思い始めた。

　記者の質問のニュアンスにも変化を感じた。ロッカールームでは、まだアマチュアでプレーを続けているほかの女子選手から、ロージーやアン、フランキー、私に冷ややかな視線が向けられた。何よりつらかったのはそれだ。自分の目には課題がこれ以上ないほどはっきり見えているのに、まるで頭が六つ生えている怪物を見るかのような目を向けられるとやるせなくなる。テニス界は過渡期にさしかかっているのに、女子は取り残されてしまうのではと、私は恐怖に似た焦りを感じた。私たち四人組がプロで成功すれば、全女子テニス選手の地位向上につながるかもしれないのに、焦点がぼやけてしまっていた。

　私はウィンブルドン三連覇をめざしていた。達成できれば、モーリーン・コノリー以来のりっぱな記録だ。しかし、観客の投げやりな拍手は、私が勝ち進むごとにぞんざいになっていき、内心の怒りを遠回しに伝えてきているようでさえあった。イギリス人選手アン・ジョーンズとの準決勝の第二セットで私がマッチポイントまで追い詰められながら逆転し、勝敗が第三セットまでもつれこんだ場面ではなおさらそう感じられた。心のこもらない拍手をされるくらいなら、ブーイングを浴びたほうがましだと思った。そのほうが正直でいい。このときの私はもう、試合中に頭に浮かんだ考えをそのまま口に出し、たびたび番狂わせを演じて沸かせる、威勢のいい小娘ではなくなっていた。アマチュアの領土を侵略するプロ選手の一人だった。しかし、それを詫びるつもりなどさらさらなかった。イギリスのテレビ局の取材で、私の野心は一般には受け入れがたいのではと訊かれて私はこう答えた。「ここには勝つために来ています……アメリカとイギリスの子供は育てられ方がまったく違います。〝勝ったの、負けたの？〟――アメリカで訊かれるのはそれだけです。肝心なのは勝ち負けだけです。どれほどいい試合をしようと、敗者は敗者です」ジュディ・テガートとの大接戦となった決勝を9－7、7－5で制したときは、批判にいちいち動じていたらやっていけないと自分に言い聞かせた。ただ、自分の主張を証明できて安堵したプロ選手は私以外にもいたと知ってほっとしたのも確かだ。この年、プロに転向した全選手が同じ重圧を感じていた。

ロッド・レーヴァーは、プロに転向してクレイマーのツアーに参加したことを理由に出場停止処分を受けて以来、六年ぶりにウィンブルドンに出場した。私がジュディに勝って優勝した翌日、ロッドはトニー・ローチを下してキャリア三度目のウィンブルドン制覇を果たしたが、優勝が決まったときよりも、大会初日にコートに立ったときのほうが誇らしい気持ちだったと話している。それには理由があった。

ロッドによると、一九六一年に最初のウィンブルドン・タイトルを獲得したとき、過去のすべての勝者と同じく、賞金の代わりにオール・イングランド・クラブのネクタイを授けられた。その二年後にプロに転向したとき、オール・イングランド・クラブから他人行儀な手紙が届き、あのネクタイは二度と着けないようにと言い渡された。要するに追放されたのだ。

「首もとからむしり取られたも同然だった紫と緑のウィンブルドン・ネクタイを引っ張り出し、久しぶりに締めたときのうれしさといったら」一九六八年の優勝後にロッドはそう語り、同じように感じた元チャンピオンは自分一人ではないと付け加えた。オープン化を機に、一三人の男子元チャンピオンがウィンブルドンに復帰した。パンチョ・ゴンザレスは一九年ぶり、ケン・ローズウォールとルー・ホードは一二年ぶりのウィンブルドン出場を果たした。

この年、母と父はたぶん、世界最高の大会で娘が優勝する喜びを味わっただけではなかった。私たちがなぜテニス界の改革をめざして闘っているのか。アメリカを離れ、ウィンブルドン大会を体験して、初めて本当に理解してくれたのだと思う。

第11章 〝クローゼット〟のなかで

プロ選手としての新しい生活がラリーと私に及ぼした影響は、私がいったんツアーに出たら数週間は帰らないというだけではなかった。国際ローンテニス連盟（ＩＬＴＦ）が一九六八年にグランドスラムへのプロ出場を解禁したとき、プロモーターの多くはオープン化時代にすぐには対応できなかった。ラリーと私は、とりわけ女子選手の受け皿としてプロ大会が必要になるとあらかじめ予期していた。ラリーはロースクールの同級生を誘い、やはりベイエリア在住の友人でアウトドア用品のザ・ノース・フェイス社を買収したばかりだったハップ・クロップの協力を得て、オークランド・コロシアム・アリーナでのイベントを企画した。

私たちはこのイベントを〈テニス・フォー・エヴリワン〉〔テニスをすべての人に〕と命名した。〝誰かテニスをやりませんか（Tennis, anyone?）〟という定型の誘い文句のもじりだ。それから数年にわたってラリーと私は、プロの試合が行われる週の平日に、ふだんはテニスとあまり縁がない地区の公営コートで無料のテニス・クリニックを開催するなど、同様のイベントを企画することになった。私たちはバークレーに引っ越して以来、ベイエリアの恵まれない少年少女向けにぜひそういった教室を開きたいと考えていた。生涯楽しめる娯楽《スポーツ》として、子供のうちからテニスに触れてもらえればと考えていた。

オークランドでの初回大会では、総額一万ドルの賞金を用意し、出場選手にはマッコール・ツアーの七人の選手――男子四名と女子三名――も含まれていた。私は子供のころアルシア・ギブソンの試合を見て勇気づけられた恩を忘れていなかったから、八人目のプロ選手として参加してもらえないかとアルシアに打診すると、うれしいことに、快諾してくれた。アルシアは四〇歳になっていたが、スポーツ選手らしい引き締まった体つきは少しも衰えていなかった。第一回のテニス・フォー・エヴリワンに集まったファンは、時代遅れのクラブに属する白人だけでなく、アフリカ系やラテン系のチャンピオンがテニスをプレーする姿を目撃した。それは私がいつか実現したいと思っていたことだった。ラリーも同じだ。

イベントが終わったあとになって、貯金から五〇〇〇ドルを――もっとはっきりいえば、私たちの貯金の全額を――開催資金に使っていたことをラリーから打ち明けられた。信じられなかった。なぜ事前に相談してくれなかったのか。このころの私は年に七〇〇〇ドル稼げればいいほうだったし、ラリーはまだロースクール卒業まで一年を残していた。私は冒険心旺盛なたちではあるが、経済的な安定は何より重要だと思っていたし、緊急の場合を除いて決して手をつけない〝お守り資金〟を少なくとも用意しておくべきと考えていた。だからその話を聞いて驚き、ラリーが独断でリスクを冒したと知って不安にもなった。

幸い、第一回テニス・フォー・エヴリワン大会はあらゆる面で大成功だった。五〇〇〇ドルの収益が上がった。こうして弁護士のラリーは〝プロモーターのラリー〟に生まれ変わった。初めて企画したテニス大会で利益を出してしまったのが運の尽きだったとラリーはよく冗談で言っていた。おかげで一人前のプロモーターのつもりになった、それがきっかけでイベント企画にのめりこんだ、と。

翌年の同大会では一万ドルの損失が出た。オークランドで大雨が降り、交通当局からベイエリア周辺の橋に近づかないようにという勧告が出されたからだ。悪天候のせいで、当日券の売上はほぼゼロだった。

交際を始めたころ、ラリーはお金の苦労は絶対にしたくないと話していた。お父さんの苦労をそばで見ていたからだ。だから私は、自分と同じようにラリーも倹約家なのだと思っていた。しかしラリーは、リスクを冒してでも大金を稼いでお父さんの二の舞を避けようとした。たくさんの仕事を同時進行で起ち上げ、綱渡りで進めながら対処していくのを楽しんでいるようなところがあった。そしてお金が入ったとたん、また次の壮大な計画を練り始める。何を始めるにせよ、かならず成功すると信じていた。それからの数年、煙の出ない灰皿、ローラーホッケーの全国リーグなど、いろんなものにさかんに投資し、いずれでも最後には好結果を出した。

私にはツアーのスケジュールがあり、ラリーには法律の勉強があったから、何週間も離れて過ごす期間が長くなっていた。だから、ラリーがプロモーターになれば、一緒にいられる時間が増えるのではないかと私たちは考えた。ところが一九六八年にオークランドで開催した第一回のプロ大会の時点でもう、ホテルの部屋を二つ取らなくてはそれぞれ仕事にならないとわかった。ラリーは朝から晩まで電話をかけ通しだが、私は体を休めなくてはならない。完全な〝別居〟にはならないよう、続き部屋を取ることもあった。しかしそれもまた、別々の方角に歩み始めたことを示す兆候だった。ラリーとの生活は時として、固定された物体にぶつかる不可抗力のように感じられた。

女子学生社交クラブの調理場で皿洗いの仕事をしていたころ、私がツアーに出て不在のときなど、ラリーはダンスパーティに出かけて女子学生と踊ったりしていたという。ラリーは笑いながらこう言っていた。「僕は〝安全な〟相手だと思われたみたいだ。既婚者だから」それでも、テニスはもうあきらめろとはラリーは一度も言わなかった。私のほうも、彼の仕事での成功を邪魔したいと思ったことは一度もない。二人とも、誰かを愛するのはそういうことだと考えていたのだと思う。ただ、どうすれば夫婦として折り合いをつけられるのか、あの年齢ではどう頑張ってもわからなかった。

ラリーはニューヨーク市の一流法律事務所にインターン採用され、夏休みのあいだ働けることになった。その時点では、ゆくゆくはマンハッタンで開業するのもよさそうだと考えていたようだ。初めの数週間は、私が以前ホームステイさせてもらったロングアイランドのお宅に厄介になっていたが、やがて満員電車での通勤に疲れ、時間を節約するため法律事務所の近くに部屋を借りた。運悪く、その夏は市の清掃局がストライキを断行してごみの収集が滞り、マンハッタンの蒸し暑い通りに悪臭が立ちこめた。ラリーはニューヨークのコンクリートジャングルは自分向きではないと見切りをつけた。

オープン化によって全米選手権から全米オープンと名称が変わったこの年の第一回大会で、私は決勝まで勝ち進んだ。ヴァージニア・ウェードとの決勝戦の前夜、ホテルの部屋で、左膝をギターケースに載せてぼろぼろ泣いた。我慢できないほど痛かった。翌日の決勝では、たった四二分で完敗した。その二週間で唯一明るい話は、アーサー・アッシュがアフリカ系アメリカ人として初めて全米オープン優勝を果たしたというニュースくらいだった。お父さんや弟さんが見守るなか、歴史を作ったアーサーの姿に私は心を揺さぶられたし、のちに彼が『ライフ』誌の表紙を飾ったのを見てまた感激した。

膝の手術をこれ以上は先延ばしにできないと観念し、この年の九月、私はロングビーチのパシフィック病院に入院した。手術後に目が覚めたときの痛みは耐えがたかった。信頼できる主治医のドクター・ドナルド・L・ラーセンが病室に来て、膝蓋骨の内側にどれほどの損傷が及んでいたかを説明してくれたが、あの痛みを思えば納得がいった。しかしドクターが最後に「ウィンブルドンでプレーするのはおそらくもう無理だろう」と言うのを聞いて、言葉を失った。次に激しくうろたえた。ベッドに座って考えた。これで終わりなんてありえない。絶対にありえない。プロテニスが始まったばかりなのに。まだ二五歳にもなっていないのに。それなのに、夢をあきらめろというの？　あれだけ頑張ってきたのに、いまさら？　それからの数日、頭がどうかしそうだった。やがて自分にこう言い聞かせた。だめ。ここであきらめるわけにはいかない！　かならずまたコートに立ってみせる。かならず勝ってみせる。

一カ月後にはコートに戻っていた。バークレーに帰ってリハビリに励んだ。ラリーにテニスボールをゆるく放ってもらい、私は松葉杖に左脇を預けて右手でラケットを振った。そのころは高度なリハビリ療法はまだ存在していなかったから、医師の指示に従い、たとえば膝の可動域改善を目的に熱いお風呂に入ったりした。何年もたってから、トレーニング後は氷で冷やすほうがよいとわかったが。それでも一九六九年一月には自信を取り戻し、全豪オープンにエントリーした。優勝は望めないとわかっていても、とにかく試合に出て勘を取り戻したかった。そして試合に出場するのは、またも家を空けること、ラリーと何週間も離れることを意味した。

このころ、ベトナム戦争について話し合う機会が増えた。ラリーが予定どおり一九六九年六月に卒業すれば、それと同時に徴兵猶予が終了するからだ。心配事だらけの時期だった。どちらの父親も第二次世界大戦中に出征していたから、兵役の義務とはどういうものか、二人ともよく知っていた――令状一つで、即、戦場に行かなくてはならない。深夜の長時間にわたる話し合いを繰り返したあと、ラリーは陸軍予備軍への入隊を決めた。徴兵されるのを待つのではなく志願すれば、ベトナム戦争に行かずにすみ、弁護士のキャリアをスタートできる可能性がある。賢明な選択だと私は思った。それでもラリーがホノルルのプラット・ムーア・ボルツ＆ケース法律事務所に就職を決めたときは悲しかった。

ラリーは一度訪れたことのあるオアフ島に恋をしていた。しかしハワイに行きたいというラリーの希望は受け入れがたかった。ラリーの幸せを願ってはいても、現実の問題として、ハワイに居を移すと、西海岸で行われる大会に出場するには飛行機で五時間から六時間、東海岸なら十一時間かかる。ヨーロッパに至っては地球の反対側だ。しかもハワイには一流のプロテニス選手はいない。つまり、練習相手がいない。

ラリーはもう決めたことだからと取り合わず、私は葛藤した。私たちはこれからどうなるのかと少し不安になった。私たちの考え方の相違はその何カ月も前から、二人の関係の微妙な変化や意思疎通の行き違い、長期間の単身生活といった形で少しずつ表面化していた。ほかの相手と真剣な交際をした経験がないまま若くして結婚する前に、お試しで同居してみたほうがお互いのためだっただろうかと私は思い始めたりもしていた。二人とも子供がほしかったが、いつも何らかの理由があって先延ばしにしていた。このころの理由は、テニスのオープン化とラリーのキャリアのスタートだった。私はラリーを変わらず愛していたし、それはラリーも同じだったが、私は果たしてこのままでいいのだろうかと迷い始めていた。自分がどういう人間なのかもわからなくなりかけていた。

交際を始めたころ、男性に惹かれるのと同じように女性に惹かれる場合もあること、大学時代に女性とキスをした経験があることはラリーに打ち明けていた。その話をしたのはラリーが初めてだった。誰であれ他人に聞かせるのは危険な話だと感じていた。ラリーとの関係が急速に深まって、彼には話さなくてはならないと思った。そのころはまだ自分でも理解しきれていなかった。一九六〇年代に同性愛者であることは恥の意識と結びついていたし、危険でもあったと話したところで、いまの若い世代にどこまで理解してもらえるかわからない。あのころは沈黙のカーテンは分厚く、侮蔑と制裁の恐怖は目に見えなくとも強烈で、〝クローゼット〟は暗く深かった〔英語のクローゼットには「秘密の隠し場所」の意味があり、同性愛に関して使われた場合は「同性愛を公言せずにいる」暗喩となる〕。

そのころ私たちが受け取っていたメッセージ――セラピスト、あるいは学校教師や警察機関、私たちの家族が発信していたメッセージ――は、同性愛は〝異常〟な行為というものだった。同性とキスした経験をラリーに打ち明けるのは大きな賭けだった。だから、この先何があろうと私を愛し続けるとラリーが言ってくれたときは、心底ほっとした。ラリーはまた、彼に対する私の気持ちが変わらないかぎり、彼と出会う前に何があったかなんて気にしないと言ってくれた。

しかし、一九六九年春に膝のリハビリのためにバークレーに戻ったとき、ラリーとふたたび突き詰めた話し合いを持った。のちにラリーは、あれは私の〝助けを求める痛切な叫び〟に聞こえたと言った。私が何かで悩んでいるようだと気づいて、ラリーは尋ねた。「何かあった？」

私は言った。「きっとあなたに迷惑をかけてしまうわ、ラリー。大きな迷惑をかけてしまう」

「どうして」

「過去の恋愛のせいで」私は口ごもりながら言った。

それから、終わったことだがツアー中にある人と関係を持ったのだと初めて打ち明けた。両性に惹かれてしまう自分が理解できなくていまだ戸惑っていることも話した。

「僕には関係ないことだ。迷惑も何もないさ」

「だけど、私が浮気しているとか、同性が好きらしいとか、噂を立てられたら？　弁護士としてやっていけなくなる」

「僕は気にしないし、何の影響もないって」ラリーは言い張った。「僕の心配をして悩まなくていいんだよ、ビリー・ジーン」

「絶対にあなたを傷つけたくないのに、ラリー。でもあなたに迷惑をかけてしまうんじゃないかって怖いの」私は繰り返した。

本当のことを話すべきだと私は思ったが、浮気を打ち明けられたラリーは傷つき、立腹した。そして、それなら自分も私以外の女性と交際していいはずだと考えるようになった。何人かは私も知っているが、やめてと言う資格は自分にはないと思った（『スポーツ・イラストレーテッド』誌はそのうちの一人の実名を挙げて記事にした）。先に裏切ったのは私なのだから。そのまま夫婦でいていいのか悩んだが、それぞれ一七歳と一八歳のときからお互いがいない生活を知らずにいた。

矛盾しているように思えるが、問題は愛情が薄れたことではなかった。その正反対だった。互いへの気持ちが強すぎて、自分たちで解決できそうにない難題のリストは長くなる一方なのに、どうにか対処しようと躍起になっていた。それだけの難題を抱えたまま夫婦を続けていくなんて不可能だと認めたくなかった。代わりに、おまじないのようにこう考えた――目の前のこの危機を乗り越えれば、問題は自然に解決するかもしれない。

私は競技を続け、ラリーは夏にロースクールを卒業したが、どちらにとってもよいことのない一年になった。一九六九年の一年間、私はグランドスラムのタイトルを一つも獲れなかった（それを言ったら翌七〇年もだ）。六九年のウィンブルドン大会の開幕時点でも関係を修復できていなかったうえに、何を考えていたのか、ＢＢＣテレビの二日間密着取材を許可してしまった。

大会が始まる直前、モーリーン・コノリーが卵巣癌のため三四歳で死去したというニュースが届き、私は自分を見つめ直そうとロンドンの街を何時間も歩き回った。人生はふいに終わってしまうことがある。それでも後悔しないように生きなくてはならない。いまの私は精一杯生きているといえるだろうか。

放映されたＢＢＣの特集を見て、ラリーとの生活がどれほど痛々しいかを実感した。何度か気まずい場面があった。たとえば、ほかの家の奥さんと違って、ビリー・ジーンはめったに料理を作ってくれないんだとラリーが冗談めかして言い、カメラが切り替わって私のしかめ面を映すというような。ラリーは、二人のうちでは自分のほうがオープンで正直な人間だと言った。それを聞いて私はかちんときた。取材開始の前夜、まさにその点を巡って言い合いになり、ラリーもこう認めたはずだったからだ――私とよく話し合う前に勝手に決めてしまうところが自分にはあるし、他人の気持ちと距離を置いたり、ときにはまったく無視することさえあって、そのために〝対立を生む〟場合も少なくないと。

撮影開始前日、私は初めて離婚したいとラリーに告げた。

ラリーはいやだと言った。

大会はすでに始まっていた。私は申し出を撤回した。でも、内心は苦しくてたまらなかった。

私はこの年、ウィンブルドン四連覇を狙っていた。もし達成できれば、一九二〇年代後半のヘレン・ウィルス・ムーディ以来だ。決勝戦の相手は、準決勝でマーガレットを退けたアン・ジョーンズだった。このときも私はアンと、自国のヒーローを応援するウィンブルドンの観衆の両方と戦う羽目になった。インのボールを打とうと私がスイングを始めると同時に一部のファンが「アウト！」と叫ぶマナー違反を繰り返し、私はいらだちを募らせた。試合の途中で私は足を止め、野次を飛ばす観客の一人を見つめたあと、その男に向かってカーテシーをした。さすがに大人げなかった。試合後の記者会見で、ファンの妨害行為にはアンも苦言を呈したが、それにしても、私は怒りを抑えて試合に集中すべきだった。プロなのだから、弁解の余地はない。私はボールをめちゃくちゃにかっ飛ばした。マッチポイントでは、ダブルフォールトをした――あっけない結末。同胞の優勝を国を挙げて祝うにはあまりに拍子抜けだ。このウィンブルドン優勝はアンのキャリアの頂点となり、私は友人でもあるアンに心から祝意を送った。アンはそれに値する戦いぶりを見せた。一方で、自分には心底腹が立った。

ラリーと私の生活は元のパターンに戻った。私は大会に集中した。ラリーはハワイの法律事務所に戻り、〈テニスアメリカ〉を軌道に乗せた。テニスアメリカは、私たちの友人で著名なティーチング・プロのデニス・ヴァンダーミーアと共同で創設した小規模な団体で、テニス・キャンプやテニス教室、大会運営やプロショップ経営など少しずつ手を広げているところだった。テニス・フォー・エヴリワンはこのころもまだ継続して開催していた。まもなくラリーはときどき陸軍予備軍に招集されるようになり、何度かは本土に配属された。新たな企画をあれこれ考えたり、今後の展開を夢見たりするのはあいかわらず楽しかった。それは最後まで変わらなかった。しかし大半の時間は別居していた。夫婦の体裁を保ち、何もかも順調であるように装っていた。

ラリーはホノルルの東にある閑静な住宅地カラニヴァレーにコンドミニアムを購入した。私がホノルルに滞在しているとき法律事務所のパーティに私を同伴しなければ変に思われる。私もほかの奥さんたちと同じように大人しく出席した。事務所のパートナーの一人、ダニエル・H・ケースのお宅にもよく招かれた。ダニエルの息子スティーヴ・ケースは、のちにアメリカ・オンライン（AOL）を創業したうちの一人だ。食事のあと、ダニエルたちと踏みこんだ会話ができていたら楽しかったかもしれないが、男性一同がリビングルームに移って経済や政治の話をしているあいだ、私は女性陣と残っていわゆる女同士のおしゃべりをだらだら続けなくてはならなかった。すてきな人たちだったけれど、共通の話題が少なすぎた。残りの人生をそんな風に費やすつもりは私にはなかった。

私が女性運動に少しずつ取り組み始めた経緯を振り返ると、我ながら興味深い。機会均等や賃金の平等を訴えるところから始まった運動は、一九六〇年代終わりごろまでに急速な広がりを見せ、ほかの重要な問題、とりわけ避妊や中絶の合法化を求める闘いに発展した。

私が成年に達したころ、体の自己決定権や生殖に関する権利、キャリア選択の権利、女が定義するような公平な扱いを求め、しかも男の許可なくそういった決断を下す自由を求める女たちは、数多くの論争を呼んでいた。一九六五年までは避妊具を使用する〝権利〟さえ認められていなかった。六五年のグリズウォルド対コネティカット州裁判で、婚姻関係にある男女による避妊具の利用を禁じたコネティカット州法はプライバシーの権利を侵害しているとして最高裁が違憲判決を下すまで、夫婦でさえ避妊具を使う〝権利〟を認められていなかった。しかしその判決後も、未婚の女は救われなかった。二六の州ではあいかわらず避妊具を自由に購入できなかった。婚姻関係の有無を問わず避妊が完全に合法化されたのは、それから七年後の七二年だった。

中絶の権利を認めるロー対ウェイド裁判の判決が出されたのは七三年だ。しかしその後も七八年の妊娠差別禁止法成立まで、女は妊娠を理由に解雇される場合があった。配偶者間レイプ——暴行または脅迫を用いて配偶者に望まない性交を強要する行為——が五〇州すべてで犯罪と定義されたのは、なんと九三年だ。私はいまだに信じがたい思いでいる。アメリカの裁判所がセクシュアルハラスメントを訴因として初めて認めたのは七七年だ。しかし、多くの職場や大学入試における差別が解消されるまでには長い歳月がかかった。アイヴィーリーグの大学の多くは男子しか受け入れておらず、七〇年代後半まで少数民族優遇措置として人種のクォータ制を維持していた。

ロージー・カザルスは、女性の抗議運動はすばらしいものと考え、女子テニスをいつでもその時流に乗せるかまえでいた。私は慎重に時機をうかがうべきだと考えていた。声を上げるなら説得力のある発言をしたかったし、世の人々にきちんと耳をかたむけてもらいたかった。聞こえないふりをされるのはごめんだ。そのためにはあらゆる面で抑制をきかせなくてはならないと思っていた。声の調子、言葉の選び方、実現可能な目標を掲げること。つねにこう自問していた。どうすれば勝利できる？　どうすれば対話のきっかけを作れるだろう。対話を続けていくにはどうしたらいいだろう。女性運動を熱烈に支持してはいたが、いっさいの疑問を持っていなかったわけではない。初期のウーマンリブ運動は、私の目には過激主義、あるいはエリート主義と映った。非白人の女性が完全に取り残されていた。

初期の運動はまた、レズビアンを冷遇した。〝ラベンダー色の脅威〟というフレーズを一九六九年に最初に使ったのはベティ・フリーダンで、レズビアンは始まったばかりの運動を脅かす存在であるという意味合いを帯びていた。全米女性機構代表だったフリーダンは、『ニューヨーク・タイムズ』紙に寄稿したエッセーのなかで、レズビアンはウーマンリブ運動を乗っ取るために「FBIとCIAの訓練を受けた」スパイ集団であるとまで断定した。レズビアンを運動から排除しようとしたわけだが、それでフェミニストが〝レズビアン〟〝男嫌い〟呼ばわりを免れたわけではなかった。異性愛《ストレート》の女たちは、自分たちの態度が同性愛者に対する差別と偏見を助長している現実から目をそむけ、レズビアンと手を組めば異性愛者の権利が侵害されるかのようにふるまった。

ゲイ解放運動は、フリーダンが〝脅威〟発言をしたのと同じ年、ニューヨークのウェストヴィレッジにあるゲイバー、ストーンウォール・イン前の暴動から始まった。六月二八日の深夜、ストーンウォール・インに市警が踏みこみ、客の同性愛者が逮捕された。それ自体は日常茶飯事だったが、この夜はLGBTQ+コミュニティへの警察の再三の嫌がらせや暴力行為に怒りを募らせていた人々が反撃を始め、二日間にわたる暴動に発展した（ニューヨーク市警は二〇一九年、ストーンウォール暴動から五〇年を経て初めて正式に謝罪した）。

当時は私も同性愛に嫌悪を抱いていて、私生活でも〝レズビアン〟という語を発しないようにしていた。公のインタビューで〝私はフェミニストです〟とか〝フェミニズム〟と言葉にしてよいのかどうか、ずいぶん悩んだ。とくに運動初期にはそういったキーワードが対立関係を招くことを知っていたからだ。当時はまだ、フェミニズムとは女性優位主義を主張したり、特別扱いを要求したりといったイメージが強かったのだ。私が定義するフェミニズムは、あらゆる人の権利の平等と機会均等を求める姿勢だ。フェミニズムという、反感を招きがちな言葉を使わずとも機会均等の議論はできるし、主張に筋が通っていれば賛同を得られると私は考えてきた。言葉の定義は大きな力を持つ。たった一つの語がすべてを変えることがある。

フェミニズムを論じるときは、私がどのような意味で〝フェミニズム〟を口にしているか、かならず明確にするよう心がけた。私がめざしたのは相手の理解を得ることだった。私が望んだのは、社会に大きな変革を起こすこと、その変革を長続きさせることだった。そのためには、男性たちを追い払うのではなく、運動に巻きこんで協力してもらわなくてはならない。試合後の会見で記者からフェミニズムに関する質問が出たりすると、それをきっかけに〝意識高揚〟セッションを始めたりもした。「いまの質問に答える前に、フェミニズムとは何か、みなさん一人ひとりの考えをお聞かせいただけますか」

そして〝フェミニズム〟の定義を辞書で確認しましたと続けた。私が「この語は一八三七年に男性によって造られたそうですよ。フランスの思想家シャルル・フーリエという男性によって」と言うと、記者たちはたいがい驚いた顔をした。フーリエは、性別に基づくのではなく、スキルと適性を基準として、重要な仕事のすべてに女性を受け入れるべきだと主張したと私は説明した。フーリエはまた、社会秩序は人間としての女性の権利を脅かしかねない形に規定されているとも書いている。「それでいいじゃないかと思う人はいます?」私はそう尋ねて会見場を見回した。「ウーマンリブは誤解されていると私は思います。女性による支配や分離主義を擁護するものと誤解している人がたくさんいます。私の考える運動の目的は、機会の均等です。誰もが参加できる社会です。〝支配〟と〝参加〟——その二つには大きな違いがあります」

フェミニズムについてはいったん脇に置くとして、スポーツの政治化やモハメド・アリらアスリート／政治活動家は過去にはなかった存在だし、女子スポーツ選手全体を代弁する女のアスリート／政治活動家はまだ一人もいなかった。スポーツ界のスーパースターの地位は、ほぼ男子に独占されていた。

注目を集めた女子スポーツ選手はそれまでにもいた。テニスでは、スザンヌ・ランラン、アリス・マーブル、アルシア・ギブソン、モーリーン・コノリー。ゴルフなら、パティ・バーグ、ミッキー・ライト、キャシー・ウィットワース。フィギュアスケーターのペギー・フレミング。陸上のウィルマ・ルドルフ。オールラウンドに活躍したベイブ・ディドリクソン・ザハリアス。しかし公然と政治的な発言をした人はいない。ただし、アルシアの全米選手権出場を擁護したアリスは別だ。アリスもフェミニストだった。女子スポーツ選手はすべて、自分より前に活躍した女子選手たちのおかげで競技ができると感謝しなくてはならないとよく話していた。アルシアは多くの人に希望を与えたが、スポットライトを浴びようとはしなかった。言葉ではなく行動で示そうとした。

新たな領域に足を踏み入れようとしている自覚はもちろんあった。自分の古い動画をいま見ると笑ってしまう。あのころの私は低く抑制のきいた調子で話していた。あるいは、挑発するような質問をされて、腹のなかは煮えくり返っているだろうに、表向きは冷静に対処している。一方で、サッカー米代表選手で同性愛者であるとカミングアウト済みのミーガン・ラピノーなど、最近の女子アスリート／政治活動家が、公の場で持論を表明するのにFワード〔Fから始まる卑俗な語〕をちりばめながら話すのを見ると、それもまた笑ってしまう。それだけ自由を感じている証だし、私たちが確かな地位を獲得した証でもある。しかしあの時代に私が同じことをしていたら、つまはじきにされていただろう。あのころは多くの人にとってフェミニズムだってFワードのうちだった。

そんな時代だったから、私はFワードを使わなくても過激といわれた。ブラジャーを焼き捨てるような過激派ではないにせよ、遠慮のない発言ゆえにそう見なされたのだ。私が何をしようと、いちいち虫眼鏡で拡大され、分析された。社会環境は変化を続けていた。それを見ないふりなどできないと私は感じていた。テニス界に私たちの居場所はなくなってしまうのではないかという焦り、強い警戒感を抱いていた。テニス界の男たちのなかに女子選手の味方につく人はほとんどいなかったからだ。私は大きな犠牲を払うことになった。以前に増して率直に発言するようになってから、公の場では批判も冷遇も気にしていないようにふるまっていたが、内心では傷ついている日も少なくなかった。

いま思えば、権力と特権を少し分けてくれないかと当時の男たちを説得できるつもりでいた私はおそらく、世間知らずの夢想家だったのだろう。向こうにしてみれば、権力と特権を自分たちが独占している状態しか知らないのだから。奴隷廃止運動指導者フレデリック・ダグラスは「要求がないかぎり、権力は何一つ手放そうとしない」と書いたが、本当にそのとおりだ。

私はもちろん、初めは尻込みしていた女子テニス選手たちまでが抗議の声を強めたのは、ジェンダー戦争や文化戦争を傍観しているだけでは、あるいは性差別を見て見ぬふりをしていては、私たちの地位は向上しないと痛感したからだった。個人差はあれ、女子選手の誰もが差別待遇を受け、みじめな経験や無思慮な言動を押しつけられていた。

一家の稼ぎ頭として働く女というのも、そのころはまだなじみのない概念だった。広報担当マーケティングディレクターとしてテニス界で活躍したジーニー・ブリンクマンは、飛行機に乗ると、女がブリーフケースを提げているというだけの理由で好奇の視線を向けられた。ロージー・カザルスはこう言っていた。「女子選手はしじゅうこう訊かれます。〝どうしてキッチンにいないの？　どうして結婚しないの？〟　私たちはこう訊き返します。〝女はそういうものだと誰が決めたの？〟」

当時のマスコミの関心は女子選手の外面に向けられるのがつねだった。「女らしさの手本のような」ゲイル・シャンフロー、「美しく心優しい」シーシー・マルティネス。あるいは、マーガレットの「ほとんど男のような」サーブ、ナンシー・リッチー・ガンターの「おてんばスタイル」、私の「男勝りの」闘志。『ニューヨーク』誌のある記者は、ケン・ガンターは妻のナンシーを「愛馬と同じく鼻っ柱の強い女を好む西部劇のヒーローのよう」と評したと書いた。冗談でしょ？　ほかの記者は数パラグラフを費やして、私を見慣れた世間が胸の小さい女を「セクシー」と思うようになったとか、私の服選びは「去年の流行」だなどと書いた。

私たちの〝女らしさ〟に対する攻撃は執拗だった。女子ツアー開始二年目に取材に来た『スポーツ・イラストレーテッド』誌の記者エドウィン・〝バド〟・シュレイクは、「女子スポーツ選手について世間が抱いている固定観念を思えば、みな驚くほどチャーミングな外見をしていた。顎ひげを生やした選手はおらず……筋肉隆々の太すぎる脚でよちよち歩く選手もいない。木こりのような見た目の選手は一人もいなかった」と書いた。

ピュリツァー賞に輝く『ロサンゼルス・タイムズ』のコラムニスト、ジム・マレーは、私を「リトル・ミス・ご意見番」と呼び、私は男の子に生まれそこねたことを恨んでいると書いた。「キングは、グリーンベイ・パッカーズのフリーセーフティになる道を生まれる前から閉ざした卑劣な造物主をいまも許していない……ロングビーチ周辺では、娘が女子レスラーなどになっては困ると考えた父親がキングにテニスを始めさせたと言われている」世の中には、女が高みをめざすこと、それ自体を理解できない人々もいたのだ。

当時スポーツ記事を書いていた数少ない女性の一人、グレース・リヒテンシュタインは、そういった通念がいかに広く浸透しているかについて、こう鋭く論評した。「女子アスリートは、女らしさに関する誤った教義のすべてを拒んでいる。そういった教義は、私を含めた多くの女の子たちを苦しめてきた。一九五〇年代に育った私は、女子アスリートは社会の不適応者であるという価値観をそのまま受け入れた。競技の種類を問わず、女がスポーツ選手になりたいといっても受け入れられないのだと教えられた。女の子は受け身で競争心がなく、他人に依存する存在だった。〝セクシーな女子アスリート〟は、矛盾した、ありえないものだった」

スウェーデンのトップ選手イングリッド・ロフダール・ベンツァーは、七つの言語に堪能な教養ある女性で、選手協議会の初代役員の一人でもあった。遠征でイタリアに滞在したとき、イングリッドはいつも雑誌を筒のように丸め、それを片手に持って街を歩いた。彼女を見て口笛を鳴らしたり、お尻をつかもうとしたりしてくる無数の男をぴしゃりと叩いて追い払うためだ。タフな人だった。そのイングリッドも、何十年かのち、アメリカ人記者の取材に応え、遠征での経験を振り返ってこう話している。「あのころはうっとうしいできごとばかりでした。馬鹿げているとしかいえないようなことが平気で起きていたんです。私が最初の夫と結婚する前に交際していた人は、陶器のような肌をしていて、いつも香水の香りを漂わせていました。なのに私ときたら、ベンゲイ鎮痛軟膏のにおいをぷんぷんさせていたし、手はまめだらけでした。だからよくこう思いましたよ。〝イングリッド・ベンツァー、それって女としてどうなの？〟あのころは女というだけで、何かと批判されました。いまなら振り返ってこう言えます。〝ひどい扱われようだった！〟でも当時は……」

大会会場のカントリークラブで開かれたパーティ

にまぎれこんだ一五歳の少女だったころから、いつになったらテニス一辺倒の生活をやめるのかと幾度となく訊かれてきた。一九七〇年代なかばからいまに至るまで、いろいろな場所で数えきれないほどの女性から、私の試合や政治運動に敬服していると声をかけられた――が、同じ女性たちが続けて、ジョー・スミス夫人ですと自己紹介したり、「あそこにいるのが夫です」と部屋の反対側にいる男性を指さしたりする。

　そういうとき、私は相手を見てこう言う。「そう、わかりました。だけど、あなたは誰なの？」

　テニスはオープン時代を迎えた。名目上は女子選手の活躍の場も大きく広がったはずだった。ところが、女子への逆風は強まるばかりだった。男子は女子を追い出しにかかるだろうというラリーの予言が現実になろうとしていた。

　ロージー、フランキー、アンと私の女子選手四人が〝マッコール一座〟に加わり、女子選手として初めて世界ツアーに出たとき、同じツアーの男子選手六人――ロッド・レーヴァー、ロイ・エマソン、フレッド・ストーリ、ケン・ローズウォール、パンチョ・ゴンザレス、アンドレス・ヒメノ――と温かな友情で結ばれた。しかし偽アマチュアリズムが暴かれ、今後は何もかもガラス張りで行われるようになって、全テニス選手がより高い報酬を得ようと大会協議会やプロモーターを相手に交渉を始めていた。出場予定を自分で決める自由を望んでいるのは男子も女子も同じだったし、全米ローンテニス協会をはじめとする全国規模のテニス組織に締めつけを緩めてほしいと考えている点でも変わらなかった。なのに、一致団結して問題解決に当たったほうが全員の利益につながるはずだと考え、女子選手の待遇改善と賞金の増額を求める運動に男子の協力を取りつけようとしたとき、男子から返ってきた反応に、私は愕然とした。私たち女子選手は、それまで以上に歓迎されていなかった。

　一九七二年、男子プロテニス協会（ATP）の創立前に、私は男子の有力選手に接触を試みた。女子が新協会から締め出されたことに納得できなかったからだ。しかし返事はなかった。六九年にジョン・ニューカムが国際テニス選手協会を設立したときも同じだった。そのときも女子選手も加入できるのかと尋ねたが、返事はこうだった――「まさか冗談だろ」それを思い出すと、いまでも胸が痛む。私がオーストラリアで練習した数カ月、ニューカムは混合ダブルスのパートナーだった。ATPの初代会長アーサー・アッシュとはのちによい友人になったが、優れた写真家でプロ意識の高いジーン・モートゥーサミーと結婚するまで、アーサーはジェンダー問題に関して後ろ向きだった。

『ボストン・グローブ』紙に、アーサーはこんな風に話した。「女子の試合なんてハエ一匹集まらないから、そのうちなくなるんじゃないですか」クラーク・グレイブナーはこう言っている。「女子選手は二度と見たいと思いませんね。見目麗しいとは言いがたいですから。娘をプロテニス選手にしたいとは思いません」アメリカのスター選手スタン・スミスは、ロンドンの『デイリー・ミラー』紙の取材に、「女子は身を固めたほうがよほど幸せでしょう。結婚して、子供を産んだほうがいい。テニスを続けていくのは簡単じゃないし、本人たちのためにならない。テニスは女性を男性化するし……自立心が旺盛になりすぎて、他人と合わせられなくなる。男の言うなりになんかなりません。主導権を握りたがるんですよ。コートの上だけでなく、家庭でも」と語った。

信じられなかった。友人だと思っていた人たち、同世代の仲間が、私たちを切り捨てようとしている。打ちのめされた。オーストラリアの男子選手の一人、フレッド・ストーリは私にこう言った。「金を払ってまで女の子の試合を観たいなんて誰も思わないよ」

ボーンマスで行われた最初のオープン大会以来の男子と女子の賞金格差はこのときもまだ解消されていなかったが、まもなく別の課題も浮上した。女子が出場できる大会の数も減り始めていたのだ。

一九七〇年、ジョージ・マッコールがナショナル・テニス・リーグ（NTL）を維持できなくなり、ライバルの世界テニス選手権大会（WCT）はNTLの男子プロ選手六人の契約を買い取る一方、私たち女子とは契約を結ばなかった。世界中の女子選手が各テニス協会やプロモーターの温情にすがらなくては大会にも出られない状態に逆戻りした。

ラリーと私は事態を憂慮し、七〇年二月、ラリーが極秘の書簡をしたため、トップ八名の女子選手と『ワールド・テニス』誌を創刊したジャーナリストでプロモーターでもあったグラディス・ヘルドマンに送った。みなで女子プロツアーを創設しようという提案書だった。自分たちの将来は自分たちで決めるべきだと訴え、主催大会の利益の一〇パーセントを私たちで分配し、専任のマネジャーに二〇パーセントを、残りの七〇パーセントは運営費と賞金としてプロモーターに渡すという計画を提案した。

ほかの選手が尻込みしたため、この計画はいったん保留とした。三カ月後、女子選手数人で七〇年五月開催のイタリア国際をボイコットしようと話し合った。男子の優勝賞金七五〇〇ドルに対し、女子の優勝賞金はわずか六〇〇ドル――なんと男子の一二分の一だ。女子の待遇がさらに悪化して不満に思ったものの、結局ボイコットはしなかった。

そのころから状況はいっそう深刻になった。グランドスラムのほかの大会と同様に、全米オープンの男子の優勝賞金は二万ドル、女子は七五〇〇ドルと決まった。女子選手をおおっぴらに格下扱いしてきたジャック・クレイマーが国際ローンテニス連盟を説得し、ペプシ社をスポンサーとして翌七一年から賞金総額一〇〇万ドルの国際グランプリ・テニスツアーを創設すると聞いて、私たちの懸念はふたたび急激に深まった。新設グランプリ・ツアーの二五大会のうち女子の部が設けられたのはほんの一部で、しかも男子は年末に二二万九〇〇〇ドルのボーナスを受け取る資格があるのに、女子にはない。そのうえクレイマーのプランによると、女子の部がある大会では、収益の一〇パーセントが男子のボーナス基金に充当される決まりになっていた。信じられない。女子は男子の何分の一かの賞金しか受け取れないうえ、女子が出場可能なごく一部のグランプリ大会の売上まで男子ツアーに持っていかれてしまう。

それだけではなかった。一九七一年の女子の日程はどのような感じになりそうかと全米ローンテニス協会の理事に問い合わせると、七〇年一〇月から七一年三月の期間に予定されている女子の大会は二つしかないとの返事だった。女子選手に、どう暮らしを立てていけというのか。

まもなくジャック・クレイマーから発表があって、七〇年の全米オープンの二週間後に開催予定のペプシ・パシフィック・サウスウェスト選手権における男子と女子の賞金格差は八対一になるとわかり、私たち女子選手の不満はついに頂点に達した。クレイマーによると、男子の賞金総額六万五〇〇〇ドルに対し、女子はたった七五〇〇ドルだ。しかも、男子には出場しただけで報酬が支払われるのに、女子は準々決勝に進むまで一セントたりとも受け取れない。

今度こそ本当に反乱が起きた。一九七〇年九月の全米オープンで始まったこの反乱が、テニスを――そしてやがては女子スポーツ全体を――永久に変えたといっても過言ではない。

第12章　女子選手たちの反乱

私は一九七〇年の全米オープンには出場しなかった。二度目の膝の手術――このときは右の膝――の直後だったからだ。その一カ月前のウィンブルドン大会準決勝でどうにかフランキーに勝てたのは、チップショットとロブを効果的に使い分ける戦術が功を奏したからだ。決勝戦の相手はマーガレットで、彼女は重度の捻挫を負った足首に鎮痛剤の注射を六本だか七本だか打って試合に臨んでいた。私も膝に注射を打っておけばよかった。

二時間二八分の激闘は、その時点での女子テニス選手権史上最長の試合となった。その前年、私はウィンブルドン三連覇を狙ったが果たせず、新しい連勝記録を一から始めようとしていた。マーガレットのほうは、一九六二年にウィンブルドンで私に負けたときと同じように、この年の年間グランドスラム達成が懸かっていた。

この対戦では、八八分かかった長い第一セットを14－12でマーガレットが獲得した。続く第二セット、私たちはまたも一時間にわたって激しく打ち合った。整形外科病棟から逃げ出してきた患者二人といった風情だった。マーガレットは片足の感覚がないせいで何度も転びそうになっていて、一度は本当に転倒した。私は右膝に力が入らず、立っているだけでやっとの有様だった。何年もずっと世界トップを争うライバルとして戦ってきた私たちは、一ミリたりとも相手に譲るつもりがなかった。第二セットは8－7で私がリードしていたが、次のゲームでバックハンドボレーをうまく切り返されて8－8と追いつかれた。私は少なくとも最後まであきらめずに戦った。七度のマッチポイントを切り抜けたが、長い第二セットも11－9で取られて負けた。テニス史の研究家は、いまでもウィンブルドンのセンターコートで行われた最高の試合の一つにあの決勝戦を挙げている。しかし私にとっては惨憺《さんたん》たる敗北でしかなかった。

翌週、膝の手術を受けた。全米オープンの開幕時点ではまだ松葉杖に頼っていたから、CBSのテレビ放映の解説の仕事を引き受けた。当時はちょうど、スポーツ番組に女性が進出を始めたところだった。モーリーン・コノリーがBBCのウィンブルドン番組で何度か解説を務めたし、水泳の元オリンピック選手ドナ・デヴァローナは一九六四年に一七歳で現役を引退したあと、アメリカのテレビネットワーク初の女性スポーツキャスターとしてABCの『ワイド・ワールド・オブ・スポーツ』に出演していた。

私は全米オープンの小さな女子ロッカールームで出場選手たちと長い時間を過ごし、選手の動向を推し量った。賞金に関するクレイマーの決定に集団で抗議できそうかどうか見きわめようと、ロージーと協力して選手の意向調査をした。ラリーに電話して助言を求めると、もう一度グラディス・ヘルドマンと話してみたらと勧められた。ロージーと私は、全米オープン開幕二週間前にもニュージャージーの大会で、グラディスとその件で話し合っていた。

何年ものち、女子テニスツアー創設の立役者は誰ですかと質問されて、グラディスは冗談まじりにこう答えた。「ジャック・クレイマーです」グラディスは有能で、独立独行で、男性優位の世界に有力なコネクションを持つフィクサーで、のちにテニスのバイブルとなる雑誌『ワールド・テニス』を三一歳で創刊した。勤勉で、度量が大きく、華やかで、エキセントリックで、ナルシシストで、創意に富み……とにかく素晴らしい人だ。いざとなれば傲慢なほど堂々としたふるまいができ、相手が誰であれ真正面からとことんやりあった。ユダヤ系だから、大会の会場となった会員制クラブの一部には入会が許されず、アングロサクソン系白人新教徒（WASP）が多数を占めるテニス界では異端者扱いされており、『ワールド・テニス』の誌面を使って自分の意見を唱えていた。要するに、グラディスはそう簡単に相手にいやと言わせない人物だった。また、黙れとか引っこんでろと言われて大人しく従うような人ではなかった。

ロージー、ナンシー・リッチー、私の三人は、全米オープン開催中に会場のウェストサイド・テニス・クラブでグラディスと昼食をともにし、協力を求めた。女子選手の全員がクレイマー主催の大会をボイコットするのでなくては効果はないだろうと意見が一致したが、女子選手はまだそこまでまとまっていなかった。そこで、女子の賞金総額を引き上げてくれるよう、グラディスがクレイマーの説得を試みることに決まった。グラディスは二度、クレイマーとの交渉に臨んだ。一度目、クレイマーはその件について話すのを拒否した。二度目はこう言った。「いいだろう、女子選手がこの額では不満だというなら、賞金はゼロにする」交渉決裂後、グラディスは「あいつはクソ」と私たちに報告した。

グラディスはあちこちに電話をかけ始めた。同時に、サンフランシスコ州立大学で心理学を学んだ才女、シーシー・マルティネスが、その知識を使って問題解決の糸口を探ろうと思いついた。それまで、観客は女子の試合を観たくて料金を支払うわけではないといつも言われていた。私たちはジレンマに直面していた。女子テニスの知名度が上がらないのは、女子の試合が裏手のコートに追いやられることが多いうえ、宣伝も取材もほとんどしてもらえないせいだ。それなのに、女子の試合に観客が集まらないのは、女子の試合がおもしろくないからだと私たちのせいにされる。

シーシーは、相容れない選択肢を並べたアンケートを採った。一ページの回答用紙を作成し、ダブルスのパートナー、南アフリカのエズメ・エマヌエルと協力して全米オープン会場の観客に配った。コピーされたアンケートには、次のような質問が並んだ。「女子選手の試合についてどう思いますか。(1)男子とは別に大会を開催するべき (2)男子と同じ大会で試合を行うべき (3)プロでテニスをやるべきではない」

励まされるような結果が出た。二七八名の回答者――うち九四名が女性、一八四名が男性――のおよそ半数が、女子の試合は男子の試合と同じくらいおもしろいと答えた。男性の八二パーセントは男子と女子が同じ大会で試合を行うほうがいいと回答し、男性の三分の一と女性の半数は賞金格差をゼロにすべきだと考えているとわかった。これなら抗議の足場になる。これはデータであって、単なる風聞ではない。

九月六日、日曜日。ロージーと私が呼びかけ人になってロッカールーム・ミーティングを開催し、クレイマー主催の大会をボイコットするかどうか話し合った。賞金格差には全員が反発していたが、ボイコットに不安を抱く選手が多かった。全米ローンテニス協会を怒らせてしまったら？　ウィンブルドンをはじめ四大大会への出場を禁止されたら？　相当な激論になり、私もだいぶ熱くなったころ、グラディスが勢いよくドアを開けて入ってきた。顔に大きな笑みを浮かべ、歌うような調子で言った。「みんな！　ニュースがあるの！」

グラディスはそれまで何年も家族と一緒にニューヨークに住んでいたが、テキサス州ヒューストンに戻ることが決まり、九月二三日から二六日の日程で――クレイマーの一九七〇年度パシフィック・サウスウェスト・トーナメントと同じ週だ――ヒューストン・ラケットクラブで女子選手八名の大会を開催できそうだという。賞金総額は五〇〇〇ドル。グラディスのその案なら、問題をエレガントに解決できそうだ。ボイコットに参加してくれるよう全女子選手に頼まなくてすむと同時に、クレイマーや現在のテニス界に、女子の待遇改善を図るつもりがないなら、こちらにも考えがあると通告できる。

翌日、ローンテニス記者協会が年に一度開催している昼食会で、ロージー、シーシーほか一〇名の選手が会見した。私はマンハッタンで会合があったため出席できなかったが、一〇名の会見はすばらしかった。会場で配布した宣言書には次のような三つの要望が並んでいた――「賞金額を男子と同等にすること、センターコートでの試合数を同等にすること、女子テニスを男子テニスより格下に扱っている報道を是正すること」この時点では、同一賃金については要望さえ出していなかった。三対一程度の格差なら容認できるとロージーは言い、初めて〝ボイコット〟という言葉を使いながら、賞金額における〝途方もない〟格差を理由に女子選手の一部はクレイマー主催の大会を欠場するかもしれないと告げた。「これは差別です」

女子選手の決起のニュースは世界中の新聞紙面に掲載された。『ニューヨーク・タイムズ』は第一面で報じた。ほかにも数多くの媒体がシーシーの調査結果を掲載した。女子選手に対する差別待遇の実態が広く伝えられたのは、これが初めてだった。

そしてこのときもまた、男子のトップ選手の大半が女子を見捨てた。アーサー・アッシュは取材にこう答えた。「男は生活のためにプレーしているわけだからね。女の子たちにテニスをやらせるために自分の報酬が減ってもかまわないという男子選手はいないと思いますよ。どうして賞金を女子と分け合わなくちゃならないんです？……こっちは家族を養わなくちゃならないし、客を呼んでいるのは男子だ」ロッド・レーヴァー、パンチョ・ゴンザレス、そしてまもなく全米一位の座をアーサーから奪うことになるスタン・スミスも、似たような発言をした。マーティ・リーセンは「女子の部があるせいでどの大会もとっちらかっている」と言い、クリフ・リッチー——姉のナンシーは私たちの一員だったのに——は「女子は男子の人気に便乗しているだけのくせに、文句だけは一人前」と言った。

そこまで言われて黙っているつもりは私にはなかった。バド・コリンズに意見を求められ、私は『ボストン・グローブ』誌で反撃した。「私のほうがスタン・スミスよりたくさんのお客さんを呼んでいます。私の試合のほうが観ていて楽しいと思うし、私のプレーを観たい人のほうが多いと思います」

クレイマーはのちに出版した自伝で、女子の賞金額を抑えたのはあくまでも〝ビジネス上の判断〟で、決して偏見ゆえではなかったと主張した。「女子の試合が始まるなり、観客は席を立ってホットドッグの売店やトイレに行った」そうだ。

その週にヒューストンで開かれた大会に出場が決まっていたのは、ロージー・カザルス、ナンシー・リッチー、ケリー・メルヴィル、ジュディ・ダルトン〔旧姓テガート〕、パティ・ホーガン、ヴァル・ジーゲンフス、ピーチズ・バルトコビッツ、クリスティ・ピジョン、そして私だった。グラディスの娘でやはりテニス選手のジュリー・ヘルドマンも参加はしたが、負傷中で、団結のしるしとして私と一ポイントだけプレーした。歴史に残る大会になるのは間違いなかった。私の手術後の膝はリハビリ途上で、まだ思うように動けなかった。そこではじめはプロアマ混合ダブルスにだけ出場するつもりだった。クラブが男性メンバー向けに、私たちとダブルスを組んで試合に出る権利を競売していた。そこで私は混合ダブルスに出場する女子プロ選手にわずかながら賞金が渡るよう五〇〇ドルを寄付した。その後パティが出場を取り消し、シングルスの選手が一人足りなくなったため、私が代役で出場することになった。

マーガレットもシングルスに出場するとグラディスは思っていたようだが、ウーマンリブ運動にもともと熱心ではなかったマーガレットはのちに、出場する気はまったくなかったと話した。私とのウィンブルドン決勝以来、負傷した足首は治っていなかったし、全米オープンで年間グランドスラムを達成して一気に疲れが出たのだそうだ。ちなみに、年間グランドスラム達成はモーリーン・コノリー以来二人目の偉業だったのに、CBSは決勝戦の最後の一〇分しか放映しなかった。そこまで軽んじられてもなおマーガレットの考えは変わらなかった。ヒューストンで私たちに合流する代わりに、夫のバリーとフロリダへ釣り旅行に出かけてしまった。

ヒューストンの大会が始まる直前の金曜日、全米ローンテニス協会（USLTA）の公認スケジュール委員会の委員長スタン・マレスから、大会出場予定のアメリカ人女子選手に次々と電話がかかり、その大会に出れば無期限の出場停止処分にすると言い渡された。全米オープンとウィンブルドンを含む大会に出て生計を立てる道を閉ざすという遠回しの脅しだ。オーストラリア人選手も、オーストラリアのテニス協会から同じような処分が下されるのではと怯えた。

マレスは、私たちの大会を公認しないと言ってヒューストン・ラケットクラブにも圧力をかけた。テキサス州テニス協会の次期会長ジム・ハイトと、クラブの女性連盟会長で運営実務を一手に担っていたデロレス・ホーンバーガーにとっては想定外の事態だった。チケットはすでに売り切れていた。観覧席の設置も完了していた。ハイトがUSLTAに問い合わせると、協会側はその場で二つ規則をでっち上げて自分たちの脅しを正当化した。たとえば、同じ週に私たちの大会とクレイマーの大会を同時に公認はできないと言ったそうだが、そんな規則はない。ハイトは、同じ週に複数の大会を公認した例は過去に何度もあったと指摘し、私たちの大会だけを別扱いするのは差別に当たると言い返した。ハイトとデロレスは勇気ある判断をし、どんな状況になろうと大会はキャンセルしないと宣言した。

グラディスもやはりUSLTAの理事会に連絡を試みていた。私たち出場選手には、飛行機代は持つからとにかくヒューストンに行ってちょうだいと促した。対策はヒューストンに着いてから考えればいい。USLTAの脅しの目的が女子選手を支配するためなのは明らかだった。しかしジャック・クレイマーのある行動を見れば、男性の一部はどんな犠牲を払ってもかまわないと考えていたとわかる。クレイマーはパシフィック・サウスウェスト選手権の、全員が男である運営委員を招集して臨時会議を開いたあと、USLTAに電報を送り、長年の盟友であるペリー・T・ジョーンズ――このときは死の床で昏睡状態にあった――が、〝違法な〟大会開催をもくろむ私たちに有罪判決を下したと伝えた。〝皇帝〟ジョーンズは翌日亡くなった。

クレイマーは、一九五二年から六七年にかけてUSLTAに離反して男子プロツアーを興行していたくせに、このときはUSLTA規則を振りかざして私たちの大会に異を唱えたのだ。グラディスはその週末、ずっとUSLTA会長のアラステア・マーティンに連絡を取ろうとしていた。マーティンとは過去に一緒に働いた経験があったからだ。しかし、グラディスが送った二通の電報に返事はなかった。月曜の夜――大会開幕の四八時間前――ナンシー・リッチーがようやく電話でマーティンをつかまえた。ヒューストン大会に出場すれば出場停止処分もありうるとマーティンは答えた。

翌日には一人を除いて全出場選手がヒューストンにそろっていた。グラディスはひたすら電話をかけ続け、火曜日の朝、ヒューストン・ラケットクラブでの開幕前のカクテルパーティが始まるほんの数時間前に、またしても大当たりを取った――グラディスの旧友ジョセフ・F・カルマン三世がCEOを務めるフィリップモリス社が、二カ月前に発売したばかりの女性向け煙草ブランド〈バージニア・スリム〉の宣伝のため、二五〇〇ドルで大会スポンサーになろうと申し出てくれたという。ヒューストン・ラケットクラブは喜んでその申し出を受け、大会の名前を第一回ヒューストン女子国際テニストーナメントからバージニア・スリム杯に変更した。バージニア・スリムのブランドマネージャー補佐のビル・カトラーと、フィリップモリスの広報担当ダラス・カーシーはヒューストン行きの飛行機に飛び乗り、カクテルパーティにすべりこんだ。

有力企業のスポンサーという後ろ盾を得たことは大きな収穫だった。しかしグラディスがフィリップモリス社と交渉しているあいだにも、マレスはデロレスに電話をかけてきて、今回の大会をアマチュア大会に変更し、賞金額を公表せずに日当を内密に支払う形にするなら――つまり、偽アマチュアリズムに逆戻りするなら――USLTA公認大会にできると言った。デロレスは出場選手に相談しないまま同意してしまった。ピーチズとともにその日最後にヒューストンに到着した私は、カクテルパーティに顔を出した直後にそのニュースを知らされて、苦々しく思った。USLTAが突きつけてきた条件は、私に言わせればさらなる侮辱だった。ここで偽アマチュアリズムへの回帰に同意しようものなら、私たちは永遠にアマチュアのままだろう。

翌朝、全出場選手が集まり、賞金についてふたたび話し合った。会議は、大会主催のテニス教室のあと、大会の初戦の開始前に、ヒューストン・ラケットクラブの会議室で行われた。グラディスと大会運営委員会の面々、バージニア・スリムの広報の二人も出席した。

私はUSLTAの提案を拒もうと主張した。ロージーも、偽アマチュアリズムに回帰するなんてありえないという意見だった。パティ・ホーガンは、USLTAが「オープン化で退治された悪を生き返らせよう」と言い出すなんて信じられないと言った。しかし、今回の提案を拒否するなら、出場停止処分かこの大会の公認か、どちらかを選べというUSLTAの脅しをどうはねつけるかという問題を解決しなくてはならなくなる。ところが、ここで解決策が天から降ってきた――一週間限定でグラディスとプロ契約を結べばいい。ジョージ・マッコールやラマー・ハントが自前の男子ツアーを創立したときと同じだ。過去の成功例を参考にするなら、ラケットクラブと私たちの大会の両方をUSLTAの管轄外に置けばいい。ただ、この状況では、こうすれば絶対に大丈夫とは誰にも言えない。

「それ以前に、契約金なんて出せないわよ」グラディスが言った。

「契約金は一ドルにする」私は提案した。「契約金が一ドルだろうと一兆ドルだろうと、拘束力は同じでしょ」

私たちは路頭に迷うことになるのか。大きな賭けだった。時刻は午後二時四五分。第一試合の開始予定時刻まであと四五分しかない。クラブの別室にはすでに記者が集まり、選手の会見を待っている。グラディスと選手を残し、ほかの人には会議室を出てもらった。満場一致でUSLTAの提案を無視すると決まった。出場停止処分のリスクを冒して試合を決行する。グラディスがたった一文の契約書を口述し、パティ・ホーガンがそれをノートに書き取った――「我々署名者は、一人当たり契約金一ドルで『ワールド・テニス』誌との出場契約締結をここに宣言する」全員が署名をし、グラディスがそれぞれに一ドル札を手渡した。

私の番が来て署名したとき、手が震えていたかどうかは覚えていない。しかし心臓がやかましいほど鳴っていたこと、胃袋がひっくり返りそうだったことはよく覚えている。あれはまさしく革命だった。私たちはついに、自分の運命は自分で支配しようと決意したのだ。

私は公衆電話へと急ぎ、USLTAのアラステア・マーティンに連絡した。筋を通したかった。だから最後に一度だけ確かめた――ULSTAは今年度、女子の大会を増やすつもりがあるか。予定は変わっていないとマーティンは答えた。そこで私は言った。「そういうことであれば、残念ですが、ミスター・マーティン、いまのお返事で、こうするよりほかになくなりました。明日の朝、新聞で読んで知ることになるのは申し訳ないと思ったので、お知らせしておきます。今回の大会を予定どおり開催します」

電話を切り、ほかの選手たちのところに駆け戻って言った。「作戦開始！」私たちが一列に並び、『ヒューストン・ポスト』紙のベラ・ユーグリンがあの象徴的な写真を撮ったのは、このときだ――グラディスが全員の署名入りの契約書を、選手八人はそれぞれ一ドル紙幣を掲げて微笑んでいる写真。私たちは〝オリジナル9《ナイン》〟と呼ばれるようになった。

この先どうなるのか、まったくわからなかった。しかし、たしかこんな格言がなかったか――〝信念とは、翼はきっと生えてくると念じて崖から飛ぶこと〟。私たちは飛んだ。そして、翼はたしかに生えてきた。

脅しに屈せず立ち向かえたことでわくわくしてはいても、ヒューストン大会の興奮が冷めたあと、私たちの前にどんな景色が広がるかを想像して、私は早くも頭をめまぐるしく働かせていた。忘れてはいけない。あと一週間もすれば一〇月を迎えるのに、女子が出場できるUSLTA公認大会は今後六カ月のあいだに二つしかないのだ。三カ月以内に独立ツアーを開始しなくては生計が立たなくなるのに、何の基盤もなく、スポンサーやプロモーターもいない。

私はバージニア・スリム杯の一回戦でジュディ・ダルトンに負けたが、全米オープンの決勝でマーガレットに敗れて惜しくも準優勝だったロージーは、土曜の決勝戦に向けて駒を進めていた。ロージーもまた、女子テニスの将来に私と同じ不安を抱いていた。グラディスも同様で、独自のコネクションをたどって可能性を探っていた。

ロージーと私は、ヒューストン大会終了後もツアーを展開したいこと、続けてそのマネージメントを担ってもらいたいことをグラディスに何度か話していた。しかしグラディスはいつも、ほかの仕事もあるから無理だと答えた。その二週間ほど前、全米オープン開催中に、ラリーと、〈テニスアメリカ〉の共催者デニス・ヴァンダーミーアが、グラディスのマンハッタンの自宅で開かれた毎年恒例の『ワールド・テニス』誌のパーティを訪れ、今後も大会を開催していく意欲があると集まった人々に話して回った。試合が雨天順延となった翌日には、ロージーも一部の記者にその可能性をそれとなく話していた。そこで私は、カリフォルニアにいたラリーに電話をかけ、大会が終わって関係者が解散してしまう前にヒューストンに来て、何らかの企画を話してもらえないかと頼んだ。そのうえで『ヒューストン・クロニクル』紙の記者に、ラリーが来る予定であることを伝えた。

土曜日の夜、グラディスのヒューストンの家に集まり、スパゲティを食べながら大会の成功をお祝い

女子プロテニス・ツアー誕生の瞬間。前列左からジュディ・ダルトン、ケリー・メルヴィル、ロージー、グラディス、クリスティ・ピジョン。後列左からヴァレリー・ジーゲンフス、私、ナンシー・リッチー、ジェーン・(ピーチズ・)バルトコビッツ。※写っていないが、残り1人はジュリー・ヘルドマン。

しているところに、ラリーが駆けつけてきた。食事のあと、私たちの今後に関するラリーとデニスの提案を聞かせてもらうことになり、選手とラリーは広々とした寝室に移動した。グラディスはそこには加わらなかった。

スポンサー獲得の当てがあるわけではなく、これから死に物狂いで探さなくてはならないがと前置きをして、ラリーは話しだした。自分がプロモーターとなって、まずは西海岸で三つから四つの大会を開催する。ツアーを軌道に乗せるには、とにもかくにも試合ができる場所がなくては始まらないからだ。

全員一致でラリーとの契約が決まったが、グラディスの娘ジュリーは少し不満げだった。ロージーと私が何度か話をしたものの、グラディスの返事はいつも同じ——たとえ女子プロツアーが発足しても自分は運営実務にかかわるつもりはない——だったが、ジュリーはそれを知らず、私たちがグラディスを切り捨てようとしていると誤解したのかもしれない。

ラリーはキッチンにいたグラディスに伝えた。「グラディス、僕がこうやって来ているのは、あなたは新しい女子プロツアーに関わりたくないのだと考えていたからです。僕らだけでツアーを起ち上げるより、あなたがプロモーターになって、僕らがそれを補佐するほうがいいとみんな思ってるんですよ」

　グラディスの返事は、私たち全員が初めから期待していたとおりのものだった――「やるわ！　ぜひやらせて！」

　どんな仕組みにすれば女子限定のツアーを成功させられるのか、参考にしようにも先例がなかった。

　その日の夜、大会ごとの賞金総額をどの程度に設定するか、みなで話し合った。まずは偽アマチュアリズム時代にこっそり受け取っていた額を正直に打ち明け合った。週に一一〇〇ドルと私は言った。かなり高額な部類だ。ヴァル・ジーゲンフスは「一一〇〇ドルも？　私なんか、片道分の旅費をもらえればましなほうだったわよ！」と言った。ほかの選手も大半はしるしばかりの日当を受け取っていただけだった。

　協会から独立したせいで二度とウィンブルドンに出られなくなってもかまわないと私は言った。ナンシーとロージーも同意見だった。ところが何人かは「失うものが多すぎる」といって及び腰だった。業を煮やして私は言った。「失う？　失う？　失うものって何？　いまの私たちが何を持ってるっていうの？　試合の数をどんどん減らされてるのよ。かといって男子と一緒の大会に出れば、私たちの試合でも観客席は満員なのに、賞金額は男子の八分の一でしょ。あの人たちが何かしてくれるなんて、まだ期待してる？　私に言わせれば、何一つ期待できない。私たちには失うようなものは何一つない！」

　私はさらに続けた。「独立ツアーをスタートさせたところで、みごとに失敗するかもしれない。ちっとも儲からないかもしれないし、将来の世代はともかく、私たちの世代は褒め言葉の一つも受け取れないかもしれない。いま考えるべきは、独立するのが正しいから、それだけの理由で、やってみようって気概があるかどうかじゃない？」

　その場で決を採った。全員一致で決まった。グラディスが独立後最初のツアーを運営し、全員が契約プロとしてプレーする。

　ヒューストン大会は、たった二週間で急ごしらえしたとは思えない成功を収めた。決勝でジュディを下して初代チャンピオンに輝いたロージーは誇らしげだった。優勝賞金は、クレイマー主催のパシフィック・サウスウェスト選手権の優勝賞金より五〇〇ドル高い、二〇〇〇ドルを確保できた。ヒューストン大会閉幕から二週間後、八人のうち四人がフィリップモリスのニューヨーク本社で記者会見に臨み、一九七一年度のバージニア・スリム＆『ワールド・テニス』女子プロツアー開催を発表した。グラディスは集まった大勢の記者の前で印象深いフレーズを残した。「ウーマン・リブってご存じ？　私たちのこれはウーマン・ロブ、です」

女性が采配するツアー。私たちの夢は現実になった。ツアーが掲げる目標は、発足当初から三点に絞られていた。実力さえあればプレーできる場所を世界中の少女に提供すること。長く外見ばかりが関心を集めてきた女子アスリートが、実績で評価されるようにすること。プロスポーツで生計を立てられるようにすること。

短期で見れば、まだいくつか小さな衝突はあった。私たちは、ヒューストン大会の直後にバークレーで開催される予定のパシフィックコースト・オープンをボイコットすると予告していた。女子の賞金総額が、私たちが新たに設定した最低額一万ドルに満たなかったことがその理由だった。このときは、プロモーターのバリー・マッケイが七六〇〇ドル増額し、男子の賞金総額二万六〇〇〇ドルには遠く及ばないとはいえ、総額一万一〇〇〇ドルとすることに同意して、女子選手が一致団結し、しかも周囲が味方についてくれれば、前進できることを示す一例となった。追加の七六〇〇ドルを拠出したのは、サンフランシスコで生まれ育った左傾社会活動家アルヴィン・ダスキンだった。ファッションデザイナーでもあり、ツイッギーらファッションアイコンが好んで着て一世を風靡したニットワンピースをデザインしたのも彼だ。

ＵＳＬＴＡは、私たちを分断し支配下に置こうとまたも策を弄した。ヒューストン大会から三カ月と少したったころ、大会に参加した選手全員の出場停止処分を撤回すると連絡があった。ただし、ロージーと私だけは別だ。私たち二人はすでに一度、マッコール・ツアーでプロに転向したあと出場資格が回復されているから、複数回の回復は認められないというのがＵＳＬＴＡの言い分だった。圧力をかけるために、またしても場当たりの規則をでっち上げたのだ。七一年のバージニア・スリム・ツアー初戦は四八時間後にサンフランシスコで始まる。その前に返事をしなくてはならない。このときもまた、私たちの対応は全員一致で決まった——全員の処分を撤回しないかぎり、今後のＵＳＬＴＡ主催の大会に誰も出場しない。私たちはふたたび一丸となって声を上げた。その事実が大きな力を発揮した。私たち全員の処分が撤回された。

一九七〇年に煙草のテレビＣＭが全面禁止され、フィリップモリス社は多額の宣伝費を持て余していた。その相当額の資金を女子プロツアーに投じることにしたわけだ。最初の一年間で、私たちはアメリカ各地で一九もの大会を開催し、賞金額は総計で三一万ドルにも上った。七三年には七五万ドルに達し、一八歳のクリス・エヴァートや一六歳のマルティナ・ナヴラチロワといった若手もツアーに加わった。この二人の生涯獲得賞金を足し合わせると、なんと三〇〇〇万ドルにもなる。私たちの一ドルの反乱から始まった女子プロテニスは、二〇一九年には全米オープンの優勝賞金が三八五万ドルに達するまでに成長した。

フィリップモリス社ＣＥＯのジョー・カルマンの支援がどれほど大きな変化をもたらしたことか。大会ごとに主催者がスポンサー獲得に動く仕組みだったから、フィリップモリス社だけが一九七一年のツアーの全試合のスポンサーというわけではなかったが、その貢献は資金総額の積み増しにとどまらなかった。フィリップモリス社の後ろ盾のおかげで私たちのツアーの威信が高まったのはもちろん、ジョーは目に見えない資産も投資してくれた。六九年から二年の任期で全米オープンの会長を務めたジョーがＣＢＳとの交渉をとりまとめたおかげで、大会は初めて全国ネットワークで放映された。そのジョーが、自分の影響力を投じて私たちの独立運動を後押ししてくれたのだ。ジョーのお墨つきは、私たちが支援を求めようとしていた人々や会社の判断を大いに左右した。

ジョーの目的の一つは煙草の売り上げを伸ばすことだったはずだが、社会的公正への目配りも行き届いていた。グラディスと同じく、ジョーもユダヤ系ゆえの差別を経験していた。本人によると、六〇年代にテニス界と関わるようになったのは、選手や観客席を埋めたファンを見渡したとき「人種、宗教、ジェンダー、経済的地位の多様性がまったく欠けていることに幻滅した……テニスは時代に遅れている」と思ったことがきっかけだった。

　女子スポーツにそれだけの影響力と資金が投じられるのは初めてのことだった。私たちが闘いを挑んでいたＵＳＬＴＡを上回る資金と影響力となれば、なおさらだ。グラディスもやはり得がたい味方だった。女子選手が抱える問題を自分のことのように考え、私たちの利益を第一に考えて交渉を進め、ツアーの経費の一部を肩代わりし、生活難にあえぐ契約選手を支えるための救済基金を設立し、たびたび無報酬で仕事を引き受け、電報を送ったり月例ミーティングを開いたりしてツアーの運営状況をまめに報告してくれたりした。

　実は、フィリップモリス社がスポンサーにつくと初めて聞いたとき、私は煙草会社との提携はあまり気が進まないとグラディスに訴えた。〈バージニア・スリム〉ブランドが〝長い道のりだったね、ベイビー〟というキャッチコピーの広告を打ち、世のフェミニストの神経を逆なでしていたという理由もあった〔喫煙は男性の特権とされた時代の終わりを宣言し、それに女性解放までの長い道のりを重ね合わせたキャッチコピー。ウーマンリブ運動に便乗していると批判された〕。煙草の広告にジョー・ディマジオら大勢の有名な男子スポーツ選手が起用されてきたことは私も知っていた。フィリップモリス社は一九六〇年代に四人の現役テニス選手――アーサー・アッシュ、マヌエル・サンタナ、ラファエル・オスナ、ロイ・エマソン――をイメージキャラクターに採用してもいる。グラディスは一日二パックを吸う愛煙者だった。それでも私はこう言った。「私たちはスポーツ選手でしょ。いいこととは思えない」

　するとグラディスは私を見つめて言った。「じゃ、女子プロツアーはあきらめる？」

　ぐうの音も出なかった。

　フィリップモリス社と女子プロテニスとの提携関係はスポーツ史上もっとも輝かしいものだったといまも思っている。喫煙を資金援助の条件にされたことも、製品の宣伝をしてくれと頼まれたことも一度もなかった。発言に制限をかけられたこともなく、実際、私たちは遠慮のない発言を続けた。フィリップモリス社の支援がなかったら、私たちは挫折していたかもしれない。大会を企画し実行するに当たっては専門知識を持つスタッフを応援に出してくれたし、マーケティングや広報、広告、テレビ出演など、あらゆる側面でバックアップしてくれた。女子テニスの振興に尽力し、知名度と好感度を高めてくれた。私たちがテニス選手というだけでなくセレブリティとして認知されるよう心を砕いてくれた。いまならパーソナル・ブランディングと呼ばれるような戦略を取り入れた。女子プロツアーを実現し、現在のような世界規模の一大ビジネスに育て上げた。ほかにも女子のプロスポーツは数々創設されたが、テニスほど成功し、長続きしている例はない。

私は――それを言ったら大半の女子選手は――当初から男子選手と別々の道を歩みたいと思っていたわけではない。男女が一つの団体にまとまっていたほうが選択の幅は広がっていただろうといまでも考えている（二〇二〇年のパンデミックでほぼすべての大会が中止や延期に追いこまれたとき、ロジャー・フェデラーが男女プロ団体の統合をソーシャルメディア上で提案した。大勢の選手が賛同したものの、これまでのところ実現していない）。テニスはグローバルなスポーツだ。私たちが平等主義の手本を示せば、多方面によい影響を及ぼせるはずだ。

バージニア・スリム・ツアー創設以降も、男子に連帯を拒まれたために女子が自ら行動を起こさざるをえない局面は何度も訪れた。拒絶に遭うたび、私たちは自らの手で未来を切り拓くために立ち上がらざるをえなかった。新しいことを始めようとするとかならず反発を招く。そのことを私は学び始めていた。妨害に遭ったがために足場が広がることも少なくなかったし、加速度も増した。なかには生まれて初めて力を得たと感じていた女子選手もいたのだ。

第13章 バージニア・スリム・ツアー

一九七一年一月六日、女子プロテニスにおける大きな試みがサンフランシスコで始まった。BMCプロ女子選手権の出場選手は一九名、賞金総額は一万五〇〇〇ドルだった。タイトルスポンサーは、ノルウェー系アメリカ人ジェル・クヴェールが経営するブリティッシュ・モーター・カー・ディストリビューターズ（BMC）だ。ラリーと私が、サンフランシスコとロングビーチで開催予定の女子プロ大会のスポンサーにならないかと持ちかけたとき、ジェルは自社のマーケティングの願ってもないチャンスだと考えた。資金提供の条件は、BMC社の優れた広報担当ジェリー・ダイヤモンドに大会運営を一任することだった。当初、ジェリーはこのプロジェクトにあまり乗り気ではなかった。

ジェリーはニューヨーク市ブロンクス区の出身で、強いニューヨークのアクセントで話し、タフガイ風の物腰の人物だ。一階に宝石店が入ったエレベーターなしのアパートで育ち、自動車ライターとしてキャリアをスタートしたあと、レース場や一流モータースポーツ大会のスポンサー営業に転身した。私たちと知り合う以前は、テニスを観戦したことが一度もなかったのではないかと思う。ジェリーはロサンゼルスの新聞社にいる友人に電話をかけ、こんな話があるがどう思うかとアドバイスを求めた。するとその友人は、よりによってジャック・クレイマーに相談した。クレイマーが何と言ったかは考えるまでもない。ジェリーは手を引こうとしたが、ジェルは許さなかった。

サンフランシスコ公会堂の収容人数はおよそ九〇〇〇人で、選手権開催の使用料は一万ドルだった。有料入場者数は計五〇〇〇人に満たなかった。ところが、第一回大会は二万五〇〇〇ドルの赤字だったとジェリーから報告を受けたジェルは、こう言ったという。「でかしたぞ、ジェリー!」ジェリーは「は?」と訊き返した。するとジェルはこう続けた。「連日、新聞の第一面で大きく報じられたし、テレビニュースにも取り上げられた。二五万ドル分の広告を打ったようなものだよ。よし、次もまたやろうじゃないか」

それからの二年ほど、ジェリーは女子プロツアーの仕事がいやでたまらず、ラリーに罪はないのに、彼の姿が見えると回れ右して逃げ出すほどだった。しかし三年目に初めて五万ドルの利益が出て以降、ジェリーは——ジェルやラリーと私と同じく大会の三分の一の権利を持っていた——女子プロテニスの最大の支援者の一人かつ盟友となった。一九七四年、私はジェリーを女子テニス協会常務理事に任命した。ジェリーはそれから十数年にわたって数々の一流企業のスポンサー契約を取りつけ、実験的な試みから始まった女子プロテニスを一つの産業に押し上げた。

サンフランシスコで開催された最初の大会を終え、私たちが次に企画したのは私のふるさとロングビーチでのビリー・ジーン・キング招待杯で、興行主はラリーとデニス・ヴァンダーミーアだった。四日間にわたるこの大会には九〇〇〇人の観客が集まった。全米ローンテニス協会(USLTA)の公認大会ではないのに、週末の観客数は、その年に行われた男子プロテニストーナメントよりはるかに多かった。私の母や父もチケット販売を手伝ってくれ、ラリーとロージーと私は私の実家に寝泊まりして準備を進めた。私がロングビーチで大会に出場するのは一〇年ぶりで、大盛況だった。ロングビーチ市は六八年にリクリエーション・パーク——私が通ったクライドのテニス教室が行われていた公園のうちの一つ——をビリー・ジーン・モフィット・キング・テニスセンターと改称していた。ラリーと私は、メインコートの常設スタンド建設に大会の利益を寄付した。

バージニア・スリム・ツアーがフィリップモリスという味方を得たこのタイミングで、私たちはUSLTAとのある種の休戦協定を模索した——公認料を支払い、バージニア・スリム・ツアーをUSLTA公認大会とすることで合意した。ところが腹立たしいことに、USLTAとその監督組織である国際ローンテニス連盟が、七一年の夏から秋にかけてのツアーで女子の大会を多数追加したのだ。

七〇年九月にヒューストンから私がUSLTA会長アラステア・マーティンに電話したときに女子の大会を増やしてくれていたら、私たちはUSLTAを離脱しなかったかもしれない。こうなってはファンが混乱するだけだ。USLTAのツアーには、マーガレットをはじめイギリスのヴァージニア・ウェード、オーストラリアの一九歳の若手有望株イヴォンヌ・グーラゴング、このころすでに注目を集めていた若手クリス・エヴァートらが参加していた。

私たちは生計を失う危険を冒してバージニア・スリム・ツアーを創設した。マーガレットはそのとき知らぬ顔をきめこんだわけだが、私たちはこのころもまだ七一年のツアーにマーガレットが参加してくれるのではと期待をつないでいた。しかしマーガレットは七〇年の秋に私たちを非難するようなプレスリリースを出した。「お金の心配は人をかたくなにします。よいことではありません。それに、男子の試合は五セットなのに女子は三セットですし、たいがいは男子の試合のほうが多くの観客を集めます。そう考えると、女子も男子と同じだけの報酬を受け取るべきだとは思えません。男女は対等ではないのです」

ありがとう、友《メート》よ。

マーガレットが男性優位のテニス協会におもねるのはいつものことだったが、金の亡者呼ばわりには驚いた。マーガレット自身、メルボルン時代にはボブ・ミッチェルの多額の支援を喜んで受け取っていたではないか。それに高額の出場謝礼金でさんざん稼いできていることは誰もが知っていた。マーガレットの姿勢は残念の一言だ。このときもまた、私たちはマーガレットなしで先へ進むことにした。

バージニア・スリム・ツアーが始まったとき、ギアが一段増えたような感覚だった。三年ぶりに膝の痛みが解消して、プレーは絶好調だった。自分一人のためにプレーしていたときとは大違いだった。私たち全員が毎晩、これに女子テニスの未来が懸かっているのだという気構えを持ってコートに出た。私の場合、子供のころ芽生えた使命感がついに確かな焦点を結んだという実感があって、それが底力を引き出すことにつながっていた。

一九七一年の最初の三カ月半に、私たちは一四もの大会を詰めこんだ。だいたい毎週、大会を開催していた計算になる。私は最初の五大会で優勝した。五大会とも、決勝ではロージーと当たった。体力面で厳しかったが、ロージーと私のマッコール・ツアーでの経験が役に立った。大会の会場は、大学の体育館や娯楽センターからラスベガスの一流ホテル、シーザーズ・パレスの屋外コート――砂漠から風で運ばれてきた砂でうっすら覆われていた――まで、と、バラエティに富んでいた。史上初めて、相当数の女子選手がそれなりの額の報酬を手にした。その状態を維持しようと、私たちは力を合わせた。

たくさんの女性がバージニア・スリム・ツアーの大会を主催したいと次々手を上げた。ヒューストンの第一回大会の二カ月後、ヴァージニア州リッチモンドの古株プロモーター、ドロシー・チューニングは、バージニア・スリム・ツアーの選手を招いてウエストウッド・ラケットクラブ招待杯を開催した。七一年初めには、ナンシー・ジェフェットがテキサス州ダラスでモーリーン・コノリー・ブリンカー招待杯を開催。ミシガン州バーミングハムのジュニア・リーグのシンディ・トラブーとサンディ・レックライダーは、クレスギ財団の協賛を取りつけてKマート国際選手権大会を主催し、私たちのポータブル・コートが列車で運搬中に行方不明になって試合開始ぎりぎりまで見つからなかったときも、辛抱強く待ってくれた。ジョイス・ターリーはオクラホマシティの大会の興業を引き受けたうえ、自ら駆け回って一件一〇〇ドルのスポンサーを一〇〇件集めた。「毎朝、スポンサーを三件獲得するまでは帰らないぞと決めて、家を出ました」ジョイスはのちに、テニス史研究家のドン・ゴビーにそう語っている。

大きな注目が集まっていた。ランキングトップの選手だった私が前に出て話す場面が増えていった。基準を定めたり、世論を盛り上げたりする役割を期待された。どんなときも「ビリー、ちょっと来て……ビリー、意見を聞かせて」とお呼びがかかった。最初の九大会のうち七大会でシングルス優勝を果たしたころには引っ張りだこの状態だった。夜明け前に起床して朝のテレビ番組やラジオ番組の取材をこなした。ホテルのベッドに寝そべって夜半過ぎまであちこちの記者に電話をかけ、次の大会の宣伝に励むこともあった。

友人たちからは頑張りすぎだと言われた。ラリーからは体を壊したら元も子もないと心配された。それでも手を抜けなかった。このとき私たちは、一〇〇年ものあいだ変化らしい変化を経験していなかったテニス界を文字どおり一夜にして改革し、それと同時に男性優越主義に立ち向かおうとしていた。思うように進まないことがあると、その原因を探し回らずにいられなかった。

そうまでして私がめざしたのは、堅牢で隙のない、プロに徹したツアー運営だった。コートの反対側にボールを受け渡すときどう投げたらよいか、ボールボーイやボールガールに私が実際にやってみせながら教えたりもした。自分が出場する決勝戦の夜、試合会場の入口に立って入場者数を数えたこともあった。どの大会でも、プロモーターの仕事に手抜かりがないか、広報は適切だったか、ファンが満足してくれているか、自分の目で確かめたかった。何よりツアーが最優先だったし、何もかもが完璧でなくてはいけなかった。粗《あら》を見つけてしまっていらいらする場面もあったことは認めなくてはならない。

フィリップモリス社に雇われて一九七三年のツアー広報担当を務めたジーニー・ブリンクマンは、のちに当時を振り返ってこう話している。「ビリー・ジーンは磁石のようでした。引き寄せる力も拒絶する力も同じくらい強かった。そのころのツアーは、ビリーに合わせて揺れ動いていました。ビリーがぴりぴりしていれば周囲は張り詰め、上機嫌なら周囲もリラックスしていました。ビリーがいる場が平和だったことはありません。でも、そのおかげでツアーはあそこまで成長したんです……彼女たちはプロのテニス選手でした。必要なのは緊張から解放されることではなく――緊張感そのものです」

前売りが好調な大会もあったが、売れ行きが不調なときは、契約選手が地元の高校の集会に出向いたり、大会当日に会場前を通りかかった車や歩行者にチケットを配ったりしてさばいていた。私たちはこれまでテニスと縁がなかった街に世界レベルのテニスをかついで乗りこんでいっていたわけで、観戦慣れしていない観客がポイントが続いているあいだに拍手するような一幕もあった。でも、私にはそういう瞬間も愛おしかった。墓地みたいに静かな会場に慣れている身では、観客席のざわめきが集中の妨げになるのではと訊かれたとき、ロージーは冗談めかしてこう答えた。「たとえ観客がみんなでラリってたって気にならない」

ツアー中、一番手を焼いた開催地の一つテネシー州チャタヌーガでは、会場が金属屋根の格納庫で照明が薄暗く、用意されたボールは赤紫色だった。そのほうが見やすいだろうという配慮だったのだろう。決勝戦当日には選手が〈女子プロテニスはここ!〉と書いた看板を持って行き交う車を停め、チケットを売りさばいた。私たちの何人かはデイヴィ・クロケット風のアライグマ皮の帽子をかぶっていた。それが功を奏したか、決勝戦には千人くらいの観客が詰めかけた。このときは私が優勝したのだが、賞金の小切手のほかに小口径のライフル銃ももらった。オクラホマシティで優勝したときは、全面にぴかぴかの文字で〈$2500〉と書かれたテンガロンハットを渡された。ミシガン州バーミングハム近郊では、フランキーが黒いフェイクファーのホットパンツで大会前夜のカクテルパーティに現れて注目を集めた。フランキーは〝トップスピン〟という名の愛犬を試合に連れてきて、ラケットをくわえてコートまで運ばせたりしていた。

あのころの私たちは、試合会場を見回しては自分たちがやり遂げたことに驚いて目をみはった。楽しくて楽しくて、脇腹がよじれるほど笑い合った。ルンペルシュティルツヒェンのおとぎ話のように、藁から黄金を紡いでいるような気分だった。あるいは、ジュディ・ガーランドとミッキー・ルーニーが歌って踊る映画のなかで、力を合わせて町を危機から救わんとするはりきりすぎた子供グループのエキストラのようだった。「さあほらみんな集まって、ショーが始まるよ!」

女子プロテニスツアーをゼロから作り上げる過程で何よりうれしかったのは、何もかも私たちの好きなようにできる点だった。当初から四角四面なテニスのイメージを振り払い、誰もが楽しめる自由なイベントにしたいと強く意識していた。テニス選手はエンターテイナーであると私はいつも言っていたし、だからこそ試合のセット数や選手の性別にかかわらず、報酬は同額であるべきだと主張し続けた。私たちは、女子のほうが男子より優れているなどとは一度も言ったためしがない。私たちが言い続けたのは、女子も男子に負けず劣らず観戦しがいのあるショーができるということだった。

フィリップモリス社はマーケティングにかけては超一流で、インディカーレースのスポンサーにもなっていた同社の〈マールボロ〉ブランドを担当していた広報とイベント企画のスペシャリスト、エレン・メルローを女子プロツアーの専任に当てた。エレンはテニス経験はまったくなかったが、マーケティング戦略に抜群のセンスを発揮し、私たちを洗練されたプロ集団に磨き上げた。広告を打ち、取材に備えて選手にメディア対応を教え、試合結果を電話で地元新聞社に伝えて記事掲載が確実になるよう手配した。場合によっては次の大会開催地へ選手より先に広報スタッフを送り、広報の下準備をさせたりした。選手の側も、できるかぎり広報に協力した。新聞やテレビの記者が取材に来そうにないとわかれば、こちらから車で押しかけた。スポーツ欄担当の部長が記者を出すのを渋るようなときは、私が電話をかけて「近場にフリーの通信員はいませんか？　もしその人がいい記事を書いてくれたら、スポーツ欄に載せてもらえます？」と交渉した。

ツアー開始直後には、フルタイムのトレーナーはいなかった。ナンシー・リッチーは、朝一番にコロラド州デンヴァーで歯の根管治療を受けた日の夜、鎮痛剤代わりにスコッチでうがいをしてから試合に臨んだこともあった。ボールガールが足りないとき、ロージーが自分の試合後にネット脇に膝をついてボールガールを務めたこともある。輸送コストを節約するため、アン・ジョーンズの夫ピップが屋内用カーペットコートを丸めてトラックに積み、開催地から開催地へと運んで回ったりもした。USLTAが私たちのツアーに関わるのをスタッフに禁じていた時期、ツアーディレクターのピーチー・ケルマイヤーは、観客をその場でリクルートして運営を手伝ってもらっていた。「コピー機のメンテナンス係だという人に線審をお願いしたとき、その人が〝アウト！〟ではなく〝ファウル！〟とコールしてしまって、テニスの素人だとばれてしまいました」のちにピーチーはそんな風に振り返った。

演出や試合構成にも新鮮な手法を取り入れた。大会によっては選手紹介の際、華やかに着飾った選手がカーテンの奥から現れ、スポットライトに照らされながら観客に手を振ったりした。男子の賞金が高いのは四大大会が五セットマッチだからだという理屈を聞かされるのにうんざりして、一九八四年から九八年まで、バージニア・スリム・ツアーの最終戦を五セットマッチに変更した。

デザイナーでテニス史研究家でもあるテッド・ティンリングと専属契約し、選手のウェアのデザインをまかせようという名案を思いついたのは、フィリップモリス社CEOのジョー・カルマンだった。テッドは個性豊かなイギリス人男性で、一九四九年にガッシー・モランにレースのアンダースコートをデザインしてウィンブルドンから三三年ものあいだ出入禁止になっていた人物だ。身長は一九〇センチを超え、頭はつるぴかで、痩せて手足が長かった。スザンヌ・ランランまでさかのぼるテニスの歴史の何もかもを知っていた。ウィンブルドンはそのときもまだテッドの処分を取り消しておらず、本人は芝居がかった調子でよくこう言っていた。「私はテニスに罪悪をもたらしたのさ！」バドは彼を「ピザズの斜塔」と呼んでいた〔ピザズ（pizazz）は「粋で華やかでエネルギッシュ」というような意味〕。テッドはバージニア・スリム・ツアーの女子選手に斬新なウェアをデザインし、私たちをショービジネスの有名人のように扱った。私はテッドが大好きだった。あれほど話のおもしろい人はそういない。

ツアーの第二シーズン開始までに、私たちは全員、テッドが一人ひとりに合わせて手縫いしたウェアを着ていた。テッドはシーズンごとにテーマカラーを用意していて、テッドの裁縫師で長年の助手でもあったマーガレット・ゴートソン・カーギンが手間のかかる細かな仕上げを施して最終デザインを仕上げていた。もう一人、ローズ・スティーヴンスもその工程を手伝っていた。フランキー・デュールは、胸もとがきれいに見えるウェアを着たいとテッドに頼んでいた。ロージーのスパンコールのウェアはどれも重さ四キロから五キロもあった。私はいつも、もっときらきらさせてとテッドをせっついた。「もっと、もっと、もっと――きらきらがまだ足りないってば、テディ！」

テッドは親愛の情をこめて私を〝マダム・スーパ

ファッションデザイナーのテッド・ティンリングと。左からヴァージニア・ウェード、イヴォンヌ・グーラゴング、ロージー・カザルス、私。テッドがそれぞれに合わせてデザインしてくれたウェアを着ている。

ースター〟と呼んだ。ほかの選手にはもっと皮肉のきいたニックネームをつけていたことを考えると、ずいぶんと手加減してもらったほうだ。マルティナ・ナヴラチロワの現役時代を振り返って、テッドはよくこんな風に言った。「あの子はいつも傲慢か不安かの両極端で、そのあいだってものがなかったよ」背が高くてファッションモデルのように美しいアルゼンチン人選手ガブリエラ・サバティーニは、テッドによれば「見た目はマリリン・モンロー、歩き方はジョン・ウェイン」だった。

バージニア・スリム・ツアーの開幕後、新しいアイデアや初めての試みが続けざまに派生して、まもなくラリーと私は協力して対応するようになった。やらなくてはならないことが多すぎて、とても追いつけなくなりそうだった。一九七〇年六月、陸軍予備軍を除隊になったタイミングで、ラリーはハワイの法律事務所を退職していた。起業家のほうが性に合っていると考え、〝テニスアメリカ〟の拡大に力を注ぐと同時に、まもなく〈キング・エンタープライゼス〉となる新会社の設立準備を始めた。その楽しげな様子を見たロージーは、ラリーに〝カリスマ起業家《キングフィイッシュ》〟とあだ名をつけた。

このころ私はケッズやアディダスとシューズの、ヘッドとスポーツウェアの個人スポンサー契約を結んでいた。ラリーと私の頭には新たなアイデアが次々と浮かんできた。扉が開け放たれて新しい世界が目の前に広がったかのようだった。思いつきを言葉にしただけで、それがそのまま現実になることもあった。チームテニスのプロリーグはどうかな？いいね、やってみよう！　私――『スポーツ・イラストレーテッド』誌がもっと女子プロテニスを取り上げてくれればいいのに。ラリー――「女子スポーツの専門誌があってもいいんじゃないかな」それも実現完了！　権利や利益を守りつつ、女子選手みんなの意見を代弁するような選手協会を組織すべきじゃない？　これは一九七三年に実現した。私は何もかもやりたかったし、ラリーはその実現のための協力を惜しまなかった。

夫婦関係はまだぎくしゃくしていたが、ラリーと私はビジネス面でそれまで以上に深く関わり始めていた。不安に思わなくもなかったが、そのころの私たちは、バージニア・スリム・ツアーを成功に導くためにはひたすら突き進むしかないと自分たちを納得させていた。道のりはまだ険しかった。USLTAがマーガレット・コートやクリス・エヴァートなど、女子スター選手を呼び物とする競合大会を私たちのツアーにぶつけてきていたからなおさらだ。

ラリーと私はハワイのコンドミニアムをそのまま維持していたが、サンフランシスコのベイエリア、エメリーヴィルに新しく住まいを借りた。家具らしい家具のない寝室一つのアパートだ。生活の拠点はどこかと訊かれたら、そこと答えただろう。とはいえ、ほとんど全財産を詰めたスーツケースを引いて、街から街へ、ホテルからホテルへとあわただしく移動する日々が続いた。顔を合わせる機会はほとんどなかった。周囲は疑念を抱き始めていたし、記者は私たちの〝型にはまらない〟結婚について遠慮のない質問を浴びせてきた。一九七〇年にはすでに離婚間近なのではという憶測記事が出るようになっていたが、私たちは否定し続けた。

あるとき、ラリーはイギリスのテレビ局の取材を受けた。この映像は、のちに『ローグ・チャンピオン』(〝ならず者のチャンピオン〟という番組名を見れば、当時のメディアが私をどう見ていたかがわかる)という題名のBBCドキュメンタリー番組に使われた。どのような経緯でいまの〝一風変わった〟夫婦関係が成立したのですかと質問され、ラリーはこう答えた。「彼女はテニスに一四年の歳月を注いできました。〝キャリアはあきらめろ。もう結婚しているんだぞ。僕は落ち着いた生活がしたい〟とは言えませんよ。無神経すぎると思います」

「なぜです？ よくわからないな」男のインタビュアーは言った。

「わかりませんか」ラリーは忍耐強く訊き返した。少し考えてから、こう言い直した。「テニスは彼女に与えられた運命です。運命より好みを優先させるようなことはできません」

ラリーはそういう人だった。何よりつらかったのは、死ぬまで二人一緒の未来を思い描いていたことだ。どうやらそれは叶いそうにないと思うと、胸が張り裂けそうだった。ラリーとの関係がぎすぎすし始めてもなお、そして私が性的指向についての葛藤を自覚したあともまだ、ラリーとは何時間でもあれこれ話していられた。私はいつだってラリーの知性に魅了された。ラリーのように法律や科学に向いた頭脳を持っている人は、論理と事実に基づいた緻密な思考をする。私はどちらかといえば大きな絵を描いて俯瞰するタイプだ。いろいろな意味で、ラリーと私は互いを補完する関係にあった。思いつきを相手にぶつけてみたり、時事について議論したりする時間が楽しかった。私が夢を語ると、彼はどうすれば実現できそうか考えた。そのときもまだ、人生や価値観を、ときにはベッドも、ともにしていた。たまに一晩か二晩、同じ街に滞在することがあれば甘い時間を過ごした。だから私は妊娠した。バージニア・スリム・ツアー開始から六週間後、ボストン近郊で大会があって一晩だけ一緒に過ごしたときのことだ。

妊娠したなとすぐにわかった。ラリーから、避妊ピルを五年以上継続するのは危険だと書かれた雑誌の記事を見せられて、ピルをのむのをやめていたからだ。いや、もしかしたら、私が無関係なことがらを結びつけて考えがちだから、妊娠したような気がしただけのことかもしれないが。珍しく一晩一緒に過ごしたあと、私は二大会に出場したが、ニューヨークで行われたほうの大会では、あやうく試合中に吐きそうになった。そこでラリーに連絡し、カリフォルニアに戻って妊娠検査を受けた。結果は陽性だった。うわあどうしよう、と私は思った。いったいどうしたらいい？

それからおよそ一年後、中絶手術を受けていたことが報じられたとき、母親になることよりキャリアを優先したと批判された。しかし、その選択にテニスはほとんど関係なかったとやましいところなく言える。出産して一時競技を離れたあと、復帰した女子選手は山ほどいる。マーガレットは二度も出産と復帰を繰り返した。

私は昔から子供がほしいと思っていたし、そのころもその気持ちは変わっていなかった。ただ、タイミングが悪かった。ラリーとの関係は先行き不安定で、生活のペースも複雑で予測不能だった。それに、いまもやはり同性に魅力を感じるようだと気づいたところでもあった。自分がどうしたいのかわからなかったし、ラリーとの関係がどうなっていくのかもわからなかった。妊娠の件を何日も話し合った。それはとても深いところに触れる対話だったし、道徳や政治的見解がからむ対話でもあった。二人とも、子供がほしいかどうか、いつ産むかを決めるのは女性の権利であり、それに口をはさむ権利は政府にはないと考えていた。話し合いの結果、ラリーは判断を私にゆだねた。中絶すると決めたと伝えると、その選択を尊重すると言った。結局のところ、あのカオスのなかで子供を育てるなんて考えられなかった。

三月下旬にプエルトリコで行われた大会の出場を取りやめて一〇日間の休暇を取った。マスコミにはインフルエンザにかかって休養すると話した。本当のことは絶対に誰にも話さないでとラリーに頼んでおいたのに、ラリーは「一瞬だけ妊娠したから」とグラディスに言ってしまった。拡声器を使ったも同然だった。まもなくツアー関係者全員に知れ渡っていたのだから。それでも、テニス界は秘密を隠すのが上手だ。そのときは誰もマスコミには話さなかった。

今日、苦労の末に勝ち取った性や生殖に関する権利をめぐる議論がぶり返し、時代が逆戻りしかけているかのような世の中を見るにつけ——たとえば二〇二〇年の新型コロナウイルスのパンデミックのさなか、一部の州で合法な中絶に制限をかけようとする動きが出て、連邦裁判所が差し止めた——以前はたとえレイプや近親相姦による妊娠であっても簡単には中絶できなかった時代をみな忘れてしまったのだろうかと思う〔原書刊行後の二〇二二年六月、連邦最高裁が中絶を憲法上の権利と認めない判断を下し、現実に「時代は逆戻りした」〕。人間とは実に忘れっぽい生き物だ。

私が妊娠した一九七一年当時、大半の州で妊娠中絶は重罪とされており、二年後のロー対ウェイド裁判の判決まで、それは変わらなかった。カリフォルニアは、その最高裁判決以前から、〝医学上の理由により〟病院で医師によって行われる処置であるかぎり中絶を合法としていた数少ない州の一つだった。しかし中絶を望む女は、処置の前に審査会に出席し、その妊娠が自分の〝身体および精神の健康〟に〝深刻な害を及ぼす〟ことを説明しなければならなかった。私も例外ではなかった。一〇名だか一五名だかの赤の他人の前で、自分には中絶する権利があると考える理由を述べるなんて、あれほど自尊心を傷つけられた経験は後にも先にもない。二人で部屋に入り、ずらりと並んだ審査委員の視線を浴びた瞬間、ラリーは小声でささやいた。「何だよこれ、冗談だろ」

費用は五八〇ドルほどかかった。当時の感覚では大金だ。私にはそのゆとりがあったが、低所得の女性がほかに選択肢がなくて中絶を望んだとしたら？危険を覚悟して裏路地の中絶クリニックに頼るしかないだろう。いや、クリニックが見つかればまだいいほうかもしれない。

当日の朝の待合室で、私は中絶が認められていないアラバマ州から来た怯えきった一五歳の少女をなだめながら、処置に呼ばれるのを待った。二人きりの時間はだいぶ長かった。

「どう、気分は」私は尋ねた。

「よくないです」少女は小さな声で言った。私は妊娠五週目だった。彼女はもっと週数が進んでいた。処置のためにカリフォルニア州に来るまでに何カ月も過ぎてしまっていたからだ。悪夢だったという。カリフォルニア州オークランドに一人だけいる親戚の家に身を寄せ、予約を取ってもらったそうだ。

実際の手術の前に、さらにもう一つ屈辱に耐えなくてはならなかった。私は既婚だったから、処置の同意書にラリーの署名が必要だった。女が融資を申し込むにも、クレジットカードを作るにも、男の許可や同意がいる――自分の体のことを決めるにも。

中絶手術そのものはあっという間に終わった。回復室で目を覚ますと、ラリーが待っていて私を家に連れ帰った。私はどこかほっとしていたが、ラリーと共有していた夢を失った喪失感や悲しみもあった。あれほど孫を心待ちにしている両親にも申し訳ないような気がした。妊娠も中絶も両親には知らせていなかった。産まない選択をしたと伝えたら、二人はひどく傷つくだろうと怖かった。

三日後、私はフロリダ州セントピーターズバーグで開催されたバージニア・スリム・マスターズに出場した。愚かな判断だ。それはわかっている。グラディスの催促に屈した結果だった。「ビリー・ジーン、あなたがいないんじゃ大会にならないわよ」手術後に退院してわずか四八時間後の水曜の朝、出場を取り消せないかと思って大会運営委員長のドン・カイザーに電話したが、やはり考え直してくれない

1971年全米オープンの準決勝で。試合では私が勝ったが、この全米オープンでのクリッシーの快進撃を見て、次のスーパースターは彼女だと誰もが確信した。

かと泣きつかれて、私は折れた。その晩、午後一〇時発の夜行便に乗り、セントピーターズバーグには午前六時半に到着した。午後から短い休息を取ったあと、その晩の初戦に臨んだ。

私が来たのを見て、選手の何人かが驚いたのがわかった。驚くのは当然だ。我ながらいったい何を考えていたのだろう。出るべきではなかった試合はたくさんあるが、あれもそのうちの一つだった。私の頭にはツアーを成功させることしかなかった。あんな状態でも二日後の準決勝に進出した。準決勝では当時一六歳のクリス・エヴァートと対戦した。チケットは完売していて、カイザーは急遽六〇〇席を増設した。

生真面目そうな愛らしい顔をして髪をポニーテールにしたクリッシーは、まだまだあどけない少女のようだった。アイレット刺繍とレースが施されたウエアにお気に入りだったヘアリボン。容姿がどんなに愛らしかろうと、彼女を侮ってはいけないことを私は知っていた。クリッシーはまだアマチュアだったが、すでにマーガレットに勝ったことがあった。お父さんがセントピータースバーグ大会にクリッシーを出場させたのは、会場がフォートローダーデールの自宅から近かったことと、娘に少しでも経験を積ませたかったからだ。一六歳のあの時点ですでに、クリッシーの配球はすばらしく正確で、正確なロブや両手打ちの小気味よいバックハンドが強みだった。驚くほど明敏で粘り強く、おそろしいほど冷静沈着だ。イギリスのマスコミはクリッシーを〝リトル・ミス・メトロノーム〟というニックネームで呼んだ。

当日のフロリダは猛暑で湿度が高かった。私にとっては不運だった。日射しは肌に突き刺さるようで、私はほどなく脱水症状を起こした。私の動きが鈍ったことに気づいたクリッシーは、ボールをつなぎ、容赦なく私を左右に走らせた。当たり前の戦略だ。クリッシーのショットセレクションに完璧なまでの集中を、ゲーム運びには正確さと知性を感じたのを覚えている。あの年齢であれほどのゲームができる選手は、一九五〇年代に次々と記録を破ったモーリーン・コノリー以来だった。

第一セットはゲームカウント1－4と追いこまれたが、クリッシー相手に一時間耐え抜いてタイブレークに持ちこみ、そのセットを獲得した。第二セット、クリッシーはまたラリーで私を走らせた。二〇往復以上続くラリーも何度もあった。このセットは6－3でクリッシーが取った。この時点で私は暑さと筋肉の痙攣から戦える状態ではなくなっていて、しかたなく棄権した。試合後のことで覚えているのは、ロッカールームのシンクの上にかがみこみ、えずいたり、冷たい水を顔にかけたりしたことだけだ。やがてクリッシーが来て尋ねた。「大丈夫ですか」本気で心配してくれているようだった。その気遣いがうれしかった。

あの準決勝とそれを取り巻く状況は過酷だったが、次のクリッシーとの対戦は、別の理由から、それ以上に過酷なものとなる。

第14章 新星クリス・エヴァート

数カ月後、一九七一年の全米オープン開始直後、会場を歩いていた私は、ふと思い立ってクリス・エヴァートの二回戦をのぞいた。対戦相手は、全米オープンのダブルスで優勝経験があるベテラン、メアリー・アン・アイゼルだった。クリッシーのプレーを見てみようと思ったのは、マーガレットとの対戦を制して以降、一カ月にわたって連勝を続けていたからだ。コートに行ってみると、クリッシーは第一セットを接戦で失い、第二セットは6－5でメアリー・アンがリードしていた。

CBSテレビの実況を担当していたのはバド・コリンズで、解説はジャック・クレイマーだった。何年もあとになって、バドはその試合を振り返ってこんな風に語っている。40－0のトリプルマッチポイント、メアリー・アンがサーブのかまえに入ったところで、バドとジャックは「あまり厳しいことを言わないよう」用心した。「なんといったって、クリスはまだ子供みたいな年齢だったからね。だから、こんなやりとりをしていた。〝今日はクリスにも何度もいいプレーがありましたね……ええ、まだ来年もありますし、今後に期待しましょう！〟それから、どうでもいいことみたいにこう言った。〝おっと、マッチポイントをセーブしましたよ。粘り強いですね〟。ところがクリスはその次のマッチポイントもセーブした。その次も。その次も！　六度もマッチポイントをセーブしたんだ！」

観衆は沸き、クリッシーはそこから続けざまにゲームを獲得してタイブレークに持ちこむと、ついに第二セットを取った。第三セット、クリッシーが6－1でメアリー・アンを下して、観衆はふたたび沸き返った。場内は歓喜のるつぼと化した。女子ロッカールームに戻った私は、誰彼かまわずつかまえては興奮気味に言った。「クリッシーこそ次世代のスーパースター！　あの子で決まり！　間違いないって！」私はあの試合を観て、スター誕生を確信した。クリッシーが全米オープン前に四六連勝していたことは知っていた。あのプレーを見ればそれも当然だ。しかもクリッシーはそのあとも奇跡を起こし続けた。続くレスリー・ハントやフランキー・デュールとの対戦で、第一セットを落としたあと、劣勢を盛り返して逆転勝ちしたのだ。試合後、フランキーは涙を拭った。「クリッシーはプロ選手を――勝負慣れしたプロ選手を――泣かせたんだ！」バドはそう言った。

私は二カ月後に二八歳の誕生日を迎えようとしていた。バージニア・スリム・ツアーには世間の注目を集める新しい才能が必要だった。クリッシーは条件をすべてそろえている――しかもアメリカ人だ！私とは準決勝で当たることになるのだが、その時点までにクリッシーはテニス界の転換点となることを数々成し遂げていた。世界が変わろうとしていることを誰もが感じていた。なのに、試合に勝ったクリッシーを出迎えるロッカールームの空気は、雪でも降り出しそうに冷たかった。ほかの女子選手は、クリッシーをほぼ完全に無視していた。クリッシーは内気だけれどすてきな子なのに、周囲は彼女ばかりが注目されることが気に入らなかったのだ。加えて、自分たちプロの誰かが勝てば賞金をもらえていたのに、アマチュアのクリッシーが勝っても一セントも渡らないわけで、そのことにも納得のいかない思いを抱いていた。たしかヴァル・ジーゲンフスはおめでとうと声をかけていたと思うが、大半の選手の態度は大人げなかったし、クリッシーが勝ち進めば進むほど冷淡になった。

私は腹立たしく思い、ウェストサイド・テニスクラブのテラスに近い通行の邪魔にならないところにあるテーブルに選手を集めてミーティングを開いた。全員がそろったところで、私は言った。「みんな聞いて、クリス・エヴァートほどの幸運はそうそう舞いこまないと思うの。だって、考えてみて――次のスーパースターはクリッシーでしょう。私たちはあの子にバトンを渡すことになる。いまの時点でもう女子テニスの認知度を上げてくれたのは間違いないし、あの子のおかげで私たちのポケットに入るお金は減るどころか増えるはず。そういう話を別にしたって――あんないい子なのよ。クリッシーを好きになれとは言わない。でも、自分に居場所があると思わせてあげなくちゃ。好き嫌いは関係ないの。正しいことをしようって話」

誰かが言った。「向こうの態度も褒められたものじゃないと思うけど」

「あのね――クリッシーはまだ一六歳なのよ！」私は叫んだ。

クリッシーがライバルである全米ローンテニス協会（USLTA）ツアーに参戦していることは、バージニア・スリム・ツアーから見て脅威ではあった。しかし私は指摘した――キャリアに関わる意思決定をしているのはお父さんのジミー・エヴァートで、クリッシー本人ではない。それから続けてこう言った。「いまみたいな態度をとり続けていて、クリッシーがこっちのツアーと契約してくれると思う？　向こうが私たちを必要としている以上に、私たちにクリッシーが必要なの」

準決勝で私と対戦するまでに、クリッシーは国民的な注目を集めていた。全米オープン運営委員長ビリー・タルバートは、クリッシーがメアリー・アンに競《せ》り勝って以降、クリッシーの試合をすべてメインスタジアムに移したと冗談を言った。「そうしないと暴動でも起きそうだったからね」『ニューヨーク・タイムズ』紙はクリッシーを〝テニスシューズを履いたシンデレラ〟と呼び、スポーツ記者バリー・ロージは『テニス』誌に「その驚きに満ちた一〇日間、ニューヨークはセンチメンタルな街であり、全米オープンは美しいロマンスだった」と書いた。

バージニア・スリム・ツアー開始初年度にアマチュアの新星が――それもティーンエイジャーが――全米オープンで優勝しようものなら、私たちのツアーは第二シーズンを迎える前に失速するのではないかと私は不安だった。私たちは新しい挑戦を始めた新参者にすぎない。支配者たるUSLTAは、私たちのツアーが軌道に乗る前につぶしてやろうとしている。バージニア・スリム・ツアーの契約選手中、グランドスラムのシングルスで複数回優勝しているのは私一人だった。クリッシーのような前途有望な若手選手が、こちらの一番の強豪を下して全米オープンに優勝し、USLTAツアーに戻ってマーガレットやヴァージニア・ウェード、イヴォンヌ・グーラゴングといった一流選手と対戦するようなことになれば、私たちのツアーは存続の危機に追い込まれる。当時、イヴォンヌもまだ二〇歳と若かったが、その年の全仏オープンとウィンブルドンを制していた。個人としてクリッシーに好感を抱く一方で、クリッシーを止められるのは——それもいますぐ止められるのは——私しかいなかった。

準決勝に向けてウォーミングアップをすませたあと、この試合にかかっているものの大きさ、重圧に耐えきれなくなって、私は女子ロッカールームのシャワー室に入り、水の勢いを最大にして誰にも気配が聞こえないようにしてから、気がすむまで泣いた。

試合開始が迫り、クリッシーと並んでコートに出るまでに、私は落ち着きを取り戻していた。感情を思いきり発散したおかげですっきりしていた。すっきりしたら、あとは前進するだけだ。これから始まる試合のイメージトレーニングをした。心に深く刻みつけておきたいフレーズを、マントラのように何度も繰り返した。〝一度に一球ずつだからね、ビリー……コートに出たら試合以外はみんな忘れて……大事なのはこれだけ。いま、ここ、それだけ。よし、やるよ！〟　それからクラブハウスを出た。クリッシーは先に来て待っていた。

何百、何千ものファンの歓声に迎えられて、フェンスにはさまれた通路からスタジアムに向かった。並んで歩いているあいだ、クリッシーはまっすぐ前を見たまま一言も発しなかった。クリッシー流の精神統一術らしい。のちに聞いたところでは、私が話しかけてきたのは試合前の駆け引きのうちなのだろうと思ったそうだが、私としてはこの瞬間を記憶に刻みつけておきなさいと助言しただけのつもりだった。次回からは気持ちの持ちようががらりと変わるはずだからだ。コートの入口で、私はクリッシーのほうを向いてこう言った。「あなたはいま乗りに乗ってる。この瞬間を存分に楽しんでおいて」

スタジアムは一万三六四七人のファンで満員だった。観客席には副大統領スピロ・アグニューと警護のシークレットサービスの姿もあった。ウォーミングアップ中も観客の期待が伝わってきた。場内の空気は電気を帯びているかのようだった。私たちがめざしていたのはこれだ――熱狂する女子テニスファン、チケットは売り切れ、満員のスタジアム、大々的な宣伝、テレビの視聴率、そして多額の収益。

試合が始まった。私はショットの種類を一球ごとに変えてクリッシーのスイングのタイミングをはずし、ペースを乱す戦術を採った。クリッシーは過去七カ月、一敗もしていない。だから試合の主導権を絶対に渡すまいと決めていた。おそらくクリッシーは、私がもっとネット際に出てくると思っていただろうが、私はベースラインに張りついたままラリーを続け、スピン、チップ、ドロップショットを取り混ぜた。クリッシーのパッシングは痛烈だから、前には出ず……には出ず、ドロップショットや柔らかいショットを連発してクリッシーの不意を突いた。芝のコートだったことも私に有利に働いた。全米オープン会場でさえ、当時の芝のサーフェスは凹凸が激しく、ボールが低く弾むのか、ほとんど弾まないのか、予測しにくい。こちらがスライスを打てばなおさらだ。芝にできたくぼみを試合の合間に埋める専任の整備員がいるくらいだ。

試合中に何度か感情を爆発させたことを覚えている。ゲームを取った瞬間にセカンドサーブ用に持っていたボールを地面に叩きつけたり、ポイントを取ると同時に歯をむき出して「よし！」と叫んだり、円を描いてぐるぐる歩き回ったり、その場でジャンプを繰り返したり。何年もたってからクリッシーに、試合中に私を見ない習慣をつけたと言われた。うっかり見てしまうと気合い負けするからだそうだ（ジュリー・ヘルドマンも同じようなことを言っていた）。しかし、そのときはそんなこととは知らずにいた。クリッシーの強みであるグランドストロークのラリーの末に私が粘り勝ちしたときでも、クリッシーは表情一つ変えなかった。

クリッシーの冷静なプレーについに最初のひびが入ったのは、第一セットの七ゲーム目だった。最初のポイントでクリッシーがダブルフォールトし、その流れで私がクリッシーのサービスゲームを奪った。そのダブルフォールトが転換点になった。私は第一セットを6－3で獲得した。クリッシーは果敢に戦い続けた。第二セットも私が6－2で取って試合が終わると、観衆は私たち――ベテラン選手と新人選手――の両方に盛大な拍手と歓声を送ってくれた。ネット越しに握手を交わしたとき、クリッシーも私と同じくらい負けるのが嫌いなのだとわかった。だから私は小声で言った。「一度負けたくらいで気にしちゃだめ——あなたのテニス人生はまだまだ長いんだから」

クリッシーを退けた私は、決勝でロージーと対戦することになった。グランドスラムの決勝でロージーと当たったのはその一度だけだ。ただし、激しい雨が続いて、決勝は三日延期された。それまで九度対戦して、ロージーが勝ったのは一度だけで、このときも接戦ながら2-0で私がストレート勝ちし、私はロージーの顔をまともに見られなかった。決勝が延期されていた三日間、私はクリッシーの様子が気になってしかたがなかった。そこで電報を送った。〈あなたがニューヨークを離れたとたん、激しい雨が降りだしました。あなたが行ってしまって、空まで泣いちゃったみたい〉。あとになってクリッシーは、あの電報を読んで涙が出たと言っていた。あの試合がきっかけで、私は生涯続く深い友情を思いがけず得た。

あの週、フロリダ州フォートローダーデールに帰ったクリッシーを、聖トマス・アクィナス高校は祝賀ムードで迎えた。フロリダ州知事はその日を〝クリス・エヴァート・デー〟とした。次の大会開催地に向けて荷造りをしながら、私がウィンブルドンで初優勝して戻ったとき、通っていた高校はまったく無関心だったことをしみじみ思い出して首を振った。長い道のりではあった。それでも、私たちが築き上げてきたものの大きさに改めて気づいて、励まされる思いだった。私たちはあのとき、行く手に開けている輝かしい未来をまたほんの少し垣間見たのだ。

一九七一年全米オープンの優勝賞金五〇〇〇ドルの小切手を現金に換えた。悪くない額とも思えるが、男子シングルスで優勝したスタン・スミスの賞金は一万五〇〇〇ドルで、しかも日当も私が受け取った二五〇〇ドルの二倍を渡されていたと知れば、そうもいえなくなるはずだ(「それも変えなくちゃね」と私は自分を叱咤した)。

マスコミも獲得賞金額に注目していた。この年の初めにバージニア・スリム・ツアーが始まって以降、私がほぼ一人勝ちの状態だったこともあり、マスコミは私の獲得賞金の足し算を始め、七一年末までにあと二万ドル獲得すれば、女子プロスポーツ史上初めて、年間獲得賞金一〇万ドルを達成できると報じた。私のほうも、ツアーが開幕する前の一二月に一度、そして三月にももう一度、年間一〇万ドルも夢ではないと宣言していた。三月のときは、マーガレットが『ニューヨーク・タイムズ』紙の取材に応じて「一〇万ドル達成は私との争いになりそうですね」と言った。マーガレットは私ばかり注目されるのが気に入らなかったのだろうが、こちらもドラマを盛り上げてくれる分にはありがたかった。私が一〇万ドルの目標を公言したのは、それを方便として、創設まもない私たちのツアーに関心を持ってもらうためだった。その一年、意識してお金の話をマスコミの前で持ち出し、目標額を進んで設定した。好むと好まざるとにかかわらず、私たちの文化ではお金が物差しの一つになっている。私はつねにこう自問していた。私たちの物語をどんな風に伝えたらいい？　どう伝えたら世間は私たちに関心を持って応援してくれる？　どんなきっかけがあればもっと話題になる？　これはラリーにも言ったことだが、工場労働者であれ大企業のCEOであれ、お金の話は誰にでもわかりやすい。女子スポーツ選手は男子と同等の扱いを求め、退路を断って闘っていた。その状況でまず肝心なのは、お金ではなく、どんなメッセージを発信するかだった。

全米オープンの次の出場大会だったジャック・クレイマー主催のペプシ・パシフィック・サウスウェスト選手権で優勝し、それで目標達成にリーチをかけられていたら、ますます大きな話題になっていただろう。クレイマーの性差別主義と女子テニスをさげすむ姿勢こそ、私たちが闘いを始めた動機だった。前にも書いたとおり、のちに私は、あれが私たちの背を押してくれたのだと前向きにとらえるようになった。しかし、このころはまだそこまで達観できていなかった。私たちを取り巻いているのは悪意ばかりだった。クレイマーと顔を合わせる機会がほとんどなくてほっとしていたし、その点ではクレイマーも同じだっただろう。最後には歩み寄ったとはいえ、ここから何年もかけて、私たちの関係は悪化の一途をたどっていく。

クレイマーの大会の女子の賞金総額は、バージニア・スリム・ツアーの参加選手からの圧力とジョー・カルマンの資金注入に押し上げられて、一万一〇〇〇ドルから一万八〇〇〇ドルに増額されていた。とはいえ、男子の賞金総額は六万五〇〇〇ドルに跳ね上がっていたから、格差はあいかわらず大きかった。それに加え、またロサンゼルス・テニスクラブに行くのかと思うと、それだけで気持ちが沈んだ。あのクラブは、一一歳のとき〝皇帝〟ペリー・T・ジョーンズに写真撮影から追い出された記憶と分かちがたく結びついていたし、皇帝から人差し指をくいくいと曲げてオフィスに呼び出されたときの不安な気持ちや、皇帝がプロ契約を望む選手を〝世間知らずの金の亡者呼ばわり〟していたことなどをどうしても思い出してしまう。パンチョ・ゴンザレスや私のような規格外れの選手は、結局、完全には受け入れられなかった。パンチョともそんな話をした。

前の年にペリー・T・ジョーンズが亡くなったあと、子供だった私に親切にしてくれたウイルソンのセールスマン、ジョー・ビクスラーが南カリフォルニア・テニス協会会長に就任し、クラブでジョーンズが使っていたオフィスも引き継いでいた。以前の私はジョーの配慮に感謝していたが、いまやジョーをすっかり嫌いになっていた。クレイマーはじめ性差別主義者ぞろいの年配男性集団の一員になってしまっていたからだ。しかもジョーは、三六人全員が白人男性という理事会の構成にまったく疑問を抱いていなかった。

外の世界は猛烈な勢いで変化していたのに、ロサンゼルス・テニスクラブは多くの面で時代に取り残されていた。テニス選手はプロに転向したのに、大会を構成するほかの人々の大半はそうではなかった。レフェリーや主審《チエアアンパイア》、線審《ラインアンパイア》らのコートオフィシャルは、このころもまだ無償のボランティアで訓練らしい訓練を受けておらず、能力不足の人も目についた。選手はテニスで生活するようになっているのに、コートオフィシャルはあいかわらずただ働きというのも、私がつねづね不満に感じていたことの一つだった。

パシフィック・サウスウェスト選手権の一週間、納得のいかない判定が後を絶たず、私の怒りはじわじわと沸点に近づいていた。ロージーとの決勝戦当日、三二〇〇枚のチケットは完売だった。第一セット、6－6のタイになった時点で、同じ線審がすでに六度か七度、誤った判定をしていた。長いラリーが続いたあと、ロージーのショットがベースラインを割った。問題の線審がそれをインとコールし、タイブレークのポイントは3－0でロージーのリードとなった。

私はラケットを高々と投げ上げ、両手を広げて、天に向かって「こんな試合をまだ続けなくてはいけませんか」と叫んだ（父が見ていたら、その場でラケットを雹のこで真っ二つにされていただろう）。続けて大声で不満をまくし立てた。主審のジョン・コーマンに歩み寄って抗議したのはそれでもう三度目だったが、このときはこう要求した。「あの線審を退場させて！」ロージーも来て、線審の判定がひどすぎるといって私を援護した。

ジョン・コーマンは取り合わなかった。そこで私は、ジャック・クレイマーを呼んでくれと要求した。大会全体のレフェリーを務めているのはクレイマーだ。この時点で、ジョンから説明してくれればよかったのだ――クレイマーはテレビ放送の解説をしているためジョンがこの試合のレフェリーと主審の両方を一任されている、つまり最終判断の権限はジョンにあると。ところがジョンは何も言わなかった。審判台の高みから黙って私を見下ろしただけだった。

やっていられないと思った私は、荷物をまとめてロージーに言った。「棄権する」

ロージーは言った。「だめだよ、オールド・レディ。最後までやろうよ」

「ロージー、あなたは残りなさいよ。残ればこの試合はあなたの勝ちになる」

「一緒に行くってば」

「いいから残って！」

押し問答が続き――「行くって！」「だめ！ 残りなさいって！」「行く！」――私は頭から湯気を立てて歩き出した。怒りでこわばった顔をしたロージーがすぐ後ろからついてきた。褒められた行為ではないとわかっている。それでも、ロージーがふいに目をしばたたいてこう言ったときには、笑いが止まらなかった――これがダブルスじゃないってこと忘れてたよ、ビリーと組んでダブルスの試合をやってるって勘違いして、一緒に棄権しちゃった。

コートから立ち去るとき観衆からブーイングを浴びたが、当然の報いだ。マスコミもこぞって私たちを叩いた。二人ともテニス協会から罰金を科された。ロージーと私がテニス史の隅っこに悪名を刻むことになった経緯はこれだ——私たちは、シングルスの試合をそろって始めたあと、そろって途中棄権した、史上二人だけの選手になった。お察しのとおり、クレイマーの不興もしっかり買った。

膝を痛めて故障者リスト入りしていた弟のランディはその日、会場で観戦していた。私たちが棄権したあと、弟は不自由な脚でひょこひょことクラブハウスに来て、ジャック・クレイマーの怒りの記者会見を通りすがりに見た。ジャックが女子テニス全般を——とりわけ私を——さんざんにこき下ろしている声が聞こえて、殴り飛ばしてやりたくなったそうだ。幸い、ランディはその衝動をこらえた。

バージニア・スリム・ツアーのこの年の最終戦、アリゾナ州フェニックスで開催されたサンダーバード・テニス・トーナメントで、私はロージーを破って優勝し、年間獲得賞金一〇万ドルの目標を達成した。初年度にそれだけの賞金を獲得できたことは、女子テニスにとって新たな勝利だ。ロージーと私は互いにシャンパンをかけ合って祝った。本来は四月中旬にラスベガスで開催された大会がその年のバージニア・スリム・ツアーの最終戦になるはずだったが、ファンの声援に支えられて、グラディスはさらに六試合分の資金をフィリップモリス社から引き出し、大会数は計一九となった。女子の試合などお金を払って観たがる人はいないなんて大嘘だったと証明する結果になった。

フェニックス大会で優勝した翌日、マーケティングのチャンスと見るやすかさず飛びつくフィリップモリス社は、ニューヨークシティ本社で記者会見を開き、私に柿色のパンツスーツを着せて新聞や雑誌の記者とテレビカメラの列の前に立たせた。期待に満ちた沈黙のなか、私は壇上に設置された内線電話を見つめ、スピーカーからは雑音まじりの呼び出し音が鳴り続けた。かちりと音がして、女性の声が流れ始めた。「これは自動応答の音声です……」

一同が笑った。

何度目かの試みで、ようやく聞き慣れたリチャード・ニクソンの太く張りのある声が聞こえた。

「もしもし?」

「もしもし、ニクソン大統領」私は言った。

「やあ、きみの今年の活躍ぶりにぜひお祝いを伝えたかった」ニクソンは言った。「私と同じカリフォルニア州出身の選手が一〇万ドルを超える賞金を獲得したと聞いて、うれしく思う」

「ありがとうございます、ニクソン大統領」私は言い、続けて、一〇万ドルを獲得した最初の女子選手であることを光栄に思いますと強調した。

「そうだね、何よりすばらしいのはそれだね」ニクソンはそう応じた。

私たちはやってのけたのだ。感無量だった。父や母もカリフォルニアから駆けつけていて、すぐそばで見守っていた。二人とも誇らしげに頬を紅潮させていた。合衆国大統領が、地球に帰還した宇宙飛行士やスーパーボウル優勝チームのクォーターバックを祝福するように、私に祝意を伝えたのだ。

バージニア・スリム・ツアーの初年度、私が獲得した賞金額は、五名の例外はあるが、全メジャーリーガーの年俸を上回った。たとえば、オールスター戦にも出場したシンシナティ・レッズの捕手ジョニー・ベンチの年俸は九万ドル、オークランド・アスレティックスの外野手レジー・ジャクソンは四万五〇〇〇ドルだった。この年、メジャーリーグでもっとも高額の年俸を受け取ったのはウィリー・メイズで、一五万五〇〇〇ドルだ。また、バスケットボール(NBA)のジェリー・ウェスト、アメリカンフットボール(NFL)のディック・バトカス、ホッケー(NHL)のボビー・ハルなど、野球以外のメジャースポーツの有名選手よりも私のほうが稼いだ。のちにある昼食会で同席したとき、レジー・ジャクソンは、私の賞金額を見て「卒倒しそうになった」と言った。「きみらの稼ぎっぷりはすごいよな」

バージニア・スリム・ツアーが幕を閉じたあと、イギリスとニュージーランドでこのシーズンを終えたとき、私の獲得賞金は一一万七〇〇〇ドルに達していた。厳しいスケジュールではあったが、シングルスでは出場した三一大会の一七大会で優勝し、通算成績は一一二勝一四敗だった。これにダブルスの二二タイトル――ほぼすべてをロージーと組んで獲得した――の試合数もプラスすると、この年、メジャーリーグのジョニー・ベンチの出場数（一四九試合）を優に超える試合に出たことになる。

　私たちのツアーの女子選手の大半は心から祝福してくれた。しかし選手とファンの一部は、私一人に注目が集まることを快く思わなかった。私はほかの選手をもっと立てようとしたが、あまり効果がなかった。報道に値する何かを成し遂げるのは私だった。同時に、強欲あるいは自己本位のプロ選手と悪口もさんざん叩かれた。皮肉にも、私はもともと物に対する執着が薄い。ラリーとベイエリアに借りていたアパートの部屋は、笑ってしまうほどがらんとしていた。結婚当初は、ラリーと二人でビッグマックを何回食べられるかに換算して賞金額を測っていた。二人のお金の大半をビジネスの拡大と社会活動に注ぎこんだ。四〇年にわたる人生のパートナーであるイラナ・クロスと私の現在の生活ぶりも似たようなものだ。健康を維持し、愛する人々の必要を満たし、住まいがあり、レストランで好きなものを注文でき、それに、そう、たまにどこか楽しそうな土地に向かう飛行機に乗ってこの短い脚を伸ばせれば、何の不満もない。

　金銭に意味がないと言いたいわけではない。お金があれば不安から解放される。いやなものから距離を置く自由も手にできる。商売の面では、お金は権力と影響力を生む。ときには目的のための手段にもなるだろう。しかしお金が私の人生を支配したためしは一度もないし、それはきっとこれからも変わらない。

　この年が終わるころには疲労困憊していたことは否定できない。人間の限界を超えたプレー量だった。しかもあれから何年もそのペースでプレーを続けた。心身に悪い影響が蓄積した。テニスコートの外での人生は、列車の窓の向こうを流れる景色のようにぼやけていた。そのことを痛切に裏づけるできごとがほどなく起きた。

　一九七一年の終わりごろ、ラリーと私は『ミズ（*Ms.*）』という七二年初頭に創刊号が発売予定だった新しい女性誌の編集者と昼食をともにした。『ミズ』はウーマンリブ運動家のグロリア・スタイネム

1971年、女子プロアスリート初の年間獲得賞金10万ドルの目標を公言したのはツアーに注目を集めるためだった。「女子もプロスポーツで生計を立てられることを証明しています」目標を達成したとき、私はそう言った。

と編集者のパット・カーバインら、女性ライターや編集者の手で創刊された雑誌だった。男性が多くを占める雑誌や書籍の編集部では、企画を出しても鼻であしらわれることについにうんざりした人たちだ。

その一年前、一〇〇名の女性グループが『レディーズ・ホーム・ジャーナル』の編集部に押しかけて一一時間にわたって座りこみ、編集長ジョン・マック・カーターの辞任と女性編集長就任など、いくつかの要求を突きつけた。カーターは辞任を拒んだものの、一号につき一つの特集を女性にまかせると約束した。要するに、パンくずはくれてやってもいいが、パンは渡さないということだ。

グロリアたちは、『ミズ』誌をウーマンリブ運動の〝声〟とするべく創刊した。すばらしいと私は思った。創刊後も、よく編集部にふらりと立ち寄っては、編集者やライターが床に円陣を組んで座り、次の号のメークアップ特集について話し合う様子をながめたりした。最初の昼食会からしばらくたったころ、ラリーと私のカリフォルニアのアパートに『ミズ』編集部から封書が届いた。帰宅した私にラリーが差し出した郵便物の一つがそれだった。きっとキミもその意見広告に名前を連ねたいと思うはずだとラリーは言った。「中絶の合法化を求める意見広告だから」ロー対ウェイド裁判の最高裁判決が出たのは、この二年ほどあとのことだ。

わかった、あとで見てみると私は言った。しかし、実際に私の名前をサインして返信したのはラリーだった――私に黙って。『ミズ』誌の〈私たちは中絶しました〉と題された中絶の合法化を訴える意見広告に賛同した有名人の一人として、私の名前が掲載されることを私に知らせないまま。私のほかに、グロリア・スタイネム、歴史研究家のバーバラ・タックマン、歌手のジュディ・コリンズ、作家のアナイス・ニン、スーザン・ソンタグ、グレイス・ペイリーら、計五三人の名前が並んでいた。掲載されたリストを見て、私は愕然とした。

私自身、中絶権利擁護派《プロチョイス》を熱心に支持していたから、リストに名を連ねられたこと自体はうれしかった。意義深いことだ。意見広告と対をなす記事は、その時点で〝治療的流産〟を合法に受けられる州はたった二つしかないと指摘した。それ以外の州では、安全ではないことも多い不法な処置を受けるしかなかった。ぜひとも中絶を合法化すべきだと私は強く信じていた。一方で、これは私の体の話、私のプライバシー、私の選択の話であり、私が中絶した事実を公表するかどうかの判断は、ラリーではなく、私が自分ですべきではないか。そういう意見広告が出ることをあらかじめ両親に伝えておくことさえできなかったのだ。

ツイッターと二四時間年中無休のニュースの時代には想像もできないことだが、バド・コリンズが意見広告の件を聞きつけ、『ボストン・グローブ』紙に執筆していたコラムのなかで私の中絶に軽く触れたのは数週間後だった。二月の終わりごろ、メリーランド州で開催予定の大会の準備をしているとき、『ワシントン・ポスト』紙のスポーツ記者マーク・アッシャーから中絶の件を質問された。私は本心を正直に伝えた。「中絶経験がある全員が名乗り出れば、世間から冷たい目を向けられることもなくなるでしょうね」私が中絶したことは記事にしないでほしいと頼んだが、マークは記事にした。その記事は全国の新聞に配信された。両親の家の玄関に毎朝届けられる『ロサンゼルス・タイムズ』紙にも載った。見出しはこうだ――〈ビリー・ジーン・キング、自身の中絶を擁護――女性の権利も〉。

　いやがらせの手紙が山のように届いた。でも本当にこたえたのは、そのときもまだ中絶のことを両親に話していなかったことだ。私は両親を傷つけたくない一心で、感情と感情のぶつかり合いを避けてしまう。このときも同じだった。ランディまで苦しめてしまった。つい最近まで弟は黙っていたが、当時、ランディが所属してたサンフランシスコ・ジャイアンツの本拠地キャンドルスティック・パークに、私を〝赤ん坊キラー〟〝人殺し〟と罵る怒りの手紙が多数届いていたらしい。プラスチックの胎児をぎっしり詰めこんだ小包まであったという。

　一カ月が過ぎ、二カ月が過ぎた。そのあいだも両親とは毎週電話で話していたが、『ミズ』の記事の話は一度も話題に上らなかったし、こちらから言い出す勇気もなかった。母の日に――よりによって母の日に！――帰省したとき、父は当番で消防署に詰めていたから、夕飯は母と二人でとった。ありとあらゆる話をしたが、その話には二人とも触れなかった。食後に報道番組『60ミニッツ』を観た。その夜の特集に私が出る予定だった。

　私をたっぷりと褒め称えるほか、コート上での私の〝奇行〟も紹介された。我ながら爆笑物の映像もあった。プエルトリコのサンフアンで行われた試合で私がサーブのかまえに入ったところで、おしゃべりをやめない観客に気づいて主審が「静粛に」とたしなめた――が、ボールを地面に弾ませていた私は顔を上げて「あらもったいない。騒がしいくらいがちょうどいいのに」と言う。観客は爆笑する。

　レポーターのモーリー・セイファーは、二八歳の私はアスリートとしてすでに最盛期を過ぎていることを強調した。私は微笑んだ。自分ではまだまだこれからだと思っていたからだ。そのあたりから番組の雰囲気が一転し、カリフォルニア州で行われた〝テニスアメリカ〟のテニス教室でモーリーがラリーにインビューした映像が流れた。「お子さんの予定は、ラリー？」「もう少し生活が安定してからですね。いますぐ産んで、十分な時間も愛情もかけてやれないのでは子供がかわいそうですから。ビリー・ジーンは、テニスコートの外でも完璧主義者です。よき母親になる自信がないのに、母親になろうとは考えないでしょう」母のほうを見ると、母は目に涙をためていた。

次に映し出されたのは、ラリーとは五〇〇〇キロ近く離れたフロリダ州のカントリークラブのテラスにいる私とモーリーだ。モーリーが訊く。「中絶はあっさり決まったんですか。いまは家族を増やす時期ではない、テニスに専念したいと？」

「いいえ、理由はそれではありません」私はポーカーフェースを装って答える。「中絶を決めた一番大きな理由は、二人ともいまは子供がほしくなかったからです……テニスのプロ選手でなかったとしても、やはり中絶していたと思います」最大の決め手は、夫との関係にきしみが生じかけていることだとは話さなかった。

特集が終わり、母も私もしばらく黙りこくっていた。長い沈黙のあと、母が言った。「知ったあと、三日間泣き通したわ」私はただ床を見つめ、母の言葉を聞くことしかできなかった。自分が恥ずかしくてたまらなかった――中絶したことについてではなく、母が報道を見て知ったことについて。母の心の痛みは想像するしかなかった。「子供は好きでしょう？」母は私に聞いた。「ラリーを愛していないの？」

意気地なしでごめんなさいと謝った。子供は大好きだし、ラリーのことをいまも愛しているけれど、いまはそのタイミングではないのだと話した。母は首を振った。「そう言われてもまだよくわからないわ」母の声はしだいに小さくなって消えた。

母も父も、私が決めたことを偉ぶって批判したことは一度もない。大恐慌時代に育った二人は現実の厳しさを身に染みて知っている。中絶の選択をしたからといって、その人は子供がほしくないとはかぎらない。母は中絶権利擁護派だった。ただ、当時はそうは言わなかった。私にとって何より大きな問題は、家族を失望させたこと、私の行為をめぐる世の議論に二人を引っ張りこんでしまったことだった。私はのちに別の秘密と正面から向き合ったときも、この一件を思い出し、感じ方の違いが原因で両親と引き裂かれてしまうのではと怯えることになる。

第15章　スキャンダルの火種

一九七二年は、回し車のハムスターの気分で始まった。大会を抜け出して朝早くの飛行機に乗り、日中はビジネス関連の会議をいくつもこなしたあとまた飛行機でコートに戻り、着替えをしただけでウォーミングアップの時間がないまま試合に臨む日もあった。ツアーの拡大が最優先だったから、私はどんなリクエストにも応じた。コート外でのプライベートな時間はどんどん減っていき、練習やトレーニングもろくにできなくなった。二月の初め、クリス・エヴァートの本拠地フォートローダーデールで彼女と再戦したときなど、私はたった一ゲームしか取れなかった。バド・コリンズはその試合の私を評して、プレーボーイとして有名なNFLのスター選手ジョー・ネイマスがはるばるスウェーデンまで行き、せっかく北欧美女に囲まれたのに、たった一度しかキスしてもらえなかったようなものだと書いた。

そのジョークを笑えなかった。あれは人生最悪の試合の一つだ。本気で引退を考えた。カリフォルニア州に戻っていたある日、ラリーにもそう伝えた。そのときは、疲労からツアーを二週ほど休むことに決めていたが、電話は一瞬たりとも鳴り止まなかった。ついにアパートの近くのコートまで体を引きずっていき、復帰に備えてラリーに練習相手を頼んだ。一球打つごとにくるくると気が変わった。やめるわけにはいかない。しゅぽーん。やめてやる。しゅぽーん。でも、ツアーはどうするのよ？　しゅぽーん。だめ、これ以上はもう無理。

私はラリーを手招きして言った。「引退する。家に帰って、しかるべき人に連絡しよう」

ラリーは言った。「わかった。でも、本当にそれでいいの？」

翌日はダラスに飛んで試合に出る予定だった。アパートの玄関の前まで来たところで、また気が変わった。「ああ、もう、何を考えてるの？　いつまでも悪いことばかりじゃないはず！」いま振り返れば、競技を続けるか引退するか、いつでも選べるのだと思い出すことが大事だったのだ。そうやって、テニスとそれ以外のビジネスを曲芸のように両立させる苦行ではなく、テニスの楽しさに意識を向けようとしていたのだと思う。

次にクリッシーと対戦したのはセントピーターズバーグの大会で、このときも私はストレート負けした。クリッシーはすでにすばらしい選手だったが、対戦するたびに進化していた。ラリーと私は、ぜひともクリッシーにバージニア・スリム・ツアーに参加してもらいたいと考え、お父さんのジミーを何度も訪ね、交渉を重ねた。フォートローダーデールの家に初めてお邪魔したときは、自分の家かと錯覚した。ジミーは規律に厳しく、私の父にそっくりだった。お母さんのコレットは朗らかな人で、彼女がいるだけで場が明るくなった。エヴァート家の子供はみな、ラケットが握れる年齢になると、ジミーがティーチング・プロをしていたホリデー・パークで練習を始めた。お互いのことを最優先に考える、結束の固い家族だった。

ジミーは全米ローンテニス協会に忠実な人で、クリッシーが一八歳になるまでバージニア・スリム・ツアーに参加させなかったが、私たちは互いの考えを尊重して友人関係を育んだ。私が今年こそ全仏オープンの初タイトルを獲ろうと決意すると、ジミーとクリッシーは快く練習につきあってくれた。この年、クリッシーは学業を優先して全大会を欠場していた（おかげで卒業記念ダンスパーティはきっと盛り上がったはず）。真に偉大な選手と認められるには四大大会唯一のクレーコート、全仏オープンのシングルスで一度は優勝しなくてはならないと聞かされるのにはもううんざりしていた。パリ行きまでの準備期間はざっと一カ月。五月は一週間近くエヴァート家で過ごさせてもらった。かけがえのない時間になった。毎日四時間から六時間もボールを打ち合った。パリではその経験がプレーに大きく貢献した。クリッシーは驚くべき選手だ。いつもまずこう訊く。「どこに球出しする？」そして私のリクエストに応じて、どこへでも、どんな球種でも、正確に打つ。

その後、一緒にツアーを回るようになってからも、クリッシーとはときどき一緒に練習した。そういうとき、クリッシーがいらいらしているのが伝わってきた。クリッシーのグラウンドストロークはつねに正確そのものなのに、私のストロークはすぐに乱れるからだ。クリッシーが怖い顔をしているのに気づいて私は練習を中断し、笑いを嚙み殺しながら言った。「クリッシー？　この私に腹を立てたりしてごらん、いますぐ練習をやめるからね。私なりにベストを尽くしてるの。わかった？」そしておなかがよじれるまで笑った。クリッシーがどうしてあれほど動じないでいられるのか、いつも不思議だった。それで一度、試合のあいだいつも何を考えてるのと訊いたことがある。クリッシーは「わかりきったことでしょ」と言いたげに私を見たあと、真顔でこう言った。「〝次の一球に集中〟」

私は一九七二年の全仏オープンで優勝した。決勝ではイヴォンヌ・グーラゴングと対戦し、ストレートで退けた。これが私のキャリア唯一の全仏オープンのシングルスのタイトルで、この大会では一セットも落とさなかった。ウィンブルドンでも決勝でイヴォンヌと当たり、四度目の優勝を手にした。本来は九ドルのチケットをダフ屋が一〇〇ドルでさばいていた。ウィンブルドンの観衆はこのときも私への敵意を隠さなかった。試合後にイヴォンヌがこう言ったくらいだ。「ビリー・ジーンのショットがネットにかかったりアウトになったりするたびに拍手が起こって、悲しくなりました。公平な態度とは思えません」

マーガレットは第一子ダニーの出産後に長期間休んでいたが、このころにはツアーに復帰していた。夫がずっとツアーに同行していた。マーガレットは進歩論者を痛烈に批判したり、ウーマンリブ運動家を〝男みたいでふつうではない人たち〟と呼んだりしていたくせに、自分が一家の稼ぎ頭になり、夫に育児をまかせていたわけで、私には彼女が理解できなかった。

七二年の全米オープンでは、私は準決勝でマーガレットを下し、一セットも落とさずに優勝した。これで七二年の四大大会のうち三大会のシングルスでタイトルを獲得した。私のキャリア最高の一年だった。ランキング一位にも返り咲いたし、あのままいけばおそらく年間グランドスラムも達成できていただろうと思うが、バージニア・スリム・ツアーを優先して全豪オープンには出場しなかった。いまと違って、この当時は四大大会を至上とする風潮はなかった。一つや二つ、大会を休むのは珍しいことではなかった。バージニア・スリム・ツアーの代償としてそのくらいは当然という感覚だった。一年のうち、四大大会が開かれていない四四週だって生活していかなくてはならないのだから。職業として確立させることのほうが大事だったのだ。私がつねづね、四大大会の成績だけを基準として現在のチャンピオンと私たちの時代のスター選手を比較するのは難しいと主張しているのは、だからだ。たとえばロッド・レーヴァーは四大大会で一一回優勝したが、プロ転向後に五年間、出場を停止されていた。つまり二〇大会に出られなかった計算になる。クリス・エヴァートとマルティナ・ナヴラチロワも、女子プロツアーを優先して、そしてのちにはワールド・チームテニスを優先して、四大大会の出場を何度も取りやめている。

実をいうと、私は一九七二年の全米オープンにも出場していなかったかもしれない。バージニア・スリム・ツアーの選手は、開幕の一カ月前、多数決の結果、全米オープンのボイコットを決めていた。男子の優勝賞金二万五〇〇〇ドルに対し女子は一万ドルと、あいかわらず開きがあったからだ。ボイコットを思いとどまらせたのはグラディスだった。全米オープン大会運営委員長のビリー・タルバートに、賞金増額のための時間の猶予をもう少し与えるべきではないかとグラディスは主張した。ビリーはすばらしい人物だった――女子と男子の賞金格差を解消すべきと考えてはいなかっただけで。私はこれが次の正念場だと感じた。全女子選手がボイコットしてしまったら、平等な待遇を求める私たちの訴えは誰の耳にも届かないままになってしまうかもしれない。

私はビリー・タルバートと話し合いの場を持った。全米オープン会場のコートそばに設けられたコートオフィシャル用の小さな施設で、向かい合わせの椅子に座って二人きりで話し、私たちは七二年の全米オープンには出場するが、賞金を男女同額にしないかぎり、七三年大会に私は出場しないし、女子

1972年全米オープンでバックハンドのボレーを打つ私。
キャリアを通じて、バックハンドのボレーは私の最大の強みだった。

のトップ選手のほぼ全員が私に賛同してボイコットするだろうと伝えた。シーシー・マルティネスがファンの協力を得て実施した調査の結果を見せ、クリッシーやロージー、イヴォンヌ、マーガレットら女子の一流選手の試合よりも、男子の試合のほうが観客動員数が多く、観ていておもしろいと、大会運営委員は本気で信じているのかと尋ねた。

それから、すでにスポンサーを確保していることを伝えた。医薬品会社ブリストルマイヤーズの制汗剤ブランド〈バン〉が、男女の賞金額を同等にするため、五万五〇〇〇ドルの資金を積み増すと約束してくれていた。するとビリーは、私たちの要求をのむと答えた。ビジネスウーマンとして、そしてウーマンリブ運動家として、私は忘れられない教訓を得た。私が言葉で説得を試みるだけでなく、スポンサーを連れてきたことにビリーは驚いたのだ。私は女子に商品としての価値があるという確かな証拠を示した。その日の話し合いが終わったとき、ビリーはそれまでの考えを変えていた。私たちが想像した以上に強い確信を抱いていた。二〇一九年になって、賞金を男女同額とすると決まった正確な日時を確認するため、私たちは全米ローンテニス協会の会議の議事録をすべてひっくり返した。ところが、その決議を裏づける記録はどこにもなかった。ビリー・タルバートはおそらく表決を取るまでもなくこう宣言したのだろう――「賞金を男女同額とする。以上」

この取り決めを公表したのは、翌年、一九七三年の大会開幕直前だった。こうして全米オープンは、男女の賞金を同額とした最初のグランドスラムとなった。

その数年で私の知名度は急上昇し、スポーツや女性の性や生殖に関する権利に限らず、さまざまな社会問題に取り組むようになった。七二年九月には、全米女性政治連盟が主催した女性選挙候補者支援のイベントで、エキシビションマッチを行った。一〇月にはマンハッタン女性政治リーダー会議の表彰を受けた。表彰式は資金集めのイベントも兼ねていて、グロリア・スタイネムをはじめ、女性で初めてニューヨーク証券取引所の会員権を取得したミュリエル・シーバート、公民権運動に携わる弁護士エレノア・ホームズ・ノートン、〝闘うベラ〟のニックネームで呼ばれた下院議員ベラ・アプツーグなど、ウーマンリブ運動のリーダーが集まった。ベラは会場にかぶって現れたトレードマークのチューリップハットをオークションにかけた。

私は選挙応援を求められれば喜んで応じた。アメリカの投票年齢が二一歳から一八歳に引き下げられたばかりで、投票権を得てまもない若い有権者の支持を集め、連邦議会に社会の多様性を反映させる気運が盛り上がっているところだった。ベラ・アプツーグの選挙スローガンは、〈彼女がいるべき場所は家庭《ハウス》ではなく議会《ハウス》です〉だった。この当時、定数四三五の下院に女性議員はわずか一五名しかいなかった。四パーセントにも満たない人数だ。初めてのアフリカ系アメリカ人女性の議員は、六八年に初当選したシャーリー・チザムだった。

ウーマンリブ運動家が議会に働きかけていた法案の一つが、男女平等を憲法に明記するよう求める男女同権憲法修正案（ＥＲＡ）だ。七二年に議会で可決され、同年末までに二二州が批准したが、五〇州の三分の二、すなわち三八州の批准という基準をようやく満たしたのは二〇二〇年一月になってからだった。そして民主党が過半数を占める下院を通過して上院に送られたものの、一九八二年だった批准期限を撤廃して憲法を修正すべきか否かが議論を呼んだ。多数党院内総務ミッチ・マコネルは、上院の票決の期日設定を拒んだ。

　ERA制定に向け、私も当初からもっと率先して働きかけるべきだったと悔やんでいる。憲法に〝女性〟という言葉が盛りこまれるまで――〝すべての男性と女性は平等に造られ〟と明記されるまで――女性の権利は完全には保障されない。最初のころ、自分にはまだ知識が足りないと感じていたが、いま思えば誰かに頼んで知識を分けてもらえばよかったのだ。あるいは、ウーマンリブ運動家が私を脇に呼んで、ERA制定をめざして一緒に全力で闘うべき理由を説明してくれていたらよかった。しかし、そのころ私に期待されたのは、主に資金集めやデモ行進への参加だった。スピーチを頼まれたことはほとんどない。フェミニストのなかには、スポーツは男性上位社会特有の食うか食われるかの競争精神を過剰なまでに体現していると考えている人もいた。私のほうは、一部のフェミニストはあまりにも頭でっかちだと思っていた。

　男女平等を訴えるのにスポーツ選手をもっと利用しないのはなぜかとグロリアに尋ねたことがある。するとグロリアはこう答えた。「だってビリー、これは政治の問題だから」そこで私はこう言った。「グロリア、女子スポーツ選手は政治の問題そのものよ。私たちの使い方を間違ってる！　私たちには発信する力があるのに！　テレビで見られるし、汗を流してるし、身近に感じてもらえる存在でしょ。フェミニストは論じるだけだけど、私たちはあなたたちが訴えているとおりのことを実際にやってみせてるの！」バージニア・スリム・ツアーの選手は女性の従属からの解放やエンパワメントの実例ではないかと指摘した。私たちは平等な賃金を要求して男性優位の制度に挑み、日々闘いながら自力で生きているのだ。

　この一年を通して、私は教育改正法第九編《タイトル・ナイン》という新法成立に向けた活動も追いかけた。これは一九六五年成立の高等教育法の修正案のうちの一つで、七二年に議会を通過した。タイトル・ナインは、二〇世紀に制定された法のうち、女性の参政権を認めた憲法修正第一九条、六四年公民権法に次いで三番目に重要なものだと私は思っている。

この法案提出のきっかけを作ったのは、メリーランド大学の非常勤講師バーニス・サンドラーだ。一九六九年、バーニスがテニュア・トラック〔任期後の審査で適格と認められれば終身在職権のある専任教員として登用する制度〕の空きポジションに応募したところ、「女にしては自己主張が強すぎる」という理由で不採用になった。そこでバーニスは性差別に関する法律をリサーチし、連邦政府との契約について性別による差別を禁じる大統領令を見つけた。次に、高等教育機関での差別事例を募集する広告を文芸誌『サタデー・レヴュー』に出したところ、二五〇件の不服申し立てが可能になる量の資料が集まった。バーニスはその資料を複数の議員に送り、性差別を禁ずる大統領令の遵守を労働省長官に働きかけてほしいと訴えた。資料を受け取った議員の一人が、オレゴン州ポートランド出身の民主党下院議員イーディス・スターレット・グリーンだった。

イーディスは元教育者であり、機会均等や女性の権利擁護運動を長年続けていた人物だ。あるとき、恵まれない家庭の男児向け支援制度を自治体の教育長らが賛美するのを聞き、同じ境遇の女児にはどのような支援制度があるのかと質問したという。すると教育長らは、「男の子は将来、大黒柱として家族を養うことになるから」支援が必要なのは男児だけだと答えた。イーディスは、六四年公民権法が性別に基づく差別の禁止に言及していないことを知って驚き、バーニス・サンドラーをスタッフに雇い入れた。二人は、まもなくタイトル・ナインとして成立することになる法案を共同で書き上げた。

書き直しを経た法案が成立した背景には、ハワイ選出の民主党女性下院議員パッツィ・ミンク、インディアナ州選出の共和党上院議員バーチ・バイ、アラスカ州選出の共和党上院議員テッド・スティーヴンズらの党派を超えたリーダーシップがあった。パッツィは史上初のアジア系アメリカ人の女性議員だ。スティーヴンズは一九五九年にアラスカの州昇格に尽力した人物で、四四年にわたり上院議員を務めるなかでタイトル・ナインの守護天使となった。バーチの最初の妻マルヴェラは、女だからというだけでヴァージニア大学に入学拒否されたことがあり、バーチはそれを忘れていなかった。またスポーツアドミニストレーターでコーチだった父親が一九四〇年に教育の機会均等について連邦議会に喚《よ》ばれて証言することが決まり、バーチと妹がどんな話をするつもりかと尋ねると、父親が「女の子にも男の子と同じように、頭脳を持ち運ぶための丈夫な体が必要だと話すよ」と答えたことも強く印象に残っていた。

　タイトル・ナインを構成する三七語を執筆したのはバイだ。それはたった一文から成っている。「合衆国のいかなる者も、連邦政府から助成を受けている教育プログラムや教育活動において、性別を理由に参加を拒まれたり、利益の享受を否定されたり、差別の対象となったりすることがあってはならない」

　法案を提出した際の上院議場でのバイのスピーチに、当時の女性が置かれていた状況が凝縮されている。

> 女性とは、夫探しのために大学に行き、もっと話の合う夫を探すために大学院に進み、卒業後は結婚し、子供を産んで、それきり外では働かない、かわいらしい存在であるとのステレオタイプが社会に定着しています。多くの教育機関に見られる〝男の席〟を女性に譲りたくないという態度は、そのようなステレオタイプに起因しています。しかし、〝弱いほうの性〟〔「女性」を指すやや古めかしい定型表現〕にまつわるそのような神話は、事実とは異なります。いまこそそのような思いこみを正し……（中略）……アメリカの女性たちが当然に受け取るべき環境を用意するときです。学びたい学校を選んで進み、身につけたい技術を磨くための平等な機会、そして同一労働同一賃金の仕事に就く公正な機会を保証されたうえで、その技術を生かす平等な機会を提供すべきなのです。

　これを読むたび、いまでも感動でぞくぞくする。国民に奉仕せよと政府に働きかけること、それこそが議員の役目だ。バーチ・バイ議員は、どんなときも党略より国家を優先した。いまの政治を見ていると、バイのような議員がもっと増えればいいのにと思う。

　一九七二年六月二三日、リチャード・ニクソン大統領が署名して、タイトル・ナインは成立した。その三七語は、アメリカの、やがては世界中の女性に大きな変革をもたらした。ただし、タイトル・ナインによって女子スポーツの世界における機会の均等や参加人口、奨学金、働き口などに即座に好影響が表れたと主張する人が仮にいたなら、その人は当時のことを誤って記憶している。目に見える効果が表れたのは、タイトル・ナインがスポーツ分野にどう適用されるのか――そもそも適用されるのか――についてて、公民権局の見解が問われてからだった。しかしコンプライアンスに関するガイドラインが提示されたのちも、適用と除外のあいだで公式見解は何度も揺れ動いた。現在に至ってもなお、スポーツ分野への適用を阻止せんとする動きは存在する。

二〇一九年、フォーダム大学ロースクールで、タイトル・ナイン成立に尽くしたバーチ・バイ上院議員の功績をテーマにパネルディスカッションが行われた。私もパネリストとして参加した。NBA初の女性アシスタント・ゼネラルマネージャー、インディアナ・ペイサーズのケリー・クラウスコフもパネリストの一人として壇上に上り、女子プロバスケットボールリーグ（WNBA）設立後、インディアナポリスで行われた初めての試合にバイ上院議員を招待したときのエピソードを披露した。そのころケリーは、バイ議員の地元であるインディアナ州に拠点を移し、インディアナ・フィーバーのゼネラルマネージャーに就任したばかりだった。

バイ議員は招待に応じて開幕試合を観戦に訪れた。「ああ、すばらしい、すばらしいね……」二人はコートサイドに並んで立ち、満員のアリーナを見回した。観客席を埋め尽くした一万六〇〇〇人のファン、会場を包む熱気、興奮を盛り上げる音楽、試合に備えてウォーミングアップ中の選手たち。見ると、バイ議員は目に涙を浮かべていた。「タイトル・ナインがスポーツの世界にどれほど大きな意味を持つのか、あのころの私たちは――私は知らずにいた」議員はそう言った。「こうしてきみたちのような女性や少女に会うたび、いまさらながらその意味を噛み締めているんだ」

バージニア・スリム・ツアー二年目の一〇月、私はまたも疲労困憊していた。極限まで肉体を酷使し

上／元下院議員のベラ・アブツーグ（私の向かって左隣）と。私の右側はグロリア・スタイネムとニューヨーク州副知事のメアリー・アン・クラプサック。
下／〈タイトル・ナイン〉の37語を起草したバーチ・バイ上院議員と。同法は1972年に連邦議会で成立、アメリカの少女や女性たちに教育機会と資金、奨学金への道を開く革新的な内容だった。

ていたし、コートの外でも長時間仕事を続けていた。フロリダ州ボカラトンで開催された大会では、三二度の猛暑に体力を奪われ、クリス・エヴァートにストレート負けを喫した。試合中、主審が渡してくれた帽子に嘔吐までした。試合後に主治医の診察を受け、単球増加症と診断された。ナンバーワンになればもっと充実した生活を送れるだろうといつも思っていた。多くの面ではそのとおりだった。しかしこの年には私の顔と名前は全国に知れ渡っていた。名声はトラブルを招くと痛感したのもこのころだ。ドキュメンタリー番組『60ミニッツ』に出演したとき、私はこう話した。「〔世の中の人みんなが〕私の名前やテニス選手だということを知っているから、一人ひとりにきちんと対応するのが自分の義務だと感じてしまうんです」

スポーツだけでなく、女性の解放、中絶権、選挙戦など、きわめて政治的な世界とも深い関わりを持つようになっていた。世の中からは、私は珍しい存在あるいは秩序の破壊者と——場合によってはその両方と——思われているようだった。みな私をもっとよく見ようと近づいてきた。何年ものあいだ、レストランに出かけても落ち着いて食事ができなかった。私から誘ったわけでもないのにファンの男性が私のテーブルに椅子を引き寄せてきて、一緒に食事をしようとしているかのように座ったこともある。それが日常茶飯事だった。

ラリーとの関係もあいかわらず詮索された。あるとき、すれ違ってばかりのラリーとの生活をときおり重なり合う二つの円にたとえて話したら、友人からこう切り返された——それより、誰にも見られずに消えていく二つの煙の輪のように思えると。テニスの目標をほぼすべて達成したのに、心の平安は一向に訪れる気配がなかった。

ラリーから、あの時期は孤独を感じていたが、「自分のことに……自分がやりたいことに専念できていたし、能力を発揮できていると思っていたから」幸せでもあったと言われたことがある。また何十年もたってから、ジャーナリストのセレーナ・ロバーツの取材を受け、私から何度も離婚を求められたことについてラリーはこう話した。「僕は彼女の夫です。よい夫、悪い夫、無関心な夫、どれなのかはわかりませんが……それでもビリー・ジーンがアイデンティティに問題を抱えているからといって、離婚する理由にはならないと思っていました。その問題さえ解決すれば、どこの夫婦とも同じように、二人で一緒に年を取っていこうと思ってくれるだろうと」

結婚当初は私もラリーと添い遂げるつもりでいた。その思いこみにとらわれて、どちらも離婚に踏み出せずにいた。軌道修正を迫られているのに目をそらし続け、そのせいで互いを傷つけ合っていた。

人生の棚卸しが必要だと切実に感じ、大学を出て以来初めて三カ月の休暇を取った。その三カ月で頭のなかを整理しようと考えた。初日から至福だった。ベイエリアとロサンゼルスを行ったり来たりして過ごした。ごく当たり前の日常を取り戻しただけのことなのに、無限の自由を与えられたような気がした。朝、目が覚めたら自分にこう尋ねる。今日は映画を観る、それとも本を読む？　初めてのレストランに行ってみる？　友達を訪ねる？　サンフランシスコのプレシディオ国立公園内のスコット要塞を訪ねたりもした。マリン郡にもよくドライブに出かけた。ゴールデンゲート・ブリッジを渡り、吹きさらしの岬を巡り、ヘアピンカーブ続きの崖沿いの道をたどって、最後にちらちらと輝く太平洋に出る。海に出たら、お気に入りの場所の一つ、スティンソン・ビーチをめざす。そこに何度行ったことか。細長い三日月形の砂浜に私の場所を見つけた。切り株にもたれてただぼんやりと過ごす。本を持っていくこともあれば、筆記具を携えていくこともあったが、たいていはただ気の向くままに考えを漂わせた。打ち寄せる波の音を聞き、深呼吸をすると、鼓動のリズムがゆっくりになっていくのがわかった。

女子テニスのこれまでの歩みを振り返り、これから何ができるかを考えることもあった。その旅路を経て自分も変わったことを実感した。あるとき、ツアーを一緒に回っていたカナダのヴィッキー・バーナーからアイン・ランドの『肩をすくめるアトラス』を渡された。「ビリー、ぜひ読んでみて！　あなたはダグニー・タガートだから！」

タガートは風変わりな主人公だ。ワーカホリックの女性で、家族経営の鉄道会社の副社長なのによそ者扱いされている。その設定には共感できた。しかしこの小説のもう一つのテーマ——社会のための自己犠牲は道徳に反するという思想、また生産性のない人々は社会に寄生する存在だという考え方――は、あまりにも冷淡で人情味がないと思った。一人きりでも変革は起こせるという私の信念を裏づけている点は気に入った。しかし、その一人は並外れて強靭な人、あるいは才能や特権に恵まれている人でなくてはならないとするランドとは違い、私はどんな人にも変革は可能だと信じている。

それでも、願ってもないタイミングで――あれもこれもやりたいと手を広げすぎた時期、ラリーを愛しながらも自分のアイデンティティに迷って何年も行き詰まっていた時期に――この本と出会えてよかったと思う。この本からは、利己心はかならずしも不健全なものではないと教えられた。私は幼いころからいつも、身近な人々を喜ばせてこそ自分も幸せになれると思いこんでいたのだと悟って、ちょっぴり心が痛んだ。周囲をつねに喜ばせるなんて、そんなことは無理だ。それまでの私は、自分の欲求や感情を後回しにしてばかりいた。感情を胸の奥底に押しこめ、不安に屈服した。敗北の悔しさを、あるいは沈みこんだ心を食べることで癒やそうとし、あげくに厳格な食事制限をまたも自分に課す羽目になったりした。体重の問題は絶えず私を悩ませ続けた。

もし人生を自分の手で切り拓こうとしていなかったら、いまごろどうしていただろうと自問した。そんなことはできない、やるべきではないと周囲に言われようとかまわず突き進んでいなかったら、どうなっていただろう。それから何年ものちにセラピーにきちんと通うようになって、自分についてますます多くを理解できるようになった。あの一九七二年の秋、充電休暇中に見つけた自分の新たな一面は、私自身を死ぬほど怯えさせた。私は、ある女性と恋に落ちようとしていた。

それはヘアカットから始まった。バージニア・スリム・ツアーで一緒だった選手トリー・フレッツから、ビヴァリーヒルズのヘアサロンに腕のよい美容師がいて、その人なら私の多すぎる髪を扱いやすくしてくれるだろうし、有名人の対応にも慣れているから、と何度も誘われていた。「ぜひ紹介したいの」トリーは言った。「とてもすてきな人だし、カットがうまいのよ」そんなわけで、七二年五月のある日、トリーに連れられて、マリリン・バーネットに髪を切ってもらいに行った。整った顔立ちをした細身の女性だった。髪は透けるような金色で、柔らかな声で朗らかに話す。仕事は速かった。こっちに軽くはさみを入れ、あっちにも入れて、二〇分後、私はこざっぱりとした髪でサロンを出た。

次にマリリンと会ったのは、同じ年の秋、テニスを休み、毎日をほとんど一人きりで過ごしているころだった。私はパーティ好きではないが、ある晩、ロサンゼルスの友人宅で開かれた集まりに顔を出した。入ってすぐ、奥のほうにいたマリリンと目が合った。マリリンが近づいてきて、また髪を切りに来てくれるかと尋ねた。

そのままおしゃべりをした。楽しい人だと思った。ずいぶん気を引くような態度を取る人だとも思った。こせこせしたところがなく、そのころはヨガとホルターネックのワンピースに凝っていて、人なつこい笑顔をしていた。でも何よりうれしかったのは、テニスをまったく知らないことだった。私は全仏オープンとウィンブルドン、全米オープンで優勝したばかりだったのに、それがどれほど重みのあることかマリリンは知らなかったし、それで態度を変えたりもしなかった。そこが新鮮だった。

何年もずっとテニス、テニス、テニスだったから、マリリンと話すのはよい気分転換になった。今度ごはんを一緒に食べましょうよと誘われた。私は「いいわ」と答えた。そうやって始まった――気負うことなく、なりゆきで。数日後、私はマリリンがハリウッドのドヒーニー・ドライブ沿いに借りていた素朴な木造の家を訪れた。当時マリリンはロックミュージシャンと交際していた。

その家はこぢんまりとして居心地のよい避難場所のように思えた。テニスから、人々から、ストレスだらけの生活から遠く離れたどこか。マリリンといると素の自分に戻れた。ツアー中の気苦労だろうと何だろうと正直に打ち明けられた。マリリンは聞き上手で――そうじゃない美容師がいる?――一緒にいると楽しかったから、ロサンゼルスに行くたびにマリリンと会うようになった。女性に惹かれたのは初めてではなかったが、このときの強い気持ちは自然で当然のものに思えた。体の関係に発展するのに時間はかからなかった。初めて愛を交わしたときは不安もあったが、すばらしかった。

つきあい始めのころ、マリリンと過ごす時間は、外の世界の義務や責任から解放されてしゃぼん玉で漂っているよう、けれども何か親密で心を解放してくれるようなものを介して別の誰かとつながっているように感じられた。テニスと縁のない相手との交際は初めてだった。選手として、ビジネスウーマンとして、外れ値として、評価を気にせずにすんだ。弱い面を見せたってかまわない。初めはただ彼女に夢中だった。

　朝は遅くに起き出して、マリリンが用意した卵料理やオートミールで朝食をすませた。そのあとは本を読んだり、二人で静かに音楽を聴いたりした。二人とも音楽が大好きだった。午後になると、マリリンの愛車、カルマンギアのコンバーチブルに乗ってラジオの音量を思いきり上げて音楽を鳴らし、フリーウェイを飛ばした。二〇一七年の映画『バトル・オブ・ザ・セクシーズ』に、マリリンと私が『クリムズンとクローバー』に合わせて踊る場面がある。初めて映画を観たとき、そのシーンで鳥肌が立った。私のなかでマリリンとその曲は分かちがたく結びついているが、脚本家にも監督にもそのことは一度も話していなかった。歌詞に「彼女のことはほとんど知らないけれど、きっと愛せると思うんだ」という一節がある。街を走っているときカーステレオからその曲が流れていたのをよく覚えている。マリリンの金色の髪が風に吹かれて躍っていた。

　この年が終わるころには、私は公然と二重生活を送るようになっていた。マリリンと交際を始めた当初は一握りの親しい友人に打ち明けただけだったが、七三年の春にはマリリンがツアーに同行するようになって、誰の目にも明らかになった。ツアーの内情を知る人なら、私が以前から自分の性的指向に疑問を抱いていたことを知っていた。もちろんラリーも知っていた。

　マリリンと私は人の目を気にせず一緒に外出し、レストランで食事をし、映画館に出かけ、コーヒーハウスで音楽を聴いた。そのころの私には珍しく二日、ときには三日連続で休暇を取ることもあった。どこかで知り合いに出くわすと、マリリンを友人として紹介した。のちにはパーソナルアシスタント兼ツアーマネージャーと紹介するようになった。事実、その二つの名目で月六〇〇〇ドル支払っていたし、ツアーに同行しているときはマリリンの経費も全額負担した。マリリンは男性だけでなく女性との交際経験もあったから、人前で無関係を装うのにも慣れていた。それでも私は、本当のことは誰にも話さないでほしいと念を押した。リスクが大きすぎた。

仮に同性愛者ではないかと噂が立っていたら、それだけの理由で大きな栄誉を逃すところだったと、だいぶあとになって知った。一〇代のころから『ワールド・テニス』誌と並んで愛読してきた『スポーツ・イラストレーテッド』誌の編集部内では、七二年、史上初めてのスポーツウーマン・オブ・ザ・イヤーに私を推す声が上がっていた。それまで何十年も男子選手しか栄誉を授けられてこなかった賞だ。最終的には、私が業績だけでなく人柄を含めて心の底から尊敬していたUCLAバスケットボール・チームの偉大なコーチ、ジョン・ウッデンがスポーツマン・オブ・ザ・イヤーに選ばれ、同時受賞が決まった。一歩ずつ着実に進んだ先に飛躍があることは多い。最初の世代は扉を少し開け、次の世代が一気に開け放つ。四年後、クリス・エヴァートは単独で同じ栄誉を授けられた。

私が選出された裏で何があったかを知ったのは、三〇年も過ぎてからだった。友人のフランク・デフォードの話によると、私の表彰が検討されているころ、廊下で『スポーツ・イラストレーテッド』編集主幹のアンドレ・ラゲールから、すれ違いざまにこう訊かれたという。「ビリー・ジーン・キングはレズビアンだって噂があるが、本当か?」

フランクは微笑み、安心させるようにこう答えた。「いやいや、アンドレ、女子のスポーツ選手と見れば世間はかならずそう言うんですよ」仮にフランクがその場でアンドレの疑念を肯定していたら、私はその年、表彰されていなかっただろう。

私が知らないだけで、ほかのスポーツライターにも私をかばってくれた人は大勢いたのだと思う。記者勢には友人と呼べる人がたくさんいた。たとえばバド・コリンズ、バリー・ロージ、『ロングビーチ・プレス=テレグラム』紙のボブ・マーティン、『ニューヨーク・タイムズ』紙のニール・アムダー、ニューヨークの『デイリー・ニューズ』紙のマイク・ルピカ。女性のスポーツライターはまだ珍しかった。AP通信の一九七〇年の推定では、アメリカには一七〇〇の新聞があったが、女性のスポーツ記者は二五名ほどだった。伝説の記者メアリー・ガーバーは、四四年から『ツインシティ・センティネル』と『ウィンストン＝セーレム・ジャーナル』(いずれもノースカロライナ州の新聞)でスポーツ記事を担当し、二〇〇二年までパートタイムで執筆していた。七八年、メリッサ・ラトケが取材の機会均等を求めてメジャーリーグを提訴し、スタジアムのロッカールームに入って取材する権利が女性も含めた全ジャーナリストに認められた。それを契機に、女性のスポーツライターが一気に増えた。タイトル・ナインもその後押しをした。女性スポーツライターのパイオニアたち――ガーバー、ラトケ、ロビン・ハーマン、レスリー・ヴィッセル、ジェーン・リーヴィ、ステファニー・ソールター、クレア・スミス、トレイシー・ドッズ、スーザン・フォーノフ、クリスティン・ブレナン、ミシェル・ヒンメルバーグ、ジェーン・グロス、ヘレーヌ・エリオット――に、まもなく大勢の若手が加わった。リアン・シュライバーはのちに『ニューヨーク・タイムズ』紙初の女性スポーツ欄編集長になり、ロビン・フィンがテニスを担当した。

私がジャーナリストと良好な関係を維持できたのは、彼らの仕事に敬意を払っていたから、そして締め切りに間に合うように私たち選手の話を引き出す必要があることを理解していたおかげだと思う。ときに悪く書かれることもあったが、それは悪く書かれる理由が私にあったからにすぎず、彼らはだいたいどんなときも公平だった。私も従来型のメディアへの感謝をいつも忘れないようにしている。いまはデジタルの時代だからなおさらだ。新聞や雑誌などがなければ、私たちの物語が世の中に伝えられることはなかっただろうし、私たちの挑戦は成功しなかっただろう。それに、記者にあれこれ質問をし、その人について、仕事について、その人が見聞きしたものについて、いろいろと教えてもらうのは楽しかった。持ちつ持たれつの関係だった。

マリリンと一緒でも、ツアー中なら安心だった。女子テニス選手は互いをかばい合う。それは同性愛者でも異性愛者でも、一番のスター選手でも予選をぎりぎりで通過するレベルの選手でも、関係ない。

私たちは旅回りの家族のようだった。ストーリー、ドラマ、愛憎、ノイローゼを共有する家族。家族の秘密が外に漏れることはない。そこに何人か同性愛者がまぎれていようと、誰もそれを話題にしなかった。そのころもいまも、女子スポーツはレズビアンだらけで、男子スポーツにゲイは一人もいないと思われがちだが、それは根拠のない思いこみにすぎない。女子プロ選手に占めるＬＧＢＴＱ＋の割合は、一般の集団に占めるそれと大差ないはずだ。

　ではツアーの外でも安心できたかというと、事情はまったく違ってくる。あのころがどれほど抑圧された時代だったかを明快に伝えるのはむずかしい。記憶にあるかぎり、同性愛者を公言していた著名人はほとんどいなかった。例外は一握りの作家や活動家だけだろう。たとえばジェームズ・ボールドウィン、オードリー・ロード、ゴア・ヴィダル、リタ・メイ・ブラウン、ラリー・クレイマー。もう少し時代が進むと、サンフランシスコ市議ハーヴェイ・ミルクがいた。ミルクは、カリフォルニア州では初めて同性愛者であると公表したうえで公職に選出された人物だ（ミルクは一一カ月後、彼の活動を批判していた政敵により、サンフランシスコ市長ジョージ・モスコーニとともに市庁舎で暗殺された）。俳優のロック・ハドソンは、ＡＩＤＳが原因で命を落とした、アメリカ人なら誰もが知る著名人の最初の一人だが、彼のカミングアウトのきっかけとなったＡＩＤＳの流行はまだ一〇年ほど先だ。そういったわずかな例外を除けば、レズビアンやゲイの存在が――ＬＧＢＴＱ＋の残りの部分である〝ＢＴＱ＋〟の人たちはもちろん――日常生活で話題になることはなかった。そう考えると、同性愛嫌悪《ホモフォビア》の風潮は、私たちマイノリティの味方をした要素の一つといえるかもしれない。泥沼離婚や逮捕の原因として伝えられないかぎり、個人のセクシュアリティが報道で言及されることはなく、当時の記者や評論家は、たとえ有名人であろうと他人の私生活をのぞき見るものではないといって私たちを守ってくれていた。

　もちろん、そうわかっていても不安が消えるわけではない。保証などどこにもないのだ。同性愛者は法律による保護を期待できない時代だった。スポンサーや雇用主との契約にはたいがい道徳条項が含まれていて、それに違反すれば即座に解雇できる。スキャンダル一つで生計の手段を奪われる。アウティングされでもしたら、同性愛者であることを理由に嘲笑され、解雇され、排斥され、危険視されかねない。身体に危害を加えても正当化される場合さえあった。

〝へえ、きみはゲイなんだ。だからって何も変わらないけど〟と言って多様性をすんなり受け入れる人は、いまと違ってまずいなかった。ＬＧＢＴＱ＋の人々は暴行され、レイプされ、逮捕され、ときには殺された。家族は引き裂かれ、子供は勘当され、人生はずたずたにされた。現在でもそういった悲劇が起きないわけではないが、あの時代がどれほどの悪夢だったか、繰り返されるヘイト発言がどれほどの苦悩を生むのか、いまの人々が本当に理解しているようには思えない。自分を偽って生きることほど心をすり減らすものはない。

始まったばかりの女子プロツアーの主力選手であり、スポークスパーソンでもあった私は、むずかしい立場に置かれた。もとより私は偽善を許さない人間と思われていた。バド・コリンズはからかい半分で〝自由の守護者〟と私を呼んだくらいだ。真実を語る者、挑戦者というのが私に対する世間の評価だった。ところがどうだ、実際には偽りの生活を送っていて、自分でもそれがいやでいやでたまらなかった。これは必要な嘘なのだと思っていても、それで罪悪感や心の不協和音が軽くなるわけではない。セラピーを受けたところで解消されるとは思えなかった。そのころもまだ、精神医学の手引書には、同性愛者は〝異常者〟であると書かれていた。偏見は根強かった。

異性愛は健全だが、ゲイやレズビアンは不幸せで不健康な生活に甘んじ、死んだら地獄行きというのが時代の認識だった。両親は同性愛を嫌悪していたし、私は同性愛は罪であるという宗教教育を受けて育った。それでも、正直にいえば、自分が罪人であるとは思っていなかった。だが、そうだとすると、私は何だということになる？　そのときの私に確実にいえるのは、まだ男性と結婚しているのに女性とも関係を持っていて、その事実が漏れたら身の破滅ということだけだった。

大衆文化が進み、性的指向に言及する人が増えた現在とは違って、境界が曖昧で濃淡を持つもの、一人の人生のうちでも変化することがあるものとして性的指向が取り上げられることはまだあまりなかった。そのことがもっと広く知られていたらよかったのにと思う。私は男性や男性の肉体に魅力を感じる一方で、感情のレベルでは女性により密接な結びつきを感じる。はっきりいえるのは、私がいまレズビアンとして生きているのはセックスだけが理由ではなかったということだ。共感、愛おしさ、セックス以外のあらゆる経験を誰かと共有する喜び、そういった豊かな心の動きのほうが大きな比重を占めていた。セックスはおまけにすぎないことさえあった。納得しがたいという人も多いだろうが、この違いを理解しようと真剣に考えてみれば、私がラリーを深く愛し、性的にも惹きつけられる一方で、人生の伴侶として最後に選ぶのが女性であるのはなぜか、いくらかでもわかってもらえるのではないかと思う。

一九七〇年代、世の中はきっと理解してくれるだろうとは楽観できなかった。見た目どおりの人間ではないとわかったとき、私はどうなるだろうかと不安だった。人の心は離れたが最後、二度と元に戻らないこともある。この世界に私のような人間の居場所は二度となくなるのではないか。七五年に引退したあとカミングアウトしたNFL選手、デイヴ・コペイの気持ちは私にもわかる。「ストレートの世界では自分がゲイすぎると感じ、ゲイの世界ではストレートすぎると感じる」NFLで八年間プレーしたデイヴは、引退後はコーチとしてやっていきたいと考えていた。しかしどのチームからも声がかからなかった。結局、実家の床材メーカーを継いだ。

マリリンと交際を始めたころ、カミングアウトすべきだろうかと迷い、尊敬する人々の一部に相談した。みなやめたほうがいいと口をそろえた。「女子プロツアーに悪影響が及ぶだけではすまない——おそらくツアーを続けられなくなる」その結果、月日が過ぎるにつれ、発覚の恐怖は薄らぐどころか強まった。悪いほうの想像がふくらんだ。不安や心配に押しつぶされそうになることもあった。本当の自分を隠さなくてはならない怒りを抑えきれなくなり、周囲に八つ当たりしてしまったりもした。そういうときはやはり食べることに慰めを求めた。本当の自分をさらけ出せなかったのは、そうしてしまえば私自身がトラブルに巻きこまれるのはもちろん、私を愛し、頼りにし、信じてくれている大勢の人に迷惑がかかると思ったからだ。似たことはそれまでにも起きていた。

だから、慣れ親しんだ楽な道を選んだ――内面の葛藤に屈服せず、しゃにむに進んだ。交際を始めた当初、マリリンとの関係は順調だった。しかし遠距離恋愛では、問題が明らかになるまでに少し時間がかかることがある。最初の年、マリリンをツアーに同伴し、つねに行動をともにするようになってマリリンのことをよく知るようになると、私の認識は変わり始めた。疑念が心に忍びこんだ。彼女は信用できるのか、このまま交際を続けていていいのか。私は同性愛者になりたいのか、異性愛者なのか、離婚したいのか、結婚生活を続けたいのか。自分でも答えが出せなかった。私の気持ちは週ごとに変わった。何もかもが中途半端に思えた。

一九七三年のツアーに密着取材し、『長い道のりだったね、ベイビー（*A Long Way, Baby*）』という一冊の本にまとめたグレース・リヒテンシュタインは、取材中の数カ月のあいだに私の迷いを感じ取っていた。私たちがなぜ離婚しないのか、誰も――ラリーや私でさえも――わかっていなかったとグレースは書いた。私は彼女にこう話した。「結婚する前に一緒に生活してみればよかったのだろうけど、二人とも潔癖主義だったから。離婚したうえで一緒に暮らしたほうが楽なのかもしれない。契約を交わしたのだから添い遂げるべきという固定観念にはもううんざり」ラリーはグレースの取材に、私たちの取り決めは「愛情、利便、理解」の問題なのだと答えている。「一般にいう夫と妻の関係とは言いがたいが、僕らはもう何年も愛し合ってきている。職業が別だから離ればなれになりがちだ。顔を合わせる機会が少なくなると、二人の関係も変わってしまう」

たしかに私たちの関係は変わった。それでも、頭や心が文字どおり万力で締め上げられているように感じることがあった。〝これもちゃんとできない、あれもちゃんとできない。どうしていいかわからない〟。何枚ものお皿を棒の先で回し続けていなくてはいけないような気がした。もし失敗したら――たとえ一枚でも落としてしまったら――大惨事になるだろう。重圧につぶされかけていた。私は行き詰まっていた。

第16章　ボビー・リッグズからの挑戦

　数カ月に及ぶ休暇が終わって一九七三年一月にバージニア・スリム・ツアーに合流したあと、マリリンと私は旅先でスイートルームやダブルの部屋に滞在した。ツアー中の女子選手には珍しいことではなかった。全米ローンテニス協会（USLTA）とバージニア・スリム・ツアーのあいだではまだ覇権争いが続いていた。大会スケジュールがなかなか確定せず、私はその不安定な状態を終わらせたかった。春ごろ、よい兆しがいくつか見えてきた。

　バージニア・スリム・ツアーの契約選手は六〇名を超え、USLTAはそれに対抗しようと、四大大会から締め出すとまたも脅してきたり、スポンサーや運営委員長に強引な働きかけをして私たちのツアーと手を切らせたりと、あらゆる方便を使ってきた。たまりかねたグラディス・ヘルドマンは、私たち女子選手グループを〈女子国際テニス連盟〉（WITF）として独立法人化したうえでUSLTAを告訴した。私も訴訟に参加した。USLTAも私たちも、この分裂状態は双方にとって自滅行為であることはわかっていた。そこでジョー・カルマンにあいだに入ってもらい、四月二七日にニューヨークで休戦を話し合った。ジュリー・ヘルドマン、フランキー・デュール、オランダのベティ・ストーヴと私で交渉に臨んだ。話し合いの結果に私は胸をなで下ろした。設立まもないWITFは解散し、女子プロツアーをバージニア・スリム・ツアーに一本化し、USLTAと国際ローンテニス連盟の公認ツアーとして七四年から年間スケジュールを組んで運営することになったのだ。クリス・エヴァートは一八歳の誕生日にすでにプロに転向していて、プロデビュー戦となったバージニア・スリム・ツアーのサンフランシスコ大会では、チケットを求めるファンの行列が一街区を一周するほどの人気だった。

一つ残念なことがあって、USLTAは和解の条件としてグラディスの解任を要求した。分裂の元凶はグラディスだと考えていたからだ。グラディスは心底がっかりしていた。私もだ。女子選手から見れば、グラディスこそ救世主だった。

グラディスの解任と前後して、それまでは〝うるさい外野〟程度にしか思っていなかったある人物が、女子テニスの存在意義に対する新たな脅威に変貌する兆しを見せ始めていた。ギャンブル好きで有名だったテニスの元チャンピオン、ボビー・リッグズの名は、私もロングビーチの子供時代から聞き知っていたが、そのボビーが高額賞金をかけて対戦しようとしつこく持ちかけてくるようになっていたのだ。

前にも書いたとおり、リッグズは一九三九年、アマチュア時代のウィンブルドン大会でハットトリックを達成し、全米オープンでも二度優勝した名選手だ。そのころは、やはり賞金のない大会ではあるが、シニア・ツアーで活躍していた。二番目の奥さんと離婚したあと、カントリークラブの裕福なプレーヤーやセレブリティ相手に賭けテニスをして生計を立てていた。私はボビーに敬意と同情をいっしょくたに抱いていた。偉大なチャンピオンとしてもっと敬意を払われてしかるべきだと本人が思っていることは私も知っていたし、事実、そのとおりだろう。

初めてボビー・リッグズと会ったのは七一年だった。私が全米オープンの会場であるフォレストヒルズのクラブのコートで練習していると、ボビーが低いフェンスを跳び越えて現れた。その何週間も前から、私との対戦を申しこもうと何度も電話をかけてきていたが、私は一度も電話口に出なかった。それに業を煮やして直接交渉を試みたようだ。

「なあ、いいだろう、ビリー・ジーン、対戦しようぜ」ボビーは言った。「こっちはこんな老いぼれなんだ、きみが負けるわけがない」

「興味ないから」私は言った。私のためにも女子テニスのためにもならないとわかりきっていた。

それからも数カ月ごとにボビーは対戦を申し入れてきて、そのたびに私は断った。初めのうちは笑い話にもできたが、しだいにうっとうしくなり、二年ほどたってボビーがついにマスコミを利用して私を挑発し始めたときには怒りを感じた。

「女は男と同額の賞金には値しないと思うんだよな。ビリー・ジーンによれば値するらしいけど」ボビーは記者会見の場でそう言い放ち、私に送った電報を報道陣に見せた。〈女子のトップ選手のプレーは男子に引けを取らないときみは言う。だったら、ぜひ俺を相手にテニスコートで証明してみせてくれ〉。私との勝者独り占め試合の賞金として自分のポケットから五〇〇〇ドルを出すと宣言し、私が断るなら女子トップ選手のほかの誰かに同じオファーを出すだけだと言った。私はやはり餌に食いつかなかった。

二月末、私はインディアナポリスの大会の準決勝でマーガレットを下し、そこまで一二大会連続で優勝していたマーガレットの快進撃を止めた。試合後、アリーナのエレベーターに乗ると、マーガレットがいた。扉が閉まるのを待ち、マーガレットは私に笑顔を向けて言った。「実はね、ボビー・リッグズと対戦することにしたの。賞金は一万ドル」

マーガレットがそんな話に釣られるなんて。そのほんの二日前、私はまたしてもボビーの申し出を断ったばかりだった。私はマーガレットに笑みを返し、何か励ましになることを言おうとしたが、口をついて出たのはこうだった――「あなたがそれでいいならかまわないけど、マーガレット。ただ、一つお願いがある。絶対に勝って。あなたもわかってるでしょ。これはテニスの勝ち負けの問題じゃない。女子テニスの未来が懸かってるの」

マーガレットは、不思議な生き物を見るような目でこちらを見た。マーガレットにしてみれば、高額の報酬がもらえるエキシビションマッチの一つにすぎないのだ。テニスが堕落したのはお金のせいだと何年もあちこちで主張してきたくせに、当のマーガレットがお金のために女子プロツアーの権威を――そうでなくても頼りない権威を――失墜させかねない危険を背負いこもうとしている。別れ際、私はもう一度だけ念を押した。「マーガレット、お願いだから勝ってよ」

ロージーは『スポーツ・イラストレーテッド』誌のインタビューでボビー・リッグズをこき下ろした。なんだってプロの女子選手が「リッグズみたいな耳は聞こえない、目も見えない、アヒルみたいな歩き方しかできない、しかもおつむまで空っぽな、むかつく〝過去の人〟の相手をしなくちゃならないのよ」。私は大笑いした。ロージーの発言はどんなときも遠慮がない。

のちになってマーガレットは、ボビーの挑戦に応じた理由の一つはプライドだったと認めた。「彼は女子テニスを愚弄しただけでなく、ビリー・ジーンを世界一の選手と呼んだ。通算対戦成績は私のほうが上なのに。それが気に入らなかった」マーガレットは一九七五年刊の回想録にそう記した。

先述したとおり、フルタイムの選手を目標にオーストラリアでトレーニングをして以降、マーガレットとは二四回対戦し、通算一二勝一二敗とまったくの互角だった。七二年末のランキングでは私が一位だったが、ボビーの挑戦を受け入れた時点で、マーガレットは私を追い越そうとしていた。だが、ことはランキングや対戦成績の問題ではなかった。ボビーが私に先に挑戦状を叩きつけたのは、マーガレットではなく、私がウーマンリブ運動を象徴する一人でもあったからだ。マーガレットは、誰も自分を「ウーマンリブ活動家とは見ないでしょう」と率先して認めている。「私がボビーと対戦するのは、自分のためです。女は男に勝てないと誰もが思っています。私にとっては〝ダメもと〟で、損はありません」

といってもマーガレットは、自分が負けるとは思っていなかった。一七五センチ、三〇歳のマーガレットは、ボビーより五センチ背が高く、二五歳若い。何年もたってから、試合は全仏オープンやウィンブルドンに向けて準備を進めるなかの〝ちょっとした気分転換〟、単なる〝余興〟程度に考えていたとも打ち明けている。だから特別な準備はせず、試合に向けた戦略一つ立てていなかった。対戦前のボビーの印象は「ずいぶんと大口を叩く人」くらいのものだったと言っていた。

マーガレットとボビーの〝男女対抗試合〟は一九七三年五月一三日の母の日に、建設中のリゾート施設サンディエゴ・カントリー・エステーツで行われた。生中継の権利を獲得したCBSテレビが賞金に一万ドルを上乗せしていた。私は生中継を見そこねた。ちょうどその時間帯は太平洋上空三万フィートを飛行中だったからだ。その週、バージニア・スリム・ツアーの一部選手が日本初の女子プロ大会に出場した。その前夜に東京で行われた決勝戦で私は勝ち、八四〇〇ドルという悪くない賞金を手にしていた。マーガレットがボビーとの対戦で手に入れるはずだったのと大差ない額だ――しかも、よけいな注目や頭痛のおまけはついていなかった。試合後すぐに夜行便に飛び乗り、ロージーらアメリカ人選手やマリリンと帰国の途についた。

長いフライトのあいだずっと、マーガレットが勝ってボビーの口を永遠にふさいでくれていたら最高にありがたいんだけど、とみなで話していた。中継地のホノルルで、生中継を少しでも見られるかと期待した。飛行機のドアが開くと同時に一斉に到着ロビーに走りこみ、当時の空港の椅子にかならずついていた硬貨投入式のテレビの空きを探した。私は一台見つけて二五セント硬貨を入れ、「お願いだから放映しててよ!」と願ったが、画面に映ったのは人気西部劇ドラマ『ガンスモーク』の前週の放送分だった。ロージーが携帯ラジオを引っ張り出してつまみを回し、地元のニュース専門局に合わせた。私たちは固唾をのんで待った。まもなくスポーツコーナーが始まり、アナウンサーが言った。「カリフォルニアで今日の午後に行われた男女対抗試合の結果です。ボビー・リッグズが6−2、6−1でマーガレット・コートを下しました」

ストレートで負けた？　みな耳を疑った。私はロージーの顔を見て言った。「私がやるしかないみたいね」そしてその場でラリーに電話して言った。「試合の手配をお願い」

ボビーがマーガレットを下したその試合は、〝母の日の大虐殺〟と呼ばれるようになった。試合の録画を初めて観たとき、試合前に薔薇の花束を贈られたマーガレットがボビーにカーテシーをする場面で私は思った――ああ、もうこの時点で負けていたのだな、と。ボビーはまずマーガレットを油断させ、それから解体にかかったのだ。博打打ちの常套手段だ。

案の定、こちらから連絡を取る前にボビーの代理人から電話がかかってきた。一九三九年のウィンブルドン・チャンピオンに私が勝ったところで女子プロツアーには何の影響もないが、現役の女子プロ選手、それもおそらく女子テニス史上もっとも堂々たる体格をしたマーガレットがボビーに負けたとなると、話はまったく変わってくる。女子の実力を示さなくてはならない。ボビーとの試合に向けた交渉が始まってから、本当に試合をすると決まったときの過熱報道や重圧を想像して何度も胃が痛くなったことは正直に打ち明けなくてはならない。何度もこう考えた。どうしよう、私は絶対に負けられない。懸かっているのは私のプライドや評判ばかりではなかった。女子プロツアーが消滅してしまうのでは、タイトル・ナインのスポーツへの適用に影響が及ぶのでは、私たちがそのころもまだ続けていた闘い——賞金格差の解消や公平な待遇を求める闘い——が失速してしまうのではと思うと怖かった。

交渉がほぼまとまったのは六月の終わりごろだった。プロモーターのジェリー・ペレンチオが用意する賞金は一〇万ドル。さらに今後の交渉によっては協賛企業が賞金を積み増す。私は男子の規定の五セットマッチを希望した。弁解の余地を残したくなかった。

開催を発表したとたん、外野は過剰に騒ぎ、ボビーはまた好き勝手にしゃべり散らすだろうとわかりきっていた。実際、発表後のボビーはやかましかった。「女がこんな重圧に耐えられるわけがない……女のテニスなんてお粗末そのものだね！……有能な女は、黙ってその能力を発揮する。能力のない女は、フェミニストになる」ウィンブルドンに集中したかった私は、発表を数週間先延ばしにするよう申し入れた。

ユーゴスラビアのニキ・ピリッチがデビスカップへの出場要請を拒否して国際ローンテニス連盟から出場停止処分を言い渡されたことに反発した男子プロテニス協会が、ウィンブルドンのボイコットを決めた。このニュースを聞いて、私はボビーとの対戦の発表を遅らせてよかったと思った。私はアーサー・アッシュら指導的立場にいる男子選手に連絡を取り、男子が望めば女子も同調すると伝えた。男女が団結したほうが強くなれるとずっと信じていたが、その思いを新たにした。このころには女子も大勢の観客や大型スポンサーを呼べることは証明されていたのに、例によって男子は女子との関わりを望まなかった。男子の拒絶は結果として、私たち女子にいっそうの力を与える結果になった。

私は一九六四年以来、すべての女子選手を統《す》べる組織を設立したいと思い続けていたが、今度こそ実現しようと心に決めた。男子は賞金の全額とはいわずとも、大半を自分たちが受け取るのが当然と考えて疑わないくらい恵まれた立場にあった。女子が自分たちの利益を守りたいなら、団結しなくてはならない。八一名の男子トップ選手がウィンブルドンをボイコットして得をするのは女子選手と女子プロツアーだ。大会開催中の二週間、女子にかつてないほどのスポットライトが当たることになるのだから。

ウィンブルドン開幕の前週に開催されたクイーンズ・クラブ大会の期間中、私は試合の合間を縫ってほかの女子選手と話し合いの場を設けた。最初、みなの意見はてんでんばらばらだった。フランキーとロージーをはじめ一部の選手は、賞金格差の解消を求め(この年は、女子の優勝賞金三〇〇〇ポンドに対し、男子は五〇〇〇ポンドだった)、女子は女子でウィンブルドン大会をボイコットしようと主張した。一方でクリッシーやイヴォンヌを含むトップ選手の大半は、ボイコットに加わるのを即座に拒否した。つまり、実際にボイコットをしたところであまり意味がない。

ウィンブルドン開催を前に女子選手がロンドンに集まり始めたとき、思いがけない幸運に恵まれた。全選手を一つところに集める手間が省けるとわかったのだ。開業したばかりのグロスター・ホテルがウィンブルドンの公式ホテル認定を狙って、本戦に出場する女子選手の宿泊を無料にしたおかげだった。私たちはグロスター・ホテルを作戦本部とし、七三年六月二一日、ホテルの大会議室に六五名が集まった。中心メンバーにロージー、アン・ジョーンズ、ヴァル・ジーゲンフスがいた。私は身長一八三センチのベティ・ストーヴにドアの前に立ってもらい、こう頼んだ。「ベティ、協会結成まで誰一人出入りしないように見張ってて。お願いね」

その場で採決できるよう、あらかじめラリーに頼んで会則の草稿も作ってもらってあった。そのころはボビー・リッグズとの試合をはじめ、いろんな交渉をラリーに頼んでいて、私にはもうどれがどこまで進んでいるのか把握できなくなっていた。出版、経営管理、イベント興行、テニス用品販売。〈テニスアメリカ〉のテニス教室は一四都市で開催されていて、インストラクターは二〇〇名、生徒は三〇〇〇人もいた。そのころ私が何より楽しみにしていたのは、何人かの実業家と合同で創設準備を進めていたチームテニスのリーグだ。ラリーと私は何年も前からその実現を夢見ていた。このときラリーは、新しいリーグについて選手に説明するためと女子選手協会の創立支援のためにロンドンに来ていた。

会議の冒頭、ロージーが私と一緒にみなの前で短いスピーチをした。そのあとは自由に意見を言ってもらった。心理学の博士号を取得するためスタンフォード大学に通いながらパートタイムでツアーに参加していたジュリー・アンソニーはこう尋ねた。「どうして女子の協会が必要なの?」私はジュリーが大好きだ。このエピソードを思い出してはいまも二人で笑っている。そのとき私がジュリーに向けた強烈な視線がすべてを語っていた。私はこう叫びたかった。〝それ、冗談で訊いてるのよね!〟

その言葉をのみこみ、深呼吸をして気持ちを落ち着かせてから、協会設立のメリットを丁寧に説明した。最大の利点は、ツアーに関する決定を自分たちで下せること、全米ローンテニス協会(USLTA)や男子プロテニス協会(ATP)に指図されずにすむことだ。それに、これまでと違って全員の意見を一つにまとめて発言できる。ラリーが用意した会則も説明した。獲得賞金の一〇パーセントを協会に納めなくてはならない理由について、しばし議論になった。これまでもグラディスに一〇パーセントを支払っていたではないかと私は指摘した。協会運営にはどうしてもそのくらいの経費はかかる。そのあと、協会の名称について話し合ったが、なかなか意見がまとまらなかった。この分では永遠に結論が出なくなると思い、私は言った。「みんな、話し合いはもう十分だよね。いまここで決まらないなら、私はもうあきらめる」それから、賛成の人は挙手してと言った。ほぼ全員の手が上がった。名称は〈女子テニス協会〉(WTA)に決定した。

何人かが歓声を上げ、あちこちから拍手が聞こえた。みなが出口に殺到しかけたが、ベティはドアの前から動かず、私は言った。「待って! ちょっと待って! まだ終わってない。役員を選ばなくちゃ」投票の結果、フランキーが書記に、ベティが会計係に、そして私が会長に選ばれた。USLTAや国際ローンテニス連盟寄りの立場を取っていて、女子テニス協会設立には誰より消極的だったヴァージニア・ウェードは副会長に任命されたが、二週間後に辞任した。男女統合を推し進めることを考えて、私としてはUSLTAの女子ツアーに参戦している選手を役員に置きたかった。この日の会議に参加していなかったクリッシーとイヴォンヌのように、ヴァージニアもまだバージニア・スリム・ツアーには加わっていなかった。

ベティがドアを開け、私たちは全員でロビーに出た。待ちかまえていた取材陣に、私は宣言した。「女子の協会が設立されました！」記者たちの質問を聞いていると、協会の設立にはあまり興味がないらしかった。それよりも男子のボイコットに同調するのかどうかを知りたがっていた。それでも設立のニュースは広く知れ渡った。その一年前、私のヒーローの一人、メジャーリーグベースボール選手会会長でテニスの腕前も一流だったマーヴィン・ミラーは、史上初のストライキを決行し、年金基金の充実と年俸調停制度導入を勝ち取った。マーヴィンはUPI通信のインタビューのなかで女子テニス協会設立に祝意を表明した。マーヴィンの支持は何よりありがたかった。

WTAの日常の運営を任せられる人が必要だった。そこで私はグラディスに会い、初代事務局長就任を打診した。きっと運営に関わりたいだろうと思った。

「絶対にお断り」グラディスは即答した。

私は驚き、がっかりした。ただ、グラディスは自分のやり方で仕事を進めることに慣れていたし、雇われの立場を嫌う人だ。一つの時代が終わったのだと思った。女子プロテニスの成功はグラディスの力によるところが大きい。グラディスは女子テニスの歴史に名前が刻まれるにふさわしい巨人なのに、評価されることが少ない。二〇二〇年、女子プロツアー設立五〇周年の催しで、私たち〝オリジナル9〟はグラディスの遺徳をしのんだ。

ウィンブルドン大会開幕前にWTA設立が間に合って、心底ほっとした。この年、私は通算五度目のウィンブルドン大会シングルス優勝を狙っていた。女子で五度の優勝は、一九三二年のヘレン・ウィルス・ムーディ以来の快挙となる。WTA設立が叶って、ずいぶん心が軽くなっていた。毎日、オール・イングランド・クラブのゲートをくぐるたびに心のなかでこう叫んだ――女子の組織がついにできた！将来に向けてどれほど大きな意味を持つできごとか、女子選手はみな理解していた。

男子の大半がボイコットしたため、出場したトップ選手はチェコのヤン・コデシュとルーマニアのイリ・ナスターゼくらいだった。二人ともそれぞれの国の社会主義政権が牛耳るテニス協会の指示に逆らえなかった。まだ一七歳だったスウェーデンのビョルン・ボルグはこの大会でウィンブルドン・デビューを飾るなり、たちまちロックスターのような人気を集めた。ボルグ・ファンの若い女性たちは、ビートルズに黄色い声を送るファンと変わらなかった。ボルグは会場内の移動もままならなくなり、まもなくボディガードがついた。

それを除けば、この大会のスターは間違いなく女子選手だった。女子の試合を観に大勢が詰めかけた。総観客数は三〇万一七二人で、これは当時のウィンブルドン史上第二位となる記録だった。女子のトップ選手はひととおりエントリーしていて、第四シードまでの選手――マーガレット、クリッシー、イヴォンヌ、私――が順当に準決勝まで進んだ。しかも準決勝二試合はどちらもすばらしかった。クリッシーはマーガレットをセットカウント2－1で破った。クリッシーが獲得した二セットのゲームカウントはどちらも6－1だった。つまり、その二セットでマーガレットは計二ゲームしか取れなかったわけだ。クリッシーはそのゲームを生涯最高の試合と呼んだ――といってもまだ一八歳だったが。

同じ日に私はイヴォンヌと対戦した。キャリア最高の試合の一つだった。勝敗は第三セットまでもつれこみ、最後は私が勝ったが、イヴォンヌはなんと七度のマッチポイントを切り抜けた。ピンチを何度もかわしたイヴォンヌの粘り強さときたら。勝負の女神は迷ったあげく私に微笑んだとはいえ、世界はイヴォンヌのプレーの優雅さと確かさに改めて驚嘆させられた。

二日後、雨天順延となったクリッシーと私の決勝戦、第一セットはたった一七分で私が取った。グラスコートではまだクリッシーに負けたことがなかったが、第二セットでは緊迫した場面が続いた。結局、

ボビー・リッグズと。1973年7月、バトル・オブ・ザ・セクシーズ開催を発表する共同記者会見後に。

私が7－5でこのセットも取り、五度目のシングルス優勝を果たした。あまりにうれしくて、気をゆるめてはいけないと何度も自分に言い聞かせなくてはならなかった。大会自体はまだ終了していない。そのあとロージーと組んだダブルスの決勝では三セットでフランキーとベティを下して優勝し、オーウェン・デヴィッドソンと組んだ混合ダブルス決勝ではラウル・ラミレスとジャネット・ニューベリーを下して優勝し、私はウィンブルドンで二度目のハットトリックを達成した。

その夜のウィンブルドン・ボールは疲労のために欠席した。どのみち、心はすでにボビー・リッグズとの対戦に向かっていた。

数日後、マンハッタンのタウン・テニスクラブで記者会見が開かれ、私はボビーと並んで壇上に座った。七一年にマディソンスクウェア・ガーデンで行われたモハメド・アリ対ジョー・フレイジャーの〝世紀の一戦（The Fight）〟のプロモーターを務めたジェリー・ペレンチオは、〝これは世紀の試合（The Match）〟だと言った。そのあとボビーと私は、計量日のプロボクサー同士みたいに軽口を叩き合った。

「彼女はウーマンリブの旗を掲げて戦ってる」ボビーは言った。「俺の旗は、年齢差に関係なく〝男は至上、男は王〟だよ。宮廷《コート》だろうとコートの上だろうと、たいがいのことで男は女に勝てる《ビート》……いざとなれば殴り殺せる〔beatには「殴る」のほかに「勝つ」という意味もあり、ここではその二つをかけている〕」

「それはどうかしらね」私は言った。「ボビーの言い分で一つ気に入らないのは、〝男が至上〟ってところ。第一に、男女関係なく人は人だし、どんな人にも優れたところがある。〝すべてにおいて男が優れている〟わけじゃない」

「俺たちと同じ賞金をよこせとか……冗談だろ」ボビーが言う。

「女がいなかったら、あなたは今回のチャンスにも恵まれていなかったはず」私は言い返した。「一九三九年以来、いいところなしだったでしょ」

〈男女対抗試合《バトル・オブ・ザ・セクシーズ》〉に向け、二カ月にわたる舌戦が幕を開けた。

第17章　世紀の決戦に向けて

たった一度のテニスの試合がなぜそれほど重要だったのか、なぜそこまで注目を集めたのか、あれから半世紀後のいまとなってはぴんとこないかもしれない。しかし重要だったことは確かで、地殻変動クラスの影響を後世に及ぼした。当時の社会情勢を知ればきっと理解できるだろう。

その夏、ウィンブルドン大会を終えてイギリスからアメリカに帰国すると、上院特別調査委員会が開いた公聴会のテレビ中継に全国民が釘づけになっていた。このスキャンダルが発端となって、リチャード・ニクソン大統領はまもなく辞任に追いこまれた。またこの年、アメリカ軍はベトナム戦争から撤収していたが、アメリカは望まれない戦争に負けたという徒労感、政府は国民をだましていたのではないかという不信感が蔓延していた。急激なインフレ、乱高下する株価、エネルギー危機の懸念もあった。ガソリンを求める車の長い行列ができ、誰もが失業の不安にさいなまれていた。要するに、アメリカ例外主義はさまざまな分野で壁にぶち当たっていた。性別役割《ジェンダーロール》も同じだ――とりわけ白人男性の絶対的優位性が揺らぎ始めていた。公文書での〈ミズ（Ms.）〉という未婚・既婚を区別しない敬称の使用を政府がようやく認めたのもこの年だった。

女は家庭にいるべきだ、ハードな仕事やストレスに女は生まれつき耐えられないと主張していたのは、ボビー・リッグズ一人ではなかった。一九七〇年代なかばのアメリカでは、全医師に占める女性の割合はわずか九パーセントだった。長年、女子が医学部への入学を許されていなかった結果だ。また法律、政治、企業のＣＥＯ、民間機のパイロットなど他業種を見ても、女性の割合は極端に低かった。

〝男性至上主義のブタ〟を看板にしたボビーのスタ

ンドプレーは、変容後の世界では男の地位もこれまでと変わるのではという不安を巧みに利用していた。ボビーの発言の大半はいまの世の中では許されないだろう。マーガレットに代わって雪辱を果たすと決めたとき、私は、女性というだけで見下され、二級市民と卑しめられ、スポーツのみならずあらゆる分野でチャンスさえ与えられずにいる現状にうんざりした人々の期待を一身に背負うことになった。七三年になっても、女性の賃金は、同じ内容の仕事をする男性のわずか五六・六パーセントに抑えられていた。これはアメリカ政府が六〇年に賃金格差の集計を始めて以来の最低値だった。女性で、しかも有色人種となると、格差はさらに広がった。性別役割分担は変わり始めていても、やはり男性が優位であり中心であることには変わりがなかった。社会は性差別と人種差別で満ちていた。ガラスの天井は確かに存在した。

「これまで女をふさわしい場所に閉じこめてきたのに」ボビーはある記者会見でそう発言した。

「自分以外の誰かのためにプレーするのは昔から好き――今回は誰かのためという意識がとりわけ強いの」私は言った。

試合開催を公表してからの二カ月で、ほかの条件や報酬額もあらかた決着した。プロモーターのジェリー・ペレンチオは、七三年九月二〇日のヒューストン・アストロドームを押さえた。テレビ中継権はABCテレビが七五万ドルで獲得した。アストロドームは開催権料として三〇万ドルを支払った。テニスの試合としては途方もない額のお金が動いた。

ボビーと私にはそのお金は一セントも入らなかったが、負けたほうも手ぶらで帰らずにすむようにと、ジェリーは追加のスポンサー探しに力を貸してくれた。ボビーはハイ・カラテ・アフターシェーブ、アメリカン・エキスプレス、ナビスコとスポンサー契約を結んだ。ナビスコは〈シュガー・ダディ〉キャンディのメーカーでもあり、ボビーの〝男性至上主義のブタ〟というキャッチフレーズに引っかけていて〔シュガー・ダディは「若い女に甘い中年男」といった意味〕、契約額は五万ドルだった。ボビーはほかに、白髪隠しに〈ミス・クレイロール〉ブランドの染髪剤を長年愛用しているという理由で、クレイロールとの契約も狙っていたらしい（『ニューヨーク』誌のノーラ・エフロンの記事によれば、ボビー御用達の色の名前は〝サンリット・ブラウン〟)。私はサンビームのヘアアイロン・ブランドと契約した。それともう一つ、前年にアディダスを説得して特別に作ってもらった青いスウェードのシューズを当日履くことにしていた。「カラーテレビの時代なんだから、目立つ色のシューズを履きたい」と頼んであった。

ABCテレビは、当時〝スポーツ実況といえばこの人〟だったハワード・コーセルを実況アナウンサーに指名した。女性の視点からのコメントを期待され、ロージーが解説者に内定した。ABCは当初、男性視点の解説者にジャック・クレイマーを起用しようとしたが、膨大な視聴者が期待される番組で女子テニスをあしざまに言うチャンスをジャックに与えるなんて、私は断固反対だった。試合の二週間前にラリーからジェリーに話をしてもらった。ジェリーが動こうとしないのを見て、ラリーは急遽ニューヨークに飛んでABCスポーツ部長のルーン・アーレッジと面会し、このままジャックが解説者を務めるなら、ビリー・ジーンは試合を放棄すると言っていると伝えた。

ラリーによれば、「ビリー・ジーンの意向を伝えたとたん、ルーンが首筋から生え際まで真っ赤になったのがわかった。人間ってここまで赤くなれるんだなと思ったよ」だそうだ。

「誰を出演させるか、外部の人間が指図するんじゃない！」ルーンは言った。

ラリーは冷静に続けた。「ルーン、ビリー・ジーンは誰を出演させるか指図してるんじゃありません。誰を出演させないでもらいたいか意見を言っているだけです」

私とジャック・クレイマーの過去のいきさつを話し、私がなぜジャックだけはやめてくれと言っているかラリーが説明すると、ルーンの興奮は静まった。あの様子ならきっと解説者を交代させてくれるだろうと考えて、ラリーは会議室をあとにした。

バトル・オブ・ザ・セクシーズに向けた八週間の準備期間中、私はマスコミの取材を徹底して避け、ボビーの接触も断った。テニスは心理戦が大半を占める競技であり、ボビーは対戦相手の心に入り込むエキスパートだ。もともと重圧に弱いマーガレットに対してはその作戦が当たったわけだし、ボビーは私にも同じ戦術が功を奏するはずだという考えを私の心に植えつけようとしていた。「マーガレットとは違って、私はプレッシャーが好きなの」私は笑みとともにそう切り返した。それでも、ボビーが各地を忙しく駆け回って自分を売りこみ、わざと性差別的な発言を繰り返して試合に注目を集めようとしているあいだも、私は鳴りをひそめていた——「女に言うことを聞かせるには、子種を仕込んで裸足でいさせるのが一番なんだよ……俺は女が大好きだ——ベッドにいる女、キッチンにいる女の順で」私は発言の一つひとつに顔をしかめた。マスコミは大喜びで報じた。

私は対戦発表から九日後の七月三一日にジョニー・カーソン司会の『ザ・トゥナイト・ショー』にゲスト出演した。ジョニーはテニス好きで、彼の番組にはそれ以前にも出たことがあった。収録ではバトル・オブ・ザ・セクシーズの質問をされた。私の前のゲストで俳優のトニー・ランダルがソファの私の隣に座り、女子テニスについてときおり横からジョークをはさんだ。とても楽しかった。数カ月後、ボビーと私はトニーが出演していたテレビドラマ『おかしなカップル』にゲスト出演した。さらにその数カ月後、私がジレット・カヴァルケード・オブ・チャンピオン賞を授けられたとき、五〇〇〇ドルの小切手を贈呈してくれたのがトニーとやはり俳優のボブ・ホープだった。ちなみに私はこの賞金を原資とし、女子アスリートの地位の向上をめざす〈女子スポーツ財団〉を設立した。こういう出会いの連鎖は、人と人との関係にどれほどの力があるかを私たちに教えている。いつどこで貴重な出会いに、あるいは新しい味方に恵まれるかわからない。

ウィンブルドンとバトル・オブ・ザ・セクシーズのあいだの二カ月間に出場した大会は三つだけだった。このころもまた体調の波が激しく、リッグズとの心理戦のプレッシャーで参りかけているのではという憶測が取り沙汰された。事実ではなかったが、噂はやまなかった。

八月なかばにニュージャージー州で行われた大会では右膝を痛め、一回戦終了後に棄権した。幸いにも全米オープンまでには治癒した。賞金が男女同額になった最初の大会に出場できて心底ほっとした。

1973年、女子アスリート・オブ・ザ・イヤーを受賞し、司会のボブ・ホープとプレゼンターのトニー・ランダルから5000ドルを授与された。この賞金を元手に、1974年、女子スポーツ財団を設立。

男子選手の一部は大会運営委員長のビリー・タルバートに不平を申し立てた。それに関して記者からコメントを求められたビリーは、うれしいことにこう応じた。「男子選手に言いたいですね。製品がもっと売れるように頑張りたまえと」最強の味方を得た気分だった。

一九七三年の全米オープンは、猛烈な熱波のさなかで開幕した。ジュリー・ヘルドマンとの四回戦の前日、目を覚ますと頭痛がして高熱が出ていた。身震いが止まらなくて、ベッドから出られなかった。往診の医師はペニシリン注射を打ってくれた。試合当日、調子は戻っていなかったが、体を引きずるようにしてコートに出た。気温は三五度を超えていて蒸し暑く、濡れタオルを口に当てて熱気を吸いこんでいるようだった。第一セットはどうにか取ったが、第二セット、4－1とリードするところまでは体力が持ったものの、そこで酷暑に耐えきれなくなった。まず体が震え始めた。まもなく脚に力が入らなくなって、そのまま気絶するかと思った。顔を上に向けるたびに空がぐるぐる渦巻いた。

そこから九ゲーム連続でジュリーに取られた。とても続けられそうにないと思ったが、勝つにせよ負けるにせよ相手の棄権が理由というのは誰だっていやなものだろう。だから、なんとか自分の足で立ったまま第三セットを終えようと思った。吐いたり気絶したりするのは避けたくて、チェンジエンドの一分間をめいっぱい使って移動した。それがジュリーをいらだたせた。お母さんのグラディスに似て、ジュリーは頭がよく、熱しやすく、少し扱いにくいところがある。第三セットで2－1でリードを奪われたところで、私の膝が震えているのに気づいたジュリーが言った。「ビリー・ジーン、大丈夫？」

「だめ、失神しそう」私は答えた。

次の二ゲームも連続で失った。続くチェンジエンドで私はベンチに腰を下ろし、膝のあいだに顔を埋めてめまいが落ち着くのを待った。「もう一分過ぎたんじゃない？」ジュリーが主審に訊いた。それから私のほうを向いて言った。「時間切れよ！　最後までやるのか、棄権するのか、自分で決めて！」

体力の限界に来ていた私は顔を上げてぶっきらぼうに言い返した。「そこまで勝ちたいならどうぞ！」私はコートを出てロッカールームで横になった。

この年の私の全米オープンは終わった。

それまで二度しか私に勝ったことがなかったジュリーは、記者の取材にこう答えた。「どんな手を使っても勝ちたかった。ビリーを蹴飛ばしてでも勝ちたかった」

少し落ち着いたところでロッカールームを出ると、テラスでマスコミが待ちかまえていた。「リッグズとの試合も棄権するということですか」誰かが訊いた。

「いいえ」私は即座に否定した。

そのあと診てくれた医師はマスコミの取材に対し、私がインフルエンザで二日ほど療養していたこと、暑さとペニシリンの組み合わせが悪さをしたらしいことを話した。それでも噂の連鎖は止まらなかった。ビリー・ジーン・キングは立ち直れそうにない。女はプレッシャーを押し返せない。〈ビリー・ジーン、大ピンチ！〉そんな見出しが躍った。ボビーとの対戦を避けるための仮病かと書いたコラムニストは一人だけではなかった。ロージーと組んだダブルスで決勝戦に進み（負けた）、オーウェン・デヴィッドソンと組んだ混合ダブルスでは優勝したが、それでも飛ばし記事は続いた。

私が重圧に押しつぶされかけているという噂がやまないせいで、アストロドームの前売り券の売上はがくりと落ちこんだ。ロンドンでは五つの劇場に人を集めて有線テレビで試合を生中継するはずだったが、それも中止になった。また、ボビーと一緒に『ニューズウィーク』誌の表紙写真を撮るはずだったが、ぎりぎりでキャンセルされた。『ニューズウィーク』誌は代わりに〈ご機嫌なハスラー〉の文字とともにリッグズのコミック調の似顔絵を表紙に載せた。ボビーはほくほく顔でスポンサー契約をかき集めていた。私はサンビーム一社とだけ契約できた。

バトル・オブ・ザ・セクシーズの準備期間は最初の四週が過ぎ、残りは四週と少しになった。

全米オープンの閉幕後、私はサウスカロライナ州ヒルトンヘッドに向かった。私はヒルトンヘッド・ラケットクラブでツアーリング・プロを務めていた。フィラデルフィア出身の三九歳の不動産業者ディック・ブテラの依頼で、クラブの宣伝とテニス施設の設計協力もしていた。とても楽しい人で、私たちは親しい友人でもあった。クラブ敷地のはずれ、美しいマツ林の近くに建つコンドミニアムにディックの住まいがあり、その隣の一室を私のために確保してくれていた。ボビーとの対戦に備え、マスコミの目を逃れて心身を休めるにはうってつけの場所だった。プレッシャーは一流選手の特権と私はよく言っていたが、ときにはその特権から逃れたいと思うこともあって、この時期もそうだった。

そこで準備を進めた一週間、ほとんど誰とも会わなかった。「とにかく穏やかな気持ちで集中して過ごしたい」と私はディックに話した。自分の世界を小さな円にまで縮めた。そこにいるのはディックとクラブ専属ティーチング・プロのピート・コリンズだけで、ピートはいつでも私の練習につきあってくれた。ラリーは書類に私のサインが必要になるとヒルトンヘッドに来た。当時の私にはまだ広報担当がいなかったから、ラリーのアシスタントのアナリー・サーストンも来て私の部屋に泊まりこんだ。最初の週のアナリーの主な仕事は、インタビューやイベント出席の依頼を端から断ることだった。

ふだんはマリリンがその役割を務めていたが、このときはいったんロサンゼルスに戻っていて、ヒルトンヘッドには六日遅れて来る予定になっていた。私はマリリンと少し距離を置きたかった。その何カ月か前から彼女に不安を感じていた。交際を始めた直後の数カ月で、マリリンは私を束縛して独り占めしたがるようになった。私に連絡を取ろうとしても、マリリンが私に無断でブロックしているようだと友人や仕事の関係者から言われることが増えていた。大会期間中も、テレビカメラが近くにあるときなど、やたらに私のそばに来ることには気づいていた。初めのうちは、少し熱意が先走りぎみだが、私の役に立とうとしてくれているのだと思っていた。が、どうやら人目を引きたくてやっているらしいとわかった。マスコミに対しては、自分は私のアシスタントで、スケジュール管理や対外的な連絡を任されている、私の食事管理もしていると言っていた。重要なインタビューの途中で唐突に割りこんできて、私にアボカドを食べさせようとしたこともあった。そういった奇抜な、あるいは不適切な行動が目に余るようになっていた。

ほかにも、ツアー中の費用負担にとどまらず、生涯にわたって扶養してもらえると期待していることがだんだんわかり始めた。私はそんな話は一度もしていなかったし、最初の一年が過ぎて二人の関係にほころびが見え始めたこのころ、私にはそんなつもりはまったくなかった。

一九七三年の初夏、マリリンと寝ることはなくなっていた。私が彼女から離れようとしているのを察知するたびにマリリンは激しく動揺し、自分がいなくてはやっていけないことをわからせようと躍起になった。九月に入るころには、私は彼女と少しずつ距離を置こうと決めていた。突然、完全に関係を絶ったら何をするかわからないと思ったし、正直なところ、これ以上ペースを乱されたくなかった。リッグズ戦に備えるだけで手一杯だった。それに、個人的な関係での感情のぶつかり合いが苦手だというのもあった。たいがいは回避しようという心理が働く。身近な人がみな上機嫌で心が通じ合っていれば、私にとっては何よりだ。だから、それまでどおりマリリンに給与を支払い、彼女がロサンゼルスにいるあいだは電話がかかってくれば出たし、ヒルトンヘッドで合流して一緒にヒューストンに移動したいと言われれば、それを受け入れた。

私がヒルトンヘッドに到着してまもなく、ロサンゼルスからマリリンが連絡してきて、ボビーのことで気になる噂があると言った。アストロドームの巨額のチケット売上の一部をボビーが受け取るという裏取引をジェリー・ペレンチオと交わしたと言いふらしているらしい。それが本当なら、契約違反だ。私は受話器を叩きつけ、たまたま昼食に来ていたディック・ブテラにその話を伝えた。「ここまでよ！」私は言った。「私は下りるから！　ジェリー・ペレンチオに電話して、試合はキャンセルだって伝えて！」

ディックは言った。「ちょっと待った、ビリー。キャンセルの前に、ジェリーに電話して、本当なのか確かめよう」

「そんな裏取引はありませんよ」ディックが電話をかけると、ジェリーはそう言った。私がキッチンを歩き回りながらまくし立てている声が電話越しに聞こえたようで、ジェリーはディックに言った。「いまからそっちに行く」ジェリーはプライベートジェットでロサンゼルスから飛んできた――ヘビー級タイトルマッチの細心の注意を要する交渉のさなかだったため、ボクシングのマネージャーの一団をそのまま引き連れて。ディックがジェリーと私をランチに連れ出した。マリリンから聞いた話は根も葉もない噂だとジェリーは言い、私は彼を信じた。マリリンを信じていたら、巨額のお金が動いたイベントがふいになるところだった。

その週、私は残ったエネルギーのすべてをリッグズ戦の準備に注いだ。元コーチのフランク・ブレナンとも電話で話した。フランクは、マーガレットのようにベースラインでラリーをするのはやめたほうがいいと言った。そしてボビーの〝背後〟を攻めるといいとアドバイスをくれた。動きの遅い選手や年配の選手は、コート上に開けたスペースができると、そこをカバーしようと先回りして動き出すから、その逆を突く。すばらしいアドバイスだ。デニス・ヴァンダーミーアは、リッグズ戦の前に短期間だけマーガレットのコーチを務めたが、マーガレットはボビーを甘く見ていたと言った。私に関してはその心配はない。

たとえその人物が気に食わなくても、対戦相手を決して過小評価してはいけない、敬意を持って戦いなさい——子供のころから父にそう教えられていた。五五歳という年齢はボビーの動きを鈍らせているかもしれないが、それでも十分に素早いし、豊かな経験とバラエティに富んだショットは侮れない。マーガレットをあっさり退けた試合がその証拠だ。

ボビーと五セットを戦い抜くために、脚力を強化し、体調のピークを試合に合わせようとした。パーソナルトレーナーや科学に基づいたトレーニングはいまでは当たり前だが、そのころの私にはまだどちらもなかった。試行錯誤しながらトレーニングのプログラムを作り上げた。腹筋を二〇〇回、手製のアンクルウェイトを使ったレッグエクステンションを四〇〇回。毎晩少しずつ就寝時刻と起床時間を遅らせ、エネルギーレベルが試合当日の夜にピークになるよう調整した。

この年の夏、マーガレットに偶然出くわしたとき、私は尋ねた。「よかったら、ボビーとの試合のことでいくつか教えてもらえない？」触れられたくない話題だろうから、言い出すのに勇気が要ったが、マーガレットは親切にもこう教えてくれた。「彼、バックハンドが意外に弱かった」だから、本番ではボビーのバックハンドを攻めるつもりだった。

やりすぎは逆効果だと思って、コートでの練習は毎日数時間に限定した。ピート・コリンズにボビーのようなプレーをしてくれと頼み、スピードを不規則に変え、強いスピンをかけたジャンクショットを多用してもらった。気の毒に、スマッシュの集中練習をした日は、ピートは一日で三〇〇本くらいロブを上げ続けたのではないか。一日の最後にはピートと練習試合をした。

ボビー戦の準備が完了するころには、頭のなかで戦略ができあがっていた。体重はベストの六一キロまで落とした。腹筋は割れ、腕の筋肉も引き締まった。練習の合間や夜は、コンドミニアムの部屋でだいたい一人きりで過ごした。ベッドに寝転がり、遠い波の音や林に棲《す》む鳥の声をぼんやり聞いているだけのこともあった。ゆっくりと息を吸い、吐きながら、瞑想をした。いつもお守り代わりにテニスボールを手に持っているか、ポケットに入れていた。ときどきボールを握ったりじっと見たりして、テニスがこれまでに与えてくれた幸せを思い返した。

気分を上げたいときは、エルトン・ジョンの『パイロットにつれていって』や、ロックミュージカル『ジーザス・クライスト・スーパースター』の同名曲を聴いた。モーリーン・マクガヴァンの『モーニング・アフター』をかけて、試合が終わった翌朝のこと、自分が勝ったときのことを思い描いたりもした。ボビーと戦っている自分、すべてのプレーを正しくこなしている自分を想像してイメージトレーニングをした。頭のなかで数えきれないほどボビーに勝った。

ヒューストンに移動する前日、土曜の午後には、準備は万端に整っていた。ディックの部屋に顔を出すと、ディックは床に寝そべって、大学フットボールのペンシルヴァニア州立大学対スタンフォード大学の試合中継を観ていた。私が行ったちょうどそのときハーフタイムのショーが始まって、スタンフォードのマーチングバンドがフィールドに現れた。演奏しているのはヘレン・レディの『アイ・アム・ウーマン』で、見ていると、驚いたことにバンドのメンバーが並び直してフィールドに私のイニシャルを綴った――〈BJK〉。ディックと私は顔を見合わせた。どちらも涙ぐんでいた。そしてどちらも言葉一つ出なかった。

遠くから私を応援してくれている人たちがいる。さまざまな感情が湧き上がった。幸福感、感謝、ボビーとの対戦がこれほどまでに一般の人たちの興味をかき立てているという驚き。翌日、荷物をまとめてヒューストン行きの飛行機に乗ったとき、ディックとピート、マリリンと私の四人は、特別な使命を帯びた部隊のように思えた。ある意味ではそのとおりだった。何があろうと負けるわけにはいかない。

第18章　すべてに全力を尽くす

私が公衆の前にふたたび姿を現したとき、ボビーは一週間前からすでにヒューストンに来ていて、街はマスコミと過熱ぎみの前宣伝とお金のカオスと化していた。

両親を説得し、ヒューストンに観戦に来てもらうことにした。私の試合をもう五年も生で観ていなかったし、今回はぜひ現地に来てそばにいてほしかった。私のチーム――ディック、マリリン、ピート・コリンズ、ラリーと私――が宿を取ったヒューストン・オークス・ホテルに、両親の部屋を用意した。

私たちはそれぞれの背景が異なる大きな家族のようなものだったが、結束は強かった。弟のランディは、当時所属していたサンフランシスコ・ジャイアンツの試合スケジュールの関係で来られなかったが、自宅のウォーターベッドに寝転がり、テレビに向かって声援を送りながら観戦したそうだ。

オークス・ホテルは、ボビーが宿泊したアストロワールド・ホテルのサーカスじみた騒ぎとのあいだに十分な距離を置ける場所にあった。私が試合に出たりトレーニングに汗を流したりしているころ、ボビーはビヴァリーヒルズやらどこやらで遊び回っていた。毎回顔ぶれの違う美女たちを引き連れてナイトクラブやトークショーをはしごしたようだ。ハリウッドで開かれたあるパーティでは、フランク・シナトラがボビーの頬にキスをした。ヒューストンに二人がそろったいま、私と顔を合わせる回数が少なければ少ないほど、ボビーは焦りを募らせるのではないかと私は考えた。会わなければ、私の心に揺さぶりをかけられない。向こうが心理戦で来るなら、こちらも同じ手で返すまでだ。それまでの一カ月、ボビーとは一度も会っていなかった。

なぜそんなことをと思われるかもしれないが、よりによってその週、私はもう一つ別の試合に出る予定だった。ボビーとの対戦が決まるずっと前からバージニア・スリム・ツアーの大会に出場することが決まっていたのだ。出場を取り消そうとしたが、グラディスはこう言って取り合わなかった。「あなたがいないとチケットの売れ行きががた落ちになるし、あなたは契約書に署名したでしょうが。出場してもらわなくちゃ困ります」気を遣って最初の二試合を月曜に設定してくれたのはありがたかった。二試合とも難なく勝った。試合後はホテルにとんぼ返りし、木曜夜のボビーとの試合に備えた最終調整に入った。試合開始まで、残り七二時間だ。

対戦に向けてアストロドームの駐車場に仮設の屋内練習コートが用意されていたのだが、ボビーはそこにマスコミを集め、有名人の挑戦者とせっせと対戦しているといろんな人から聞いた。それがボビーの考える〝練習〟なのだ。それ以外にボビーが試合に備えてしたことといえば、本番まで数週間の断酒と、本人によれば一日四一五錠のビタミン剤をのむことくらいだった。ヒューストン滞在中は当時交際していた年下の女優サンドラ・ジャイルズを連れ歩いたり、一儲けをもくろんで連絡してくるギャンブル好きから次々とかかってくる電話の相手をあえて人前でしたりするなど、余裕綽々だった。自分が負けるとはまったく思っていなかったから、ろくに体を休めなかったし、日課も変えなかった。試合の当日まで宿泊していたスイートルームのドアは二四時間開けっぱなしで、煙草片手の記者や雑多な取り巻き、大勢の女性が夜中まで詰めかけていたという。

マーガレットの敗北が、世の中にどれほどの影響を及ぼしたことか。あの試合について書いた二四人の記者のうち一八人までもが事前にマーガレットの勝利を予想した。では、マーガレットの敗北後、私の対戦の予想はどうだったか。ラスベガスの胴元ジミー・〝ザ・グリーク〟・スナイダーが提示したオッズでは、五対二でボビーの勝利だった。

対戦当日に向けて無尽蔵のエネルギーを売り歩いているボビーを、初めのうち私はおもしろがってながめていた。ボビーの強気なふるまいの一部は見せかけだとわかりきっていた。だからあれも宣伝のうちなのだと納得しようとした。例によって、ボビーには神経を逆なでする発言が多かった。「どうして俺が勝つか、教えてやろうか。ビリーは女だろ？　女は情緒が安定しないんだよ！　本番になるととっちらかって、手も足も出なくなる。マーガレットがそうだった……男が至上なのさ！」とうてい見過ごせない言動はほかにもあった。最後の記者会見の前日、ボビーは胸に二つ穴をくり抜いたTシャツを着て練習に現れた。左右の乳首が丸見えだった。そして記者たちに向け、このTシャツはビリーのほうが似合うはずだと言い放った。

　ボビーが連発した性差別的な言動に同調する人が少なからずいることはわかっていたから、このあたりでぜひともはっきりさせておかなくてはいけないと思った——あれは許されることではないと。だから試合の前日、最後の合同記者会見に集まった記者から、ボビーをどう思うかと質問されたとき、私は本心をそのまま答えた。「女を馬鹿にしていると思います……彼の好きなところはいくつもあるけど、女を下に見て、同じスポーツ選手として敬意を払おうとしないところは、生理的に無理」

　ボビーにはショックだったらしい。私たちはすぐ隣同士に並んで座っていた。ボビーは自分に向けられた次の質問を無視して私のほうを向いた。「頼むよ、生理的に無理とか言わないでくれよ」すがるような声だった。「まさか本気じゃないよな。取り消してくれよ」

　ボビーの表情をまじまじと観察したが、本当に傷ついているのか、これもまたいつもの策略なのか、わからなかった。正直なところ、どっちだってよかった。私がボビーの目をまっすぐ見て冷ややかな笑みを浮かべ、こう言った瞬間、会見場の空気が一変したのがわかった。「悪いけど、ベイビー、取り消さない」

　次の二四時間の記憶は曖昧だ。スミソニアン協会から、試合当日のテニスウェアを譲ってほしいと言われたことは覚えている。どこに行っても——仮設コート、ホテルのロビー、閉店間際に駆けこんだヒューストン市内の食料品店——女性たちから声をかけられた。「応援してます……あのスケベ親父を黙らせてくださいね……あの尊大な男にぎゃふんと言わせてやって」

　どちらが勝つかで世間は真っ二つに分かれていて、キッチンのテーブルで、職場の自動販売機の前で、美容院や角のバーで、論争が起きていた。無数の賭けが行われた。私が勝ったら、一週間、アイロンがけを自分がやると妻に約束する夫。お茶出しは自分がやると秘書に誓う上司。観戦パーティは盛り上がった（私のパートナーのイラナはそのころプロ選手になったばかりで、当日はロングアイランドの友人宅でテレビ観戦したそうだ）。

　マスコミはテニスの専門家に予想を尋ねて回っていた。ボビーの元コーチ、エレノア・〝ティーチ〟・テナントは、ボビーはボール・コントロールの天才で、「ボールのなかの空気のことまで知っている」と話した。バド・コリンズは、私と偶然行き会ったときこう言った。「リッグズが勝つと答えたよ」これもぐさりと来たが、それよりも女子トイレで、私が個室にいることを知らないバージニア・スリム・ツアーの参加選手が、私が勝てばうれしいが、たぶんボビーの勝ちだと思うと話しているのを聞いてしまったときのほうがこたえた。私は個室から出ると無言で彼女たちを見つめ、手を洗ってトイレを出た。

　私がデニス・ヴァンダーミーアと試合の作戦を練り、ボビーが勝ったマーガレットとの試合のビデオを時間が許すかぎり繰り返し見ていたころ、ボビーは一セットにつき一〇〇ドルまたはそれ以上の料金で有名人をカモにしていた。長年のあいだに勝負師ぶりに磨きをかけ、コート上に椅子を三二脚並べたり、ゴム靴を履いたり、リードにつないだ犬を連れたりしてプレーするなど、さまざまな趣向を凝らすようになっていた。それでも勝てたのだ。ヒューストンに来てからは〈ピッグズ・フォー・リッグズ〉と書かれたバッジを売っていた。

　私とボビーは正反対といいほど違っていた。私にとって試合の準備といえば――スピーチでも、何かのイベントの準備でもいい――当日起きる可能性があることを一つずつ点検する作業が大半を占めた。あらゆるディテールが重要だった。替えのシューズから、会場の下見まで。バトル・オブ・ザ・セクシーズのときは、文字どおりすべてを周到に準備した。試合の前日、警備部に頼んでアストロドーム内を見せてもらった。スタジアムは、外から見ると巨大な宇宙船のようだ。一九六五年の開業時、この規模のドーム球場は世界初めてだったこともあって、〈世界八番目の不思議《エイス・ワンダー》〉と呼ばれた。なかはまるで洞窟のように広くて音がよく響く。

照明や距離感に慣れておく必要があるし、クモの巣状に交差した鋼鉄の梁が透けて見える高さ六三・四メートルの天井とボールが視界のなかで重なったとき、素早く見分けられるようになっておかなくてはならない。とはいえ、その条件はボビーも同じだ。一塁と三塁の中間地点、ヒューストン・アストロズのロゴがあるあたりにスポートフェースのカーペットコートが敷かれる予定だが、設営は当日だ。試合前に感触に慣れておく余裕はない。それもまたボビーも同じことだ。

ウィンブルドンのセンターコートで毎年するように、スタンドの最上階まで上り、シートに腰をかけてドーム全体を見下ろした。長い時間、一人そこに座って、試合当日の夜、満員になったスタジアムの熱気を想像した。いつもは試合前に「神様、どうか私と対戦相手が実力のかぎりを発揮できますように」と祈る。しかしこのときは、うっかりこう言ってしまったかもしれない。「神様、どうか私に勝たせてください」

ABCテレビの生中継の出演者に関しては、何週間も前に話がついていたはずだった。ところが水曜の朝――試合開始まで四八時間を切った時点で――ハワード・コーセルやロージーと一緒にジャック・クレイマーが実況ブースに入る予定であることを知らされた。「絶対にいや！」私はラリーに言った。「ルーン・アーレッジに電話して、試合は中止だって伝えて！」ルーンはアストロドームでの話し合いに同意した。オフィスに入って彼の顔を見るなり、はったりと思われているとわかった。そこで私は単刀直入に言った。

「ルーン、明日の夜、コートに出た時点で実況ブースにまだクレイマーがいるとわかったら、その場でラケットを置いて帰るから、そのつもりで。もう何週間も前にお願いしましたよね」

「いやいや、ビリー・ジーン。きみはきっと試合をするさ」ルーンは言った。「クレイマーをテレビに出したくない、それだけのためにこんなチャンスを棒に振る気かね」

「そのとおりです」私は言い返した。「プライムタイムに三時間も女子テニスを馬鹿にする機会を私がジャック・クレイマーに与えると思います？」

ルーンが解説者の人選ごときでテレビ中継をだいなしにするわけがないと私は思っていたが、実際にどうだったかはわからない。私は本気で試合を放棄するつもりだった。ルーンはクレイマーを降板させると約束した——ただし、番組の冒頭にラリーが出て、私がジャックに遠慮願った理由を説明するなら、という条件がついた。私はそれに同意し、クレイマーが彼なりの言い分を説明する録画も流すという提案にも同意した。実際の番組では、二人はいずれも虚偽の説明をした。クレイマーは、彼がいるせいで気が散って負けたという言い訳を私にさせないよう、自分から出演を辞退したと話した。ラリーは、私の了解を取らないまま、クレイマーの主張に沿った説明をした。たとえクレイマーがコートの真ん中に爆弾を落としたとしても、私のプレーには何の影響もなかっただろう。それでも、ともかく実況ブースからクレイマーを追い払えた。ルーンは代わりの解説者に、元デビスカップ代表選手で話の巧いジーン・スコットを起用した。

当日のテニスウェアを私はまだ見ていなかったが、何か特別なものにしたかったし、テッド・ティンリングが理想のウェアをデザインしてくれるだろうと信じていた。試合が行われる週、テッドはロンドンからヒューストンに来て、私たちが泊まっていたホテルに新ウェアをこっそり持ちこんだ。彼はいつも新作を王室のウェディングドレスみたいに秘密にしたがった。テッドがガーメントバッグを開いた。真珠色にほのかに輝く美しい生地でできていた。芸術作品としかいいようのないウェアだった。

「流行の最先端！　パリ直送の最新作！」テッドが言った。

さっそく試着した。サイズ感は完璧だった。ところが体を動かすと、生地がかさかさ音を立て、肌にこすれた。硬い。私はため息をついて首を振った。

「ごめんなさい、テッド。これでプレーは無理そう」

「心配ご無用さ、マダム・スーパースター！」テッドは朗らかに言った。私のことを知り抜いているから、ちゃんと第二候補のウェアも作ってくれていた。それを恭《うやうや》しい手つきで広げる。柔らかなペパーミントグリーンのウェアだった。襟ぐりはV字形、水色の大きな襟、胸もとにアディダスの青いシューズにマッチするロイヤルブルーの切り替え。

「テッド、これなら完璧！」私は言った。

「ふむ……ひと味足りないな」テディは私をじっと見て言った。その翌日、ヒューストン中を探し回って手に入れた小さな丸い鏡をいくつもウェアに縫いつけてくれた。全世界が注目するなか、アストロドームの照明がともされた瞬間、私がきらきらと光を放つようにするためだ。

準備が着実に進んでいるという安心感ゆえだろう、大試合の開始が迫るにつれて、私は不思議なほど冷静になった。最後の二四時間は何も考えずにいつもの日課をこなした。弟のランディによれば、水曜の夜、私がホテルに帰ってすぐに電話で話したらしいのだが、私はそのことを覚えていない。私のほうからサンフランシスコにいる弟に電話をかけ、こんな会話をしたそうだ。

「よう、シス！ 調子はどうだよ？ 明日、シスが勝つほうに賭けて大丈夫だよな」

「いっそ家ごと賭けてよ、R・J」

翌朝、ランディはキャンドルスティック・パークの自分のロッカーに〈賭けに応じます〉と書いた札をかけた。サンフランシスコ・ジャイアンツの全選手が私の負けに賭けた。ラスベガスのオッズはこの時点でもまだ五対二でボビーの勝ちだった。つまり、ボビーに五ドル賭けて的中しても、七ドルしか返ってこない。ボビーは、誰彼かまわず八対五で自分の勝利に賭けていた。試合前日にヒューストンにやって来たラスベガスのジミー・〝ザ・グリーク〟はAP通信の取材に「キングのほうはさっぱりだね――女に賭けようって奴はまずいない」と語った。

父はロングビーチの消防士仲間と一緒に私に賭けていた。『スポーツイラストレーテッド』誌のカリー・カークパトリックの取材を受けて、父はこう言った。「リッグズといったか？ うちのシスならこてんぱんにやっつけてくれるだろう……そいつが二度と下らん発言ができないくらいこてんぱんに」私はそれを読んで笑った。父本人が試合に出てきそうな話しぶりだった。

ノーラ・エフロン、グレース・リヒテンシュタインら大勢の女性記者は私に賭けていた。ABCテレビは全国にあるネットワーク局のカメラクルーを使い、どちらが勝つと思うか、有名人のコメントを集めた。パンチョ・ゴンザレス、ジョン・ニューカム、元NFLの名選手ジム・ブラウンはボビー勝利を予想した。クリッシーは、ボビーに分があると思う、マーガレットにも勝っているからと答え、そんな必要はないのにいまだにそのことを謝り続けている。十種競技の元オリンピック選手レイファー・ジョンソン、元NFLディフェンシブラインズマンのロージー・グリア、ヘビー級チャンピオンのジョージ・フォアマンは私の勝利を予想した。

試合前夜はよく眠った。ルームサービスを頼み、日中は予定どおり遅めの時間に起床した。ルームサービスを頼み、日中は足を高くして、ほとんどずっと音楽を聴いていた。午後四時ごろにスタジアムに到着した。このとき初めて、野球のフィールドに木のバスケットボールコートが設営されているのをちらりと見た。作業員がその上に細長く巻いたカーペットを広げてテニスコートを仕立てていた。色とりどりのバナーが飾られ、VIP用の黄色い椅子がコートの四方に並べられていた。テニスの背景としては最悪中の最悪だ。

ジェリー・ペレンチオはプロボクシングの試合のような雰囲気を望み、大勢の有名人を飛行機でヒューストンに運び、一〇〇ドルのコートサイド席を購入した観客のなかにちりばめた（一番安い席は六ドルだった）。ショービジネス界のビッグネームが何人か来ていた――歌手のアンディ・ウィリアムスとグレン・キャンベル、トーク番組の司会者マーヴ・グリフィン、俳優のロバート・スタック、ロッド・スタイガー、ジャネット・リー。それに加えてジェリーは、場を盛り上げるため、ヒューストン大学の一七〇人編成のマーチングバンドも呼んでいた。肉料理が並んだテーブルやバーまで設《しつら》えられていて、懐に余裕のある観客はそこでシャンパンを買ってプラスチックのグラスで飲んでいた。

ABCのレポーターのフランク・ギフォードが来て、その夜の放送で使うインタビューを撮影することになった。フランクのタキシード姿は決まっていた――テニスの試合を取材するには不釣り合いな衣装ではあったが。とはいえ、そのイベントの何もかもが現実離れしているか、桁外れかだった。その夜の観客数は三万四七二人――テニスの試合としては過去最高――で、ヨーロッパでは真夜中過ぎだったにもかかわらず全世界で九〇〇〇万人がテレビ中継を観た。CM料金は一分当たり九万ドルだった。

フランクと私は静かな一角を見つけて撮影を始めた。体調はどうかと訊かれて、一〇〇パーセントだと答えた。あれから何十年かのあいだにその録画を何度か見たが、私はずいぶんと声の調子を抑えて話しているなと毎回思う。私の政治的立場に反感を持つ人が一部にはいたし、私もそれは知っていた。そのころはよく〝暴れ馬〟と評されていた。さて、自分を腹の底から嫌っている人たちの気勢をくじくにはどうすればいい？　私は攻撃的なしゃべり方をするだろうと世間は思っている。そこで私は、理性的で落ち着いた、穏やかな話し方を心がけた。インタビューの最後、フランクはお約束の質問をした。「フェミニストの運動についてですが、やはり重要なことなんでしょうね、ビリー」

私は慎重に言葉を選んで答えた。「私にとって女性解放運動は意義あるものです――現実と乖離しないかぎり。女性解放運動は、女性に限らず、もっと多くの人がより暮らしやすい社会をめざす運動です」

いうまでもなく、私はフェミニストだった。いまもそれは変わらない。一方で、私はさまざまな影響を考慮に入れていた。あの試合をやろうと思ったのは、人々の価値観や考え方を変えるためだ。

フランクのインタビューが終わると、ピート・コリンズとデニス・ヴァンダーミーアと一緒にウォーミングアップをした。このとき初めて実際のコートに立てた。駐車場の練習用コートも同じアクリルのカーペットだったが、アスファルトの上に敷かれているからだろう、球足はそこそこ速かった。ところがドーム内の板張りの床の上では、走るとばねのような弾力を感じるのに、ボールはあまり弾まない。試合が始まってから、私はボビーを走らせる戦術にこの特徴を生かすことになる。

ウォーミングアップがすみ、ビジターチームのロッカールームでシャワーを浴びて試合に備えた。ジャイアンツがアストロズと試合をするときは弟のランディも同じロッカールームを使うのだと思ったら、なんだかうれしくなった。午後八時のコイントスまでまだ二時間ほどあった。テーブルに電報が積み上げられていた。一部を読んだ。両親が頑張れと言いに顔を出した。二人ともめいっぱいめかしこんでいた。ラリーとディック・ブテラ、マリリン、デニスも忙しく出入りしていた。試合開始が一時間後に迫ったところで、ついに緊張が襲ってきた。女子プロツアーや女子テニス協会の起ち上げにどれほど労力を注いだかを思い返し、この試合に負けたら、これまでの努力が全部水の泡になりかねないのだと思った。過去の大勝負を一つずつ頭のなかで再生した。勝った試合、負けた試合。今夜のこの試合がどれだけ大きな意味を持つかを考えた。もしも負けたら、これからの人生が一変するだろうとまた思った。どこへ行っても、〝ほら、あの何とかいう年寄りの選手に負けた人よ〟と言われるだろう。誰ももうビリーの名前も思い出せないかもしれないが、敗北は死ぬまで私について回る。

ふいに孤独に耐えきれなくなった。次にディックが顔を出したところで、私は言った。「ねえディック、ここにいたらどうかしちゃいそう。行こう」

「どこに?」

「パーティ」

ディックは驚いた顔をした。前にも書いたとおり、私はパーティが苦手だ。でも、バージニア・スリム・ツアーの選手たちがアストロドームのスイートルームでグラディスの歓送会を開いていることを知っていた。エレベーターに乗ると、みなが私を二度見した。スイートルームに行く途中でレストランを通り抜けたときも。パーティの会場に入ると、『ビリー・ジーン・キング、これがきみのテニス人生だよ』と題されたドラマを見るようだった。ここまで支えてくれた全員にお礼を言いたかった。選手やバージニア・スリム・ツアーの幹部、初めてプロ契約を結んだジョージ・マッコールをはじめ、現在と過去の関係者のほぼ全員がそろっていた。

テッド・ティンリングが私に気づいて言った。「おいおい、こんなところで何を? あと一時間で開始だろう!」

「テッド、最高のウェアのお礼を言いたくて」私は言った。次にグラディスを探し、テニスのために、そして私のためにしてくれたあらゆることに感謝していると伝えた。そのあとは友人を見つけては挨拶をした。それでも、どことなく気まずい雰囲気を感じた。まるでそこにいたほとんど全員が、私がこのあとみじめに負けるのではと心配しているかのようだった。いやな空気に影響されたくない。私はディックに「出よう」と合図した。そろそろまた一人に戻ったほうがいい。

残りの時間は飛ぶように過ぎた。試合開始が近づくにつれ、私はゆっくりと着実に落ち着きを取り戻した。心が澄み渡ったといってもいい。いつもコートに出る時間が来ると、急にスイッチが入ったかのように、私は〝ゾーン〟に入る。頭のなかの声が〝ふだんどおりにやるだけ〟とささやく。テレビ中継が始まる直前のこのタイミングでロージーが私の様子を確かめようと実況ブースから下りてきたらしいのだが、私はそのことをまったく覚えていない。ロージーによると、私に「オールド・レディ、試合直前の気分はどう？　勝てそう？」と声をかけたそうだ。

私は振り向き、驚くほど落ち着き払った目でロージーを見てこう言ったらしい。「勝つよ、ストレートで」

ジェリーがロッカールームに迎えにきて、観客席の下の待機エリアに向けて一緒に歩きだした。「準備はいいかい、ビリー・ジーン」そう訊かれて、私は笑って答えた。「あのね、ジェリー、私は生まれたときから準備万端なの」待機エリアに向かう廊下は、マルディグラのお祭りとMGMの撮影スタジオを足して二で割ったようににぎやかだった。踊るブタの着ぐるみが二体。エプロンを着けた顎ひげの男が一人。ホットパンツ姿のチアリーダーもひしめいていた。

クレオパトラがきっと使ったような金色のエジプト風の輿《こし》の前で、ジェリーが思いがけず立ち止まった。赤とオレンジと白の巨大なダチョウの羽根で派手に飾られた輿の周りに、上半身裸で腕に金色のバンドを巻き、トーガをまとったたくましい男が六人いた。ジェリーがライス大学から連れてきたスポーツ選手で、私を輿に乗せてアリーナに登場させるのだという。そんな演出は聞いていなかった。ジェリーは少しおどおどした様子で言った。「いや、断られるかとは思ったが――」

「まさか！　これ最高！」私は言い、さっそく赤いベルベットの座席に上った。

「本当に？」ジェリーはにっこりと笑った。彼は知らなかったのだろうが、私はいったんやると言ったらそのすべてに全力を尽くす《オール・イン》。「フェミニストだってね、楽しいことは好きなのよ、ジェリー。さあ、

バトル・オブ・ザ・セクシーズ当日、ヒューストンのアストロドームで。開始直前になってプロモーターのジェリー・ペレンチオから、このド派手な輿に乗り、トーガ姿の4人の男性に担がれて入場してくれと言われた。

ショータイム！」私はそう言い、ジェリーと二人で笑った。三〇秒後、輿は私を乗せて出発した。

マーチングバンドが演奏する『アイ・アム・ウーマン』とともに私が華々しくフィールドに出ていくと、意外そうなどよめきが沸き起こり、カメラのフラッシュが次々に焚かれた。テレビ中継では、実況のハワード・コーセルがこう言っていた。「さあ、来ましたよ、ビリー・ジーン・キングです……若い女性らしくとても魅力的だ。髪を肩の下まで伸ばし、眼鏡をはずせば、ハリウッド映画のオーディションに呼ばれた女優と見間違いそうですよ」

ほかに言うことはなかったわけ、ハワード？　コーセルはかつてモハメド・アリを全力で支持する実況をした人物だった。コーセルと同じくらい有能で、かつ私の主義主張に寄り添ってくれるアナウンサーが実況してくれていたらよかったのにといまも思っている。そういう支援がぜひほしかった。なのにハワードは私の外見についてコメントしただけで、アスリートとしての実績には一言も触れなかった。数々の優勝記録、ほかの女子選手とともにプロツアーを設立したこと、二年連続で一〇万ドルを超える賞金を獲得して男子の一流スポーツ選手と肩を並べたこと。そのいずれにも言及しなかった。コーセルは、女が変化を求めて闘う動機がどこにあるのか、理解できない人の代表例だ。

私は人垣のなかを運ばれていった。歓声が耳に痛いほどだった。それでも、数人の女子選手のなかにパム・オースティンの見慣れた顔とカーリーヘアを見つけてほっとし、心はいっそう穏やかになった。応援の言葉を口々に叫ぶ選手たちは、こんなプラカードを掲げていた。〈バイバイ、ボビー〉。

ボビー・リッグズは、その前の週のうちにテープ式メジャーでバストのサイズを測るコンテストで選抜しておいたヒューストンの若い女性たち、〝ボビーのおっぱい仲間〟が引く力車で登場した。キャラメル味の棒キャンディ〈シュガー・ダディ〉のロゴが入った黄色と赤のウォームアップジャケットを着て、車のドア一枚分くらいありそうなサイズの商品の模型を抱えていた。ネット際で対面したとき、ボビーはそのキャンディを私に差し出した。マリリンとアシスタント数名が私からボビーへの贈り物を私に手渡した——私がボビーのフルネーム〝ロバート・ラリモア・リッグズ〟と名づけ、ピンク色のリボンを結んだ、きいきいと泣く茶色の子ブタ。それはジェリー・ペレンチオの奥さんのジャッキーの発案だった。私は一つだけ条件をつけてその提案を受け入れた——子ブタが大きくなっても市場に出荷しないこと。子ブタはこのあと大混乱のフィールドから逃走したが、捜索の結果、アストロドームの隅っこで発見された。怯えてはいたが、怪我はなかった。試合のあとは、ある農場で末永く幸せに暮らした(ファクト確認済み)。

さて、お祭りはここまで。ついに試合開始の時が来た。

第19章 バトル・オブ・ザ・セクシーズ

偉大なアスリートならきっと、試合中に、頭で考えるまでもなく体が自然に動き出す瞬間があると言うだろう。とくにチャンピオンは、順応することに長けている。テニスのような個人スポーツではそのスキルが重要になる。試合では頭脳と体、そして心の強さを試されることになるからだ。いったんコートに出たあとはもう、自分以外に頼れるものがない。

アストロドームのフィールドでボビーと対面したとき、用意してあった作戦に私のなかの何かが最後の変更を加えた。私は試合が始まった瞬間からどのポイントでもかならず前に出てネットプレーをするだろうと、ボビーはもちろん、誰もが予想している。その戦術は採らない。最初の五ポイントはボビーを走らせて様子を見る。ボビーは私よりずっと年齢が上だ。私はそう自分に言い聞かせた。できるかぎり柔らかいボールを打つ。パワーのあるボールは返さない。それなら、ボビーがボールに自分でパワーを与えるしかない……ネット際に出たときは、スライスをかけた中途半端なショットを打つ。ボビーが猛ダッシュし、膝を深く曲げてラケットを遠くまで伸ばさなくては追いつけないような球。私がそんな球を打ってくるとは思っていないはずだ。体力を使わせてやろう。

それがうまくいかないようなら、そこでまた戦術を変えるまでだ。一か八か、まずはそれでいってみよう。最後にもう一度だけ、心のなかのリストを上からチェックした。口は閉じておくことよ、ビリー。何があっても腹を立てちゃだめ。線審のコールに納得できなくても、文句は言わない。怪しい判定の連続になるのはいまから目に見えている。だって線審を見なさいよ、白いシューズに格子柄のパンツの男性、ベルボトムを履いた女性。大半がしろうとだ。

でも、気にしないこと。観客や椅子が近すぎるけど、それも気にしない。ポイントの合間に人が歩き回ろうがしゃべり散らそうが、それも無視。〝いまここ〟だけに集中しなさい。さ、いくよ！

コイントスでは私が勝ち、サービスを選んだ。サービスもあえて力を抜き気味に打った。最初のポイントは、私の凡ミスでボビーに取られた。**気にしない、気にしない。**ボビーがロブを上げ、私のスマッシュはアウトになった。スマッシュをミスすることなんてめったにないのに。ファーストサーブがまだ一本も入っていない。トスが安定しなくて、スイングのタイミングが合わない。自分を叱咤した。**しっかりしなさいってば。さあ！**　まだまだ手探り、肩慣らしの段階だったが、セカンドサーブは得意だから、心配はいらない。**そうそう、その調子。**焦らずにボビーの出方をうかがう。バックハンドのボレーをネットに引っかけてしまったが、気に病むことはない。一番安定しているショットがそれだから。次のラリーに勝って、第一ゲームを取った。1－0。**よし！**　これでひと息つける。出だしは上々だ。

ボビーのサービス。私はすでに彼を走らせ始めていた。向こうも私を走らせようとしている。あとになってボビーは、私の動きがあれほど速いとは思っていなかったと認めた。私は対角線上に上がったロブをベースラインの外まで追いかけ、ネットに背を向けたままバックハンドのロブを返す。ボビーがスマッシュするが、それにも追いついて、フォアハンドのパッシングでボビーのサイドを抜いた。15－0。**さあ来い！**　心のなかで気炎を上げた。

試合前はボビーのスキルの高さが話題だったが、大半の人は忘れている——私は多彩なショットを打てるし、狡猾な戦術家でもある。私はいろいろなショットを試し、何が有効か探り始めた。有効な戦術がわかれば、それを多用する。ベースラインに張りつき、あわてずに柔らかいボールを着実に返す（観客席にいたピート・コリンズは、私の頭がおかしくなったと思ったらしい——「おいおい、せっかく立てたゲームプランはどうした？」）。ショットのいくつかはアウトになったが、私はやはり気にしなかった。ポイントごとにボビーの体力を着々と削っていった。最初の二ゲームが終わって1－1。私はここでギアを一段上げた。ネット際にダッシュして、鋭いバックハンドボレーを決めた。調子が出てきた。ボビーのほうは、もう汗みずくになっている。ボビーに一点も与えないまま、ゲームポイントのサーブに入った。ゆっくりとバックスイングを始め、そこから一気にテンポを上げて、コーナーにボールを叩きつける。ボビーのラケットは届かない。**サービスエース**。

ゲームカウント2－1の最初のチェンジエンド、ボビーはスポンサーのロゴを少しでも長く視聴者に見せるために着たままだったウォームアップジャケットを脱いだ。そのころテレビでは、実況のコーセルがそれに気づき、リッグズはジャケットと一緒に「ふんぞり返った態度も少しだけ脱ぎ捨てたようですね」と言っていた。私の右側に座ったコーチのデニスは泰然としていた。その隣からマリリンがゲータレードとタオルを差し出そうとしている。二人と並んで座っているラリーは、足もとをじっと見つめていた。例によって、心配で見ていられないらしい。

チェンジコートのあと出てきたボビーの青いニット地のシャツは、汗を吸って色が濃くなっていた。私は汗一つかいていなかった。それからの数ゲーム、取ったり取り返したりの接戦が続いた。さすがチャンピオン、ボビーは素晴らしいショットをいくつも放った。第五ゲームでボビーが私のサービスゲームをブレークし、3－2でボビーがリードした。それでもまだ私は焦らなかった。ボビーを走らせ、体を二つ折りにしなくては拾えないような、低く弾むドロップショットを多用した。試合開始直後から気づいていたが、ボビーはバックハンドをストレートに打てない。つまり、かならず私のバックハンド側にボールが返ってくる。バックハンドは私の武器だ。私は一つひとつのポイント、ゲーム、セットを綿密に組み立てようと自分に言い聞かせた。**一度に一球**。

第六ゲーム、私はスマッシュを決めてボビーのサービスゲームをブレークした。

ゲームカウント4－4で迎えた私のサービスゲーム、実況のコーセルはこうコメントした。「ボビー・リッグズからお遊び気分は完全に消えました」**今回は誰もカーテシーなんかしないから**。私は第九ゲームを取り、次のゲームは30オールとなった。私が高めで打ったバックハンドボレーにボビーが飛びつくが、ボールはラケットのネック部分に当たって右に大きくそれた。**ブレークポイントかつセットポイント。**観客のどよめきは、私の意識には届かなかった。軽く腰を落とし、ボビーを見つめ、サーブを待つ。ボビーのファーストサーブはフォールトだった。そして……ダブルフォールト。

今度は歓声が聞こえた。耳を聾《ろう》するほどだった。**ボビーは重圧につぶされかけている。**

第一セットを6－4で取って、私の心に大きなゆとりが生まれた。戦術の上でも重要だった。私は練習試合以外で三セットを超えてプレーした経験がないからだ。ここまでは順調に進んでいる。それでも私は何度もこう自分に言い聞かせた。**いまここに集中すること。周りを気にしない。この調子で着実に。**コマーシャル休憩の四分間は、主審の椅子の向こう、ボビー側を見ないようにした。あとで録画を見ると、フランク・ギフォードが第二セット開始前にボビーのインタビューをしていた。ボビーはタオルで汗を拭い、脱水症防止の塩のタブレットを次々と口に放りこんでいた。いつもの芝居がかった言動は鳴りをひそめ、フランクの質問に答えて、正直で的確に試合を分析した。

「ネットプレーヤー向きのコートじゃない。しかしビリーのネットプレーはみごとだ。すばらしいボレーをいくつも決めてる。こっちはファーストサーブをミスしてばかりだ……ここまでのところ、ビリーのほうがいいプレーをしてる」

これこそがボビー・リッグズの本当の姿だと私は思う。単なるギャンブル好き、商売人ではない。ここまでもチャンピオンだ。「まあ、まだ第一セットだからね。先は長いよ。いま言えるのは、そろそろペースを速めるか、戦術を変えるか、もっと機敏に動くかしないとだめだってことだね。ビリーは恐ろしく速いから」

第二セットの開始時、私は間違ったほうのエンドに出てしまった。自分でも笑った。いい兆候だ。まだ〝ゾーン〟にとどまっている。

第二セットの最初の二ゲームは、またしても互いにサービスゲームをブレークする展開になった。私はバックハンドのランニングショットをクロスコートに決めて——得意のショットの一つだ——第二ゲームを取った。第三ゲーム、私のバックハンドのハーフボレーを追ってボビーがネットに出たが、打ったボールはネットに引っかかった。私は戦術をくるくると変えてボビーを彼の〝安全地帯《コンフォートゾーン》〟から引っ張り出そうとした。**トレードマークのロブはどうしたの？** 実際にボビーがロブを上げたときは、練習のとおりのスマッシュを決めた。気持ちにも動きにも余裕が出始めた。サーブをセンターライン際に打ち、次の球を、フランク・ブレナンのアドバイスどおりボビーの〝背後〟に打って逆を突く。**それよ、その調子。**ボビーを三歩から四歩よけいに走らせるために、スライスを駆使した。コートに近い席の観客は興奮のあまり飛び跳ねんばかりだったが、私はコートの外で起きていることにはほとんど注意を向けず、次の一球だけに集中した。キャリアの初期なら観客に見せるためのプレーをしていたかもしれないが、その夜はコートだけが私の世界だった。よい意味で視野がせまくなっていた。

第二セット、2－1で迎えた第四ゲーム、両足が浮くほどの勢いでトップスピンをかけたフォアハンドを打った。**ここからは持てる力をまるごとボビーに叩きつけよう。**情報を集め、処理し、その瞬間に起きているすべてを把握する。ボビーはどうやらボールをこすり上げてスピンをかけるのが苦手らしく、また体の動きも鈍かった。それでも闘志は萎えていなかった。そのころドームのどこか上方にある実況ブースで、ジーン・スコットがこう解説していた。「ボビーが点を取るときは、ビリー・ジーンのミスのおかげですね。しかしビリー・ジーンのほうは自力で点を取っている」そのパターンは最後まで続いた。私は決めに行って——つまりボビーのラケットがかすりもしないようなショットを決めて、ほとんどのポイントを取っていた。

ゲームカウント4－3で私のリードとなったとき、次のゲームが重要だと私は思った。もしこのセットも私が取った場合、ボビーが勝つには五セットをフルで戦わなくてはならないことが確定する。ボビーのサーブゲームだった。私は全力で走り回った。ボビーがどこに打とうと私がいる。このときもまたバックハンドのパッシングショットで、私はボビーのサービスゲームをブレークした。**私の決め球だ。**ゲームカウントは5－3。実況ブースでは、私に賭けていたロージーが冷めた口調でこう言っていた。「この試合のおかげでちょっとだけお金持ちになれそうです」
ボビーは体力を使い果たし、それを隠しきれなくなっていた。ボビーの様子を観察するまでもなく伝わってきた。このままいけば勝てそうだと思うと、ますます士気が上がった。エネルギーと力でコートを支配しているのは私だ。ボビーもそれを感じている。ここからの数ポイントが勝負だ。はやる気持ちをなだめた。**気負わず、いつもどおりに。**40－0のトリプル・セットポイントで、私のサーブをボビーはバックハンドで打ちそこね、ボールはネットにかかった。第二セット、6－3。

短い休憩のあいだ、フランク・ギフォードが今度は私のサイドに来て、想定以上に楽勝なのではと尋ねた。「始まってみなければ何もわからないと思っていましたから」私は答えた。「どんな試合も、終わる瞬間まで自分が勝ったとは思わないようにしています」

第三セットの開始から、ボビーは戦術を変えてきた。予想どおりだった。私にバックハンドを打たせてはいけないとようやく気づいたらしく、フォアハンド側に探りを入れ始めた。だが、無駄だった。私はのっけからボビーのサービスゲームをブレークした。そして自分にこう言った。**さあ、そろそろアクセル全開といくよ。一気に片をつけよう。彼の息の根を止めよう。**

そこから決着がつくまで、文字どおりの死闘となった——私はとどめを刺そうとして、ボビーは生き延びようとして。荒れたプレーもあったが、気にしている場合ではなかった。私の仕事は正々堂々勝つこと、それだけだ。とにかく勝つこと。世間の記憶に残るのは、どちらが勝ったかだ。

試合が始まったときから、私はポイントとポイントのあいだに意識してラケットを左手に持ち替えていた。マーガレット・オズボーン・デュポンに教わった、利き手の筋肉の緊張を解くコツだ。ボビーはそういう対策をしていなかった。第三セットのゲームカウントが4－2になったところで、ボビーが指を引っ張ったり手をさすったりしていることに私は気づいた。攣ったようだ。かなりひどいようだった。選手なら誰でも経験していることだから、私はボビーが気の毒になった。男子選手に勝ったときなんだか申し訳ない気持ちになって、自尊心を傷つけないよう、相手が勝ったと嘘をついた無数の記憶がよみがえった。こんな考えが何度も浮かんだ――**何百万もの人が見ている前でボビーを負かしてしまったら、彼はどうなるだろう。**そのたびにこう思い直した。**やめなさいよ！　だって、もしもこっちがボビーに負けたら何が起きる？　この先何年も気に病むことになる。いつもどおり、次の一球のことだけ考えよう。一度に一球。それ以外は考えない！　さあ、やるよ！**

　ボビーは一〇分のメディカル・タイムアウトを要求した。手の痙攣は負傷ではないから、本来はメディカル・タイムアウトを認められないが、私は異議を唱えなかった。タイムアウトのあいだ、私はボビーのほうを見ないようにしていたが、ボビーは塩のタブレットをひとつかみ分ものみくだし、コーチのローニー・キュールから手のマッサージを受けていた。長い休憩のあいだに体が冷えてこちらが筋肉の痙攣を起こしてはたまらない。デニスが立ち上がり、自分の椅子に私の両足を上げさせた。予想外だったのは、頼んでもいないのに、マリリンが私のふくらはぎのマッサージを始めたことだった。**ちょっと、こんなときにやめてよ。何を考えてるの？**　マリリンを遠ざけたかった。うっとうしかった。こんなときに騒ぎを起こされたくなくて、しばらくやらせておいたあと脚を引き寄せてやめさせた。**関係を解消したい。でも、いまここでは何もできない。まずは試合が優先だ。**ゲータレードをまた少し飲んだ。試合に意識を戻す。

　あまりにも多くが懸かっている試合ではよくあることだが、残りの数ゲームは本当に苦しかった。ファーストサーブをフォールトし、自分を叱りつけた。**何やってるのよ、ビリー？　ミスしてる場合じゃない！**　トップスピンのショットをネットに引っかけた。**ああ、もう！**　ボビーが私のサービスゲームをブレークして、勝利の可能性をつないだ。直後のゲームで私もブレークし返し、ボビーはふたたびピンチに陥った。あと一ゲームで私のストレート勝ちだ。ボビーの足は止まりかけていた。サーブを打つのがやっとだ。最初の二つのマッチポイントで私は勝利を逃した。30-40のあと、私がフォアハンドをミスしてデュースになった。表情には出さなかったが、内心ではこう叫んでいた。**何なの、いまのフォアハ**

ンドは。みっともない。いいかげんにしなさいってば！　そのゲームはすでに一五ポイントも続いていた。

　三度目のマッチポイント。ボビーがバックスイングして、ファーストサーブ。フォールトだった。

　この何年も前、ナンバーワンになる術《すべ》を学ぶためにオーストラリアに渡ったとき、オーストラリア人選手から教わったのは、勝負の懸かった場面ではとにかくボールをライン内に打ち返せということだった。何があろうと相手に打たせてミスを待つ。そのとき私が決めていたのはそれだった。とにかくボールをネットの向こう、ボビーのバックハンド側に打ち返すこと。ミスをするチャンスをボビーに与えること。**相手に打たせてミスを待つ。**

　総立ちの観客がものすごい歓声を上げていた。でも私は五感のすべてをボビーに向けていた。ボビーが体重を後ろの足にかけ、サーブの姿勢に入る。父はこう叫んでいたらしいが、私の耳には入っていなかった。「仕留めろ、シス！　仕留めろよ！」ボビーのサーブは私のフォアハンドに来た。私はセンターライン沿いに打ち返した。ボビーはバックハンドボレーを試みたが、腕を持ち上げるのもやっとの有様だった。弱々しいボールがネットに向かって飛ぶ途中でもう、私はラケットを高々と投げ上げていた。一瞬、両手で顔を覆った。やっと終わってほっとしていた。勝って天にも昇る心地だった。このときにはもうボビーがネットを飛び越えて——そんな体力がどこに残っていたのだろう？——私を祝福した。私はボビーを抱き締め、腕を回したまま二人でコートを出た。場内はすごい騒ぎだったが、それでもボビーが私の耳もとで言ったことはちゃんと聞き取れた。「完敗だ。きみを甘く見ていた」

　あらゆる方角から人が突進してきた。最初に来たのはデニスで、私は彼の頬にキスをした。次がディック・ブテラで、私は彼にもキスをした。この際かまうものか。ようやくラリーが見えた。私はラリーの首に両腕を回し、一瞬、全体重を預けた。心の底からほっとしていた。心の底まで満たされていた。

　ラリーの腕に抱えられたまま、そして私が押しつぶされないようにと友人たちが組んだスクラムに守られながら、表彰エリアに移動した。ジョージ・フォアマンも人をかき分けて来た。ジョージから賞金一〇万ドルの小切手と巨大な金色のトロフィーを渡された。ラリーが近くのテーブルに私を持ち上げ、私はそこでトロフィーを掲げて観衆に見せた。はしゃいだ気持ちで、舌を突き出して笑ったりもした。ここでようやく母と父を見つけた。私は両親のほうにトロフィーをかたむけて叫んだ。「ありがとう！」「でかしたぞ、チャンプ！」父が大声で返す。母は満面の笑みで何度もうなずいた。

ロッカールームに戻る途中に考えていたことは二つだけだった。決戦に向けたトレーニング中は我慢していたもの、いまは急に喉から手が出るほどほしくなったもの——まず冷えたビール、次にアイスクリーム。まだ神経が高ぶったままだった私は、試合後の記者会見で、裸足で片手にビールを持ったまま壇上を行ったり来たりした。ボビーを待つあいだ、先に記者の質問にいくつか答えた。私が得た全一〇九ポイント中、ボビーのミスではなく私のショットが決まって獲得したのは七〇ポイントだったと誰かから教えられた——六四パーセント、なかなかの数字だ。

女は重圧に弱いなんて言説は嘘っぱちだ。カリー・カークパトリックもその点に記事で言及した。彼いわく、私は「絶対に負けられない大勝負に果敢に立ち向かった。重圧がかかった試合で、それをものともせずにすばらしいプレーを見せた。どんなに優れたアスリートでも、人生の大一番に最高のパフォーマンスを発揮できるとはかぎらない。しかし今夜の彼女はそれを成し遂げた」。

「これは一九年間の努力の結果です」その夜の記者会見で、私はそう話した。「テニス用のスコートを穿いていないというだけの理由で写真撮影から追い払われたあの日から、変革を起こしたいとずっと思ってきました。そして今日、それが叶いました」

記者会見のあと、私はアストロワールド・ホテルのジェリー・ペレンチオの部屋にちょっと顔を出した。ディックが賭けをしていたボビーから受け取ったばかりの一万ドルの小切手をみなに見せているところだった。まもなく、元男子プロ選手から、ボビーはわざと負けたのではないかと疑う声が上がった。ジャック・クレイマー、パンチョ・ゴンザレスら男子選手がそろってテレビ観戦していたロサンゼルス・テニスクラブもその話題で持ちきりだったと聞いた。ボビーが女に負けるなんて絶対に信じられないという男子選手は少なくなかった。しかしアーサー・アッシュは違った。ボビーとの試合の数週間前にヒルトンヘッドで私と混合ダブルスをプレーしたあと、アーサーは日記にこう書いていた――私のテニスについての評価が変わったと。そして、混雑したバーでバトル・オブ・ザ・セクシーズを観戦し、私に賭けていたアーサーは八〇ドル儲けたらしい。

四〇年後、スポーツ専門局ESPNが八百長試合の噂を蒸し返し、ボビーはギャンブルで作った借金をマフィアに返すためにわざと負けたとほのめかした。八百長説は筋が通らないし、ボビー本人も一貫して否定し続けた。第一に、ボビーはあの試合で自分が勝利するほうに大金を賭けていた。ディックが見せびらかしていた小切手は、ボビーが書く羽目になったたくさんの小切手のうちのたった一枚にすぎない。第二に、ボビーのコーチで、彼を誰よりよく知っていたローニーは、ボビーが八百長をするわけがない、ボビーはまったくお金に困っていなかったし、マフィアに借金などしていなかったと言っている。加えて、ボビーが負けた最大の原因はうぬぼれだと指摘した。ボビー本人もそれを認めている。試合の前にボビーは『ニューヨーク』誌にこう語っている。「自信過剰なうえにろくにトレーニングもしていない。俺はどこまでも愚かな男だ」

しかし何より明白な証拠は、私に勝てば、続けてもっと実入りのよい試合ができるとボビーが期待していたらしいことだ。あまり知られていない話ではあるが、ジェリー・ペレンチオはすでに、なんと賞金一〇〇万ドルでボビーとクリッシーを対戦させる腹案を練っていたし、その次はボビーとロージーの組み合わせだろうという噂もあった。それだけでも八百長説は否定されてしかるべきだった。

何年もたってから、ボビーは弁護士のF・リー・ベイリーのトーク番組に出演し、八百長試合ではなかったと証明して論争に決着をつけようと、ポリグラフ検査まで受けた。一九九〇年には『ワールド・テニス』誌で「わざとビリー・ジーンに勝たせたりなんてしていない。俺はあの試合に大金を賭けていた。ボビー・リッグズ勝利に自分で賭けて、負けたんだ。本当に痛くて苦い敗北だったよ。わざと負け

ボビー・リッグズに6-4、6-3、6-3で勝利した瞬間、ラケットを放り上げる私。世界で9000万人、アメリカで5000万人がテレビ視聴した。テニスのためだけでなく、世界中の女性のために、絶対に勝たなくてはと感じていた。

たんだろうなんて、まったくのでたらめだ。ビリー・ジーンに負けたあの試合は、俺の人生で最大の落胆だった」

それに、プロテニス選手は、同じプロテニス選手が八百長をすればわかる。あの試合は八百長ではないと私にはわかった。ボビーは本気で私を倒そうとしていた。が、倒せなかった、それだけのことだ。

「ビリー・ジーンは強すぎた──彼女は死力を尽くさずとも俺に勝ったんだ」ボビーは潔く負けを認めて言った。「まだまだ余力を残していたね。あっという間に片がついちまったから」

第20章　女性たちの自由のために

まもなく午前零時というころ、6－4、6－3、6－3で私が勝ったという速報がマサチューセッツ州ノーサンプトンの女子大学、スミス大学じゅうのテレビ画面に流れた。報道によれば、五〇〇名の学生が学生寮から飛び出し、時計塔の鍵を開けて鐘を鳴らし、勝利のプラカードを掲げてキャンパスを行進した。プラカードの一つにはこう書かれていた。〈今日、テニス界が変わった——明日は世界が変わる〉。

同じように祝う女たちの姿がアメリカ各地で見られた。何百万もの女が——男も——私の勝利に歓声を上げた。私が勝ったら大きな話題になるだろうとは思っていたが、その影響力を本当に実感したのは数日後、新しく始まったワールド・チームテニスの一チーム、フィラデルフィア・フリーダムズの宣伝のためにフィラデルフィアに行ったときだった。フリーダムズは創立時のドラフトで私を一位指名していた。ホテルの前でリムジンを降りるなり、マンホールから市の職員が一人ひょいと顔を出して、「よくやった、ビリー！」と叫んだ。かと思えば、警察官が申し訳なさそうにサインをねだってきた。「サインをもらって帰らないと、女房に殺されちまいます」フィラデルフィア消防局では、消防局長の白い制帽つきで一日署長を務めさせてもらった。『フィラデルフィア・ブレティン』紙の編集部を訪ねると、全記者から拍手で迎えられた。女性社員の一団がフロアの奥から駆け寄ってきて、一人が言った。「ビリー・ジーン！　私たち、一〇年も前から昇給の交渉をしたいと思ってました。でも、いままでは勇気がなくて言い出せませんでした」「でも、あなたがあの試合に勝ったのを見て、私たちもやってみようって」別の一人が言った。

「よかったですね。で、お給料は上げてもらえました?」

「はい!」

「やった!」

あの試合が社会に及ぼした影響は、私の想像をはるかに超えていた。ボビーとの試合の前から、私はウーマンリブのデモ行進に参加していたし、中絶の経験も公表されていた。因習にとらわれない種類のキャリアウーマンかつ妻として自分の手で道を切り拓いてきたし、〝風変わりな〟結婚についての詮索にも耐えてきた。ジャック・クレイマーのような男性の権力者やテニス界の凝り固まった体制と公の場でやり合ってきた。脅されようと、そんなことは無理だと言われようと、男子と袂《たもと》を分かって初の女子プロツアーの設立に尽力した。つまり、私はボビーとの試合以前からつねに自分の主張を明確にしてきた。ところが、ボビーは女性全般をばかにするような言動を繰り返した。だからあの夜、アストロドームで、私はあらゆる女性を代表して自分の主張を証明したように受け止められたのだ。しかも、ことにアメリカ人には、これから何をするかあらかじめ宣言し、あるいは信条を貫いて何かに挑み、実際にそれをやってのける一匹狼にロマンを求めるようなところが昔からあるように思う。ボビーとの一戦のあと、私が経験したことの一部はそれではないかという気がする。私の考えに賛成していなかった人も、私のプレーには感服した。それまで不信の目を向けていた人も、私をまた違う目で見るようになった。もともと私を好いてくれていたファンは、いっそうの好意を寄せてくれたようだ。

私は突如として社会正義運動の最前線に立たされた。その運動は大きな変革を起こし始めていて、私に与えられた影響力はスポーツを封じこめていた壁を飛び越え、ショービジネス、経済、政治の世界に広がった。かつてないほど大きな発言力を、差別撤廃を訴えるのに利用しようと思った。女の子であろうと男の子であろうと同じ夢を抱ける社会にしたかった。それからの数カ月、新聞や雑誌のインタビューに延々と応じた。マイク・ダグラス司会の人気トーク番組のゲスト司会を一週間務めたり、ソニー&シェールのコメディ番組にカメオ出演したりもした。ほかにもたくさんの依頼が殺到した。試合前に私がコートに姿を現しただけで、あるいは演壇についただけでまだ一言もしゃべっていないのに、スタンディングオベーションが起きるときもあった。当面終わりそうにないウィニングランを続けているような気分だった。

もちろん、大きな注目を集めると同時にプライバシーは完全に失われ、スケジュールはそれまで以上に立てこんだし、窮地から救ってくれという一般の人からの手紙が洪水のごとく押し寄せた。そんな経験は初めてだった。みなが私には魔法の杖があると信じているかのようだった。私は昔から〝ノー〟と言うのが苦手だ。親切で善良な人間でありたいと思っているし、排除されたくない、存在しないかのように扱われたくないという気持ちが理解できる。おそらく私は〝イエス〟と言いすぎなのだ。クリッシーはよく、私は〝数百万人の母親〟になったと冗談を言った。女の子も大人の女性も、お母さんもお父さんも、学校の教員やコーチも、あらゆる立場や職業にある人たちが、私に来てほしい、悪を正し、ドラゴンを倒すのを手伝ってもらいたいと連絡してきた。いまでもそういう手紙は届く。それに対してはできるかぎりのことをしている。

あれから五〇年が過ぎたが、バトル・オブ・ザ・セクシーズの話題が出ない日は一日としてない、と言っても決して大げさではない。いまでも女性たちは、どこであの試合を観たか、私が勝ったときどれほどうれしく、どれほど励まされたか、私に話してくれる。感極まって声を詰まらせながら「ありがとう……あなたはいろんな可能性を拓いてくれました……あなたのおかげで私の人生は一変しました」と話しかけてくる女性がたくさんいるのだ。競争で女が勝ってもいいのだとようやく安心したとか、男の子に勝つのは男の子でなくてはいけないなんてことはないのだと自信を持てるようになったとか。なかには、やろうと思えば何だってできるのだと初めて信じられたという人もいる。

こう言うと驚く人も多いが、目に涙を浮かべて話しかけてくる男性もたくさんいる。彼らはこう言う。「ビリー・ジーン、子供のころにあの試合を観ました。いまは娘を持つ父親です。あの試合が私を変えました」その一人がバラク・オバマ元大統領だ。ホワイトハウスの大統領執務室で初めて面会したとき、彼はこう言った。「ご存じないと思いますが、あの試合を観たとき、私は一二歳でした。いまは娘が二人います。あの試合は、二人をどう育てるべきか教えてくれました」そういう話を聞くと、最高の気分になる。自分に娘が生まれるまで、性差別について理解していなかった、あるいは考えたことさえなかったが、娘を持って初めて「この子の未来にもやはり苦労が待っているのだろうか」と疑問を覚えたという男性も大勢いる。娘を持って初めて性差別撤廃に向けて自分も行動しようと考えるのだ。

あの試合のあと、小さな男の子からもよく話しかけられるようになった。「いつかあなたみたいな強いテニス選手になりたいです」少年たちは、私を女という以前にアスリートとして見ていた。

前述のとおり、バトル・オブ・ザ・セクシーズの前年にバーチ・バイ上院議員らの教育改正法第九編《タイトル・ナイン》法案が議会を通過した時点で、この法律がスポーツにどれだけの影響を及ぼすことになるか、理解していた人はほとんどいなかった。しかし一九七三年の五月下旬、『スポーツ・イラストレーテッド』誌が〈スポーツは女性に不公平である〉というすばらしい特集を掲載した。執筆したナンシー・ウィリアムソンとビル・ギルバートは、男子向けと女子向けのスポーツプログラムにどれだけの差異と不平等があるか、腹立たしい事実を何ページにもわたって羅列した。

・一九七三年現在、推計五万名の男子がスポーツ奨学金で大学に在学している。女子は全国で五〇名に満たない。
・一九六九年、ニューヨーク州シラキュースの教育委員会は、男子スポーツに九万ドルの予算を計上したが、女子スポーツの予算は二〇〇ドルだった。ワシントン大学の在学生中、四一パーセントを女子が占めるが、女子スポーツに振り分けられている予算は一パーセントに満たない。
・調査対象となった女子児童の大半は、女子スポーツ選手の名をほとんど挙げられなかった。

この記事を読んで、激しい怒りを感じる一方で、ほらやっぱりとも思った。『スポーツ・イラストレーテッド』は、その後もスポーツにおける性差別を容赦なく批判する特集をさらに二度組んだ。その二つの特集は、男性が牛耳る教育機関は女児はスポーツに関心を持たないと主張するが、現実にはスポーツに取り組みたいのに参加する先がないと感じている女児が多いことを明らかにした。また、女子スポーツ観戦に熱心な人口が少ないのは、観戦できる女子スポーツがほとんどないからだということも示した。

それは女子テニスについて私たちが少なくとも一〇年前から指摘し、年を追うごとにそれは誤りであると声を強めてきた事実でもある。私が女子スポーツ選手として初めて年間獲得賞金一〇万ドルを手にしてからわずか五年後の一九七六年、クリッシーはキャリア獲得賞金一〇〇万ドルを超えた最初の女子スポーツ選手となった。テニスの世界は、女子選手を後押しするほうへと猛烈な勢いで変わろうとしていた。男子は一〇〇年も先にスポーツ市場に参入していたわけで、驚くべきスピードだ。

『スポーツ・イラストレーテッド』のライターは、女性や女児がスポーツに参加する機会を広く増やすには何をすべきかと問い、救済策はすでに存在していると書いた。保健教育福祉省公民権局の弁護士は、その救済策こそタイトル・ナインだと『スポーツ・イラストレーテッド』に指摘している。女子スポーツより男子スポーツにはるかに多額の予算を割いている教育機関があれば――そうでない共学校を見つけろというほうが難題だった――連邦政府は、差別が解消されるまでその教育機関への資金援助を保留できる。

男性優位の全国のスポーツ団体やロッカールームで、恐怖と憎悪のレベルが一気に高まるのが肌で感じ取れた。タイトル・ナインは自分たちの存在を脅かすものと見なされた。多くの学校で――なかでも全米大学体育協会（NCAA）ディビジョンIの（つまり最大の）各競技連盟《カンファレンス》は、男子のフットボールとバスケットボールで多額の利益を上げる一方で、女子のチームにはまったくといっていいほど予算を割いていなかった。今後は支出の配分を変えなくてはならない。これに関しても、一夜で五〇対五〇に変更せよとは求められていなかった。タイトル・ナインは、教育機関向けに設定されたいくつかの基準にもとづき、〝相対的に〟適正な予算を女子スポーツに割り当てることと定めていた。

反対勢力は、タイトル・ナインは政治的公正を求めるに等しく、大学フットボールとバスケットボールの〝三月の熱狂《マーチマッドネス》〟〔毎年三月に行われる、NCAAディビジョンIの三二カンファレンスの優勝校ほか有力校が集まるトーナメント大会。全米の注目が集まる〕の終焉につながりかねないと不平を鳴らした。女子スポーツを擁護する側はこれに対し、一つの集団の〝偉大なる伝統〟は、別の集団を継続して抑圧することで成り立っている例が多いと反論した。その証拠は数字に表れていた。当時、上位の大学のフットボール奨学金制度では、有望な学生を囲いこむため、毎年一チームにつき一二〇名以上の学生に全額奨学金を出すのが常態化している。つまり、上位の大学のフットボール・チーム一つが、アメリカ全国のスポーツ奨学金の女子枠をすべて合わせたよりも多くの男子学生に奨学金を与えている計算だ。『スポーツ・イラストレーテッド』の集計によれば、一九七三年の女子枠は五〇だった。この不均衡はさすがに言い訳できない。

ボビーとの試合から九週間後の七三年一一月九日に、私は連邦上院議会の小委員会に呼ばれ、タイトル・ナインを補うものとして審議されていた女性教育機会均等法案について意見を述べた。法案が通過すれば、教育機関にタイトル・ナインの基準を満たすための補助金を支給する原資となる基金が設立される。

小学校時代には上がり症で大勢の前では話せなかった女の子が、首都に呼ばれ、五人の男性議員から成る委員会で連邦法について見解を述べる日が来ようとは。教育機関を改革し、誰もが才能を発揮できるよう、あらゆる人が支援される場にすべきだと強く訴えるまたとない機会だった。本心を包み隠さず話した。現在の私に至る道にはいくつもの壁が立ちはだかっていて、もしかしたらそこであきらめていたかもしれないこと。ジュニア時代、私は一セントももらえなかったのに、男子選手には遠征費が全額援助されていたこと。女性教育機会均等法の名称から〝女性〟を削除すべきだとも訴えた。補助金は男子と女子の双方に与えられるものであって、女子は特別扱いを望んでいるわけではなく、単に平等な扱いを求めているにすぎないのだから、「教育機会均等法とするのがふさわしいと思います」と述べた。

もう一つ、NCAAには好感を抱いていないことも話した。「現在の独占状態を排除すべきだと思います。NCAAの男子選手はスポーツに優れているという理由で大学に進学しているわけですから。だって、もうごまかしようがないでしょう。現在の大学スポーツ選手は、プロ選手です」NCAAが重い腰を上げ、選手が自室、得点板、教室以外の場所での氏名や写真などの使用料を受け取れるよう規則を変更したのは、それから四十数年もたってからだった。しかし一九七三年の時点でも、有名大学のフットボール選手やバスケットボール選手は、テニス界でいう〝偽アマチュア〟だった。そのことも指摘した。

二カ月後、女性教育機会均等法案は上院を通過した。女性の権利を守るため、大勢の男性議員が女性議員と進んで協力する様子に、私は大いに励まされた。この法案の成立は、相手が男だからという理由だけで敵と見なすのではなく、うまく味方につければ、多くは正しい行いに賛同するという好例だ。タイトル・ナインは現在も有効だが、だからといって安心してはいけない。タイトル・ナインを骨抜きにしようという動きや、頑として遵守を拒む教育機関はいまだにあるのだから。

機会均等についての議論が継続されるよう、バトル・オブ・ザ・セクシーズから八カ月後、ジレット・カヴァルケード・オブ・チャンピオン賞の賞金五〇〇〇ドルを使い、約束どおり女子スポーツ財団(WSF)を設立した。その目的は、いわゆる草スポーツから大学、プロに至るまで、あらゆるスポーツにおける男女平等を実現することだった。設立当初は女子スポーツの発展の支援と金銭援助を主たる目的に掲げるアメリカ唯一の団体だった。財団はまもなく、リサーチや教育、法律支援、補助金、コーチ、リーダーシップ開発などの分野にも手を広げた。

WSFは全国女性司法支援センターと協力関係にある。一九八七年、WSF執行理事のデボラ・スラナー・ラーキンは、全米五〇州の支持を後ろ盾に上院とロナルド・レーガン大統領に働きかけ、全国女子スポーツデーを創設した。毎年この日には、女性がスポーツに参加する意義を伝え、功績を称える催しがアメリカ各地で行われる。また、女子スポーツの指導者や選手と連邦議員が米国議会で会合を持ち、課題や法律の制定について話し合う。

タイトル・ナイン成立五〇周年を迎える二〇二二年、WSFがあらゆるスポーツにおける女性の参加機会を増やすために集めた資金は、累計一億ドルを超えると見積もられている。私たちの活動は、タイトル・ナインが及ぼした絶大な影響の記録でもある。一九七二年、アメリカの高校でスポーツ・チームに参加した女性は三パーセントにすぎなかった。それが二〇二〇年には四三パーセントまで伸びた。女子スポーツへのファンの関心も大きくふくらんだ。NCAA女子バスケットボールは二〇一八年から一九年のシーズンに一一五〇万人の観客を集めた。同年度、スポーツ専門局ESPNで放映された大学女子ソフトボール選手権は、一ゲームにつき一五七万人が視聴した。

女子サッカーのアメリカ代表チームの評価と人気は、一九九九年ワールドカップでのドラマチックな優勝をきっかけにうなぎ登りに上がった。決勝戦が行われたローズボウルには九万一八五人が詰めかけた。女子スポーツの観客数としては史上最高で、女子サッカー人気が世界に拡大する引き金となった。全米代表チームは二〇一九年フランス大会で四度目の優勝を果たしたが、試合終了間際、リヨンの競技場で「(男女)同一賃金《イコール・ペイ》、イコール・ペイ!」の大合唱がどこからともなく沸き起こった。アメリカ代表チームは各国代表チームからも賛美されており、スウェーデン代表チームはアメリカと対戦した際、特別に撮影編集した動画を試合開始前にスコアボードで再生し、アメリカ代表チームの女子サッカーへの貢献を称えた。アメリカ代表チームがアメリカ・サッカー連盟を相手取り、男女の賃金格差の是正を求めて提訴したこともよく知られている。

若いころの私にはもう一つ夢があった。テニスをチームスポーツにすることだ。私にとってチームスポーツは、仕事、集められる観客数、代表枠、報酬などについて、望ましい条件をすべてそろえている。チームスポーツにある連帯感が得られないという理由でテニスをやめてしまう子供が少なくないことも知っていた。一九七三年、ボビーとの対戦が決まったあと、デニス・マーフィー率いるビジネスマンのグループからラリーと私に連絡があった。デニス・マーフィーはスポーツ起業家で、全米バスケットボール協会や世界アイスホッケー協会などの独立リーグを創設した人物だ。当初打診されたのは、新たな女子プロテニスツアーの創設だった。バージニア・スリム・ツアーの先行きがまだ不透明だったからだ。ラリーは「興味がありません」と返事をした。

その後マーフィーからふたたび連絡が来て、このときはチームテニス・リーグの設立を提案された。私たちは飛びついた。基本のアイデアは何十年も前からすでに世の中に存在していたが、ラリーと私は大学時代以来、私たちなりのコンセプトを描き、磨きをかけてきていた。

私たちはマーフィーらのグループに、ワールド・チームテニス（WTT）の構想を伝えた。男女同数のチームを作り、最終スコアに男女それぞれの対戦結果が同等に反映されるような試合を組む。そう、何から何まで平等だ。オーナーはチームの所有権を購入でき、各チームは北米全域の都市に拠点を置く。この点はNBAやNFLと同じだ。

ワールド・チームテニス構想は関係する全員に何らかのメリットがあると私たちは考えていた。選手は数カ月間分の収入が確保できるうえ、リーグの試合は夏期にのみ行われるから、四大大会に出場する時間も十分に取れる。試合は、NBAと同様、長くても二時間程度で終わるから、テレビ中継にも向いている。従来のトーナメント方式の大会では、負けてしまえばその時点で脱落してしまうが、チームテニスならお目当ての選手の試合をほぼ確実に観られるから、ファンにも喜ばれるだろう。また（プロの大会が開催される都市に住んでいたとしても）、これまでの大会では観戦の機会は一年にたった一週間だけだが、チームテニスなら地元チームを継続して応援できるし、選手との距離も近い。加えて、各チームを地域の一員とすることも構想の一部だった。地元のコミュニティの慈善活動を支援し、さまざまなイベントを催し、テニス教室を開いて草テニス人口を増やしていく。

ニールセン社の調査によれば、このころアメリカでもっとも急速に裾野《すその》を広げているスポーツがテニスだった。一九七〇年の一年間にテニスをプレーしたアメリカ人は一〇〇〇万人だったが、七四年、バトル・オブ・ザ・セクシーズの翌年には三四〇〇万人に増えた。テニス史上もっとも注目が高まった時期だった。あまりの人気ぶりに、空きコートを探すのがたいへんだという話はよく聞いた。気づくとテニス界にゴールドラッシュが起きていた。お金はお金を招き寄せる。

デニス・マーフィーとラリーはさっそく投資者探しを始めた。一三人にそれぞれ五万ドルでチームの所有権を販売する計画だった。ほどなく五〇万ドルの資金が集まった。元手はたった三ドルのアメリカ地図だったのだから驚きだ。チームが一つ売れるたび、ラリーはその地図に画鋲を留めていった。残り三チームについてはリーグ創設メンバーに優先購入権があり、ラリーと私はサンフランシスコ・ゴールデンゲーターズの共同オーナーになった。

ワールド・チームテニスは、発足直後からテニスにたくさんの革新をもたらした。たとえば、試合中に流れる音楽、床面にカラフルなチームロゴが描かれたコート。得点システムもシンプルにした。アドバンテージはなく、デュースの次のポイントを取ればそのゲームを獲得できる。アドバンテージのない得点システムや、所属チームと拠点都市のためにプレーする責任は、トーナメント戦では経験することのない大きなプレッシャーを選手に与える。ツアーに戻ったときパフォーマンスが向上したと実感する選手は多い。

一セットにつき一人かつ同性同士を限度として、選手交代も認めた。線審に報酬を支払うことにしたのもWTTが最初だし、電子審判システムが登場したときも一番に採用した。ワールド・チームテニスの試合は五セットで行われる――女子と男子のシングルス、女子と男子のダブルス、混合ダブルスでそれぞれ一セットずつ戦う。試合の最初と最後のセットはかならずダブルスと決まっていたが、アンドレ・アガシが参戦した二〇〇二年にそのルールも変わった。アンドレは、勝負を決する最終セットにチーム最強の選手を使いたい試合が多いだろうに、現状のルールではかならずしもそれができないと主張した。たしかにそのとおりだ。そこでルールを変更し、ホームチームのコーチがプレー順を決定するように変更した。このルールでは、チームの作戦がより重要になる。もう一つ、WTTではファンの声援や野次も歓迎している。またスタンドに飛びこんだボールは、キャッチしたファンが持ち帰れる。

「しかし、テニスの試合で音楽や声援はどうかという人が出てきたら？」リーグ開始当初、記者から質問された。

「過去のよかったところと未来のよいところを一度に手に入れるのは不可能です」私は答えた。「歓声やブーイングがあってこそのスポーツです。年会費二〇万ドルと引き換えに、誰も野次ったりしないカントリークラブの雰囲気でプレーしたい選手もいるかもしれません。でも、チームテニスの選手にはよりプロらしい態度が求められます。ほかのチームスポーツの選手と同じようにね」

リーグ開幕時、友人のディック・ブテラがフィラデルフィアのチームのオーナーになった。ただ、それには一つだけ条件がついていた。私が選手兼コーチとして契約すること。WTTを軌道に乗せるためなら、私は何だってする気でいた。それに、その役割には歴史上大きな意味があった。プロスポーツ史上、男子選手のコーチを女が務めるのは初めてだし、男女が一つのプロスポーツリーグのチームでプレーするのも初めてだ。チーム名の決定にも私の意見が反映された――〈フィラデルフィア・フリーダムズ〉。『フィラデルフィア・インクワイアラー』紙でチーム名を募集したところ、一万五〇〇〇件もの応募があり、そのなかから選ばれた。〝フリーダム〟は、いまも私の好きな言葉の一つだ。無限の可能性を連想させるところがいい。

ラリーはWTTの運営担当副社長に就任した。ロージーも歴史を作った――選手兼コーチとしてデトロイトと契約したのだ。ジャック・クレイマーは男子プロテニス協会（ATP）の所属選手がWTTと契約するのを阻止しようと画策したが、そんななかで男子ジョン・ニューカムが年俸七万五〇〇〇ドルでヒューストンと契約したのはうれしかった。当時もまだATPの会長だったアーサー・アッシュは、表向きはWTTをけなしながら、陰では複数年契約の交渉をWTTと進めていた。記者からアーサーの批判について訊かれるまで、私はそのことを黙っていた。クレイマーはWTTの形態を嫌っていた。「女子に重きを置きすぎている」と言っていた。しかし一六チームで始まった最初のシーズン、WTTはいきなり五〇〇万の観客を動員した。

リーグ開始時のオーナーの名簿には、いまもおなじみの名前がいくつかある。ドクター・ジェリー・バスは、NBAのロサンゼルス・レーカーズとWTTのロサンゼルス・ストリングスのオーナーだった。ロバート・クラフトはWTTのボストン・ロブスターズでの経験を生かし、のちにNFLのニューイングランド・ペイトリオッツを買収してNFL帝国を築いた。ほかのオーナーにはスポーツに関して無知な人が多かった。時流に乗っただけの自動車ディーラーの社長、家具販売会社の社長。七三年八月三日にニューヨークで行われたドラフト会議でそのことが露呈した。ドラフト候補選手の名簿に目を通してさえいなかったチームがいくつかあって、この三人は、初年度はWTTに参加しないと表明していたとはいえ、クリッシー、ロッド・レーヴァー、イリ・ナスターゼを指名する機会をむざむざ逃した。マリア・ブエノとパンチョ・セグラは、何年か前から大会に出場していなかったが、指名された。シカゴは面白半分に九巡目でボビー・リッグズを指名した。クリッシーやマルティナ・ナヴラチロワ、ビョルン・ボルグら若手スター選手はみな、二年目以降にリーグと契約した。ピッツバーグはイヴォンヌ・グーラゴングと契約してほくほくだった。

開幕早々、ヨーロッパのプロモーターから横槍が入った。WTTは五月から八月がシーズンで、ヨーロッパのツアーのスケジュールと重なってしまうからだ。報復措置として、フランステニス連盟の会長でクレイマーの友人でもあるフィリップ・シャトリエは、WTTの全契約選手を七四年の全仏オープンから締め出した。なかでもジミー・コナーズには大打撃だった。ジミーはボルチモア・バナーズと契約していたのだが、この年の四大大会のうちすでに三大会で優勝していたのだ。ジミーとエージェントのビル・リオーダンは提訴したが、フランスの裁判所は差止請求を認めず、ジミーは全仏オープンに出られなかった。

WTT最強の男子選手は、私の初めてのプロツアーの仲間、フレッド・ストーリだった。ディック・ブテラは、頭がよくてきれいなジュリー・アンソニーを獲得せんとあらゆる手を尽くした。ジュリーはまだスタンフォード大学院の学生で、勉強の合間を縫って競技を続けていた。その前年のウィンブルドンで私が二人を引き合わせたのだが、そのときディックはジュリーに一目惚れした。私もそのことは知っていた。しかし、ディックがすでに獲得していたローラ・ロソーを放り出してジュリーを獲得したことは知らされていなかった。私のような完璧主義者——コーチ業に全力で取り組み、選手にアドバイスを与えることから、何時間も前に試合会場に到着し、どんなに些細でも選手に必要なものがすべてそろっているか確認することまで、万全にやらなくては気がすまない人間——に言わせれば、ディックの決定は不愉快だ。

「どうして先に相談してくれなかったのよ」私は言った。

「叱られるってわかってたから、かな」ディックは言った。

これには笑うしかなかった。まあ、ディックのお金なのだから好きにすればいい。それからまもなく、チームを買ったのはジュリーとデートしたかったからだと周囲に言いふらし始めた。ジュリーはそれを聞いてもまだディックとつきあわなかった。とはいえ、ディックは魅力にあふれた人だ。のちにディックはジュリーの心を勝ち取り、二人は結婚した。

なぜあれほどいろんなことをいっぺんにやれると思ったのか、リッグズ戦から数カ月後、ラリーと私は女子スポーツ財団創設とワールド・チームテニス・リーグ創立と同時進行で雑誌『ウィメンズ・スポーツ（*womenSports*）』の創刊に向けて動き始めた。ボビー・リッグズさまさまだ。

もっと楽な選択もあっただろうに、私たちはあの不況のさなかに、構想からわずか六カ月という短期間で、カラー写真を満載した創刊号を店頭に並べるところまでやってのけた。雑誌の創刊には莫大な資本が必要だ。当時は経済が縮小し、それに連動して広告費も減少していた。投資家から起業資金を集める必要があっただけでなく、インフレの影響で紙やインク、郵送・輸送のコストは急上昇していた。ある銀行家からはこう言われた。「これまで苦労して積み上げてきたものがあるでしょう。そのすべてを失うリスクがあるのになぜ？」

それでも私たちはあきらめなかった。マーケティングリサーチの結果、少女と成人女性のスポーツ人口は、直近の三年で一七五パーセントも増加しているとわかった。男性の伸びは五パーセントから一〇パーセントだったことを考えると、一足飛びの上昇率だ。また、女子スポーツをほとんど取り上げていない『スポーツ・イラストレーテッド』誌に、女性の読者が少なく見積もっても一〇万人いることもわかった。市場があることは間違いない。

私たちがめざしたのは、女子スポーツが人々の目に触れる機会を現状の男子スポーツと同程度まで増やすことだった。子供のころ、私が見たり名前を聞いたりしたことのある女子選手の競技といえば、テニスかゴルフだけだった。その状況をぜひとも変えたいという気持ちが私を駆り立てていた。読者に――とりわけまだ幼い少年少女に――詳細な記事を通じて女子アスリートを知ってもらえれば、女子スポーツが当たり前の存在として受け入れられる社会に向けた大きな一歩となるだろう。

このときも短期間のうちにさまざまな出資者から起業資金が集まった。私の商品価値がまだ落ちていなかったおかげだ。ポップ歌手のヘレン・レディと、彼女の夫兼マネージャーのジェフ・ウォルドは、新雑誌のコンセプトに賛同してくれた。ほかの出資者にも紹介してくれて、資金は最終的に総額七〇万ドルに達した。大半は私たちのポケットから出した。企業の支配下に置かれたくなかった。

定評ある雑誌の発行人からも大きな支援を得られた。なかでも、独立して『ミズ』誌を発刊したパット・カーバインとグロリア・スタイネムに大いに助けられた。二人と知り合ったのは、私が契約したPR会社ピクウィックの、マンハッタンのミッドタウン地区のオフィスと同じフロアに『ミズ』編集部が入っていたおかげだ。ピクウィックの共同経営者パット・キングズリーとロイス・スミスは一流中の一流で、ロバート・レッドフォードやラクエル・ウェルチ、メアリー・タイラー・ムーアら、当時のショービジネスのスーパースターの代理人を務めていた。私はパットやロイス、ペギー・シーガル、あるいはジェリー・ジョンソンとの打ち合わせでオフィスを訪ねるついでに、『ミズ』編集部に顔を出した。編集会議に同席し、一つの号ができあがる過程を見せてもらって勉強したりもした。新雑誌の創刊が待ちきれなかった。

ラリーと私は例によって、新しいビジネスを起ち上げたあとで必要な知識を大急ぎで仕入れた。だって、出版業を始めるには向こう三年分の印刷用紙を確保しておかなくてはならないなんて、ふつうは知らないでしょう？　女性のエンパワメントをめざす雑誌であることから、グロリアとパットは『ミズ』誌の姉妹誌のような扱いで全面的に支援し、私たちが実務を任せていた社長のジム・ジョーゲンセンに印刷部数や広告掲載料など『ミズ』のノウハウを伝授してくれた。ラリーが発行人を務め、私は自分の体験に基づいたコラムを執筆するほか、発行人として奥付に名を連ねた。

創刊記念パーティはニューヨークの老舗ステーキハウス、ギャラガーズで開催した。ジョー・ディマジオやジョー・ネイマスら大リーガーの行きつけとして知られた店で、ニューヨーク市のギャンブラーやスポーツライター、競馬の〝予想屋〟らスポーツに関わる人々が常連だった。その店を選んだのにはは理由があった。スポーツ界の大物に肩を並べたかったのだ。

『ウィメンズ・スポーツ』は発行部数一一万五〇〇〇部でスタートしたが、まもなく各号二〇万部に増えた。のちに知ったことだが、同じ一九七四年に創刊された雑誌のうち、生き残ったのはたった六誌だった。ビジネスの側面から見れば、『ウィメンズ・スポーツ』もまるでローラーコースターのようだったが、出版物として見ると、大きな喜びと誇りをもたらしてくれた。『ウィメンズ・スポーツ』は、まさに期待していたとおりの雑誌になった――斬新でクリエイティブでオリジナリティに富み、有益な情報が盛りだくさんで、ユニークで、読む人に自信を与え、不遜なところがあって、そして楽しい。毎月一つ、男性の視点から書かれたコラム〈ブタの目〉もあったし、〈誰が誰にどんな仕打ちを？〉というちょっとふざけたタイトルの結果一覧もあった。〈女子スポーツの母たち〉では、やはり長く顧みられずにいた女子スポーツの歴史を振り返った。まるごと〈女子スポーツの革命〉特集だった号には、タイトル・ナインを遵守しない教育機関との闘い方を伝授するマニュアルも掲載した。ハイキングからバスケットボール、女子タックルフットボールまで、ありとあらゆるスポーツを取り上げた。

女子スポーツのみに的を絞った、カラー写真満載で発行部数の多い雑誌はそれまでにないものだった。のちに有名作家となったアン・ラモットも、私たちが見いだした才能ある若手ライターの一人だった。もう一人、テニス選手でライターのタム・オシヨーネシーもいて、編集部に続々と来訪した一流女子スポーツ選手、とくに創刊まもないころの編集部に満ちていた連帯感と使命感の思い出話を始めると、いまでも止まらない。「何かとても意義深いことをしているという意識をみなが共有していました」タムは言った。「連れだってランチに出かけたり。仕事が一段落したら、バレーボールをやったり。必要なら、みんなでまた編集部に戻って夜遅くまで仕事をしました。週末も仕事でしたね。史上初の何かに取り組んでいるのだと思うとわくわくしました」

タムはその後、幼なじみで宇宙飛行士のサリー・ライドといくつかのビジネスを起ち上げた。その一つが、女の子に数学や科学、テクノロジーに興味を持ってもらおうと始まった〈サリー・ライド・サイエンス〉だ。サリーは素晴らしいジュニアテニス選手だったから、私も彼女を知っている。タムはのちに、「変化を起こすにはどうしたらいいか、何か正しくないものを目にしたとき勇気を奮い起こすにはどうしたらいいか」手本を見せてくれたといって、ラリーと私に感謝を伝えてくれた。「どんな人にも変化は起こせます」

自分と似た外見をしたスポーツ選手が同じ挑戦に立ち向かう場ができて興奮したという感想が多くの読者から寄せられた。自分もやってみようと思ったという人もいた。どこにどんな機会があるのか、奨学金の用意がある大学はどことどこか、女子向けの情報を手に入れるには欠かせない——ときには唯一の——情報源になったとも言われた。そういう女性たちの一人が二〇一〇年に〈体力作り、スポーツ、栄養に関する大統領諮問委員会〉の委員長に就任したシェリー・フォールだ。シェリー本人によると、アイオワ州の田園地帯で育った彼女は、『ウィメンズ・スポーツ』の最新号が届くのが待ち遠しくて、実家の長いドライブウェイを駆けていっては郵便受けをのぞいたという。そして届いていると、今度は早く読みたくて、また走って家に戻った。

私たちは数々のプロジェクトを起ち上げたが、期待していたのはまさにそういった物語だった。私はいつも、五〇年後、一〇〇年後の世の中をいまよりよくしたいと言っている。長続きする変化を起こしたいのだ。

第21章　大親友エルトン・ジョン

ボビー・リッグズとの対戦の前後にあまりに多くのことが立て続けに起きたから、笑いながら誰かにこう言ったことを覚えている。「七〇年代に私の人生はそれまで以上ににぎやかになったんだけど、想像できる?」ボビーとの試合の数週間前、ジェリー・ペレンチオから、ロサンゼルスで開かれる大きなディナーパーティに招待された。私はジェリーに尋ねた。「誰のパーティ?」ジェリーは何食わぬ調子で言った。「エルトン・ジョンだよ」

エルトン・ジョンといえば、私が七〇年代の初めごろによく聴いていた大好きな歌手だ。『僕の歌は君の歌(Your Song)』が車のラジオから初めて流れてきたときは、思わずサンフランシスコの混み合った通りで車を停めて聴き入った。エルトンの声もピアノも最高によかった。あれほど切ない歌があるとは。歌声にあれほど感情を揺さぶられるとは。『エルトン・ジョン3(Tumbleweed Connection)』も『マッドマン』も買ったし、ほかのアルバムもみんな買った。ジェリーからディナーパーティに招待されるまで知らなかったのだが、エルトンは大のテニス好きで、しかも私のファンだった。

その夜のことで何より強烈に記憶に残っているのは、エルトンと私が大きな部屋のこっちの端と向こうの端に座っていたことだ。料理の皿が下げられるころになってエルトンのマネージャーのトニー・キングが来て、「どうして席がこんなに離れているのかな。エルトンはパーティが始まったときからずっとあなたと話してみたくてじりじりしていたんですよ」と言った。私は「こっちもです」と答えた。するとトニーは言った。「どうぞこちらへ」そして私をエルトンの真向かいの席に座らせ、引き合わせた。このときはほんの数分おしゃべりしただけだったが、別れ際にエルトンが言った。「次はいつロンドンに？」

私はすでにロサンゼルスのセレブリティ界の社交辞令にはだいぶ慣らされていたから――「マネージャーか誰かから私のマネージャーに連絡させてよ、キス、キス、キス！ ほんと、あなたって最高にステキ！」――エルトンがまた私と会いたいと本気で思っているのか、よくわからなかった。

一年近くの時が流れ、七四年の六月下旬、ウィンブルドンの季節がめぐってきた。グロスター・ホテルにチェックインすると、フロント係からメモを渡された――〈ビリーへ。電話を下さい。エルトン〉。その番号に電話すると、エルトンが出て、いまから来られないかと言った。二人だけでゆっくり話したいと、外に停めた車で会うことになった。行ってみると、真新しくてぴかぴかのロールス・ロイス・ファントムVIのリムジンだった。「音楽でも聴きませんか」だだっ広い後部シートに私が収まると、エルトンは言った。「スピーカーが三六個ついているんですよ」聴きたいに決まっている。エルトンが曲を選んでかけ、それから何時間も二人で音楽を聴き、おしゃべりをした。

その夜、エルトンと私はたちまち親友になった。音楽とスポーツは、人種やジェンダー、社会的地位を超えてあらゆる人を一つに結び合わせる最高の道具だと語り合った。私はエルトンの音楽が以前から大好きだったと話した。エルトンは、ロサンゼルスのホテルの部屋でバトル・オブ・ザ・セクシーズを観戦したことを教えてくれた。「きみがあのきらきらのウェアで登場したのを見て、こう思ったよ。〝ワオ！ 彼女は僕をコピーしてるぞ！〟」からかうような調子でそんなことも言った。

話せば話すほど、共通点が見つかった。どちらも労働者階級の家庭に育ち、名声の頂点にいて、それを持て余している。セクシュアリティに関して秘密を抱えていることも共通していたが、その夜はそれについては話さなかった。どちらも矛盾に苦しんでいた――内向きの性格をしているくせに、大勢に囲まれていたい。人前に出るのが苦手なくせに、大舞台でこそ生き生きする。

ウィンブルドン大会が開幕したあと、エルトンはもう一度会いに来て、当時は公式練習場に指定されていたクイーンズ・クラブでラリーとテニスをした。私が第八シードでソ連のトップ選手だったオルガ・モロゾワと準々決勝で対戦したときは会場に観戦に来たが、私はストレート負けを喫した。この敗北は私にもこたえたが、エルトンは自分が悪運を招いたのだと考え、それ以降はウィンブルドンでは二度と観戦に来なかった。六三年以来の一一年間、準決勝に進めずに敗退したのは初めてだった。

その夜、エルトンは私を元気づけようと夜遊びに連れ出した。まずはウィンブルドン村のこぢんまりとしたイタリア料理店で食事をした。次に、ロンドン南部ブリクストン地区の労働者階級が集まるパブに行った。私は初めてドラァグショーを観た。私たちがバーに注文に行くと、四重の人垣ができた。私はソーダを飲み、エルトンはビールを飲みながら歌い、店にいた全員が一緒に声を合わせた。そのパブの次は、トランプという名の有名な会員制のナイトクラブに行った。入口から階段を下り、二度進行方向を変えたところで――これは現実、それとも夢？――ミック・ジャガーと奥さんのビアンカが奥のテーブルで私たちを待っていた。トランプには、豪華な食事エリアのほかにダンスフロアもあり、有名ミュージシャンや俳優、ときには王族までもが訪れることで知られていた。ある晩など、私たちはその場に居合わせなかったのだが、ザ・フーのキース・ムーンがぶら下がって揺らしたせいで、シャンデリアが床に落ちたらしい。トランプではその程度のことは珍しくもない。

（別の機会にロンドンに行ったとき、ウェンブリー・スタジアムで開催されたエルトンのコンサートにマルティナ・ナヴラチロワと一緒に行った。ホテルに戻ってから、エルトンが何気なく言った。「そうだ、あとで友達が来るかもしれない」そう聞いてもとくに何も考えずにいたが、やがてノックの音がし、エルトンがドアを開けると、なんとポール・マッカートニーと奥さんのリンダ、それにまだ幼かった娘のステラがいた。

「やあ」ポールが気軽な調子で言って入ってきた。

その二分後、今度は歌手のハリー・ニルソンとディーン・マーティンが来た。）

ロンドンで初めてゆっくり話をしたとき、エルトンと私は生涯の絆で結ばれた。あれから四〇年以上が過ぎてもやはり、二人とも放浪者のように世界を飛び回る生活を続けているが、機会を見つけては顔を合わせている。七四年の七月の終わり、エルトンがアメリカに来て、フィラデルフィアで〝セレブリティ・マッチ〟に出場した。私たちワールド・チームテニスのチームにしてみればありがたい話だったし、テニス好きのエルトンには夢を叶えるチャンスになった。私はテッド・ティンリングに頼んでエルトン用にフリーダムズのユニフォームを新調してもらった。エルトンは大喜びだった。その週はトロントとの対戦で、スペクトラム・アリーナの観客動員数は陰りを見せ始めていたが、その晩は一万人近いファンが詰めかけた。お目当てはエルトンと、フィラデルフィア出身のコメディアン、ビル・コスビーの対戦だった（エルトンが勝利した）。

エルトンがフィラデルフィアに来た本来の目的は同じアリーナでのコンサートだった。当日の夜、アリーナに向かう車中でエルトンはふいに私のほうを見て言った。「きみに捧げる曲を書きたいんだ」

「また冗談を」私は笑った。いまのはきっと空耳だと自分に言い聞かせた。

ところが、エルトンが続けてこう言うのを聞いて、彼は本気らしいとわかった。「タイトルはどうしようか。〝フィラデルフィア・フリーダム〟はどうかな」

「すてき。フィラデルフィアへのすばらしい贈り物になりそう」私は答えた。

次に彼と会ったのはその一カ月ほどあと、また別のワールド・チームテニスの試合でコロラド州デンヴァーに遠征したときのことで、エルトンは郊外のスタジオで最新アルバムを録音していた。ウォームアップの時間にコートに出ると、フリーダムズのユニフォームを着たエルトンがコートサイドで待っていた。聞かせたいものがあるというので、チームのロッカールームに来てもらった。エルトンは小型のテープレコーダーを持っていて、私に向かって微笑んでからプレーヤーを置き、再生ボタンを押した。

かつて僕は転がる石だった
口実を見つけては……

『フィラデルフィア・フリーダム』のさえずるようなフルート、それにホーンセクションと弦楽器のイ

上／ロンドンのウェストケンジントンにあるクイーンズ・クラブでふざけるエルトンと私。テニスの大ファンである彼は、テッド・ティンリング特製のフィラデルフィア・フリーダムズのチームジャケットを着ている。
下／人生で最高に愉快だったできごとの一つは、1975年、ドジャー・スタジアムで開催されたエルトンのコンサートに飛び入りし、バックコーラスの一員として5万5000人の観客の前で歌ったこと。

ントロに続くその二行の歌詞を聴いただけで、私はすっかり感激した。チームのメンバーも同じだ。いまだに夢のようで信じられない。エルトンはほっとした様子で言った。「よかった、気に入ってもらえるといいなと思ってたから」サビの〝フィーラーデルーフィーア〟を弾むような発音で歌うたび、私がのしのし歩き回りながら主審に何か叫んでいる姿が思い浮かんだそうだ。それを聞いて私は笑ってしまった。本当にいい歌だ。エルトンと、長年の共作者である作詞家バーニー・トーピンによる完全オリジナルで、フィラデルフィア・ソウルを意識した作品になっている。この曲はフィラデルフィア市民の誇りとなり、またエルトンにとっては二重にうれしいことに、R&Bチャートでも一位を獲得した最初のヒット曲になった。

その夜のデンヴァーでの試合中、エルトンは私たちと並んでチームベンチから観戦した。その年の終わり、私はエルトンの舞台で〝ロックンロール・ライフ〟の一端を経験する最初の機会に恵まれた。スペクトラム・アリーナで開かれたコンサートのときのことだ。控え室で一緒に開演を待っていると、今夜のバックコーラスに参加してほしいとエルトンが言い出した。「とてもじゃないけど無理」私は断った。いざステージに出る直前、私は控え室を飛び出して逃げた。するとエルトンはボディガードに追跡を命じた。ボディガードは文字どおり私を引きずっていってエルトンに引き渡し、エルトンは、手足をばたつかせて抗議の声を上げる私を抱きかかえてステージに連れ出した。

観客には大歓声で迎えられた。みなそれも演出のうちと勘違いしたのだ。

笑って調子を合わせてはいたものの、二〇代前半だった私にロージーが冗談でつけた〝オールド・レディ〟というニックネームを気に入っていたわけではない。それに一九七四年ごろには、クリッシーやイヴォンヌ、マルティナら若手の選手に追いつかれ、追い越されかけていると実感していた。私はまもなく三一歳になろうとしていた。膝は左右ともまた不調を起こし始めていて、以前のように走ったり跳んだりができなくなっていた。一流のアスリートはみな、自分の時代がいつまでも続かないことをつねに痛いほど意識している。

有望な若手選手には惜しみなく助言を与えるようにしていたし、私が昔してもらったように、一緒に練習しようと誘ったりもしていた。女子テニスの今後を考えるなら、次世代の育成に励まなくてはならない。クリッシーは、女子テニス協会（WTA）の会長職をゆくゆく引き継いでほしいと私から言われた日のことをいまだに冗談めかして話す。私は、いますぐ――一九歳で！――準備を始めなくてはならない、今年度の副会長を務めてほしいと言った。するとクリッシーはごくりと喉を鳴らして訊き返した。「私？　どうして私が？」

「女子テニスのスーパースターだから」私は答えた。「スター選手がリーダーになったほうがいろいろと楽でしょ。マスコミもスターの発言には耳をかたむける」ほかのベテラン選手や私がサポートするし、WTAやバージニア・スリム・ツアーのスタッフも協力してくれるはずだから大丈夫と付け加えた。その次の年度に、クリッシーは新会長に就任し、以降一一年、二つの任期にわたってすばらしい手腕を発揮した。職務に全力で取り組み、どのような課題があるのか情報収集を怠らず、ツアーの有能なスポークスウーマンを務めた。

WTA会長の交代は、テニス界での私の役割が変わり始めたという兆候の一つだった。もう一つの明らかな前兆は、七四年のウィンブルドンと全米オープンで、テニス界のもっぱらの関心がジミー・コナーズとクリッシーのロマンスの行方に向けられたことだ。

ジミーとクリッシーの交際は、自然ななりゆきだった。どちらもカトリック教徒の中流家庭の出身で、公園のテニス教室に通い、子供のころからチャンピオンをめざして腕を磨いてきた。ジミーのお母さん、グロリアは強烈な個性の持ち主だが、一〇代で全米オープンに二度出場した才能あるアマチュア選手でもあり、のちにジミーの鬼コーチになった（七二年にウィンブルドン・デビューを果たしたジミーの初戦で、グロリアは「そんな奴に負けるな、ジミー。ウーフー！」とわめくのをやめるよう注意された）。若いころ、グロリアはパンチョ・セグラに口説かれ、クリッシーのお母さんのコレットと知り合う前のお父さん、ジミー・エヴァートからも交際を申しこまれた。グロリア・コナーズはイリノイ州からロサンゼルスに移り、ミッキー・ルーニーやエロール・フリンなど映画スターのテニス・コーチを務めた。コナーズ家とエヴァート家の子供たちがジュニアテニス大会で顔を合わせることになるのも当然だ。

ジミーのほうがクリッシーより二つ年上で、二人が交際を始めたのは七二年、クリッシーが一七歳になってからだった。そのころは二人とも遠征にお母さんが付き添っていた。タブロイド紙は二人のなれそめからずっと追いかけていた。それも当然だろう。善良なお嬢さんが名うての不良少年と恋に落ちる、古典的ロマンスとして報じられた。七四年には婚約し、ウィンブルドンではともに決勝に駒を進めた。しかしそのときすでにクリッシーは迷い始めていた。全米オープンの開幕が迫ったころにもまだ、クリッシーの逡巡《しゅんじゅん》は消えていなかった。

ある日、ロッカールームで一休みしていたとき、結婚生活とテニスは両立できるものかとクリッシーから訊かれた。

「自分をしっかり持っていればね」私は答えた。「私が結婚したのは二一歳だから、いま思えば若かった。でも、あのころは女は結婚するのが当然だった。友達のなかでは私が一番結婚が遅かったのよ。私はすぐにでも結婚したかったの。つきあい始めてもう二年もたってたから」

クリッシーは、自分は過保護に育てられた世間知らずだと正直に認めた。深く悩んでいるのは明らかだった。私は優しく尋ねた。「ジミーを愛してる?」

クリッシーはため息をついた。「もちろん。問題はそこじゃないの」

テニスは自分のすべてなのに、キャリアをあきらめろと言われるのは自分のほうだと思うとクリッシーは言った。ジミーまでもが遠回しにそう言ってきている。二人ともその年のウィンブルドンで優勝しており、そこにそれぞれのテニスに対する覚悟が表れていた。

クリッシーは全米オープンの準決勝でイヴォンヌに敗れ、ジミーはシングルス優勝を飾った。数週間後、深夜の長い電話を経て二人が婚約を解消したと聞いても私は意外に思わなかった。クリッシーはまだ一九歳だった。それから一〇年間、ランキング一位か、それに近い順位を二人とも維持し続けた。

七四年の全米オープン決勝、私はイヴォンヌと当たった。私たちの対戦ではおそらくもっとも見ごたえのある試合だった。目の覚めるようなショットの応酬が続き、勝負は第三セットのタイブレークまで持ちこまれた。最後の九ポイントのうち八ポイントを私が連取して勝ちを収めた。四度目の全米オープン優勝だが、いくつもの長いラリーを耐え抜いてようやく勝ち取ったタイトルだった。試合後の記者会見では、記者の拍手に迎えられた。そのあと、ロージーと組んだダブルスでも接戦を制して優勝した。

そこから波に乗って快進撃が始まるということはなかった。やがて私は思った。もう二度とないのかもしれない。

その年末の世界ランキングでは、一位はクリッシー、私は二位で、『ワールド・テニス』誌のランキングでも一位から転落し、それまで三年連続でリスト入りしていたロンドンの『デイリー・テレグラフ』紙でランス・ティンゲイが毎年発表しているトップ10からも脱落した。このころにはテニス選手として次にめざすゴールがなくなったように感じていたし、優先事項も変わっていた。七四年一二月の記者会見で、数週間後の大会を最後にシングルス大会からは引退するつもりだと発表した。そのあともダブルスと混合ダブルスは続けるが、出場回数は減らす。フルタイムの仕事を三つ掛け持ちしている状態だったからだ。「これまで以上にテニスを楽しんでプレーしていますが、ベストの自分をかならず見せられないのでは、スポンサーにも観客にも申し訳ないので」

七四年末に向けてABCテレビとスポーツ解説者の契約を結んだ。テレビに関してはまったくのしろうとだったが、訓練も何もないまま出演が決まってしまい、私は本番をこなしながら技術を少しずつ身につけ、ほかに自腹で話し方教室に通った。初めのころは出演前に一夜漬けで知識を詰めこんだことを思い出すと――たとえばカリフォルニア州ペタルーマで開催された世界腕相撲大会のための猛勉強とか――いまでも笑ってしまう。

ワールド・チームテニスのチームオーナーのなかには、選手獲得のコストが予想以上に高くついたこともあって、初シーズン終了と同時に撤退する人がいた。七五年の再開を前に六チーム減らすことになった。私が所属していたフィラデルフィア・フリーダムズもそのうちの一つで、私はニューヨーク・セッツへの移籍を承諾し、残りの選手はボストン・ロブスターズに吸収された。私はニューヨーク市の西六六丁目、リンカーン・センター向かいのアパートを借り、東海岸の拠点とした。その部屋からは、真向かいの高層ビルでアメリカン・バレエ・シアターがリハーサルしている様子がながめられた。ソ連に遠征したとき、ボリショイ・バレエとキーロフ・バレエを鑑賞して以来、すっかりバレエ好きになっていた。

キング・エンタープライゼスの西海岸の拠点は、サンフランシスコのすぐ南、サンマテオのオフィスビルに移転していた。その事務所の近くにラリーと共同でコンドミニアムを購入したが、二人ともいつも各地を飛び回っていたから、そこで過ごすことはほとんどなかった。全事業を合わせると少なくとも二五人の社員がいたし、二人とも多忙だったから、維持に手間のかからない生活は好都合だった。唯一の例外は、その冬にランディからプレゼントされた、ラブラドールとオールドイングリッシュシープドッグのミックスの子犬だった。当時はペットと一緒に飛行機に乗れた。私たちはビートルズの『ルーシー・イン・ザ・スカイ・ウィズ・ダイヤモンド』とコミック『ピーナッツ』の女の子にちなんで、子犬をルーシーと名付けた。

あるとき、ラリーが一人でサンフランシスコに飛行機で移動し、そこから車でサンマテオのアパートに帰った。数時間眠って目が覚めたラリーは、ルーシーを呼んだ。返事がない。また名前を呼んだ。やはり返事はなかった。ルーシーらしくない。

次の瞬間、ラリーは跳ね起き、「しまった!」と心のなかで叫んだ。あれもこれもやらなくてはと、仕事のことで頭がいっぱいだったから、ルーシーを飛行機対応のクレートごと手荷物受け取り所に忘れてきたのだ。当時どれほど忙しかったかがこの一件でわかるだろう。ラリーは大急ぎで空港に戻った。ルーシーの様子を確かめようとクレートの扉を開けるなり、ルーシーが尻尾を振って飛び出してきた。

ルーシーは一五歳半まで生きた。たくさんの思い出を分かち合った。

七五年一月、雑誌『セブンティーン』で一〇代の少女による〝世界一尊敬される女性〟の投票結果が発表され、私は三七パーセントの得票数を得て一位に選ばれた。イスラエル前首相のゴルダ・メイアが二位、三位以下は順に俳優のメアリー・タイラー・ムーア、体操のオリンピック選手オルガ・コルブト、歌手で俳優のバーブラ・ストライサンド、クリス・エヴァートだった。このリスト中、女子アスリートが三人もランクインした事実がうれしかった。若い世代がスポーツ選手をロールモデルに選んだということだから。

「過去の調査とは大きく変わりました」『セブンティーン』編集長レイ・ロビンソンは、『スポーツ・イラストレーテッド』のインタビューでそう語った。「少女たちの意識が変わり始めています。顔ぶれは一新されましたが、フェミニズムの指導者の名は挙がっていません。少女たちは、ビリー・ジーンが独力で――自分の力とラケット一本で――世界を変えたことに意義を見いだしているようです」

『セブンティーン』誌の投票で一位に選ばれたのと同じ月、私たちはタイミングよく『ウィメンズ・スーパースターズ』の第一回大会を開催した。これはテレビ放映を見越したイベントで、その時代の偉大な女子スポーツ選手を一堂に集め、予選と決勝の二部に分けて勝ち抜き戦を行った。いずれもABCテレビで放映された。ABCはそれ以前に男子の『スーパースターズ』を放送しており、ラリーは女子バージョンの企画を、バトル・オブ・ザ・セクシーズがきっかけで知り合ったヒューストン・アストロドームの副社長で支配人のシドニー・シュレンカーに持ちかけた。シドニーはアストロドームを会場にしてはどうかと提案し、私たちは五〇対五〇の持ち分で『ウィメンズ・スーパースターズ』を共同製作することになった。一八種類の競技から二三名の女子アスリートを選び、一〇〇〇ドルの報酬で出演契約を結んだ。ABCテレビとスポーツタレント・エージェンシーのIMGはこの企画の存在を嗅ぎつけ、制作を阻止しようとした。しかし、すでに大勢の女子トップ選手と契約済みと知って、共同制作を持ちかけてきた。私たちは、男子バージョンと同額の賞金を用意することを条件として同意した。おかげで賞金総額は六万九〇〇〇ドルに跳ね上がった。うち三万四〇〇〇ドルが優勝者の取り分だ。

契約した女子アスリートの大半が、それほどの高額賞金を争う日が来るとは夢にも思っていなかった。多彩なメンバーが集まった。身長一五〇センチメートルそこそこの体操選手キャシー・リグビーから、プロタックルフットボールのクォーターバックのバーバラ・オブライエン、騎手のロビン・スミス、バレーボールのアタッカーで見上げるほど長身のメアリー・ジョー・ペプラーまで。ゴルフのジェーン・ブラロックとサンドラ・パーマー、サーファーのローラ・ブレアズ・チンもいたし、オリンピック選手では一〇〇メートル走のワイオミア・タイアス、飛び込みのミッキー・キング、水泳のデビー・メイヤーがいた。競技種目には、ややマイナーなものも並んだ。障害物競走、六〇ヤード競走、水泳などなど。女子アスリートの運動能力の高さを知ってもらうと同時に、人によってはもっとも弱い一面をもさらけ出すところに番組のおもしろさがあった(ちなみに後者は私だ。ボート漕ぎレースで、私は同じ場所でぐるぐる円を描くばかりでちっとも前に進まなかった。自分でもおかしくて笑いが止まらなかった)。

『ウィメンズ・スーパースターズ』で私がとりわけ意義深いと感じたことは、フィールドから離れたところで起きた。番組を観た全国の視聴者が出場したアスリートの大半を知らないだろうことは、事前に予想がついた。意外だったのは、スーパースターといわれる選手たちも、ヒューストンの会場に集まるまで互いの名前さえ聞いたことがなかったことだった(現在でも、スポーツ報道のうち女子スポーツが占める割合は、あらゆるメディアをひっくるめても四パーセントにすぎない)。ABCテレビで実況を担当したスポーツキャスターで、のちに女子スポーツ財団(WSF)の初代会長となるドナ・デ・ヴァローナ、ジェーン・ブラロック、そして私は、選手たちを招いて懇親会を開催した。そこで交わされた会話から、女子スポーツ選手の多くが一流レベルに昇り詰めるまでに似たような苦労をしてきている現実が改めて浮き彫りになった。また、意見交換や親睦の場、競技を続けるための経済支援を切実に求めていることもわかった。発足一年のWSFには、その実現のためにやれることがたくさんあるのではと

弟のランディからプレゼントされた犬のルーシー。ウィンブルドンの1922年設置のベンチで。

私は思った。『ウィメンズ・スーパースターズ』を経て、WSFの使命がよりいっそう明確になった。その年の終わりに、WSFは第一回〈サリュート・トゥ・ウィメン・イン・スポーツ〉パーティを開催した。このイベントは、女子アスリートが一堂に会し、支援資金を集めるイベントとして現在も毎年開かれている（二〇二〇年の第四六回パーティは、新型コロナウイルスの流行を考慮してオンラインイベントとして開催された）。

私はシングルスから引退すると公表していたが、『ウィメンズ・スーパースターズ』放映と同じ月にテニスツアーの冬のシーズンが始まったとたん、引退プランは再考の必要がありそうだとわかった。いくつものやむにやまれぬ理由から、引退はしばらくお預けになりそうだった。

第22章 マルティナ・ナヴラチロワの台頭

一九七五年は、テニス選手とビジネスウーマンという二つの役割の両立にそれまでになく苦労した年だった。この年、複数の事業を立て続けに始動した。三つの新しいプロジェクト――雑誌『ウィメンズ・スポーツ』、ワールド・チームテニス・リーグ、女子スポーツ財団――はいずれも、進んではつまずき、また進んではつまずくの連続だった。ラリーと私が取り組むことの例に漏れず、社会に変革を起こすための手段として始めたことだったから、いくら歩みがのろかろうとその三つをとにかく前進させることのほうが、テニスのタイトルを積み上げることよりも、私には重要だった。ラリーも私も、三つ全部をうまくやれるつもりでいた。

ボビー・リッグズ戦を機に私が乗った波は、まだ当初の勢いを保っていた。依頼を一つ断るごとに、新たに二つ舞いこんだ。もう十分といえるほどの成果をすでに挙げたのではと思う一方で、何もかもがちょっとしたきっかけで崩壊してしまいそうな不安があって、私はいつもこう思っていた――ここで力を抜いてはいけない。

年が明けたときは、一月に二大会に出場したら、シングルスからは引退するつもりでいた。サンフランシスコで開催された一つ目の大会で、私は1－6、1－6でクリッシーに惨敗した。その悔しさを引きずったまま、次の大会――シングルスはこれが最後と公言していた大会――が始まった。決勝でまたもクリッシーと当たり、これが引退試合になるかもしれないのだから、死ぬ気で食らいつこうと思った。自分に発破をかけたのがよかったのか、五ゲームを失っただけのストレートでクリッシーに勝った。「私が知るなかでビリー・ジーンのベストの試合だったと思います」クリッシーは試合後にそう語った。そ

一番好きな写真の一枚。1975年、屋内コートの試合で、フォアハンドのボレーを返そうと全身でバランスを取り、手足を限界まで伸ばしている。

の一戦を境に、本当にここで引退していいのかと私のなかで迷いが生じた。

七五年二月、女子テニス協会（WTA）は、前年と同様、賞金格差を理由にウィンブルドン大会のボイコットを検討し始めた。この年はクリッシーの考えもボイコットにかたむいた。この時点でクリッシーは世界ランキング一位で、WTA会長にも就任していたし、二〇歳にして初めて完全に自立しようとしていた――婚約者はなく、お母さんが遠征についてくることもなく、お父さんが娘のキャリアに干渉することもなくなっていた。ウィンブルドン大会ボイコットについて記者から見解を求められて、クリッシーはこう答えた。「私個人はウィンブルドンでプレーしたいのはやまやまですが、女子テニスを取り巻く環境が数年分も逆戻りしてしまうのなら、出場できません。一致団結して動かないなら、WTAの存在意義はなくなってしまいます」おみごと！

その月、私はジェリー・ダイヤモンドとイギリスに飛び、ウィンブルドンの大会運営委員会とボイコット回避に向けた話し合いを持った。ジェリーは七四年にマーティン・カーマイケルに代わってWTA

の新理事長に就任していた。ジェリーの就任時、WTAは三万五〇〇〇ドルの負債を抱え、年間賞金額総計は一〇〇万ドルを切っていたが、八五年に退任した時点では一四二〇万ドルまで増えていた。ジェリーの交渉術はまさに一流で、オール・イングランド・クラブ会長のサー・ブライアン・バーネットとの話し合いに同席したアン・ジョーンズと私は、彼の凄腕ぶりを目の当たりにすることになった。

「ジェリー、交渉前に私に短い挨拶をさせて。そのあとはまかせるから」私は話し合いを前にジェリーに言った。「相手はオール・イングランド・クラブだもの。全員が男ってこと。私の話を長々聞きたがるとは思えない」

前年の男子に続いてこの年もまたボイコットが実行されれば、ウィンブルドンはNBCテレビとの実入りのよい契約を失うだろう。私たちの本気度と団結力の大きさをわかってもらおうと、ジェリーは八〇名を超える女子選手が署名した契約書を提示した。その翌年の夏、ウィンブルドン大会と同時期に開催される別の大会への出場を取り決めた契約書だ。ウィンブルドン大会ではなく別の大会に出場するとの合意は、七六年ウィンブルドン大会の女子の賞金総額が男子の少なくとも七〇パーセントに届かない場合にのみ発動するとサー・ブライアンに伝えた。条件はもう一つあった。翌年以降も、男女の賞金格差が埋まるまで、年ごとにパーセンテージを上げていくこと。

サー・ブライアンはこちらの提案を受け入れた。そうするしかない。WTAは賞金増額で合意したためボイコットを回避したと発表した際、私はもう一つのニュースを記者に伝えた。「今年のウィンブルドン大会では、私もシングルスに出場します」

予定変更が加速したきっかけは、この前年、ラリーとデニス・ヴァンダーミーアがスタンフォード大学経済学部の講師に運営を任せた結果、テニス指導事業〈テニスアメリカ〉が四〇万ドルの負債を背負いこんだことだった。テニスアメリカは、七五年前半に破産を申請した（最終的にはナイキが買収して再生した）。七五年初頭にフランク・デフォードの取材を受けたとき、私は、一部の大会にだけ出場する計画はおそらく変更せざるをえないと認めた。一月のクリッシーとの対戦は、その前のサンフランシスコの大会で惨敗した雪辱を果たすためもあったが、『ウィメンズ・スポーツ』誌を救う資金が必要だったからだと初めて公に認めた。「あれほどよいプレーができたのは、そうするしかなかったからです。お金のために」

ラリーと私にとってテニスアメリカはビジネスの一つだったが、『ウィメンズ・スポーツ』とワールド・チームテニスは我が子も同然だった。しかもワールド・チームテニスも危機に直面していた。あらゆることが平等で性差別のないスポーツというのが私の理想だったから、そこまであきらめずに踏ん張っていた。しかしワールド・チームテニスは初年度の七五年に一二〇〇万ドルの損失を出していた。予想よりも低く抑えられたとはいえ、ただならぬ額であることは変わらない。第二シーズンの開幕前に一六チームから一〇チームに縮小した時点で、当初からのチームオーナーは三人しか残っていなかった。リーグを離れたオーナーのほとんどはチームを売却して利益を手にしたのだから、悪くない投資だといえないこともない。しかし当初の目標どおり四年目までに黒字に転換できる確信はなかった。

雑誌『ウィメンズ・スポーツ』は、初年度に一〇〇万ドルの損失を出しはしたが、新しい事業にはその程度の損失はつきものだから、成功といえた。ただ、ワールド・チームテニスの場合とは違い、『ウィメンズ・スポーツ』の資金の大半はラリーと私の個人資産から出ていた。やがてラリーがエンジェル投資家を探してきて――『レッドブック』など複数の雑誌を出版しているチャーター・パブリケーションズ――とりあえずは救われた。三年後、チャーターが『ウィメンズ・スポーツ（*womenSports*）』の休刊を決めたところで、ラリーと私は所有権を買い戻し、雑誌名の表記を『ウィメンズ・スポーツ（*Women's Sports*）』と変え、女子スポーツ財団を通じて再創刊した。それから二〇年、刊行は続いたが、九八年、メディア企業コンデナストに買収され、さらにその二年後に女性向けフィットネス誌『セルフ』に吸収された。

私が大金を稼ぐようになったのはほんの数年前だったこともあり、ビジネス方面の不運は世間の注目を集め、マスコミは私が「飢えをしのぐために」競技を続けていると書き立てた。フランク・デフォードは『スポーツ・イラストレーテッド』誌にこう書いている。「テニス界からこんな意地悪な発言が聞こえてきた――ビリー・ジーンは女子スポーツのジャッキー・ロビンソンであるだけでなく、ジョー・ルイスでもある」伝説のヘビー級チャンピオン、ジョー・ルイスは、引退後に文無しになってラスベガスのカジノのドアマンとして働いた。そのことに当てつけた悪口だ。

同じ記事でフランクは、私に関して広まりつつあった懸念についても書いている。「彼女のもっともプライベートな問題に注ぐ視線のなかには、親近感ゆえの好奇心を逸脱した詮索もある。まるで魔女狩りだ。ビリー・ジーンは、あなたはレズビアンですかと露骨に訊かれたことのある、おそらくただ一人の有名人だろう」

フランクが言及した「詮索」は、『プレイボーイ』誌の記事だ。ジョー・ハイアムズはハリウッド界隈を取材しているライターで、カントリークラブでテニスを楽しむスポーツマンでもあり、俳優のエルケ・ソマーと結婚していた。その前年には私と共著で『ビリー・ジーン・キングのテニスで勝つ秘訣(*Billie Jean King's Secrets of Winning Tennis*)』という本を出版している。数百万の読者を持つ『プレイボーイ』誌のインタビューは当時、〝プレイボーイ・インタビュー〟と呼ばれて毎回大きな話題を呼んだ。マーティン・ルーサー・キング牧師からビートルズまで、文化人はひととおり登場していた。しかし、ジョーからインタビューの申し入れがあった時点では、女性やスポーツ選手が取り上げられたことはほとんどなかった。ウーマンリブ運動やスポーツ、政治について女が話すのを耳にする機会があまりなさそうな男性読者にメッセージを届ける願ってもない機会だと思い、私は依頼に応じることにした。

ジョーに返事をする前に、私は広報担当のパット・キングズリーと話し合った。「パット、セクシュアリティについて質問されるのは間違いないと思うんだけど」と私は言った。するとパットは、私ならうまく答えられるだろうから大丈夫と言った。七五年の初め、インタビューを受けるとジョーに返事をした。案の定、ジョーからセックスに関する質問をされた。一部には無難な答えを返して切り抜けたが、答えたくないような質問もいくつかあった。ジョーは私の性的指向に関する噂に触れ——記事に書く前提で——あなたはレズビアンですかと尋ねた。そう訊かれたのは初めてだった。

「性生活に立ち入られたくありません」私は答えた。それはパットを含めた当時の広報担当者の常套句だった。それでやめておけばよかったのに、私は続けた。「ただ、その質問に答えないでいると、何か隠していると誤解されそうです……だから答えます。いいえ、私はレズビアンではありません。まったく違います」

そのころ私は自分のセクシュアリティに関して、似たような欺瞞《ぎまん》を繰り返していた。四〇年にわたってイラナを愛してきたいまなら、自分はレズビアンなのだとわかる。しかしイラナと出会う前の私は、自分はこれこれこういう人間ですと宣言するのは、詰まるところラベルの問題にすぎないと自分に言って聞かせ、どれか一つを選びたいとは思わずにいた。私は女性にも男性にも惹かれるのだから、自分がレズビアンだとは考えていなかった。ラリーとベッドをともにすることがなくなっていたわけではないし、そういうときなら自分は異性愛者《ストレート》だと答えただろう。

ジョーの質問に答えて、私はさらにこう続けた——どんな人であれ、誰かを傷つけないかぎり、人目を気にせず望むとおりの人生を送ればいいと思うと。「私はあらゆる人の解放に賛成です。ゲイの解放だろうと何だろうと」

少なくともそれは嘘ではなかった。ただ、その主張にさえ、私の人生の言葉にならない現実が反映されていた——私は自分を解放したかった。自分のはっきりしない態度に嫌気が差していたし、またも真実を隠さなくてはならなかったことも苦しくて、いっそ性的指向を公表してしまおうかと親しい友人たちに相談した。やめたほうがいいとみなが口をそろえた。バージニア・スリム・ツアーのブランドマネージャーに就任していたエレン・メルローは、私がカミングアウトすれば、ツアーに悪影響が及ぶだろうし、私の今後の競技生活ばかりでなく、引退後はテレビ解説で生活するという計画まで狂ってしまうと言った。エレンの言うとおりだとわかってはいても、胸をえぐられるようだった。『プレイボーイ』

誌のインタビューは、私をクローゼットのさらに奥へと押しこめた。しかも壁が私を押しつぶそうと四方から迫ってきているように思えた〔この場合の「クローゼット」は「同性愛者であるという秘密」のこと。そのクローゼットから出る＝同性愛者であると公表する意味で、「カミングアウト」という言葉が使われるようになった〕。

あれから無数のセラピーを重ねて、私の思考の筋道に私自身の同性愛恐怖が影響していたことをいまの私は理解している。ストレートの人は驚くかもしれないが、ＬＧＢＴＱ＋の人々に対する社会の偏見は、当事者たるＬＧＢＴＱ＋の人々の心にも深く根ざしている。一昔前の世代となるとなおさらだ。性的少数者のなかには、自分のセクシュアリティについてオープンに話すことにいまも抵抗を感じている人もいる。相手を信じて打ち明けてもいいのかわからないなど、過去からいまも続くさまざまな事情がもつれ合った結果だ。クローゼットに隠れている人々は、誰と誰に真実を知らせるか自分がコントロールしているのだからと考えて心を慰めるが、現実には、自分がクローゼットに支配されている。

私はいまもその問題と闘っている。自分がレズビアンであることについて話そうとすると、緊張して胃がむかついたりすることもある。レズビアンという言葉そのものにすでに落ち着かない気持ちを抱いてしまう。幼いころから、〝レズビアン〟〝レズ〟が侮辱として使われるのを何度も耳にしてきたからだ。私個人は、幸せとか楽しいという言葉を連想させるから〝ゲイ〟のほうがいい〔gayには「陽気な、明るい」という意味もある〕。とてもすてきな種類のダブルミーニングだ。

私より三歳下のエルトンも同じジレンマに悩んでいた。彼はゲイで、現在はデヴィッド・ファーニッシュと結婚し、二人の子供がいる。しかし、若いころは男性と女性の両方に魅力を感じた。七六年、『ローリングストーン』誌の記事で初めて自分のセクシュアリティに関して公の場で語った。私の『プレイボーイ』誌のインタビューの翌年のことだ。「同性の相手と寝るのは少しもおかしいことじゃない。程度の違いがあるだけで、人はみんなバイセクシュアルなんだと思うな。僕だけじゃないと思う。別に悪いことじゃない」

この発言は悪評を呼んだ。当時、エルトンは世界に名を轟かせるロックスターだったが、『ローリングストーン』誌にはヘイトの手紙が大量に届いたという。エルトンは長年にわたってドラッグとアルコールの依存症と闘い、さらに私と同様に摂食障害にも苦しんだ。クローゼットからほんの一瞬、顔をのぞかせた結果、彼のキャリアはだいなしになりかけた。エルトンの例もまた、世界がまだ人をありのままに受け入れる準備ができていなかった現実を示している。不幸なことに、それは私も同じだった。

私にはどうも目標を公に宣言する癖があるようだ。テニスで世界一になるという目標もそうだったし、七五年には、六度目のウィンブルドン・タイトルを狙うと宣言した。宣言したほうが、だいたいよい成績に結びつく。トレーニングに励んだおかげで、七五年の六月の終わりには過去最高にコンディションが整っていた。ウィンブルドンに到着したあとになって、今回優勝すれば、重要な記録を二つ達成することになると知った。シングルスで六度目の優勝を飾れば、偉大な先輩スザンヌ・ランランの最多優勝記録だけでなく、エリザベス・ライアンの通算一九勝（すべてダブルスで獲得）の記録にも並ぶ。

マーガレットは女の子を出産したあと競技に復帰していて、全盛期のプレーを取り戻し始めていたが、準決勝でイヴォンヌに敗退した。私は準決勝でクリッシーと当たり、第一セットをあっさり持っていかれた。チェンジエンドの短い休憩のあいだに、私は自分をがみがみと怒鳴りつけた。センターコートでプレーするのはこれが最後かもしれないと思い、一瞬一瞬を心ゆくまで楽しむつもりでいたのに、苦痛でならなかった。第二セットが始まってもまだ私は、歯をむいてうなる犬のようだった。主審に嚙みつき、線審に嚙みつき、頭から湯気を立てながらベースライン沿いをのしのし歩き回った。自分のフォームを取り戻した。第一セットは大差をつけてクリッシーに取られたが、第二セットは私が大差で勝った。

第三セット、私はゲームカウント0－3、15－40とリードされていた。私のサービスゲームで、必死に戦ったものの、アドバンテージを取ってはデュースに戻るということを延々と繰り返したのち、やっとの思いでサービスゲームを守り抜いた。そこから五ゲーム連続で取って試合に勝とうと気合いを入れ直したところで、ジミー・コナーズが俳優のスーザン・ジョージを伴って現れ、観客席がざわついた（このころスーザンはまだ歌手のジャック・ジョーンズと同棲していた)。

クリッシーとジミーは婚約を解消したあともまだときおり会っていて、クリッシーは別の女性の存在を知らずにいた。試合後、クリッシーは、二人が来たのに気づかなかったと言った——思慮深いクリッシーは私の勝利にケチをつけないよう気を遣ったのだろうし、スキャンダルに群がるマスコミに餌を与えたくなかったのだろう——が、何年もあとにこう打ち明けた。「もちろん気づいてたわよ。カメラのフラッシュが見えたし、観客が立ち上がっていたから。あれで気づかないほうがおかしい」クリッシーの集中はそこで切れ、二度と戻らなかった。試合が終わってクリッシーと私が退場したあとも、私の復活に驚いた観客の歓声と拍手は鳴りやまなかった。私はコートに取って返し、カーテンコールに応じた。センターコートはまだ人でいっぱいだった。

二日後、好調の波に乗ったままだった私は、一ゲーム失っただけでイヴォンヌを三八分で下して優勝した。あれが完全試合にもっとも近い一戦だった。

翌日の男子シングルス決勝戦、私と同じ三一歳のアーサー・アッシュはジミー・コナーズと対戦した。これもまた世代間の戦いだったが、アーサーがジミーを四セットで退けた。ジミーは悪行がたたって負けたとほのめかす記事もいくつかあった。クリッシーとのいざこざもあるが、ほかにもジミーは全仏オープンから締め出された件で男子プロテニス協会(ATP)を相手取って裁判を起こしていた。その裁判の結果を待っているさなかにATPの初代会長であるアーサーに敗れたのだ。

アーサー・アッシュが黒人選手として初めてウィンブルドンのシングルスで優勝した瞬間、私の心は震えた。祝賀パーティではアーサーとダンスを楽しんだ。「ここでキャリアを終えられて幸せです」私は記者会見でそう言った。このときもまた、シングルスではもう大会に出場しないと断言した。本当にそれでおしまいにするつもりだった。八月の末、全米オープンの季節が巡ってきたとき、シングルスの出場選手のなかに私の名前はなかった。しかしこの大会は、別の件で深く記憶に刻まれることになる。そこで女子プロテニスの世代交代がまた一歩進んだからだ。

マルティナ・ナヴラチロワは、東西冷戦のさなか、一九五六年に、ソ連の占領下にあったチェコスロバキアのプラハで生まれた。テニス一家だった。祖母はテニス選手で、第二次世界大戦前、国内で二位にランキングされる実力の持ち主だった。マルティナのお母さんのヤーナは、テニスのほか、体操の選手でもあり、スキーの指導者でもあった。やはりスキー選手だったお父さんは、マルティナが三歳のとき家族のもとを去った。その後ヤーナは再婚し、マルティナは継父のミロスラフ・ナヴラチルに育てられ、ミロスラフの姓の女性形〝ナヴラチロワ〟と名乗るようになった。マルティナにテニス選手になるよう勧めたのは、自分もテニス選手だった継父のミロスラフだった。マルティナは一五歳で国内チャンピオンになった。

七三年にマルティナがアメリカのツアーに初参戦したときから、クリッシーと私は彼女の面倒を見ていた。若くして注目される苦労をクリッシーはよく知っていた。マルティナとクリッシーはダブルスでペアを組み、私はマルティナの非公式なコーチ兼アドバイザーになった。七五年の夏までにマルティナはびっくりするくらいパワーをつけ、身長は一七三センチメートルまで伸びていた。ただし、体重は少なくとも一〇キログラム超過していた。私も身に覚えのあることだった。また、感情の浮き沈みが激しい選手でもあり、それが強みにも弱みにも働いた。そのころすでに主審や線審に食ってかかっていた。バックハンドの癖を修正するのに加えて、自制心を鍛えさせようと私は思った。私も同じ年ごろだったとき自制心を欠いていて、自分の短気と体重の両方と闘っていた。

マルティナがアメリカの大会に出始めたころ、会場のアナウンサーはだいたい彼女の名前を読み間違えた。「チェコスロバキア出身の……マリーナ・ナヴァトヴァァ！」

「マルティナ・ナヴラチロワだってば！」間違われるたび、マルティナは腹立たしげに叫び返した。

「心配しないの」シカゴの大会でダブルスを組んだとき、私は言った。「とにかく勝ち星を挙げ続けること。そうすればちゃんと発音してもらえるようになるから」

マルティナが女子プロテニスのスター選手になる

素質を備えていることは誰の目にも明らかだった。オールラウンド型の才能あふれるアスリートで、手首が強くてスピード感のあるサーブ・アンド・ボレーを武器としていた。七五年の全豪オープンの準々決勝でマーガレットをストレートで下すなど、快進撃を続けた。その勝利から数週間後、デトロイト市内を一緒に移動したとき、私はマルティィナに言った。「あなたは史上最高の選手になれるかもしれない」

マルティィナは驚いたように目をしばたたいた。「本当にそう思う？」

「思う」私は言った。「頭がいいし、すばらしい運動神経をしているし、体格にも恵まれてる。ただ、死に物狂いで努力しなくちゃだめ。自分がどうなりたいか、よく考えてみなさい」

マルティィナの生活様式と独立心の強さは、ビザや遠征を差配していたチェコスロバキアのテニス連盟をいらだたせた（チェコスロバキアのスポーツ選手は、帰国と同時にパスポートを返却しなくてはならなかった）。マルティィナは欧米資本主義の消費財に夢中になった——グッチのバッグ、メルセデスのスポーツカー、マクドナルドのビッグマック。チェコスロバキアのテニス連盟はそれを嫌った。クリッシーや私との交流も。連盟はマルティィナのほかの小さな反抗にもいらだちを募らせた。東欧諸国の選手で一人だけ別のホテルに宿泊したり、アメリカで一つ多く大会に出場して帰国を遅らせたり。連盟はアメリカかぶれもいいところだとマルティィナを叱り、チェコスロバキア人コーチ、ヴェラ・スコーヴァを遠征に同行させたりした。七五年の全米オープンへの出場もあやうく禁じられるところだったが、同国人選手のヤン・コデシュが取りなしたおかげでそれは免れた。

クリッシーと私は、マルティィナが七五年にニューヨークに来た時点で、西側に亡命を希望していることを聞かされていた。私たちは口出しを控えた。問題があまりにも大きすぎた。マルティィナは一八歳の若さだった。ベルリンの壁はまだ崩壊していなかった。仮に亡命したとして、次に家族と会えるのはいつになるだろう。そもそも家族と再会できるのか。故障が原因でテニスで生計を立てていけなくなったら？

マルティィナは危険を承知していたが、決意は固かった。マルティナの両親、ミロスラフとヤーナは七五年のウィンブルドン遠征に同行を許されたが、イギリス入国後に一家での亡命を断念した。そのあとマルティナはロサンゼルス在住のマネージャー兼コーチのフレッド・バーマンにふたたび連絡を取った（フレッドはワールド・チームテニスの創設に協力してくれていた）。フレッドがあいだに入り、マルティナは全米オープン開催中にニューヨーク市でFBIや移民局とひそかに面談を重ねた。このときは単独で亡命する決心を固めていた。チェコスロバキア当局から全米オープン終了後は即座に帰国せよと命じられていて、それに従って帰国したら、今後は二度と出国を許可されないのではと考えたからだ。

マルティナの亡命希望を知っていたのはほんの数人だった。彼女が拉致され、薬物を投与され、チェコスロバキア行きの飛行機に乗せられてしまうのではと誰もが恐れていた。全米オープン準決勝でクリッシーに敗れた夜、マルティナとフレッドは閉庁後のニューヨーク関税局に行き、亡命に必要な書類を作成した。翌朝、マルティナは七時三〇分に電話で起こされた。最初にかけてきたのはCBSテレビの報道部で、いますぐホテルのロビーで取材に応じてほしいと言われた。「いますぐ？」マルティナは訊き返した。取材の理由がわからなかった。受話器を置いた直後、また電話が鳴った。今度はヴェラ・スコーヴァからで、ヴェラは泣いていた。「どうしてなの？　どうして亡命なんか？」

ヴェラは、『ワシントン・ポスト』紙が亡命を報じている、これから行くから亡命を思いとどまってほしいと言った。マルティナはパニックに陥った。すぐにフレッドに電話すると、「急いでそこを出て！　早く！」と言われた。マルティナは荷物一つ持たずに部屋を出て、ホテル近くの路地で顔を隠して待った。まもなくバージニア・スリム・ツアー広報担当のジーニー・ブリンクマンが迎えにきた。二人はグリニッチヴィレッジのジーニーのアパートでしばらく様子を見たあと、タクシーでフォレストヒルズ地区に向かい、全米オープン会場ウェストサイド・クラブで緊急の記者会見を開いた。セキュリティを考え、そこで開くのが一番安全だろうとのジーニーの判断だった。

その朝、私が亡命のことを知ったのは、ハワード・

コーセルに付き添われたマルティナをクラブハウスで見かけたときだった。ついに決行したんだ、と思った。数分後、集まったカメラマンや記者の前で、マルティナは話し始めた——チェコスロバキアの共産主義政府は、自分の人生を支配して競技生活に制限をかけようとしている。マルティナが少しでも感情を見せるたび、カメラのシャッターが一斉にやかましい音を立てた。マルティナは、このままチェコスロバキアにいてはいけないと思った、アメリカで暮らすチャンスを与えてもらって感謝していると話した。「この国の人たちは、自分が持っているものの大きさに気づいていません」

「持っているものとは？」誰かが質問した。

「自由です」マルティナは答えた。

マルティナの決断を私はうれしく思ったが、マルティナがご両親や妹と再会できたのはそれから何年も先のことで、最愛のおばあちゃんはすでに亡くなっていた。マルティナは、フレッドとお嬢さんのシャーリーのロサンゼルスの家に身を寄せ、女子テニス選手はみな一つの大きな家族のようにマルティナを受け入れた。亡命直後の半年ほどは、ＦＢＩの護衛がついていた。さまざまな問題に直面しながらも、マルティナは史上最強の選手として、シングルス、ダブルス、混合ダブルスで活躍した。マルティナとクリッシーは歴史に残るライバルとなった。個人スポーツで、これほど長期にわたってドラマチックにしのぎを削った組み合わせはいまだほかに例がない。二人のライバル関係は一六年も続き、通算対戦回数は八〇回に及んだ。二人が獲得したグランドスラムのシングルス・タイトルはそれぞれ一八に上る。

ときおり尋ねられることがある。より多額の賞金を稼ぎ、私たちより楽な道を歩んでいる若い世代を妬ましく思うかと。私はいつもこう答える。「いいえ、まったく」いまの女子スポーツ選手が、どうやって生活していこうか、どこでプレーしたらよいのかといった心配から解放され、最高のパフォーマンスを見せることに集中できる環境、それが私に与えられたご褒美だ。クリッシーとマルティナは、私の世代が現代の女子スポーツ選手として夢見たとおりの競技人生を歩んだ最初の世代だった。イラナと私はいま、サッカーやアイスホッケー、クリケットなどテニス以外の女子スポーツの発展を支援する活動をしている。とはいえ、テニスが女子スポーツのリーダーであることは変わらない。テニスは女子スポーツの可能性を世に示し、手本となってほかのスポーツの発展を牽引し続けている。

第23章　スポーツとトランスジェンダー

それからの数年間の大半を、私はデイジーの花びらをちぎって占いをしているみたいな気分で過ごした――シングルスは引退する、やっぱりしない、する、しない。もう無理だと覚悟を決めたかと思えば、プロ選手の誰かと充実した練習をして、やっぱり復帰したいと心が揺れた。そろそろ次世代に引き継ぐ潮時だとわかってはいても、喜びやエゴ、悲しみや意欲、それにもちろん愛――おそらくその全部が――ふたたびあふれ出して、気が変わる。少なくとも私はそうだった。それまでの人生で、テニスコートほど楽しく、安らげる場所はほかになかった。

一九七五年のウィンブルドンでの優勝後、私は外野の意見に耳を貸し、ナンバーワンをめざすのをあきらめるという間違いを犯した。膝の故障が限界に来て、マルティナが亡命した年の全米オープンの出場を取りやめた。今度こそシングルスは引退すると宣言したが、真に受ける記者のほうが少数派だった。記者の一人は茶化すように言った。「フランク・シナトラも、引退すると言っちゃ復帰するの繰り返しでしたよね」

「そうね」私はその記者に言った。「でも、歌は膝で歌うものじゃないでしょ」

いま引退すれば、ずっとやりたかったことをやる時間がようやくできるのだから、と自分に言い聞かせた。クラシック音楽をまた弾きたいと、ピアノを購入した。スペイン語教室にも通いたかった。ワールド・チームテニスでロシア語の通訳を務めた写真家で作家のディーナ・マカロワと知り合って、ダンス熱にもふたたび火がついた。ソ連に行ったとき、ボリショイ・バレエやキーロフ・バレエの公演に連れていってくれたのはディーナだった。このころは、一九七〇年に西側に亡命したバレリーナ、ナタリア・マカロワ（同姓だが姻戚関係はない）の伝記を執筆中だった。あるとき、ディーナに連れられてミハイル・バリシニコフとナタリアの『白鳥の湖』をふたたび鑑賞して、心を奪われた。スポーツ選手の時間と空間を形作る感覚とダンサーのそれは、そうかけ離れていないのではないかと昔から思っていた。そこには優雅さとリズム、自由と美があって、私はそれになんともいえない魅力を感じる。

ちょうど同じころ、大好きな芸術家にもう一人会う機会があった。連載コミック『ピーナッツ』作者のチャールズ・M・シュルツだ。アメリカには『ピーナッツ』の熱狂的なファンが何千万人もいて、私もそのなかの一人だった（最盛期に『ピーナッツ』は世界七五ヵ国に同時配信され、読者は三億五五〇〇万人といわれた）。私のお気に入りのキャラクターは、テニス好きのビーグル犬、スヌーピーだった。一九六六年に初登場した時点で時代を大きく先取りしていたペパーミント・パティにも、もちろん共感した。パティはどの男の子よりスポーツが得意だった。チャーリー・ブラウンも好きだった。いつも自分の居場所を探していて、楽しければ遊び相手が男の子だろうと女の子だろうと気にしない、内気な愛すべき少年。チャーリー・ブラウンは、作者でありチャーリーの分身でもあるシュルツと同じく、フェミニストだった。「チャーリー・ブラウンは私だと言っていいと思います」シュルツ本人がそう認めている。

私が『ピーナッツ』に初めて〝包摂的《インクルーシブ》〟なメッセージを読み取ったのは、日曜版の『ピーナッツ』にボビー・リッグズが登場したときだった。その回では、〝母の日の大虐殺〟でマーガレット・コートがボビーに大敗したことをルーシーがひたすら嘆いていた。同年の九月にバトル・オブ・ザ・セクシーズで私がボビーに勝ったのを境に、私も『ピーナッツ』にときどき登場するようになった。七四年三月、朝刊を開くと、ペパーミント・パティの親友マーシーが、スヌーピーの犬小屋の屋根から下りるようパティにわめき立てていた。パティは屋根の上からマーシーを見下ろして言う。「ねえマーシー、怒るとビリー・ジーン・キングにそっくりだって言われたこと、ない？」たしかにそっくりだったから、笑いが止まらなくなった。

その年の春、サンフランシスコにワールド・チームテニスの新チームができ、シュルツは熱心なファンの一人になった。ソノマ郡の自宅からオークランド・コロシアムまで車でやってきて、ゴールデンゲーターズの試合を観戦し――当時イラナは若手選手の一人としてゲーターズに所属しており、シュルツのことをよく覚えている――私がニューヨーク・セッツの一員として試合に出るときにもかならず観にきてくれた。シュルツと私が初めて知り合ったきっかけは、エヴァ・アーキンクロスが女子スポーツ財団（WSF）の理事になってくれそうな人に声をかけて回っていたとき、シュルツに会いにいくからサンタローザの自宅に一緒に行ってほしいと頼まれたことだった。シュルツは、温かな笑顔と大きな眼鏡の奥の青い目が印象的な人だった。「スパーキーと呼んでくれ」とシュルツは言った。彼が生まれたばかりのころ、漫画の馬〝スパーク・プラグ〟にちなんでつけられたあだ名だそうだ。チャールズとかチャーリーと呼ぶのは面識のない人だけなのさとシュルツは説明した。

スパーキーは思いやりがあって控えめな人だった。その場で理事の仕事を引き受け、財団と女子スポーツの振興に尽力した。初めて会った日、私をアトリエに招き入れ、いつもコミックを描いている仕事場を見せてくれた。思わぬ贈り物だった。それ以来、私はたびたびサンタローザの彼の自宅を訪ね、私たちは親しい友人になった。スパーキーはアイスホッケー好きで、自宅に隣接するアイスリンクで何時間もおしゃべりをした。スパーキーは毎日のお昼をそこで食べていた。メニューは決まっていて、ツナのサンドイッチとルートビア、それにチョコレートチップクッキー一枚だった。やはり自宅に造ったテニスコートでラリーをすることもあったし、奥さんのジーニーとも親しくなった。スパーキーは財団のポスターにイラストを描き、理事会に出席し、スヌーピー杯など、ロージーの会社が企画したシニア選手向けの大会を主催した。私は『完全版ピーナッツ全集』の第一二巻にまえがきを書いた。

七九年、スパーキーは一二日連続で『ピーナッツ』を通じて男女平等を訴え、全米大学体育協会（NCAA）を名指しで批判した。タイトル・ナインへの反対論がまたも再燃していたからだ。WSFが公表した、女子と男子の大学スポーツにおける不均衡の

女子スポーツ財団の理事就任を快諾してくれたのをきっかけに、『ピーナッツ』の作者チャールズ・シュルツと親しい友人になった。ときおり予告なくコミックに私が登場した。

1／モリー・ヴォレーが怒ってたよ！

2／きみとはもう二度と混合ダブルスを組みたくないってさ！

3／きみは最低なパートナーだって。

4／いいんだ、まだビリー・ジーンがいるから！


大きさを示すデータが援用されていたが、結末は希望にあふれていた――ペパーミント・パティがマーシーに「女子選手が平等な扱いを手に入れる日がきっと来ると思うのよね」と言う。

　その後もスパーキーは『ピーナッツ』に私を何度か登場させた。たいがいはキャラクターの誰かが〝きっとビリー・ジーンから電話がかかってくるよ〟というようなせりふを口にする。私はそれをスパーキーが電話をくれと言っているのだと解釈して、電話をかけた。

　そもそもの計画どおり、私がダブルスの試合に絞って出場するようになると、ラリーと私の関係は結婚当初より安定した。私のペースにはゆとりができた。ラリーはワールド・チームテニスの運営に忙しかったが、一ダースのプロジェクトをいっぺんに抱えこむのではなく、ワールド・チームテニスだけに集中しているのがうれしかった。そのころはだいたいニューヨークのアパートで過ごしていて、日課と呼べるような習慣もできあがっていた。朝はセントラルパークにルーシーの散歩に行く。途中で温かいベーグルを食べたりもした。夕方に封切られたばかりの映画を観に出かけることもあった。テニスを離れた生活のリズムは心地よかった――が、それも七六年六月にウィンブルドンに到着するまでだった。

大会開幕前のその週、私はクリッシーとマルティナの練習相手を務めた。かつて全仏オープン前にクリッシーがしてくれたように、クリッシーの準備の総仕上げの練習につきあったある日、彼女に勝ってしまったことがあった。練習後、クリッシーは私をネット際に手招きし、声をひそめて言った。「ビリー、今年は出場しないなんて、もったいない！」七六年のウィンブルドンのシングルスに出場しなかったことは、おそらくプロになって以降のテニス人生最大の痛恨事だ。

ウィンブルドン終了後にニューヨーク・セッツに戻ると、ダブルスだけでなくシングルスの試合にもまた出るようになった。復帰してよかったと思った。セッツはワールド・チームテニスのファイナルに駒を進め、サンフランシスコ・ゴールデンゲーターズと対戦することになった。その週、私はフェデレーションカップの全米代表チームのコーチを務める予定だった。両立のため、飛行機で東海岸と西海岸を何度か往復し、夜を徹して車を走らせた。セッツも全米代表も、いずれも優勝した。チェンジエンドの短い休憩にも膝をアイシングしている〝セミリタイア〟の三二歳としては上出来だ。フェデレーションカップとワールド・チームテニスのファイナルが行われた週末、私は四八時間で五つの試合をこなした。シングルスとダブルスを合わせ、大きな重圧のかかる八セットを、一セットも落とさずに戦い抜いた。

いずれも私にとっては意義あるタイトルだったが、マスコミの関心とテレビの生中継のカメラは、フェデレーションカップの会場からおよそ一五〇キロメートル離れたニュージャージー州サウスオレンジで開催されていた別の大会に向けられていた。バージニア・スリム・ツアーの広報担当ジーニー・ブリンクマンは、何か事件が起きていることを最初に知らされた人々の一人だった。ある日、記者が電話をかけてきてこう尋ねたのだ。「女子の大会に男が出場してるって話、ご存じですかね」

ジーニーは言った。「はい？　いったい何の話？」

四一歳のレネ・リチャーズがサウスオレンジで開

催されたテニスウィーク・オープンに出場したとき、スポーツ界と社会でいまも結論が出ていない問題に関して激しい議論が沸き起こった。テニスを含め、競技スポーツのルールが定められた当時、〝男性として生まれた人物は女子として競技に出場できるのか。ホルモン療法や性別適合手術によって、男が女に、女が男に変わるのか。ジェンダーとは、出生時に割り当てられるものなのか、それとも成長とともに自認するものなのか。生理学的・心理学的・社会的な力はどのように影響を及ぼすのか〟といった問題について誰も考慮しなかった。

七五年に性別適合手術を受けるまで――この当時はきわめてまれにしか行われない措置だった――レネはドクター・リチャード・ラスキンドと名乗っていた。高校時代にジュニアチャンピオンに輝き、イエール大学テニス・チームでは主将を務め、卒業後は海軍に勤務し、除隊後はニューヨークで優れた眼科医として順調なキャリアを築いた。

何もかもを手に入れたように見えた――クリニックは繁盛し、美しい妻と幼い息子がいて、彼を慕う大勢の友人に囲まれていた――が、彼には秘密があった。子供のころから、自分は男の体に閉じこめられた女だと感じていたのだ。大学時代から異性装を始めた。のちに、当時はまだ目新しかったホルモン療法を開始した。医学的な措置を受けるつもりでモロッコに行ったものの、このときはキャンセルした。それでもやはり男として生きていくのはもう無理だと感じて、奥さんと離婚した。性別移行が完了すると、レネは――この名前はフランス語で〝生まれ変わった〟との意味を持つ――カリフォルニア州に移り、新しいアイデンティティで新しい生活を始めた。本当のことを打ち明けたのは、ごく一握りの親しい友人だけだった。

レネが〝彼〟だったことに最初に気づいた一人が、アマチュア時代からの知り合い、ボビー・リッグズだった。ニューポートビーチにあるジョン・ウェイン・テニスクラブで身長一九〇センチ近い女子選手が練習しているのを見かけたボビーは、コートに近づき、あの分厚い眼鏡越しにその選手をまじまじと観察した。特徴のあるフォアハンドをどこかで見た覚えがあったから。すぐそばまで来たボビーは、「ああ、やっぱりきみか！」と言った。リチャードとは何年も会っていなかったが、噂は伝わっていた。

　七六年七月、レネはサンディエゴの大きなアマチュア大会に出場して優勝した。彼女に負けた選手の一人が正体に気づいて、地元紙の記者にタレこんだ。そのニュースは海外でも大きく報じられ、レネは、五〇年代に性別適合手術を公表した俳優クリスティーン・ジョーゲンセン以来の有名なトランスセクシュアルとなった。

　クリスティーンは、ＬＧＢＴＱ＋の歴史上、重要な人物の一人だ。八九年に死去するまで一貫してトランスジェンダーの権利を擁護し、トランスジェンダーであることを公表して生きた彼女は、社会におけるセクシュアリティの定義を変えた。その結果、セクシュアリティはかならずしも二種類ではなく、生きているあいだに変わる例さえあると認知されるようになった。クリスティーンは、生物学的な性別と性自認とが異なる人々に関する意義深い討論のきっかけを作った。クリスティーンが現れるまで、アメリカでそのような議論が広く行われたことはなかった。また、新たな人生は幸せだと明言したことも大きなインパクトを残した。

　クリスティーンとは違い、レネはつねに〝気の進まない改革運動家〟と自称した。しかし、全米テニス協会（ＵＳＴＡ、旧全米ローンテニス協会）と女子テニス協会（ＷＴＡ）が、全米オープンを含む全大会への出場を禁じたとき、彼女に変化が訪れた。レネは、出場を禁止されるまで全米オープンに出場する気はなかったと言った。彼女は、本来の自分になるために、いくつものつらい手術とホルモン療法、そして言うに言えない心の葛藤を乗り越えた。アメリカ合衆国発行のパスポートには〈女〉と記載されている。医師免許の性別も〈女〉だ。なのに、テニス団体はどんな権利があって彼女を拒むのか。

『ウィメンズ・スポーツ』誌のライターの取材に、自分は「頭が二つ生えた怪物などではないと世の中に示したいと思った」とレネは語っている。「トランスセクシュアルであろうと、障害を持っていようと、マイノリティであろうと、社会に受け入れられるべき人物であることに変わりはない」グラディスも『ワールド・テニス』誌でレネをインタビューし、彼女の最初期の支援者《アライ》になった。アライはほかにもいた。ジーン・スコットだ。ジーンはサウスオレンジで主催する大会にレネを招待し、WTAの理事ジェリー・ダイヤモンドが大会の公認を取り消し、トップ選手の大半が棄権を表明してもなおレネの招待を撤回しなかった。レネのデビュー戦は壮観だった。ハワード・コーセルがテレビ実況を担当し、三二〇〇人の観客が会場を埋め、数百人の記者がレネを取材しようと群がった。少しでも朗らかな空気にしようと、そしてそれと同時にいざという段になって怖じ気づかないようにと、レネはジーンの申し出を受け入れ、初戦の会場にジーンのロールス・ロイスで登場した。「自分の意見を表明するために出場します」とレネは記者の前で述べた。「これは人権の問題です。生き方がふつうと違っていようと、あるいは何か医学的な事情があろうと、あるがままの自分として生きる権利があると示したいのです」

レネは準決勝まで進み、敗北後にコートを去るレネを、観衆はスタンディングオベーションで見送った。多くの人を失望させてしまったと思って、レネは泣いた。ありとあらゆる人々から数百通の手紙が届いた。ヘイトの手紙もまじっていたが、ほとんどはレネに寄り添おうとする内容で、差別を受けた経験を切々と綴ったものも少なくなかった（乗り越えがたい壁はいまも残っている。二〇一五年に行われたアメリカ合衆国トランスジェンダー調査――トランスジェンダーの人々を対象とするものでは現在のところアメリカ最大規模の調査――によると、回答者の八一・七パーセントは過去に自殺を考えたことがあり、四〇・四パーセントは実際に自殺を試みている。直前一年間に四回以上暴行被害を受けた人の九八パーセントは、その同じ一年間に自殺を考えたと回答した）。

レネが七六年の全米オープンに照準を定めると、大会運営委員会は新しい規則を発表した――出場する全女子選手は、染色体検査を受け、遺伝学上の女性であると証明しなくてはならない。私はこの要件は間違っていると即座に思ったし、いまもその意見は変わらない。レネは検査を拒否し、出場権を求めて、大きな議論を呼ぶことになる裁判を起こした。

性別適合手術について科学的な知見がもっと集まるまで、立場を公にするのは待ったほうがいいと私は感じた。レネを議題とするWTAの会議でもそう主張した（現在、トランスの人々の多くは〝性別適合手術〟より〝性別再判定手術〟という呼び方を好んで使う)。当初、女子選手のほぼ全員がレネの出場に反対した。レネの出場を認めると、より若く、より体力に優れたトランスジェンダーの選手が一気に増えるのではないかという声が多く聞かれた。なかには、女子の部に出場するためだけにわざわざ手術を受ける(正確にはいくつもの手術を受ける、だ)男子選手が出るのではと言う人もいたが、それはばかげた心配だ。無知は恐怖と軽蔑を生むという典型例だろう。

七七年三月、レネの法廷闘争はまだ続いていた。私はまたしても膝の手術を受けていたが、このころには大会に出られそうな程度まで回復していたので、その月にニューヨークで開催予定だったバージニア・スリムのシングルス選手権の出場資格を特別に認めてもらえるようWTAにかけ合った。初めは了承してもらえたのに、一転、却下された。決定が覆ったのが不満で、代わりにグラディスが運営していたライオネル・カップという非公認の四大会シリーズに出場を決めた。いつも変わらず寛容なグラディスは、レネにも出場枠を用意していた。レネに対するボイコットを破った私をWTAは不満に思ったようだが、私は気にしなかった。こちらだってWTAに不満を抱いていた。レネと対戦する可能性が出てきたのだから、トランスジェンダー選手の女子大会への参加の是非について、自分の立場を明確にしておかなければならない。それならばレネからじかに話が聞きたいと思った。そこで彼女に電話をかけた。「ぜひ一度お会いしたいです」

レネの友人が自分のアパートを面会の場として貸してくれた。私たちは四時間も話をした。レネは率直で、温かで、ユーモアのある人だった。話がとてもおもしろい。物心ついたときから自分は女だと気づいていたこと、それを隠そうとしてあえて猛々しいスポーツに取り組み、公の場ではマッチョにふるまっていたことなどを聞かせてくれた。姉の服を隠れて着ることもあったという。やがて本当の自分を否定し続ける人生についに耐えきれなくなった。鬱状態に陥り、何度も自殺を考えた。

私はレネを質問攻めにした。レネは医師の資格を持っているから、性別移行を境に肉体がどんな風に変わるのか、医師の立場から客観的に説明できる。

私はドクター・レネ・リチャーズが女子ツアーへの出場を求めて争った裁判に協力し、1977年、ニューヨーク州ポートワシントンで開催されたライオネル・カップでダブルスを組んだ。

精巣摘出と長年にわたる女性ホルモン療法を経て、レネの体は生理学上、子宮と卵巣を摘出した女性と同じになっている。筋肉量が減り、より大きな骨格を支えるという観点からは、同じ身長体重の女性と比較してかえって不利になった。レネの体重は六六キログラムほどしかなく、リチャードだったころの力強さは失われている。女性と違う点は一つだけ、細胞中に残っているY染色体だ。私はほかの複数の医師にも意見を求めたが、Y染色体の存在を除けば、生理学上、レネは女性と認められるそうだ。その日、話を終えて別れるころには、私はレネは女性だと納得していた。

私とレネが初めて同じコートに立ったのは、グラディスが主催するシリーズの二つ目、ニューヨーク州ポートワシントンで開催された大会でのことだった。私はシングルスとダブルスの両方に出場していて、ダブルスで組もうとレネを誘ったのだ。WTA所属の女子選手は怒るだろうと思ったが、レネとはもう友人といっていい間柄だったし、またも在ニューヨークのマスコミの餌食になりかけていたから、私は彼女の味方だとはっきり示しておきたかった。

私は三三歳、レネは四三歳で、試合会場に向かう車で私が渋滞にはまったおかげで初の試合の前にいっしょに練習する時間さえなかったが、まるで子供みたいに楽しくプレーができた。レネがサーブでフットフォールトを犯したときなど、私は振り向いてレネをからかった。「ちょっとレネ。素人くさいミスしないでよ」レネは大笑いした。

レネは知的なプレーをする選手で、私たちは準決勝まで進んだ。ところが準決勝の当日、レネはインフルエンザを発症した。試合の節目ごとに私のほうを向いて、もう続けられそうにないと言った。そのたびに私は「いまの調子でもう少し頑張ろうよ、レネ」と言った（言うは易しとはまさにこのこと）。第一セットは取ったものの、チェンジエンドの短い休憩で、レネは苦しそうな息遣いでこう言った。「ビリー、すごい熱が出てきた」このときも私は続けようと急き立てた。「私もウィンブルドンで四〇度近い熱を出したけど、優勝したよ！」レネは立ち上がり、さらに数ゲームをどうにかこうにか戦ったが、次のチェンジエンドでは、そのまま地面にぶっ倒れそうな様相だった。その姿を見て、私は観客席のほうに向き直り、ロングアイランドから駆けつけたレネの友人たちが座っている一角を見上げて大きな声で言った。「ユダヤ系のお金持ちのお嬢ちゃんとなんか、もう二度と組まないんだからね！」

観客席から大きな笑い声が沸いた。レネも爆笑し、ふらつきながらも立ち上がった。私たちはその試合に勝ち、レネの強い意志に支えられて、優勝を果たした。

レネがUSTAとWTAを訴えた裁判で、レネ側の弁護士は、二団体は性差別を禁じたニューヨーク州の人権保護法に違反していると主張し、レネの七七年全米オープン出場を阻もうとしている二団体に対する差止命令を請求した。第一審では、原告と被告のいずれも医師ら専門家による宣誓供述書を提出した。USTAとWTAの弁護団が駆使した話法は、法律文書の文言として信じがたいものだった。たとえば、被告側から裁判所に提出された書類には次のような一節があった。

アメリカ合衆国内には一万人のトランスセク

シュアルが存在し、女装のパフォーマーや女性を詐称する人々はさらに多いと信じる十分な理由がある。そのような人々が全世界にどの程度存在するかはわかっていない。スポーツ界における賞金額の高騰、スポーツで他国に優位を示したいとの国家主義的な願望の高まり、そして数年前には想定できなかった手段を用いてスター選手を作り出そうという東側諸国に多い世界規模の実験の懸念等を鑑み、USTAは競争における公平性の保証にとりわけ慎重に取り組んできた。

それ、本気？　USTAとWTAの弁護団が言いたいのは、要するに、テニス大会の賞金数百万ドルを狙い、社会主義国の優位を示すためだけに、東側諸国が東ベルリンとモスクワのあいだにある全ゲイバーからドラァグクイーンをかき集め、一流のアスリートに鍛え上げるかもしれないってこと？　トランスセクシュアルの人々を〝実験〟と考えている。まったく、受け入れがたい話だ。

出生時に割り当てられた性とは異なる性を宣言せざるをえなくなる背景にある、重く複雑な要素、あるいは複数回の手術、長期にわたる心理スクリーニング、カウンセリング、レネが経験したようなプロセスに伴って必要とされる治療。そういった事情に対する考慮がまったく欠けている。レネはのちに、自分の半生と性別移行の過程を詳しく説明した本を二冊書いているが、読むだけでつらくなるような記述がいくつもあった。疎外感、長い回復期間、遠い旅程が完了するまでの日々につきまとう自分は〝未完成〟であるという感覚を想像しただけで、胸を引き裂かれる思いがした。性別適合手術が可能だからというだけの理由で手術を受ける人が現実にいるとは私には思えない。受ける人たちは、受けないままでは生きていけないから受けるのだ。

テニス団体の理事会、それにフランキーやヴィッキー・バーナーを含む選手たちは、法廷でレネに対抗する意見を述べた――男性として生まれたレネには、公平性を保てないほどのアドバンテージがあると。

私はレネを支持する宣誓供述書を提出し、彼女たちとは正反対の見解を述べた。「ドクター・リチャーズと間近で接し、コートでともに戦った経験、そしてテニスに関する包括的な知識から、ドクター・リチャーズが女性の対戦相手よりも身体能力や体力に優れているとはいえない」

七七年八月一六日、アルフレッド・M・アシオン判事は、レネの人権はUSTAとWTAによって侵害されていると認定し、「現在の原告は女性である」と宣言した。つまり、判決の日からほどなく開幕する予定だった全米オープンにレネは出場できるとの判断だ。

レネ勝訴の直後、私はWTAの集会に出席し、クリッシー、ロージー、フランキーら選手一同にこう話した。「よく聞いて。レネは女性なの。今後は女子の大会に出場するんだから、みんなで気持ちよく受け入れなくちゃ。第一、本当にすてきな人なのよ。みんなもきっと好きになるはず」

一六歳のクリッシーをベテラン勢が受け入れようとしなかったとき、私が同じような言葉でみなを諭したことをクリッシー本人は知らないかもしれない。そういえば、アルシア・ギブソンが一九五〇年に人種の壁を破って全米オープンに出場したとき、アリス・マーブルもやはり白人選手たちと似たような話し合いを持っただろうか。

七七年の全米オープンに初出場したレネは、不運にも一回戦でヴァージニア・ウェードと当たって負けてしまった。ベティ・アン・スチュアートと組んだダブルスでは決勝に進んだが、マルティナ・ナヴラチロワとベティ・ストーヴの組に惜しくも敗れた。長い闘いののちに全米タイトルを競うレネの姿を見て、表彰式の楽団の演奏を聴いていると、胸が熱くなった。レネは八一年に引退したのち、しばらくマルティナのコーチを務めた。彼女はいまも私の親しい友人の一人であり、イラナと私が絶対の信頼を置く眼科医でもある。

性自認やジェンダー表現、性的指向、トランスジェンダーの権利――とりわけスポーツ分野における権利――をめぐる倫理、科学、意見について、最新の知識をつねに仕入れるようにいまも心がけている。多様性を保ち、すべてのアスリートの利益を守るにはどうすべきかという問題は、レベルを問わずあらゆる競技会でいまも変わらず重要な課題だ。どんな場合にも当てはめられる方針が定まる日がすぐに来るとは思えない。

女子スポーツ財団（ＷＳＦ）では、トランスジェンダーに関する最新の課題を追いかけ、ＷＳＦとしての見解を詳細に述べた文書や、スポーツ選手、その親、スポーツ組織に向けたガイドラインを公表している。知識は絶えず更新される。競技の公平性を保ちながらあらゆる人が参加できる環境とは何かという議論もやはり、時代とともに変わる。いまはまだ答えより疑問のほうが多い。トランスのアスリートが性別移行後も持ち続ける身体的な優位性をどうやって計測したらいい？　検査法や基準となる数値があるとするなら、それはどのようなものだろう。そういった基準は、競技の種類によって調整すべきなのか。トランスのアスリートは、カミングアウトしなければ競技に参加できないのか。忘れてはいけない。トランスジェンダーが受け入れられ、暴力や差別を心配しなくてよい安全な環境に誰もが暮らしているわけではないのだ。

高アンドロゲン血症（あるいは間性《インターセックス》）――つまり男と女の両方の身体構造やホルモンの特性――を持って生まれた女性に関する規則を確立するのも、やはりむずかしい。二〇一八年、ＷＳＦは、南アフリカの陸上チャンピオン、キャスター・セメンヤの功績と勇気を称えて表彰したが、この直前、国際陸上競技連盟（ＩＡＡＦ）は、テストステロンを基準値まで下げる薬を服用しないかぎり、セメンヤの今後の出場資格を認めないと決定した。ちょっと想像してみてほしい。ＮＢＡのマイケル・ジョーダンのジャンプ力が並外れているから、あるいは競泳のオリンピック金メダリスト、ケイティ・レデッキーは泳ぐのが速すぎるからといって、その能力を抑制しようとする人がいるだろうか。

ＩＡＡＦは、セメンヤのテストステロン値が女性の〝あるべき〟基準を超えているとする一方で、男性の基準には言及していない。どうやらＩＡＡＦは、過剰に女であってもかまわないが、過剰に男であるのは許されないと考えているようだ。

「スポーツの世界で、競技会に出場するために不必要な医学介入を求められる領域は、私が知るかぎりこれ一つです」イェール大学の生命倫理学者カトリーナ・カルカジスは私との会話のなかでそう話した。カトリーナは国連や女子スポーツ財団での顧問の経験を持つほか、キャスター・セメンヤとIAAFのスポーツ仲裁裁判所での訴訟ではセメンヤのアドバイザーを務めた。「IAAFはホルモン値を下げる治療に有害な副作用はないかのようにふるまっていますが、有害な副作用は現にあります」

二〇〇九年、一八歳のセメンヤが陸上世界選手権の八〇〇メートル走に出場し、驚異的なタイムで優勝して以来、IAAFはセメンヤの出場を阻止しようとしてきた。当時、彼女は高アンドロゲン血症だという話がどこからかマスコミに漏れた。これは重大なプライバシーの侵害であり、セメンヤはこの噂に無言を貫いた。二〇一〇年、ホルモン療法を指示されたセメンヤは仮差止命令を勝ち取ったが、IAAFが抗告し、まもなく取り消された。この原稿を書いている二〇二一年時点でもまだIAAFはセメンヤの妨害を続けており、最近ではセメンヤの出場種目である四〇〇メートル、八〇〇メートル、一五〇〇メートル走を狙い撃ちした新規定を導入した。セメンヤは当初、二〇〇メートル走に転向し、オリンピック出場をめざして調整を始めた。厳しい挑戦だ。新型コロナウイルスの流行を理由として多くのトップ選手が大会出場を控えた二〇二〇年、セメンヤの世界ランキングは一六五位だった。二〇二一年二月、三〇歳のセメンヤは、選手としてのキャリアを守り、これ以上のホルモン抑制剤の服用を避けるため、最後の望みをかけて欧州人権裁判所に提訴した。人権侵害が認められれば、二〇二〇年開催予定が翌二一年に延期された東京オリンピックに出場し、八〇〇メートル走で三大会連続の金メダルを狙うとセメンヤは語った。もしも棄却されたら、優勝の見込みは低いかもしれないが五〇〇〇メートル走に挑むという〔二〇二三年現在も審理が継続している。東京オリンピックには出場できなかった〕。

私の考えでは、重要なのは科学だ。研究によれば、すべての人間をそれ一つで二つのカテゴリーのどちらかに——男か、女かに——議論の余地なく振り分けられるような生物学上の基準は存在しない。性徴の決定における遺伝子とホルモンの働きは、七〇年代の科学者が考えていた以上に複雑であると判明している。だからこそ、染色体検査やテストステロンの血中濃度、出生時に割り当てられた性別（ほぼ目視検査に頼っている）は、性別を決定する単一の要素ではないし、そう扱われるべきでもない。

スポーツの参加資格にこれをどう当てはめるべきか。一筋縄ではいかない。この原稿を書いている時点では、トランスジェンダーやインターセックスの選手のパフォーマンスに関する科学研究がまだ不足している。十分な結果が出そろうまで、競技の上で不利になるのではというほかの選手の懸念が妥当なのかどうか、私たちに知る術《すべ》はないのだ。

ほかの多くの国と同様、いまのところアメリカには、州レベルでも国レベルでも統一された方針はない。ほとんどのケースが訴訟に至る。二〇二〇年、トランスジェンダーの陸上競技選手の競技会出場を容認するコネティカット州高校スポーツ協会の方針をめぐって行われた裁判で、複数の連邦裁判所と政府機関が〝性別〟という語は「あいまい」で、歴史を振り返ってもその使用は「同時代の科学、医療の進歩、社会の規範に則したものだったとはいえない」と認めた。二〇二〇年八月、マルティィナ・ナヴラチロワは、トランス選手の出場を容認すれば女子スポーツの存続に関わる脅威になりかねないという趣旨の発言をした。総勢三〇九名のスポーツ選手が、トランスジェンダーの女子選手の女子スポーツ競技出場を禁じるアイダホ州法を支持する書簡をNCAAに送付したが、マルティナもそこに名を連ねていた。

さらに高校スポーツから国際レベルまで多くのスポーツ連盟が、出場条件としてトランスジェンダーのアスリートに性別適合手術完了を要求したり、トランスジェンダーとインターセックスの選手にホルモン値を下げる薬の服用を求めたりしている。世界医師会と国際連合人権高等弁務官事務所は二〇二〇年夏、スポーツ選手の人権侵害に当たるとの立場を取ってそのような医療介入の強制に異を唱えた。私の意見はこれと完全に一致する。

誰であろうと、選手の肉体に手を加えたり、性自認を押しつけたりしてはならない。それができるのは選手本人だけだ。インターセックスであれ、トランスであれ、シスジェンダーであれ、すべての選手の競技参加の権利が守られると同時に、公平で安全な競技を保証するような統一規則がいつか実現すればいいと私は思うし、それを目標にしている。あらゆる人の権利を擁護し、関係する倫理と科学を考慮に入れること、それが正しい道だ。

第24章 生涯の愛 イラナ・クロス

レネの境遇については公然と擁護する一方で、自分の性的指向にはぐずぐず悩み続けている自分の不合理に、気づいていない訳でなかった。暴露されるのではと死ぬほど怯え、そうすれば自分のレズビアン疑惑に世の関心をなおも引きつけるとわかっているくせに、レネの問題に関して公の場で断固とした態度を取る。当時はゲイと一緒にいればその人もゲイと決めつけられたから、キャリアを重ねるにしたがい、私とパートナーを組んだだけでほかの選手が詮索されるのを見て、私のいらだちは募っていった――つまり、私はこの先も同性の友達は持てないってこと？　そういうことなの？

一九七〇年代を通じて、私は自分の性的指向を隠し続けた。そのために自分の健康や人間関係で大きな代償を支払うことになった。胃の不快感に我慢できなくなったときなど、病院で診てもらうと、胃潰瘍になりかけているかもしれないから消化のよいものだけを食べるようにと言われた。食べられるのは、バターをひとかけら載せたやわらかなトルティーヤくらいという日が続いた。私はいつも何らかの食餌療法を実践していた。気分の波と連動して体重も上下するからだ。継続して大会に出ていたころは、一日二二〇〇キロカロリーの制限を徹底していた。なのに納得のいかない負け方をしたとたん、〝もうやめた。そうだ、ビッグマック食べよう〟と思ってしまう。気分の変動はたびたび怒りの爆発につながった。とくに疲れがたまったときなど、感情を抑えきれなくなった。しかも疲れがたまっていないときのほうが少なかった。

ロージーによれば、ほかの選手のあいだで、私が試合に負ける原因はたいがい癇癪を起こしたせいと言われるようになっていた。コートオフィシャルが怒りの矢面に立たされることも多かった。日本でジュリー・アンソニーとダブルスを組んだとき、線審のひどいコールにぶち切れたことがあった。私は試合が終わったらさっさと私の前から消えないと〝殺してやるから〟といってその線審を文字どおり脅し、横で聞いていたジュリーは本心から怯えた。その夜の公式晩餐会を無礼にもすっぽかし、ジュリーが様子を確かめに来たとき、私は何かを蹴飛ばしたせいで足を引きずって歩き回っていた。その晩、ジュリーは私が落ち着くまで付き添っていた。

テキサス州オースティンで開かれた大会の決勝で、私はまたも線審のとんでもない誤判定でクリッシーに敗れた。このときはよりによってマッチポイントでの誤判定だった。その場に居合わせたラリーは、私より先に女子のロッカールームに走っていってこう叫んだ。「みんな、避難だ！　ここにいちゃ危ない。ビリーが爆発するぞ！」さすが、妻をよく知っている。私がコートから戻ったときにはロッカールームは無人になっていた。私はラケットを一本ずつロッカーに向けて投げつけた。ラケットは大きな音を立てて床に落ちた。

女子テニス協会初のフルタイム職員でバージニア・スリム・ツアーの初代ツアー運営委員長だったピーチー・ケルマイヤーが私の手綱をぐいと引くこともあった。ピーチーことファーン・リーは小柄ながら侮りがたい威圧感があって、ウェストヴァージニア州出身特有のゆっくりとした話し方をした。人当たりがよいからそうは見えないが、実際には背骨が鋼でできているような人だった。一九五〇年代のジュニアチャンピオンで、一五歳で全米選手権に出場した。マイアミ大学では女子の部だけでなく男子のディビジョンIでもプレーした初の女子選手になった。フロリダ州のメアリーマウント大学でコーチと体育教育部長を務め、スポーツ奨学金制度の対象から女子大学を除外する規則を闘いの末に廃止させて歴史を作った。キャリアを通じて機会均等を主唱し、タイトル・ナインの擁護者であり続けた。

ピーチーは、コートに乗りこんできても私を怒らせない唯一の運営委員長でもあった。彼女が誰に対しても公平なことを知っていたからだ。しかも私を恐れずに立ち向かう強さも備えていて、私は彼女のそんなところをますます好きになっていた。カリフォルニア州ミッションビエホの緑の丘に囲まれたテニスセンターで開催されたバージニア・スリム・ツアーの大会で、まさにそういうことが起きた。その大会の一回戦で、私はロビン・テニー相手に大苦戦していて、一つミスをするごとに自分に怒りを募らせていた。その怒りをボールにぶつけた。ポイントを失うたびにボールを一つ、フェンス越しに丘に向けてかっ飛ばした――月まで届きそうな勢いで。まもなく、ボールキッズの全員が背の高い草むらをかき分けてボールを探していて、私の手もとに残ったボールは一つだけになっていた。ピーチーが落ち着き払った態度でコートに出てきたのはこのときだ。

「あら、ピーチー！」私は言った。内心ではこう思っていた。やだ、まずい、また叱られる……

「そういうことはやめなさい、ビリー・ジーン」ピーチーは言った。

「自分でも止められないの、ピーチー――腹が立ってどうしようもなくて」

「新しいボールは出しませんからね。サーブに使えるのはその一つだけ」

「えー、冗談でしょ！」私は叫んだ。

ピーチーは本気だった。「わかった。わかりました」私は言った。そのセットが終わるまで、ファーストサーブを一本もミスしなかった。その試合に勝ちさえした。とはいえ、ほかの癇癪の事例とともに、私の〝恥の殿堂〟入りをするにふさわしい一件ではあった。心の疲れが限界に達することがあまりにも多すぎた。フランク・デフォードにこう話したことを覚えている。「とにかくもうこれ以上戦う気力がない」

そのころは選挙に出るべきだといろんな人から言われていたが、そのたびに政治家になる気はないと答えていた。それもまた、本心とは裏腹な発言の一つだった。ぜひ選挙に出たいところだったが、アメリカという国はまだ、夫がいながら同性と浮気するような人間を政治家に選ぶ準備ができていなかった。私は〝マリリン問題〟をあいかわらず解決できていなかった。マリリンはマリブの海岸沿いの家から出ていってくれそうになかったし、私たちの関係は良好とは言いがたかった。隠し通さなくてはいけない、テニスに影響しないようにしなくてはならないと思うと、不安になった。関係がいつ、どうやって終わるかまったく予想がつかないと考えると、不安はなおも募った。

一九七〇年代後半、テニス界の世代交代が始まった。私のような旧チャンピオンの多くがそろそろ引退の時期を迎え、新世代のスターが台頭して、新たなライバル関係が注目されるようになった。たとえばジミー・コナーズは、ビョルン・ボルグを「地の果てまで」追い散らしてやると言っていた。マルティナはクリッシーをいまにも追い越そうとしていた。トレーシー・オースティンという一五歳の天才も彗星のように現れた。お下げ髪に歯列矯正器、子供っぽいデザインのウェアは、大人顔負けの高度なテニスとは対照的だった。両手打ちのバックハンドと猛々しい闘志は、クリッシーをさらに若くアグレッシブにしたかのようで、まるで自分と対戦しているみたいで怖かったとクリッシー本人がのちに認めている。

それはトップ選手がロックスターのようにもてはやされる時代の始まりでもあった。デビュー時点ですでにテレビ時代が始まっていた最初のプロ世代だ。ジョン・マッケンローもまもなくスターの仲間入りをしようとしていた。マッケンローと同じニューヨーク市クイーンズ区育ちの才能あふれる選手ビタス・ゲルレイティスは、流行の最先端を行っていたマンハッタンのディスコ〈スタジオ54〉の常連だった。クリッシーはアンディ・ウォーホルの申し出を受けて肖像画のモデルになったし、俳優のバート・レノルズと交際していたこともある。

このころの私は、大会に出ても、一〇代のころだってもう少し勝ち進めたと思うような早いタイミングで敗退することが増えていた。葛藤の末、永遠に世界ナンバーワンでいるのは不可能だという現実をようやく受け入れた。それを境に、コートに出てテニスをプレーすること自体を楽しめるようになった。そういう心境に至る道のりを容易にしてくれたものの一つが、ビル・ブラッドリーの七六年の著作『ライフ・オン・ザ・ラン（*Life on the Run*）』だった。NBAチャンピオンチーム、ニューヨーク・ニックスでの最後の数週間をビル自身の視点で綴った本だ。

『ボーイズ・オブ・サマー（*The Boys of Summer*）』の著者ロジャー・カーンに、プロスポーツ選手は「二度死ぬ」——競技を引退したときに一度、生命の終わりを迎えたときにもう一度——という名言がある。私がブラッドリーの本から学んだ教訓は、スポーツ選手としてのキャリアはまさに一つの生涯であり、引退すべきタイミングや競技にいまも喜びを見いだせるか否かを知っているのは自分一人だということだ。衰えが見えてきている、これ以上続ければ過去の業績を傷つけるだけだという人がいても、耳を貸してはいけない。

　ブラッドリーのアドバイスを私自身のものさしにも使ったし、のちにクリッシーやマルティナのような選手から引退の時期を相談されたときも「世間が何と言っていようと、ランキングが何位だろうと関係ない。そんなことより、いまもテニスを楽しいと思えるかを自分に問いなさい」と助言した。七九年にはマーガレットもマリア・ブエノも引退していたが、その時点での私の答えは「いまも楽しい」だった。肉体は、そろそろ潮時だと訴えていた。しかし心はこう繰り返していた——まだいける、まだいける。

　七八年のウィンブルドンには足の機能回復訓練と注射を受けてやっと出場した。準々決勝でクリッシーに負けた。全米オープンにはシングルスでは出場しなかったが、マルティナと組んだダブルスで優勝した。一二月にようやく足底腱膜炎《そくていけんまくえん》の手術を受け、執刀した整形外科医ドクター・ジョン・マーシャルは、ゴルフボール大の瘢痕組織の塊と骨棘《こつきょく》を摘出し、来年夏の大会には出場させられないなと言った。

　七九年の初め、まだギプスを着けていた私は、マルティナに訊かれた。「今年のウィンブルドン、ダブルスには出るよね？」

「無理」私は自嘲気味に言った。「とてもじゃないけど間に合わない」

「ビリーが出ないなら私も出ない」マルティナは言った。そのあとも何度もその話題を持ち出した。春のあいだだけで少なくとも一〇回は電話をかけてきて同じことを訊いた。マルティナは決して私を見捨てなかった。その気遣いにいまも感謝している。頑張ればできると意識させ、めざすべき目標を与えてくれたこと。それはその年、マルティナがくれた一番の贈り物になった。マルティナは私にウィンブルドン通算二〇勝目を挙げさせようとした。もし実現すれば、同じ南カリフォルニア出身で、私をロサンゼルス・テニスクラブに通うジュニア選手だったころから見守ってくれた偉大な選手、エリザベス・ライアンの最多記録を超えることになる。

リハビリがどうにか間に合って、私はマルティナと組んでウィンブルドンに出場した。ダブルス決勝戦の前日、マルティナが二度目のシングルス優勝を飾った決勝を観戦中に、エリザベス・ライアンが心臓発作を起こしたというニュースが伝わった。八七歳のエリザベスは、ロンドン市内の病院に運ばれる途中で亡くなった。翌日、私はマルティナに支えられてダブルスで優勝し、エリザベスの記録を破った。優勝が決まった瞬間、観客席のエリザベスがいつも座っていたあたりを見上げた。ぽつんと一つ、空席があった。その勝利はほろ苦いものになった。

その日、会場に欠けていた人がもうひとりいる。ラリーだ。『ウィメンズ・スポーツ』誌とワールド・チームテニスの業績が振るわなかったうえ、ラリーはその年の初めに別の事業──煙の出ない灰皿──で大金を失った。ラリーはその製品の開発に、私たちの共同名義の預金から一万ドルほどを費やしていた。その後、ビジネスの管理を任せていたジム・ジョーゲンセンの助言に反して、ラリーはさらに多くの資金を注ぎこんで灰皿を量産し、七七年のクリスマス前に三万個を発売した。ほとんど売れなかった。一〇万ドルの損失が出たと知って、私は怖くなった。三六歳になり、自分の稼ぐ力に不安を覚え始めていたから、引退後も生活に困らないだけの貯金をぜひとも確保しておきたかった。それからまもなく、ジムはラリーと私の銀行口座を分けた。その金銭面での関係解消は、離婚に向けた長い旅路の第一歩となった。私がウィンブルドンで大記録を更新したその日、ラリーは観戦には来ず、アメリカで一〇〇マイル・ウルトラマラソンに出場した。

七九年の夏、南アフリカのルース・クロスから手紙が届いた。友人として、娘のイラナの様子を確かめてもらえないかという相談だった。ルースによると、イラナと連絡は取れているのだが、このところ落ちこんでいる様子らしい。

クロス一家とは、ふとした偶然からイラナと知り合って以来、一〇年以上も家族ぐるみの交流を続けていた。六六年にヨハネスブルグのエリス・パークで開催された南アフリカ・テニス選手権に出場したとき、イラナがお父さんと練習しているところを通りかかった。イラナには見覚えがあった。イラナと友達のレネ・オーキャンプは、私のシングルスの試合やロージーと出場したダブルスの試合で何度かボールガールを務めてもらったことがあって、その仕事ぶりが印象に残っていた。はにかみ屋だけれど負けん気のある一〇歳の少女イラナにはきらりと光る才能があり、ほかの子供にいつもするように、私は意欲を刺激してやりたいと思った。

「お嬢さんの相手をさせてもらえませんか」お父さんのシュレームに声をかけた。

一〇分か一五分ほどラリーをしたあと、私はシュレームに言った。「本人にやる気があるなら、テニスで上をめざすよう働きかけてあげてください。フランク・ブレナンの連絡先をお渡しします。私のアメリカでのコーチです」それからイラナに言った。「ウイルソンの営業の人から連絡してもらうようにするわね。無料でラケットを提供してくれると思う。私がアメリカに帰ったあとでも、何かあったら連絡をちょうだい。手紙を書いて」

そうやって若い選手に手を差し伸べるのは、私自身がジュニア選手だったころにドリス・ハートやダーリーン・ハード、アリス・マーブルから受けた恩を次の世代に受け渡すためだった。似たことはいまも続けている。何年もたってから、イラナにこう言われた。「あの日、プロのテニス選手になろうって心に決めた」

その翌年も南アフリカ選手権で一家と会い、イラナや、大会プログラムの販売責任者だったルースとの文通はそれ以降も続いた。私は競技生活について書いた短い手紙をイラナに送り、テニスの上達ぶりを尋ねたり、やる気が出るようなちょっとしたアドバイスを書き添えたりした。まさか両親が私の手書きの手紙をすべて取っておき、イラナのテニス関連の記事や何かと一緒に大判のスクラップブックに整理していたなんて、そのころは知らなかった。イラナはいまもそのスクラップブックを大事に持っている。いま一緒にながめると楽しい。七一年六月に私がイラナとレネに書いた便箋二枚の手紙にはこうある。

来週の月曜からクイーンズ・クラブ大会が始まります。その次はウィンブルドンです。大会のことを考えるたびに胸がどきどきしてきます……イラナ、手紙に書いてくれたことや、人づてに聞いたことから察するに、順調に上達しているようですね。テニスで一番になりたい気持ちがいまも変わっていないなら、できるだけ早く国外の大会にも出て、チャンピオンへの道を歩き出しましょう。その道の途中にはいろんな落とし穴があって、丸一日かけてでもその話をしたり手紙に書いたりしたいところだけれど、冒険も、浮き沈みも、迷いも、自分で経験しなくては人生の糧にはなりません。

あなたやレネが一流の選手になる運命にあるなら、どんな困難があろうと決してあきらめてはいけません。トレーニングをして、世界中を旅して、戦って、苦しんで、頂点をめざしてください。すばらしい生き方だし、何かで一番をめざすのは挑戦の価値があることです——隣の誰かよりほんの少しでもうまくなるための努力を続けよう、続けずにはいられない気持ちが心のどこかにあるのなら。新しい一日が来るたびに、たった一度きりの新しい挑戦と冒険が待っています。夢は大きくね。

イラナがプロに転向して以降は、各地で開かれる大会やワールド・チームテニスの試合でたびたび顔を合わせるようになった。イラナはグロスター・ホテルで開かれた女子テニス協会(WTA)発足の会議にも出席していて、WTAのアフリカ大陸代表理事も務めた。友人づきあいがなかったのは、年齢が一二歳も離れていたし、交友関係が重なっていなかったせいだ。しかしルースの手紙を受け取ったとき、折を見てイラナの様子を確かめてみようと思った。

七九年九月の終わりごろ、イラナと私は二人ともジョージア州アトランタで開催中のデヴィッドソン・クラシックに出場していた。そこでイラナを練習に誘い、そのあと食事に出かけた。ゆっくり話をするのは、イラナが子供だったころ以来だったし、そのときは私が話しているほうが多かった。しかし今度ばかりは聞き役に徹した。イラナは二三歳の聡明な女性だった。一六歳になったときから大半の歳月を遠征に費やしてきていた。年齢のわりに大人びていて思慮分別に富んでいた。かと思えば、世間知らずといっていいほど純真な一面も垣間見えた。

「いまのまま続けていいのか迷っていて」その夜、イラナはそう打ち明けた。テニスでやっていけるのかわからないし、それをいったら南アフリカという国がこの先どうなるかもわからない。

　当時の南アフリカはまだ世界から隔絶された国で、海外のニュースはほとんど国内に入ってきていなかった。ラジオは国営で（七六年にようやく始まった）、テレビ放送は政府によって検閲されていた。エリス・パークで初めて会った日、一番の夢は何かと私は尋ねた。「ウィンブルドンに出ること」イラナはそう答えたが、映像で観戦したことは一度もなかった。写真とBBCラジオの実況に限られていたのだ。

　アトランタで食事をともにした時点で、イラナは単にウィンブルドンに出る以上の夢を実現していた。七二年、一六歳でウィンブルドンのジュニアの部のシングルスで優勝した（私は決勝戦の朝、オール・イングランド・クラブでイラナを見かけ、クリステン・ケンメルと三人で二対一の練習をしようと誘った。二人そろってそこで決勝前のウォーミングアップをし、しかもそろって優勝した）。翌年、イラナは南アフリカのテニス史上最年少でランキング一位になった。七四年にはワールド・チームテニスと契約した。同年、全米オープンのジュニア部門のシングルスでも優勝し、翌年、南アフリカ時代からの友人リンキー・ボショフと組んだダブルスでは、ロージーと私の組とも対戦している。

　七五年の大会ではトーナメントの早い段階で私たちと当たって敗退した。しかし七六年大会では、ベティ・ストーヴと私の組と準々決勝で当たり、接戦の末に私たちを破ったうえ、全米オープン優勝を飾った。その姿を見て、私は一〇代のころ、カレン・ハンツェと組んで出場し、強豪を次々と倒して初優勝したウィンブルドン大会を思い出した。

　イラナとリンキーは、続けてイタリア国際とドイツ・オープンのタイトルも獲得し、年末の世界ランキングではダブルスで一位になった。イラナにとって最良の一年になった七六年のハイライトの一つ

イラナとお母さんのルース、妹のマール、お父さんのシュレーム。私は1966年の南アフリカ選手権大会に出場してヨハネスブルグを訪れたときクロス一家と知り合ったが、この写真はそれから10年近くのちに撮影されたもの。

は、フロリダ州アメリア島で開催されたファミリー・サークル・マガジン杯のシングルス二回戦で、マルティナを破ったことだ。イラナのシングルスでの生涯最高位は、世界一九位だった（現在、南アフリカのポチェフストルームで毎年開催されている二大会から成るシリーズ戦は、イラナ・クロス国際と呼ばれている。賞金総額は五万ドル。世界ランキングのポイントを獲得できる待望のITF公認大会で、より大きな海外のトーナメントへの足がかりとなっている。二週間にわたる大会でもっとも好成績を挙げた南アフリカの選手には、遠征費も助成される）。

七六年、人種隔離政策《アパルトヘイト》を維持していた南アフリカは、嵐に見舞われた。六月には、三日間にわたるソウェト蜂起が発生した。学校でのアフリカーンス語強制に抗議するデモ隊が機動隊と衝突し、数百人の生徒や学生が死亡、負傷者は一〇〇〇人を超えた。すでに南アフリカは諸外国からさまざまな制裁を受けていたが、ソウェト蜂起の非道さを目の当たりにした世界からいっそうの敵意が向けられた。国外に滞在中の南アフリカ人アーティストやスポーツ選手が暴力のターゲットにされた。

イラナはユダヤ系で、アパルトヘイト撤廃をめざす指導者のなかにユダヤ人コミュニティのメンバーも含まれていた。そういった反アパルトヘイト活動家の一人が南アフリカの国会議員ヘレン・スズマンだった。スズマンはノーベル平和賞の候補になったこともあった。

イラナの祖父母は、ホロコーストの前、宗教上の迫害を逃れてリトアニアから南アフリカに移住した。一家はいかなる差別も許容しない。周囲の白人系住民と同じように、クロス一家も法律を無視して非白人系の住民に可能な限り手を差し伸べた。イラナと妹のマールがまだ幼かったころ、一家はヨハネスブルグに住んでいた。黒人と白人の同居は法で禁じられていたが、両親は危険を承知で、家政婦で乳母だった黒人のクリスティナ・マモニャク・シーマに、クロス家で働く日は娘のディプオをつれてきてかまわないと伝えていた。一家は修繕などを任せていたボイニエン・ジョセフ・モルワとも親しくしていた。彼は必要品の買い物に商店に行くときなど、イラナとマール、いとこのイアンを自転車の大きな前かごに乗せ、猛スピードで走って子供たちを喜ばせたという。

表向きはあるように見えないアパルトヘイトが、実は南アフリカの日常にどれほど深く根を下ろしていたか、私がその一端に初めて触れたのは、六六年に初めて南アフリカ・テニス選手権に出場したときだった。私がホストファミリーの黒人メイドとキッチンでおしゃべりをしているところに帰宅した奥さんは、黒人メイドを激しく叱責した。いけないのは私だ、私のほうから話しかけたのだ、禁じられているとは知らなかったとあわてて説明すると、ようやく叱るのをやめてくれた。そのあとも、私がいないところで彼女がたいへんな目に遭ったのではと心配だった。

また別の日に南アフリカ選手権会場で、そのとき行われていた試合を観戦しようと観客席の人がまばらな一角に行こうとすると、大会運営委員が怯えたような顔ですっ飛んできて言った。「いけません、ミセス・キング。そこに行ってはいけません」どうして、と私は尋ねた。「そこは非白人用の区画です」彼女はそう言って私を白人専用の区画に案内した。

見ると、水飲み器も〈白人専用〉と〈非白人用〉の二種類があった。

「ユダヤ人だから、どこにも居場所がないという感覚が強かった」イラナはのちにそう話した。「黒人とユダヤ人は似た経験をしているけれど、どちらがひどいかといえば黒人差別だと思う。皮膚の色は隠せないでしょう？　子供のころから黒人差別の恐ろしさを実感してきた。苦しんでいる姿、怯えながら暮らしている姿に接してきたから。両親は差別をしなかったけれど、警察が厳しく当たっているのを見たし、黒人は通行許可手帳を持っていなくては近所も歩けなかった。黒人は、いつどんな理由で逮捕されるかわからない。ものすごく細かいことまで法律で決まっていて、それに従わなくてはならないの。あんな制度、とにかく間違っている」

反アパルトヘイトの立場を取っていたイラナとリンキーは、海外遠征に出るようになってからも殺害予告などの危険につきまとわれた。南アフリカ選手の出場を禁じている国も多く、日本もその一つだった。フィラデルフィアで開催された七六年のフェデレーション・カップでは、南アフリカとローデシアの出場が認められたため、ソ連とチェコスロバキアの代表チームは大会を棄権し、会場周辺には一〇〇名を超える人々が抗議に集まった。大会は険悪な空気に包まれたが、イラナとリンキーは、警護の人員が派遣されてくるまで、まさか自分たちに危険が迫っているとは気づかずにいた。

イギリスのイーストボーンの屋根のないコートで開催された翌七七年のフェデレーション・カップで、反アパルトヘイト運動はいっそう激化した。会場に向かうイラナの車に荒れるデモ隊が石を投げつけた。また南アフリカ代表チームの宿泊先ホテルと会場の前に集まり、やかましい音を立てて試合を妨害した。爆破予告も届いた。開会式中にデモ隊の一人がコートに乱入し、白い粉の入った封をしていない袋をイラナのほうに投げつけた。当たらなかったからよかったものの、不穏な兆候ではあった。このときもまた、イラナの宿泊先ホテルに警備が配置された。

アパルトヘイトは害悪でしかない制度であり、南アフリカに抗議する人々の気持ちは完全に理解できた。その反面、多文化と民主主義の思想にもっと多く触れるべき人々を孤立させてはいけないのではないか、そういった思想に触れる機会を奪う結果になるのではないかとも思った。アパルトヘイト制度下で暮らす人々にとって、外国からの訪問者は、国外の事情をのぞき見る窓でもある。アーサー・アッシュは、だからこそ何年ものあいだ南アフリカのビザを申請し続けたのだ。七三年にようやく入国を許可され、南アフリカ選手権で人種の壁を破ることになった。

アーノルド・ランパーサドとの共著『静かな闘い』でアーサーは、南アフリカに遠征したとき出会った黒人の少年との身の引き締まるようなエピソードを記している。少年が自分をじっと見つめていることに気づき、なぜそんなに見るのかとアーサーが尋ねると、少年はこう答えた。「あなたみたいに本当に自由な黒人を初めて見たから」アーサーの南アフリカ訪問は、イラナにも影響を残した。イラナはいまもアーサーを尊敬する人物の一人に数えている。なぜなら――「私はテニスを世界への出口と思っていたけれど、アーサーは世界のほうを私たちに届けてくれた。彼はアパルトヘイトを打破したといっていいと私は思ってる。あのときは誰もが彼に興味津々だったし、みんなの熱狂ぶりといったらそれはもうすごかった」

アーサーは、観客席に設けられた人種ごとの区分をなくさないかぎり試合に出ないと宣言した。大会は区分を撤廃し、因習が一つ破られた。自分の試合がない日には、アーサーはソウェト地区など黒人居住区を訪ねた。それについていった外国メディアの記者は黒人居住区の現状を取材して記事にした。南アフリカ遠征に同行していたアーサーの代理人で友人でもあるドナルド・デルは、シングルス準決勝でクリス・エヴァートに敗れたものの、第三セットまでもつれこむ接戦を演じ、続くダブルスではリンキーと組んでクリッシーとヴァージニア・ウェードを破ったイラナに注目し、二人と代理人契約を結んで、イラナにはワールド・チームテニスの契約を取りつけた。セールスの仕事をしていたイラナのお父さんは、一七歳の娘の稼ぎが一夜にして自分のそれを超えたことに愕然としたと言っていた。

イラナとリンキーは、ダブルスのパートナーとしてともに世界を飛び回る生活に何の不満も抱いていなかったが、七七年にリンキーは南アフリカの大学に進学してプロテニスを引退した。それがイラナの憂鬱の始まりだった。アトランタで私と食事をともにしたときには、テニスで生きていくつもりでいたのに、その人生設計が揺らぎ始めたように感じていた。ティーチング・プロにはなりたくなかった。南アフリカに戻って暮らすのもいやだ（アパルトヘイト完全撤廃はまだ一六年も先だ）。つまり、目標や目的を見失ったまま、ただ試合に出続けていたのだ。「これからどうしていいのかわからない」イラナは私にそう打ち明けた。

その夜の食事のあいだ、イラナは快活だったし、乾いたユーモアを連発していたが、ひどく落ちこんでいるのは明らかだった。テニスを本当に楽しいと思えたことがないのもなんとなくわかった（のちにイラナは、大会の成績と自分の人間としての価値を切り離して考えられなかったと打ち明けた。テニスはイラナの自己肯定感に影響を及ぼしたのだ）。両親は自分のために多くの犠牲を払ってくれたのだから、二人のためにテニスを続けなくてはいけない、勝たなくてはいけないという重圧を感じていた。「勝ったときは、うれしいというよりほっとするの。プレッシャーのない試合なんて、一つも記憶にない」

すぐに南アフリカに帰るのではなく、しばらくニューヨークに来てはどうかと私は提案した。「練習できるし、これからどうするか、考える時間を少し稼げるんじゃないかな」

そうできればありがたいとイラナは答えた。そのあとは夜が更けるまでいろんな話をしては笑った。イラナといると楽しくてしかたがなかった。地に足が着いていて、穏やかで、頭の回転が速くて。その日、別れてからも、ふと気づくと彼女のことばかり考えていた。イラナは美しい女性に成長していた。笑うとふいに明るく輝く濃い茶色の瞳。それにあのなんともいえないすてきなアクセント――朝から晩まで聞いていられそうだった。でも何より大事なのは、善良で繊細な心の持ち主であること、率直で思いやり深い人柄であることだ。

のちに知ったことだが、一緒に食事をしたあの夜、イラナのほうもときめきを感じていた。二人のあいだで同性愛の話題が出ることはなかったたし、私たちの関係はそれから何週間ものあいだプラトニックだったけれど、イラナがニューヨークに来てから、胸に秘めた想いがどんどん強くなる一方であることに気づいて、二人とも動揺していたのだと思う。私はその前からイラナはレズビアンだろうと思っていた。レズビアンの選手は少数派だったのに、イラナは遠征中、いつもそのうちの誰かと一緒にいたからだ。ところが当のイラナは無邪気なもので、仲のよい友人がレズビアンだとはまったく気づいていなかった。その友人のガールフレンドが訪ねてきたときなど、ベッドが一つだけの部屋に泊まろうとしているのを見て、「私の部屋と交換する？　こっちにはベッドが二つあるから」と言ったりしていた。いまではイラナもそのことを思い出しては大笑いしている。遠征先で私がマリリンと行動しているところを見かけても、やはり何も疑わなかったらしい。

私と一緒に時間を過ごすようになってからも、最初の三週間か四週間ほどは、自分は同性愛者なのかもしれないとさえあまり考えなかったようだ。当時、私のダブルスのパートナーはマルティナと決まっていたが、七九年一一月にスウェーデンで開催される大会をマルティナは欠場する予定だった。そこで私は、ニューヨークからストックホルムに行かないかとイラナを誘った。スウェーデンでは試合の合間に、じめじめした寒さのなか街に出て買い物をしたり、ちょっとした観光をしたりもしたが、大半はホテルにこもり、ルームサービスを頼んでいた。ある日イラナから思いがけない告白をされたのは、スウェーデン滞在中のことだった。「あなたに恋をしてしまったみたい」私はこう答えた。「私もこんな気持ちになったのは初めて」その夜、私たちは愛を交わした。

何日かたってからイラナに打ち明けられるまで、同性と交際するのは初めてだとは知らなかった。それも意外だった――怖くもなった。一夜かぎりの情事や行きずりのセックスに抵抗がない相手と何度か寝たことはあったが、気分のよいものではなかった。私が心から愛せる相手でないと、セックスは無味乾燥になる。誰かと交際するなら、〝あなたはかけがえのない存在だし、私もかけがえのない存在だから、互いに思いやりと優しさを示そう〟と思える相手がいい。イラナともそういう関係を築こうと努めた。一時の熱ではなく、本物の愛が私たちを結びつけていると思えるような関係にしたかった（レズビアンのあいだには、女同士は熱しやすいことをからかうジョークがある――「たった一度のデートで、次の日には引っ越しトラックが家の前に停まる」）。イラナから「最高に幸せ。でもとても怖くもある」と言われて、いっそう慎重にならなくてはいけないと思った。

同性愛者であることを受け入れ、誰かに「愛している」と伝えるのは、生半可な気持ちでできることではない。だからこそ、用心しながらも幸せを噛みしめる一方で、人生がいま以上にややこしくなるとと思った。関係が進むにつれ、世間から隠し通さなくてはという意識も強くなった。誰にも話してはいけない。

その冬のシーズンのあいだ、ストックホルムの大会後も、イラナと私は一緒に遠征を続けた。シュツットガルト、ブライトン、メルボルン、シドニー。試合に出場し、練習し、街を散策した。イラナこそ〝運命の人〟だという確信はいよいよ深まった。始まったときから、相性がよく、欠点を補完し合う関係と思えた。価値観が一致していて、家族を大切にするところは共通している。イラナは明確なゴールに焦点を合わせ、私は、昔からそうだったように、まずは上空千メートルから全体をながめた。私は感情を燃料にし、イラナは何かと慎重に進めようとする――場合によっては氷の視線をこちらに向け、私はそれを見て吹き出す。

つい最近のある日、私がうまい表現をひねり出そうと格闘していると、イラナが部屋を出ていきざまに完璧な一文をさらりと口にし、私はあわてて引き留めた。「待って、待って――行かないで！　ここに来て座って。あなたのほうが私より私のことをよくわかってる」

「わかってるから大急ぎで逃げようとしたのに」イラナは冗談を言い、ドアを閉めて部屋のなかに戻ってきた。

恋愛関係にあると私たちは認めようとしなかったが、ツアーのメンバーの大半は察していたのではないかと思う。もし知ったら両親は立ち直れなくなるだろうとイラナは心配していた。私のほうも、私のセクシュアリティについて母と話し合おうとしたことが一度だけあったが、私が本題に入ろうとしたところで母は「うちの家族はそういう話はしないのよ」と言い、部屋を出ていってしまった。それきり私はその話題を避けていた。

　イラナと私が関係を秘密にした理由はもう一つあった。まだゲイのスポークスパーソンを使うところまで経済界は進んでいなかったが、広告契約やCM契約は私の引退後の人生設計に不可欠の要素だった。このころはまだ一部の大会に出場していて、賞金額はかつてないほど上がっていたが、それでも大手服飾メーカーとの広告契約のほか、ほかにテレビコマーシャル、コーチ、講演、テレビ解説の契約交渉が進行中だった。順調にいけばすべて獲得できそうだった。

　ラリーと私はそのときもまだビジネス上のパートナーではあったが、共同のプロジェクトは少しずつ減っていた。別居していても、ラリーはやはり離婚に同意しなかった。無条件に私を愛しているし、この先もそれは変わらないと言っていた。いつか私を取り戻せるという希望を失っていなかった。

　言葉では言い表せない何かがあなたには欠けているのだなどと、愛しくて大切な相手に伝えられるわけがない。私たちは同じ壁に繰り返しぶつかっていた。ラリーを急かしていま以上に傷つけるのが怖くて、私はすでに避けようがなくなっていたことを先延ばしにし続けた。私は何かを手放すのが本当に下手だ。ラリーもいつか自然に離婚を望むようになるのではと私は期待し続けた。しかしイラナと愛し合うようになったそのころ、ラリーが「離婚は避けたほうがいい――きみのイメージによくない影響が及ぶから」というようなことを口にするたび、私はぎくりとした。ラリーはただ思ったことを口にしただけだったが、私にはさりげない警告のようにも聞こえた。皮肉なのは、初めは私が形だけのことであれ既婚者だから〝かえって気持ちが盛り上がった〟とイラナが言ったことだ。「私は隠れていたいの――隠れているほうが幸せなくらい」

　イラナというパートナーを得て、私のシングルスのキャリアはふたたび少し上向いた。二年間、ツアーのスポンサーがバージニア・スリムからエイボンに代わったが、双方がその判断を悔やみ、八三年には元のバージニア・スリムがスポンサーに戻った。

デトロイトのコボ・アリーナで一九八〇年二月下旬に開催された年度末の選手権で、私は六年ぶりの優勝を果たした。イラナと組んだダブルスでも優勝した。その勢いのまま、次はヒューストンの大会にシングルスで出場した。このときの世界ランキング一位はマルティナで、決勝で私と当たるまで、マルティナは二八連勝を収めていた。私はストレートでマルティナを破った。試合時間はわずか五〇分だった。ここでもイラナと私はダブルスで優勝した。

　しかし翌週の大会では、私は一回戦で負けた。そんなものだ。年齢を重ねるにつれ、試合後の回復に時間がかかるようになっていた。前ほど動けなくなってもいた。それまでと同じように打ってもショットの破壊力が違う。エースを決めたり、むずかしいボールに追いついたりした瞬間の爽快感を慈しむようになった。ロッド・レーヴァーとそういう話になったことがある。五歳年上のロッドはこんな風に言った。「ビリー、コートでラリーをしていると、こう思うようになるんだよ。一球でいい。たった一球でいいから、昔みたいなショットを打ちたいってさ」

　自分なりのベストなテニスを取り戻すことがまったくないわけではなかったが、八〇年の大半は故障に苦しめられた。調子がいいつもりでいたのに、ふいにテニス肘が悪化したりする。あるいは膝が。足が。マスコミは「オールド・レディのカムバック」ともてはやしたが、実際のところはつねに何かしらの故障を抱えていて、古傷がぶり返すたび、調子を取り戻すのに時間がかかるようになっていた。だからといって、熱意が衰えたりはしなかった。八年ぶりに全仏オープンに出場した。準々決勝で敗退したものの、次こそはという意気込みでウィンブルドンに向かった。

　一〇年、一五年前に戻ったようなプレーができた日は、気持ちが躍った。ウィンブルドンでは、〝チャンピオンの墓場〟と呼ばれる二番コートで、一七歳のパム・シュライヴァーを三時間にわたる死闘の末に破ったが、準々決勝ではマルティナ相手に第三セットまで粘って敗れた。マルティナと組んでのダブルス出場は一時的にお休みしていたが——それがその年の冬にイラナと組むきっかけになった——このときにはふたたびマルティナと組むようになっていた。

マルティナと私は、ウィンブルドンでは負けたが、八〇年の全米オープンでは優勝し、私の三九番目の、そして最後のグランドスラム・タイトルとなった。マルティナとダブルスを組んで出た最後の大会でもあった。その冬、私の体は反乱を再開した。慢性の鼻づまりを解消するための手術を受け、次にしつこいウイルスに苦しめられ、さらに腕の筋肉を痛めた。一一月には、両膝に残っていた損傷を改善する手術も受けた。それでもまだ引退したくなかったが、マルティナが八一年のシーズンはパム・シュライヴァーとダブルスを組むと何カ月も前に決めたが、私になかなか伝えられずにいると人づてに聞いた。彼女とどれだけ多くを成し遂げてきたかを思うと、平気ではいられなかった。

このころには、ニューヨークの六六丁目に面した私のアパートでイラナと同居していた。その年の春、ワールド・チームテニスとエイボン後援の大会にはいくつか出場したが、ウィンブルドンは二〇年ぶりに欠場し、NBCテレビの試合中継で解説を務めた。競技からなかば引退したような状態だったが、それも悪くなかった。とくに、古傷がブーメランのように戻ってきたときには。

それまで何年ものあいだ、マリリンを私の人生とマリブの家から追い払おうと試みていた。彼女との恋人関係は、始まって一年ほどたったころには終わっていたのだから、七五年までには完全に縁を切っておくべきだった。その時点でマリリンはマリブの家に五年近く居座っていて、私のビジネスを管理しているジムが家周りの経費を支払っていた。マリリンにわずかなりとも家賃を支払わせようとあれこれ手段を講じたが、功を奏さなかったからだ。七八年になって、家を引き払う準備をしてほしいと私から通知したが、それをきっかけに彼女との関係は、恐れていたとおり、悪夢のような破局に向けて突き進み始めた。

オーランドで開催されたユナイテッド・エアラインズの大会に出場するため、八一年四月の最後の週にイラナとフロリダ州に降り立ったときも、マリリンとのトラブルが心に重くのしかかっていた。翌日の開幕早々に私はシングルスで負けた。思いがけず日程が空いてしまったことを逆手に取り、車で北に四〇分ほどのところにあるディズニー・ワールドに遊びにでかけた。イラナには初めてのディズニー・ワールドだった。まだ携帯電話のなかった時代だ。宿泊先のグレネルフェ・ゴルフ・アンド・テニス・リゾートの部屋に戻ったとき、イラナが言った。「見て……なんだか変よ」

ドアに少なくとも二〇から三〇枚のピンク色の伝言メモがテープで留められていた。見た瞬間、考えられる事態は一つだけだと思った。私はイラナのほうを向いて言った。「私の人生は二度と元に戻らない」

第25章 アウティング

一九七八年のあるとき、マリリンが働いているビヴァリーヒルズのヘアサロンに行った友人が、マリリンが私の手紙のことを話しているのがたまたま聞こえたと教えてくれた。自慢げにこう言っていたらしい。「あれを売ったらけっこうな額になると思うの」それを聞いたとたん、私は吐き気に似た不快な感覚に襲われた。それからの数年、同じ感覚に繰り返し悩まされることになる。いまになっても、マリリンのことや彼女との関係が招いた不幸な結末を思い出すたび、その感覚が呼び覚まされる。

電子メールやテキストメッセージがまだなく、ホテルから電話をかければ目の玉が飛び出るような金額を請求される時代だったから、私は大切な人とは手紙のやりとりでつながりを保っていた。飛行機で、コーヒーショップで、雨で試合が中断しているあいだに、あるいは遠征先の国々のわびしいホテルの部屋で備えつけの文具を使って、手紙を書いた。マリリンとの関係が始まってまもないころ、遠征に出ているあいだも手紙を書いてほしいと言われて、喜んでそうしていた。私の手紙はいずれも率直で愛情表現にあふれていた。とはいえ、先述のとおり、歳月とともにマリリンへの気持ちは変わった。手紙を書くのは、マリリンに騒がれないためだった。彼女が何をするかわからなくて不安だった。手紙を数十通は送った。どうやらそれをすべて大事に取っておいたらしい。

大衆紙が手紙を買い取るとすれば、それは私が有名であり、その私が過去のある時期、夫を裏切って女性と関係を持っていた証拠だからだ。りっぱなスキャンダルだ。そしてスキャンダルは売れる。〝マリリンの件〟――私の身近な人はそう呼ぶようになった――が起きる前の私は、人を信じる主義だった。

少なくとも疑わしきは罰せずの原則を適用した。マリリンの件を境に、それから何年も人を信じられなくなった。

友人が小耳にはさんだマリリンの話は事実だった。七八年の夏、マリリンは手紙を材料にして私をあからさまに脅し始めた。ラリーと私がマリブの家の売却を検討しているとマリリンに伝えたことがきっかけだった。私がマリブの家を訪ねたとき、マリリンは手紙の束を私の鼻先に突きつけて言った。「これなら本一冊分のネタになるでしょうよ!」返してほしいと私は頼んだ。マリリンは拒否した。このとき初めて、彼女がそもそも手紙を書いてほしいと言ったのはこのためだったのかと思った。あとで聞いたところによれば、マリリンは手紙を銀行の貸金庫で保管していた。

マリリンはもともと精神状態が安定した人物とは言えなかったが、脅迫の始まりと前後して、ロサンゼルス在住の友人たちから、彼女が依存症者向けの治療を何度か受けていたという話を聞くようになった。マリブの家は、マリリンが住んでいるあいだに二度も泥棒に入られたことになっていて、なくなった品物のなかには、私がエルトンからプレゼントされた美しいブレスレットも含まれていた。「だけど、保険が下りるでしょ?」マリリンは言った。そのけろりとした様子を見て、疑念が芽生えた——本当に泥棒のしわざなのだろうか、マリリンがブレスレットを売り払ったのではないか。マリブの家から出てほしいと伝えたころから、マリリンはまたお酒やドラッグをやるようになり、精神状態はいっそう危なっかしくなった。

状況が悪化して、ロサンゼルスに滞在中でも私はマリブの家に行くのを避けた。行って顔を合わせればかならず口論になった。帰ろうとしたとたんに、マリリンが叫び声を上げながら拳で胸を何度も叩いてきて、彼女の手首をつかんでやめさせたこともあった。また別の日には、過剰摂取してやるといわんばかりに薬瓶を振ってなかの錠剤をかたかた鳴らされたこともある。ラリーと離婚して自分との関係を復活させてほしいと懇願された。私は言った。「マリリン、よく聞いて——私とあなたの関係はもう終わったの。あなたもわかってるでしょう?」マリリンはロサンゼルスに戻ったあと、私以外の複数の人と交際していたくせに、私の言い分を受け入れようとはしなかった。彼女の様子を見ていると心配になって、知り合いの精神分析医を紹介すると言ってみた。マリリンはその分析医のところに通い始めた。二度のセッションのあと、分析医は私にこう言った。マリリンが精神状態を改善し、自分の人生を歩めるようにするには、私はこれ以上彼女に手を差し伸べてはいけないし、連絡も完全に絶つべきだと。私はそのアドバイスに従おうとした。

転居先を探すようにと伝えて一年ほどたった七九年の夏、私は、事業のマネージメントを任せていたジム・ジョーゲンセンに頼んで、マリブの家を売却するとマリリンに通知してもらった。このときもやはりすんなりとはいかなかった。マリリンはジムにこう言った。「ビリー・ジーンはなぜこんな風に私を傷つけようとするの? 私がビリー・ジーンを傷つけたことは一度だってないけれど、その気になればやれるのよ。それも徹底的に」その種の脅しの文言はすでに何度も聞いていたから、私はマリブの家の明け渡しと手紙の返却に向けた交渉を開始してほしいとジムに依頼した。ある時点で、ジムを通じて、買い手がつくまでその家に住んでいてかまわない、また売却益の半額を支払うという条件を伝えてもらった。ラリーと私はその家を一三万二〇〇〇ドルで購入していて、当時の価値は五〇万ドルを超えていたから、悪くない額になるはずだ。それと引き換えに手紙を返却し、今後は私に干渉せず、これ以上のいかなる要求もしないというのが交渉の条件だった。

「それでけっこうです」マリリンからそう返答があった。これでもう忘れられるのだ、マリリンは人生を立て直せるのだ――このとき初めて、私の胸に小さな希望が芽生えた。ところがマリリンは、そこからなおも破れかぶれになり、自分を追い詰めるような行動に出た。買い手候補が家に入るのを拒み、〈売物件〉の看板を勝手に引っこめた。彼女のために家を買い取ってくれそうな裕福な友人がいると言い出したりもしたが、実現はしなかった。

家に関連する経費の支払いはすべてジムが管理していたから、彼はマリリンとしじゅう連絡を取っていたし、マリリンのほうからジムに電話をかけることも多く、彼女はジムの電話番号をすっかり暗記していた。だからだろう。八〇年にマリブ・キャニオン・ロードの崖から転落した車のなかでぐったりしているところを保安官補や救急隊に発見されたとき、マリリンは連絡先としてジムの番号を伝えた。このときは重傷を負わずにすんだ。しかし八〇年一〇月、一晩中お酒を飲んだあと、マリブの家の高さ一〇メートルほどもあるバルコニーから身を投げた。翌朝五時、フェンス際の砂の上に倒れていたのを警察官に発見された。このときもまた、駆けつけた救急隊にジムの電話番号を伝えている。マリリンは背骨を折る大怪我を負って一カ月入院した。それから亡くなるまで、歩くときは杖を使うか、車椅子に乗るかして過ごすことになった。

いずれのときも、自殺するつもりでやったとマリリンはジムに話した。ジムは本当に自殺の意図があったのか疑っていたが、バルコニーから飛び降りる前に遺書を残していたことがのちに判明した。数カ月後、八一年二月には、アルコール過剰摂取でマリブの病院に救急搬送され、胃洗浄を受けている。

そこまで心を病んでしまった人に、どう対処すればいい？　マリリンには、ときおり様子を確かめにくるような友人はほとんどいなかった。私には、血のつながりのないきょうだいが一人いるだけで、天涯孤独の身だと言っていた。それが嘘だとわかったのは、八一年の一二月だった。

マリリンの脅迫や自傷行為についてはラリーも知っていた。金銭上の何らかの合意に至らないかぎり、マリリンは家を明け渡さないだろうことも理解していた。マリブの家はラリーと私の共有名義になっていたから、解決するには協力しなくてはならない。八一年の春、私たちは、当初提示していた条件を引き上げた――家を明け渡し、私の手紙を返却することを条件に一二万五〇〇〇ドルを前払いし、家が売れたら、売却益の半額からその一二万五〇〇〇ドルを差し引いた額を支払う。現金で前払いすれば、転居先を探しやすくなるだろうと期待してのことだった。するとジョエル・レーディンというロサンゼルスの弁護士からジムに連絡が来て、マリリンから代理人として雇われた、すぐに支払ってほしいとマリリンは言っていると伝えられた。ジムは、ひとまず二万五〇〇〇ドルを先に支払い、手紙を返却し、家を明け渡した時点で残りの一〇万ドルを支払うと返答した。

四月初旬、私たちは計二万五〇〇〇ドル分の小切手を二枚、マリリンとレーディンに送付した。小切手は即座に現金化された。このときも、これで合意が成立したものとこちらは考えていた。手紙の返却とマリリンの転居日の連絡を待った。八一年四月の最終週になってもいずれも届かず、ジムから私に連絡があった。「ビリー・ジーン、悪いニュースがある。たったいまマリリンの弁護士と話したんだが、破談にしたいというんだよ」

レーディンは、マリリンが新たな手紙を家のなかで発見し、目を通した結果、合意した以上の価値があると判断したという。今度は家の所有権と、生涯にわたる扶養を要求してきた。その内容をジムから聞かされたとき、私は悲鳴を上げたと思う。耳の奥で脈が激しく打つ音がやかましくて、ジムの話の続きはろくに聞こえなかった。ジムとの電話を終えるなり、ラリーに連絡した。

「私たちをとことん痛めつけるつもりみたい」私は言った。「これは強請《ゆすり》よ。永遠に続くのよ」

ここまでくると、こちらにも弁護士が必要だ。広報担当のパット・キングズリーの紹介で、ロサンゼルスに事務所を構える良識ある弁護士デニス・ワッサーに連絡した。デニスは家族関係のトラブルに強く、著名人の代理人を務めた経験が豊富だった。こちらとしてはマリリンの弁護士と交渉を継続したかったが、デニスが何度連絡してもレーディンは折り返しの電話をよこさないままだった。八一年四月二八日、マリリンは、マリブの家の所有権、関係を持っていたとされる七年間に私が得た収入の半分、そして生涯にわたる扶養を要求する訴状をロサンゼルス郡上級裁判所に提出した。

イラナと私がフロリダの滞在先に帰ったときドアにびっしりと伝言メモが貼られていた理由は、マリリンの提訴だった。私はアウティングされた。恐れていた事態がついに現実になった。

マリリン側の主張は、有名な〝慰藉料《パリモニー》〟判決に基づいていた。この二年前、俳優のリー・マーヴィンと、彼と同棲していた恋人のミシェル・トリオラ・マーヴィンとのあいだでカリフォルニア州最高裁まで争われた裁判で、最高裁は、正式な婚姻関係にある夫婦と同様に、同棲期間中にリーが取得した資産の一部をミシェルに分与するよう命じた。この判決が同性カップルに適用された事例はまだなかった。提訴と同時に、マスコミの報道合戦が始まった。記者たちはマリリンの主張を〝レズ版パリモニー〟と呼んで書き立てた。私のとっさの反応は当たっていた——私の人生は、この日を境に二度と元には戻らなかった。

マリリンの行動は、完全なプライバシーの侵害であり、信頼を裏切る行為でもあった。いつまでも消えない傷が心に残った。性的指向を他人に暴露されるなんて許せなかったし、私が誰かの性的指向を勝手に暴露するのだってありえない。いまも自問することがある——いつか自分からカミングアウトしていただろうか、と。おそらくどこかの時点でしていたと思う。それでも、するか否か、いつするのか、決めるのは私のはずだ。その覚悟がないのにカミングアウトすべきではない。

マリリンが提訴したというニュースが流れた日、私はショック状態に陥った。怯え、傷つき、悔しく、腹が立ち、呆然とし、狼狽し、恥ずかしくなり、丸裸にされたような気分だった。一日また一日と過ぎるごとに、そういったすべての感情が鋭くなって心を傷つけた。そのごたごたにイラナまで巻きこまれたらと不安だったし、ラリーや家族、女子テニスの今後を思うとやるせなかった。訴訟の影響で、これまで何年もかけて築き上げてきたものが壊れてしまうのではないか、女子スポーツ選手を嘲るようなステレオタイプに拍車がかかってしまうのではないかと心配だった。

イラナとグレネルフェ・リゾートの部屋に入るなり、ドアに鍵をかけて電話をかけ始めた。ラリーは飛行機で移動中でつかまらなかった。そこでジムに電話した。デニス・ワッサーにも。テレビや広告の仕事のマネージメントの交渉を一任していたスポーツエージェントで、ＩＭＧのナンバーツーであるボブ・ケインにも連絡した。広報のパットとも話した。ロサンゼルスを仕事の拠点にしているパットは、さっそくマスコミ戦略を立て始めた。イラナを南アフリカに帰したほうがいいとパットから助言されて、イラナはさっそく飛行機を予約した。そのときは混乱していてその判断ができなかったが、いま思えばパットのその助言には従うべきではなかった。イラナと一緒に乗り越えるべきだった。しかしイラナも私と同じように怯えきっていた。

マスコミが押しかけてくる前に、フロリダからすぐにでも移動したほうがいいこともわかっていた。二人とも即座に荷物をまとめた。すぐ思い浮かぶなかで一番安全なのはマンハッタンのアパートだ。あそこなら記者も建物に入ってこられないから、静かな場所で考えられる。イラナと私は同じ便でニューヨークに飛んだ。イラナはJFK国際空港で飛行機を乗り換え、まっすぐ南アフリカに向かう。両親がニュースで知る前に私から伝えなくてはと思ったが、自分で話す勇気が出なかった。そこでパットに頼み、私がニューヨーク行きの飛行機に乗っているあいだに伝えてもらった。

飛行機がニューヨークに着陸したとき、パットとデニス・ワッサーは朝刊の締め切りに間に合うよう、すでに私の声明文を発表していた。私はこう言ったことになっている。「今回の訴訟の申し立て内容は、事実と異なっており、まったく根拠のないものです。ミズ・バーネットの行動に大きな衝撃を受け、失望を感じています」その声明でマリリンは「一九七〇年代初めからなかばにかけて私の秘書として働いていた女性」とされていた。情緒に問題を抱え、自殺を試みた過去がある人物だとも書かれていた。

その声明を読んで、私は猛烈な怒りに駆られた。私の同意なく公表されたからだ。弁護士がまず第一に考えるのは、すべてを否定することだ。次に、訴訟を棄却に持っていくことだ。広報の専門家だってまったく同じ助言をする。ただ、このときは間違っている気がした。たしかに、マリリンの訴えの内容は事実に反している。とはいえ、マリリンと私が恋人関係にあったという主張は事実だ。アウティングされる以前から嘘をつくのは大嫌いだったが、アウティング後はなおさら我慢ならなくなった。すべてを否定する声明をいまさら取り消すのは無理だとデニスとパットは言ったが、私にはそう思えなかった。

初日の夜はアパートの室内を行ったり来たりして過ごした。翌日も、ラケットでボールを弾ませながら、朝から晩まで、通り道のカーペットがすり切れるくらいずっと往復していた。パットやデニスとまた電話で話し、ダメージを見きわめ、今後の対応を相談した。私は本当のことを話してしまいたかった。世間に向けてすべてを包み隠さず話したかった。マリリンとの不倫を公にし、ラリーを裏切ったのは過ちだったと認めたかった。

「正直に認めないと、このままいつまでたってもマリリンから解放されないし、二度と平和な生活を取り戻せない」私はそう主張した。「だって、強請なのよ。世間は忘れてくれないだろうし、細切れの報道が延々と続いて、私は何度も否定を繰り返さなくちゃならなくなる。いつまでたっても終わらない。だったらいま全部の質問に答えて、一気に終わらせたほうがいいんじゃない?」

頭がおかしくなったのかとパットは言った。「前代未聞のスキャンダルよ」パットは、同性と関係を持ったと認めれば、私の名声に傷がつくと言った。デニスは法の観点からもリスクが高すぎると言った。ボブは、引退の準備を始めたこの時期に広告契約をすべて失いかねないと心配した。やりとりはときに熱を帯びた。このような事態にどう対処すべきか、危機管理の前例がなかった。私はパットとデニスに言った。「マスコミの人たちとは若いころから長いつきあいだし、これまでずっと公平に扱ってもらってきた。だから本当のことを話したいの。いつも彼らの質問に正直に答えてきた。いまになって隠しごとはしたくない」

「お願いだからやめてくれ——私の助言に従ってくれないか」デニスは言った。

「今回は従わない」私は言い返した。

私の判断を尊重する姿勢を示したのはラリーひとりだった。味方してもらえるなんて思っていなかったのに、ラリーは背中を押してくれた。

「本当にいいの?」私はラリーに訊いた。「あなたにもいやな思いをさせることになる。私の両親にも。ほかの大勢の人にも。女子テニスにも悪い影響が及ぶ。私たちのこれまでの努力がすべて水の泡になるかもしれない」

「他人のことは気にするな」ラリーは言った。「たまにはきみがしたいようにするといいよ、ビリー・ジーン」

私はパット・キングズリーに電話をかけ直した。「記者会見の手配をお願い」

いったん決めたら誰に何を言われようと私の覚悟は変わらない。それを悟るや、パットはギアを入れ替えた。それからの数日、ほかの案件はすべて棚上げして、会社の全スタッフを私の件に当たらせた。パットの人脈は驚くほど広く太い。その人脈を活用して翌日の記者会見の段取りを整えた。会場はロサンゼルス空港近くのホテルに決まった。次に私の側の主張を世の中に伝えるために、さまざまなメディアに独占取材を売りこんだ——新聞では『ニューヨーク・タイムズ』、雑誌では『ピープル』、テレビはABCの『20／20』のバーバラ・ウォルターズのインタビュー。

そこからはあっという間だった。ラリーはロースクール時代の同窓生ヘンリー・ホームズを弁護団に加え、自分の代理人とした。マリリンは、マリブの家がラリーと私の共有名義だったため、彼女が主張する権利の行使をラリーが〝妨げている〟として、訴状に彼の名前も挙げていた。ラリーはピットブルのように容赦ない弁護士がいなければ勝ち目はないと考え、ヘンリーに依頼した。のちにボクサーのジョージ・フォアマンや格闘家で俳優のチャック・ノリスらの訴訟も担当することになるヘンリーは、このときすでに〝ピットブルのよう〟という評判を確立し始めていた。

翌日、ヘンリーはマリリンに対し、マリブの家から立ち退くよう求める不法占有訴訟を起こした。続いて、マリリンと弁護士に、私の手紙の売却と内容の公表を禁じる緊急差止命令を取りつけた。

この間《かん》に私は友人やスポンサー、事業関係者に連絡し、私と距離を置きたいならそうしてほしいと伝えた。その翌週に東京で一五歳の神童アンドレア・イエガーと組んでダブルスの試合に出場する予定だった。アンドレアのご両親には真っ先に電話をかけ、今回の出場は辞退すると伝えた。しかしご両親もアンドレアも、どうしても私と組んで出場したいといって譲らなかった。女子テニス協会（WTA）のジェリー・ダイヤモンドにも連絡し、WTA会長を辞任したいと伝えた。解任には理事会の投票を経なくてはならないが、ジェリー個人としては会長職にとどまるべきだと思うと言い、負けるなと励ましてくれた。

ラリーはまず飛行機でニューヨークに来た。ニューヨーク市内のラガーディア国際空港やJFK国際空港ではなく、ニュージャージー州ニューアーク発のロサンゼルス行きの飛行機を予約した。その二つの空港でパパラッチが待ち伏せしているのではないかと不安だったからだ。二人そろって記者会見に臨む予定だったから、記者の質問に答える前、冒頭に読み上げる声明を飛行機のなかで練った。私たちがアメリカ大陸を西に向けて横断しているころ、イラナは一人きりで地球の反対側に向かっていた。イラナと話す術《すべ》がなく、彼女がどうしているかまったくわからなかった。私は緊張とストレスでぴりぴりしていた。

ホテルで会った私の両親は、気の毒なほどうろたえていた。互いにハグをして言った。「愛してる」マリリンや訴訟の話はまったくしなかったが、母や父ならかならず味方をしてくれると私は確信していた。二人はマスコミから何を訊かれてもノーコメントで通すようあらかじめ言われていたが、親交のある記者が電話をかけてきたとき、父は「妻も私も一〇〇パーセント娘の味方だ」と答えていた。

「味方をしない親なんて、何のための親です？」

ホテルの会見場には大勢の記者が詰めかけていた。数えきれないほどのカメラが待ちかまえていた。ラリーと私はマイクが束になって置かれたテーブルに並んでついた。壁際に控えた両親は険しい顔つきに涙を浮かべていた。私は二人を見ないようにした。ラリーは私を「私が心から愛している人です」と紹介し、「私はビリー・ジーンを一九年前から知っています。何があろうと、私たちの関係が揺らぐことはないと思います」と続けた。

私が話す番になり、死ぬほど怖かったが、それに屈さずに声明を読み上げた。ラリーはずっと私の椅子の背に腕を置いていた。私は背筋を伸ばし、落ち着いて話すことに意識を集中し、マイクの束のほうに軽く身を乗り出して、冷静な声で話した。「マリリン・バーネットと関係を持ったことは事実です。その関係はもう何年も前に終わっていて……」会場のあちこちから息をのむ音が聞こえたが、すぐにまた静まりかえって、カメラのシャッターが猛烈な勢いで切れる音だけが聞えた。「私は過ちを犯しました。すべての責任は私にあります」（いまになっても、このとき私が使った〝過ち〟という言葉を不快に思う人が大勢いる。同性愛者であることが〝過ち〟だと私が言ったように勘違いするからだ。私は結婚の誓いを破ったことを〝過ち〟と言ったのだけれど)。いつも支えてくれる両親と、「私の恋人で夫であり、一番の親友である」ラリーに感謝の言葉を述べた。「……今日、彼との絆はこれまでになく強くなったと感じています。夫婦としての関係もいっそう強くなりました」

その日、ラリーと私はたしかに強い絆で結ばれていた。彼との結束は見せかけではなかった。けれど、私たちの結婚は、隠れ蓑《みの》——誠実さが問われていたこの瞬間でさえ、私の秘密の生活を覆い隠す煙幕だった。その茶番はいやでたまらなかったが、いつもと同じ理由から私は最後まで芝居を続けた。家族のために。ラリーやほかの人たちと築いてきた価値あるもののために。そしてこのときは、イラナのために。しかし、秘密の困ったところはそこだ。一つの秘密が次を生み、また次を生む。

その記者会見は、生きてきたなかで一番長い二〇分だった。泳いでいて溺れかけ、溺れまいと手当たりしだいに何かをつかもうとしているようだった。

私が声明を読み終えたとたん、会場は完全な静寂に包まれた。記者の最初の質問までの空白は、一年にも感じられた。自分の性的指向について、公衆の面前でやりとりしなくてはならないのは恥ずかしかった。世界はまだ、私をレズビアンとして受け入れる準備ができていないのだと思った——そしてそれ以上に厄介なのは、私自身に受け入れる覚悟がまだないことだった。

「ファンが温情と理解を示してくれるよう祈るだけです」私は言った。

有名人ゆえに私生活が暴かれたことをどう思いますかと訊かれて、私はこう答えた。「不公平ではあるかもしれませんが、そういうものですし、しかたがないことだと思っています」

最後の質問に答えたあと、ラリーと私と両親は、結束を示すため、互いに腕を回して横一列に並んだ。ただ、四人全員が別々の方向を見ていたことに本心が表れていた。無数のカメラがその瞬間を記録するなか、それぞれが自分の苦痛の世界に閉じこもっていた。エレベーターに乗りこんだところで父を抱き締めたとき初めて、父が震えていたことに気づいた。

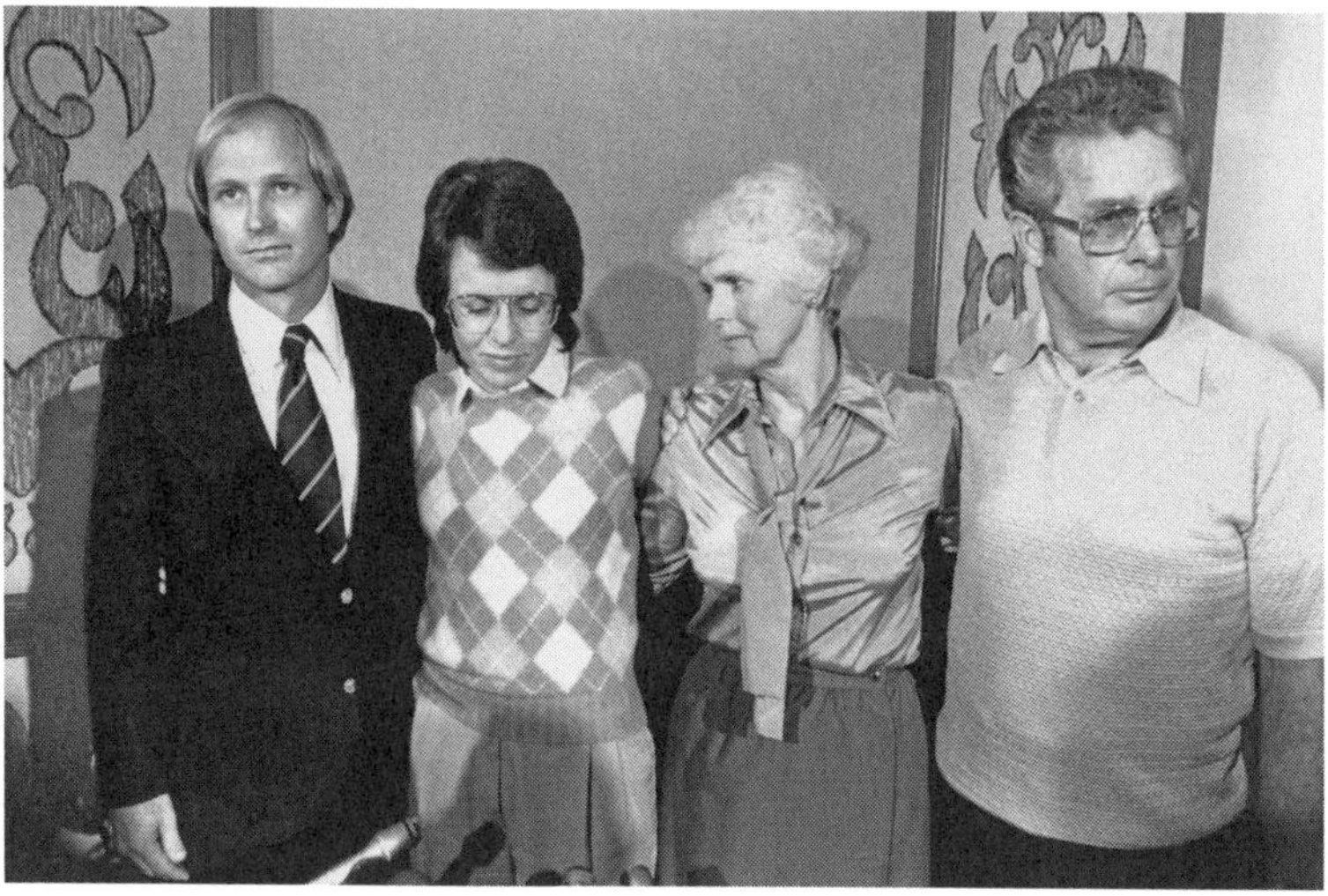

両親のベティ・モフィットとビル・モフィット、夫ラリーと。1981年、マリリン・バーネットにアウティングされ、ロサンゼルスで開いたつらい記者会見の直後、私を支える覚悟を示してくれている。

私はなおもきつく父にすがりついた。そうやって、自分と父の体の震えを止めたかった。

パットは次々とインタビューの約束を取りつけ、嘘は大きくなる一方だった。どんな心理メカニズムが働いたのかわからないが、私は嘘をつき続け、自分を嫌悪し続けた。もう私を放っておいてくれと叫びたかった。

数日後に発売された『ピープル』誌の表紙は、ラリーと私の写真だった。私は結婚指輪をカメラに見せていた。『ウィメンズ・スポーツ』誌の元編集者で友人でもあるシェリル・マッコールの、私の側に立ったインタビューも受けた。記事の見出しはこうだった。〈ラリーとビリー・ジーン　結婚の誓いを新たに――ビリーの浮気は終わったこと〉。

アウティングの直後から、ボブ・ケインは私の財政状況をひどく心配し、日に三度も電話してきて自伝の執筆を勧めた。「それしかない」ボブは言った。大急ぎで発売すればイメージの回復に役立つだろうし、多少なりともお金になるうえ、広告契約を解除されずにすむかもしれないと期待してのことだった。フランク・デフォードが共著を引き受けてくれることになった。しかしフランクが私に取材を始めたのはアウティングからわずか三週間後のことで、マリリンに関する何もかもがまだ生々しくてつらく、取材にほとんど応えられなかった。できあがった本の私は、とにかく混乱している印象だ。実際、私は混乱していた。たしかにわかるのは、自分が傷ついていること、知り合いや大切な人を失望させてしまったことくらいで、その一件がどんな結末を迎えようとしているのか見当もつかなかった。アウティング後のどのインタビューでも、私はほかの誰かを巻きこむのが怖くて、女性と関係を持ったのはマリリンが初めてで、唯一の相手であり、しかも関係は短期間に終わったと繰り返した。

その〝封じ込め戦略〟もまた、理性では理解できないことの一つだった。アウティングをきっかけに、さらにクローゼットの奥深くへもぐろうとするなんて、どうかしている。ところが、私がしたのはまさにそれだった。その六年前の『プレイボーイ』誌のインタビュー以来、ゲイ解放運動を公に支援してきたし、レネ・リチャーズとトランスジェンダーの人権を擁護してきた。なのにこのとき私はまたも自分の性的指向を否定し、取り繕おうとした。最悪だったのはおそらくこれだ。正直に過ちを認めるどころか、うわべをごまかしたにすぎない。

「同性愛者と呼ばれるのには抵抗があります。自分ではそう思わないからです――怒りを感じます」私は『ピープル』誌にそう話した。「子供の相手をするのがとりわけ好きなので……こうなると、子供を持つ親はこう言って私を追い払うでしょう。〝そんな人をうちの子供と関わらせるわけにはいかない〟……一度でも同性との経験があったら、それだけで同性愛者だということになるんでしょうか。一度でも異性と経験したら、それだけで異性愛者ということになりますか。人生はそう単純に割り切れるものではありません」

卑怯な逃げであることはいうまでもない。性的指向に迷い、悩んでいる人に向けて、私はどんなメッセージを発信した？ 〝一時の気の迷い〟にすぎないと？ 他人をゲイやレズビアンと呼んだら、それは悪口だと？ それは本意ではなかった。私は危機に対処しようと精一杯の努力をした。そしてそのときの選択はその後の人生にずっとついて回った。あの一件を思い出すたび、心の傷はたったいま負ったばかりのようにうずく。

どのインタビューでも、ゲイやレズビアンは悪い人間だとか、性欲で他人を食い物にしがちという世間の思い込みが感じ取れた。一番多くの人が見聞きしたバーバラ・ウォルターズのインタビューも例外ではなかった。パットがロサンゼルスの自宅のリビングルームを撮影場所に提供してくれて、ラリーと私は手をつないでソファに座った。バーバラは手厳しくてあからさまな質問を次々にぶつけてきた。

「ビリー・ジーン、いろいろな新聞がこんなことを書いていますね――〝女子ゴルフ、女子テニスの世界に同性愛が蔓延している〟」バーバラは気遣わしげな表情で言った。「若手がベテランから誘惑されることもあるとも聞きました」

「そのような事実はまったくないと思います」私は答えた。

その手の質問にはうんざりだった。いまや大衆紙の記者が女子テニス選手を追い回し、〝蔓延した〟同性愛の証拠を取り沙汰していた。『ニューヨーク・ポスト』紙は、私の「スキャンダルが女子テニス界を揺るがしている」とし、トレーシー・オースティンの母親ジーンなど、娘を守るためにロッカールームに〝シャワー警備員〟まで雇っている親も少なくないと大げさに書いた。ジーンは断固として否定した。クリス・エヴァートも記事を非難した。パム・シュライヴァー、アンドレア・イエガーら若手選手は、マスコミの攻勢のほうが危険だと言った。『ナショナル・エンクワイアラー』紙は、レズビアンの女子選手の情報に五〇〇〇ドル、マリリン宛ての私の手紙に二万五〇〇〇ドルの賞金を懸けた。私は愕然とした。「私が批判される分には文句は言えないし、私を叩きたいならそれもかまわない。でも、お願いだからほかの選手につきまとわないで」『ロサンゼルス・タイムズ』紙の取材に私はそう言った。

全米女子プロゴルフ協会（ＬＰＧＡ）ツアーの人気女子ゴルファー、ナンシー・ロペスは、同性愛者ではないかと疑いの目を向けられることについて「異性愛者の選手はみんな怯えています」と話した。既婚のナンシーも疑いをかけられたのだ。

ほかの選手が私の支えになろうとしてくれたことが救いだった。決然とした態度で私を擁護した一人がクリッシーで、『テニス』誌に〈ビリー・ジーンの味方の一人として〉と題した論説を執筆した。ロージーはしじゅう電話をかけてきて何かできることはないかと訊いてくれた。マルティナは、いま行われていることは〝ゲイ狩り〟だとして声高に批判した。WTAの理事会は一〇対五で私の会長留任を決定した。ジェリー・ダイヤモンドは、テニス界に吹き荒れている嵐を〝性的指向のマッカーシズム〟と切り捨て、女子プロツアーはこれまでどおり続くと宣言した。

グロリア・スタイネムは胸を打つ手紙をくれた。「世の中が誤った考えを抱いたままの時代に生きているせいであなたが苦しんでいる姿、犯罪者のように罰せられている姿を見ていると、胸が張り裂けそうになります。でも、ぜひこう考えてください。今回のトラブルはきっと、世の中のすべての人の理解を加速したはずだと」本当にそうだろうか。マリリンとの情事を公に認めたことをきっかけに、多くの対話が生まれたのは確かだとしても。

同性愛者権利擁護活動家で劇作家のラリー・クレイマーは、LGBTQ＋の人々の何より大きな功績はカミングアウトである、なぜなら同性愛者は共感に足るリアルな人間であることを同性愛者ではない人々に向けて示せるからだとよく語っていた。私もそう思う。あのとき私は文字どおり一夜にして、多くの人が知っているつもりでいた著名人のなかで最初の（おそらく唯一の）レズビアンになった。私に憧れていた人も、名前に聞き覚えがある程度だった人も、ゲイやレズビアンに〝性的倒錯者〟〝精神障害者〟のレッテルを貼るのはおかしいと気づいてくれたかもしれない。隣人のなかに、あるいは先生や友人のなかに、私たちはふつうに存在している。そう、スポーツ界の英雄のなかにも。

私はマスコミにこう話した。「このあと何がどうなろうと、私がこれまで獲得してきたタイトルも、勝利も、私のものであることは変わりません……スポンサー契約は失うことになるかもしれませんが、これからも私は私です。自分を恥じたりはしません。また一からやり直します」

とにかく露出を増やすというメディア戦略には、当初のバッシングをいくらか和らげる効果が確かにあった。ほとんどの記事や番組は私を擁護する内容だった。マリリンの行為がたちの悪い種類のものだったから、そして私が「潔く白状した」からだとしても。ラリーも一〇〇パーセント私を擁護した。バーバラ・ウォルターズから、私が浮気した理由が理解できるかと訊かれたときも、こう答えた。

「もちろんです。責任は私にもあると思っています」

「なぜ？」

「彼女が私を必要としているとき、そばにいなかったからです」ラリーは言った。「自分のやりたいことをやろうとしました。国内一七都市でテニス教室を運営したり、ワールド・チームテニスを創設したり、『ウィメンズ・スポーツ』を創刊したり。身勝手と言われればそのとおりです」

アウティングのあとすぐに離婚を申請しなかったせいで、世間は私たちの関係にますます好奇の視線を向けるようになった。ラリーも同性愛者に違いないという憶測が飛び交った。ラリーはその噂を笑い飛ばした。「伝染病じゃありませんからね。うつったりしませんよ」いま振り返ると、あのとき私たちがした苦しまぎれの発言に、私たちがふだんから二人の関係をどう理解していたか、愛というものをどう考えていたかが端的に表れていたように思う。

「性格の違いも考慮に入れていただきたいですね」ラリーは言った。「みなさんはビリー・ジーンのいろんな一面を見ているはずです。エネルギーの塊みたいで、感情に動かされやすくて、著名人や政府上層部に広い人脈を持っている。人を惹きつける反面、彼女のペースについていくのはたいへんです。自分が中心にいなくては気がすまないところもある。でも、私は彼女とは違います……どんな人間関係にも当てはまりますが、互いの違いを超えて折り合わなくてはなりません。違いに目をつぶれないなら、関係を断ち切るしかないんです……私は並外れて頑固な人間です。献身の度合いが高いんです。ビリー・ジーンとの関係についてもそうです。

それは献身とは違うだろうと言う人もいるかもしれませんが、私はビリー・ジーンを愛しています。彼女を愛する気持ちを失ったことはこれまで一度もありません。ただ、それは所有することとは違います。所有するのではなく、彼女が最高に幸せでいられるよう努力することです。誰かを自分のものにすることを愛と呼ぶ人も多いでしょう。しかし私は、愛とはその人と分かち合うこと、その人を愛することと、その人の幸福を願うことだと思っています。私はビリー・ジーンを愛していますし、この先もずっとその気持ちは変わりません。ビリー・ジーンが注目に値する人物、注目を求める人物だからといって、私以外の相手ではいまより幸せになれないと言いたいわけではありません……達観しすぎているとか、まるで他人事のようだと言われるかもしれませんが、それが私の正直な気持ちです。愛とはかならずしも彼女を所有する、あるいは彼女の時間を所有することではありません」

「ラリーと私は二人でたくさんのことを乗り越えてきました」私は言った。「そういう経験それ自体が二人の人間を結びつけることもあるんです」

第26章 法廷での直接対決

マリリンの提訴から二カ月のあいだに、私は計五〇万ドル分のスポンサー契約とコマーシャル契約を失った。長期で見ると、損失は数百万ドルに上った。医薬品会社E・R・スクイブ&サンズは、私と母が出演していたテラグランMマルチビタミン剤のテレビCMの放映を即座に打ち切った。加えて、スポークスパーソンとしての契約を解除したとわざわざ公表した。ウィンブルドンの服飾ライン、ビリー・ジーン・キング・クロージングの契約交渉も大詰めにさしかかっていたのに、唐突に破棄された。マージャニ・ジーンズとの三〇万ドルの契約、日本の服飾ブランドとの九万ドルの契約も取り消された。レッグウェアメーカーのチャールソン・ホージャリーは、四万五〇〇〇ドル相当の契約を破棄したうえ、CEOは破棄を通知する手紙で私を〝身持ちの悪い女〟と呼んだ。ほかにもヘイトの手紙が山ほど届いた。

一年も過ぎるころには、世界のトップテニス選手のなかでスポーツウェアのスポンサー契約がないのは私一人になった。三九のグランドスラム・タイトルを獲得した選手が、自分で店に出向いて購入した〝吊るし〟のウェアで試合に出場していたのだ。そんなことは子供のころ以来だった。ラケットはずっとヨネックスを使用していたが、私を支持すると言っていたヨネックスは次の期限に契約を更新しなかった。ナイキも私の「率直な態度に感銘を受けた」と支援する姿勢を当初は示したが、契約更新時に大幅な減額を提案してきた。こちらから契約を断った。ナイキの創業者フィル・ナイトとの関係はこじれ、いまだ修復できていない。

ラリーはこのころもまだ、ワールド・チームテニス・リーグを再生する資金を集めようと奮闘していたが、マリリンのスキャンダルが報じられたとたん、およそ一五万ドル分のスポンサー契約を失った。夏の短い期間だけ再開できる資金はどうにか手もとに残った。すべて合わせると、ラリーはトータルで少なくとも四〇〇万ドルの損失を被った。それ以外にも、裁判費用の支払いは残った。

化粧品会社のエイボンは、年間三〇〇万ドルを超える資金を提供する女子プロツアー最大のスポンサーだったが、初めは撤退を否定した。しかし一年後には資金を引き揚げた。

ランディのサンフランシスコ・ジャイアンツの同僚選手が私とマリリンの報道にどう反応するか、とても心配だった。のちにランディから聞いたところでは、報道が出た日の試合後、ランディはチームのバスの座席に背を丸めて座り、誰とも目を合わせないようにしていた。姉について意地の悪いジョークなど言われたら、相手に殴りかかってしまいそうだったからだ。やがてチーム内で一目置かれているベテラン選手ダレル・エヴァンズのほうから張り詰めた沈黙を破った。「気にするなって、モフィット」エヴァンスはそう言ってランディの肩をぽんと叩いた。するとほかの同僚選手も順にやってきて肩を叩き、心配するなと励ましてくれた。

その話を聞いて、涙が出た。

いわゆる有名税にはずっと悩まされていた。私はあらかじめ覚悟していたからいいが、身近な人々はかならずしもそうではなかった。大切な人を守るにはエネルギーがいる。後悔はさまざまあれど、イラナを守るための嘘をついたことを悔やんだことはない。たとえば、私たちはできているらしいという噂が立たないよう、私にできることはすべてやった。『ニューヨーク・タイムズ』紙のスポーツ記者ニール・アムダーに対しては、イラナはテニスのパートナーであり、家族ぐるみのつきあいを続けてきた友人でもあるが、それ以上ではないと断言した。「私とよく一緒にいるからというだけでイラナに妙な疑いがかかるなら、彼女とは会わないようにします」

かわいそうなイラナ。私のそんな発言が取り上げられた記事を南アフリカで読んで、どう思っただろう。いったん南アフリカに逃れていたイラナは一カ月ほどしてアメリカに戻ってきた。私たちはヒルトンヘッドで落ち合い、全仏オープンに向けた練習を始めることにした。感動の再会だった。会えない時間は本当につらかったし、お互いを心から必要としていた。イラナは、離れればなれのあいだ、私がまだ自分と交際を続ける気でいるかどうかわからずに不安だったし、ヨハネスブルグ滞在中に自分もアウティングされたらと、死ぬほど怖かったと言っていた。当時、南アフリカでは同性愛はまだ刑法上の犯罪だったのだ。訴訟のニュースがついに地球の反対側まで届き、両親にそのことを尋ねられたイラナはこう答えた。「私は何も知らない」

私たちは用心を重ねながら関係を再開した――つまり、同性愛者であることを隠して暮らしている人と同じ用心をした。人前では愛情表現と解釈されかねない行為を控える、迂闊《うかつ》なことを口にしない、必要以上に互いを見つめないようにする。とにかく大半の場面で自分を押し隠すしかない。イラナは、人のいる場所で絶対に自分の名前を口にしないでほしいと私に言った。訴訟とその後の報道に二人とも完全に懲りていたから、それから何年も人目をはばかる生活を続けた。

全仏オープンに備えてパリに到着したとき、アウティングされたことで心が疲弊していたせいで、また、イラナと行動をともにしつつ世界中からパリに集結したマスコミを避けようと神経をとがらせていたせいで、ある朝、ホテルの鏡をのぞくと顔中に白いまだらができていた。「イラナ、これ見て」私は悲鳴のような声を上げた。一晩のうちに白斑を発症していたのだ。白斑は皮膚の自己免疫疾患の一つで、ストレスが原因で引き起こされることがある。皮膚のメラニン色素が消失し、その部分が白く抜けてしまう。そのときの私は、まるで幽霊でも見たような顔色をしていた。

引退後のライフプランを綿密に立てたはずが、あのスキャンダルで何もかもだいなしになった。見込んでいた収入の大半を失い、五〇万ドルを超える裁判費用も支払わなくてはならなかった。私はまもなく三八歳で、二五年も競技生活を続けていた。膝の手術は五回も繰り返した。足、鼻、かかとも手術した。またしても引退はおあずけだ。現役を続行するしかなかった。それがいやなら、破産を覚悟するしかない。

アウティング後も歯を食いしばってテニスを続けようとしたが、八一年末までにシングルスで出場した試合は六つだけだった。そのうち五試合で負けた。全仏オープンの数週間後、ふたたびウィンブルドンに戻った。その前に宣言していたとおり、選手としてはもう出場しなかった。NBCテレビは解説者として起用する約束は守ったが、現地に行ってみると、NBCのエグゼクティブ・ディレクター、ドン・オールマイヤーは、局の上層部がマリリンのスキャンダルに縮み上がっていて、私の番組出演を減らし、女子の数試合に限定したがっていると伝えられた。それでもドンは上層部を説得し、私は男子シングルス決勝戦を解説できることになり――ドンは「男子の決勝戦を解説する最初の女性になってもらいたいんだ」と言った――ボルグ対マッケンローの忘れがたい決勝戦で、ディック・エンバーグやバド・コリンズと並んで実況ブースに座った。しかしNBCは、第一セット終了時点で私をブースから追い出した。それでも、ドンが私のために闘ってくれたことに心から感謝している。

そのウィンブルドン大会の期間中に、マルティナからアドバイスを求められた。私がアウティングされたあと、ニューヨークの『デイリー・ニューズ』紙記者スティーヴ・ゴールドスタインの取材を受け、そのとき自分はバイセクシュアルだと打ち明けたが（このころのマルティナの性自認はそれだった）、記事に書かないでくれと頼んだ。アメリカ市民権の申請手続きが最終段階にさしかかっていたからだ。当時は同性愛を認めると、それだけで申請が却下されるおそれがあった。

マルティナの弁護士はさまざまな事情を考慮し、そのころマルティナが住んでいたテキサス州ではなく、よりリベラルなカリフォルニア州で申請した。宣誓下で行われる移民帰化局職員との個人面談で、性的指向に関する質問は確かに受けたという。「バイセクシュアルです」マルティナは職員の質問にそう答えた。

職員は顔色一つ変えずに次の質問に進み、マルティナは胸をなで下ろした。

マルティナが作家のリタ・メイ・ブラウンと交際していたことは公然の秘密だった。半自伝小説『ルビーフルーツ・ジャングル（*Rubyfruit Jungle*）』というベストセラーを持つリタ・メイは、七〇年代に同性愛者の権利擁護運動を率いた活動家でもある。マルティナとリタはヴァージニア州シャーロッツヴィルに共同で家を購入し、公然と同棲していたが、八一年春、マルティナはリタ・メイと別れ、バスケットボールのスター選手でコーチのナンシー・リーバーマンと一緒にトレーニングするようになった。数カ月後のこのとき、マルティナはナンシーに同性愛疑惑がかけられるのではと心配していた。

私はコートが見える窓際の席でマルティナと会った。「あの記者はきっと私をアウティングすると思う」マルティナは言った。「どうしたらいいと思う?」

「恥じるところがないと思うなら、すぐに自分からカミングアウトすべき。そうすれば世間に伝わるメッセージをあなたがコントロールできるから」

「ほんとにそう思う?」

「決めるのはあなた自身だけど」私はその点を強調した。「ただ、経験からいえば、攻撃されてから防御に努めるのは最悪の手だと思うの。どのみち防御しきれない。それならさっさと公表して終わりにしたほうがいい」

マルティナが迷っているあいだの八一年七月三〇日、『デイリー・ニューズ』の第一面にマルティナの写真と、マルティナは自分がバイセクシュアルであるとわかれば女子プロテニスに悪影響が及ぶのではと心配しているという内容の記事が掲載された。その翌日、マルティナは『ダラス・モーニング・ニューズ』紙でバイセクシュアルであることを認めたが、ナンシーは単なる友人であり、「よけいな詮索は必要ない」と主張した。アウティングされた女子テニスのスター選手は、たった三カ月のうちに二人に増えた。

カリフォルニア州内で会場を移しながら行われたワールド・チームテニス・リーグの試合では、よい結果と悪い結果が入り交じった。オークランド近郊で行われた試合ではしつこく野次を飛ばす観客が一人いて、ついに我慢しきれなくなった私はその観客のほうを向いて中指を立て、名前を言いなさいよと迫った。マスコミはこの一件に飛びつき、頭に血が上った私の写真が新聞に載った。その次にLAフォーラムで行われた試合では、場内アナウンスで私が紹介されるなり、三〇〇〇〇人近い観客がスタンディングオベーションで迎えてくれた。いつか何も悩まずにすむ日が本当に来るのかもしれない——私はそんな風に思った。それからまもなく私たちは記者会見を開き、来シーズンにはチーム数が倍に増えることと、私がコミッショナーに就任することを発表した。プロスポーツリーグでは初の女性コミッショナーだ。しかし一部の記者は、この会見でもまたマリリンの裁判について質問した。

いいかげんにうんざりした私は、しばらく姿をくらますことにした。全米オープンには出場しなかった。公の場に出るのが怖かった。じろじろ見られること自体には慣れていたが、このころはどこにいようと責められているように感じた。

これからはこれが日常になるのだと思い始めたころ、『ワールド・アルマナック』の〝アメリカでもっとも影響力を持つ女性〟の候補二五人の一人に私が選ばれたと知らされた。読者投票の結果、ウォーターゲート事件の報道にゴーサインを出した『ワシントン・ポスト』紙発行人のキャサリン・グラハムと同点一位だった。この栄誉には励まされたし、この先もずっと社会ののけ者であり続けるわけではなさそうだという希望がはっきりと見えたできごとでもあった。

迷ったあげく、その数週間後に開催された女子スポーツ財団の年末のガラパーティには出席することにした。理事会では、私の招待を取り消すべきか議論になったらしい。案の定、私が会場に入っていくと、みなが一斉にこちらを振り向いた。私はすっかりおなじみになりつつあった不安にとらわれた——が、全員がグラスやナプキンをテーブルに置き、椅子を押して立ち上がって拍手した。いまでもあのときのことを思い出すたびに胸が詰まってしまう。戦友と呼べる人たちから温かく迎えられたのだから。

一二月、私の不安はふたたび最高レベルまでふくらんだ。マリリンを相手取って起こした訴訟の第一回公判の期日が近づいたからだ。マリリンと私は法廷で顔を合わせ、証言をしなくてはならない。

弁護団は写真撮影の禁止を求めたが、セレブリティが動力源の街ロサンゼルスの判事がカメラマンの入廷を禁じることはまずない。マリリンが提訴したときから、この一件は世間の耳目を集めてきた。テレビでリアリティ番組が流行する前の時代の〝リアリティ・ショー〟だ。いまならテレビで生中継されているだろう。

私たちが起こした不法占有訴訟――要するに〝家屋からの立ち退きを求める訴訟〟――が先に審理され、次にマリリンが起こした慰藉料請求訴訟の審理が開始される。不動産をめぐる争いだから、陪審裁判ではなく、判事一名が判決を下す。

審理は八一年一二月九日に始まった。ロサンゼルス中心部にある裁判所の前にはマスコミと野次馬の小さな海が広がっていて、ラリーと私はやっとのことで人波をかき分けてなかに入った。被告側の席に現れたマリリンは、痩せ衰えて弱々しく見えた。背中と脚に装具を着けていて、歩くときは杖をついていた。私はもちろん、私の大切な人たちを苦しめたのは彼女なのに、どうしても同情の気持ちが湧き上がってしまい、なんとか抑えつけなくてはならなかった。

審理では、ヘンリー・ホームズがラリーの、デニス・ワッサーが私の代理人を務めた。原告側のテーブルに並んで座り、デニスが私たちの主張をありのままに述べた。私は、ラリーと共同で問題の家を購入したと証言した。ラリーが不動産譲渡証明書を提示した。家を売却したいこと、マリリンとのあいだに賃貸契約はなく、また彼女に協力の意思がないこと、こちらは立ち退きを求めていることを話した。また、マリリンは私が彼女のためにその家を購入したと主張しているが、彼女とのあいだで、家を彼女に譲渡するとか、生活の面倒を見るとの合意が口頭で行われたことを裏づける証拠はないと指摘した。ラリーまで訴えられているのは、家が夫婦共有財産になっているからだということも説明した。不動産譲渡証明書にラリーの名前があるため、マリリンは私だけでなくラリーに対しても金銭を要求している。

次にマリリン側の弁護士レーディンが弁論に立った。最初の証人としてマリリンが話しているあいだ、私は自分の前のテーブルを凝視していた。ラリーや弁護団からは、マリリンの訴えは成り立たない、しっかりとした法的根拠があってのことではなく、私への腹いせのため、そして世間の注目を集めるために起こされた訴訟だと何度も聞かされていた。それでも、悪夢のように感じられたことには変わりがなかった。裁判は実際に始まってみなければどう転ぶかわからない。

マリリンは、七三年の私のツアーに同行するため「仕事、アイデンティティ、プライド、自宅」を放棄したと証言した。放棄したのは、私が「生活の面倒は見る」と約束したからだという。また、マリリンの海好きを知った私が「ビーチに面した家を買ってあげよう」と言ったとも証言した。マリブの家は、事実に反して、自分のものだと人に話したことも認めた。

それはなぜですかとレーディンは尋ねた。

「一九七四年ごろは同性カップルは社会に受け入れられていなかったし、当時のビリーの立場を考えて、彼女を守ろうとしたんです」

「つまり、嘘をついたわけですね」

「はい。嘘をつきました」

反対尋問に立ったデニス・ワッサーは、実際に私が言ったのは、「海が好きなら、海に面した家を自分で買ったらどうか」だったことを覚えているかと質問した。マリリンは覚えていないと答えた。また、マリブの家の権利書に自分の名前を入れてほしいと頼んだことはないと証言した。私のために仕事を辞めたという言い分を追及されて、七四年に美容師の仕事を再開したこと、私が何度も新しい顧客を紹介したことを認めた。

デニスは、私からの手紙をすべて保管していた理由を尋ねた。

「思い出としてです」マリリンは言った。

彼女のトラブル続きの過去を知らない人の目に、証言台のマリリンは分別があって控えめな人物と映ったかもしれない。悪意がなく思いやり深いとさえ見えたかもしれない。しかし、私たちの側のメンバーはみな、マリブの家から出て行ってくれるよう初めて頼んだとき以来、私が彼女の裏の顔に怯えていたことを知っていた。彼女が何度も発作的に自分を傷つけてきたことも。

本当のことをいえば、私はマリリンから危害を加えられるのではないかと恐れるようになっていた。周囲にもその懸念を伝えた。ワールド・チームテニスの試合会場かどこかにマリリンがピストルを持って現れ、私を撃つ光景が何度も脳裏をよぎった。それに加え、審理開始を目前にしたタイミングで、『マイアミ・ニューズ』紙がマリリンの家族について書き立てた。私がまったく知らなかったことばかり書かれていた。マリリンの実父メルヴィン・マクレーは根っからの犯罪者で、刑務所を出たり入ったりしていた。母親のキャスリン（ケイ）・マクレーはマリリンと弟のランダルの誕生後にメルヴィンと離婚し、ハリウッド俳優のプレスエージェントだったベヴ・バーネットと再婚した。ベヴは結婚式から数カ月後に急死し、マリリンの母親ケイは六九年に死亡した。ケイの妹アイリーン・ヘンセンは、ケイの死の状況に疑念を抱いた。

フロリダ州在住のヘンセンは、『マイアミ・ニューズ』紙の取材に応えて、ベッドで死体となって発見されたとき、ケイの左のこめかみに長さ七から一〇センチメートルの切り傷があったと話した。葬儀参列のためロサンゼルスに行った折にケイの死亡現場を訪ねると、「壁にも、天井にも、カーペットにも」乾いた血が付着していた。ヘンセンによると、当時二一歳だったマリリンと弟ランダルは、ケイの死の状況について、それぞれまったく違う話をしたという。『マイアミ・ニューズ』の記事には、ロサンゼルス検死局の報告書ではケイの死因はアルコール依存症とされているが、ヘンセンは事件として捜査するよう繰り返し市警に要請したとある。しかし、要請は無視された。

それから一二年後、マリリンの提訴が報じられたあとに『マイアミ・ニューズ』の取材を受けたときもまだ、ヘンセンは不審の念を抱き続けていた。私たちの弁護団にも連絡してきていたから、ヘンリー・ホームズはヘンセンの主張内容を知っていた。ある日ヘンリーは、休廷中に裁判所前でマリリンから話しかけられた。「相手側の弁護士なのは知ってるけど、あなたはいい人だって聞いたから」とマリリンは言った。自分と同じようにヘンリーのクライアントにも有名人が多いことを知っていて、二人はしばらくその話をした。それからまもなく、また別の日の休廷中に、弁護士とともに法廷から出てきたマリリンが、ふいに振り向いて言った。「ヘンリー！　こっち見て！」マリリンが何か金属の物体を手に持っているのを見て、ヘンリーはとっさに床に伏せた。銃だと思ったのだ。しかしよく見ると、マリリンがこちらに向けているのは小型カメラだった。マリリンは言った。「どうしたの？　写真を撮ろうと思っただけなのに」

審理は三日にわたって行われ、ラリー、ジム・ジョーゲンセン、そして私はレーディンに証言台に呼び戻され、マリブの家の現況について多岐にわたる反対尋問を受けた。マリリンの反対尋問では、ヘンリーはラリーを訴訟の当事者に含めた理由を尋ねた。

「あなたはミスター・キングを嫌っていましたね」

「はい」

「ミスター・キングに嫉妬していたのですね」

「はい」

私たちの関係について低俗な話が聞けるのではと期待していた人がいたなら、がっかりしただろう。証言のなかで私たちの性的な関係が話題になることは何度かあったが、ジュリアス・M・タイトル判事は本件に関係なしと裁定した。八一年一二月一一日、審理の三日目に、判事は判決を下した――マリリンは三〇日以内にマリブの家を明け渡すこと。タイトル判事は、ラリーと私にはマリリンに家を渡すつもりがまったくなかったことを認め、マリリンの提訴の動機は「不純である」と断じた。またマリリンは、こちらがしだいにエスカレートする金銭要求に応じなければ、隠して保管しているラブレターを私の「名誉を傷つける」手段に利用しようとしていたと認定した。「恐喝未遂とはいえないまでも、それに類する行為であることは間違いない」

私たちの全面勝訴だった。しかし、うれしいという気持ちは湧かなかった。ただほっとしただけだ。損害や損失はもう取り消せない。それに慰藉料の裁判もこれからだ。ありがたいことに、タイトル判事の判決を踏まえて、もう一つの裁判も私たちに有利に進んだ。八二年一一月一九日、第一審裁判所の別の判事が、マリリンの主張には根拠がないとして訴訟を棄却した。このとき私はオーストラリアで試合に出場していたが、デニス・ワッサーが即座に電話で知らせてくれた。三九歳の誕生日のうれしいプレゼントとなった。また法廷に出なくてすむと思うと、心の底から安堵した。

訴訟が棄却されてから七カ月ほどのち、あれだけのトラブルを生んだマリブの家は、ラリーと私が売却する前に、太平洋岸を襲った激しい暴風雨によって倒壊した。私たちは更地を売却することになった。裁判後、マリリンの消息は途絶えた。ビヴァリーヒルズの友人の家に間借りして暮らしていたと、だいぶのちになってから聞いた。裕福な顧客が生活費の面倒を見ていたという。やがて癌と診断され、俳優のジル・セント・ジョンと夫でやはり俳優のロバート・ワグナーが治療費を肩代わりした。幾度かの手術を経て、マリリンは生きる希望を失ったらしい。九七年にまたも自殺を試み、このときはついに成功した。四九歳だった。遺灰はジルら友人たちの手でマリブの海にまかれた。

第27章 新たなフェーズへ

まさか三八歳や三九歳になって現役で競技を続けることになるなんて、思ってもみなかった。イラナと組んであいかわらずダブルスに出場していたし、ときおりシングルスに復帰したりもした。ボストンでは、一九歳のパム・シュライヴァーに勝利した。一九八二年五月のイタリア国際では、ブラジルのパトリシア・メドラードと対戦し、第三セットではマッチポイントを六度も切り抜けた。観客は完全に私の味方につき、「フォルツァ、グリエロモ、ダイ、ダイ！」と繰り返した。「ダイ」がイタリア語で〝いけ〟という意味だということは知っていた。「グリエロモ」がわからなくて、人に訊くと、〝リトル・ビル〟という意味の、親愛の情をこめた呼び方だと教えられた。最高にうれしくなった。ウィンブルドンの前哨戦となるイギリスのバーミンガムで開催された大会では、シングルスで優勝した。

ふたたび出場したウィンブルドンでは、一九歳のトレーシー・オースティンに第一セットを奪われたあと二セットを連取して勝ち、七年ぶりに準決勝に進んだ。このころ友情を育みつつあったアーサー・アッシュは、のちにこんな話を聞かせてくれた。ロッカールームにいた男子選手がテレビの前に集まって観戦し、すでに全米オープンで二度優勝し世界ランキング一位に輝いたこともあるトレーシーを一九歳年上の私が苦闘の末に下した瞬間、拍手が起きたという。アーサーは一九回もウィンブルドンに出場していたが、あれほど尊敬の念にあふれたロッカールームは三度しか見たことがないと言った。そう聞かせてくれたアーサーの優しさが心にしみた。

八二年のウィンブルドンは、準決勝でクリッシーに敗れて終わったが、翌八三年にも準決勝まで進んだ。三九歳の女子選手がそこまで駒を進めたのは六三年ぶりだった。初めてウィンブルドンに来たころのような、強豪に挑む弱小選手に戻った私に、ウィンブルドンのファンはふたたび声援を送ってくれた。

そういうとき、あるいはふたたびツアーに出たときなど、西部開拓時代の老いぼれガンマンの気分を味わった。若手選手は、あのビリー・ジーン・キングを倒したという誉れを求めて食らいついてくる。ベテラン選手なら誰でもその挑戦を受けて立たなくてはならないし、試合後の記者会見では否定的な質問――引退の予定は？……そろそろ限界ですか？――に答えなくてはならない。私にはお金が必要だった。だから引退時期を問われると、本心にかかわらず楽観的に答えていた。たとえばボストンでパム・シュライヴァーを下したあと、バド・コリンズにこう話した。「その年齢で競技を続けるのは無理だと言われても真に受けないようにしています」それでも、八二年のウィンブルドン大会でクリッシーと準決勝を戦い、三セットまで踏ん張った末に敗れたとき、自分はまだやれると本心から信じなくては勝てないのだと思った。そして、もうその確信を持てなくなっていると気づいた。

八三年が明けても、まだシングルスとダブルスの両方に出場を続けていて、強烈な生存本能と観衆の声援が燃料となって私を支えてくれた。三月のボストンでは、前年度の優勝者キャシー・ジョーダンとの対戦中、そして私が勝利を収めたあと、観客席から大合唱が沸き起こった。「ビ‐リー！　ビ‐リー！　ビ‐リー！」その熱気に圧倒されかけたが、それでも、あれだけの敬意と好意を一身に浴びられるほど長く続けてきたのだと思うと感無量だった。

八三年のウィンブルドン大会開幕時、私はあと五カ月で四〇代に突入しようとしていた。アンドレア・イエガーと当たるまでは調子よく勝ち進んだ。このときアンドレアは、薔薇色の頰をしたシカゴ出身の一八歳の女性に成長していた。全身から自信がみなぎっていて、一五歳で私と組んでダブルスに出場したころからの武器だった両手打ちのバックハンドに磨きがかかっていた。

アンドレアにとってそれが初のセンターコートでの試合だった。そろってコートに出る寸前、通路の最後の角を曲がる手前で、ロイヤルボックスに向かってカーテシーをするタイミングがわからないと打ち明けられた。そこで、立ち止まったら三つ数えて二人同時に膝を曲げるのだと即席のレッスンを授けた。ほかにも、来客に自宅を見せて回るように、スタジアムのあちこちを指さして説明を加えた。しかしいざ試合が始まると、アンドレアのプレーは新参者のそれではなかった。ウィンブルドンのシングルスで、あれほど一方的にやられて――1－6、1－6――負けたのは初めてだった。

試合後にロッカールームに戻るとき、私は失意の底で吐き気さえ催した。ロイヤルボックスの下でまたカーテシーをしなくてはいけない。六一年にカレン・ハンツェと初めてウィンブルドンに来たときと同じように、三つ数えてアンドレアと同時に膝を曲げた。それから肩越しに振り返って――そうしたのはその日が初めてだった――もう一度、すべてを記憶に刻みつけた。何もかもが完璧に左右対称なスタジアム、パウダーブルーの空、緑色のベルベットのカーペットのようになめらかな芝、このセンターコートで新しいチャンピオンが誕生するまで時を刻み続ける円形の美しい時計。ウィンブルドンはいまも心のふるさとであり、あれからも何度も訪れている。ただ、シングルスの選手としては、その日が最後だった。

プロツアーのシングルスで八五〇試合を戦い、把握しきれないほどの距離を旅し、二七年間テニス選手として生きてきた私は、一九八三年一二月、競技生活に終止符を打った。獲得タイトルを積み上げることにこだわって競技を続けたとして、あのあと何勝できたかは誰にもわからないにせよ、当時の女子選手の大半と同じく、女子プロツアーの発展こそが私の最優先事項だった。通算戦績はシングルスとダブルス合わせて三九のグランドスラム。うち二〇はウィンブルドンで獲得した。七一年から七五年にかけ、シングルスで出場したグランドスラム一〇大会のうち七つで優勝し、その七つの優勝のうち六つはストレートで勝利した。グランドスラム決勝戦は12－6で勝ち越し、負けた六試合のうち四つまでが対戦相手は同世代のもう一人のトップ選手マーガレット・コートだった。トータルでは、一二六のシングルス優勝、三六の女子ダブルス優勝、三つのワールド・チームテニス年間優勝を手にした。六六年から七五年の一〇年間で六度、年末の世界ランキングで一位になった。私の墓碑銘にはこの事実も刻んでほしい――夢見たとおりの人生を生きたと。すばらしい人生だった。

しかし〝引退〟という言葉はどうもしっくりこない。それよりも、〝次のフェーズに進んだ〟のだと思いたい。競技をやめた翌日も、ワールド・チームテニスのコミッショナーの仕事は続けた。HBOテレビのウィンブルドン中継では解説も務めた。HBOでの同僚コメンテーターにアーサー・アッシュがいて、彼との友情はそれをきっかけにいっそう深まることになった。

競技をやめたあともう一つ大きな変化があった。成人して以降ずっと先延ばしにしていたことをようやく実行に移したのだ。私がコミッショナーに就任したとき、ワールド・チームテニスの本部はシカゴに置かれていた。ラリー、長年にわたるビジネスパートナーのビル・ショーン、そして私が三人で共同オーナーを務めるシカゴ・ファイヤは、八三年、イラナのコーチのもと、年間タイトルを獲得した。私はニューヨーク市のリンカーン・センター近くにアパートを構えていて、初めのうちは必要に応じてイラナとともにニューヨークとシカゴを行ったり来たりしていたが、三年後には主たる住居をシカゴに移した。ワールド・チームテニスが最大のビジネスになっていたからだ。アメリカに拠点が必要になったとき、イラナはシカゴ市内にアパートを購入し、南アフリカ出身の友人と共同で使っていた。ワールド・チームテニス・リーグの維持は絶えざる闘いだった。私はまたも過食を始め、体重が一気に増えた。日々の業務に加えて、スポンサーを獲得したり、イベントや会議に出席したり、各チームのオーナーの機嫌を取ったりもしなくてはならない。ずっと友好関係を維持してきたあるオーナーは、出場資格の問題でチームが負けたとき、腹を立てて私に電話をかけてきて、三時間にわたって文句を言い続けた。途中で私はベッドに電話を置き、ときどき耳に当て、隙を見つけては「そうね、わかります」というせりふを差しはさんだ。そのオーナーはとにかく胸のつかえを下ろしたかっただけなのだ。

八七年の夏、あいかわらずラリーと離婚せずにいる私にイラナは業を煮やした。ラリーと私は長年別居を続け、生計も完全に別だったし、共同で取り組んでいるビジネスの数もだいぶ減っていた。イラナと私は、ラリーの甥っ子シェーンが八四年から八六年にかけてニューヨーク市内の学校に通っているあいだ、彼の母親代わりを務めた。シェーンはその間、リンカーン・センターそばの私たちのアパートに同居していて、誰にとっても最高に楽しい時間を過ごした。ところがイラナから、いいかげんに決めてほしいと迫られた――自分と一緒にいたいのか、それともこれからもラリーと夫婦を続けるのか。無理もないと思った。イラナにも、〝絶対に添い遂げる〟つもりでいるラリーにも酷だ。

私はついに離婚を申請した。

弁護士ヘンリー・ホームズの事務所で書類に署名したときは胸が痛んだ。ラリーが結婚指輪をしばらくもてあそんだあと、指からはずしてテーブルに置いたことをいまも覚えている。私たちの結婚生活は、私たちの二二年は、その瞬間に終わった。彼との思い出がいくつか脳裏によみがえって悲しくなった。それでも、私にはイラナとの新しい未来があった。私たちの前に初めて道が開けた。行く手を阻むものが何一つない道が。

離婚に当たって、ラリーと私はすべてをきれいに二つに分けた。ハワイの家や資産はラリーに譲った。ラリーがあの家を心底愛していることを知っていたからだ。しばらくはつらい気持ち、もやもやした気持ちが残った。しかしやがて心の整理がついて、私たちはふたたび親友になった。

ラリーはその後、女子テニス協会とバージニア・スリム・ツアーの広報を担当するすてきな女性、ナンシー・ボルジャーと再婚した。三〇年の結婚生活で二人の子供、スカイとケイティを育てた。イラナと私が二人の名づけ親だ。ケイティは動物が大好きで、大学では動物学を学んだ。スカイと私は、ときどき一緒に夜更かしをして、世界の問題をどうすれば解決できるだろうと話し合ったりする――そう、若いころ、スカイのお父さんとあれこれ議論したように。

私が自分の性的指向に迷っていたころ、いまでは当然のように使われる〝出身家族〟や〝選択家族〟という概念はほとんど知られていなかった。イラナ

ランディ、イラナ、私と、ランディの娘やその家族。左から、ジェームズとアリーシャ・ゴス（抱っこされているのは息子デレク）、ミランダと夫のラスティ・ハラー、息子のケイソン（格子柄のシャツ）。私の前に立っている二人は、エヴァン・ハラーとバイロン・ゴス。

と私は恵まれている。ランディは、両親の死後にアリゾナ州からロングビーチに戻り、娘は二人とも結婚した。アリーシャはジェームズ・ゴスと、ミランダはラスティ・ハラーと。アリーシャにはバイロンとデレク、ミランダにはエヴァンとケイソンという子供がいる。イラナの妹マールとその夫リチャード・ブラックマンは、ニューヨークの私たちの家の近所に住んでいて、成人した二人の子供ララとジョシュは、ラリーの子供ケイティとスカイと友情を築いた。私たちは子供や孫の全員を自分の家族として愛している。世界中に散らばって暮らしている家族や友人、南アフリカの家族や親戚とも連絡を絶やさないように心がけている。イラナは子供時代に実家で家政婦をしていたクリスティナ・マモニャク・シーマとも、彼女が二〇二一年に亡くなるまで親しくしていたし、いまもクリスティナの家族と連絡を取り合っている。クリスティナの娘ディプオと孫のネオの私立学校の学費も負担した。イラナと私は、元女子選手の子供たち——イングリッド・ロフダール・ベンツァーの子供たちジェイクとヘレーネ、メリッサ・キアリーと夫の実業家のポール・キアリーの息子キャメロン、オーストラリアの元テニス選手ジャネット・ヤング・ラングフォードの子供たちアンソニーとジェニファー――の名づけ親でもある。

　彼らとこれまですばらしい時間と人生の大きな節目を共有してきた。私たちはカップルであると公に認めたことで、たくさんの愛を与え、与えられてきた。もし認めずにいたら、これほど多くの愛には恵まれなかっただろう。

第28章　スポーツに多様性を

平等をめざす闘いを始めたとき、活動家として生きるとはどういうことか、ほとんど何も知らなかった。実際に活動しながら学び取った洞察は、いまも人生の指針となっている。デモ行進もいい。大きな声を張り上げ、日ごろのフラストレーションを発散し、似た考えを持つ人々と一つになれる。しかし、それだけでは足りない。運動を起こすなら、目的達成につながる具体的なアクションを起こさなくてはならない。こう問わなくてはならないのだ――私たちが本当に求めている変化を実現するには、どうすればいいのか。これまでに達成できた目標には何と何があったか。どうすればもっと多くの人に加わってもらえるか。そういったことをなぜ考えなくてはならないかといえば、成功する運動とはそういうものだからだ。

体の内に炎を燃やし続けなくてはいけない。日々、我欲を戸棚に残して家を出なくてはならない。自己満足のためではないからだ。めざす変化を起こすための、そしてともに闘っているすべての人のためのものだからだ。人にはみな果たすべき役割がある。人は誰でも耳をかたむけてもらいたいと思う。いつもかならず求めているとおりの成果が手に入るとはかぎらない。だから順応し、耳をかたむけ、力を握っている勢力を見きわめ、味方を増やさなくてはならない。力を持っている勢力――つまりあなたが闘っている相手――こそ、あなたの夢を叶えてくれる人である場合が少なくないのだ。

イラナから、よくこんなことを言われる。いちいち根に持たずに割り切れるうらやましい力が私にはあると。「他人と何度でも関係を築き直せるものね」だそうだ。許し、水に流して、前進できるその力に、これまで何度も助けられてきたのだと思う。驚くなかれ、あのジャック・クレイマーとの関係もまさしくそうだった。一九八四年のロサンゼルス・オリンピック開催中に開かれたある晩餐会で、カリフォルニア大学ロサンゼルス校の学長チャールズ・ヤングが、過去のいがみ合いを知らずにジャックと私を隣の席に座らせた。おかげで、記念すべき夜になった。ジャックと私は、過去の言動を互いに謝罪して和解し、あんな対立をせずにすんでいたらよかったのにとうなずき合った。一二歳のときにジャックのプロツアーの大会を観戦に行き、世界のトップ選手を間近で見て、意欲をかき立てられた——私はジャックにそう話した。偉大なチャンピオンというだけでなく、ビジネスマン兼プロモーターでもある彼に敬意を抱いていたことも伝えた。ジャックはこう言った。「あれから孫娘ができてね」続けて聞かせてくれたいくつかのエピソードは、女が変化を求めて懸命に闘う理由をジャックがようやく理解したことを暗に伝えていた。あの夜を境に、ジャックと私はすばらしい関係を築き直した。

アーサー・アッシュとHBOテレビで解説を務めた歳月からも、やはり大きな贈り物を与えられた。八四年大会を皮切りに、一〇年近く並んでウィンブルドンの解説をした。アーサーと長くコンビを組んでいるうち、親しい友人になった。私が女子プロツアー設立に悪戦苦闘する一方で、アーサーをはじめ男子選手がほとんど協力してくれなかったころには、考えられなかったことだ。

アーサーには先天性の心臓病があり、三六歳で心臓発作を起こし、八〇年に現役を引退した。八三年までに二度のバイパス手術を受け、八八年九月、右腕が突然に麻痺し、それをきっかけにHIV感染が判明した。精密検査と生検を兼ねた脳手術の結果、トキソプラズマ脳炎と診断された。原虫の一種トキソプラズマに感染して起きる病気で、HIV患者によく見られる。八五年まで、輸血用血液のスクリーニング検査は行われていなかった。アーサーが手術を受けたのはそれ以前だった。主治医の推測では、二度目の心臓手術の際の輸血を介してHIVに感染したらしい。

アーサーと妻のジーンは、夫妻と当時二歳だった娘のカメラのプライバシーを守るため、HIV陽性の検査結果を公表しないと決めた。HIVとAID

Sはその数年前に大流行を始めていた。感染患者は主として同性愛者、血友病患者、注射薬物使用者だった。ＡＩＤＳの診断はマスコミの過剰反応を引き起こしかねず、当事者は一夜にして社会ののけ者にされる危険があった。たとえば、俳優のロック・ハドソンが同性愛者だったと公表されたのはＡＩＤＳで死去する間際だったし、私も会ったことがある三人――イギリスのバンド〈クイーン〉のフレディ・マーキュリー、服飾デザイナーのホルストン、バレエダンサーのルドルフ・ヌレエフ――がＨＩＶ感染者／ＡＩＤＳ患者だったことは、死亡記事で初めて明かされた。流行から数年が過ぎてようやくＡＩＤＳの謎の一部が解明された。ＮＢＡロサンゼルス・レイカーズのアーヴィン・〝マジック〟・ジョンソンは、九一年、プロスポーツの現役スーパースターとして初めてＨＩＶ陽性を公表し、同性愛者であろうと異性愛者だろうとＨＩＶウイルスのほうは区別しない――どんな形式であれ、無防備なセックスをすればＨＩＶに感染する危険がある――と一般に知られるようになった。

アーサーの陽性判明後まもなく、ＨＢＯスポーツの社長セス・エイブラハムから私を含めた同僚数人にそのことが伝えられたが、私たちは秘密を隠し通そうと誓い合った。私たちが知っていることをアーサー本人に悟られないようにした。アーサーの体調が優れないときはさりげなく気遣った。アーサーは、右腕に力が入らなくてうまく文字が書けないときもあった。体重も減少した。アーサーを守る〝静かで寛容な沈黙の密約〟――とアーサー本人がのちに表現した――が一気に崩壊したのは、『ＵＳＡトゥデイ』紙の記者でヴァージニア州リッチモンド時代からのアーサーの友人でもあったダグ・スミスが恐ろしいニュースを彼に伝えたときだった。『ＵＳＡトゥデイ』がアーサーのＨＩＶ陽性を報じようとしているというのだ。

アーサーはプライバシーを尊重してほしいと懇願した。しかし『ＵＳＡトゥデイ』の確約は得られず、アーサーは翌日にニューヨークで記者会見を開いて自ら公表するしかなくなった。その朝、イラナとニューヨークからシカゴに戻ったところでＨＢＯから私に連絡があって、記者会見に同席して彼を支えてやってくれないかと言われた。しかし、急いでニューヨークに戻っても記者会見には間に合わない。そこで私はアーサーに電話をかけた。アーサーがマイクとマスコミの前に出る直前のタイミングだった。

「アーサー。こんな風にアウティングされるなんて、私も悔しい」私は言った。「プライバシーの侵害は本当に許しがたいと思う」

そのときのアーサーの悲しげな声は、この先もきっと忘れられないだろう。「ああビリー。まったくハゲタカみたいな連中だよ。こんなことはしたくなかったのに。アウティングされるなんて、とても信じられない」私はアーサーの声を聞きながら、ご家族はどれほど悲しんでいるだろうと思った。マリリンにアウティングされたときの心の痛み、丸裸にされたような気持ちがよみがえった。

その年の夏、アーサーはいつもどおりウィンブルドンに来た。私たちは毎朝HBOの放送スタジオに行く前に一緒に朝食をとりながら、いろんな話をした。テニスについて、人種について、黒人スポーツ選手の歴史に関する研究をまとめた三巻から成る『栄光への険しい道のり（*Hard Road to Glory*）』という彼の著書について。アーサーは、ついに釈放されたネルソン・マンデラの招待で、少し前に南アフリカに行ったときのことも話した。

ある日、私は彼に尋ねた。「これまでに経験したなかで、一番むずかしかったのは何？」

「黒人として生きることだね」アーサーは即答した。

娘のカメラは当時五歳か六歳で、何が起きているか理解できる年ごろになっていた。アーサーは、これまで試合をした全部のコートにカメラを連れていって自分の経験を話して聞かせているのだと言った。どれほど非凡なお父さんだったか、カメラが覚えてくれているといいのだが。

死去の数カ月前、アーサーとジーンは九二年の全米オープンで〈AIDSと闘うアーサー・アッシュ財団〉の設立資金集めのイベントを開催した（初回以来、数百万ドルの寄付を集めてきたこのイベントは現在〈アーサー・アッシュ・キッズ・デー〉として毎年開催されている）。アーサーは全米オープン開会中にワシントンDCを訪問し、米国政府によるハイチ難民の扱いに抗議した。急いで回想録を完成させようと執筆にも注力していた。

ふたたび軽い心臓発作を起こしはしたが、アーサーは時間と体力が許すかぎりチャリティイベントやニュース番組に出演し、スポーツ選手、教育、アパルトヘイト、AIDSについて語った。九二年一二月一日の世界エイズデーには国連でスピーチをした。その二カ月後、アーサーはAIDSに伴う肺炎のために死去した。四九歳だった。

　ニューヨークで執り行われた葬儀には、二月の吹雪のなか、五〇〇〇人以上が参列した。名誉なことに、私も弔辞を述べた。あれからもアーサーをたびたび思い出す。ブラック・ライヴズ・マターのデモがアメリカ全土で行われた二〇二〇年の夏もそうだった。アーサーの生まれ故郷リッチモンドでは、モニュメント・アヴェニューにあった南軍の英雄の銅像が次々と撤去され、アーサーと南軍司令官ロバート・E・リー将軍の像だけが残ったと聞いて、正直なところ少し胸がすっとした。その後、ヴァージニア州知事ラルフ・ノーサムがリー将軍の銅像も撤去する方針を示し、反対派が撤去の差し止めを求めて提訴した。

　九六年にアーサーの銅像がモニュメント・アヴェニューに建立されたとき、彼が南軍の英雄たちと並ぶことに反対する声が上がった。ところがどうだ。アーサーは結局、その英雄たちの誰よりも長生きしたわけだ〔原書刊行後の二〇二一年九月、リー将軍像も撤去された〕。

　一九五〇年代、アルシア・ギブソンは人種の壁を打ち破り、アフリカ系アメリカ人として初めてグランドスラムに出場したが、黒人が運営するアメリカ・テニス協会は、一九一六年から人種隔離政策下のアメリカでアフリカ系アメリカ人選手にプレーする場を提供し続けていた。協会はアルシアがテニス選手の道を歩み出すのを後押しし、のちにはアーサーを支援した。

　私はジュニア時代にアルシアの優れた技術とテニスに対する姿勢を目の当たりにして、大いに刺激を受けた。それもあって、テニスをあらゆる人に平等な機会を与えるスポーツにするための活動にラリーとともに初期から関わってきた。一九六〇年代にはテニス・クリニック〈テニス・フォー・エヴリワン〉を低所得層の多い地域で開催し、そのほかにもさまざまなプロジェクトを起ち上げた。グラディス・ヘルドマンもやはり、同じ志を持った人だった。

バージニア・スリム・ツアー設立時、グラディスはアメリカ・テニス協会会長のドクター・クライド・C・フリーマンに協力を求め、七一年にはボニー・ローガンが初のアフリカ系アメリカ人選手としてツアーと契約した。七三年にはアン・コーガーとシルヴィア・フックスも加わり、アルシアに始まった有色人種の女子選手の系譜から、キム・サンズ、レネ・ブラウント、レスリー・アレン、アンドレア・ブキャナン、カトリーナ・アダムズ、ローリー・マクニール、ジーナ・ガリソン、チャンダ・ルービン、そしてもちろんヴィーナスとセリーナのウィリアムズ姉妹らのスター選手が誕生した。

アルシアや、女子プロツアー創設時のオリジナル9と同じく、バージニア・スリム・ツアーに参加したアフリカ系アメリカ人選手もまた、歴史に埋もれたパイオニアだ。ボニーは大学時代に五種目で活躍した稀代のアスリートで、アパルトヘイト下の南アフリカでプレーした最初のアフリカ系アメリカ人の一人でもある。アンはメリーランド州のモーガン州立大学時代、ボニーとともに女子と男子の両方のチームで大会に出場し、全米タイトルを獲得した。シルヴィアはオハイオ州ウィルバーフォースにある、黒人大学として創立されたセントラル州立大学で奨学生として在籍した成績優秀な学生で、のちにスタンフォード大学で修士号を取得した。

七二年一一月にグラディスとドクター・フリーマンはボニー・ローガンとともにニューヨークで記者会見を開き、アメリカ・テニス協会とバージニア・スリム・ツアーの提携を発表した。グラディスは、同じ考えを持った人々と手を結び、旧態依然とした全米ローンテニス協会（USLTA）を揺さぶって改革を促す優れた手腕の持ち主だったが、この提携もその強みが発揮された一例だ。翌日の『ニューヨーク・タイムズ』紙は、この提携により、「ジュニア選手育成において同じ目標を掲げているにもかかわらず、アメリカ・テニス協会とほとんど連携してこなかったために」USLTAは「微妙な立場に置かれた」と書いた。この記事が何をほのめかしているかは明らかだった――黒人コミュニティのためにやれることがあるはずなのに、USLTAはそれを怠っている。

私たちのツアーに参加して以降、ボニーやアン、シルヴィアは順調なキャリアを歩んだと言えたらどんなによかっただろう。残念ながらそうはうまくいかなかった。三人は、すばらしい経験をしたと口をそろえる。たとえばフィラデルフィアの試合では、アメリカ・テニス協会の大勢のメンバーが観戦に訪れ、黒人女子選手を温かく歓迎した。アンによれば、ヒューストンの試合会場で働く黒人スタッフが「黒人の女子プロテニス選手を見たことがなかったから」コートをのぞきに来て、「みな私たちを誇りに思ってくれました」。一方で、フロリダ州ボカラトンの大会では、アン、ボニー、シルヴィアはテニスウェアを着ていたのに、従業員通用口に回らせようとした会場スタッフがいた。「私たちは出場選手です――ここの従業員ではありません！」三人は抗議した。マイアミのジョッキー・クラブでは、グランドスタンドの最上階の旗竿という旗竿で南部連合旗がはためいていた。アンはある晩、旗の一つをこっそり下ろした。次にツアー運営委員長ピーチー・ケルマイヤーに会ったとき、残りの南部連合旗を指さして、「南部連合は負けました。あの旗は、私たちだけではなく全アメリカ人に対する侮辱です」と言った。彼女たちの言わんとすることは、会場側にも伝わった。アンは、「翌日には南部連合旗は全部なくなっていました」と語った。

大会中の滞在先という問題もあった。そのころはまだ、節約のためにホストファミリー宅に宿泊する選手が大半だったが、ボニー、アン、シルヴィアは、大会の出場登録デスクに自分たちが行ったとたん、空き部屋が一瞬にして消えたと冷ややかに指摘する。ありとあらゆる言い訳を聞かされた――子供の急病、家族や親戚の不幸。マイアミのジョッキー・クラブで、紹介できる宿泊先はないと言われた直後のシルヴィアと偶然出くわしたことがある。「ここでちょっと待ってて」私はシルヴィアに言った。大会の出場登録デスクに行き、できるだけ穏やかに、ただし単刀直入にこう言った。「何かの間違いだと思うんですけど。ここにいる私の友人から聞きました。彼女たちに紹介できる部屋はないそうですね。もしそれが本当なら、私は出場を辞退します。ほかの選手も同じだと思いますよ。わかりますね。彼女たちに宿泊先を紹介していただけますか」

主催者側は、アンとボニーとシルヴィアに、ホリデイ・イン・ホテルの部屋を見つけた。

パイオニアとして苦労した日々を振り返って、シルヴィアはこう言う。「私たちはみんな、世界をいまよりよいところにしたいと思っていました。でも世界のほうは、かならずしも同意見ではありませんでした」

アーサーの死は、イラナと私に深い衝撃を与えた。AIDSとの闘いにもっと関わりたいと思った。葬儀の数週間後、イラナと私は、エルトン・ジョンがロサンゼルスで開催した、アカデミー賞授賞式鑑賞パーティと彼が設立したエイズ財団のチャリティイベントを兼ねた催しに出席した。エルトンが財団を創設するきっかけは、インディアナ州の少年ライアン・ホワイトだった。ライアンはAIDS診断後にひどいいじめと嫌がらせに遭い、一家でふるさとのココモを離れざるをえなくなった。ホワイト家の窓に銃弾が撃ちこまれるなどして、忍耐の限界を超えたからだ。

エルトンは、自分はドラッグ依存症だったにもかかわらず幸運にも感染を免れる一方で、血友病治療のため汚染血液製剤を介して感染したライアンがAIDSで余命を宣告されるという対比に激しく心を揺さぶられた。ライアンと親交を結び、ホワイト一家の引っ越し費用を負担し、ライアンが一八歳で亡くなったときもベッドに付き添った。

エルトンとは、音楽とスポーツを融合した活動が何かできないかとよく話していた。名案を思いついたのはイラナだった。九三年九月にバトル・オブ・ザ・セクシーズからちょうど二〇年を迎える。それをエルトン・ジョン・エイズ財団主催のチャリティイベントに利用してはどうか。こうしていまも毎年開催されている〈スマッシュ・ヒッツ〉オールスターが始動した。このイベントは現在までに数百万ドルの寄付を集めている。

初回のイベントの目玉は、ビヴァリー・ウィルシャー・ホテルで開催されたエルトンのディナーショーだった。LAフォーラムで翌日行われたワールド・チームテニスの試合には、ジミー・コナーズ、ビタス・ゲルレイティス、マルティナ・ナヴラチロワが参加した。しかし会場が一番ざわついたのは、ピンク色のセーター姿のボビー・リッグズが登場したときだった。リターンマッチの噂は何度も浮上しては消えていたが、この日、ついにそれが実現した。といっても、一五分間の混合ダブルスだったが。ボビーとの再会はうれしかった。ボビーはある意味ちっとも変わっていなかった。試合後の取材に応えて、もしフルセットで戦っていたら、マルティナと自分がエルトンと私に勝っていたはずだと言った。「フルセットなら、俺たちの勝利に一〇〇〇ドル賭けたのにな！」そう豪語した。七五歳の高齢ではあったが、いくつかすばらしいショットを決めたのは事実だ。

あれからボビーと私は、バトル・オブ・ザ・セクシーズの意義を何度も議論した。私はいつもこう言った。「あの試合は社会を変えたのよ、ボビー。お金や世間の注目なんてどうだっていいの。わからない？　あなたと私は歴史に残るようなことをしたのよ」

ボビーが九五年に癌のため七七歳で亡くなる前日か前々日、私は彼の様子を確かめようと電話をかけた。生涯を通じてボビーの親しい友人だったローニー・キュールから、ボビーの体調が衰えていると連絡をもらっていた。ボビーの声は弱々しかった。電話を切る前、ボビーは最後にこう言った。「俺たちは世界を変えたんだよな」

私は言った。「愛してるわ、ボビー」彼も言った。「愛してるよ」

エルトン・ジョン・エイズ財団の初回チャリティイベントから一カ月後、私は五〇回目の誕生日を迎えた。チャールズ・シュルツが招待状のイラストを描いてくれたのはうれしい驚きだった。私の両親と弟ランディ、弟の妻パムがニューヨークに来て、私のためにサプライズ・パーティを開いてくれた。このころには両親はロングビーチからアリゾナ州プレスコット郊外の森に建てた家に引っ越し、夢に描いたとおりの暮らしを実現していた。丘を下ってすぐのところにパイン・コーン・インがあり、毎週金曜日に出かけてはスウィング・ミュージックに合わせてダンスができる。母はヤヴァパイ・カレッジの芸術講座に通い、日中は絵を描いて過ごしていた。父は七七年にロングビーチ消防局を退職したのち、しばらくはメジャーリーグのミルウォーキー・ブルワーズの臨時スカウトとして働いていた。

両親には時間が許すかぎり会うようにしていたが、それでも足りなかった。いつもは私一人で会いに行った。イラナとカップルであることをまだ認めていなかったから、一緒に行くとイラナが気まずい思いをするからだ。たまに二人で行ったときは、別々の部屋で眠った。母は、私がある日異性愛者になるという希望をこのころもまだ捨てていなかった。ときおりこう尋ねてきた。「新しいボーイフレンドはできたの、シス？」このままではいけないと思った。五〇歳にもなるというのに、父を怒らせたり、母をがっかりさせたりしたくない一心で、きちんと話し合えずにいる。物心ついたときから、私は〝よい子〟であろうとしてきた。しかし、つねに〝よい子〟であろうとして、自分の人生をみじめにしているのだと気づくときが来た。

第29章　摂食障害治療センター

私は車を降りて石敷きの私道の入口で立ち止まり、足もとのコンクリートの歩道との境目を見つめた。この境界線を踏み越えた先は、フィラデルフィアのレンフルー摂食障害治療センターだ。

それが何を象徴しているかはごまかしようがなかった。車で送ってくれたイラナはさよならのキスをして去り、私は一人きりでそこに立ってこう考えていた——なかへ入ったら最後、もう後戻りはできない。この一九九五年初めまでに、私はありとあらゆる実績を上げ、〝初〟の何かを達成してきた。国際テニス殿堂入りも果たした。一度ならず二度も人生の大変革を乗り越えてきた——一度目はアスリート兼活動家として、二度目はマリリンにアウティングされたとき。それでも、もう一つだけ克服しなくてはならない闘いが残っていた。これに負けたらあとがない。

その少し前に五一歳になっていた。体重は少なくとも二〇キログラムは超過し、情緒は不安定で、身体的にも精神的にもどん底にあった。イラナと私はまだ、ごく一部の人にしかカミングアウトしていなかった。競技を引退してからはトレーニングの習慣がなくなり、体重はときに九〇キログラムにもなった。感情が平板になり、何にも関心を持てなかった。まったく私らしくない。どんなに努力しても自分では過食を止められなかった。気分が沈み、自分が自分でないようで、愛する人ともつながりを感じられなかった。日々の暮らしさえ億劫《おっくう》だった。

チョコレート・バーを一〇本も立て続けに食べたり、一クォート入り〔およそ〇・九五リットル〕のアイスクリームを一箱平らげてしまったりする日もあった。それでも満足感は続かない。ポテトチップスやスニッカーズを食べたいだけ食べたあと、極端なダイエットをして体重を減らすということを繰り返した。粉末をブレンダーで混ぜただけの飲み物しか口にせず、二〇キログラム以上減量したりもした。その直後にまた過食を始め、体重は風船のようにふくらんだ。こんな人生になるはずじゃなかった、もっといろいろなことに挑戦したかったのにと自分を責めて苦しんだ。円形のバリアに囲まれている自分を思い描いたりした。どの方角に歩き出しても、壁に突き当たって進めない。どこにも行けない、そこから出られない。魂を閉じこめられたようだった。その闘いは私の内側で続いていた。これは本当の私ではない気がした。

担当のセラピストは、私が自暴自棄になりかけていると判断し、ここまで来たら入院治療しかないかもしれないと言った。私は知り合いの臨床心理学者二人――ケイ・ラヴランドとジュリー・アンソニー――に相談し、よい治療センターがあれば教えてほしいと頼んだ。別々に相談したのに、二人ともレンフルーを勧めてきた。二人のアドバイスに従ったおかげでいまも生きているのだと思う。

何もかもをいったん止めて、推奨される五週間の入院治療を受けるのも悪くないと思った。いや、それどころか、ぜひそうしたいと思った。ワーカホリック気味の自分をたまには休ませ、健康を取り戻すことを優先すべきだとわかっていた。イラナも、心配しなくていい、あなたがいないあいだのことは自分が引き受けるからと言ってくれた。入院の前夜、ニューヨークからフィラデルフィアに行き、リッテンハウス・スクウェアに面したホテルにチェックインした。夕食のあいだ、これを最後にしばらく一緒に食事ができないのだと思った。翌朝、ほとんど言葉を交わさないまま、イラナの運転でチェスナットヒルの緑豊かな通りを走った。まだアマチュアだった五〇年代から六〇年代に何度もホームステイしたなつかしい界隈だ。大好きなバセッツ・アイスクリームを暴食するようになった場所でもある。一周してスタート地点に戻った気分だった。

チェスナットヒルから数キロメートル行ったところにレンフルー摂食障害治療センターはある。周囲には馬の飼育場があり、石造りの古い豪邸が建ち並んでいる。私がチェックインした住居棟は、コロニアル様式の建物のうちの一つで、周囲には牧草地と森が広がっている。不安と期待が入り交じった気持ちだったが、これからの治療に立ち向かう覚悟もできていた。イラナは昔から精神療法に懐疑的だったが、あなたを支えるためなら何だっていとわない、カップルセラピーを含め、できることは何でもすると言ってくれていた。

レンフルーはくつろいだ雰囲気の居心地がよい場所だが、リゾートに長期滞在するのとはまったく違う。宿泊者《レジデント》――と患者は呼ばれている――は、快適だが質素な二人部屋で寝泊まりする。シーツはポリエステル混紡だった。一人きりになると嘔吐を試みるレジデントもいることを考えての美意識と実用の妥協だ。大半のレジデントにはルームメートがいたが、私の担当チームは、私には一人きりでじっくり考える時間が必要だろうと判断し、部屋を一人で使えることになった。しかし就寝中は別として、治療中の三五日間、本当に一人きりになる時間はほとんどなかった。個別のセラピーを除き、各種グループミーティングが朝八時から午後一〇時の消灯まで休みなく続く。欠かさず日記を書くよう勧められた。一日に三度、共用の食堂で食事が出る。おやつやデザートもあった。

ここは体重を減らすための場所ではないと言われて、最初は困惑した。レンフルーの理念は、外の世界に存在する誘惑や選択肢が取り払われた、虚構の空間を作ることではない。目的は、摂食障害の陰に隠れた心の動きの癖を理解し、コントロールして、食物との関係を正常に戻すことだ。砂糖やカフェインも禁止ではないし、喫煙も屋外では許された。それぞれのニーズに合わせ、個別の食事プランが用意される。レジデントに求められるのは、食べる行為に注意を払うこと。現代風にいえば〝マインドフルネス〟といったところか。

当時、ほかの病院は、症状の根底にひそむ心の問題や葛藤を探すことなく摂食障害を治療していた。レンフルーは違った。医療、栄養、社会、心理の観点を踏まえた全人的治療をしていた。私の過去の人間関係を掘り下げて、摂食障害の原因と治療法を探した。

チェックインと同時に、私はレジデントのチームの一つに割り振られた。チームごとに専任のセラピストが何人かつく。私の担当セラピストはリンというとても有能な女性で、いまでも連絡を取り合っている。レンフルー入院中は週に三回のセッションがあった。リンのセッションとグループセラピーを通じて、それまで自分が摂食障害についていかに無知だったかを思い知った。

アメリカ摂食障害協会（NEDA）のウェブサイトによれば、摂食障害は「年齢、性別、ジェンダー、人種、民族、社会経済的地位を問わず」誰でもかかりうる病気だ。どんな人のリスクが高いか、一概にはいえないが、思春期にかかる患者が多く、また女性が多数を占める。私のように、中年期まで病気を隠し続ける患者もいる。レンフルーの患者の年齢は、一〇代から中高年までさまざまだ。私が治療を受けた当時は、レジデントのほとんどが高校生か大学生だった。

摂食障害の細かな分類のうち代表的なのは神経性やせ症、神経性過食症、過食性障害の三つだ。診断基準は明確に切り分けられないが、NEDAの記述を借りれば、神経性やせ症は「体重の減少（成長期の子供であれば適正に体重増加しない）、身長や年齢、体格に応じた適正な体重を維持できない、歪んだ身体イメージを持つ場合が多い」。

神経性過食症の定義は「短時間のうちに過食し、意図して嘔吐するなど食べ過ぎを埋め合わせる代償行動を伴う」。

過食性障害——私はこれに当てはまる——は、現在のアメリカでもっとも診断数の多い摂食障害だが、私が治療を受けた時点で最新版だった『精神疾患の診断・統計マニュアル』（第四版）には掲載されていなかった。先に挙げた二種類にぴったり当てはまらない患者は、〝そのほかの摂食障害〟にまとめて押しこまれていた。私の当初の診断もそうだった。

その後に更新された第五版では、過食性障害はこう定義されている。「大量の食物を（しばしば短時間のうちに、本人も食べ過ぎを自覚するほどに）摂取することを何度も繰り返す。過食の最中に自制を失っていることを自覚している。過食後に恥、苦痛、自責の念を抱く。過食を埋め合わせるための不健康な代償行動（嘔吐など）をかならず伴うわけではない」

エルトン・ジョンは七〇年代から八〇年代にかけ

て、神経性過食症をはじめ、ドラッグ、アルコール、セックスへの依存症について包み隠さず語ってい た。私はそのことを知らなかった。そうなのかなと思っていただけだった。ドラッグを使っているのかとあけすけに尋ねたあと――「使っているわけないだろう！」とエルトンは真っ赤になって言い返した――五年ほど絶交された。九一年に彼がシカゴの治療センターに入院したとき、唐突に連絡があった。治療センターから電話をかけてきて、イラナと面会に来てくれないかと言われた。私はそれまで何度もエルトンに言っていた――人生でどんなつらいことがあっても、私はあなたを無条件に愛していると。だから翌朝さっそくイラナと駆けつけた。

私も過食してしまう。ただ、エルトンとは違って、わざと吐いたりはしない。NEDAのウェブサイトに要約が掲載されている研究によれば、スポーツ選手は摂食障害になりやすい。つねに体重を気にしているからだ。自分の体をコントロールしたいという欲求が強迫観念に変わることがある。私は生来の完璧主義者だ。それも危険因子の一つになる。体操のオリンピック選手キャシー・リグビーやナディア・コマネチも、飢餓状態で死にかけた経験がある。テニスの偉大な若手スター選手モニカ・セレシュは、九三年にシュテフィ・グラフの熱狂的なファンに刃物で刺されて重傷を負い、その後まもなくお父さんを癌で失ったあと、過食性障害に苦しんでいたと、私はそれからまもなく知った。

一〇代でプロに転向したイラナも、食べるものとの関係に何度も苦しめられた。初めてヨーロッパとイギリスに遠征したとき一〇キログラム以上も体重が増え、七二年にはダイエットを繰り返して体重が大きく増減した。試合に勝てばうれしくて食べ、負ければ悔しくて食べたそうだ。克服のきっかけは、八一年に出場したニューヨーク・シティ・マラソンに備えたトレーニングだった。イラナは、ランニングで人生が変わったという。ひたすら自分と向き合うことを通じて自信を与えられたからだ。その自信は、テニスの対戦相手の機嫌が悪いなど自分にはどうにもできない要因で揺らぐことはなかった。

リンと一対一で話し、グループセラピーでほかのレジデントの話に耳をかたむけるうち、摂食障害とは食べ物との不健全な関係であり、そして不健全な関係の原因は、レンフルー摂食障害治療センターの用語を借りるなら「自己との機能不全の関係」にあるのだと理解した。私にとって摂食障害とは、アルコール依存症に似て、日々の闘いだ。頭のなかで二種類の声が聞こえ始めたら、それが危険のサインだ。朝目が覚めたときアイスクリームを一箱食べたいと思ったら、その日は一日それが頭から離れなくなる。一方の声はしごく分別くさい調子で、たとえばこう言う――やめなさい。自分のために、適切な食事と運動を心がけなくちゃ。もう一方はこう言う――大丈夫、大丈夫。だって食べたいし。その言い争いが朝から晩まで続いたりして、疲れきってしまう。注意を払わなくてはならないのは、実際には食べ物や空腹の問題ではないということだ。問題は心にある。

リンとのセッションで出た重要な質問の一つは「太ると何かメリットがありますか」だった。そんなことは考えたためしがなかった。「安心感」と私は答えた。「慰め。よけいなことを訊かれずにすむ。とくにセクシュアリティに関して」

詳しく話してくださいと言われたとたん、何年も抑えつけていた感情が一気にあふれだした。泣いて、ティッシュを何枚もぼろぼろにした。決して泣き虫ではないのに。けれど、たびたび悩まされた腹痛の原因は心の底にためこんだ感情だったのだと気づいた。もう一つわかったのは、私には見たくないものから目をそらす癖があることだ。思い出したくないこと、不安をかき立てるようなことが話題になると、つい別の何かに気をそらそうとしてしまう。たとえばレンフルーでの治療中でさえ、自分の〝食物依存症〟に正面から向き合うより、摂食障害の科学を勉強するほうがずっと気楽だった（ニコチンやコカインに反応するのと同じニューロン群を、砂糖が活性化することを示す脳スキャン画像にいつまでも見入ったりした）。レンフルーは苦しんでいる人だらけだ。私はとっさに彼女たちに手を差し伸べ、一緒に問題を解決してあげようとする。それもまた物心ついて以来、繰り返していたことだった。しかしレンフルーのスタッフは、私がそういうふるまいをしているのに気づくと制止し、まずは自分の問題を解決しましょうと諭した。

レンフルーではさまざまな形式のセラピーを採用している。話し合い療法《トークセラピー》、芸術療法、運動療法、心理劇《サイコドラマ》（レジデントとスタッフが子供時代のできごとを実演し、過去のトラウマを再体験して解決する）。視覚化《ヴィジュアライゼーション》も何度も行った。私はそれに没頭し、それを通じて浮かび上がってきたものに、そして思い出せないものに、驚いた。胸が苦しくなった。あるエクササイズでは、自分が安心できる場所をイメージしてみましょうと促された。
一つとして思い描けなかった。

自分は安全でないという感覚はどこから来たのか。子供時代まで記憶をさかのぼってみると、いつ何がきっかけで怒り出すかわからない父、言いたいことをのみこんで我慢しがちな母の存在に行き当たった。その父母との関係が私の人格形成に大きな影響を及ぼした。私はつねに警戒を怠らなかった。いつでもすぐに態度を変えられるよう身がまえ、周囲を喜ばせようとしていた。その結果、いつも不安で落ち着かず、過剰に用心深くなった。次に、自分の人格に細かな仕切りを設けて互いに干渉しないようにした。さらに、自分のセクシュアリティを隠さなくてはいけなくなった。本当の自分をいつ暴かれるかとつねにびくびくしていた。

四〇代になって、生まれて初めて命に関わりかねない健康上の問題が見つかった。ある日、鼓動がやけに速いことに気づいた。左側を下にして横になると、心臓が胸のなかを跳ね回っているような感覚になった。怖くなり、我ながら賢明にも即座に病院で診察を受けた。心房細動との診断が下った。心臓病専門の主治医の説明によれば、心房の収縮・拡張のリズムが心室のそれと食い違い、不整脈を起こす。治療せずに放置すると、脳梗塞や心不全を起こす危険性が増してしまう。私の場合は、幸いにも薬でほぼコントロールできる。それでも何度か入院し、鎮静剤を投与したうえで除細動器を使用して、痙攣を起こしかけた心臓を正常なリズムに戻してもらわなくてはならなかった。これまでに二度、アブレーション治療を受けた。

私は食べること、否定することで処理しきれない感情、心の痛みを伴う感情を麻痺させようとしてきた。アウティングされたあと、フランク・デフォードとの共著で自叙伝を大急ぎで刊行したとき、私は初め『はみ出し者（*Misfit*）』というタイトルを考えていた。つねに隠し事をしているせいで世界と壁で隔てられていて、いつもその外側から世界をのぞきこんでいるように感じていたからだ。それから一〇年が過ぎた一九九〇年、『ライフ』誌の〈二〇世紀のもっとも偉大なアメリカ人一〇〇人〉に、エレノア・ルーズヴェルトやマーティン・ルーサー・キング牧師、アルベルト・アインシュタイン、ボブ・ディラン、ジャッキー・ロビンソン、モハメド・アリと並んで選ばれたときもまだ、私はその感覚と闘っていた。選ばれたこと自体はたいへん光栄だ。それでもこう自問し続けていた――世の中は私を偉大な人間だと考えているのに、なぜ私はこんなにみじめなのだろう。何がいけないのか。

レンフルーで、その疎外感も摂食障害の症状の一つなのだと教えられた。グループセラピーや家族の参加が重要とされる理由はそれだ。イラナは約束どおり、セラピーへの嫌悪感を捨て、当初からこう言ってくれていた――「これを乗り越えるために私にできることがあれば何だってする」両親の協力を取りつけるのはそう簡単ではなかった。家族セラピーのためにフィラデルフィアまで来てくれるよう説得するのは難題だった。そもそも私にセラピーが必要な理由を理解できなかった。私のセクシュアリティについて、あるいは私は摂食障害かもしれないということについて話し合うのに尻込みした。二人ともほぼ完全な否認の状態にあった。その様子を見て、私は思った――ついこの前までの私とまったく同じだ。

まずは電話会議方式で二度、家族セラピーに参加してもらった。お願いだからレンフルーまで来てと懇願を繰り返して――私は説得を拒み続ける両親に怒りを覚え始めたが――ある週末、やっと来てくれた。本当は来たくなかったのにという風だった。しかし、私の回復にはどうしても必要なプロセスだった。

ついに面と向かってカミングアウトするときが来た。これまで真実を隠していたせいで、とりわけ世界中で一番愛している相手に本当のことを話せなかったせいで、どれだけ苦しんできたかを正直に話さなくてはならない。それまで私は用心に用心を重ねてきた。真実から目をそらし、感情を麻痺させてきた。自分のセクシュアリティを打ち明けるのは、人生最大のチャレンジ、何よりも長く避けてきた課題だった。

両親は金曜の夜にレンフルーに到着した。金曜の夜には、レジデントや元レジデント、その家族が自由に参加できるグループミーティングが開かれる。全員の自己紹介が終わり、摂食障害によって健康や人間関係をそこねた経験を思い思いに話し合った。隣に座った父の体がこわばっているのがわかった。途中でこちらに体をかたむけ、私の耳もとでささやいた。「なあシス、おまえはこの子たちとは違うだろう」

私は言った。「同じなのよ。私はこの子たちとまったく同じなの」

父には伝わった。それ以降は一〇〇パーセント協力してくれた――胸がつぶれるような家族セラピーを受けたあとでも。しかし母は困惑するばかりだった。すべての責任を自分が引き受けようとして、何度もこう言った。「私はどこで間違ってしまったの?」

「お母さんは何も間違ってなんかいない。昔もいまも最高の母親よ」私は母に言った。

土曜の午後の苦しいセッションのあと、廊下を私と並んで歩きながら、父はこう言った。「母さんに少し時間をやってくれ。きっとわかってくれる。ちょっと時間が必要なだけさ」私は心の底からほっとした。私たち全員に大きな変化が起きようとしている兆しだった。

個別のセラピーで、それまで誰からもされたことのない重要な指摘をリンからされて、私は言葉を失った。「あなたはすべての力をご両親に引き渡してしまっていますね。自分で気づいていましたか。ご両親の気持ちばかり優先していることを自分ではどう思いますか。いつ自分の力を取り戻すつもりですか」

リンの言うとおりだ。これこそが転換点だと直感した。何を変えなくてはならないか、ようやくわかった。

そう、いまならわかる。私はアウティングのあともなお自分の本当の性的指向を隠すことによって、両親だけでなく、周囲の全員の都合に合わせていたのだ。私は地中深くに埋《うず》められた。その影響を取り除くのに何十年もかかったし、それは私の人生におけるパラドックスの一つを生み出した。テニスの世界では、矢面に立って賞賛されるなかの一人だった。場面によって大きさは変わるとはいえ、巨大な責任と非難を背負ってきた。背負いこむものの重さが変わる理由がなりゆきであろうと意図した選択の結果であろうと、それは関係なかった。登るべき山があり、挽回すべき挫折があり、表に出せない秘密があった。ボビーと対戦したあの日もそうだったが、誰も自分を止められないと思う日もあった。私たち女子選手が起こした変化のスピードはあまりにも速すぎて、七〇年代といえば何を覚えていますかと訊かれると、いまでも私はこう答える。「いつも疲れていたこと」

それでも、敵に勇敢に向かっていく私の姿を見て〝闘士〟と呼んだりした人々は、私が言行一致や正直さを求めてひそかに葛藤しているとはほとんど気づいていなかった。私は二〇代からレズビアンの関係を持っていたのに、母と父の目を見て「私は同性愛者です」とようやく言えるようになったのは五一歳になってからだった。ラリーとの離婚を先延ばしにするのをやめ、望むとおりの人生を歩もうとようやく思い切れたのは、何があろうとあなたのそばにいるとイラナが言ってくれたからだった。離婚を避けようとしたのは、感謝からか。愛情、義務感、後ろめたさ、自衛本能からか。それとも、それ以上に傷つくのが怖かったからか。そのすべてだ。レンフルーの治療を通じてようやく理解できた。私の摂食障害は、数えきれないほどの原因から生じた症状だった。社会的条件付けとは、それほどに強力なものなのだ。

けれど、強さなら、愛だって負けていない。

第30章 〝クローゼット〟の外へ

人生で経験することはすべて、自己発見のプロセスだと思う。テニスはその学びを加速する。あらゆる感覚を巻きこむからだ。シングルスの選手は、たった一人でコートに立つ。必要なものをすべて動員して自分を駆り立てなくてはゴールにたどりつけない——エネルギー、自己認識、決意、野心。あらゆる要素を読み取る感受性は必要だが、不安や蓄積する疲労を無視し、リスクを計算し、そのうえでときに一か八かの賭けに出るためには、ある種の頑固さもなくてはならない。プレッシャー下でもナノ秒の速さで決断しなくてはならない。そうしていると、自分はどんな人間か、短期間でわかる。

そうやって見えてきた自分が好きになることもあれば、うんざりすることもあった。いずれにせよ、私が学んだもっとも大切なことは、もう一歩も進めない、あと一分だって続けられないとあきらめかけたとき、自分の体に、魂に、まだ余力があったことに気づくということだ。ギアを切り替えて——ギアの数は無限だ——難局を乗り切るパワーを発揮する。そんなところに手が届くとは思っていなかったところに到達して、そこから新たな未来が開ける。レンフルー退院後の私がまさにそうだった。

イラナと私は、それまでよりオープンな人生を歩み始めた。カップルであることを親しい友人や知人に隠すのをやめ、交友関係を広げていった。私の父母はイラナと私がパートナーであることをついに受け入れ、私も帰省するときはかならずイラナを伴った（私たちがコストコに買い物に連れ出すと二人は大喜びし、ホットドッグとコカ・コーラのお昼を食べながら四人でおしゃべりをした）。実家に電話をかけると、母は切る前にかならずこう言うようになった。「イラナに愛してるって伝えてちょうだいね」

それだけのことが、どれほどうれしかったか。

インタビューで性的指向を尋ねられれば、正直に答えるようにもなった。初めのうちはイラナをパートナーと呼ばないようにしていた。二〇〇一年にイラナはワールド・チームテニスのCEO兼コミッショナーに就任していて、同性のカップルであると公表すると、スポンサーが離れていくのではないかと不安だったからだ。イラナが初めてテレビカメラの前で私との関係を語ったのは、二〇〇六年の春、HBOテレビがマーガレット・グロッシをプロデューサーに、メアリー・カリーロを脚本家兼インタビュアーに、ヘレン・ラッセルを共同プロデューサーに迎えて『ビリー・ジーン・キング――パイオニアの肖像』というドキュメンタリーを製作したときだった。私たちはついにクローゼットから完全に外に出たのだ。

同じ年の夏、さらに開けた場所へと足を踏み出すきっかけがあった。全米テニス協会（USTA）会長のフランクリン・ジョンソンから、全米オープン会場のフラッシングメドウズの全体名称を〝ビリー・ジーン・キング・ナショナル・テニスセンター〟とすることを理事会が満場一致で決めたと知らされたときだ。とっさに頭に浮かんだのは――USTAがただ女性にちなんだ名を採用するだけじゃなく、よりによって開かれたテニスと公平性を求めてUSTAに反旗を翻した選手の名前をつけるなんて、ということだった。驚きだ。

名称変更のセレモニーは、テニスセンターのメインスタジアムであるアーサー・アッシュ・スタジアムで行われた。涙ぐまずにいられなかった。父はわずか二カ月半前に八八歳で他界していた。父があの場に立ち会えなかったことが無念でならなかった。USTAが父を称え、父と一緒に働いたことのあるロングビーチ消防隊長と旗衛隊をわざわざ呼び寄せていたから、なおさらだった。あれほど大きな存在だった誰かがもういないなんて、信じられない気持ちだった。それでもその日、母とイラナが来てくれていたし、ランディの娘たちアリーシャとミランダも駆けつけてくれた。私はスピーチのなかで家族に感謝を捧げた。私にとってイラナがどのような存在であるか、公の場で――世界一八四の国々で生中継を見ている人々の前で明かしたのは初めてだった。

上／ナショナル・テニスセンターに私の名を冠するセレモニーで。左から全米テニス協会幹部フランクリン・ジョンソンとアーレン・カンタリアン、ジミー・コナーズ、クリッシー、マイケル・ブルームバーグ、私、イラナ、ヴィーナス・ウィリアムズ、メアリー・カリロ、ジョン・マッケンロー。
下／ 2006年の全米オープンが開幕した日の夜に行われた、ビリー・ジーン・キング・ナショナル・テニスセンターの改名式典の花火。

二七年を経てようやく、イラナとの愛を世に向けて宣言した――自分たちのやり方で。ダイアナ・ロスが『リスペクト』と『エイント・ノー・マウンテン・ハイ・イナフ』を歌い、私たちはアリーナに並んでそれを聴いた。長年の親交があるクリッシー、ヴィーナス・ウィリアムズ、ジミー・コナーズ、ジョン・マッケンローが短いけれど心のこもったスピーチをした。ニューヨーク市のマイケル・ブルームバーグ市長の紹介で演台に立ってスピーチをするころには、私は感極まって涙ぐんでいた。スピーチの冒頭、声がうまく出なくて、観客席からこんな声が飛んだ。「もっと大きな声で！」

「あら、そう言われたのは生まれて初めて」私は笑いながら言った。

スピーチでは、この栄誉は私の業績を称えるものではないと強調した。信念がどんなことを可能にするかを象徴している。ナショナル・テニスセンターは、面積およそ一八万平方メートルの公園内にある。私は公立公園のテニスコートに通っていたが、テニス界は私のような人間をまだ歓迎していなかった。テニスセンターに私の名前がつけられたいま、あらゆる人に来てテニスを楽しんでもらいたいと思う。ジェンダーや肌の色にかかわらず、そしてLGBTQ＋や体に障害を持つ人々も。誰であれ、壁の外にいてなかをのぞきこむ必要はもうない。テニスはみなを歓迎する。

「ミ・カーサ・エス・ス・カーサ」その夜、私はそう宣言した。「私の家は、あなたの家です。ここは、いい、いい、私たちみんなの家です」

イラナと私のカミングアウトから五年後の二〇一一年、当時NBAフェニックス・サンズの最高経営責任者だったリック・ウェルツが同性愛者であることを公表した。北米プロスポーツ・リーグの男性幹部として初めてのことだった。のちにウェルツはチーム経営の優れた手腕を評価されて、バスケットボール殿堂入りを果たしている。その翌年、アメリカ初の女性宇宙飛行士サリー・ライドが癌のため亡くなる寸前、人生のパートナーだったタム・オショーネシーに、サリーの死を報じる記事で二人がカップルであることを公表するようにと伝えた。二年後の二〇一四年、アップルのCEOティム・クックがフォーチュン500にランキングされる大企業のCEOとして初めてカミングアウトした。『ブルームバーグ・ビジネスウィーク』誌に掲載された一人称形式の記事でそれを公表し、アップル社外からの反応が心配だと書いた。なぜなら「ゲイやトランスに寛容ではない国は世界にまだ多くあり、アメリカもその一つ」だからだ。

カミングアウトしても危険はないと思えるか否かを事前にかならず考慮すべきだと、私はつねづね力説している。誰もが多様性を許容する環境に住み、働いているとはかぎらない。私の経験からいえば、安心感を得られそうであれば、あるいは障害があっても乗り越えていけそうだと確信が持てれば、恐れている最悪の事態はおそらく起きない。こちらからきっかけを与えないかぎり、周囲の人々があなたを驚かせるような反応を――あなたを喜ばせるようなすてきな反応を――見せてくれることはないだろう。

本当のことを話したことをきっかけとして人生や人間関係に変化が訪れ、私はぐんと幸せになった。バラク・オバマとヒラリー・クリントンが大統領選に出馬表明したころ、私はもう自分の性的指向を重荷とは感じていなかった。イラナと私は影響力を持つ人材と見られるようになり、三度の大統領選を通じて二人の陣営の代弁者《サロゲート》を依頼された。たとえばビジネスで出かけたときなど、選挙スタッフに連絡していまどこの街にいるか伝え、「ここにいるあいだにできることがあれば言ってください。協力します」と言った。二〇二〇年、イラナと私はジョー・バイデン＝カマラ・ハリス陣営に協力し、有権者に投票を呼びかけた。二人が選挙に勝利した夜、私たちはヒラリーにメッセージを送り、女性として初めて大統領選に出馬してくれたヒラリーに感謝を伝えた。まずヒラリーが扉を少し開け、次にカマラが一気に押し開けたのだから。

ドナルド・トランプの任期中に、一九六〇年代から七〇年代にかけて私たちが闘って獲得した多くの権利がふたたび法廷の場で争われ、いまも攻撃を受け続けている。自らの性的暴行を自慢げに話し、〝反対派〟と見なした相手を端から処罰するような人物が大統領になるなんて。四年の任期中にトランプは悪行を重ねて軋轢を生み、その結果、二〇二一年一月六日の連邦議事堂襲撃事件が発生した。二〇一七年のウィメンズ・マーチで見た〈いまだにこんなことに抗議しなくちゃいけないなんて信じられない〉というプラカードが忘れられない。その怒りはよくわかる。同じいらだたしさを感じることもある。

　ただ、社会に変化を起こそうと思うなら、長期戦を覚悟しなくてはならない。いま、八〇歳を目前にしてもなお、もう闘いをやめてもいいかなと思ったことは一度もない。ビジネス、政治、ＬＧＢＴＱ＋人権擁護におけるイラナと私の活動のすべてに、そして私たちが支援するあらゆる社会正義の背景に、多様性《ダイバーシティ》、公平性《エクイティ》、包摂《インクルージョン》（ＤＥ＆Ｉ）という、人を鼓舞する原則が存在している。

　新たなプロジェクトに取り組むたび、私たちがかならず自分に問いかけることがある——これをやり遂げたとき、世界をよりよい場所にすることに貢献したと胸を張れるだろうか。私はよくイラナに、いまのうちにできるだけお金を稼いでおきたいと冗談を言う。死んだとき、それだけたくさん寄付できるから。私たちが考える成功とは、うまくやることだけではない。善いことを成し遂げなくてはならない。

　私は昔からこう言い続けている。ビジネスに携わる女はスポーツを知っておくべきだと。いずれの文化も男が造ったものだからだ。両方を知っていれば、行くべき道を見きわめられるし、見逃してはならない重要なサインや微妙な兆候にいち早く気づける。スポーツは、自己主張のしかたや、競争の激しい環境でも長続きする人間関係の築き方を教えてくれる。挫折や葛藤を乗り越え、重圧に耐え、チームメートとともに、あるいは自分の力だけで、成功を手に入れるためにはどうすればいいかを学べる。どれもビジネスで不可欠なスキルだ。ＥＹ〔コンサルティング会社アーンスト＆ヤングのグローバル・ネットワーク〕やｅｓｐｎＷ〔スポーツ専門局ＥＳＰＮの女性専門メディア〕が共同で行った調査で、女性企業幹部の九四パーセントはスポーツ経験があり、半数以上が大学レベルでスポーツ経験があると判明したが、私に言わせれば驚くことではない。私たちのビジネスパートナーである世界有数の金融持株会社ＵＢＳは、女が率いる会社は、男が率いる企業より利益を上げているとするデータを持っている。女がビジネス界で生き延び、成長するには、より高い問題解決能力が必要とされる場合が少なくない。

デュポンの元CEOで、私たちが尊敬するビジネスの師であり親しい友人でもあるエド・ウーラードに手伝ってもらって、私はあらゆる年齢層の人に向け、成功を収めて幸福な人生を歩むためのアドバイスを簡潔にまとめた。内面的にも社会的にも成功するには次の三つの要素が必要だ。

1 問題解決者かつイノベーターであれ。問題を特定したら、その解決に関わることが重要である。

2 学び続けること。そして学び方を学び続けること。

3 人間関係がすべてである。

重要なできごとの多くが私の人生とキャリアの前半で起きているのはある意味当然のこととして、イラナと私はすでに四〇年もパートナー関係にあるのに、その歳月が詳しく語られ理解されたことがこれまで一度もないという事実は見逃されがちだ。もちろん、それは私たち自身が招いたことでもある。しかしイラナとの生活を思い返し、ビジネスウーマンとして、また社会活動家として二人で成し遂げてきたことを振り返ると、大きな意味があったと思う。

私たちの外見と気質は大きく違っているが、その違いが互いを補っている。私は感情やエネルギーの源で、全体像を描くのが得意だ。イラナも豊かな発想を持つが、どちらかといえば結果を重視するタイプで、コンセプトを売りこんだり、プロジェクト完成の道筋をつけたり、取引をまとめたりすることに長けている。ともすれば暴走しがちな私の熱意を冷ますのはイラナの役割だ。また、私の存在が新しい発想を取り入れる力を高め、心にゆとりを持たせてくれているとイラナは言う。私たちはあらゆる意味で真のパートナーだ。価値観はみごとなまでに一致している。イラナが単独で成し遂げたことはもちろん、これまで私と二人でしてきたことのすべてにおいて重要な役割を果たし、リーダーシップを発揮したことも、もっと評価されていいはずだ。

私が七〇歳になった二〇一三年、私が後世に何を遺せるかについて、二人で真剣に考え始めた。永続性と意義を兼ね備えたものをのちの世代に受け継ぎたいが、それは何だろうか。二〇一四年、その答えの一つが見つかった。戦略アドバイザリー会社テネオのポール・キアリー、キム・デイヴィス、マイケル・コークリー、テレーズ・オヒギンズの協力を得て、私たちは平等とインクルージョンを促進し、賃金格差是正を推し進めるための非営利組織〈ビリー・ジーン・キング・リーダーシップ・イニシアティヴ（ＢＪＫＬＩ）〉を設立した。

複数の研究により、多様性とインクルージョンが担保された職場ではクリエイティビティと生産性が向上し、雇用者と従業員双方の利益に結びつくことがわかっている。ありのままでいられる環境では仕事の成果を出しやすいのだ。では、腰の重い経営者の協力を引き出すにはどうしたらいい？

私たちは職場慣行のトレンドを牽引する大企業の経営幹部への働きかけから始めることにした。ＣＥＯは、その気になれば即座に方針を転換できるし、企業は政府を動かしたり法律を変えたりする力を持っているからだ。

その一例が、クラウドベースの顧客管理ソフトウェアを販売している〈セールスフォース〉の創業者、マーク・ベニオフだ。イラナと私は二〇一五年四月にホワイトハウスで開かれた、男女間の賃金格差についての意識を高めるための〈イコール・ペイ・デイ〉の催しでマークと知り合った。二〇一九年のデータによると、フルタイム勤務の場合、アメリカの白人男性が一二カ月働いて得るのと同じ賃金をアメリカの女性が手にするには、一六カ月働かなくてはならない。アメリカの女性の賃金は男性のおよそ八二パーセントでしかなく、アフリカ系やラテン系の女性ではさらに下がって、それぞれ六二パーセントと五五パーセントだ。オバマ大統領が二〇〇九年、就任後に最初に署名した法律がリリー・レッドベター公平賃金法だった。この重要な法律は、差別的な雇用主の行為に関する訴訟の時効を延長し、条件を緩和するものだ。二〇一九年に〈ウィメン・イン・ザ・ワークプレース〉の一環として行われた、働く女性と男性の経験に関する過去最大級の調査によれば、女性や少数集団は、就職して最初の昇進のタイミングで男性に後れを取り、その後れを挽回するのは困難であることが判明したが、世の中の多くの人はその事実を知らない。

マークは人と異なる視点を持ったＣＥＯで、ＢＪ

KLIの最大の味方となった。話していて楽しい才気あふれる人であり、社会的弱者を救済する意識が高く、彼が設計した企業モデルは世界中の企業に採用されている。そのマークも、二人の執行副社長シンディ・ロビンズとレイラ・セカから、一万七〇〇〇人の従業員を抱える会社の内部監査の結果、二人が想像していたとおりの結果が出たことを知らされて驚くことになる。ほぼ同じ内容の仕事をしている男性社員と女性社員がいた場合、だいたいのケースで、女性社員のほうが低賃金だというのだ。それからの二年、マークは九〇〇〇万ドルをかけて、ジェンダー間、人種間、民族間のすべての賃金格差の是正に取り組んだ。テレビ番組『60ミニッツ』のインタビューに応じたマークは、社内に不公平が存在することをすぐには認められなかったことを受け入れ、ほかの企業のCEOの大半が同じだと指摘した。

「ほかの企業のCEOが電話をかけてきて言うんです。〝ありえない。何かの間違いだ〟。そういうとき、私はこう言います。〝いや、事実なんですよ。数字を見ればわかります〟」マークは番組内でそう話している。「CEOの立場なら、パソコンのキーを一つ叩くだけで、男性と女性の賃金を平等にできます。データは手もとにあります。誰がいくらもらっているか、CEOは知っています。言い訳はできません」

BJKLIが提携した企業には、たとえばスターバックスがある。スターバックスは二〇一八年、性別や人種にかかわらず、同一労働同一賃金をアメリカ全土で一〇〇パーセント達成したと発表した。またBJKLIは、プロフェッショナルサービス・ネットワークのデロイトと協力して職場の多様性に関するデータを収集し、多様性促進に向けた現実的な解決法を策定し、公開した。

BJKLIはまだ設立まもない組織だが、ミレニアル世代の実態を反映したリサーチ結果を公表した。二〇二五年までに、世界の労働力の七五パーセントまでをミレニアル世代が占めると推定されている。リサーチの結果、包摂的《インクルーシブ》でない職場で働くことを望まず、より多様性に富んだ職場が見つかれば転職する傾向が明らかだ。ミレニアル世代を語るとき、あきれたような表情をする旧世代は少なくない。興味のあることにしか取り組まず、無責任だという。しかし私はそのようには思わない。BJKLIのリサーチ結果を見ると、ミレニアル世代とZ世代の若者たちは、インクルージョンに前向きな世代であることがわかる。この二世代が問題解決の原動力になるだろう。外見や慣習にこだわりがない。協働や人とのつながりに深い関心を持っている。物心ついたときからソーシャルメディアとテクノロジーを利用していて、コミュニティを築くのが上手だ。周囲からどのように見られたいかをつねに意識し、努力していて、起業家精神にあふれていることが多い――その能力を発揮する先は主にソーシャルメディアでのフォロワーを増やすことに限定されているとはいえ。発想の幅が広く、公共の場に出ていくことを怖がらない。インフルエンサーになることに、ときには社会を騒がせる原因になることに不安を感じない。最新のテクノロジーのおかげで、そういったことはぐんと容易になっている。

テクノロジーは社会運動のスピードを大幅に上げ、距離のハードルを低くした。メッセージは瞬く間に拡散する。初めから巨大な戦力を備えていなくても、闘いを始められる。ときには携帯電話一つで足りることもある。私はツイッターとインスタグラムを日々の意識高揚のツールに利用している。アカウントを管理してくれているクリスティ・ゲイロードにこんな風に言ったことがある。「フォロワーが五〇万人になりましたって言われたら、こう言い返すわよ。〝五〇万くらいで喜ばないで。めざせフォロワー一〇〇万人なんだから！〟」二人で大笑いした。それが冗談だとクリスティもわかっている。

課題を明らかにし、平等な社会を実現する道筋を明らかにするのは大切だ。権力と影響力の大半を握っているのは、いまも白人男性なのだから。男同士でかばい合い、助け合う様子をこれまでずっと目の当たりにしてきた。男が――男であること以外に共通点らしい共通点のない男たちが――女を締め出すためだけに団結する様子も見てきた。女はそういう目的で結束したりまとまったりはしない。

また、指導的地位に就いたり成功したりするたび、「女性のために立ち上がってくれてありがとう」という声が上がるような風潮とも闘わなくてはならない。だって、「男性のために立ち上がってくれてありがとう」と言って、男のリーダーに制限を設けたことがあっただろうか。ダブルスタンダードは撤廃しなくてはならない。女のリーダーが人口のたった半分を代表しているかのように割り引いて評価されるたび、市場のサイズも、機会の多さも、もらえるお金も、持てる影響力も、女にまつわる何もかもが縮小する。女が先頭に立って何かをするとき、その人は男も含めた全員を代表しているのだと社会が気づかないかぎり、私たちが持つ能力が完全に発揮されることはない。平等のために闘うとき、私は全員のために闘っている。不当な扱いを受けているのが男であれば、やはりその人たちのために闘う。

　ＢＪＫＬＩでは毎年、思想《ソート》リーダーやＣＥＯ、研究者、市域社会のリーダー、アーティストを招いて大型シンポジウムを開き、働くとは何か、どこに変化の余地があるかについて意見を交換する公開討論会を催している。二〇一六年は男性に焦点を当てたシンポジウムとした。女性が集まる会議では、議論や努力の対象から男性が排除されがちだからだ。私があれだけのことを成し遂げられたのは、男性の支援があったからだ。ＢＪＫＬＩが重点を置いていることの一つは、公平性とは女やＬＧＢＴＱ＋、少数集団の問題ではないこと、全員の責任であるということだ。全員が力を合わせたとき、一人ひとりで闘うよりはるかに大きな力が生まれる。

　ダイバーシティの実現に向け、自分たちがどれほど大きな障害を作り出しているか、気づいていない男性もまだ存在すると私は思っている。支配集団に属している人の目に、集団の外の存在は見えていないことが少なくない。支配される側や周縁に追いやられた人々――非白人、障害者、女性、ＬＧＢＴＱ＋コミュニティの人々――には、〝見ない〟選択はない。支配集団の世界で成功を望むなら、いや、それ以前に生き延びたいなら、その世界を渡っていく術を学ばなくてはならない。私たちの繁栄はそれに懸かっている。

　スポーツは、才能はあらゆるところから生まれてくることを、そして人々が力を合わせたとき――さらにいうなら、偏見なく互いを受け入れ、互いの違いこそが世界を豊かにしていることを理解したとき――どれほど多くを達成できるかをつねに気づかせてくれる。二〇一七年にワールド・チームテニスの権利の大半を売却し、その後イラナはコミッショナーの職を退いたが、それでもテニスとスポーツは私とイラナの活動の大きな一部分をいまも占めている。

ワールド・チームテニスの男女混合チーム形式が広く受け入れられれば、プロテニスと大学テニスの人気をほかのチームスポーツと同レベルまで引き上げられると、私はこれからも信じ続けるだろう。設立から五〇年がたち、日常の運営業務を引き継ぐ一方で、フィラデルフィア・フリーダムズの所有権は手放していない。私たちの関心事がスポーツのあらゆるレベルにおける多様性とインクルージョンの促進にあることは今後も変わらない。競技場や社会一般で実現されてきたような多様性が、経営幹部とコーチ陣にも反映されるまで見届けたいと思う。

その目的のため、二〇一七年、イラナと私は、歳月をかけて信頼関係を築いてきた仕事仲間であり強いリーダーでもあるマール・ブラックマン、マージョリー・ガントマン、テレーズ・オヒギンズ、バーバラ・ペリー、ダイアン（・ドネリー）・ストーン、ナンシー・ファルコナーとともに、〈ビリー・ジーン・キング・エンタープライゼス〉を設立した。この会社の目標は、戦略的マーケティング・パートナーシップを築き、多様性とインクルージョンに関するコンサルティングを行い、私のブランドと未来に向けた遺産のあらゆる側面を管理することにある。BJKLIとも連携し、重要で影響力のある変化を生み出している。今後もさらに大きな展開を図っていく予定だ。

イラナと私はほかに、女子スポーツへの投資の拡大に向けた努力を続けている。ほかの女子スポーツを、女子プロテニスと同じ高いレベルに引き上げることが私たちの使命だ。二〇二〇年に創設されたエンジェルシティ・フットボールクラブの共同オーナーの一員に加わらないかと声をかけられたとき、イラナと私は迷わずそのチャンスに飛びついた。エンジェルシティFCでは、ナショナル・ウィメンズ・サッカーリーグのチームとして初めて、オーナーと運営幹部のほぼ全員を女性が占めている。

エンジェルシティFCは二〇二二年のシーズンからリーグに参戦し、創設者や出資者には女子サッカー元全米代表選手が十数人、名を連ねている。ほかにもIT、金融、エンターテインメント業界の女性たちや、非白人の著名な女性たち——セリーナ・ウィリアムズ、WNBA選手のキャンデース・パーカー、俳優のエヴァ・ロンゴリアらが加わった。創設時の主要投資者はセリーナの夫アレクシス・オハニアンだ。私は何年かにわたり、女子サッカー全米代表チームがアメリカ・サッカー連盟を相手取って賃金格差解消を求めて起こした訴訟で、ジュリー・ファウディらの選手に助言を行ってきた。また、ワールドカップやオリンピック出場以外でも生計を立てていけるよう、女子プロリーグを創設しようと彼女たちが準備を始めたときも、やはり求められて何度か助言した。

イラナと私はほかにも、シカゴのNPO法人〈XSテニス教育財団〉などのプロジェクトを支援している。この財団は元プロ選手のカマウ・マレーが設立したもので、低所得層の子供たちに成功の足がかりとしてテニスを教えている。教室に通った子供は一〇〇パーセント、大学のスポーツ奨学金を獲得してきた。カマウを通じて、私たちはシカゴの優れた慈善家二人と知り合った。マークとキンブラのウォルター夫妻だ。マークは投資会社グッゲンハイム・パートナーズのCEOであり、メジャーリーグのロサンゼルス・ドジャーズのチェアマンも務めている。オーナー組織にはマジック・ジョンソンも参加している。マークとイラナは、全米オープンでさらに親しくなった。それに続いて行われたXSのチャリティイベントで会ったとき、グッゲンハイム・グループが所有するプロスポーツチームの話になって、私たちはマークから女子プロバスケットボールのロサンゼルス・スパークスのオーナーにならないかと誘われた。

私は言った。「せっかくだからドジャーズのオーナーにもなっちゃおうかな」

マークは私をじっと見て言った。「そうだね、せっかくだしね」

というわけで、イラナと私は二〇一八年、ドジャーズのオーナーグループの一員となった。マークは多様性の推進に真剣に取り組んでおり、イラナと私には十分な資格があった。二〇一九年にドジャー・スタジアムで開催したLGBTQ+コミュニティへの連帯を示す〈プライド・ナイト〉には、五万四三〇七人のファンが集まり、レギュラーシーズン中の観客動員数を七年ぶりに更新した。ボックスシートでイラナと並んで観戦するとき、両親も一緒だったらよかったのにといつも思う。二〇一九年にビリー・ジーン・キングの首振り人形が観客に配られ、始球式で私が西三六番ストリートに住む子供だったときみたいにボールを投げるのを見て、父と母ならきっと愉快に笑ってくれただろう。二〇二〇年一〇月、テキサス州アーリントンでドジャーズが三二年ぶりにワールドシリーズ優勝を果たしたときも、父のことをたびたび思い出した。最後の数試合は大接戦で、私たちは投手の一球一球を食い入るように見つめた。弟のランディのことも思い出した。いつかランディがワールドシリーズ優勝記念の指輪を手に入れてくれたらと私は願っていた。ドジャーズは、ランディと私が父から深い野球愛を受け継いだあと、最初に応援したプロチームだった。

アウティングされたあと、スポンサーが一斉に撤退し、もう二度とスポンサーが見つからないのではと心配するのと同時に、若い世代の指導も許されなくなるのではと怯えたものだが、それは杞憂に終わった。若手選手の指導とビジネスにおける人材育成は、いずれもリーダーシップの一つの形だとつねづね考えてきた。そして現役を引退すると自由になる時間が増え、その二つになおいっそうの情熱を注ぐようになった。子供のころ出会った先生やコーチ、ロングビーチの地域社会からの支援が、私の未来を大きく変えた。その恩を一瞬たりとも忘れたことはない。自分が経験したのと同じ喜びの一部でも若い世代と共有できたら、こんなうれしいことはない。

一九九五年のフェドカップで私はアメリカ代表チームのキャプテンを務めたが（合計で九回、全米代表のコーチやマネージャーを務めた）、このとき私がレンフルー摂食障害治療センターを退院してほんの七週しか経っていなかったことを当時知っていた人はほとんどいない。フェドカップに続き、九六年夏のアトランタ・オリンピックでも全米代表チームのコーチを務めた。私はオリンピックが大好きだ。オリンピックは、たとえほかの道筋が閉ざされている場合でも、女子選手や非白人の人々に、めざすべき明快なゴールを示してくれる。一九二八年から八四年まで、テニスはオリンピック種目ではなかったから、私は出場経験が一度もない。アトランタで初めて開会式に参加して見た、白い服を着たモハメド・アリがサプライズ登場して聖火台に点火する姿は、いまも私の記憶にしっかりと焼きついている。

アトランタ・オリンピックは、〝ジェンダー公平〟大会として知られるようになったことでも重要だった。タイトル・ナインの恩恵を受けて成長した第一世代の女子選手が初めて出場したオリンピックがアトランタなのだ。トレーニング、コーチング、資金援助、スポーツに取り組む機会。そのすべてにおいて旧世代より恵まれた環境で育ってきたアメリカ女子選手は、目をみはる成績を残した。バスケットボール、ソフトボール、体操、サッカー、シンクロナイズドスイミングの団体競技で金メダルを獲得し、テニスでは女子シングルス（リンジー・ダヴェンポート）、女子ダブルス（メアリー・ジョー・フェルナンデスとジジ・フェルナンデス）で金メダルに輝いた。

全体を見渡せば、精神的な支援、資金、信念、熱意の後押しがあれば可能になると私たちが言い続けてきたとおりのことが現実になったといえる。そこから波が起きた。翌年にはWNBAがスタートし、アトランタ・オリンピックを制した女子サッカー全米代表チームは、九九年にアメリカで開催された女子ワールドカップで優勝を果たす。アメリカ・ワールドカップ組織委員会は、会場として選ばれたサッカースタジアムを満員にするのは無理だと警告したが――おや、どこかで聞いた話ではないか？――九九年大会は観客動員数最多記録を大幅に更新して成功裏に閉幕した。

女子アイスホッケーも九八年長野大会でオリンピック種目に採用され、それを起爆剤に大きく発展した。イラナと私は、アメリカとカナダの代表チームが二〇一九年、初の選手協会を設立するのを支援した。同年秋には、ドリーム・ギャップ・ツアーのシカゴ大会で、女子ホッケーの楽しさをPRするためのイベントを企画し、資金集めに協力した。イラナはその後も女子プロリーグ設立を手助けし、私もナショナル・ホッケー・リーグとの事前協議に同席した。

ホッケーとサッカーの女子選手に私が伝えてきたメッセージは、代表チームを支える二〇から三〇の人員枠を越えて雇用機会を創出しなくてはならないということだった。それぞれのスポーツのあらゆるレベルにいる少女や女性の待遇改善が不可欠なのだ。

ビジネスにおける人材育成と同様、コーチ業も、人々の未来によい影響を与えられる有益な活動だ。たった一度の会話が、誰かのスイッチを入れる力を持つことさえある。一九九五年のフェドカップでリンジー・ダヴェンポートのコーチを務めたとき、私の質問がリンジーを驚かせたようだった。「世界一になろうと思ったことはある?」リンジーははにかんだ表情でこう答えた。「いいえ」リンジーは身長一八九センチと大柄で、キャリア初期には体が重くてチャンピオンにはなれないと後ろ向きな評価もされた。私はリンジーに言った。「評論家はね、選手のよいところは挙げないものなのよ。だから代わりに私が言うから聞いて。あなたは男女を通じて最大のパワーヒッターよ。競争心も強い。テニスに向かう姿勢は真剣だし、頭がいい。サーブもいいし、いま最高の選手の一人だわ。世界一になれる可能性は十分ある」リンジーはトップに昇り詰めるための努力をし、やがてグランドスラムのシングルスで三度優勝し、九八週にわたって世界ランキング一位の座を守り続けた。それにほんのわずかでも貢献できたのなら、心からうれしく思う。

もちろん、いつもプランどおりの結果を出せる訳ではない。リンジーの推薦もあってジェニファー・カプリアティをフェドカップの代表チームに加えたときのことを思い出すと、いまでも笑ってしまう。いざ試合になると、ジェニファーはどこを狙っているのかわからないような球ばかり打った。ふだんのジェニファーからは考えられないことで、驚きだった。「何かあった?」私はリンジーに尋ねた。リンジーは一瞬黙りこんだあと、おずおずと私を見て、もごもごと言った。「その……あの、ジェニファーは隠しておきたかったみたいですけど……その、コンタクトレンズを忘れたらしいんです」私は歯を食いしばって言った。「あのね、リンジー。宅配便で送ってもらえばすむ話でしょ。フェデックスって、聞いたことない?」

最初期の、そして最高の経験の一つは、一九八九年から六年にわたってマルティナ・ナヴラチロワのコーチを務めたことだった。マルティナがウィンブルドンのシングルスで九度目の優勝をめざしていた一五カ月間もここに含まれる。八八年に一〇代のドイツ人選手シュテフィ・グラフが年間グランドスラムを達成し、世界ランキング一位から陥落したマルティナは、自信を失いかけていた。翌年の四月にフロリダ州アメリア島で開催されたボシュロム選手権では、一八歳のガブリエラ・サバティーニに準決勝で敗れ、マルティナはなおも自信を喪失した。

当時マルティナのコーチを務めていたクレイグ・カードンの勧めもあり、私はパートタイムのコーチとしてマルティナを指導することになった。ヒルトンヘッドで偶然に二人と行き会ったときに頼まれて、マルティナの試合の録画をいくつか見た。私は即座にマルティナの欠点を指摘した――ネットに詰めたあと、コートの左右いずれかに動き出すタイミングが早すぎる。対戦相手はマルティナの動きを確かめてから、空いた側を狙ってパッシングを決めていた。「もう一瞬だけ長くこらえて」私は言った。「あなたは敏捷だから大丈夫。相手がボールを打ってから動いても十分間に合う」クレイグとマルティナは私を〝鬼コーチ〟と呼ぶようになった。コートに現れるたび、そんな練習ではぬるいとみなをたきつけるからだ。場内スピーカーからエルトン・ジョンの『ザ・ビッチ・イズ・バック〔直訳すると「鬼女がまた来たぞ」のような意味。邦題『あばずれさんのお帰り』〕』を流して冷やかしたりもした。

マルティナのプレーは一夜で激変したわけではなかった。八九年のウィンブルドンと全米オープンではいずれも決勝でグラフに敗れている。その年の秋、マルティナはまたも自信を喪失していた。「もう勝てないんじゃないかと思って」シカゴで練習中だったある日、マルティナはそう言って泣いた。その壁も二人で乗り越えた。当時マルティナは三二歳、私がグランドスラムのシングルスで最後に優勝したのと同じ年齢だった。四〇歳まで現役を続けた私は、その年齢の選手の活躍を阻むのは身体の衰えではなく、精神的なそれだと知っていた。そこで私はマルティナに、テニスと出会ったばかりのころ、ボールを打っているだけで楽しかった初心者のころを思い出してみてと促した。

「五感を全部使って」私は言った。「最初に思い出すのはどんなこと？」

「町のテニスクラブに行くのがうれしくてたまらなかった。おばあちゃんと一緒にいられるから。明日もまた行きたい、そう思った」マルティナは言った。赤土《レッドクレー》のにおい、ジェヴニツェにあった小さなテニスクラブのバックボードで壁打ちしたときの、たん、たん、たんという音。

「夢中になって打った気持ち、その楽しさを少しでも取り戻せそう？」

「やってみる」マルティナは言った。それから、世界一になるだけの力はもうないのではと不安だと繰り返した。そして私の意見を尋ねた。

「あなたの九〇パーセントは、ほかの人の一〇〇パーセントに勝ると思う」私は答えた。本当にそう思った。「朝目が覚めたら一番にこう書いて。〝私は一九九〇年のウィンブルドンで優勝した〟。夜寝る寸前にももう一度。やれる？」

マルティナはやってみると言った。私はもう一つアドバイスをした。燃え尽き症候群のようだから、その年の全仏オープンの出場を取りやめ、ウィンブルドンに照準を合わせて準備を進めたらどうか。マルティナはその助言に従った。一六年ぶりに長い休暇を取ってアンティグアで静養した。帰ってくると、生まれて初めておなかまで日焼けしたと言って笑った。ウィンブルドン直前の数週間、クレイグはマルティナのストロークにいっそうの磨きをかけることに集中した。それに加えて私たちは、マッチポイントのイメージトレーニングを何度も繰り返させた。マルティナは実に覚えが早く、すばらしい才能に恵まれたアスリートだ。つねに新たな課題を出し続けていないと、退屈してしまう。偉大なチャンピオンは、新しいことに挑むのが大好きなのだ。

マルティナはどんなときも心から楽しんでプレーする選手だ。私たちコーチは、その喜びを思い出させるヒントを与えるだけでよかった。その年、マルティナはウィンブルドンのシングルスで九度目の優勝を果たした。勝利が決まった瞬間、マルティナはコートから仕切りを乗り越えて選手の招待ボックスまで上ってきた。ここまで支援してきた私たちを一秒でも早くハグしたかったのだ。

二〇二〇年九月、新たな責任を負うことが決まって、私はわくわくした。国際テニス連盟がフェドカップを〈ビリー・ジーン・キング・カップ〉に名称変更すると発表したのだ。私の現役時代に一六の代表チームが参加する一週間のイベントとして始まった大会が、二〇二〇年には参加国が一一六まで増え、大会期間も一年に延びた。いつかテニスのワールドカップとして、より高い評価を受けられるようになるといいと思っている。

母国を代表してこの大会に出場するのは、私にとって意義深い使命だった。今日の選手にも、私の心からの熱意やこの大会の意義を伝えようと努めてきた。アメリカ代表チームのキャプテンとして、ヴィーナスとセリーナのウィリアムズ姉妹のフェドカップとオリンピックへの初出場に立ち会い、長年にわたって二人を指導できたことは栄誉だ。私が二人や両親のリチャードとオラシーンに初めて会ったのは、一九八八年四月にロングビーチで開催されたワールド・チームテニスとドミノ・ピザがスポンサーとなった無料テニス教室で、そのときヴィーナスは七歳、セリーナは六歳だった。その日、私はボールを打つ子供たちをそばで見ていた。そのなかにヴィーナスとセリーナがいた。二人の才能は際立っていた。

ふたたび二人に会ったのは、九二年と九三年にヒルトンヘッドで行われたダブルスのエキシビションマッチで、ロージーと私が二人と組んだときだった。九四年、オークランドで開催されたバンク・オブ・ザ・ウェスト・クラシック杯でヴィーナスがプロデビューを飾った試合も観戦した。当時まだ一四歳のヴィーナスを見て、私はアルシア・ギブソンを思い出した。長い手足とコートでの落ち着いた物腰がそっくりだった。のちにヴィーナスは、女子の最速サーブ記録（時速二〇七・六キロ）を一時期保持し、世界一位にランキングされ、グランドスラムのシングルスで七度優勝した。セリーナは、二〇二三年の時点で、グランドスラムのシングルスでマーガレット・コートのキャリア最多記録である二四勝にあと一つまで迫っている〔セリーナは二〇二二年九月の全米オープンを最後に引退を示唆し、三回戦で敗退したが、その後「私は引退していない。現役続行の可能性はとても高い」と意欲を見せた〕。

成人後の二人はさまざまな事業で——エンターテインメント、服飾、デザイン、チームオーナー、それに社会活動でも——成功した。ほかのインフルエンサーと協力し、とくにソーシャルメディアを活用してメッセージを発信することに優れている。二人の人気に後押しされて、全米オープンは二〇〇一年から女子シングルス決勝戦の放映をプライムタイムに移し——昔は会場裏のコートに追いやられていたことを思うと感慨深い——初年度はウィリアムズ姉妹の対戦だったこともあって、大きな話題を呼んだ。グランドスラムのシングルス決勝戦で黒人選手二人が対戦するのは史上初で、記念すべき試合ではヴィーナスが勝利した。

ヴィーナスはまた、ウィンブルドンと全仏オープンの賞金格差解消にも貢献した。まず二〇〇五年にグランドスラム委員会に働きかけ、次に翌年、イギリスの『タイムズ』紙に論説を寄稿し、それを読んだトニー・ブレア英国首相を味方につけた。ヴィーナスの委員会でのスピーチはすばらしかった。とりわけ感動を誘った一節はこうだった。「目を閉じれば、隣にいるのが誰なのか——男性なのか女性なのかわかりません。娘のことを、妻や姉妹のことを考えてみてください。彼女たちをどう扱ってもらいたいと思いますか。誰の心臓も同じように鼓動しているのです」

ウィンブルドンは、男子と女子の賞金総額を同等にした最後から二番目の大会だった。発表は二〇〇七年二月で、全仏オープンの発表より一カ月早かった（全仏オープンのほうが開催時期が一カ月早いため、ウィンブルドンは実際に男女同額にした最後の大会となった）。時宜にかなったことに、その年の優勝者はヴィーナスだった。私はロイヤルボックスから彼女に声援を送った）。私たちの世代から始まったグランドスラムでの賞金格差解消を求める闘いで、ヴィーナスと当時女子テニス協会の会長でCEOだったラリー・スコットがついに勝利を収めたと聞いたとき、大勢の女子選手が心から誇らしく思った。

『フォーブス』誌が一九九〇年にスポーツ選手の年収ランキングを発表するようになって以来、女子ではテニス選手がずっと一位の座を維持し続けていて、これも頑張った甲斐があったと思えることの一つだ。二〇一九年のランキングでは、トップ10をテニス選手が独占した。翌年には、日本の大坂なおみがセリーナを抜いて一位になった。オリジナル9がグラディスと契約したときの一ドルからスタートし

ウィリアムズ姉妹を初めて見たのは、1988年4月にドミノ・ピザ・ワールド・チームテニスがカリフォルニア州ロングビーチで開催したテニス教室だった。二人は7歳と6歳。「うわあ、この子たちはきっと世界一になる!」

2001年、女子テニス人気は最高潮に達し、全米オープン決勝戦の試合中継は初めてプライムタイムに移された。期待どおりウィリアムズ姉妹が勝ち上がって、決勝は二人の対戦となった。ヴィーナスがストレートで勝利。

て、私たちはついにここまで来たのだ。

ウィリアムズ姉妹は、現代の女子スポーツ選手が文化にどれほどの影響を及ぼせるかを身をもって示した。二人と似た外見をした次世代の少女たちが二人に憧れ、テニスラケットを手に取った。女子テニスはかつてないほどパワーがものをいうスポーツであり、世界中で行われているスポーツでもある。大坂なおみやココ・ガウフのお父さんは二人とも、リチャード・ウィリアムズが娘二人をトップ選手に育てるために描いた青写真に忠実に従った。ウィリアムズ姉妹が通ったフロリダ州のテニスクラブや彼女たちが教えを受けたコーチに自分の娘を預けたのだ。そうやってバトンは次の世代へ、その次の世代へと受け渡されていく。また二〇二〇年の夏、なおみとココは、自らの影響力を社会正義のために利用した。ジョージ・フロイドやブリオナ・テイラーをはじめ、黒人が警察官に殺害されたことに抗議するデモがアメリカ全土で行われるなか、二人はそれぞれ別の形で声を上げた。日本人の母親とハイチ出身の父親のあいだに生まれたなおみは、試合ごとに異なるマスクを着けてコートに現れた。そのマスクには、人種差別や警察官の蛮行によって命を奪われた黒人の犠牲者の名前が書かれていた。どんなメッセージをマスクにこめたのかという記者の質問に、なおみはこう答えた。「みなさんがどのようなメッセージを受け取ったかのほうが重要です……いまの私は、差別についての意識を広めるための一つの道具なのだと思います」

フェドカップは、私にちなんだ名前に変わる前からすでに世界最大の国別対抗戦だったが、女子が国際大会をめざすどころか、スポーツをやろうとするだけでも大きな障壁が立ちはだかる国がまだまだ存在する。イラナと私は少し前に、ヨハネスブルグ出身の才能ある若手黒人選手リリサ・ンダンガニに奨学金を出し、フェドカップ南アフリカ代表チームのキャプテンがヘッドコーチを務めるセントメアリーズ高校に入学させた。

二〇一八年のデビスカップ開催を前に、二五年にわたる運営権を三〇億ドルでスペインの投資グループ〈コスモス〉に売却したことを国際テニス連盟（ITF）が発表したという記事をイラナが見つけた。

2020年全米オープンで、大坂なおみは殺害された黒人アメリカ市民の名が書かれたマスクを着けた――イライジャ・マクレーン、アマード・アーバリー、トレイヴォン・マーティン、ジョージ・フロイド、フィランド・カスティール、タミール・ライス。

一一九年の歴史を持つデビスカップの大会形式が変更され、勝ち上がってきた一八チームで争われる最終ステージは一週間に集約され、賞金総額は一八〇〇万ドルとなる。コスモスのCEOハビエル・アロンソは、この変更には異論も多いが、「以前の形式を踏襲していてはデビスカップは生き残れなかったのではないか」と話した。ITFも承知のとおり、フェドカップも似た問題に直面している。二〇一八年の全米オープンでイラナがITF会長デヴィッド・ハガティに面会したところ、ハガティは、フェドカップでも投資者を募ると同時に大会フォーマットを変更したいと考えていると語った。

ITFの運営幹部が検討を重ねた結果が、ビリー・ジーン・キング・カップと名称を変え、イメージを一新した大会のグローバルアンバサダーとして私を就任させるというコンセプトだった。ホップマンカップ、デビスカップ、レーヴァーカップと、男子選手の名を冠した大会はすでにあったが、女子選手の名を冠した国際大会はまだ一つもなく、ITFはその現状を変えようとしたのだ。私はフェドカップの記念すべき第一回大会に出場し、以降も長年にわたって支援を続け、選手・コーチとして最多の一度の優勝を獲得してきた。それに、たびたび述べてきたように、私は団体スポーツが大好きだ。

さまざまな人々の努力が実り、相当数の新たなスポンサーがついて、勝ち上がった一二カ国の代表が参加する二〇二一年のビリー・ジーン・キング・カップの最終ラウンドの賞金総額は一二〇〇万ドルとなった。同年のデビスカップ最終ステージが一八チームで争われることを考えると、一カ国当たりの賞金額は同等ということになる。テニス界は史上初めて男女の賞金格差を解消した。さらに、女子の賞金総額は、毎年開催される女子団体競技大会で世界最高を記録する。

第31章 奇跡の対面

マンデラとオバマ

二〇〇八年の終わりごろ、アリゾナ州プレスコットの母の家で過ごしていたとき、ある朝早くに電話が鳴った。南アフリカに帰省中のイラナからで、はずんだ声でこう言った。「ビリー！　一番早い飛行機でヨハネスブルグまで来て。ネルソン・マンデラから面会の約束がもらえた！」

マンデラは、反アパルトヘイト運動に従事し、そのために投獄されたことを知った一九六〇年代後半から私のヒーローだった。二〇〇八年には九〇歳になり、体調を崩しやすかったため、ほとんど面会に応じていなかった。イラナと私はこの二年か三年ほど前から彼の支援者と連絡を取り、面会を願い出ていた。私は急いで荷物をまとめて飛行機に飛び乗った。

アリゾナ州フェニックスからロンドンへ、そこで乗り継いで南アフリカへ。一日半がかりの旅の間、ずっとマンデラのことを考えていた。マンデラは一九九〇年に釈放されたあと、自伝『自由への長い道』を著した。私はその本を夢中で読んだ。辺鄙《へんぴ》な村での子供時代から始まり、二七年間にわたる収監を経て、九四年に南アフリカ初の黒人大統領に選ばれるまでが描かれていた。彼の逆境から立ち直る力と意志の強さ、深い知性と気高さに感銘を受けた。恨みや復讐心をいつまでも引きずったりしない。大統領に就任してからも、かつて彼を苦しめた白人層を罰するどころか、南アフリカ再建のためのパートナーとして要職に就けた。民族の和解を促す真実和解委員会も創設した。

「生まれたときから、肌の色、文化背景、宗教を理由に他人を憎んでいる者はいない」マンデラはそう書いた。「憎しみは、学ばないかぎり抱けない感情だ。憎しみを学べるのなら、愛を教わることも可能なはずだ」

マンデラは、私が愛するものすべてを併せ持った人だった。優しさ。寛大さ。自由。平等。人を許す気持ち。超越と贖《あがな》いを信じる心。ほんの短い時間でいいから会ってみたかった。会って彼の知恵をわずかでも自分のものにし、世界を変えたことに感謝を伝えたかった。

空港までイラナが迎えに来て、翌朝一一時、ヨハネスブルグ市内のホートン地区にあるネルソン・マンデラ財団の事務所に向かった。なんとなく見覚えのある街だった。事務所のゲート前で車が停まったところで、やっと思い出した。一九六六年に初めて南アフリカ・テニス選手権に出場したとき、私が話しかけたばかりに黒人メイドが叱責されてしまったホストファミリーの家があった界隈だ。マンデラ財団でさまざまな肌の色をした人を見かけて、この国がどれほどの進歩を遂げてきたかを改めて思い知った。マンデラが人生を懸けて闘い、ついに実現させた新しい南アフリカ共和国はいま、あの人々を原動力としているのだ。

マンデラは、デスクの向こう側の、座り心地のよさそうな革張りの椅子に座って待っていた。オフィスは本や額入りの写真でいっぱいだった。マンデラ本人は、トレードマークとなったろうけつ染めのシャツを着ていた。この日は濃い金色と茶色の柄ものだった。立ち上がって私たちを迎えた彼を見て、私はまずその背の高さに驚いた。存在感がいっそう増す。イラナも私と同じようにこみ上げる感情を必死で押し戻そうとしていた。「息もできない」イラナは小声でそう言った。

短い時間だが話をした。ロベン島の刑務所での暮らしに関するマンデラの記憶はきわめて明晰だった。刑務所の生活は厳しかったというが、看守も含め、どんな人も思いやりを持っていたと話した。やはり政治犯として収監されていた二人の受刑者と協力し、白人の看守と語らって少しずつ障壁を取り除いていった。看守のなかには日常の規則をゆるめて受刑者の負担を軽くした人もいた。

辞去する段になって、こちらから一緒に写真を撮ってもらえませんかとは言い出しにくかったが、マンデラの個人秘書ゼルダ・ラグレインジがイラナの携帯電話で写真を撮りましょうと申し出てくれた。

2008年、ヨハネスブルグの郊外の町ホートンの事務所で、ネルソン・マンデラ大統領と。彼に会うのは私の生涯の夢だった。この忘れがたい面会の実現に尽力してくれたのはイラナだった。私はマンデラからたとえば許す心、逆境を押し返す力、愛は憎しみを越えるという揺るがない信念など、人生に大切な教訓をいくつも得た。

事務所から真昼の太陽の下に出たときも、マンデラの魔法は解けないままだった。二年ほどたってふたたびイラナと南アフリカを訪問し、ケープタウンで数日過ごしたときもまだ解けていなかった。よく晴れた日には、太西洋の沖合に浮かぶロベン島が街の北側から見える。島に渡らずに帰るわけにはいかない。フェリーで観に行った吹きさらしの刑務所は、現在は国立博物館になっていた。

　ガイド役を務めてくれた男性自身もロベン島で服役していた元受刑者で、マンデラが成人後のあまりに長い歳月を過ごした二・五×二メートルほどの粗末な監房を見せてくれた。冷暖房、水道、トイレさえない。部屋の隅に物入れが一つあるきりの部屋だった。ベッドと呼べるものもなく、厚み三センチあるかないかの藁編みのむしろと、その上に敷かれた薄っぺらなフェルトのパッドが寝台代わりで、粗いウールの毛布一枚で寒さをしのいでいた。収監時、マンデラは終身刑を言い渡されていて、採石場での重労働を強いられた。ガイドツアーの後半、刑務所のコンクリート敷きの運動場を歩いていると、緑色に塗られた一角に白い線らしきものの痕跡があった。私はガイドに尋ねた。「もしかして、あれはテニスコート？」

　ガイドの話によると、マンデラが刑務所長にかけ合い、受刑者が手製のコートで運動できるようにしたのだという。マンデラの自伝には、地面にペンキで描いたコートができあがった数日後にはネットも張られ、「刑務所の中庭に突如、ウィンブルドンが出現した」とある。受刑者がメモを隠したボールを打ち損じたふりをして塀の外に飛ばし、外部とメッセージをやりとりすることがあったそうだが、刑務所長はそれに気づかないままだった。

　そのエピソードを知って、私のマンデラへの共感はなおいっそう深まった。彼は何があろうと信念を曲げなかった。

　ロベン島を歩き回っているあいだ、ここは別の刑務所から九〇年に釈放された日、彼を待っていた人々の喜びにあふれた顔をテレビで見たことを思い出した。ネルソン・マンデラは、誰からも不可能と言われながらも、一つの国を造り変えた。そう思うと、いまでも驚きを禁じ得ない。その偉大な人物と会い、彼が歩いた場所をたどれたことは無上の喜びだった。

二〇〇九年、オバマ大統領は、タイトル・ナイン成立三七周年を祝う円卓会議をホワイトハウスで催した。当時のアーン・ダンカン教育長官と並んで、私もパネラーとして招かれた。ダンカン長官は、タイトル・ナインとは、スポーツ活動から科学技術まで、教育のあらゆる領域で公平さを実現するものであることに重点を置いて話した。

パネルディスカッションが終わったところで、女性と少女に関するホワイトハウス評議会会長のヴァレリー・ジャレットからランチに誘われ、ホワイトハウス西棟の地下にある食堂に行き、計四人で食事をした。テーブルについているあいだずっと、ほかの三人が私のほうばかりちらちら見て、互いにかすかな笑みを交わしていることに気づいた。食事がすみ、私は厨房のスタッフに会いたいとお願いした。いつも可能なかぎり、料理を作ってくれた人にお礼を伝えるようにしている。シェフやコック、皿洗いの人たちに、ホワイトハウスで働く気分はどんなですかなどと訊いていると、ヴァレリーが来て、〝プレジデント〟が会いたがっているから来てと言われた。

タイトル・ナインの催しに参加していた団体のいずれかの〝会長《プレジデント》〟のことだと思った私は、「わかりました。すぐに行きます」とヴァレリーに言い、厨房のスタッフのほうに向き直った。

するとヴァレリーが言い直した。「ビリー？　アメリカ合衆国大統領《プレジデント》があなたに会いたいとおっしゃってるの」

え？　大統領が私と？　いますぐ？

ヴァレリーと私は、せっかく開いたチャンスの扉が閉ざされてしまう前にと、西棟を文字どおり駆け抜けて大統領執務室に向かった。まだ少し息を切らしたままヴァレリーの案内で執務室に入ると、オバマ大統領が自分のデスクの前に立って待っていた。大統領は温かでくつろいだ態度で私と握手を交わし、あのなめらかな声で挨拶をした。私は緊張してしまって、カメラマンが二人並んだ写真を撮れるよう大統領の隣に用意されていたストライプ柄の張り地の椅子に座ればいいのに、淡い黄色のソファに大統領と向かい合って座った。

他愛のない話をしているうち、ボビー・リッグズとの対戦の話題が出た。オバマ大統領は微笑んで言った。「実は、プナホウであなたが練習しているところを見たことがあるんです」

　プナホウ・スクールならよく知っている。ホノルルにある名門私立学校で、ハワイにラリーと共同で家を所有していたころ、ときどきテニス教室を開いたりした。

「あれはあなただったんですか？」私は言った。大統領はうなずいた。彼は一九七一年から七九年までプナホウに通っていた。黒人の少年が白人の少年と並んでフェンスの向こう側から私の練習を見ていたことならよく覚えていた。その黒人の少年が印象に残ったのは、プナホウの生徒はだいたい白人かアジア系だったからだ。見かけたのは一度だけではなかったと思うが、話しかけられたことは一度もなかった。

「どうして一緒に練習したいって言わなかったんですか」私は言った。

「いやいや、そんな大それたお願いはできませんよ」大統領は言った。

　のちになって、そのころ何があったのか知った。オバマ少年はプナホウでテニス・チームに参加していたのだが、偏狭なコーチが少年からテニスを永遠に取り上げた。大統領の最初の回想録『マイ・ドリーム』には、ある白人のテニスプロから「大会中、掲示板に張り出された日程表に触るな。おまえの肌の色が紙に移るかもしれないと言われた」と書かれている。

　それから一週間ほどたって、あのとき大統領に引き合わされた理由がわかった。ヴァレリーから電話があり、アメリカの文民に贈られる最高勲章である大統領自由勲章の受章者に選ばれたと伝えられたのだ。女子アスリートの受章は史上初だった（三年後には、テネシー大学の偉大な女子バスケットボール・コーチ、パット・サミットも授与されている）。

　オバマ大統領が選んだ二〇〇九年の受章者の共通点は、〝改革《チェンジ》をもたらした人〟だった。授章式が行われた二〇〇九年八月一二日は、いろいろな意味で忘れられない日になった。親しい友人で長年の私の広報担当者でもあるティップ・ナンとホワイトハウスの来訪者入口に着いたが、守衛に通してもらえなかった。来訪者の目的を告げ、授章式開始まであと一

2009年、「変革をもたらした」ことを称えられて、オバマ大統領から文民に与えられる最高の栄誉である大統領自由勲章を授与された。授章式では、これまで後押ししてくれた大勢の人に思いをはせた。

時間しかないと説明しても、だめだった。三〇歳くらいの守衛は、無表情に私を見て言った。「申し訳ありませんが、来訪者名簿にお名前がありませんので」

ワシントンの夏は殺人的に蒸し暑く、その日の気温は三〇度を超えていた。このままでは授章式前のレセプションに遅れてしまうと、ティップが助けを求めてどこかに電話をかけていると、俳優のシドニー・ポワティエが到着した。守衛は彼も通さなかった。次にイギリスの理論物理学者スティーヴン・ホーキングが介助者に付き添われ、あの格好いい車椅子で現れた。この二人も待たされることになった。南アフリカの人権活動家デズモンド・ツツ大主教が来て、彼はすんなり通された。このころには私は暑さにやられかけていた。

ようやくホワイトハウスのインターンがしきりに詫びながら現れ、レセプション会場のイーストルームに案内され、ほかの受章者と話ができた。サンドラ・デイ・オコナー元最高裁判事の隣に、ノーベル平和賞を受賞したマイクロクレジットの創始者、バングラデシュの経済学者ムハマド・ユヌスがいた。

部屋の奥には公民権団体〈南部キリスト教指導者会議〉の創設者ジョセフ・ローリー師の姿があり、そのすぐ近くには北米平原先住民の最後の族長で、ネイティブアメリカンの歴史や文化を題材とした著作で知られるドクター・ジョセフ・メディシン・クロウがいた。ゲイの権利活動家ハーヴェイ・ミルクの甥のスチュアート・ミルクも、暗殺されたおじの代理で勲章を受け取るために来ていた。

授章式が始まり、オバマ大統領はまず受章者を一人ずつ紹介した。私の番が来て、私が選ばれたのは、数々のグランドスラムのタイトルを獲得しただけでなく、機会均等と人権のために闘い続けたからだと述べた。

「ご本人が〝コート外でのあれこれ〟と呼ぶ活動を称えます」と大統領は言った。そして、ビリー・ジーンは「すべてのLGBTのアメリカ人の未来を輝かせるため」「スポーツの裾野を広げ、女子アスリートとすべての女性に自信を持たせ、ジェンダーや性的指向にかかわらず、私の二人の娘を含めたすべての人に、コート上と人生の両方で実力を発揮する機会を与えた」と続けた。

アメリカの大統領が〝LGBT〟と口にする日が来るなんて。

大統領から青と白のリボンを首にかけてもらったとき、私はメダルを持ち上げてキスをした。裏面の刻印は〝ビリー・ジーン・モフィット・キング〟にするようあらかじめお願いしてあった。このときもまた、愛国心が強かった父を思い出した。勲章を授与される娘を見せてあげたかった。母のことも思った。何年もの苦悩の末に、ありのままの私を受け入れてくれた母。その日、母はイラナや計八人の家族と一緒に会場に座っていた。そのなかには義母のルースもいた。二〇年前、ルースからもらった手紙がきっかけで私はイラナと再会し、私たち全員の人生に思いがけない変化をもたらした。

バラクとミシェルのオバマ夫妻がホワイトハウスの住人だった八年間に、さらに数度、二人に会う機会があった。思いやり深くておおらかな人たちで、イラナと私をいつも温かくもてなしてくれた。

二〇一四年、ロシアのソチで開催された冬季オリンピックが目前に迫ったころ、オバマ大統領のスタッフから連絡があった。黒海に面したリゾート都市ソチに、ロシアは数百億ドルの資金を投じてオリンピック施設を建設していた。しかしウラジーミル・プーチンの独裁的な政治手法と、反対勢力や表現の自由に対する厳しい取り締まりについて、人権擁護団体が警戒を強めていた。とりわけLGBTQ＋コミュニティへの弾圧は際立っていた。オリンピック開催前年の夏、プーチンは〝非伝統的な性的関係の宣伝〟を禁じる連邦法に署名し、警察はゲイ人権活動家の逮捕を開始した。抗議デモの参加者が群衆から暴行を受ける事件もたびたび起きた。

ソチ・オリンピックは、国際スポーツ・コミュニティとオバマ政権にとって危機であり、同時にチャンスでもあった。オリンピックそのものをボイコットすれば、何の罪もないアスリートが罰を受けることになる。そこで大統領とファーストレディ、ジョー・バイデン副大統領は式典への参加を取りやめ、ロシアの人権侵害に暗に抗議した。さらに強いメッセージを発信するため、五名から成る代表団をソチに派遣すると決めた。この五名には、同性愛を公言しているアスリート三名が含まれていた。男子フィギュアスケート選手のブライアン・ボイタノ、女子アイスホッケー選手でオリンピックにも出場したケイトリン・カホフ、そして私だ。代表に選ばれた二日後にカミングアウトしたブライアンの勇気を称えたい。大統領からソチに行ってもらえるかと訊かれて、私は即座にイエスと答えた。イラナと私は、同性愛が法律で禁止されている中東やアジアの国々に旅行したことがあるが、滞在中はつねに気を張っている。ふつうの旅行者であろうと、一国を代表するゲストであろうと、何か悪いことが起きるときは起きる。

代表団を派遣するとのオバマ大統領の決断は活発な議論を引き起こし、コメディ番組『サタデー・ナイト・ライブ』でもネタとして取り上げられた。ある放送回のニュースを茶化すコーナー〈ウィークエンド・アップデート〉で、俳優でコメディアンのケイト・マッキノンが私を演じたのだ。〈ソチ〉のTシャツを着て、たったいまウィンブルドンで優勝してきたみたいな顔でガッツポーズをするケイトが司会のセス・マイヤーズと並んで画面に登場した瞬間、私は大笑いしてソファから転げ落ちそうになった。

「やあ、ビリー・ジーン・キング！　ソチ行きが楽しみでしかたないようだね！」セスが言った。

「これほど楽しみなことはないわよ、セス！」ケイトは高らかに言う。「あたしはオバマ大統領の巨大なゲイの中指で、これからロシアに向かって突き立てられるってわけだもの！　ＢＪＫが本気になったらね、さすがのプーチンだって勝てっこない。ゲイ旋風に巻きこまれるしかないってわけ！　愛車のスバル・アウトバックで赤の広場に乗りこんで、メリッサ・エスリッジの曲を爆音で鳴らしながら、ぐるぐる走り回ってやる！」

「やる気満々だな」

「当然でしょ、セス。だって、七〇歳のレズビアンほどの怖いもの知らずが世界のどこにいるって言うのよ？」

「気をつけなよ。トラブルに巻きこまれたらたいへんだ」

「トラブルに巻きこまれる？　あたしこそトラブルそのものなのに？」ケイトは得意げに言った。

ふう、最高に笑えた。


私としてはぜひともソチに行きたかったのだが、大統領から行ってくれと頼まれたころ、母の健康が急速に衰え始めていた。オリンピック開幕が迫るにつれ、母のそばを離れるわけにいかない状況になり、しかたなく断念した。母は九一歳で、認知症のためほとんど何一つ思い出せなくなっていたが、息を引き取ったとき、私がそばにいたことはちゃんと気づいてくれていたと思う。ミルドレッド・ローズ（〝ベティ〟）・ジャーマン・モフィットは、二〇一四年二月七日、オリンピック開幕当日に世を去った。

　なんとすてきな人だったことか。母はいつも遠くに旅をしたがっていたが、父を一人で置いていけないと言ってどこにも行かなかった。六五年の結婚生活を経て父が亡くなったあと、一人になった母を私はたびたび旅行に誘った。そうやって母の望みを叶えてあげられたことは、人生の最大の喜びの一つになった。二人で母の大好きなエンターテイナーのショーを観に行った。母は歌手トニー・ベネットの八〇歳の誕生祝いのパーティでトニーに紹介されて興奮していたし、ダイアナ・クラールのコンサートに行き、楽屋に招き入れられて、ダイアナから「まだ

イラナと私は、家族や友人と出かけるクルーズ旅行に即座に恋をした。この写真は、地中海クルーズのときのもの。私たちの母親ルースとベティとの最後のクルーズ旅行にもなった。

誰にも話していないんですけど——実は双子を妊娠してるの！」と打ち明けられたときはびっくりしていた。イラナと私は母と何度も地中海クルーズに出かけ、ギリシャやアラスカにも行った。特別な日々だった。

　イラナのお母さんのルースもそのわずか二カ月後に亡くなって、私たちの人生にはぽっかりと大きな穴が残った。何歳になっても親を亡くすと、それまで自分を安全な場所に引き留めてくれていた錨《いかり》を失ったような気がするものだ。母の死後、私は沈んだ気持ちでさまざまな手続きをこなした。家族や友人を訪ねて母のことを語り合った。必要な手続きをすべてすませたあとでもまだ、一七日間のオリンピックの日程には余裕があり、私はソチに数日滞在して閉会式に出席した。行ってよかったと思っている。

　ソチ行きに備えてさまざまな本や報道に目を通すと、旧ソ連圏を特徴づけていた抑圧は、ロシアでは法の限界を超えていっそう悪辣なものに変容していたことを知った。二〇一三年にヴォルゴグラードで起きた、同性愛者の男性の殺害事件。ＬＧＢＴＱ＋の人々を標的とするヘイトクライムの急増。マッチングアプリを悪用し、危険に気づかない同性愛者の男性を誘《おび》き出して暴行を加え、場合によっては死に至らしめる同性愛嫌悪者《ホモフォビア》たち。

　ソチ・オリンピック開幕直前の数週間で芸術表現が弾圧され、デモ参加者が当局に尾行され逮捕されているという記事もあった。取り締まりに対して他国やスポーツ選手から批判の声が上がると、プーチンは、オリンピックには同性愛者も〝安心して〟参加してほしいと表明した。が、こう付け加えて軽蔑をにじませずにはいられなかったらしい——「子供に手を出さないかぎりは」ソチの市長は「我が町に同性愛者はいない」と断言した。もちろん、そんな非現実的なことがあるわけがない。

　短い滞在期間ではあったが、できるかぎり多くのロシア人と会い、話をしたいと考えていた。私は何年も前に学んでいた。ある国の政府高官が頑固な偏見の持ち主ぞろいだったとしても、その国の市民がみな同じとはかぎらない。ソチに到着した私たちは、防弾仕様のバンに押しこめられた。車体が重すぎて、ボブスレーの競技会場に向かう山道であやうく立ち往生するところだった。私がどこに行こうと警備の人間がついてくる。ようやくホテルに到着し、一時間後に簡単な記者会見を開いたときには、悲しく、時差ぼけで、少なからずいらだちを感じていた。記者会見では、オリンピック憲章の差別禁止を謳った条項に性的指向も追加すべきだと訴え、LGBTQ＋の人々がロシアで向けられている偏見と暴力に懸念を示した。

話しているあいだも、私の一言ひとことに食い入るように聴き入っている、明るい茶色の髪をした一〇代の痩せた少年がどうにも気になっていた。記者会見が終わってスタッフが私を次の目的地に移動させようとしたとき、青白い顔をしたその少年がついに勇気を奮い起こして私のほうに進み出た。カナダのドキュメンタリー映画の制作スタッフが一緒で、その少年を取材中なのだと私にさりげなく伝えた。

私は足を止めた。

「はじめまして、ヴラディスラフといいます。同性愛者です。ソチで生まれました」少年は強いなまりのある英語で早口に言った。「毎日いじめや暴力や恐怖に耐えています。僕は一七歳です。学校の友達はみんな僕の性的指向を知っています」

頬がこけ、怯えた目をしていた。全身が震えていた。私は手を握ってもかまわないかと尋ねた。少年の手を取ると、それもやはり震えていた。私は少年の目を見つめて言った。「私たちに――私に何かできることがあるとすれば、何をしてもらいたい？ぜひ力になりたいの、言ってみて」

「ロシアでは誰にも頼れません。ロシアから離れたほうがいいと思います。ここにいるのは怖いです」少年は言った。

私は、代表団に随行していた国務省とアメリカ大使館の職員のほうを振り返った。「何かできることはない？」誰かがヴラディスラフの連絡先を書き留めた。私は少年に向き直り、抱き締めて、かならず連絡すると伝えた。

残り二日の滞在期間中、少年のことが頭を離れなかった。

ヴラドは同級生にフェイスブックのアカウントに不正侵入され、アウティングされたのをきっかけに、いじめを受けていた。教師もいやがらせをしていて、数日前には学校の廊下ですれ違いざまに「おまえはろくな死に方をしないだろうな、ホモ野郎」と小声で脅されたという。命の危険を感じるのは当然だ。ヴラドのフルネームはウラジーミル・スラフスキーとわかった。ゲイの人権擁護活動を行った罪で刑務所に入れられずにすんでいたのは、一七歳の未成年だからだろう。ヴラドは唾を吐きかけられ、石を投げつけられ、瓶入りの小便を頭からかけられた経験を話してくれた。茂みに潜んでいた男たちにレイプされかけたこともあった。襲ってきた連中はヴラドの服を脱がせようとしたが、ぎりぎりで逃げ出した。知り合いの男性は拷問を受けたのち、逮捕に来た警察と入れ違いにリトアニアに逃れた。「本当にひどいです。恐怖の連続です。でも警察は助けてくれません」ヴラドは言った。「性的指向を隠せと言われました」

ヴラドにビザを発行してもらえるよう在ソチのアメリカ職員に頼んだあと、念のため国務省にも電話した。ヴラドの物語も盛りこまれた『ロシアへ、愛をこめて（*To Russia with Love*）』と題された感動的なドキュメンタリーを製作したカナダ人監督で活動家のノーム・ゴニックも、ヴラド支援に尽力してくれた。ヴラドには、保健福祉省難民再定住室が運営する〈保護者を伴わない未成年難民保護プログラム〉を通じて即座にビザが発行された。

ノームのすばらしいドキュメンタリー映画は、ソチ・オリンピック開催前にロシアの反同性愛法がもたらした衝撃をつぶさに描き出した。なかには当局に隠れて撮影された映像もあった。ノームとスタッフは何度か逮捕されかけた。

私は母校であるカリフォルニア州立大学ロサンゼルス校のスポーツ局長ダン・ブリッジズに電話をかけ、ヴラドがアメリカ入国後も滞在できるようにする手は何かないかと相談した。ダンは外国人学生に関連した手続きの経験が豊富で、カリフォルニア州立大学ロサンゼルス校が保証人となってヴラドの学生ビザを申請すれば、難民申請後も滞在できるはずだと教えてくれた。いろいろなことが順調に進み始めた。ヴラドの受け入れ先が確保できたのだ。私は旅費と、カリフォルニア州立大学ロサンゼルス校の学費と寮費を肩代わりすると申し出た。

その年の六月、ヴラドがニューヨークに到着した。ロサンゼルスに向かう前に、イラナと私は彼としばらく一緒に過ごした。ヴラドは青ざめた顔をして不安げだったが、とにかくロシアから無事に出国できたことに私たちは安堵した。ヴラドは、ソチ空港に行く途中で逮捕されるのでは、次は税関で逮捕されるのではと怖かったと話した。飛行機に搭乗してからも、ドアが閉まって離陸するまでは不安だった。オリンピックが終わって諸外国の監視の目がなくなったとたん、LGBTQ+に対する弾圧はさらに悪化したという。当局による手入れが相次いだ。生きていられるだけでほっとしているとヴラドは言った。

ニューヨークで過ごしているあいだに、ヴラドはウェストヴィレッジ地区で開催されたプライド・マーチを初めて見た。ノームはその様子もフィルムに収めた。ヴラドはずっと目を輝かせていた。「すごい。本当なんだね……自由な人たちがいる！　幸せに暮らしてる人たちがいる！」ヴラドは完成したドキュメンタリーのなかで、驚いたように口を軽く開いてそう言っている。カリフォルニア州立大学ロサンゼルス校に通い始めてしばらくたったころ、ヴラドは恋に落ち、その彼と婚約した。その後ペンシルヴァニア州に移って勉強を続けている。アメリカ市民権も申請中だ。卒業前の最後の学期を前に、ロシアを脱出してよかったと思うかと訊かれ、ヴラドは笑って言った。「心の底からよかったと思います」

母の命が終わる一方で、私の知る別の誰かの人生が新たに始まった。

第32章

私はビリー、平等の支持者

　今日、同性愛者であるとオープンにするのを特別なことと思っていないLGBTQ+のティーンエイジャーを見ると、うれしくなる。喜びを抑えきれなくて、声に出して笑ってしまうこともある。セクシュアリティを自由に定義し、かつて侮蔑語だった″クィア《Q》″という言葉を肯定的に使えるようにした若い世代が本当に誇らしい。二年前、女子スポーツ財団が毎年開催しているパーティに出席した女子アイスホッケー全米代表チームのキャプテン、ミーガン・ダガンが、妊娠中であることや妻についてごく当たり前のことのように語ったときも、うれしくて思わず微笑んだ。いずれも、私たち世代が次の世代のために世界をよいほうに変えた証だ。それでも、その改革の歴史をきちんと伝えるようつねに心がけている。歴史を知れば知るほど自分を深く理解できるようになり、さらには未来を形作る足がかりにもなるからだ。

　たとえば、あれから四四年もたってキング対リッグズ戦がハリウッドで映画化され、そのおかげで平等や性自認について世界に向けて語る機会がふたたび私に与えられることになるなんて、誰が予想しただろう。しかし、『トレインスポッティング』やアカデミー監督賞を受賞した『スラムドッグ$ミリオネア』で知られるダニー・ボイルと彼のビジネスパートナーであるクリスチャン・コルソンから、〈バトル・オブ・ザ・セクシーズ〉を映画にしたいとの申し出があったとき、いまならと思えた。

　これまでも何度か映画化の提案はあったが、ダニーは製作資金をすでに確保していた。脚本は『スラムドッグ$ミリオネア』のサイモン・ボーフォイ。心温まるコメディ映画『フル・モンティ』を書いた人だ。ダニーは監督にヴァレリー・ファリスとジョナサン・デイトン夫妻を指名した。二人の過去の作品には、大ヒット映画『リトル・ミス・サンシャイン』などがある。私を演じるのは『ラ・ラ・ランド』でアカデミー主演女優賞を受賞したエマ・ストーン。ボビー・リッグズ役には、まさに適任と思えるスティーヴ・カレルが選ばれた。試合までの物語と並行して、私とマリリン・バーネットの関係もサブプロットとして描かれる。完成した映画は事実よりドラマチックではあったが——ドキュメンタリーではなく娯楽作品なのだから、それでかまわない——観た人を勇気づける力強いメッセージを伝えていた。

撮影開始前にはエマとほとんど話さなかった。エマにはエマなりの役作りのプロセスがあるからだ。撮影終了後は親しい友人になった。初めて会ったとき、エマは私がボビーと対戦したときの年齢、二九歳になろうとしているところだった。深い奥行きを感じさせる人だ。私が送ったメッセージのなかにあった質問——「エマ、あなたは遺産《レガシー》として何を残したいですか」——が、ずっと心に残っていたとエマは言う。この役をもらう前から、自分とちょうど同じ年ごろだった私が権利と機会の平等を求めてどれほど懸命に闘ったか、なんとなく知ってはいた。しかし役作りのためのリサーチをし、それを踏まえて私になりきろうとしたとき、エマのなかで何かが変わった。エマによると、五キロから一〇キログラム分の筋肉を増やすためのトレーニングを通じて、自信が芽生えたのだという。自分は思っていた以上に強い人間だとわかった。役を離れたところでも、自分の内なる声を信じる勇気を得た。映画の完成後、自分の考えを積極的に発信するようになった。

映画のプロモーション中、ハリウッドの大物プロデューサー、ハーヴェイ・ワインスタインの性暴力疑惑が報道され、それが引き金となって、自分も同様の被害を受けたという女性たちの苦痛に満ちた告発が世界から相次いだ。告発の多くはソーシャルメディア上で〈#MeToo〉のハッシュタグをつけた投稿の形で行われた。

エマは、エンターテインメント業界に従事する三〇〇名を超える人々とともに〈タイムズ・アップ（TIME'S UP）〉というセクシュアルハラスメントに抗議する運動を始め、二〇一八年の元日、アメリカ女性農業労働者連盟との連帯を示す書簡を公表した。アメリカ女性農業労働者連盟は七〇万人を越える女性農場労働者が所属する団体で、職場での暴行やハラスメントを告発し、ほかのあらゆる被害者との連帯を表明する公開状を『タイム』誌に掲載した。タイムズ・アップは、ハリウッドだけでなく、アメリカ全土のブルーカラーの職場における平等の促進と制度的な虐待と差別に立ち向かうという野心あふれる理念を掲げている。全国女性司法支援センターによって弁護基金が設立され、初年度だけで二二〇〇万ドルを集めた。二〇二〇年、基金の支援で四〇〇〇人を越える被害者が裁判を起こした。

二人一緒に受けたインタビューの一つでエマは、私たちテニス選手の賃金格差解消の闘いと、ハリウッドでの自分の経験を重ね合わせた。出演料を同等にしてもらうには、男性の共演者に減額を了承してもらう必要があると『アウト』誌に対して述べた。「これもかならずしも議論に上らないことの一つです――同一賃金を実現するには、無欲になって〝いいよ、それが公平だよね〟と言ってくれる人を増やさなくてはなりません」

そして誰かが信念を持って主張すれば、みながそれに続くドミノ効果が期待できると強調した。「男性の共演者が、私より高額の出演料を提示されたけれど、私たちは平等なのだからと考え、自分と私の出演料を同額にするために減額に応じてくれれば、私が将来提示される出演料は上がり、私の人生が変わります」エマは言った。「ビリー・ジーンのフェミニズムはそういうことです。心から賛同します……〝女だからこう、男だからこう〟という話ではないんです。〝私たちはみんな同じで、みんな平等だ。誰もが同等の敬意と権利に値する〟という話なんです」

エマは、一流アスリートの気持ちが一〇〇パーセント理解できたわけではないが、「葛藤し、不安を抱え、みなの注目を集める気持ちは理解できます。自分のすべてをさらけ出すなんて無理だという気持ち、間違ったことを言ってしまったら、世界の役に立てなかったらという不安も」と話した。エマはまた別のインタビューで、リッグズ戦の余波についてこう語った。「すべては一人の若い女性から始まりました。弱いところも不安もあったけれど、それでも勇気を出して声を上げた一人の女性から。その女性はこう教えてくれました。偉大なことを成し遂げるためには、かならずしも完璧な人間である必要はないと。不安があろうと、それを乗り越えて声を上げることは可能なのだと。

それは、いまの世界に必要なすばらしい物語だと私は思います」

苦労の末に実現した、アメリカ市民と移民の人権を守るさまざまな法律や制度を廃止しようと執拗なまでに試みたトランプ政権時代は、公民権を求めるデモ隊を警察が消火ホースや犬を使って排除しようとした一九六〇年代のアメリカに逆戻りしたかのようだった。メキシコとの国境で移民の親子を引き離して別々に収容するようアメリカ合衆国大統領が命じる日がまさか来るとは、夢にも思っていなかった。あるいは、自分がホワイトハウスを出てラファイエット広場を通り抜け、有名な教会の前で聖書を――上下さかさまに――掲げて写真を撮影するためだけに、通り道で平和に抗議活動をしていた人々を催涙ガスやゴム弾で追い散らす日が来るとは。それに、そう、選挙の前にアメリカ中の商店が自衛のために入口やウィンドウを板でふさいだり、連邦議会が大統領選でのトランプ敗北を認定した日に起きたように、現職大統領が自分の支持者を煽って議事堂に向けて行進させたりする日が来るなんて、思ってもみなかった。どれも進歩とは苦しくゆっくりとした歩みであること、民主主義は壊れやすいものであること、監視を怠ったら一瞬でひっくり返されてしまうものであることを改めて思い出させるできごとだった。気をゆるめてはいけない。ありとあらゆる領域で、まだやるべきことはたくさん残っている。

だからこそ、ブラック・ライヴズ・マター運動が必要になったことが悲しくてたまらない。この運動は二〇一三年、トレイヴォン・マーティンを殺害したジョージ・ジマーマンの無罪宣告を受け、アリシア・ガーザ、パトリッセ・カラーズ、オパール・トメティの呼びかけで始まった。一方で、二〇二〇年の夏、社会に組みこまれた制度的人種差別に立ち向かう気運が高まったことには励まされた。警察官によるジョージ・フロイドとブリオナ・テイラーの殺害事件、退職した警察官とその息子がジョギング中だったアマード・アーバリーを殺害した事件に抗議する大規模デモは、社会、政治、政府のいかなるレベルでも無視できないものだった。ウィスコンシン州ケノーシャの警察官が、自分の車に戻ろうとしたジェイコブ・ブレークを背後から七度撃つ事件が起きる以前に、私たちは忍耐の限界に達し、ついにアメリカ中の人々が――世界中の人々が――立ち上がり、「もうたくさんだ」と声を上げたのだ。

心に耐えがたい痛みを感じたが、私を何より勇気づけたのは、市民のあいだから自然にほとばしり出た同情、新たに制定された法律、歴史の語られ方を見直す動きだった。長年、私たちが教えられてきたのは、白人の歴史だ。あらゆる肌の色をしたたくさんの人々がデモに参加する光景は、一九六〇年代以来、初めて見た。私にとって、アメリカという国を定義している価値ある何かを再確認させる光景だった。デモに集まった人々を見たとき、私の目にもう一つ映ったものがある――有権者だ。あまりにも多くの理想が汚され、あまりにも多くの人が傷つけられたことにうんざりした有権者だ。

落選した側から不正の訴えがなされることになる二〇二〇年一一月の大統領選を前に、私はほかの大勢の市民と同じように、民主主義が大きな危険にさらされていると感じていた。史上最多の一億五八四〇万のアメリカ人が大統領選で投票した。開票結果を待つ緊迫した空気のなか、投票日から四日目、およそ七〇〇万票差でジョー・バイデンとカマラ・ハリスが勝利したと報じられた瞬間、人々は通りに繰り出して祝った。なかには歓喜と安堵の涙を流している人もいた。しかし案の定、トランプ大統領はそれから二カ月ものあいだ敗北を認めず、ホワイトハウス前に集まった支持者に向けた演説をきっかけとして連邦議事堂が襲撃される事件が起きた。それは恐ろしい結果を招いた――警察官を含む五名の死者が出た。しかし、一連の不穏なできごとは、最後には民主主義がいまも機能していると証明することになる。トランプと支持者は六〇件以上の訴訟を起こして選挙の無効を訴えた。どの裁判所も、選挙に不正があったことを裏づける証拠は一つとして見つからないと判断した。連邦議事堂襲撃事件は上下院の議員を震え上がらせたが、彼らはその日の夜には略奪された議場に戻り、午前四時までかかってバイデンとハリスの勝利を認定する手続きを完了した。あの二週間のめまぐるしさといったら。一月六日水曜日に議事堂襲撃事件が起き、翌週の水曜日にはトランプが（二度目の）弾劾訴追を受け、さらにその翌週の水曜日には、二万五〇〇〇名の州兵による前例のない厳重な警備のもと、バイデンとハリスの就任式が行われた。

国民の結束を訴えるバイデン大統領の就任演説は非の打ちどころがなかったと私は思う。「私たちを分断する力は強大で、その力は本物です。しかし、決して新しいものではないことを私は知っています……私たちの〝善性〟はつねに勝利を収めてきました……今回も勝利できるでしょう」ハリス副大統領は、傷ついた国の魂を癒やさなくてはならないと強調し、女性として――そして非白人として――初めて副大統領に就任する感激と重要性を表現豊かに述べた。「私が初めてですが、最後ではありません」二二歳の若き桂冠詩人アマンダ・ゴーマンは、『わたしたちの登る丘』を朗読して国民の心を震わせた。この国は「壊れたわけではない、ただ未完なだけで……光はつねにそこにあった。私たちにそれを見る勇気があるならば。その光になる勇気さえあるならば」。

ハリス副大統領は、インド系アメリカ人の母親とジャマイカ系アメリカ人のあいだに生まれた。ここまで来られたのは、先駆者や社会正義運動家ら偉大な先人あってのこととわきまえている。バイデン大統領は、民主党候補を選ぶ予備選で劣勢と言われていたが、サウスカロライナ州の民主党議員ジェームズ・クライバーンのバイデン支持表明を受けて圧勝した同州の予備選を境に風向きが変わり、黒人有権者の支持を得られたと述べている。

ハリス副大統領の勝利宣言演説を見ながら、イラナと私はその三年前にワシントンDCでヒューマン・ライツ・キャンペーン財団の晩餐会の楽屋で彼女に会ったとき、大統領選に立候補するつもりはないのかと尋ねたことを思い出した。私はまた、彼女より前に政治の世界で道を切り拓いた女性たちにも思いをはせた。エレノア・ルーズヴェルト、シャーリー・チザム、バーバラ・ジョーダン、アン・リチャーズ、ジェラルディン・フェラーロ、ドロレス・ウエルタ、マデレーン・オルブライト、マキシーン・

ウォーターズ、ヒラリー・クリントン、サンドラ・デイ・オコナー、ルース・ベイダー・ギンズバーグ、ソニア・ソトマイヨール、エレナ・ケイガン。カマラ・ハリスの副大統領就任は、女性の地位を高めるための先人たちの努力と闘いの道のりが正しかったことを裏づけた。きっとやれると私たちは信じた。そしていま、それは実現した。

　二〇二〇年のブラック・ライヴズ・マター運動には、一九六〇年代の公民権運動とは大きく異なる点があった。二〇一七年一月、ドナルド・トランプの大統領就任式の翌日に行われた第一回のウィメンズ・マーチを見たときにも、同じことを思った。その日一日だけで、ワシントンDCのデモ行進に一〇〇万を超える人が参加し、アメリカ全土ではさらに五〇〇万の市民が街に出て抗議の声を上げた。世界では数百万の人がデモに参加した。それだけの数の人々が、有色人種、女性、移民、LGBTQ＋の人々、貧窮者、病に苦しむ人々、身体に障害を持つ人々を標的とした政策や発言に抗議した。それだけの数の人が、社会でもっとも弱い立場に置かれた人々のために行動を起こしたのだ。

　見るからに多種多様な人が団結する姿を、私はアメリカ国内で初めて見た。抗議の理由は何であれ――ブラック・ライヴズ・マター、#MeToo、タイムズ・アップ、投票を呼びかける運動、アジア系アメリカ人への暴力に反対する運動――あらゆる人種、年齢、民族、宗教、性的指向の人々が、それをすべての人に共通する問題であると認識し、心を一つにして行進した。黒人の住民がほとんどいない、白人が多数を占めるコミュニティでも、人々は街に出て、八分と四六秒――ジョージ・フロイドが首を押さえつけられ、苦しみながら死んでいったのと同じ時間――地面にうつ伏せで横たわり、ブラック・ライヴズ・マター運動との連帯を表明した。平等な社会を実現するための手段を私たちはついに見つけようとしているのではないか。私は生まれて初めてそう感じた。なぜなら、実現には包摂《インクルージョン》が欠かせないからだ。全員で達成する以外にないからだ。そうでなくては意味がない。ジョン・F・ケネディはかつてこう言った。「自由は不可分です。たとえ一人でも奴隷状態に置かれている人がいるなら、誰一人自由ではないのです」

　南アフリカのズールー人の言葉に、この精神をみごとに言い表す単語がある――〝サウボナ〟だ。日常で使われる挨拶の言葉で、字義どおりに訳すなら、〝あなたの存在を認めます、あなたは私にとって大切な人です、あなたを尊重します〟となる。互いを個人としてありのままに認め、尊重し、その人の長所や足りないもの、悲しみや欲求に注意を払うよう促す言葉だ。サウボナと言われたら、たいがいの人はこう返す――〝シコバ〟。私はあなたのためにここにいます。私もあなたを尊重します。

　社会正義を論じる人はしばしば〝交差性《インターセクショナリティ》〟という言葉を使う。人はみな互いに不可分であるという意味だ。私たちは誰もが一つのシステムに属している。機会均等や人種差別について語るとき、はざまからこぼれ落ちてしまう人々がいる根本的な原因に触れないわけにはいかない。女性を解放したいなら、人種差別、性差別、性や生殖に関する権利、賃金や富の配分における大きな格差にも目を向けなくてはならない。

　北極圏の温暖化の事実と、それに影響を及ぼしている先進工業国の経済活動を切り離しては考えられない。いまの若い世代は、旧世代より多くを知っているように見える。スウェーデンの一〇代の少女グレタ・トゥーンベリは、世界の権力層に向け、いま気候変動危機の解決に本腰を入れて取り組まなければ、自分の世代が受け継ぐ地球は果たしてどうなっているだろうかと真正面から真実を突きつけ、世界中に知られるようになった。

　私が生きてきたあいだに、アメリカでは銃犯罪が人権を脅かす危機となって新たな運動を生み、そこからも若き指導者が次々と現れた。そのなかに、二〇一八年二月一四日にフロリダ州パークランドのマージョリー・ストーンマン・ダグラス高校で発生した銃乱射事件の生存者がいる。この事件では一七人の生徒と教職員が殺害され、ほかに一七人が負傷した。フロリダ州で起きたこの悲劇もその一例だが、銃乱射事件が相次ぐなか、私たちは被害者の名前ではなく事件が起きた場所の名前で事件を区別するようになっている。コロンバイン高校。ヴァージニア工科大学。サンディフック小学校。ラスベガス。オーランドのナイトクラブ〈パルス〉。パークランド。

スクワレルヒル。新たな事件が起きるたび、政治家は〝思いは被害者とともにある〟などとお悔やみの言葉を口にするが、実際には何ら有効な対策を取ろうとしない。

ストーンマン・ダグラス高校の生徒は、その現状をよしとしなかった。一部の生徒が〈マーチ・フォー・アワー・ライヴズ〉を組織した。若者世代によるデモ活動としてはベトナム戦争時代以来の規模のものだ。多寡を問わない寄付やベテラン活動団体による運営上の支援を受け、デヴィッド・ホッグ、エマ・ゴンザレス、キャメロン・キャスキー、アレックス・ウィンド、アルフォンソ・カルデロン、サラ・チャドウィック、ジャクリン・コリン、デラニー・タールらの生徒がリーダーシップを取り、事件から一カ月とたたず、推計八〇万人が参加するデモがワシントンDCで行われた。〈マーチ・フォー・アワー・ライヴズ〉運動は、ワシントンDCだけでなくアメリカ各地に広がった。のちに『ティーン・ヴォーグ』誌のインタビューで、ストーンマン・ダグラス高校の生徒は大半が白人だからあれだけ注目されたのだろうという声があるが、それについてどう思うかと訊かれたとき、デヴィッド・ホッグはまったく動じずにこう答えた。「そのとおりだと思います」運動の中心となった生徒たちは、銃声が響くことなどまずないような恵まれたコミュニティの出身であるという認識を持っていた。だから、ワシントンDCでのデモ行進には、銃犯罪が日常の一部となっているシカゴやワシントンDC周辺の学生にも参加を呼びかけた。その後もほかの若者グループとの連合関係を広げ続けている。これも私たちはみなつながっていることを示す例の一つだ。

ワシントンで行われた第一回のマーチ・フォー・アワー・ライヴズでは、二十数名がスピーチをしたが、その全員が学生や若い活動家だった。新世代が旧世代をリードした。子供たちは、ほかの子供が撃たれて死ぬのをもう見たくないと訴えた。

心が震える瞬間の一つは、一八歳のエマ・ゴンザレスのスピーチ中に訪れた。銃撃事件が起きたとき、校内のゲイ・ストレート同盟の代表であるエマは、中庭でバレンタインデーの贈り物を配っていた。仲のよい友人が銃撃で倒れたあと、ほかの生徒たちと学校の講堂に二時間隠れ、警察の救出を待った。

ワシントンDCで登壇したエマは、全被害者の氏名を一つひとつ読み上げた。彼らが統計上の数字ではなく、一人の人間であったことを強調して伝えるためだ。そのあと、ふいに黙りこんだ。長い沈黙が続いたが、その間《かん》、数十万のデモ参加者も静かに見守った。やがてエマは言った。「私がここに立ってから、六分二〇秒が過ぎました。犯人は六分二〇秒で銃撃をやめ、ライフルを捨て、避難するほかの生徒にまぎれて逃走し、それから一時間後に逮捕されました。

立ち上がろう、自分の命を守るために（Fight for your lives before it's someone else's job.）」

すばらしい。

彼女はたった九語で〝立ち上がれ〟と呼びかけた。その九語にすべてが凝縮されていた。

エマがワシントンDCのナショナルモールに集結したマーチ・フォー・アワー・ライヴズ運動の群衆に語りかけているころ、イラナと私はニューヨークで推計一七万五〇〇〇人が集まって行われた同じデモに参加していた。デモ隊の集合エリアはセントラルパーク・ウェスト——ジョン・レノンが錯乱したファンに射殺されたすぐ近くだった。

同年、私はニューヨーク市で開催されたプライド・マーチにゲストとして招かれた。エマもやはり招かれていたから、ぜひ会いたいと彼女を探した。プライド・マーチは、ゲイ人権擁護運動の発端となった〈ストーンウォール暴動〉の発生日にちなみ、毎年六月の最終日曜日に行われている。ウィンブルドン大会の日程とかち合うため、イラナと私はそれまで一度も参加できていなかった。しかし二〇一八年、ウィンブルドンの開幕日が例年より遅れたおかげで初めて招待に応じ、パレードの先頭を行く栄誉を得た。

北京で開催された第四回世界女性会議でヒラリー・クリントンが演説を行い、「女性の権利は人間の権利」と宣言した一九九五年、エマ・ゴンザレスはまだ生まれていなかった。しかし話しているうち、同世代のほかの若者と同様、エマがしっかりと理解していることがよくわかった。エマと全国の学生リーダーは、二〇二〇年の大統領選挙前の数カ月、〈ヴォート・フォー・アワー・ライヴズ（命を守るために投票に行こう〉運動を組織し、よりいっそうの文化変動を推し進めた。若者世代はバイデン＝ハリス陣営を支持した。また元ジョージア州下院議員ステイシー・エイブラムスが始めた、同州内で根深く続く投票者抑圧を排除して黒人住民の有権者登録を促す運動を支援した。エイブラムスの運動が功を奏し、連邦議会上院議員二名の決選投票で民主党候補が勝利を収め、二〇二二年の中間選挙まで上院で民主党が多数を占めることになった。若者たちはいまも州や連邦の議員に銃規制強化を訴え続けている。平等な社会をめざす闘いと銃による暴力を排除する闘いをひとつながりのものと見ているのだ。「何かを成し遂げようと思ったら、二つの陣営の両方に働きかけ、意見を聞くことです」エマは『ヤフー・ニュース』の記事でそう語っている。「私たちが何よりも強く意識してきたのはインクルージョンと、アメリカ全土に点在するコミュニティを真の意味で一つに結びつけることです。全員が同じ目標を共有し、それぞれの訴えを明確にし、一つの巨大な運動としてみなで一緒に訴えられるようにすることをめざしてきました」

#NeverAgain、ブラック・ライヴズ・マター、タイムズ・アップ、#MeToo——どのムーブメントも、結局のところ、すべての人が平等である社会を求めている。ゲイの女性である私は、そうでない社会がどんなものであるか知っている。そんな場所では生きられない。出身や宗教、肌の色、自認するジェンダーや性的指向が何かなど関係ない、あらゆる人に人生を存分に生きる資格がある。私がそう言い続けているのは、だからだ。平等のために人生を懸けたのは、だからだ。

エマと別れたあと、イラナと私はオープンカーに乗り、七番街で行われたプライド・パレードを先導した。道の左右のどちらを見ても、幸福の製造工場が爆発して、この世の喜びのすべてがニューヨークの街にあふれ出したかのようだった。風船や旗、コスプレをした人、歌やダンス。歩道を埋めた人たちに笑顔で手を振ると、みな歓声を上げて手を振り返した。あの一体感を経験できたのは、本当に意義深いことだった。

世界中で起きているＬＧＢＴＱ＋の権利を守るための運動は、二一世紀のいま広がりを見せているあ

2018年のウィンブルドンはふだんより遅い開催となり、イラナと私はニューヨーク市のプライド・マーチに初めて参加できた。私は先頭の車に乗って全体の指揮を執るよう依頼された。
先頭を行くのは痛快だった。コミュニティの活気をじかに感じ取れたし、楽しんでいる観衆に手を振るのも楽しかった。

らゆる公民権運動と同じ重要なものとなっていくだろう。アメリカがその先頭に立って手本を示すことも重要だ。二〇二〇年六月、合衆国最高裁は、LGBTQ＋の権利保護を否定するトランプ政権の方針を退け、性に基づく雇用差別を禁止している一九六四年公民権法第七編はトランスジェンダーの労働者の権利をも保護しているとし、LGBTQ＋の職場差別を違法とする判決を下した。この判決は職場差別に焦点を当てたものとはいえ、『ニューヨーク・タイムズ』紙の取材に応えた法学者は、教育、医療、住宅取得など日常生活全般に拡大して適用される可能性があると話している。ここでもまた、私たちの力を奪おうとする敵の動きが、逆に私たちを前進させたのだ。

ゲイの問題に関するオバマ大統領のスタンスは時とともに少しずつ前進したが、私は彼ならかならず正しいことをするとずっと信じていた。たとえばオバマ大統領は、軍の〝訊かざる、言わざる〟という時代錯誤な方針を撤廃した。結婚防衛法の擁護を放棄するよう司法省に指示した。公民権法はLGBTQ＋の人々を差別から保護していると解釈した。二〇一二年には同性婚を全面的に支持すると表明し、同性婚を公民権とすると宣言した。二〇一五年にオーバーグフェル対ホッジス裁判において同性婚は憲法で保障された権利であるとする判決を合衆国最高裁が下す三年も前のことだ。

結婚に関する法律が変わり、私たちの友人も次々に結婚式を挙げた。二〇一四年、ロージー・カザルスとコニー・スプーナーは、三六年の交際期間を経て美しい結婚式を挙げた。イラナと私はロージーたちとクルージングに出た。涙、涙の一日だった。イギリスで同性婚が合法化されると同時にデヴィッド・ファーニッシュと挙式したエルトンは、きみたちも結婚しなよと私たちを急かした。よかったら結婚式で歌うよとまで言った。エルトンがラスベガスで開催した〈スマッシュ・ヒッツ〉イベントでは、ジョン・マッケンローにこうからかわれた。「ビリー・ジーン、結婚しちまえって！　いまさら迷う理由はないだろ！」

私に言わせれば、そんな単純な話ではなかったし、イラナが相手でいいか迷っているとかいうことでもなかった。イラナは私の生涯の恋人だ。経済的な理由や資産がらみでもない。そういった懸案について、私たちのあいだではすでに合意ができていた。それよりも、私はそのころもまだ結婚というものに相反する感情を抱いていたからだ。それにイラナと私は、結婚という形を取るまでもなく、互いを生涯のパートナーと考えていた。二人で贈り合った指輪を何年も着けている。いまさら変える必要があるだろうか。

しかし二〇一八年の秋、私たちは、元ニューヨーク市長で親しい友人であるデヴィッド・ディンキンズに電話をかけ、申し出をありがたく受けたいと伝えた。デヴィッドはもう何年も前からこう言ってくれていた――「結婚する気になったら、私が式を挙げてやるよ!」私たちは、二人でよく話し合った末、結婚する十分な理由があると納得した。私たちが結婚という選択肢を与えられているのは、法律を変えるために大勢が闘ってきたおかげだ。感情の上でも、互いに対する愛に一定の形を与えることに意味があると思えるようになっていた。話し合いのなかで、私はイラナにこう言った。「いまから何年かたったとき、私はどこまであなたに本気だったのかと他人に疑われたくない」

そんなわけで、二〇一八年一〇月一九日、ニューヨークのアッパーイーストサイド地区にあるデヴィッドのアパートで、私たちはひそかに結婚した。〝結婚祝いにほしいものリスト〟をブルーミングデール百貨店に登録したりはしなかったし、ライスシャワーで祝福してもらったり、お互いの顔にウェディングケーキを投げつけたりもしなかった。新婦の一人はジーンズを穿いてしゃれた赤いスカーフを首もとに巻き、もう一人は黒いシャツに動きやすいウォームアップスーツという服装に――なんと!――真珠のネックレスを着けた。自分ではそれで少し華やかに装ったつもりだったが、イラナにはいまだにそのことをからかわれている。

この本の執筆前に私たちが結婚したことを知っていたのは、結婚許可証を発行してくれた市役所の職員、デヴィッドと奥さんのジョイス、証人になってくれた夫妻の秘書だけだった(デヴィッドは二〇二〇年一一月に九三歳で亡くなった。ジョイスはそのわずか一か月前に八九歳で亡くなったばかりだった)。

デヴィッドは結婚式を執り行うのが大好きで、誓いの言葉も自分が選びたいと言った。選んでくれた言葉は完璧だった。簡潔で、美しくて、誠意にあふれた言葉だ。伝統的な〝はい、誓います（I do.）〟の代わりに、私たちは「約束します（I promise.）」と答えた。式の前にはずしておいた指輪を、改めてお互いの指にはめた。指輪の交換は感激だった。式が終わると、デヴィッドがシャンパンの栓を抜き、イラナと私は二人ともふだんはお酒を一滴も飲まないが、この日だけはほんの数口だけいただいた。

「これまで人生の隅々まで公にしてきたんだから、結婚を秘密にしたのは特別なこと、私たちをいっそう強く結びつけることだった」イラナはのちに友人にそう打ち明けている。「世界に知ってもらう必要なんてなかった。私たちの気持ちは、ビリーと私だけが知っていればいいことだもの。二人とも、それがとてもうれしかったのよ」

二〇一九年秋、私は撮影クルーとともにふるさとのロングビーチに帰り、人生の礎《いしずえ》となった場所を訪れた。子供時代を過ごしたリグリーハイツの家。六〇年前に最初のコーチ、クライド・ウォーカーと出会ったホートン・パーク。リチャーズ師に浸礼を施してもらい、与えられた使命を果たす日を夢見た教会。チャールズ・エヴァンズ・ヒューズ中学校、髪をなびかせる風を感じたくて校庭を全力疾走したロスセリトス小学校。

ロングビーチは、延べ面積およそ九〇〇〇平方メートルを誇る最新式の図書館に私の名をつけ、開館式を催した。ビリー・ジーン・キング中央図書館は、ロングビーチのダウンタウンにある市民センターの真ん中に位置しており、先見の明のあるロバート・ガルシア市長のもとで五億二〇〇〇万ドルを費やして行われた再開発事業の一環として建設された。たくさんの書物はもちろん、最先端のテクノロジー、コンピューター、退役軍人向けのプログラム、求職支援サービス、会議スペース、子供向けのプログラム、3Dプリンターを備えた〝ものづくりスペース〟など、二一世紀の地域社会の発展に必要なものが何でもそろっている。私はつねづね、自分を作ったのはロングビーチだと公言してきた。新しい図書館が、人々が望みどおりの未来を作るために必要な支援を受けられる場所になってくれるよう願っている。

上／エルトンとデヴィッド・ファーニッシュ。 2002年、イラナと私はデヴィッドの40歳の誕生日をヴェニスで祝った。二人は2014年に結婚した。
下／ 2018年10月18日、結婚当日。デヴィッド・ディンキンズと妻ジョイスとともに。デイヴィッドから「結婚する気になったら私が式を挙げてやるよ!」と言われていた。

訪問先の一つ、ロスセリトス小学校では、私が会う予定だった五年生のクラスは、私が来ることを事前に知らされていなかった。子供たちは、〈ふつうの人が世界を変える〉シリーズの一冊、ブラッド・メルツァーとイラストレーターのクリストファー・エリオポラスの児童書『私はビリー・ジーン・キング（*I Am Billie Jean King*）』を読んでいた。その日の課題は、本の最後の一文――「私はビリー・ジーン・キング、平等の支持者です」――を例に、大人になったら何になりたいかをクラスの前で発表することだった。私が教室に入っていったとき、担任の先生に指名された生徒が一人ずつ、大人になったらどんなことをして世界を変えたいかを発表していた。

「環境を守りたいです」

「銃犯罪に反対する活動家になりたいです」

「麻酔医になりたいです――」

「うわあ、それはとっても大切な仕事ね。麻酔医《アネスシジオロジスト》――よかった、むずかしい言葉なのにちゃんと言えたわ」私はジョークを言った。全員が振り返った。目が見開かれた。そのときの子供たちの表情といったら。

それから三〇分ほど、みんなでおしゃべりをした。前向きで無邪気な子供たちと話していると、自分が同じ年ごろだったときのことを思い出した。あのころは、どんな夢も大きすぎることはないと思えた。私はこう話した。「これからの三年間はとっても重要よ。高校や大学や、その先の一生を左右するような三年になる。その時間を楽しんで。先生の言うことをよく聞いてね。女の子も、男の子も、とにかくみんな――お互いを思いやること。誰かを人種やジェンダーで見てはいけません。自分のことばかり考えるのではなく、お互いに助け合うの。正しいことを続けましょう。みんながやってることではないのよ――正しいことを続けなさい。お互いに親切に、思いやりを持って」

ロスセリトス小学校には多様な生徒が通っている。生徒からの質問を募ると、人種やジェンダーに関することを尋ねる子が多かった。私も昔、同じようにこの教室で学び、大人になったら何をしたいだろうと夢想したこと、テニスの大会を観に行って、そこにいた全員が白人であることに気づいたとき、自分が何をすべきかわかったことを話した。「あの

ニューヨークのガールズ・プレップ・ローワーイーストサイド・スクールのビリー・ジーン・クラスルームに通うかわいらしい小学一年生と会うのが昔から大好きだった。この写真は2019年、ハグの順番を待つ子供たちと。

日、自分に約束したの。一生を懸けて平等のために闘おうって。誰もが参加できる社会にしたかったから。誰もが大事な存在なのよ。かけがえのない存在なの。ほかの人がどう言おうと関係ない。あなたは大事な存在、かけがえのない存在なのよ。自分がどんな人間なのか、他人に決めさせてはいけない。自分で決めなさい。心と頭を使って、自分で決めるの」

まだ将来の夢を発表していなかったほかの生徒たちの発表を聞いた。「ビデオゲームのデザイナーになりたいです」「心臓外科医になりたいです」どの子もすばらしかった。訪問授業の終わりに、一人の少年が手を挙げて発言した。「僕の両親はゲイとレズビアンの権利を擁護しています。僕はいじめに反対する活動家になりたいです」

「いじめられたことがあるの?」私は尋ねた。

「ないけど、友達にそういう子がいます。僕にはお父さんが二人いて、それが悪いことみたいに言われるときがあります。でもお父さんたちは、愛は愛だよ、愛している相手が誰だろうとそれは変わらないって教えてくれました。よくないことを言う人がいても耳を貸してはいけないよって」

「自分らしく生きようということね。自分を信じるということ」私は言った。「昔はとても恥ずかしいことだと思われていた。でもね、自分の声に耳を澄ましなさい。自分のことは自分が一番よく知っているはず。人生はあなたのものなのよ。だから、あなたが好きに決めればいい」

おわりに

いま、私の心は幸せで満ちあふれている。二〇代、三〇代、四〇代のころにこのくらい幸福でいられたらどんなによかっただろう。私の旅は、ときに苦しい時期はあったにせよ、喜びに満ちていた。人生とは実にすばらしいものだ。いまここで死んだらきっととても腹が立つと何度も言ってきた。まだやり残したことがある。時間切れが迫っているのがわかるから、いつも心のどこかで焦りを感じている。猫みたいに、命が九つあったらよかったのに。

歴史の本を読むと、時の経過を早く感じる。しかし歴史を生きると、歳月は実にゆっくりと過ぎていく。進化には時間がかかる。一夜にして革命が起きたように思えることもあるが、それはたいがい、明らかな転換点を象徴しているだけで、その陰には長い闘いがある。成功への道はハードルだらけだ。大きな勝利と挫折が潮のように満ち引きを繰り返す。変化というゲームはそういうものだ。勝利は過程だ。目の前の闘いを一つずつ越えていくしかない。目標は明確にしなくてはいけない。何を勝利と呼ぶのか、自分で決めなくてはならない。失敗さえ有意義なフィードバックと思えるようになったら、次の一歩を決めるときにその失敗を生かせる。

私はときどき、自分の人生が終わる瞬間を想像してほしいと人々に呼びかける――鏡を見たとき、そう、いまの私のように年を取って皺だらけになった自分と向き合ったとき、どんな自分を思い出したいですか。どんな自分を周囲に記憶してもらいたいですか。自分は何を信じたと言いたいですか。何を成し遂げたと言いたいですか。そういった問いを日々、意識して自分に投げかけることが大切だと思う。私たちは誰でも世界に影響を及ぼせる。選挙に出馬するのであれ、自分の家のような小さな空間で働くのであれ。

オリジナル9の離反、女子テニス協会の結成、そしてバトル・オブ・ザ・セクシーズに至るまでの私の人生は、とりわけ波乱に満ちていた。私たちは不安だったが、それでも前進を続けた。勇気を出してやってみるまで、自分の行動が人の心を動かすかどうかはわからない。人生をマラソンにたとえる人もいる。それよりも、短距離走の連続ではないかと私は思う。何度でもスタートし直せる。スタートするたび、足もとから延びる長く曲がりくねった道を、前よりちょっとうまく走れるようになっている。

いま生まれ変われるものなら、何だってする。もう一度やり直せたらどんなにいいだろう。周囲を見回すと、やらなくてはならないことがまだ残っている。そういうとき、私は一一歳だったころの気持ちに戻る。人生はあまりにも早く過ぎる。何かに一緒に取り組む人たちを、私はいつもこう言って急かす。「もうじき八〇歳になっちゃう。ぐずぐずしてる暇なんてないのよ」

いまも健康だし、気力も尽きていない。闘いをここで終えるつもりはない。

私は昔から夢想家だった。世界をどんな場所にしたいか、これからも夢想し続けるだろう。ドナルド・トランプの任期中、アメリカは差別の復活に向けて舵を切った。けれど、もっと寛容で、オープンで、互いを思いやるアメリカはまだどこかにあるはずだ。私はかつてこの目で見たのだから。

市庁舎から州議会、連邦議会、そしてホワイトハウスに至るまで、あらゆる立法機関をいまより多くの女性が占め、女性の大統領が誕生する日のために、デモに参加し、懸命に闘ってきた。たとえ私が生きているうちではないとしても、いつかかならず実現するはずだ。

いまの子供たちにどんなアドバイスがあるかとよく尋ねられる。そういうとき、女の子は完璧であれと教えられ、男の子は勇敢であれと教えられるが、そのどちらも間違っていると話す。つねに勇敢でいられる人などいないし、完璧な人もいない。女の子は、自分には何かが足りないとつねに感じている。男の子は、弱みを見せてはいけないと言われ続ける。そんなことはやめにしなければならない。それぞれ自分のなりたいようになればいい。

ジェンダーや性的アイデンティティにまだ悩んでいるLGBTQ+の若者には、いまわからなくたって大丈夫と励ます。何より大切なのは、安心できる環境と味方を得ることだ。私が完全にカミングアウトし、ありのままの自分で生きる自信を持ったのは、五一歳になってからだった。もっと早くそうしていればと悔やんでいる。LGBTQ+の子を持つ親には、子供にとってあなたはとても重要な存在なのだと言う。ほかに何もできなくても、たとえそれ一つしかできなくても、とにかく愛していると伝えてやってほしいと話す。

無条件に自分を愛してくれる人は、一人いればいい。一人いれば、生きていける。どんな子供にも、一人いれば足りる。愛してる、そのままのあなたでいい。その言葉があれば、大半の悩みは遠ざかる。その言葉は、誰かの人生を魔法のように変える。

ありのままに生きるようになったとき、ようやくまた息ができるようになった気がした。もう嘘をつかなくていい。隠れなくていい。本当の私でいていいのだ。だから、胸を張ってこう言える。楽しくて、ときどき孤独で、たびたび魂を揺さぶられるような、最高に充実した人生を過ごしてきた。議論も非難の嵐もあった。けれど、それを越えていま、ここにいる。

私は自由だ。

謝辞

ありのままでいられる空間、先頭に立つ自信、前進に必要な愛を与えてくれた家族に恵まれた私は幸せ者だ。四〇年以上にわたるパートナーであるイラナ・クロスは、私の愛であり、人生の錨であり、ビジネスのパートナーであり、真のソウルメートでもある。父ビル・モフィットと母ベティ・モフィットからは、愛と精神的な支え、規律、宗教心を与えられた。それが礎となっていまの私がある。弟のランディ・モフィットは、私の真の理解者であり、私の笑いのツボを心得ている。ランディほどすばらしい弟はほかにいない。私たちの絆は誰にも壊せない。イラナと私は大きな家族に恵まれた。血のつながりの有無にかかわらず、私たちにとってその一人ひとりが大切でかけがえのない存在になっている。家族に、友人に、そしてイラナのふるさと南アフリカで住まいと心を開いて私たちを迎え入れてくれた大勢の人々に、心の底からの感謝を捧げたい。

このような本を書くのは楽しい仕事だ。順調にスタートし、自信を持って終えられたのは、それを手助けしてくれた人たちの存在ゆえだ。私は自分の人生の物語を彼らに預けた。ジョーネット・ハワードは、ありあまる文才とジャーナリストとして磨き続けてきた勘、彼女自身と私の人生を分析する有益な視点をプロジェクトに注いでくれた。この本が無事に仕上がったのは彼女のおかげだ。メアリーアン・ヴォラーズも才能あるライターで、私たちの物語を最初に構想したのは彼女であり、本の完成は彼女によるところが大きい。クノッフ社のすばらしい編集者ジョナサン・シーゲルの的確な指示と専門知識はたいへん貴重で、この物語がふさわしい声を与えられ、読んで楽しいものに仕上がるよう尽力してくれた。ジョナサンはじめクノッフ社のみなさんにお礼を申し上げたい。私の文芸エージェント、デヴィッド・ブラックは貴重なアドバイスをくれ、有能なガイドぶりを発揮し、細やかな気配りでプロジェクトを完成に導いた。数十年にわたる友人で熱心なリサーチャーであるヘレン・ラッセルは、長い時間をかけて本文や写真に貴重な視点を加えてくれた。無双のドン・ゴビーは、女子プロテニス誕生までの鍵となるできごとの描写に誤りがないか、深い学術リサーチから得た知識をもって点検してくれた。

成功の度合いを測るには、その人の周囲にどんな人が集まっているかを見るといい。イラナと私には、人生を豊かにし、私たちが最良の自分でいられるよう後押ししてくれる友人が大勢いる。ラリー・キングは私の人生で大きな役割を果たし、いまも変わらず大切で寛大な友人だ。この本を書くに当たっては、彼の記憶に頼るところも多々あった。マールとリチャードのブラックマン夫妻にも無限の感謝を捧げたい。家族であることはもちろん、一九九〇年代初頭から、人生、資金調達、ビジネスに関していつも変わらず支援し、相談に乗ってくれた。いとこのドナ・リー・チャベスは、家族の歴史をつなぎ合わせる作業に大きく貢献してくれた。イラナと私は過去二五年間、たびたびクルーズ旅行に出て、世界の隅々まで足を運んだ。その旅にいつもつきあってくれるのが、ロージー・カザルス、コニー・スプーナー、ヴィクトリア・サリナス・ライト、J・R・ライトだ。彼らと、世界中で出会った大勢の友人たちに、ありがとうと伝えたい。分かち合った時間、みなで作った思い出、共有する未来は、私たちの宝物だ。

子供時代を過ごしたロングビーチの人々の愛と支援、そしてのちの人生を支えてくれた彼らの力がなければ、私はこの旅路を歩き続けられなかったかもしれない。誰にもふるさとはある。しかし、ロングビーチの人々が味方にいる私は幸運だ。スーザン・ウィリアムズ・キャザーウッドは、テニスというスポーツを教え、私の人生を変えた。ジェリー・クロムウェルとは人格形成期に一緒に練習し、二人ともテニスで見た夢を叶えた。クライド・ウォーカーは、どうすればチャンピオンになれるかを初めて教えてくれた。ほかのコーチや先生は、チャンピオンになるための自信を与えてくれた。ロングビーチという街がなかったら、とりわけロングビーチ・テニス・

パトロンズとセンチュリー・クラブがなかったら、私の旅はどこに向かっていたかわからない。心の奥底からの感謝の気持ちを、ロングビーチ市民や二〇一九年開館のビリー・ジーン・キング中央図書館に関わった市の職員にも伝えたい。

テニスを続けてきて本当によかったと思えるのは、チームの一員になれたことが大きい。とくにキャリア初期、最高のチームに恵まれた。テニスを楽しくしてくれたロージー、オーウェン・デヴィッドソン、キャロル・コールドウェル・グレイブナー、カレン・ハンツェ・サスマン、バーバラ・ブラウニング、キャシー・シャボー、パム・デイヴィス、そしてダブルスの全パートナーやチームメートに感謝を捧げる。テニスは個人競技だと思う人が多いが、私は生涯の友人が集まるコミュニティだと思っている。私のような若手選手を迎えてくれたホストファミリー、とくにバーバラとジャック・クラークに心からお礼を。彼らが遠征を可能にしてくれた。私とテニス界の家族とのつながりほど、〝人間関係がすべて〟というフレーズが重要な意味を持つ領域はほかにない。グラディス・ヘルドマンとオリジナル9——ロージー、ヴァレリー・ジーゲンフス、クリスティ・ピジョン、ジュディ・テガート・ダルトン、ケリー・メルヴィル・レイド、ピーチズ・バルトコビッツ、ナンシー・リッチー、ジュリー・ヘルドマン——がいなかったら、テニス界は決して変わっていなかっただろう。また、ジョセフ・カルマン三世、エレン・メルローらバージニア・スリム・ブランドの味方がいなかったら、女子テニスはビジネスとして成功しなかっただろう。彼らは私たちがスターになるため、そしてテニスを変えるために必要なものをすべて与えてくれた。彼らとともに私たちのテニスの歴史を綴れたことを本当に光栄に思っている。

一九七三年、テニスがまだ二つの女子プロツアーに分かれていたころ、ロンドンのグロスター・ホテルに六〇名を超える選手が集まって女子テニス協会を設立し、一つの組織として私たちの声を代弁することになった。唯一無二の道を歩み出す原動力となってくれた選手たち、事務局やCEO、理事、会長ら、私がWTAでともに仕事をする栄誉を授かった有能な人々に、感謝の気持ちを捧げる。WTAと女子スポーツ全般に生涯をかけて尽くし、知恵と計り知れない貢献を残した、並ぶ者のないピーチー・ケルマイヤーにも。テニスを新たな高みに引き上げ、ワールド・チームテニスの知名度を上げるため、四大大会出場を何度か逃すなど犠牲を払ってくれたクリッシー・エヴァートとマルティナ・ナヴラチロワにもありがとうと伝えたい。今日、私たちの遺産とWTAは、ほかの主立った関係団体――男子プロテニス協会、国際テニス連盟、全豪オープン、全仏オープン、ウィンブルドン、全米オープンの四大大会――と共存しながら生き続けている。

七三年以降、平等の最先端にいてくれており、私の人生に大きな影響を及ぼした全米テニス協会のすべての関係者に大きな感謝を。女子テニスの可能性を信じ、大会の開催場所を用意してくれた世界中のトーナメントのオーナー、プロモーター、大会職員、ボランティアがいなければ、私たちは成功できなかっただろう。また、女子テニスの歴史を保存してくれている国際テニス殿堂にも。私たちの物語は今後も語り継がれていくだろう。

女子スポーツ財団は、女子スポーツとタイトル・ナインの擁護と発展を理念として七四年に設立された。長年にわたって財団のために尽力し、貢献してくれた大勢の人々に感謝を伝えたい。私たちの夢は今日も無事に生きていて、つねに絶好の位置で明日を迎えようとしている。

ワールド・チームテニスの四〇年を超える歴史は、私の人生の最大の場所を占めているものの一つであり、相違やジェンダーにかかわらず、すべての人の貢献が平等に尊重される世界という私のビジョンを裏づける確かな例でもある。WTTで私が最初に所属したフィラデルフィア・フリーダムズは、いつも心の特別な場所にある。選手として、コーチとして、オーナーとして、フィラデルフィアの街ともチームとも長いつきあいだからだ。プロ選手からWTTジュニア・ナショナルズ、コミュニティレベルの選手まで、過去も現在もボールを打ち続けているすべての人にありがとうと伝えたい。

カリフォルニア州立大学ロサンゼルス校のコミュニティは、この先もずっと私の人生の一部であり、レガシーであり続けるだろう。彼らは私を擁護して称え、学生と学生アスリートの成長をつねに支援してくれている。

長年のあいだに、世界中の偉大なライターやアナウンサー、フォトグラファー、プロデューサー、編集者、テレビ局幹部と仕事をする栄誉に恵まれてきた。解説者としてもっとも脂ののった時期をセス・エイブラハム、ロス・グリーンバーグ、リック・バーンスタイン、そして女子スポーツを最前線で伝えてきたHBOスポーツのスタッフと共有できた。革新をもたらした女性報道記者クリスティアン・アマンプールとロビン・ロバーツに感謝を。二人の非凡な仕事ぶりや多様性と公平性、包摂を追求する姿勢には、友人になる以前から深い敬意を抱いていた。

また、私にはエージェントや弁護士、医師、医療のプロフェッショナルから成る〝Aチーム〟がいてくれた。それぞれの分野で最高の人材がそろっていた。あなた方の仕事のすべて、私のためにしてくれたすべてに感謝している。テニスの将来を信じ、私たちのビジョンに投資し、ほかの多くの人々の人生を変える手伝いをしてくれた人は数えきれないほどいる。みなさんはチームに加わる機会と手段を与え、いつでも来なさいと言って受け入れてくれた。感謝してもしきれない。

チームBJK、ビリー・ジーン・キング・エンタープライゼス、ビリー・ジーン・キング・リーダーシップ・イニシアティヴの運営を引き受け、前進を後押ししてくれている友人や同僚は、私の応援団のような存在だ。マージョリー・ガントマン、テレーズ・オヒギンズ、バーバラ・ペリー、クリスティゲイロード、ナンシー・ファルコナーに感謝を。ティップ・ナンは広報担当、忠実な友人、有能なオーガナイザー、そして相談相手として、もう三〇年以上も寄り添ってくれている。やはり三〇年来の大切な友人でアシスタントでもあるダイアン・ドネリーにも感謝の気持ちを。ダイアンと妹のトレーシー・ドネリー・モルトビーは、ドネリー賞を創設するきっかけを与えてくれた。ドネリー賞は、九八年以来、糖尿病を患う若手選手に授与している。あなた方の一人ひとりが一年三六五日、週七日一日二四時間、私たちのためにいてくれる。みなさんの存在と尽力に、イラナと私は深く感謝している。みなさんは家族も同然だ。

ニューヨーク歴史協会は二〇一六年以来、私の個人資料の保管先となってくれている。パートナーとして手を組むのに、ニューヨーク歴史協会以上の場所、人々は探しても見つからなかっただろう。ニューヨーク歴史協会の職員と、未来の世代のために道筋を描くことに——とりわけ多様性と平等、包摂に関わる領域で——力を尽くしてくれたＢＪＫＬＩ顧問委員会のメンバーに、感謝を。

イラナと私は、光栄にも、エルトン・ジョン・エイズ財団創設のお手伝いができた。ＷＴＴスマッシュ・ヒッツのイベントを通じてこれまでに数百万ドルの寄付を集め、ＡＩＤＳやＨＩＶと闘う団体を支援できたことをいまも誇りに思っている。

近い未来を考えるとき、ロサンゼルス・ドジャーズ、ロサンゼルス・スパークス、エンジェルシティＦＣ、フィラデルフィア・フリーダムズ、ビリー・ジーン・キング・カップと、そのレガシーを築くためにいまも力を注いでくれているすべての人に感謝の気持ちが湧き上がる。

この本は、新型コロナウイルスのパンデミックのさなかに完成した。最前線で戦い、たくさんの命を救うためにたくさんの危険を冒したすべての人に深い感謝を捧げたい。あなた方の並々ならぬ犠牲と献身は、この先も決して忘れられることはないだろう。

人生の大事なことのほぼすべては、テニスとの関わりから生まれたといっても過言ではない。一一歳で初めてボールを打ったとき胸に響き渡ったあの喜びは、今日、ボールを打つときもまた私の胸に響き渡る。それは決して絶えることのない愛だ。私が大人の仲間入りをしたころ、スポーツにかぎらず世界は、いまとはだいぶ違った場所だった。人が限界を拒み、夢を追い求め、愛することに全力を尽くすとき、驚くべき奇跡が起きる。

何事も一人ではできない。それを改めて痛感するのは、私の人生の旅路に寄り添ってくれたあらゆる人を思い、認め、感謝を捧げるときだ。その人々の多くはこの本のためのインタビューに快く応じてくれた。全員のお名前をここに挙げるには紙幅が足りないが、みなさんがいなければ、私の人生は不完全なものになっていただろうし、これほど豊かにはなっていなかっただろうとお伝えしたい。私の幸福、成功、業績に大きな役割を果たしたのは、ほかでもないみなさんだ。

闘いは、まだ終わっていない。

1978 ニューヨーク・アップルズ

レギュラーシーズン記録：東地区2位（22-22）

プレーオフ：
1回戦（ベスト・オブ・スリー）：ニューヨーク vs. アナハイム 2-0（29-16,27-20）
準決勝（ベスト・オブ・ファイブ）：ロサンゼルス vs. ニューヨーク 2-0（28-20,26-16）

ニューヨーク所属選手：メアリー・カリロ、ビタス・ゲルレイティス、ビリー・ジーン・キング、レイ・ラッフェルス、ジョアン・ラッセル、フレッド・ストーリ

1981 オークランド・ブレーカーズ

レギュラーシーズン記録：3位（5-7）

プレーオフ：
（なし）ロサンゼルス・ストリングズをWTT4チームのチャンピオンに認定（9-3でリーグ最多勝利数）

オークランド・ブレーカーズ所属選手：
ジョン・オースティン、フリッツ・ビューニング、フィル・デント、ビリー・ジーン・キング、アン清村、イラナ・クロス、バーニー・ミトン、ピーター・レナート

1982 ロサンゼルス・ストリングス

レギュラーシーズン記録：3位（9-5）

ロサンゼルス・ストリングス所属選手：ビジャイ・アムリトラジ、ビリー・ジーン・キング、トレイ・ヴァルトケ、イラナ・クロス　コーチ：ビジャイ・アムリトラジ

1983 シカゴ・ファイア（リーグ・チャンピオン）

レギュラーシーズン：1位（12-1）

プレーオフ：
決勝：シカゴ・ファイア 26-20 ロサンゼルス・ストリングス

シカゴ・ファイア所属選手：ビリー・ジーン・キング、ロイド・ボーン、シャロン・ウォルシュ、トレイ・ヴァルトケ、コーチ：イラナ・クロス

1984 シカゴ・ファイア

プレーオフ：このシーズンは1週間のみ。ロサンゼルスのザ・フォーラムでノックアウト方式のトーナメントが行われた。
準決勝：ロングビーチ・ブレーカーズ 29-19（OT）シカゴ・ファイア、サンディエゴ・バッズ 26-24 ロサンゼルス・ストリングス
決勝：サンディエゴ・バッズ 30-13 ロングビーチ・ブレーカーズ

シカゴ・ファイア所属選手：
ビリー・ジーン・キング、ベン・テスターマン、、シャロン・ウォルシュ、トレイ・ヴァルトケ

ビリー・ジーン・キング　WTT 年ごとのチーム成績

1974 フィラデルフィア・フリーダムズ

レギュラーシーズン：東地区1位（39-5）

プレーオフ：
1回戦：フィラデルフィア 49-44 クリーヴランド・ネッツ
準決勝：フィラデルフィア 52-45 ピッツバーグ・トライアングルズ
決勝：デンヴァー・ラケッツ 55-45 フィラデルフィア

フィラデルフィア所属選手：ジュリー・アンソニー、ブライアン・フェアリー、トリー・フレッツ、ビリー・ジーン・キング、キャシー・カイケンドール、バスター・モットラム、フレッド・ストーリ コーチ：ビリー・ジーン・キング

1975 ニューヨーク・セッツ

レギュラーシーズン：東地区2位（34-10）

プレーオフ：
1回戦：ボストン・ロブスターズ 25-24 ニューヨーク・セッツ

ニューヨーク・セッツ所属選手：アン・ゲラント、ビリー・ジーン・キング、サンディ・マイヤー、ベッツィ・ナゲルセン、チャーリー・オーウェンズ、フレッド・ストーリ、ヴァージニア・ウェード

1976 ニューヨーク・セッツ（リーグ・チャンピオン）

レギュラーシーズン：東地区1位（33-10）

プレーオフ：
準決勝（ベスト・オブ・スリー）：ニューヨーク vs. ピッツバーグ 25-26,29-21,28-26;
サンフランシスコ・ゴールデンゲーターズ vs. フェニックス 32-16,24-18
決勝（ベスト・オブ・ファイブ）：ニューヨーク vs. サンフランシスコ 3-0
（試合ごとのスコア：31-23、29-21 OT、31-13）

ニューヨーク所属選手：リンジー・ビーヴェン、フィル・デント、ビリー・ジーン・キング、サンディ・マイヤー、リンダ・シーゲルマン、フレッド・ストーリ、ヴァージニア・ウェード　コーチ：フレッド・ストーリ

1977 ニューヨーク アップルズ（リーグ・チャンピオン）*

レギュラーシーズン記録：東地区2位（33-11）

プレーオフ：
1回戦：ニューヨーク 89-63 インディアナ・ラヴズ
準決勝：ニューヨーク 58-41 ボストン・ロブスターズ、フェニックス 83-74 サンディエゴ
決勝：ニューヨーク 55-39 フェニックス

ニューヨーク所属選手：リンジー・ビーヴェン、ビリー・ジーン・キング、サンディ・マイヤー、レイ・ラッフェルス、リンダ・シーゲルマン、フレッド・ストーリ、ヴァージニア・ウェード

＊表中のスコアはプレイオフごとのチーム積算トータル。

でゲームを獲得。

・コートサイドでコーチング可能。

・ホームチームのコーチにセット順（シングルス、ダブルス、混合ダブルスのプレー順）の決定権が与えられる。

・1セットにつき1名、ポイント間で同性の選手交代が可能。途中交代した選手は同一セットに復帰できない。

・2005年、コーチによる異議申し立て《チャレンジ》により即座に録画を再生して判定を確認できる仕組みが導入された。WTTでは最新の〈ホークアイ〉審判補助テクノロジーを導入し、シーズン中全試合ですべてのポイントについてリアルタイムの電子ラインコールが可能となっている。

・2012年、コーチの要求によるタイムアウトが追加された。タイムアウト中はコーチと所属全選手がコートに立ち入れる。

・2015年、25秒のサーブクロックを導入。

・2017年、プロテニスでは初めて選手の音声を拾うマイクロフォンを導入。

・すべてのセットが勝敗を左右：WTTの試合延長システムでは、負けているチームが第5セットを獲得した場合、サドンデス方式で逆転するチャンスが与えられる。

観客を楽しませる工夫

・WTTではファンの参加を奨励している。観客は声を出して応援できる。チェンジエンドを待つことなく、試合中にスタジアムに自由に出入りできる。

・試合後、（多くはサイン入りの）ボールを観客席に打ちこみ、おみやげとして持ち帰ってもらう。

・試合中に観客席に飛びこんだボールも持ち帰れる。

・試合当日、試合開始前に子供向けのテニス教室を開催。16歳以下の生徒児童は試合後にコート上に立ち入り、選手のサインをもらえる。

・ポイント間、セット間、ハーフタイムに音楽が流れる。

・ウェアの背中に選手名を表示。

・2010年から20年の期間に、テニス教室や試合など子供向けのイベントで計30万本のジュニア用ラケットを配布。

・試合は専用のマルチカラーコートで行う。

付録 III

ワールド・チームテニス

ワールド・チームテニスの試合を一度でも観たことがあるなら、
それは私の人生哲学――男女が一つのチームとして競い合い、
あらゆるジェンダーが同等に寄与して一つの結果を出す――が
実現しているところを目の当たりにしたということだ。
――ビリー・ジーン・キング

ワールド・チームテニス(WTT)は、ビリー・ジーン・キング、元夫ラリー・キング、デニス・マーフィーら出資者グループにより1974年に設立された。プロスポーツでは希有なジェンダー平等を謳うリーグである。1974年の設立時のドラフトで、フィラデルフィア・フリーダムズは最初にキングを指名。キングは同チームのコーチも務めた。その後10シーズンにわたってリーグに参加し、ニューヨーク・セッツ(1976年)、ニューヨーク・アップルズ(1977年)、シカゴ・ファイア(1983年)の三度、リーグ優勝を果たした。1981年にコミッショナーに就任し、プロスポーツ・リーグ初の女性コミッショナーとなる。2001年2月、イラナ・クロスがコミッショナー職を引き継いだ。

オープン化以降の四大大会優勝者のほぼ全員がワールド・チームテニスに参加してきた。ヴィーナス・ウィリアムズ、セリーナ・ウィリアムズ、クリス・エヴァート、マルティナ・ナヴラチロワ、ロッド・レーヴァー、ジョン・マッケンロー、ジミー・コナーズ、ビョルン・ボルグ、トレーシー・オースティン、イヴォンヌ・グーラゴング・コーリー、ロイ・エマソン、ケン・ローズウォール、フレッド・ストーリ、ビタス・ゲルレイティス、アンドレ・アガシ、ピート・サンプラス、シュテフィ・グラフ、アンディ・ロディック、リンジー・ダヴェンポート、キム・クライシュテルス、ジュスティーヌ・エナン、ボブ・ブライアン、マイク・ブライアン、マルティナ・ヒンギス、マリア・シャラポワ、スローン・スティーブンス、大坂なおみ。そのほか、競技の裾野を広げることを目的に、WTTジュニア・ナショナルズ・リーグやWTTコミュニティ・テニス・リーグも運営している。

WTTプロリーグでは、数多くの〝テニス界初〟の革新的な試みを導入している(下記参照)。多くは四大大会や女子テニス協会と男子プロテニス協会のツアーでも取り入れられている。

独自ルール

・ワールド・チームテニスの試合は、女子シングルス、男子シングルス、女子ダブルス、男子ダブルス、混合ダブルスの各1セット、計5セットで行われ、プロスポーツ・リーグでは初めて、男子と女子に同等のプレー時間が与えられ、チームのスコアに同等に貢献できる。

・得点の簡略化:1セットは(6ゲームではなく)5ゲーム先取。ノーアドバンテージ。ゲームカウント4-4で9ポイント制のタイブレークを行う。サーブのレットはそのまま試合を続行する。4ポイント先取

ワイトマン・カップ

ワイトマン・カップはアメリカとイギリスの二カ国の女子代表チームの対抗戦。
1923年から1989年まで開催。

出場回数	8(1961-1967,1970)
ワイトマン・カップチーム優勝回数	8(1961-1967,1970)

オリンピック・アメリカ代表コーチ

1996年ジョージア州アトランタ大会

〈メダル〉
リンジー・ダヴェンポート　金(女子シングルス)
ジジ・フェルナンデス/メアリー・ジョー・フェルナンデス　金(女子ダブルス)

〈代表メンバー〉
リンジー・ダヴェンポート
メアリー・ジョー・フェルナンデス
モニカ・セレシュ
チャンダ・ルービン
ジジ・フェルナンデス

2000年オーストラリア・シドニー大会

〈メダル〉
ヴィーナス・ウィリアムズ　金(女子シングルス)
モニカ・セレシュ　銅(女子シングルス)
ヴィーナス・ウィリアムズ/セリーナ・ウィリアムズ　金(女子ダブルス)

〈代表メンバー〉
ヴィーナス・ウィリアムズ
セリーナ・ウィリアムズ
モニカ・セレシュ
リンジー・ダヴェンポート(負傷)

R1　モニカ・セレシュ vs. バーバラ・シュヴァルツ　6-7(7), 2-6
R2　ジェニファー・カプリアティ vs. エヴェリン・ファウト　不戦勝
R3　メガン・ショーネシー vs. バーバラ・シュヴァルツ　6-4, 6-7(7), 7-9
R4　モニカ・セレシュ vs. エヴェリン・ファウト　6-3, 6-3
R5　リサ・レイモンド/モニカ・セレシュ vs. エヴェリン・ファウト/マリオン・マルスカ　6-1, 7-6(4)

ワールド・グループ・プレーオフ：
アメリカ vs. イスラエル ミズーリ州スプリングフィールド、クーパー・テニス・コンプレックス(ハード、屋外)
R1　リンジー・ダヴェンポート vs. アンナ・スマシュノワ　6-3, 6-3
R2　モニカ・セレシュ vs. ツィピ・オブジラー　6-4, 6-2
R3　モニカ・セレシュ vs. アンナ・スマシュノワ　6-4, 6-0
R4　リンジー・ダヴェンポート vs. ツィピ・オブジラー　2-6, 6-1, 7-6(1)
R5　リサ・レイモンド/メガン・ショーネシー vs. ツィピ・オブジラー /ヒラ・ローゼン　6-3, 6-0

フェド・カップ 2003

ワールド・グループ1回戦：
アメリカ vs. チェコ 5-0 マサチューセッツ州ローウェル、ソンガス・アリーナ(ハード、屋内)
R1　ヴィーナス・ウィリアムズ vs. ダヤ・ベダノワ　6-1, 6-0
R2　セリーナ・ウィリアムズ vs. イベタ・ベネソバ　7-5, 6-1
R3　セリーナ・ウィリアムズ vs. クララ・クーカロバ　6-2, 6-2
R4　ヴィーナス・ウィリアムズ vs. イベタ・ベネソバ　6-3, 6-2
R5　セリーナ・ウィリアムズ/ヴィーナス・ウィリアムズ vs. ダヤ・ベダノワ/エバ・ビルネロバ　6-0, 6-1

ワールド・グループ準々決勝：
アメリカ vs. イタリア 5-0 ワシントンDC、ウィリアム・H・G・フィッツジェラルド・テニス・センター(ハード、屋外)
R1　メガン・ショーネシー vs. フランチェスカ・スキアボーネ　6-3, 6-4
R2　チャンダ・ルービン vs. リタ・グランデ　6-3, 6-3
R3　チャンダ・ルービン vs. フランチェスカ・スキアボーネ　5-7, 6-4, 6-0
R4　メガン・ショーネシー vs. リタ・グランデ　6-3, 7-5
R5　リサ・レイモンド/アレクサンドラ・スティーヴンソン vs. タチアナ・ガルビン/アントネッラ・セラ・ザネッティ　6-1, 6-2

ワールド・グループ準決勝：
アメリカ vs. ベルギー 4-1 ロシア、モスクワ、オリンピック・スタジアム(ファイナル・フォー)(カーペット、屋内)
R1　リサ・レイモンド vs. エルス・カレンズ　6-2, 6-1
R2　メガン・ショーネシー vs. キルステン・フリプケンス　6-7(4), 7-6(8), 9-7
R3　メガン・ショーネシー vs. エルス・カレンズ　3-6, 6-7(5)
R4　リサ・レイモンド vs. エルケ・クライシュテルス　6-2, 6-1
R5　マルティナ・ナヴラチロワ/リサ・レイモンド vs. エルケ・クライシュテルス/キャロリン・マース　6-1, 6-4

決勝：フランス vs. アメリカ 4-1 ロシア、モスクワ、オリンピック・スタジアム(ファイナル・フォー)(カーペット、屋内)
R1　リサ・レイモンド vs. アメリ・モレスモ　4-6, 3-6
R2　メガン・ショーネシー vs. メアリー・ピアース　3-6, 6-3, 6-8
R3　メガン・ショーネシー vs. アメリ・モレスモ　2-6, 1-6
R4　アレクサンドラ・スティーヴンソン vs. エミリー・ロワ　4-6, 2-6
R5　マルティナ・ナヴラチロワ/リサ・レイモンド vs. ステファニー・コーエン・アロロ/エミリー・ロワ　6-4, 6-0

R5　メアリー・ジョー・フェルナンデス/リサ・レイモンド vs. コンチタ・マルティネス/アランチャ・サンチェス・ビカリオ　4-6, 7-6(5), 9-11

フェド・カップ 1999

ワールド・グループ1回戦：
アメリカ vs. クロアチア 5-0 ノースカロライナ州ローリー、ローリー・ラケットクラブ(クレー、屋外)
R1　チャンダ・ルービン vs. イヴァ・マヨリ　7-6(5), 4-6, 10-8
R2　モニカ・セレシュ vs. シルヴィア・タラヤ　6-3, 6-1
R3　モニカ・セレシュ vs. イヴァ・マヨリ　6-0, 6-3
R4　チャンダ・ルービン vs. シルヴィア・タラヤ　6-3, 6-4
R5　チャンダ・ルービン/モニカ・セレシュ vs. イヴァ・マヨリ/シルヴィア・タラヤ　6-3, 6-2

ワールド・グループ準決勝：
アメリカ vs. イタリア 4-1 イタリア、アンコーナ、アンコーナ・テニス・アソシエーション(クレー、屋外)
R1　ヴィーナス・ウィリアムズ vs. リタ・グランデ　6-2, 6-3
R2　モニカ・セレシュ vs. シルヴィア・ファリナ　4-6, 6-4, 4-6
R3　ヴィーナス・ウィリアムズ vs. シルヴィア・ファリナ　6-1, 6-1
R4　セリーナ・ウィリアムズ vs. リタ・グランデ　6-1, 6-1
R5　セリーナ・ウィリアムズ/ヴィーナス・ウィリアムズ vs. タチアナ・ガルビン/アドリアーナ・セラ・ザネッティ　6-2, 6-2

決勝：アメリカ vs. ロシア 4-1 カリフォルニア州スタンフォード、トーブ・テニス・スタジアム(ハード、屋外)
R1　ヴィーナス・ウィリアムズ vs. エレーナ・リホフツェワ　6-3, 6-4
R2　リンジー・ダヴェンポート vs. エレーナ・デメンチェワ　6-4, 6-0
R3　リンジー・ダヴェンポート vs. エレーナ・リホフツェワ　6-4, 6-4
R4　ヴィーナス・ウィリアムズ vs. エレーナ・デメンチェワ　6-1, 3-6, 6-7(5)
R5　セリーナ・ウィリアムズ/ヴィーナス・ウィリアムズ vs. エレーナ・デメンチェワ/エレーナ・マカロワ　6-2, 6-1

フェド・カップ 2000：ファイナル・フォー ネヴァダ州ラスヴェガス(カーペット、屋内)

準決勝：アメリカ vs. ベルギー 2-1
R1　モニカ・セレシュ vs. ジュスティーヌ・エナン　7-6(1), 6-2
R2　リンジー・ダヴェンポート vs. キム・クライシュテルス　7-6(4), 4-6, 6-3
R3　ジェニファー・カプリアティ/リサ・レイモンド vs. エルス・カレンズ/ドミニク・ファンルースト　3-6, 5-7

決勝：アメリカ vs. スペイン5-0
R1　モニカ・セレシュ vs. コンチタ・マルティネス　6-2, 6-3
R2　リンジー・ダヴェンポート vs. アランチャ・サンチェス・ビカリオ　6-2, 1-6, 6-3
R3　リンジー・ダヴェンポート vs. コンチタ・マルティネス　6-1, 6-2
R4　ジェニファー・カプリアティ vs. アランチャ・サンチェス・ビカリオ　6-1, 1-0, 棄権
R5　ジェニファー・カプリアティ/リサ・レイモンド vs. ビルヒニア・ルアノ・パスクアル/マギ・セルナ　4-6, 6-4, 6-2

フェド・カップ 2002

ワールド・グループ1回戦：オーストリア vs. アメリカ 3-2 ノースカロライナ州シャーロット、オールド・プロヴィデンス・ラケットクラブ(クレー、屋外)

R3　メアリー・ジョー・フェルナンデス vs. コンチタ・マルティネス　3-6, 4-6
R4　チャンダ・ルービン vs. アランチャ・サンチェス・ビカリオ　1-6, 6-4, 6-4
R5　リンジー・ダヴェンポート/ジジ・フェルナンデス vs. ビルヒニア・ルアノ・パスクアル/ マリア・ロレンゾ・サンチェス　6-3, 7-6(3)

フェド・カップ 1996

ワールド・グループ1回戦:
アメリカ vs. オーストリア 3-2 オーストリア、ザルツブルク、ヘルブルン・スタジアム(クレー、屋外)
R1　メアリー・ジョー・フェルナンデス vs. ジュディス・ヴィースナー　6-3, 7-6(5)
R2　ジェニファー・カプリアティ vs. バルバラ・パウルス　2-6, 4-6
R3　メアリー・ジョー・フェルナンデス vs. バルバラ・パウルス　6-3, 7-6(4)
R4　ジェニラー・カプリアティ vs. ジュディス・ヴィースナー　1-6, 1-6
R5　ジジ・フェルナンデス/メアリー・ジョー・フェルナンデス vs. ペトラ・シュヴァルツ/ジュディス・ヴィースナー　6-0, 6-4

ワールド・グループ準決勝: アメリカ vs. 日本 5- 0 日本、名古屋、レインボー・ホール(カーペット、屋内)
R1　リンジー・ダヴェンポート vs. 伊達公子　6-2, 6-1
R2　モニカ・セレシュ vs. 杉山愛　6-2, 6-2
R3　モニカ・セレシュ vs. 伊達公子　6-0, 6-2
R4　リンジー・ダヴェンポート vs. 杉山愛　7-6(8), 7-5
R5　リンジー・ダヴェンポート/リンダ・ワイルド vs. 長塚京子/杉山愛　6-2, 6-1

決勝:
アメリカ vs. スペイン 5-0 ニュージャージー州アトランティックシティ、コンヴェンション・センター(カーペット、屋内)
R1　モニカ・セレシュ vs. コンチタ・マルティネス　6-2, 6-4
R2　リンジー・ダヴェンポート vs. アランチャ・サンチェス・ビカリオ　7-5, 6-1
R3　モニカ・セレシュ vs. アランチャ・サンチェス・ビカリオ　3-6, 6-3, 6-1
R4　リンジー・ダヴェンポート vs. ガラ・レオン・ガルシア　7-5, 6-2
R5　メアリー・ジョー・フェルナンデス/リンダ・ワイルド vs. ガラ・レオン・ガルシア/ビルヒニア・ルアノ・パスクアル　6-1, 6-4

フェド・カップ 1998

ワールド・グループ1回戦:
アメリカ vs. オランダ 5-0 サウスカロライナ州キアワアイランド、イーストビーチTC(クレー、屋外)
R1　リンジー・ダヴェンポート vs. アマンダ・ホップマンズ　6-4, 6-1
R2　モニカ・セレシュ vs. ミリアム・オレマンス　6-1, 6-2
R3　リンジー・ダヴェンポート vs. ミリアム・オレマンス　6-1, 6-2
R4　モニカ・セレシュ vs. アマンダ・ホップマンズ　6-1, 6-2
R5　メアリー・ジョー・フェルナンデス/リサ・レイモンド vs. マノン・ボーラグラフ/カロリネ・ビス　6-1, 棄権

ワールド・グループ準決勝: スペイン vs. アメリカ 3-2 スペイン、マドリッド、カンポビラTC(クレー、屋外)
R1　リサ・レイモンド vs. アランチャ・サンチェス・ビカリオ　7-6(4), 3-6, 0-6
R2　モニカ・セレシュ vs. コンチタ・マルティネス　6-3, 3-6, 6-1
R3　モニカ・セレシュ vs. アランチャ・サンチェス・ビカリオ　6-4, 6-0
R4　リサ・レイモンド vs. コンチタ・マルティネス　6-7(1), 4-6

フェド・カップ 1979: スペイン、マドリッド、RSHEクラブ・カンポ(クレー、屋外)

1回戦: アメリカ vs. フィリピン 不戦勝

2回戦: アメリカ vs. 西ドイツ 3-0
R1 トレーシー・オースティン vs. イリス・リーデル 6-1, 6-3
R2 クリス・エヴァート・ロイド vs. シルヴィア・ハニカ 6-4, 6-2
R3 ローズマリー・カザルス/クリス・エヴァート・ロイド vs. カーチャ・エビングハウス/シルヴィア・ハニカ 6-1, 6-4

準々決勝: アメリカ vs. フランス 3-0
R1 トレーシー・オースティン vs. フレデリーク・ティボー 6-4, 6-0
R2 クリス・エヴァート・ロイド vs. ブリジット・シモン 6-0, 6-0
R3 ローズマリー・カザルス/クリス・エヴァート・ロイド vs. フランソワーズ・デュール/フレデリーク・ティボー 6-1, 6-4

準決勝: アメリカ vs. ソ連 2-0
R1 トレーシー・オースティン vs. ナターシャ・チミレワ 6-0, 6-1
R2 クリス・エヴァート・ロイド vs. オルガ・モロゾワ 6-4, 8-6
R3 ローズマリー・カザルス/ビリー・ジーン・キング vs. オルガ・モロゾワ/オルガ・ザイツェワ 9-8, 途中終了

決勝: アメリカ vs. オーストラリア 3-0
R1 トレーシー・オースティン vs. ケリー・レイド 6-3, 6-0
R2 クリス・エヴァート・ロイド vs. ダイアン・フロムホルツ 2-6, 6-3, 8-6
R3 ローズマリー・カザルス/ビリー・ジーン・キング vs. ケリー・レイド/ウェンディ・ターンブル 3-6, 6-3, 8-6

キャプテンとして

フェド・カップ 1995

ワールド・グループ1回戦:
アメリカ vs. オーストリア 5-0 フロリダ州アヴェンチュラ、タンベリーアイル・クラブ(ハード、屋外)
R1 エイミー・フレイジャー vs. ジュディス・ヴィースナー 3-6, 6-4, 6-3
R2 メアリー・ジョー・フェルナンデス vs. バーバラ・シェット 6-2, 6-4
R3 メアリー・ジョー・フェルナンデス vs. ジュディス・ヴィースナー 6-3, 2-6, 6-3
R4 エイミー・フレイジャー vs. バーバラ・シェット 6-3, 5-7, 6-3
R5 ジジ・フェルナンデス/マルティナ・ナヴラチロワ vs. バーバラ・シェット/ペトラ・シュヴァルツ 6-2, 6-1

ワールド・グループ準決勝:
アメリカ vs. フランス 3-2 ノースカロライナ州ウィルミントン、トラスク・コリセウム(カーペット、屋内)
R1 メアリー・ジョー・フェルナンデス vs. メアリー・ピアース 6-7(1), 3-6
R2 リンジー・ダヴェンポート vs. ジュリー・ハラード 7-6(0), 7-5
R3 リンジー・ダヴェンポート vs. メアリー・ピアース 6-3, 4-6, 6-0
R4 メアリー・ジョー・フェルナンデス vs. ジュリー・ハラード 6-1, 5-7, 1-6
R5 リンジー・ダヴェンポート/ジジ・フェルナンデス vs. ジュリー・ハラード/ナタリー・トージア 6-1, 7-6(2)

決勝: スペイン vs. アメリカ 3-2 スペイン、バレンシア、バレンシアTC(クレー、屋外)
R1 チャンダ・ルービン vs. コンチタ・マルティネス 5-7, 6-7(3)
R2 メアリー・ジョー・フェルナンデス vs. アランチャ・サンチェス・ビカリオ 3-6, 2-6

R2　ビリー・ジーン・キング vs. ヘレナ・ウィマー　6-2, 6-2
R3　ローズマリー・カザルス/クリス・エヴァート vs. サビーン・ベルネッガー /ヘレナ・ウィマー　6-0, 6-1

2回戦：アメリカ vs. スイス 3-0
R1　クリス・エヴァート vs. アンネマリー・リュエッグ　6-3, 6-0
R2　ビリー・ジーン・キング vs クリスティアーヌ・ジョリサン　6-0, 6-3
R3　ローズマリー・カザルス/クリス・エヴァート vs. ペトラ・デルヘス/モニカ・ジーメン　6-0 7-5

準々決勝：アメリカ vs. フランス 3-0
R1　ビリー・ジーン・キング vs. フレデリーク・ティボー　6-0, 6-0
R2　クリス・エヴァート vs. フランソワーズ・デュール　6-1, 6-3
R3　ローズマリー・カザルス/クリス・エヴァート vs. フランソワーズ・デュール/ゲイル・ベネデッティ　6-3, 7-5

準決勝：アメリカ vs. 南アフリカ 3-0
R1　ビリー・ジーン・キング vs. グリア・スティーヴンス　6-2, 6-0
R2　クリス・エヴァート vs. ブリジット・コイペルス　6-1, 6-1
R3　ローズマリー・カザルス/クリス・エヴァート vs. リンキー・ボショフ/イラナ・クロス　6-0, 3-6, 9-7

決勝：アメリカ vs. オーストラリア 2-1
R1　ビリー・ジーン・キング vs. ダイアン・フロムホルツ　6-1, 2-6, 6-2
R2　クリス・エヴァート vs. ケリー・レイド　7-5, 6-3
R3　ローズマリー・カザルス/クリス・エヴァート vs. ケリー・レイド/ウェンディ・ターンブル　3-6, 3-6

フェド・カップ 1978：オーストラリア、メルボルン、クーヨン・クラブ(芝、屋外)

1回戦：アメリカ vs. 韓国 3-0
R1　トレーシー・オースティン vs. チェ・キョンミ　6-0, 6-0
R2　クリス・エヴァート vs. ハン・ヨンジャ　6-1, 6-0
R3　クリス・エヴァート/ビリー・ジーン・キング vs. チャ・ウンジョン/チェ・キョンミ　6-1, 6-0

2回戦：アメリカ vs. ニュージーランド 3-0
R1　トレーシー・オースティン vs. ブレンダ・ペリー　6-1, 6-2
R2　クリス・エヴァート vs. ジュディ・シャロナー　6-1, 6-1
R3　クリス・エヴァート/ビリー・ジーン・キング vs. ジュディ・シャロナー /クリス・ニュートン　6-1, 6-1

準々決勝：アメリカ vs. フランス 3-0
R1　トレーシー・オースティン vs. フレデリーク・ティボー　6-4, 6-3
R2　クリス・エヴァート vs. ブリジット・シモン　6-2, 6-2
R3　クリス・エヴァート/ビリー・ジーン・キング vs. フランソワーズ・デュール/ゲイル・ベネデッティ　5-7, 6-3, 6-2

準決勝：アメリカ vs. イギリス 3-0
R1　トレーシー・オースティン vs. ミシェル・タイラー　6-1, 6-1
R2　クリス・エヴァート vs. ヴァージニア・ウェード　6-2, 6-4
R3　ローズマリー・カザルス/ビリー・ジーン・キング vs. スー・バーカー /アン・ホッブス　1-6, 6-3, 6-4

決勝：アメリカ vs. オーストラリア 2-1
R1　トレーシー・オースティン vs. ケリー・レイド　3-6, 3-6
R2　クリス・エヴァート vs. ウェンディ・ターンブル　3-6, 6-1, 6-1
R3　クリス・エヴァート/ビリー・ジーン・キング vs. ケリー・レイド/ウェンディ・ターンブル　4-6, 6-1, 6-4

R3　ローズマリー・カザルス/ビリー・ジーン・キング vs. フィオナ・モリス/パトリシア・ウォークデン　6-3, 6-0

準々決勝：アメリカ vs. 南アフリカ 3-0

R1　ローズマリー・カザルス vs. グレンダ・スワン　6-1, 6-4

R2　ビリー・ジーン・キング vs. アネット・ヴァン・ジル　6-2, 6-4

R3　ローズマリー・カザルス/ビリー・ジーン・キング vs. グレンダ・スワン/アネット・ヴァン・ジル　7-5, 6-4

準決勝：アメリカ vs. 西ドイツ 3-0

R1　ローズマリー・カザルス vs. ヘルガ・ホスル　6-2, 7-5

R2　ビリー・ジーン・キング vs. ヘルガ・ニーセン　6-1, 7-5

R3　ローズマリー・カザルス/ビリー・ジーン・キング vs. エッダ・ブディング/ヘルガ・ホスル　6-4, 2-6, 8-6

決勝：アメリカ vs. イギリス 2-0

R1　ローズマリー・カザルス vs. ヴァージニア・ウェード　9-7, 8-6

R2　ビリー・ジーン・キング vs. アン・ジョーンズ　6-3, 6-4

R3　ローズマリー・カザルス/ビリー・ジーン・キング vs. アン・ジョーンズ/ヴァージニア・ウェード　6-8, 9-7, 途中終了

フェド・カップ 1976：
ペンシルヴァニア州フィラデルフィア、スペクトラム・スタジアム（カーペット、屋内）

1回戦：アメリカ vs. イスラエル 3-0

R1　ローズマリー・カザルス vs. ハギト・ズバリー　6-1, 6-0

R2　ビリー・ジーン・キング vs. ポーリナ・ペレド　6-1, 6-0

R3　ローズマリー・カザルス/ビリー・ジーン・キング vs. ポーリナ・ペレド/ハギト・ズバリー　6-3 6-1

2回戦：アメリカ vs. ユーゴスラビア 3-0

R1　ローズマリー・カザルス vs. ドーラ・アラヴァンティチ　6-1, 6-1

R2　ビリー・ジーン・キング vs. ミマ・ヤウソベッツ　6-0, 7-6

R3　ローズマリー・カザルス/ビリー・ジーン・キング vs. ドーラ・アラヴァンティチ/ミマ・ヤウソベッツ　6-0, 6-0

準々決勝s：アメリカ vs. スイス 3-0

R1　ローズマリー・カザルス vs. モニカ・ジーメン　6-1, 6-1

R2　ビリー・ジーン・キング vs. ペトラ・デルヘス　6-2, 6-1

R3　ローズマリー・カザルス/ビリー・ジーン・キング vs. スージー・アイヒェンベルガー /モニカ・ジーメン 6-0, 6-1

準決勝：アメリカ vs. オランダ3-0

R1　ローズマリー・カザルス vs. エリー・ヴェシーズ　6-1, 6-2

R2　ビリー・ジーン・キング vs. ベティ・ストーヴ　6-2, 6-3

R3　ローズマリー・カザルス/ビリー・ジーン・キング vs. ベティ・ストーヴ/タイン・ズワーン　6-1, 6-4

決勝：アメリカ vs. オーストラリア 2-1

R1　ローズマリー・カザルス vs. ケリー・レイド　6-1, 3-6, 5-7

R2　ビリー・ジーン・キング vs. イヴォンヌ・コーリー　7-6(4), 6-4

R3　ローズマリー・カザルス/ビリー・ジーン・キング vs. イヴォンヌ・コーリー /ケリー・レイド　7-5, 6-3

フェド・カップ 1977：イギリス、イーストボーン、デヴォンシャー・パーク（芝、屋外）

1回戦：アメリカ vs. オーストリア 3-0

R1　クリス・エヴァート vs. サビーン・ベルネッガー　6-0, 6-0

フェド・カップ 1965：オーストラリア、メルボルン、クーヨン・クラブ（芝、屋外）

準々決勝：アメリカ vs. イタリア 3-0
R1 ビリー・ジーン・モフィット vs. リー・ペリコリ　6-3, 6-1
R2 キャロル・グレイブナー vs. フランチェスカ・ゴルディジャーニ　6-1, 6-0
R3 キャロル・グレイブナー/ビリー・ジーン・モフィット vs. フランチェスカ・ゴルディジャーニ/リー・ペリコリ　6-0, 6-2

準決勝：アメリカ vs. イギリス 3-0
R1 キャロル・グレイブナー vs. クリスティン・トゥルーマン　6-3, 6-2
R2 ビリー・ジーン・モフィット vs. アン・ジョーンズ　6-2, 6-4
R3 キャロル・グレイブナー/ビリー・ジーン・モフィット vs. アン・ジョーンズ/クリスティン・トゥルーマン　不明-6, 8-6, 6-4

決勝：オーストラリア vs. アメリカ 2-1
R1 キャロル・グレイブナー vs. レスリー・ターナー　3-6, 6-2, 3-6
R2 ビリー・ジーン・モフィット vs. マーガレット・スミス　4-6, 6-8
R3 キャロル・グレイブナー/ビリー・ジーン・モフィット vs. マーガレット・スミス/ジュディ・テガート　7-5, 4-6, 6-4

フェド・カップ 1966：イタリア、トリノ、トリノ・プレス・スポーティング・クラブ（クレー、屋外）

2回戦：アメリカ vs. スウェーデン 3-0
R1 ビリー・ジーン・キング vs. クリスティーナ・サンドベリ　6-2, 6-3
R2 ジュリー・ヘルドマン vs. エヴァ・ルンドクイスト　6-4, 6-0
R3 キャロル・グレイブナー/ビリー・ジーン・キング vs. イングリッド・ロフダール/エヴァ・ルンドクイスト　6-3, 6-1

準々決勝：アメリカ vs. フランス 2-1
R1 ジュリー・ヘルドマン vs. ジャニーヌ・リーフリグ　6-0 6-4
R2 ビリー・ジーン・キング vs. フランソワーズ・デュール　5-7 6-2 6-3
R3 キャロル・グレイブナー/ビリー・ジーン・キング vs. フランソワーズ・デュール/ジャニーヌ・リーフリグ　2-6, 6-2, 3-6

準決勝：アメリカ vs. イギリス 2-1
R1 ジュリー・ヘルドマン vs. ウィニー・ショー　6-4, 5-7, 6-3
R2 ビリー・ジーン・キング vs.アン・ジョーンズ　1-6, 4-6
R3 キャロル・グレイブナー/ビリー・ジーン・キング vs. アン・ジョーンズ/エリザベス・スターキー　4-6, 6-3, 6-0

決勝：アメリカ vs. 西ドイツ 3-0
R1 ジュリー・ヘルドマン vs. ヘルガ・ニーセン　4-6, 7-5, 6-1
R2 ビリー・ジーン・キング vs. エッダ・ブディング　6-3, 3-6, 6-1
R3 キャロル・グレイブナー/ビリー・ジーン・キング vs. エッダ・ブディング/ヘルガ・ホスル　6-4, 6-2

フェド・カップ 1967：西ドイツ、ベルリン、ブラウ・ワイスTC（クレー、屋外）

2回戦：アメリカ vs. ローデシア 3-0
R1 ビリー・ジーン・キング vs. パトリシア・ウォークデン　6-3, 2-6, 6-3
R2 ローズマリー・カザルス vs. フィオナ・モリス　6-3, 6-4

年ごとの結果

選手として

フェド・カップ 1963：イギリス、クイーンズ・クラブ（ウッド、屋内）

1回戦：アメリカ vs. イタリア 3-0
R1 ダーリーン・ハード vs. リー・ペリコリ 6-4, 2-6, 6-2
R2 ビリー・ジーン・モフィット vs. シルヴァナ・ラザリーノ 6-8, 6-1, 6-2
R3 キャロル・コールドウェル/ダーリーン・ハード vs. シルヴァナ・ラザリーノ/リー・ペリコリ 6-4, 6-1

準々決勝：アメリカ vs. オランダ 3-0
R1 ダーリーン・ハード vs. エヴァ・デヨング 6-2, 6-2
R2 ビリー・ジーン・モフィット vs. ジェニー・リダーホフ 6-2, 6-2
R3 キャロル・コールドウェル/ビリー・ジーン・モフィット vs. エヴァ・デヨング/ジェニー・リダーホフ 6-0, 6-3

準決勝：アメリカ vs. イギリス 3-0
R1 ダーリーン・ハード vs. アン・ジョーンズ 6-2, 6-4
R2 ビリー・ジーン・モフィット vs. クリスティン・トゥルーマン 6-3, 3-6, 6-4
R3 キャロル・コールドウェル/ダーリーン・ハード vs. アン・ジョーンズ/クリスティン・トゥルーマン 2-6, 9-7, 6-3

決勝：アメリカ vs. オーストラリア 2-1
R1 ダーリーン・ハード vs. マーガレット・スミス 3-6, 0-6
R2 ビリー・ジーン・モフィット vs. レスリー・ターナー 5-7, 6-0, 6-3
R3 ダーリーン・ハード/ビリー・ジーン・モフィット vs. マーガレット・スミス/レスリー・ターナー 6-3, 11-13, 6-3

フェド・カップ 1964：
ペンシルヴァニア州フィラデルフィア、ジャーマンタウン・クリケットクラブ（芝、屋外）

2回戦：アメリカ vs. アイルランド 3-0
R1 ビリー・ジーン・モフィット vs. ジェラルディン・フーリハン 6-2, 6-2
R2 ナンシー・リッチー vs. エレノア・オニール 6-3, 6-2
R3 ビリー・ジーン・モフィット/カレン・サスマン vs. ジェラルディン・フーリハン/エレノア・オニール 6-1, 6-2

準々決勝：アメリカ vs. アルゼンチン 3-0
R1 ビリー・ジーン・モフィット vs. ノーマ・ベイロン 12-10, 9-7
R2 ナンシー・リッチー vs. アナマリア・ボチオ 6-3, 6-2
R3 ビリー・ジーン・モフィット/カレン・サスマン vs.ノーマ・ベイロン/アナマリア・ボチオ 6-4, 6-1

準決勝：アメリカ vs. イギリス 3-0
R1 ビリー・ジーン・モフィット vs.アン・ジョーンズ 6-4, 6-3
R2 ナンシー・リッチー vs. ディードラ・キャット 6-4, 6-3
R3 ビリー・ジーン・モフィット/カレン・サスマン vs. ディードラ・キャット/アン・ジョーンズ 6-1, 6-3

決勝：オーストラリア vs. アメリカ 2-1
R1 ビリー・ジーン・モフィット vs. マーガレット・スミス 2-6, 3-6
R2 ナンシー・リッチー vs. レスリー・ターナー 5-7, 1-6
R3 ビリー・ジーン・モフィット/カレン・サスマン vs. マーガレット・スミス/レスリー・ターナー 4-6, 7-5, 6-1

付録 II

国際チーム戦績

ビリー・ジーン・キングは選手およびキャプテンとして
1961年のワイトマン・カップから2000年夏のオリンピックまで、
39年にわたって全米代表チームの一員だった。
フェデレーション・カップ(110カ国以上が参加する女子スポーツ最大の大会)は、
2020年、国際テニス連盟により
ビリー・ジーン・キング・カップと名称が変更された。

フェデレーション・カップ

〈選手として〉

出場回数	9(1963-67, 1976-79)
試合数	36
シングルス勝敗	26-3
ダブルス勝敗	26-1
通算勝敗	52-4
優勝回数	7(1963, 1966-67, 1976-79)

〈キャプテンとして〉

出場回数	9(1965*, 1976*, 1995-96, 1998-2003)
試合数	27
通算勝敗	22-5
優勝回数	4(1976*, 1996, 1999-2000)

＊注:選手兼キャプテンとして出場

10	優勝	1969年3月3日	国際プロテニス招待(カリフォルニア州ロサンゼルス)	屋内	アン・ジョーンズ	17-15, 6-3
11	準優勝	1969年8月3日	セントルイス・プロフェッショナル・トーナメント(ミズーリ州セントルイス)	屋内	ローズマリー・カザルス	6-4, 6-2
12	優勝	1969年8月4日	マスターズ・テニス・トーナメント(ニューヨーク州ビンガムトン)	クレー	アン・ジョーンズ	10-8, 3-6, 6-4
13	優勝	1969年9月8日	カルネヴァダ・プロ招待(ネヴァダ州インクラインヴィレッジ)	ハード	ローズマリー・カザルス	6-0, 6-4

ナショナル・テニス・リーグ決勝

ビリー・ジーン・キング、ロージー・カザルス、アン・ジョーンズ、
フランソワーズ・デュールは1968年4月のプロに転向し、
ナショナル・テニス・リーグ・ツアーの女子部門に参加。
1970年3月にツアーが終了するまでのあいだに、
(アルシア・ギブソンら)何名かの女子選手が臨時に参戦した。
試合数:13(優勝回数:10)

NO.	結果	開催日	大会	コートサーフェス	対戦相手	スコア
1	優勝	1968年4月15日	ナショナル・テニス・リーグ・プロフェッショナル・ツアー(フランス、パリ)	屋内	アン・ジョーンズ	9-7, 6-4
2	優勝	1968年4月18日	ナショナル・テニス・リーグ・プロフェッショナル・ツアー(フランス、カンヌ)	屋内	ローズマリー・カザルス	10-6
3	優勝	1968年4月29日	ウェンブリー・ナショナル・テニス・リーグ・プロフェッショナル・ツアー(イギリス、ロンドン)	屋内	アン・ジョーンズ	4-6, 9-7, 7-5
4	準優勝	1968年5月18日	マディソンスクウェア・ガーデン・プロ・トーナメント(ニューヨーク州ニューヨーク)	屋内	アン・ジョーンズ	4-6, 4-6
5	優勝	1968年7月15日	ナショナル・テニス・リーグ・プロフェッショナル・ツアー(カリフォルニア州ロサンゼルス)	屋内	アン・ジョーンズ	12-10, 6-3
6	優勝	1968年8月5日	ナショナル・テニス・リーグ・プロフェッショナル・ツアー(ニューヨーク州ビンガムトン)	クレー	ローズマリー・カザルス	10-8, 6-4
7	準優勝	1968年8月18日	コロニアル・プロ招待(テキサス州フォートワース)	クレー	アン・ジョーンズ	1-6, 2-6
8	優勝	1969年2月24日	テニス・フォー・エヴリワン国際プロテニス招待(カリフォルニア州ヘイワードとオークランド)	屋内	アン・ジョーンズ	6-3, 6-2
9	優勝	1969年2月27日	国際プロテニス招待(オレゴン州ポートランド)	屋内	アン・ジョーンズ	6-3, 6-3

152	準優勝	1983年1月17日	セントラル・トラスト・テニス選手権（オハイオ州シンシナティ）	屋内	ハナ・マンドリコワ	4-6, 3-6
153	優勝	1983年5月30日	ケンティッシュ・タイムズ・フェスティバル（イギリス、ベッケナム）	芝	バーバラ・ポッター	6-4, 6-3
154	優勝	1983年6月6日	エッジバストン・カップ（イギリス、バーミンガム）	芝	アリシア・モールトン	6-0, 7-5

P556　＊注：合計にはキングのナショナル・テニスリーグ決勝戦結果も含む（別表）

P554　＊注：キングの初めての四大大会シングルス・タイトル

P553　＊注：キングのアマチュア最後の大会。キングほか3名の女子選手（ロージー・カザルス、アン・ヘイドン・ジョーンズ、フランソワーズ・デュール）は、1968年、ジョージ・マコール主催のナショナル・テニス・リーグと契約し、2年間、各地を巡業。

P551　＊注：キングほか〈オリジナル9〉（ロージー・カザルス、ナンシー・リッチー、ジュリー・ヘルドマン、ヴァレリー・ジーゲンフス、クリスティ・ピジョン、ピーチズ・バーコウィッツ、ジュディ・ダルトン、ケリー・メルヴィル）は初の女子プロテニスツアーを創設し、1971年のブリティッシュ・モーターカー後援の大会から第1シーズンが開始。『ワールド・テニス』誌のグラディス・ヘルドマンの独立ツアーは1970年にヒューストンで始まり、バージニア・スリムほかツアースポンサーを獲得

P550　＊注：キングはこの1971年の大会で、女子プロアスリートとして初めて年間獲得賞金10万ドルを達成。1972年にも同じ記録を達成している。

P549　＊注：1972年の全仏オープン優勝により、四大大会すべてでシングルス優勝を果たす。

P549　＊注：雨天中止

137	優勝	1977年10月10日	サンダーバード・クラシック(アリゾナ州フェニックス)	ハード	ウェンディ・ターンブル	1-6, 6-1, 6-0
138	優勝	1977年10月17日	コルゲート・ブラジル・オープン(ブラジル、サンパウロ)	屋内	ベティ・ストーヴ	6-1, 6-4
139	優勝	1977年10月24日	ボーリンケン・クラシック、(プエルトリコ、サンファアン)	ハード	ジャネット・ニューベリー	6-1, 6-3
140	準優勝	1977年11月1日	コルゲート・シリーズ選手権(カリフォルニア州ランチョミラージュ)	ハード	クリス・エヴァート	2-6, 2-6
141	優勝	1977年11月21日	グンゼ・ワールド・テニス(日本、東京と神戸)	屋内	マルティナ・ナヴラチロワ	7-5, 5-7, 6-1
142	優勝	1977年12月5日	ブレマー・カップ(イギリス、ロンドン)	屋内	ヴァージニア・ウェード	6-3, 6-1
143	準優勝	1978年1月16日	バージニア・スリム・オブ・ヒューストン(テキサス州ヒューストン)	屋内	マルティナ・ナヴラチロワ	6-1, 2-6, 2-6
144	準優勝	1978年2月27日	バージニア・スリム・オブ・カンザスシティ(ミズーリ州カンザスシティ)	屋内	マルティナ・ナヴラチロワ	5-7, 6-2, 3-6
145	準優勝	1978年3月26日	バージニア・スリム・オブ・フィラデルフィア(ペンシルヴァニア州フィラデルフィア)	屋内	クリス・エヴァート	0-6, 4-6
146	優勝	1979年9月10日	東レ・シルック(日本、東京)	屋内	イヴォンヌ・グーラゴング・コーリー	6-4, 7-5
147	優勝	1979年10月29日	ストックホルム・オープン(スウェーデン、ストックホルム)	屋内	ベティ・ストーヴ	6-3, 6-7, 7-5
148	優勝	1980年2月18日	エイボン選手権デトロイト(ミシガン州デトロイト)	屋内	イヴォンヌ・グーラゴング・コーリー	6-3, 6-0
149	優勝	1980年2月25日	エイボン選手権ヒューストン(テキサス州ヒューストン)	屋内	マルティナ・ナヴラチロワ	6-1, 6-3
150	優勝	1980年9月8日	東レ・シルック(日本、東京)	屋内	テリー・ホラデー	7-5, 6-4
151	優勝	1982年6月7日	エッジバストン・カップ(イギリス、バーミンガム)	芝	ロザリン・フェアバンク	6-2, 6-1

123	優勝	1974年1月28日	バージニア・スリム・オブ・ワシントンDC(ワシントンDC)	屋内	ケリー・メルヴィル	6-0, 6-2
124	優勝	1974年2月18日	バージニア・スリム・オブ・デトロイト(ミシガン州デトロイト)	屋内	ローズマリー・カザルス	6-1, 6-1
125	優勝	1974年3月18日	アクロン・テニス・オープン(バージニア・スリム)(オハイオ州アクロン)	屋内	ナンシー・リッチー	6-3, 7-5
126	優勝	1974年3月25日	全米インドア選手権(バージニア・スリム)(ニューヨーク州ニューヨーク、フェルト・フォーラム)	屋内	クリス・エヴァート	6-3, 3-6, 6-2
127	準優勝	1974年4月22日	バージニア・スリム・オブ・フィラデルフィア(ペンシルヴァニア州フィラデルフィア)	屋内	オルガ・モロゾワ	6-7, 1-6
128	優勝	1974年8月26日	全米オープン(ニューヨーク州ニューヨーク)	芝	イヴォンヌ・グーラゴング	3-6, 6-3, 7-5
129	準優勝	1975年1月6日	バージニア・スリム・オブ・サンフランシスコ(カリフォルニア州サンフランシスコ)	屋内	クリス・エヴァート	1-6, 1-6
130	優勝	1975年1月13日	バージニア・スリム・オブ・サラソタ(フロリダ州サラソタ)	屋内	クリス・エヴァート	6-2, 6-3
131	優勝	1975年4月19日	レッグス・ワールド・シリーズ(テキサス州オースティン)	ハード	クリス・エヴァート	6-4, 3-6, 7-6
132	優勝	1975年6月16日	(イギリス、イーストボーン)	芝	ヴァージニア・ウェード	7-5, 6-4, 6-4
133	優勝	1975年6月23日	ウィンブルドン(イギリス、ロンドン)	芝	イヴォンヌ・グーラゴング・コーリー	6-0, 6-1
134	優勝	1977年3月20日	ライオネル・カップ(テキサス州サンアントニオ)	ハード/屋内	メアリー・ハム	6-3, 3-6, 6-3
135	準優勝	1977年3月28日	ファミリー・サークル・カップ(サウスカロライナ州ヒルトンヘッド)	クレー	クリス・エヴァート	0-6, 1-6
136	優勝	1977年4月11日	ライオネル・カップ(ニューヨーク州ポートワシントン)	屋内	キャロライン・ストール	6-1, 6-1

110	準優勝	1973年4月9日	バージニア・スリム・オブ・ボストン(マサチューセッツ州ボストン)	屋内	マーガレット・コート	2-6, 4-6
111	優勝	1973年5月7日	東レ・シルック(日本、東京)	屋内	ナンシー・リッチー	7-6, 5-7, 6-3
112	優勝	1973年6月4日	ガルフコースト・プロフェッショナル女子テニス・トーナメント(アラバマ州モービル)	ハード	フランソワーズ・デュール	6-3, 7-5
113	優勝	1973年6月11日	ジョン・プレーヤー・トーナメント(イギリス、ノッティンガム)	芝	ヴァージニア・ウェード	8-6, 6-4
114	優勝	1973年6月25日	ウィンブルドン(イギリス、ロンドン)	芝	クリス・エヴァート	6-0, 7-5
115	優勝	1973年7月30日	バージニア・スリム・オブ・デンヴァー(コロラド州デンヴァー)	ハード	ベティ・ストーヴ	6-4, 6-2
116	準優勝	1973年8月6日	コマース・ユニオン銀行クラシック(テネシー州ナッシュヴィル)	クレー	マーガレット・コート	3-6, 6-4, 2-6
117	優勝	1973年10月1日	ファベルジュ・サンダーバード・クラシック(バージニア・スリム)(アリゾナ州フェニックス)	ハード	ナンシー・リッチー	6-1, 6-3
118	優勝	1973年10月22日	ハワイ女子プロテニス・トーナメント・バイ・バージニア・スリム(ハワイ州ホノルル)	ハード	ヘレン・グーレイ	6-1, 6-1
119	優勝	1973年11月19日	グンゼ・クラシック(日本、東京)	屋内	ナンシー・リッチー	6-4, 6-4
120	準優勝	1973年11月23日	レディー・ボルティモア(メリーランド州ボルティモア)	屋内	ローズマリー・カザルス	6-3, 6-7, 4-6
121	優勝	1974年1月14日	バージニア・スリム・オブ・サンフランシスコ(カリフォルニア州サンフランシスコ)	屋内	クリス・エヴァート	7-6, 6-2
122	準優勝	1974年1月24日	バージニア・スリム・オブ・ミッションビエホ(カリフォルニア州ミッションビエホ)	ハード	クリス・エヴァート	3-6, 1-6

97	優勝	1972年4月17日	バージニア・スリム・コンキスタドーレス(アリゾナ州トゥーソン)	ハード	フランソワーズ・デュール	6-0, 6-3
98	優勝	1972年5月1日	バージニア・スリム・オブ・インディアナポリス(インディアナ州インディアナポリス)	屋内	ナンシー・リッチー	6-3, 6-3
99	優勝	1972年5月22日	全仏オープン(フランス、パリ)*	クレー	イヴォンヌ・グーラゴング	6-3, 6-3
100	優勝	1972年6月5日	ジョン・プレーヤー・ラウンド・ロビン(イギリス、ノッティンガム)	芝	ヴァージニア・ウェード、ローズマリー・カザルス、イヴォンヌ・グーラゴング*	6-7, 6-3, 6-4 6-7, 6-4, 7-5
101	優勝	1972年6月12日	W.D&H.Oウィルズ・オープン(イギリス、ブリストル)	芝	ケリー・メルヴィル	6-3, 6-2
102	優勝	1972年6月26日	ウィンブルドン(イギリス、ロンドン)	芝	イヴォンヌ・グーラゴング	6-3, 6-3
103	準優勝	1972年8月14日	バージニア・スリム(コロラド州デンヴァー、サウス・デンヴァーH.S.スタジアム)	ハード	ナンシー・リッチー・ガンター	6-1, 4-6, 4-6
104	優勝	1972年8月28日	全米オープン(ニューヨーク州ニューヨーク)	芝	ケリー・メルヴィル	6-3, 7-5
105	優勝	1972年9月11日	フォア・ローゼス・プレミアム・テニス・クラシック(ノースカロライナ州シャーロット)	クレー	マーガレット・コート	6-2, 6-2
106	準優勝	1972年9月18日	ゴールデンゲート・パシフィック・コースト・テニス・クラシック(カリフォルニア州サンフランシスコ)	ハード	マーガレット・コート	4-6, 1-6
107	優勝	1972年9月25日	バージニア・スリム・サンダーバード(アリゾナ州フェニックス)	ハード	マーガレット・コート	7-6, 6-3
108	優勝	1973年2月19日	バージニア・スリム・オブ・インディアナポリス(インディアナ州インディアナポリス)	屋内	ローズマリー・カザルス	5-7, 6-2, 6-4
109	準優勝	1973年3月5日	バージニア・スリム・オブ・シカゴ(イリノイ州シカゴ)	屋内	マーガレット・コート	2-6, 6-4, 4-6

84	優勝	1971年3月15日	Kマート招待(バージニア・スリム)(ミシガン州ロチェスターとトロイ)	屋内	ローズマリー・カザルス	3-6, 6-1, 6-2
85	優勝	1971年4月19日	バージニア・スリム招待(カリフォルニア州サンディエゴ)	屋内	ローズマリー・カザルス	4-6, 7-5, 6-1
86	優勝	1971年5月17日	ドイツ・オープン(西ドイツ、ハンブルク)	クレー	ヘルガ・ニーセン・マストホフ	6-3, 6-2
87	優勝	1971年7月12日	ロスマンズ北部イングランド・テニス選手権(イギリス・ホイレーク)	芝	ローズマリー・カザルス	6-3, 6-3
88	優勝	1971年7月19日	全豪オープン(オーストラリア、キッツビューエル)	クレー	ローラ・ロソー	6-2, 4-6, 7-5
89	優勝	1971年8月2日	バージニア・スリム国際(テキサス州ヒューストン)	屋内	ケリー・メルヴィル	6-4, 4-6, 6-1
90	優勝	1971年8月9日	全米クレーコート選手権(インディアナ州インディアナポリス)	クレー	リンダ・トゥエロ	6-4, 7-5
91	優勝	1971年8月30日	全米オープン(ニューヨーク州ニューヨーク)	芝	ローズマリー・カザルス	6-4, 7-6 (2)
92	優勝	1971年9月13日	バージニア・スリム招待(ケンタッキー州ルイヴィル)	屋内	ローズマリー・カザルス	6-1, 4-6, 6-3
93	優勝	1971年9月27日	バージニア・スリム・サンダーバード招待(アリゾナ州フェニックス)*	ハード	ローズマリー・カザルス	7-5, 6-1
94	優勝	1971年10月25日	エンバシー屋内テニス選手権(イギリス、ウェンブリー・アリーナ)	屋内	フランソワーズ・デュール	6-1, 5-7, 7-5
95	優勝	1972年1月10日	ブリティッシュ・モーターカーズ・プロテニス選手権(バージニア・スリム)(カリフォルニア州サンフランシスコ)	屋内	ケリー・メルヴィル	7-6, 7-6
96	優勝	1972年3月20日	バージニア・スリム・オブ・リッチモンド(ヴァージニア州リッチモンド)	クレー(屋内)	ナンシー・リッチー	6-3, 6-4

71	優勝	1970年3月16日	ダンロップ・インターナショナル(オーストラリア、シドニー)	芝	マーガレット・コート	6-2, 4-6, 6-3
72	準優勝	1970年4月3日	南アフリカ・テニス選手権(南アフリカ、ヨハネスブルグ)	ハード	マーガレット・コート	4-6, 6-1, 3-6
73	優勝	1970年4月6日	ネイタル・オープン(南アフリカ、ダーバン)	ハード	マーガレット・コート	6-4, 2-6, 6-2
74	優勝	1970年4月20日	イタリア・オープン(イタリア、ローマ)	クレー	ジュリー・ヘルドマン	6-1, 6-3
75	準優勝	1970年7月4日	ウィンブルドン(イギリス、ロンドン)	芝	マーガレット・コート	12-14, 9-11
76	優勝	1970年11月2日	バージニア・スリム招待(バージニア州リッチモンド)	屋内	ナンシー・リッチー	6-3, 6-3
77	優勝	1970年11月16日	エンバシー屋内テニス選手権(イギリス、ウェンブリー・アリーナ)	屋内	アン・ジョーンズ	8-6, 3-6, 6-1
78	優勝	1971年1月4日	ブリティッシュ・モーターカーズ・プロテニス選手権(カリフォルニア州サンフランシスコ)*	屋内	ローズマリー・カザルス	6-3, 6-4
79	優勝	1971年1月11日	ビリー・ジーン・キング招待(バージニア・スリム)(カリフォルニア州ロングビーチ)	屋内	ローズマリー・カザルス	6-1, 6-2
80	優勝	1971年1月18日	バージニア・スリム招待(ウィスコンシン州ミルウォーキー)	屋内	ローズマリー・カザルス	6-3, 6-2
81	優勝	1971年1月25日	バージニア・スリム招待(オクラホマ州オクラホマシティ)	屋内	ローズマリー・カザルス	1-6, 7-6, 6-4
82	優勝	1971年2月2日	バージニア・スリム招待(テネシー州セワニーとチャタヌーガ)	屋内	アン・ジョーンズ	6-4, 6-1
83	優勝	1971年2月23日	全米インドア選手権(バージニア・スリム・ナショナル)(マサチューセッツ州ウィンチェスター)	屋内	ローズマリー・カザルス	4-6, 6-2, 6-3

56	準優勝	1968年9月9日	全米オープン（ニューヨーク州ニューヨーク）	芝	ヴァージニア・ウェード	4-6, 2-6
57	準優勝	1969年1月27日	全豪オープン（オーストラリア、メルボルン）	芝	マーガレット・コート	4-6, 1-6
58	優勝	1969年3月31日	南アフリカ・オープン（南アフリカ、ヨハネスブルグ）	ハード	ナンシー・リッチー	6-3, 6-4
59	優勝	1969年4月14日	ネイタル・オープン（南アフリカ、ダーバン）	ハード	アネット・ヴァン・ジル	6-4, 6-1
60	準優勝	1969年6月14日	西部イングランド・オープン（イギリス、ブリストル）	芝	マーガレット・コート	3-6, 3-6
61	準優勝	1969年7月5日	ウィンブルドン（イギリス、ロンドン）	芝	アン・ジョーンズ	6-3, 3-6, 2-6
62	優勝	1969年7月11日	アイルランド・オープン（アイルランド、ダブリン）	芝	ヴァージニア・ウェード	6-2, 6-2
63	優勝	1969年9月22日	パシフィック・サウスウェスト選手権（カリフォルニア州ロサンゼルス）	ハード	アン・ジョーンズ	6-2, 6-3
64	優勝	1969年9月29日	ミッドランド・ラケットクラブ招待（テキサス州ミッドランド）	ハード	ローズマリー・カザルス	6-3, 6-3
65	準優勝	1969年10月12日	ハワード・ヒューズ・オープン（ネヴァダ州ラスヴェガス）	ハード	ナンシー・リッチー	6-2, 4-6, 1-6
66	準優勝	1969年11月23日	英国カバードコート・オープン（イギリス、ロンドン）	屋内	アン・ジョーンズ	11-9, 2-6, 7-9
67	優勝	1969年11月24日	ストックホルム・インドア・オープン（スウェーデン、ストックホルム）	屋内	ジュリー・ヘルドマン	9-7, 6-2
68	準優勝	1970年2月8日	国際テニス選手協会オープン（ペンシルヴァニア州フィラデルフィア）	屋内	マーガレット・コート	3-6, 6-8 (12-14)
69	準優勝	1970年2月15日	モーリーン・コノリー・ブリンカー記念（テキサス州ダラス）	屋内	マーガレット・コート	6-1, 3-6, 9-11
70	優勝	1970年3月7日	ホノルル・プロフェッショナル・テニス・クラシック（ハワイ州ホノルル）	屋内	ローズマリー・カザルス	6-4, 6-4

42	優勝	1967年7月31日	東部グラスコート選手権(ニュージャージー州サウスオレンジ)	芝	キャスリーン・ハーター	4-6, 6-2, 6-3
43	優勝	1967年8月14日	エセックス・カウンティ・クラブ招待(マサチューセッツ州マンチェスター・バイ・ザ・シー)	芝	ケリー・メルヴィル	8-6, 6-1
44	優勝	1967年8月28日	全米選手権(ニューヨーク州ニューヨーク)	芝	アン・ジョーンズ	11-9, 6-4
45	優勝	1967年9月18日	パシフィック・サウスウェスト選手権(カリフォルニア州ロサンゼルス)	ハード	ローズマリー・カザルス	6-0, 6-4
46	優勝	1967年10月30日	南米選手権(アルゼンチン、ブエノスアイレス)	クレー	ローズマリー・カザルス	6-3, 3-6, 6-2
47	優勝	1967年11月27日	ヴィクトリア選手権(オーストラリア、メルボルン)	芝	レスリー・ターナー	6-3, 3-6, 7-5
48	準優勝	1967年12月17日	南オーストラリア選手権(オーストラリア、アデレード)	芝	ジュディ・テガート	6-4, 1-6, 4-6
49	優勝	1968年1月1日	西オーストラリア選手権(オーストラリア、パース)	芝	マーガレット・コート	6-2, 6-4
50	優勝	1968年1月8日	タスマニア選手権(オーストラリア、ホバート)	芝	ジュディ・テガート	6-2, 6-4
51	優勝	1968年1月15日	全豪選手権(オーストラリア、メルボルン)	芝	マーガレット・コート	6-1, 6-2
52	優勝	1968年2月12日	ニューイングランド女子屋内(マサチューセッツ州セーラム)	屋内	メアリー・アン・アイゼル	6-3, 6-4
53	優勝	1968年2月19日	全米インドア選手権(マサチューセッツ州ウィンチェスター)	屋内	ローズマリー・カザルス	6-3, 9-7
54	準優勝	1968年3月25日	マディソン・スクウェアガーデン・チャレンジ・トロフィー(ニューヨーク州ニューヨーク)*	屋内	ナンシー・リッチー	6-4, 5-7, 0-6
オープン化以降						
55	優勝	1968年6月24日	ウィンブルドン(イギリス、ロンドン)	芝	ジュディ・テガート	9-7, 7-5

27	優勝	1966年3月28日	南アフリカ・テニス選手権(南アフリカ、ヨハネスブルグ)	ハード	マーガレット(・スミス)・コート	6-3, 6-2
28	優勝	1966年4月18日	オハイヴァレー・テニス大会女子オープン招待(カリフォルニア州オハイ)	ハード	ローズマリー・カザルス	6-2, 6-4
29	優勝	1966年5月2日	南カリフォルニア選手権(カリフォルニア州ロサンゼルス)	ハード	トーリー・アン・フレッツ	6-3, 10-8
30	優勝	1966年5月16日	全米ハードコート選手権(カリフォルニア州ラホーヤ)	ハード	パティ・ホーガン	7-5, 6-0
31	優勝	1966年5月23日	タルサ招待テニス選手権(オクラホマ州タルサ)	クレー	キャロル・ハンクス・オーキャンプ	6-0, 6-1
32	優勝	1966年5月30日	北部イングランド選手権(イギリス、マンチェスター)	芝	ウィニー・ショー	6-2, 6-1
33	優勝	1966年6月20日	ウィンブルドン(イギリス、ロンドン)*	芝	マリア・ブエノ	6-3, 3-6, 6-1
34	優勝	1966年8月8日	パイピングロック招待(ニューヨーク州ローカストヴァレー)	芝	カレン・クランツク	6-2, 6-0
35	準優勝	1967年2月13日	ニューイングランド女子屋内(マサチューセッツ州セーラム)	屋内	メアリー・アン・アイゼル	4-6, 7-5, 9-11
36	優勝	1967年2月13日	全米インドア選手権(マサチューセッツ州ウィンチェスター)	屋内	トルーディ・グローンマン	6-1, 6-0
37	優勝	1967年2月27日	太平洋岸屋内テニス選手権(カリフォルニア州サンラファエル)	屋内	パティ・ホーガン	6-3, 8-6
38	優勝	1967年3月20日	南アフリカ・テニス選手権(南アフリカ、ヨハネスブルグ)	ハード	マリア・ブエノ	7-5, 5-7, 6-2
39	優勝	1967年5月1日	カリフォルニア州選手権(カリフォルニア州ポートラヴァレー)	ハード	ローズマリー・カザルス	6-1, 6-3
40	優勝	1967年5月8日	シャーロット招待テニス・トーナメント(ノースカロライナ州シャーロット)	クレー	ピーチズ・バーコウィッツ	6-1, 6-2
41	優勝	1967年6月26日	ウィンブルドン(イギリス、ロンドン)	芝	アン(・ヘイドン)・ジョーンズ	6-3, 6-4

13	優勝	1964年7月27日	東部グラスコート選手権(ニュージャージー州サウスオレンジ)	芝	ナンシー・リッチー	7-5, 3-6, 8-6
14	準優勝	1964年8月3日	パイピングロック招待(ニューヨーク州ローカストヴァレー)	芝	ナンシー・リッチー	3-6, 6-1, 4-6
15	優勝	1964年8月10日	エセックス・カウンティ・クラブ招待(マサチューセッツ州マンチェスター・バイ・ザ・シー)	芝	カレン・ハンツェ・サスマン	6-4, 4-6, 11-9
16	準優勝	1964年10月4日	南カリフォルニア選手権(カリフォルニア州ロサンゼルス)	ハード	マリア・ブエノ	6-3, 3-6, 2-6
17	準優勝	1964年11月29日	ニューサウスウェールズ選手権(オーストラリア、シドニー)	芝	マーガレット・スミス	4-6, 3-6
18	準優勝	1965年4月19日	オハイヴァレー・テニス大会女子オープン招待(カリフォルニア州オハイ)	ハード	キャスリーン・ハーター	6-1, 4-6, 6-2
19	優勝	1965年5月3日	南カリフォルニア選手権(カリフォルニア州ロサンゼルス)	ハード	キャスリーン・ハーター	6-3, 6-1
20	優勝	1965年5月17日	カリフォルニア州選手権(カリフォルニア州ボートラヴァレー)	ハード	ローズマリー・カザルス	6-2, 8-6
21	優勝	1965年7月19日	ペンシルヴァニア・ローンテニス選手権(ペンシルヴァニア州ハヴァフォード)	芝	キャロル・コールドウェル・グレイブナー	6-1, 6-2
22	優勝	1965年7月26日	東部グラスコート選手権(ニュージャージー州サウスオレンジ)	芝	ジェーン・アルバート	7-5, 6-3
23	優勝	1965年8月15日	エセックス・カウンティ・クラブ招待(マサチューセッツ州マンチェスター・バイ・ザ・シー)	芝	キャロル・ハンクス・オーキャンプ	6-2, 10-8
24	準優勝	1965年9月12日	全米選手権(ニューヨーク州フォレストヒルズ)	芝	マーガレット・スミス	6-8, 5-7
25	優勝	1966年2月14日	全米屋内選手権(マサチューセッツ州チェスナットヒル)	屋内	メアリー・アン・アイゼル	6-0, 6-2
26	優勝	1966年3月14日	サンダーバード招待テニス・トーナメント(アリゾナ州フェニックス)	ハード	メアリー・アン・アイゼル	6-3, 6-2

II.シングルス通算記録

優勝回数：126（アマ42、プロ84）

試合数：166*

NO.	結果	開催週	大会名（場所）	コートサーフェス	対戦相手	スコア
1	準優勝	1961年5月14日	南カリフォルニア選手権（カリフォルニア州ロサンゼルス）	ハード	カレン・ハンツェ	4-6, 1-6
2	優勝	1961年7月24日	ペンシルヴァニア・ローンテニス選手権（ペンシルヴァニア州ハヴァフォード）	芝	ジャスティナ・ブリカ	6-3, 6-4
3	優勝	1961年7月31日	フィラデルフィア地区女子グラスコート選手権（ペンシルヴァニア州）	芝	エダ・ブディング	6-3, 6-4
4	優勝	1962年4月9日	パサデナ・メトロポリタン・トーナメント（カリフォルニア州）	ハード	キャロル・コールドウェル	6-3, 3-6, 9-7
5	準優勝	1962年5月13日	南カリフォルニア選手権（カリフォルニア州ロサンゼルス）	ハード	カレン・ハンツェ・サスマン	3-6, 4-6
6	優勝	1963年4月1日	パサデナ・メトロポリタン・トーナメント（カリフォルニア州パサデナ）	ハード	パトリシア・コーディ	6-2, 6-2
7	優勝	1963年5月6日	南カリフォルニア選手権（カリフォルニア州ロサンゼルス）	ハード	ダーリーン・ハード	6-4, 6-3
8	準優勝	1963年6月24日	ウィンブルドン（イギリス、ロンドン）	芝	マーガレット・スミス（・コート）	3-6, 4-6
9	優勝	1963年7月8日	アイルランド選手権（アイルランド、ダブリン）	芝	キャロル・コールドウェル	6-4, 6-3
10	準優勝	1963年9月22日	南カリフォルニア選手権（カリフォルニア州ロサンゼルス）	ハード	ダーリーン・ハード	3-6, 3-6
11	準優勝	1964年1月12日	ダラス屋内招待（テキサス州ダラス）	屋内	ナンシー・リッチー	2-6, 5-7
12	準優勝	1964年5月10日	南カリフォルニア選手権（カリフォルニア州ロサンゼルス）	ハード	キャロル・コールドウェル	5-7, 6-3, 1-6

優勝	1967	全米選手権	オーウェン・デヴィッドソン	ローズマリー・カザルス、スタン・スミス	6-3, 6-2
優勝	1968	全豪選手権	ディック・クリアリー	マーガレット(・スミス)・コート、アラン・ストーン	不戦勝
準優勝	1968	全仏オープン	オーウェン・デヴィッドソン	フランソワーズ・デュール、ジャン=クロード・バークレー	1-6, 4-6
優勝	1970	全仏オープン	ボブ・ヒューイット	フランソワーズ・デュール、ジャン=クロード・バークレー	3-6, 6-4, 6-2,
優勝	1971	ウィンブルドン	オーウェン・デヴィッドソン	マーガレット・コート、マーティ・リーセン	3-6, 6-2, 15-13
優勝	1971	全米オープン	オーウェン・デヴィッドソン	ベティ・ストーヴ、ロバート・モード	6-3, 7-5
優勝	1973	ウィンブルドン	オーウェン・デヴィッドソン	ジャネット・ニューベリー、ラウル・ラミレス	6-3, 6-2
優勝	1973	全米オープン	オーウェン・デヴィッドソン	マーガレット・コート、マーティ・リーセン	6-3, 3-6, 7-6
優勝	1974	ウィンブルドン	オーウェン・デヴィッドソン	レスリー・チャールズ、マーク・ファレル	6-3, 9-7
準優勝	1975	全米オープン	フレッド・ストーリ	ローズマリー・カザルス、ディック・ストックトン	3-6, 6-7
優勝	1976	全米オープン	フィル・デント	ベティ・ストーヴ、フルー・マクミラン	3-6, 6-2, 7-5
準優勝	1977	全米オープン	ビタス・ゲルレイティス	ベティ・ストーヴ、フルー・マクミラン	2-6, 6-3, 3-6
準優勝	1978	ウィンブルドン	レイ・ラッフェルズ	ベティ・ストーヴ、フルー・マクミラン	2-6, 2-6
準優勝	1978	全米オープン	レイ・ラッフェルズ	ベティ・ストーヴ、フルー・マクミラン	3-6, 6-7
準優勝	1983	ウィンブルドン	スティーヴ・デントン	ウェンディ・ターンブル、ジョン・ロイド	7-6(5), 6-7(5), 5-7

準優勝	1970	全仏オープン	ローズマリー・カザルス	フランソワーズ・デュール、ゲイル・シェリフ・シャンフロー	1-6, 6-3, 3-6
優勝	1970	ウィンブルドン	ローズマリー・カザルス	フランソワーズ・デュール、ヴァージニア・ウェード	6-2, 6-3
優勝	1971	ウィンブルドン	ローズマリー・カザルス	マーガレット・コート、イヴォンヌ・グーラゴング	6-3, 6-2
優勝	1972	全仏オープン	ベティ・ストーヴ	ウィニー・ショー、ネル・トゥルーマン	6-1, 6-2
優勝	1972	ウィンブルドン	ベティ・ストーヴ	フランソワーズ・デュール、ジュディ・テガート・ダルトン	6-2, 4-6, 6-3
優勝	1973	ウィンブルドン	ローズマリー・カザルス	フランソワーズ・デュール、ベティ・ストーヴ	6-1, 4-6, 7-5
準優勝	1973	全米オープン	ローズマリー・カザルス	マーガレット・コート、ヴァージニア・ウェード	6-3, 3-6, 5-7
優勝	1974	全米オープン	ローズマリー・カザルス	フランソワーズ・デュール、ベティ・ストーヴ	7-6, 6-7, 6-4
準優勝	1975	全米オープン	ローズマリー・カザルス	マーガレット・コート、ヴァージニア・ウェード	5-7, 6-2, 5-7
準優勝	1976	ウィンブルドン	ベティ・ストーヴ	クリス・エヴァート、マルティナ・ナヴラチロワ	1-6, 6-3, 5-7
優勝	1978	全米オープン	マルティナ・ナヴラチロワ	ケリー・メルヴィル・レイド、ウェンディ・ターンブル	7-6, 6-4
優勝	1979	ウィンブルドン	マルティナ・ナヴラチロワ	ベティ・ストーヴ、ウェンディ・ターンブル	5-7, 6-3, 6-2
準優勝	1979	全米オープン	マルティナ・ナヴラチロワ	ベティ・ストーヴ、ウェンディ・ターンブル	5-7, 3-6
優勝	1980	全米オープン	マルティナ・ナヴラチロワ	パム・シュライヴァー、ベティ・ストーヴ	7-6, 7-5

混合ダブルス決勝成績：18試合（優勝11）

	年	大会	パートナー	対戦相手	スコア
準優勝	1966	ウィンブルドン	デニス・ラルストン	マーガレット・スミス、ケン・フレッチャー	6-4, 3-6, 3-6
優勝	1967	全仏選手権	オーウェン・デヴィッドソン	アン（・ヘイドン）・ジョーンズ、イオン・ティリアック	6-3, 6-1
優勝	1967	ウィンブルドン	オーウェン・デヴィッドソン	マリア・ブエノ、ケン・フレッチャー	7-5, 6-2

ダブルス決勝成績：29試合（優勝16）

結果	年	大会	パートナー	対戦相手	スコア
優勝	1961	ウィンブルドン	カレン・ハンツェ	ジャン・ルヘイン、マーガレット・スミス	6-3, 6-4
優勝	1962	ウィンブルドン	カレン・ハンツェ・サスマン	サンドラ・レノルズ、レネ・シュールマン	5-7, 6-3, 7-5
準優勝	1962	全米選手権	カレン・ハンツェ・サスマン	マリア・ブエノ、ダーリーン・ハード	6-4, 3-6, 2-6
準優勝	1964	ウィンブルドン	カレン・ハンツェ・サスマン	マーガレット・スミス、レスリー・ターナー	5-7, 2-6
優勝	1964	全米選手権	カレン・ハンツェ・サスマン	マーガレット・スミス レスリー・ターナー	3-6, 6-2, 6-4
準優勝	1965	全豪選手権	レスリー・ターナー	マーガレット・スミス、レスリー・ターナー	6-1, 2-6, 3-6
優勝	1965	ウィンブルドン	マリア・ブエノ	フランソワーズ・デュール、ジャニーン・リーフリグ	6-2, 7-5
準優勝	1965	全米選手権	カレン・ハンツェ・サスマン	キャロル・コールドウェル・グレイブナー、ナンシー・リッチー	4-6, 4-6
準優勝	1966	全米選手権	ローズマリー・カザルス	マリア・ブエノ、ナンシー・リッチー	3-6, 4-6
優勝	1967	ウィンブルドン	ローズマリー・カザルス	マリア・ブエノ、ナンシー・リッチー	9-11, 6-4, 6-2
優勝	1967	全米選手権	ローズマリー・カザルス	メアリー・アン・アイゼル、ダナ・フロイド・フォールズ	4-6, 6-3, 6-4

オープン化以降（18試合、優勝10）

準優勝	1968	全仏オープン	ローズマリー・カザルス	フランソワーズ・デュール、アン（・ヘイドン）・ジョーンズ	5-7, 6-4, 4-6
優勝	1968	ウィンブルドン	ローズマリー・カザルス	フランソワーズ・デュール、アン・ジョーンズ	3-6, 6-4, 7-5
準優勝	1968	全米オープン	ローズマリー・カザルス	マリア・ブエノ、マーガレット・コート	6-4, 7-9, 6-8
準優勝	1969	全豪オープン	ローズマリー・カザルス	マーガレット・コート、ジュディ・テガート	4-6, 4-6

四大大会シングルス年表

	1959	60	61	62	63	64	65	66
全豪オープン	不	不	不	不	不	不	準決	不
全仏オープン	不	不	不	不	不	不	不	不
ウィンブルドン	不	不	2R	準々決	準優	準決	準決	優
全米オープン	1R	3R	2R	1R	4R	準々決	準優	2R

	67	68	69	70	71	72	73	74
全豪オープン	不	優	準優	不	不	不	不	不
全仏オープン	準々決	準決	準々決	準々決	不	優	不	不
ウィンブルドン	優	優	準優	準優	準決	優	優	準々決
全米オープン	優	準優	準々決	不	優	優	3R	優

	75	76	77	78	79	80	81	82
全豪オープン	不	不	不／不	不	不	不	不	準々決
全仏オープン	不	不	不	不	不	準々決	不	3R
ウィンブルドン	優	不	準々決	準々決	準々決	準々決	不	準決
全米オープン	不	不	準々決	不	準決	不	不	1R

	83	84	通算勝敗
全豪オープン	2R	不	16-4
全仏オープン	不	不	21-6
ウィンブルドン	準決	不	95-15
全米オープン	不	不	58-14

優=優勝、不=不出場、準優=準優勝、準決=準決勝進出、準々決=準々決勝進出、
#R=#回戦進出、RR=総当たり戦

I.四大大会

シングルス決勝成績：18試合（優勝12）

結果	年	大会	対戦相手	スコア
準優勝	1963	ウィンブルドン	マーガレット・スミス	3-6, 4-6
準優勝	1965	全米選手権	マーガレット・スミス	6-8, 5-7
優勝	1966	ウィンブルドン	マリア・ブエノ	6-3, 3-6, 6-1
優勝	1997	ウィンブルドン	アン（・ヘイドン）・ジョーンズ	6-3, 6-4
優勝	1967	全米選手権	アン・ジョーンズ	11-9, 6-4
優勝	1968	全豪選手権	マーガレット（・スミス）・コート	6-1, 6-2

オープン化以降（優勝8）

優勝	1968	ウィンブルドン	ジュディ・テガート	9-7, 7-5
準優勝	1968	全米オープン	ヴァージニア・ウェード	4-6, 4-6
準優勝	1969	全豪オープン	マーガレット・コート	4-6, 1-6
準優勝	1969	ウィンブルドン	アン・ジョーンズ	6-3, 3-6, 2-6
準優勝	1970	ウィンブルドン	マーガレット・コート	12-14, 9-11
優勝	1971	全米オープン	ローズマリー・カザルス	6-4, 7-6
優勝	1972	全仏オープン	イヴォンヌ・グーラゴング	6-3, 6-3
優勝	1972	ウィンブルドン	イヴォンヌ・グーラゴング	6-3, 6-3
優勝	1972	全米オープン	ケリー・メルヴィル	6-3, 7-5
優勝	1973	ウィンブルドン	クリス・エヴァート	6-0, 7-5
優勝	1974	全米オープン	イヴォンヌ・グーラゴング	3-6, 6-3, 7-5
優勝	1975	ウィンブルドン	イヴォンヌ・グーラゴング・コーリー	6-0, 6-1

付録 I

ビリー・ジーン(・モフィット)・キング

出生	1943年11月22日 カリフォルニア州ロングビーチ生まれ
身長	164cm
体重	64kg
プレースタイル	利き手:右、バックハンド:片手打ち
最終学歴	カリフォルニア大学ロサンゼルス校
ステータス	1968年プロ転向
通算シングルス優勝回数	126 (アマチュア42、プロ84[ナショナル・テニス・リーグ大会含む])
通算決勝進出回数	166回
決勝戦績	126勝40敗
テニス殿堂入り	1987年
生涯獲得賞金額	2,012,193ドル*
年末世界ランキング最高位	1位 (1966, 1967, 1968, 1971†, 1972, 1973, 1974†)

*注:キングの獲得賞金について信頼できる包括的な記録は存在しない。とくにオープン化直後の1968年から70年の3年間、キングはツアー大会と四大大会に出場する一方、ジョージ・マッコールが創設した、独自のスケジュールで各地を転戦したツアー〈ナショナル・テニス・リーグ〉に初の女子プロ選手4名のうちの一人として参加。女子テニス協会はキングの生涯獲得賞金額を1966万6487ドルと算出しているが、これに参入されていない獲得賞金があり、実際の金額はこれよりも多い。

†情報源:1975年に女子テニス協会(WTA)ランキングが始まるまで、統一世界ランキングは存在しなかった。『ワールド・テニス』誌、『ロンドン・デイリー・テレグラフ』紙のランス・ティンゲイ、ボストンのスポーツライターのバド・コリンズの集計では、キングは1966年、67年、68年に統一世界ランキング1位だった。1971年(キングがグランドスラム2大会の出場を取りやめ、自ら設立に寄与した初の女子プロツアーに参加した年)と74年については、バド・コリンズだけがキングを1位としている。『ワールド・テニス』誌とティンゲイは、71年の1位をイヴォンヌ・グーラゴング、74年の1位をクリス・エヴァートとした。

ビリー・ジーン・キング自伝

すべてに全力を尽くす

2023年12月15日　初版第1刷発行

著　者　ビリー・ジーン・キング
訳　者　池田真紀子
発行者　廣瀬和二
発行所　辰巳出版株式会社
〒113-0033 東京都文京区本郷1-33-13 春日町ビル5F
TEL:03-5931-5920(代表)／FAX:03-6386-3087(販売部)
印刷・製本所　中央精版印刷株式会社

ISBN 978-4-7778-3032-9 C0075 Printed in Japan